近代アジアの映画産業

笹川慶子
Keiko Sasagawa

青弓社

近代アジアの映画産業　目次

第1部　大阪映画産業の誕生とアジア――帝国キネマ演芸

第3章　山川吉太郎と帝国キネマ演芸　145

第2部　横浜での映画産業とアメリカ——大正活映

第3章　二十世紀初頭の世界流通変動とアメリカ映画のアジア市場開拓　325

第3部　近代アジアでの欧米日の映画産業の興亡

カバー写真——シンガポール　播磨勝太郎とハリマホール
播磨はアジアに進出した日本人で、アジアと日本のルートを作り、
パテ社とユニバーサル社の欧米グローバル企業と日本を結び付けた

装丁——神田昇和

はじめに

映画は、科学技術と資本主義の産物である。それは娯楽の新たな大量生産・大量消費サイクルを生み出すとともに、さまざまなレベルで世界の平準化を促した近代的な産物のひとつである。映画は世界の主要都市に近代的経験をもたらしたが、アジアでは、その経験は、欧米から装置が伝播することによって始まった[1]。

のちに映画と呼ばれることになる装置は、十九世紀末に欧米諸国で開発された。現実を動く像として写し取り、スクリーンに映し出す科学装置である。代表的なものに、アメリカのトーマス・A・エジソンがウィリアム・K・L・ディクソンに命じて製作させたキネトスコープ、同じくエジソンがチャールズ・F・ジェンキンスとトーマス・アーマットの装置に改良を加えて売り出したヴァイタスコープ、フランスのオーギュストとルイのリュミエール兄弟が開発したシネマトグラフ、ドイツのマックスとエミールのスクラダノフスキー兄弟が作ったビオスコープ、アメリカン・ミュートスコープ・アンド・バイオグラフ社（のちのバイオグラフ社）のミュートスコープやバイオグラフ、ルービン社のシネオグラフなどがある。

最初期の映写装置は二つの投影方式に大別できる。一つは覗き眼鏡式、もう一つはスクリーン式で、キネトスコープやミュートスコープは前者、それ以外は後者である。覗き眼鏡式の映写装置は、暗い箱のなかにスクリーンが設置され、客が箱のなかを穴から覗き込んで、そのスクリーンに投影された動く像を見つめる、という仕組みになっている。エジソン社は、ニューヨークにこの装置を複数並べたキネトスコープ・パーラーを開業し、映画を一般に公開する。一方、スクリーン式は、室内を暗くして、壁に設置したスクリーンに動く像を投影する。スクリーン式は、覗き眼鏡式の箱——人間が外から覗き込む、自分よりも小さな箱——を人間よりも数十倍大きくして、その箱のなかに人間を入れてしまったようなものである。こちらは最初、市民ホールやボードビル劇場、ホテル、飲食店、遊技場、夜の公園、テントなど人が大勢集まる広い場所で上映された。人々は、現実より小さな像を映し出す覗き眼鏡式よりも、この現実より大きな像を映し出すスクリーン式に魅力を感じた。

興行者にとっても、一回の上映で大勢の人から入場料を集められるスクリーン式はより魅力的だった。アメリカの優れた事業家だったエジソンはさっそく、スクリーン式に未来を感じ取り、ジェンキンスとアーマットが開発した映写装置を買収しバイタスコープと命名して全世界に売り出した。映画という呼び名はまだなく、著作権もなかった。そのため一八九六年末までには既存の装置を改良したさまざまなスクリーン式装置が、ときには複写フィルムとともに売られ、それぞれの装置名で呼ばれていた。こうして映画は、大勢の人を同じ場所に集め、室内を暗くして、現実を写し取った像を、数倍大きな像にして暗闇に映し出す、近代科学の粋を集めた装置として世界に広まっていくのである。

アジアでの映画上映は、一年ほど差があるとはいえ、欧米とほぼ同時に始まる。最初は欧米の巡回興行師や地元興行師、あるいは宝石や時計、写真機、蓄音機など高級舶来品を扱う貿易商、また写真館などがその普及に大きな役割を果たした。とくに十九世紀末のアジアの多くの国や地域は、例外はあるものの、欧米の植民地あるいは半植民地だったことから、外国人による植民地ビジネスが盛んだった。インドやシンガポール、香港などはイギリス、ベトナムやラオスなどはフランス、フィリピンやグアムなどはアメリカ、インドネシアなどはオランダの植民地であり、それぞれ異なる混成文化が形成されていた。一方、日本のように植民地支配を免れた国でも、欧米諸国との政治的・経済的・文化的な交渉を通じてさまざまな変容が生じていた。映画は、こうした十九世紀末のアジアの主要開港都市や大都市、つまり西洋との文化接触やその交渉の頻度が高い地域を中心に広まっていったのである。

アジアで公開される映画の多くは、アジア欧州航路の船によって欧州から運ばれてきた。例えば、東西貿易の中継地であるシンガポールでは、一八九〇年代末にはすでにイギリスやフランスなどから巡回映画業者が訪れ、都市中心部の市民ホールや海岸に張ったテント、ホテルなどで興行した。色も音もないものの、現実そっくりの像が動きだす最先端の科学装置は、人々の好奇心を刺激する目新しい見せ物となった。アジアでの最初の映画の観客は、在留外国人、現地の上流階級や役人、大商人などの富裕層、また外国文化に興味がある知識人たちだった。当時の映画装置が、宝飾店や輸入貿易商など上流階級や富裕層向けの店で販売されていたのは、その証左だろう。

映画装置が輸入されたばかりの頃、アジアにはまだ「映画」という概念はなく、それぞれの装置名で呼ばれていたにすぎない。しかし、やがて新聞や雑誌などで、「シネマトグラフ」が映画の概念を示す言葉として使われるようになる。リュミエール社のシネマトグラフではない装置もシネマトグラフと呼ばれていたのである。つまりアジアでは「ムービング・ピクチャー」より先に、「シネマトグラフ」が「映画」という概念を示す言葉になっていった。こうした呼び名からも、アジアの映画市場が最初、欧州映画によって独占されていたことがうかがい知れる。

欧州映画がアジア市場を支配できたのは、作品や装置の優劣だけでなく、当時の映画流通システムが大きく関係すると考えられる。欧州は、長篇映画やカラー映画など先端技術を駆使した新しい映画を製作し、より安価でより便利な装置と技術サービスを一緒に提供することで、世界市場でアメリカよりも優位に立ったといわれている。しかし、見落としてはならないのはグローバルな物流、つまり映画がどこで作られ、どこにどう流れていったのかという問題である。高価な映画装置と映画、その技術者や興行者を経済格差があるアジアに、どの航路でどう運ぶのかということと、欧州映画のアジア市場制覇のあいだには密接な関係があったと考えられるのである。

草創期のアジア映画市場で、とくに大きなシェアを獲得したのはフランスのパテ・フレール社（Pathé Frères. 以下、パテ社と略記）である。二十世紀初頭までに映写機と映画の大量生産、大量販売を実現していたパテ社は一九〇六年から〇七年にかけて思い切った増資をおこない、海外配給網を整備して映画を積極的に海外に送り出した。〇七年、パテ社総収入の五九・六％は海外市場からの収入だったという(2)。その年、パテ社は欧米の映画会社として初めてアジアに進出、向かった先はシンガポールである。そこに総代理店を開設して拠点とし、香港や上海、天津、マニラなどアジア各地に配給網を広げていった。パテ社はまた、自社で製作した映画に限らず、必要とあらばエクレールなど他社のフランス映画やアクイラ社などのイタリア映画、アーバン社などのイギリス映画、そしてエジソン社などアメリカ映画も配給した。つまり、アジアのスクリーンは、たとえパテ社の映画を上映していなくても、パテ社が供給する映画によってほぼ支配されていたのである。こうしてパテ社は世界規模の映画配給会社になっていく。

草創期のアジアでパテ社が配給していたアメリカ映画は、主にモーション・ピクチャー・パテンツ・カンパニー（Motion Picture Patents Company. 以下、MPPCと略記）の映画だった。MPPCは、急成長したアメリカ国内市場を支配しようと試みたエジソン社が、映画装置の特許を争っていたバイオグラフ社と和解し、さらに両社に加えて、アメリカの映画会社ヴァイタグラフ社、ルービン社、エッサネイ社、カレム社、セリグ社の五社、フランスのパテ社アメリカ法人のアメリカン・パテ社とジョルジュ・メリエスのスター・フィルム社の二社、および輸入配給会社のジョージ・クライン社、そして世界最大の生フィルム製造会社イーストマン・コダック社を構成員として一九〇八年に組織した特許管理会社である。つまり、エジソンらは特許という法の力を武器に、アメリカの市場からフランスやイタリア、デンマークなど欧州映画を追い出すとともに、アメリカがその爆発的に増加した映画館に映画を独占供給することで、莫大な利益を上げようとしたのである。

このときMPPCのメンバー企業は、彼らが製作・興行する映画の尺数を二巻に固定することで合意する。いわゆる二巻物である。サイレント映画の三十五ミリフィルムは一巻が約十五分なので、二巻だと最大三十分だが、通常は撮影の開始と終了、編集によって無駄が生じるため、二巻物映画の標準的な時間は十五分から二十分程度だった。この合意によって、アメリカ国内で上映される映画は二巻物がほぼ慣例となる。有名俳優が出演し、かつ有名舞台を撮影したフランスの長篇映画や、長尺のイタリア史劇映画が製作されて世界各地で人気を博すようになっても、アメリカのMPPCは二巻物の製作と興行に固執する。当時は短い映画を複数本組み合わせてプログラムを構成していたため、二巻物の需要はまだまだ高かったのである。アジアで公開されたアメリカ映画も、やはりこうした二巻物だった。

しかしアジアの場合、アメリカ映画がアメリカから直送されることはほとんどなかった。その多くは、実はロンドンから運ばれた。というのも、当時世界の映画取り引きの中心地はロンドンだったからである。欧米の主な映画製作会社はロンドンにオフィスを開き、ロンドンから映画を世界に配給した。ロンドンの劇場街ウェスト・エンドには豪華な映画館が立ち並び、世界中から集められた映画が上映されていた。アメリカでエクスチェンジ(Exchange)、イギリスでハイヤー(Hire)と呼ばれていた貸フィルム会社(以下、フィルムレンタル会社と表記)もその周辺にオフィスを構えていた。パテ社は一九〇二年に、またエジソン社などアメリカの主要映画会社も一九〇〇年代後半までにはロンドンに進出している。世界各地からバイヤーがロンドンに集まり、彼らに映画を試写する仕組みが導入された。ロンドンで入手した映画は、港から汽船で世界各地に運ばれたが、アジアに向かう汽船の多くはイギリス海運がほぼ独占していた。

ロンドンは当時、世界最大の封切り場であるだけでなく、世界最大の中古市場でもあった。ロンドンからアジアに搬送される映画のほとんどは中古映画だった。新作と中古では価格に雲泥の差があり[3]、アジアのように貨幣価値が低い地域では、新作映画は高くてとても買えなかった。とくにアメリカ映画は、大西洋を渡ってロンドンに運ばれる輸送費などが加算され、欧州映画よりも割高だった。そのためアジアに流れてくるアメリカ映画は、より古い、より安い中古映画、すなわちフィルム状態が劣化した映画がほとんどだったのである。そうなると、必然的にアメリカ映画の評価は低くなる。アジアの場合、作品や装置、国際関係の違いだけでなく、こうした流通の問題も、欧州映画をアメリカ映画よりも上に見る〝欧高米低〟の認識形成に関わったと考えられる。

もちろん、なかには欧州からではなく、アメリカからアジアに直接運ばれた映画もある。一九〇〇年代末までには、映画先進国の大企業だけでなく、中小の会社も映画の供給網を築いており、その網は地球を覆うように伸びつつあった。一例をあげると、ベンジャミン・ブロツキーが経営するアメリカ西海岸のバラエティ映画エクスチェンジ社は、アジア欧州航路ではなく、太平洋経由でサンフランシスコから横浜やハワイ、香港などに映画を運んでいた。ただその取引量は、パテ社のような巨大資本のグローバル企業がロンドンからアジアに運んだ数とは比べものにならないほどわずかだった。つまり、世界初となるグローバルな映画配給の網は、多方向から伸びてはいたものの、結局、ロンドンを中心に形成されていたのである。

アジアでのアメリカ映画のシェアと評価の低さは、一九一〇年代初頭になっても変わらなかったといわれる。J・J・ロビンソンによれば、フィリピンに送られてくるアメリカ映画は、フィルム状態が劣化した「雨が降るフィルム」ばかりで、なかには部分的にフィルムが欠落し、結末がわからないものもあったという[4]。また田中純一郎は、一九〇〇年代末から一〇年代初頭にかけての日本では「アメリカ映画は僅かにバイオグラフ、シーリッグ、パテー等が、短い活劇物や喜劇物でようやく顔を出して来た[5]」にすぎないと述べる。つまり、アメリカの植民地であるか否かにかかわらず低評価だったのである。

しかし、こうした傾向は、一九〇〇年代後半から一〇年代初頭のアメリカ映画産業の急成長とともに変わっていく。アメリカでフィルムレンタルを専門とする職業が登場し、興行者が映画をより安くより自由に入手するシステムが整うと、ニッケルオデオンと呼ばれる小さな映画館が爆発的に増え、映画の大量生産・大量消費に拍車がかかる。いわゆるコンティニュイティ編集など、アメリカ映画の根幹をなす形式が整えられ、そのなかで長篇映画も登場する。製作会社は西海岸に集中しだし、ハリウッドという映画の都が新たに形成されていく。一二年には映画がアメリカの三大輸出品目のひとつになり、政府の支援体制は強化され、ユニバーサル社のように太平洋を渡って映画を直接アジアに配給する会社も現れる。こうしてアメリカ映画はアメリカ企業によってアジアに輸出され、アジアでのアメリカ映画の上映が質的・量的に改善され、それがフィリピンやシンガポール、中国、日本といったアジアの人々のアメリカ映画に対する認識を変えることになる。

注目すべきは、このときアメリカ映画が、アジアに何をもたらしたかである。例えば日本の映画史家はこれまで、恋する若者の心理を描写したブルーバード映画やスリリングな連続活劇映画が観客を熱狂させ、日本映画革新の気運を生んだと説明してきた[6]。しかし、アメリカ映画は、日本映画に美学的な影響を与えただけではない。

映画の配給や興行の方法、宣伝や広告、ジャーナリズムを活用した映画ファン文化の醸成方法にいたるまで、さまざまなアメリカ式映画ビジネスの実践をアジアにもたらしたのだ。それは確実にアジア映画産業の拡大に貢献した。そして同時に、既存の文化とのあいだに、さまざまな混乱や亀裂を生じさせ、ローカルな映画文化を大きく変えていったのである。

こうした世界の映画市場での覇権の交代——欧州からアメリカへ——は、アメリカではエジソンらがMPPCを組織する一九〇〇年代末に、アジアでは第一次世界大戦末期もしくは大戦後に起こったとされてきた。[7]だが、事はそれほど単純ではない。なぜならアジアは、欧米とは別種の、多様さや複雑さを内包しているからである。アジアには言葉や宗教、文化などを異にする国や地域が数多く存在し、しかもその多くは、欧米列強によって異なる文化を強要された歴史をもつ。したがって、アジアでのアメリカ映画の台頭も、それぞれ異なる位相——外から強制的・半強制的に入ってきた文化と土着の文化の複雑な交渉の歴史——において生じている。例えばフィリピンでは十九世紀末にスペインに代わってアメリカが統治し、支配的な文化もスペインからアメリカへと移行する過程で、それぞれの文化を受容しながらローカルな文化変容を経験している。また、アヘン戦争後、イギリスに割譲された香港、あるいはイギリス人やフランス人などの共同租界を中心に映画文化が発展した上海などと比較しても、アメリカ映画の台頭による文化変容は時期も内容も異なっている。

しかしながら、こうしたアジアの歴史の多層性や多様性と映画文化との関係は、これまでの映画史研究で十分に研究されてきたとはいいがたい。一九七〇年代から八〇年代にかけてアメリカでは構造主義やポスト構造主義的な映画分析が流行するが、その一方でアナール学派の影響を受けた歴史研究も盛んになる。クリスティン・トンプソンが『エクスポーティング・エンターテインメント *Exporting Entertainment : America in the World Film Market 1907-34*』を書いたのはその頃である。このトンプソンの研究は、テリー・ラムゼイなど一世代前の映画史家とは異なり、体験ではなく、統計データや一次資料を駆使したアメリカ映画史の叙述を試みた点で斬新だった。また、作品やその作り手ではなく、国境を越えた映画の流通を世界的な視野で研究しようとした点は、同時代の映画史研究と一線を画する先駆性をもっていたといえるだろう。トンプソンが開拓したテーマは九〇年代に入ると、ケリー・セグレイヴの『海外のアメリカ映画 *American Films Abroad*』など、より網羅的な研究に引き継がれる。

だが、そうしたアメリカ人研究者による研究は、その対象として「世界」を設定しながらも、実際には欧州とアメリカ大陸に議論が集中し、アジアは手薄だった。例えばトンプソンの『エクスポーティング・エンターテインメント』の索引を見ると、イギリスは五十八ページ、フランスは五十二ページ、ドイツは四十六ページ、南米は三十一ページ、イタリアは二十五ページ、ほかに、スペイン、デンマーク、ベルギー、オーストリア、ハンガリーなど各十ページほど記述がある。他方アジアは、日本が最も多く十九ページ、中国が十ページ、香港が七ページ、シンガポールおよび海峡植民地が七ページ、フィリピンが五ページ、韓国が一ページである。しかもこれは索引のページ数であって、本文はごくわずかにすぎない。結論部分にもアジアへの言及はない。つまり、書名の副題には「世界」を冠しているが、実際は欧米についての議論になっていることは否めないのである。

地域が偏っているだけではない。アジアの国や地域を個別に論じながらも、アジアを欧米に対する一枚岩の「アジア」と見なしている点も問題である。言い換えると、アジアの国や地域をそれぞれ個別に調査・分析し、その集積としてアジアの特徴をまとめるのではなく、アメリカの欧州に対する関係に対して、もう一つ別の広域での同じ関係の事例としてアジアを取り上げているにすぎない。トンプソンがアジアの多様性を見落とし、アジア市場にアメリカ映画が台頭する時期を一律に欧州よりも少し遅れた第一次世界大戦末期もしくは大戦後と指摘するのは、その証左といえるだろう。しかし彼女は、二十世紀初頭にアジアで発行された一次資料をまったく参照していない。

トンプソンが提示した問題を、より網羅的に研究したセグレイヴの『海外のアメリカ映画』もアジアについては同じである。(8) トンプソンの研究範囲は一九〇七年から三四年までであったが、セグレイヴは一八九〇年代から一九九〇年代までを対象とする。トンプソンのように見つけた情報を何でも詰め込むのではなく、裏がとれる情報だけを選び、余分なものを整理して、より正確に、よりわかりやすく歴史を叙述している。セグレイヴは、第一次世界大戦を契機としてアメリカ映画が世界の市場を支配できた要因として、欧州映画の衰退とアメリカ政府の支援に加えて、企業連合の力によるところが大きいと主張する。要するに、この網羅的な研究成果は、アメリカ映画の世界市場支配を統計的データで示したトンプソンの研究結果に加えて、組織の力という原因があったことを示し、原因と結果の論理的な筋道を与えているのである。しかし、セグレイヴがアジアの主要国について述べた索引は、日本が十ページ、中国が五ページ、香港は〇ページ、シンガポールおよび海峡植民地が一ページ、フィリピンが二ページ、韓国が〇ページと、トンプソンよりさらに少ない。もちろん、アジア各地の一次資料は使っていない。ちなみに、この著書の副題は *Hollywood's Domination of the World's Movie Screens from the 1890s to the Present* である。

こうした一九九〇年代までの映画史研究に対して、二〇〇〇年代以降は対象の国やジャンル、時代などを限定して研究する傾向が強くなる。より正確な歴史を調査・分析するには、範囲を絞らなければ極めて難しいという判断だろう。ただ、二〇〇〇年代以降の研究の特徴として、アメリカ文化帝国の成立過程を明らかにするだけでなく、アメリカ映画が海外の観客にどう受容され、どのような映画文化がそれぞれの地で構築されたのか、といった観客論の視点も加わっている。[9] 例えば、マルヴィン・ストークスとリチャード・モルトビーの『海外のハリウッド映画 *Hollywood Abroad*』は、そのひとつである。[10] この研究書は、アメリカ映画を受容してきた国や地域をいくつか選び、それぞれの専門家に依頼して、各地の一次資料も用いながら、観客や文化を論じている。しかし観客論は、観客の定義が曖昧にならざるをえず、信頼に値する資料もわずかであり、人口統計的にも偏った資料しか残っていない場合がほとんどである。したがって、どんなに公平さを保とうとしても、あるいは装ったとしても、曖昧かつ大きなカテゴリー——上流、中流、労働者階級、指導者層、知識層などの単位——に頼らざるをえない以上、限界があると思われる。

そこで本書は、そうした立場を視野に入れながらも、積極的にはそのアプローチはとらず、むしろ映画という近代的な経験を人々にもたらした装置が、アジアでどのように流通し、その流れがどう変わり、アジアにどのような文化変容を引き起こしたのかについて、一九〇〇年代から二〇年代を中心に、映画の製作ではなく配給や興行の局面から明らかにする。その意味では、九〇年代にセグレイヴが試みた過度に網羅的なテーマ（一八九〇年代から一九九〇年代までのアメリカ映画の流通）よりもむしろ、八〇年代にトンプソンが最初に提起したテーマ（一九〇〇年代から三〇年代までのアメリカ映画の流通）の設定に近いだろう。

とはいえ本書は、トンプソンの議論とは次の三つの点で大きく異なる。まず、アメリカと欧州の関係の構造をアジアに当てはめることはしない。そうではなく、アジアの映画伝播流通に重要な都市一つひとつを個別に捉えて調査・分析する。次に、アメリカで発行された資料だけでアジアの映画市場を語ることはしない。アメリカの資料に加えて、アジアのそれぞれの国や地域で発行された一次資料を主に使用して、各映画市場の形成や変容を跡づける。最後に、これが最も重要だが、アジアを一枚岩で捉えるのではなく、アジアの事例を一つひとつ調査・分析してその結果を重ねることによって、アジア全体の映画市場形成の重層的なダイナミズムを捉えようとする点である。研究テーマは似ているが、そのアプローチはトンプソンとはまったく異なる点を強調しておく。

本書は、生産や流通、金融など、さまざまな構造的革命を経て巨大化したアメリカ映画産業の資本や技術の圧倒的な力が、アジアの多様な映画文化を情け容赦なく駆逐したという考え方には立たない。また、アメリカの映画産業が戦争で疲弊した欧州映画産業と単純に入れ替わったとも考えない。アジアの多種多様な国や地域で十九世紀末から形成されていた映画文化が、欧米双方からのグローバル化の圧力を受けながら、アジア内部でも、相互に交渉を重ねながら変容していったという視点に立っている。そしてそのアジアでの空間的・時間的な差異を含んださまざまな変容の重なりの総体を、世界地図のなかに位置づけ、アジアでの近代的経験として捉え直す。

第1部ではまず、十九世紀末から一九二〇年代までの大阪を例として取り上げ、アジアのなかに日本市場を位置づける。映画装置の渡来によって、演劇や演芸が支配していた日本の娯楽空間はどう変容したのか、映画は日本の都市にどのように入り込んでいったのか、映画文化の形成は都市そのものの変容とどう関わっていたのか。

また映画が都市に浸透することで、都市はどう変わり、人々の娯楽に対する考え方や価値観、鑑賞方法はどう変わったのか。こうした問いに応えるべく、議論を進めていく。

大阪は、商業的な映画興行が日本で最初に盛んになった都市のひとつである。東京に次いで全国で二番目となる映画の常設館が誕生したのも大阪だった。にもかかわらず、大阪が日本の映画史で言及されることはほとんどなかった。その大きな要因は、日本映画史叙述は従来、映画の製作や作品分析を中心とする傾向が強く、そのため大きな映画撮影所が継続的に存在しない大阪は、東京や京都ほど叙述の対象にならなかったからである。

しかし視点を変えて、配給や興行に着目すれば、大阪は日本での映画興行が始まって以来、こと現代にいたるまで、東京に次ぐ映画の大消費都市である。とくに、東京が関東大震災の壊滅的打撃から復興するまでの大正末期から昭和初期にかけては、映画は大阪を中心に流通し、大阪で封切られた映画が全国に配給され、鑑賞されていた。したがって、この日本映画興行史上の重要な都市である大阪について語ることは、すなわち、これまでの日本映画史――東京と京都偏重の日本映画史――に一石を投じることになるだろう。

また、大阪は、西日本の交通要地として栄え、古くから朝鮮や中国などアジアとの交流の拠点であった歴史をもつ。そのために日本映画産業の草創期に、富士山より以西の西日本だけでなく、台湾や朝鮮の映画配給においても中心的役割を果たしてきた。さらに、シンガポールや上海などアジアの大都市との交流もおこなわれていた。したがって大阪の映画産業史を検証することは、日本と欧米だけでなく、日本とアジアの映画交渉の歴史――単に西洋化とは言い切れないアジアの複雑な近代的経験――を検証することにもなる。

映画という近代科学の粋を集めた装置が大阪に渡来し、それによって大阪の娯楽空間がどう変容し、どのような人々がそれをどこでどう経験し、どんな慣例や価値観、また考え方や文化を新たに生み出していったのか。それは大阪という都市の地理的・歴史的条件とどう関係しているのか。大阪の事例を取り上げることは、従来の日本映画史に新たな光を当てるとともに、アジアでの近代性の経験の一端を示すことにもつながるだろう。

第2部は、一九〇〇年代から二〇年代までの環太平洋映画交渉を取り上げる。事例として、大隈重信や渋沢栄一の思想的影響下に日本の近代産業の発展に貢献した、東洋汽船会社の浅野総一郎の映画事業を理解する。それによって映画をめぐるアメリカと中国、そして日本の関係の変化を解析するとともに、環太平洋映画交渉史での日本の地政学的な位置を浮かび上がらせたい。具体的には、映画は地球上をどう流通していたのか、そしてそのなかでアメリカはアジア市場をどう認識し、どう動いていたのか、また日本は何を欲し、どう挑んだのかをアメリカ商務省の刊行物など一次資料を用いて明らかにする。その過程でアメリカ政府が、辛亥革命（一九一一―一二年）を契機としてアジア、とりわけ中国市場に期待を寄せてアメリカ企業の進出を後押しすること、同じ頃アメリカ企業がイギリスを経由せず直接アジアに映画を供給し始めること、さらに第一次世界大戦中にはアジアでの日本の地政学的重要性が高まること、などが見えてくるだろう。

浅野総一郎が映画事業に参入するのは、まさにそのような映画流通の大変動が起こっていたただなかにおいてである。外客斡旋をおこなう貴賓会を組織した渋沢栄一や外客誘致政策を打ち出した大隈重信と同時代的な思想をもつ浅野は、一九一七年、東洋フィルム会社を横浜に設立する。同社は、日本の映画産業をハリウッドのような近代国家の一大事業とすべく、アメリカから香港に移民したベンジャミン・ブロツキーを雇い入れ、ハリウッドから最新装置を購入し、アメリカ市場向けに映画を作って、日本映画を世界に発信しようとする。ところがその志は、残念ながら達成されずに終わる。とはいえ、浅野の思いは志茂成保や中谷義一郎など東洋汽船の元社員たちに引き継がれ、谷崎潤一郎を顧問とする大正活映の設立に結実する。

従来の日本映画史研究で大正活映は、栗原トーマス（栗原喜三郎）らが参加し、アメリカ映画を強く志向する革新的な日本映画を製作した会社と評価されてきた。[11] しかし、谷崎が脚本を書いた『アマチュア倶楽部』（監督：栗原トーマス、一九二〇年）や『葛飾砂子』（監督：栗原トーマス、一九二〇年）、『蛇性の婬』（監督：栗原喜三郎、一九二一年）ばかりが言及されることによって、大正活映の製作活動の一部にしか光が当てられてこなかったのもまた事実である。例えば、大正活映が映画を国家の発展に資する社会的メディアと見なし、報道や宣伝、国際親善、教育などに活用しようとしていたことはほぼ無視されてきた。また、アメリカ映画を範とする日本映画を製作し輸出するだけでなく、[12]環太平洋映画流通ビジネスを新たに切り開き、日本の配給興行の慣例に風穴を開けるとともに、映画著作権の概念を日本に芽生えさせた功績は、これまで十分に評価されてこなかったといえるだろう。東洋汽船の同族会社である大正活映は、世界流通のコペルニクス的大転換の波を敏感に感じ取ることができたがゆえに、新しい覇者アメリカにいち早く焦点を絞って、日本映画の近代化（アメリカ化）を図ろうとしたのである。

このように東洋汽船会社の映画事業を、日本の内側から見るのではなく、世界流通システムのダイナミックな変容のなかに位置づけて、地球全体を俯瞰する視点で見直すと、その事業の複雑さがより明確に見えてくる。それは日本映画史が語り継いできた、アメリカ映画の台頭による日本映画美学の革新だけではおさまりきらない、もっと大きなものである。すなわち、地球上の映画の流れが大きく変動し、欧州の覇権が揺らぐなか、必死の攻勢をかけるアメリカを横目に、そのアメリカの技術や配給網に頼りながら世界に挑もうとした日本の近代的経験を示す貴重な事例なのである。こうした事例から見えてくるのは、アジアの国や地域の多くが経験した近代的変容は、国内の事象だけで語りきれるものではなく、世界全体の変化・変容との関係で捉え直す必要があるということである。

第3部は、アジアでの近代的経験の多層的な複雑さを理解するため、グローバルな流通網によってアジアに運ばれた欧米の映画が、すでに存在するローカルな映画文化とどのように関係・影響し合って、そのローカルな文化を変容させていったのかを検証する。前述したクリスティン・トンプソンら欧米の研究者は、欧州やアジアなど広域での欧州映画からアメリカ映画への覇権交代を輸出統計データなどアメリカの資料に基づいて検証した。しかし、アジアと一言でいっても、多種多様な国や地域があり、映画文化の形成過程も、グローバル化の影響も一様ではない。そもそもアメリカ映画の輸出統計値からは、アジアの映画市場がどう形成され、どう変容したかまでは見えてこない。つまり、従来の研究では、アジア映画市場のダイナミックな多層性が、ミクロかつマクロに調査・検討されることはなかったのである。

例えば、アジアのなかでも数少ないアメリカの植民地だったフィリピンは、映画産業が興行を中心に急速に発展する時期と、フィリピンの統治がスペインからアメリカに変わる時期が重なる。そのため、その映画文化は欧州とアメリカの慣例のせめぎ合いのなかで形成される。また、フィリピンでのアメリカ映画の台頭は、第一次世界大戦によって欧州市場でのアメリカ映画への覇権交代が起こったあとの、一九二〇年代とこれまで考えられてきた[13]。だが、実はそれより早い、一九〇九年のパテ社マニラ上陸直後から第一次世界大戦勃発直前までには始まっていたと考えられる。

一方、イギリスの植民地であり、東西貿易の重要な中継点だったシンガポールでは、草創期から移民や巡回興行者など国境を越えて移動する人々が、シンガポールを拠点にマレー半島やジャワなど近隣地域に映画興行網を築いてきた。しかし、欧州を起源とする世界初のグローバル映画配給網がアジアで初めてシンガポールに上陸すると、シンガポールの地政学的重要性が高まり、中国やフィリピンなどアジア映画配給網のハブとして機能するようになる。シンガポールと日本をつなぐ映画供給ルートの形成もそのひとつだった。

さらに中国では、早くからパテ社が進出し、上海や香港など南沿海部の開港都市を中心に映画市場が形成される。例えば上海でパテ社は、慈善事業などを通じて租界のコミュニティーと密接な関係を築き上げるとともに、上海土着のハイブリッドな興行形態に適した供給システムを提供することで、高級な西洋劇場から茶園や廟などの大衆的な娯楽場までさまざまな興行場のスクリーンを独占する。一方アメリカは、辛亥革命の頃からその巨大な市場に期待を寄せるものの、このように欧州企業が現地コミュニティーと密接につながった市場では、思うように進出できなかったのである。

こうしたアジアの多層性は、日本統治下の台湾と朝鮮の事例にも見いだすことができる。台湾では、映画興行の勃興と日本による統治がほぼ同時期に始まる。草創期には日本人や日本を訪問した台湾人などが映画を巡回興行し、一九〇〇年代末以降は政府の命を受けた高松豊次郎らが映画を民衆教化の道具として積極的に政治利用する。しかしその後すぐに民間人による商業活動も盛んになり、台湾市場は九州市場の延長線上に位置づけられ、西日本映画供給網の一部に組み込まれる。結果、台湾の映画市場は西日本と似たような変遷を遂げる。しかし二〇年代後半からは、西日本映画市場とのつながりを維持したまま、中国など周辺地域とも交渉を重ね、新たな展開を示す。他方、朝鮮では、朝鮮人が欧米の映画を輸入興行していたところに、日本が朝鮮を併合する。日韓併合後、多くの日本人がソウルの南村に移住し、そこで日本映画または日本映画と外国映画の混成興行を始める。そのためソウル市場は、日本人居住者が多い南村と、朝鮮人居住者がほとんどの北村の興行が、共存しながらも競い合い、摩擦や衝突が起こることになる。やがて抗日運動が高まり、植民地政策を武断政治から文治政治に方向転換する過程で朝鮮への民間投資が増えると、朝鮮人による映画製作が盛んになる。だが、そうした朝鮮映画産業の大部分は、統治政府の恩恵を受けた日本の大事業家や大資本家によって支配されていたのである。

このように二十世紀初頭のアジアの事例を一つひとつ見ていくと、国や地域によって、それぞれ異なる近代化のプロセスを経験していたことがわかる。やがて、こうしたアジアの多様な経験は一九三〇年代以降、日本の政治的・軍事的な圧力によって、さらに複雑な変容を迫られることになる。日本映画はアジアからアメリカ映画を駆逐し、その市場を手に入れることを望み、日本映画史上初の大量輸出を実現する。

アジアでの映画の伝播は、アジアが急速に近代化される十九世紀末から二十世紀初頭に起こっている。そのため映画伝播の多種多様かつ複雑なプロセスをたどることは、近代アジアの諸相を明らかにすることにもつながるだろう。アジア映画市場でのさまざまな変容は、決して欧米の資本主義がその文化帝国をアジアで成立させる過程ではない。むしろそれは、不均衡な関係とはいえ、ローカルな文化とグローバルな文化のダイナミックな相互交渉によって生み出される複雑な過程である。その複雑な過程を少しずつ解きほぐしていくことは、アジアの近代的変容がアジアに何をもたらしたのかを探ることにもなるだろう。

注

（1）映画装置の開発は十九世紀末に突然始まったのではない。エジソンらの映画装置には、アメリカの写真家エドワード・マイブリッジやフランスの生理学者エティエンヌ＝ジュール・マレーなどが人間や動物の動きを研究するために考案した、写真を等間隔の時間差で連続撮影し、その動きを再現する連続写真の技術が応用されている。さらにさかのぼれば、フェナキスティスコープなどさまざまな視覚玩具の技術集積が映画装置である。映画以前の装置についてはC・W・ツェーラム『映画の考古学』（月尾嘉男訳、フィルムアート社、一九七七年）を参照。

（2）Jean-Jacques Meusy, “How Cinema Became a Cultural Industry : The Big Boom in France between 1905 and 1908,” *Film History*, 14:3/4, Indiana University Press, 2002, pp.418-429.

（3）例えば上海で週二回映画を交換する場合、映画五百メートルの貸フィルム料は封切り映画が六十二・五〇USドル／メートル、過去一回上映した中古映画は〇・〇一USドル／メートル、過去三、四回上映した映画は〇・〇〇五USドル／メートルだった（*Daily Consular and Trade Reports*, May 10, 1913, p. 728）。

（4）J. J. Robinson, “From the Other Side of the World,” *Moving Picture World*, February 4, 1911, p. 236.

（5）田中純一郎『日本映画発達史』第一巻（中公文庫）、中央公論社、一九七五年、一九一ページ。田中がいうアメリカの「パテー」とは、フランスのパテ社ではなく、MPPCの一員だったパテ社アメリカ法人を指す。

（6）例えば山本喜久男『日本映画における外国映画の影響――比較映画史研究』（早稲田大学出版部、一九八三年）。

（7）例えば Kristin Thompson, *Exporting Entertainment : America in the World Film Market 1907-1934*, (British Film Institute, 1985.)、前掲『日本映画発達史』第一巻。

（8）Kerry Segrave, *American Films Abroad : Hollywood's Domination of the World's Movie Screens from the 1890s to the Present*, McFarland & Co., 1997.

（9）日本でのアメリカ映画の受容については、Kitamura Hiroshi, Sasagawa Keiko, “The Reception of American Cinema in Japan”（*Oxford Research Encyclopedia of Literature*, Oxford University Press, 2017）を参照。

（10）Melvyn Stokes, Richard Maltby, *Hollywood Abroad : Audiences and Cultural Exchange*, British Film Institute, 2004.

（11）例えば前掲『日本映画発達史』第一巻、二九六―三〇六ページ、佐藤忠男『日本映画史』第一巻（岩波書店、一九九五年）、一六七―一六九ページ。

（12）小松弘「ヒストリオグラフィーと概念の複数性――大活を歴史化するために」「映画学」第十三号、映画学研究会、一九九九年、二―一一ページ

（13）Nick Deocampo, *Film : American Influences on Philippine Cinema*, Anvil Publishing, 2011, pp.169, 174, 234.

序章　ユニバーサル映画のアジア展開——トム・D・コクレンとアジア

はじめに——アメリカ映画の日本への進出

二〇〇一年、大阪にユニバーサル・スタジオ・ジャパン（Universal Studios Japan：ＵＳＪ）が開園した。ＵＳＪはなぜ、東京ではなく、大阪に誕生したのだろうか。

大阪市の説明によれば、ユニバーサル・スタジオ（現在のＮＢＣユニバーサル傘下。以下、ユニバーサル社と略記）の親会社だったミュージック・コーポレーション・オブ・アメリカ（Music Corporation of America：ＭＣＡ）と大阪市のニーズが偶然一致したためだという。一九八〇年代、ＭＣＡはアジアのどこかにテーマパークを開園したいと考え、土地を探していた。初めはバブル絶頂期の東京で探していたが、東京ディズニーランドと競合するため、関西圏で探すことになる。同じ頃、大阪市は、重工業が衰退した此花区の利用転換を考える必要があった。淀川河口のデルタ地帯にできた此花区は、大阪重工業発祥の地として栄え、大きな工場が集まっていた。しかし八五年のプラザ合意で円高が進み、重工業が立ち行かなくなっていた。大阪市は閉鎖した日立造船や、住友金属工業の工場跡地にＵＳＪの誘致を決め、バブル崩壊直前の九〇年、ＭＣＡ幹部に積極的なアプローチを開始、九三年には正式に招請する。交渉開始からＵＳＪが完成するまでに、ユニバーサル社は松下電器産業やカナダのシーグラム、フランスのヴィヴェンディに買収されるが、ＵＳＪの計画は継続され、二〇〇一年に晴れて開園の運びとなる。

実は、大阪とユニバーサル社の関係はいまからおよそ百年前、二十世紀初頭にまでさかのぼることができる。ユニバーサル社はアメリカ企業の多くがまだ欧州市場に注目していた時代、アジア市場の開拓に本格的に乗り出した先駆的な映画会社である。日本映画史の言説でユニバーサル社（当時の正式名称はユニバーサル・フィルム製造会社〔Universal Film Manufacturing Company〕、一九一二年創設）は、低予算映画を作る二流の映画会社と見下されながらも、日本に初めて進出した外国の映画会社として重視されてきた(1)。

ユニバーサル社の支社は一九一六年、東京市京橋区南伝馬町三丁目十四番地（現在の東京都中央区京橋三丁目一番地）に開設された。同社が日本に紹介したサスペンス満載の連続映画『名金 *The Broken Coin*』（一九一五年）や、若者向け恋愛心理劇ブルーバード映画『毒流 *Shoes*』（一九一六年）などは日本映画界に大きな波紋を巻き起こし、純映画劇運動など日本映画の革新につながった。この意味でも、ユニバーサル社が日本映画の近代化に果たした役割は大きい。

本章の目的は、初代ユニバーサル社東洋総支配人だったトム・Ｄ・コクレン（Tom Dakin Cochrane）の足跡をたどることで、帝国主義的資本主義経済の欧米諸国がアジアの映画市場を開拓していく過程を解明するとともに、こうした地球規模の交渉のなかに二十世紀初頭のアジア、そして日本の位置を捉えることにある。具体的にはコクレンがユニバーサル社の命によりアメリカを出発し東京に支社を設立するまでの経緯を、次の三点に留意しながら検証する。その結果、歴史に埋もれたユニバーサル社と大阪の関係が明らかになるだろう。三点とは以下のとおりである。

①アメリカ映画産業がアジア市場に進出していく過程。大西洋両岸の国々の映画流通に関する研究に比べて、太

図1　右から2番目がトム・D・コクレン、左から3番目がユニバーサル社社長のカール・レムリ
（出典：「活動評論」1919年7月号、活動評論社、写真ページ）

平洋両岸の映画流通に関してはほとんど研究がない。アメリカの映画会社として初めてアジア市場の開拓に本格的に乗り出すユニバーサル社の足取りをたどることによって、欧州が支配していたアジア映画市場にアメリカが進出する過程を明らかにする。

②日米映画流通経路の形成過程。ユニバーサル社の日本上陸はこれまで、内向きの文脈でしか語られてこなかった。すなわち、同社の支社が日本映画界をどう刺激し、どんな影響を与えたかについてである。逆に、ユニバーサル社がどういった経緯で日本に進出したのかは不問に付されてきた。グローバルな視点から日本を見つめ直すことによって、日米間の映画流通経路の形成過程を解明する。

③アジア市場での日本の歴史的位置。欧米主導でグローバル化するアジア映画市場のなかで、日本はどのように位置づけられていたのか。ユニバーサル社の日本上陸を、映画流通のグローバル化がアジア市場に波及するプロセスの一環として捉え、地球規模の映画交渉

における日本の位置を明らかにする。

1　トム・D・コクレンの軌跡

まず、コクレンとはいったい何者なのかについて明らかにしておこう。コクレンは草創期の日本映画産業とアメリカ映画産業をつなぐ架け橋となった人物である。だが、日本映画史の言説のなかで彼に関する記述を見いだすのは極めて難しい。たとえ記述があっても断片的にすぎず、内容も薄かったりなど、ユニバーサル社の東洋総支配人という以外の情報はほとんどわからない。そのため内務省警保局保管の「感謝状交付ノ件伺」（内務大臣決裁書類・昭和十三年〔上〕、作成者：内務大臣正三位勲一等 末次信正、一三三一―一九八ページ、計六十七ページ）は、彼の重要性を知ることができる唯一かつ最も貴重な史料である。

　起案　昭和十三年三月二日
　　警保局警発乙第一一一号
感謝状交付ノ件伺　パラマウント映画株式会社東洋総支配人トム・ディ・コクレン氏ハ昭和十二年十一月九日紐育ニ於テ死亡シタル所同氏ハ大正四年来朝以来我ガ国映画界ニ貢献シタル功績尠カラザルモノアリト認メラルルニ付左案ニ依リ感謝状交付相

この伺書は一九三七年十一月九日にコクレンがニューヨークの病院で他界したあと、[2] 日本映画界への彼の貢献に対して、内務大臣の末次信正からコクレンに感謝状を贈るべく用意されたものである（大日本映画協会も感謝状を贈った）。推薦人には、当時日本を代表する大会社の経営陣ら――東宝の大橋武雄、松竹の千葉吉蔵、日活

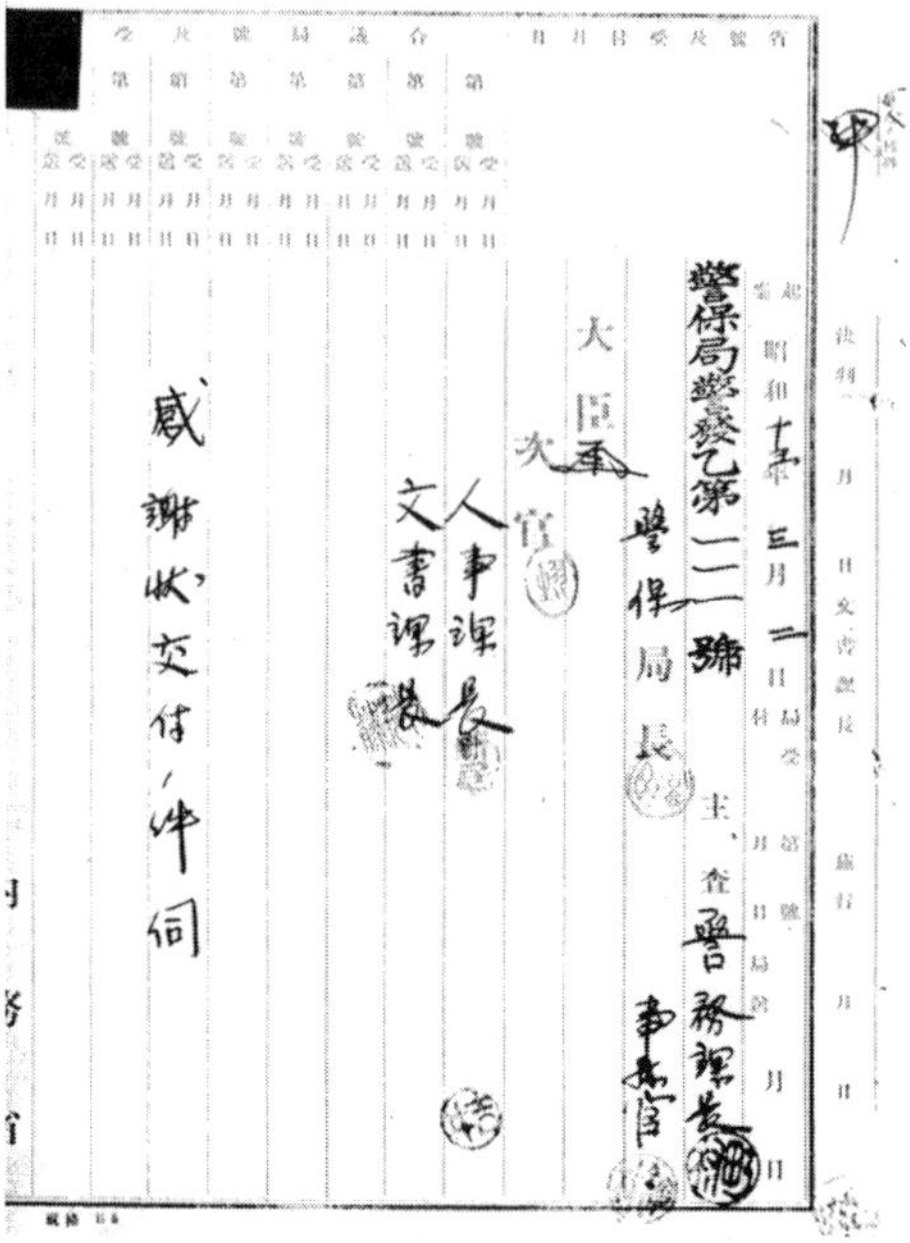

図2　内務省警保局保管「感謝状交付ノ件伺」（内務大臣決裁書類・昭和十三年〔上〕、作成者：内務大臣正三位勲一等 末次信正、132ページ）

の石井常吉——が名を連ねている。推薦理由は、「幼稚未組織なる本邦映画事業の各方面を刺激し、これが改善向上を促進し、本邦映画事業を今日の盛大に導けるは同氏の努力に拠る所尠なからず」であった。

伺書の略歴を参考に、日本でのコクレンの主な功績をまとめると、次の五つに絞られる。

①ユニバーサル社の東洋総支配人として来日、日本最初となる外国映画会社の支社を設立。連続映画やブルーバード映画などを日本に紹介して、日本映画に革新の動きを生んだ。

②日本に映画の自由配給制度を紹介し、日本の映画配給業に先鞭をつけ、独立系映画館の存在を可能にした。

③パラマウント社に転じ、同社の東洋総支配人としてサウンド映画の普及に尽力、『モロッコ *Morocco*』（一九三〇年製作、三一年日本公開）を嚆矢とする日本語字幕のスーパーインポーズを創始し、定着させた。

④松竹パラマウント興行社（通称、SP）を結成し、日本の興行界に多大な影響を与えた。

⑤それまでアメリカで現像し日本に搬送していたプリントを、日本に新設された極東現像所やJ・O現像所に依頼するとともに、指導することで、日本の現像技術と産業の発展に寄与した。

この略歴には明記されていないが、それ以外に、興行者や雑誌編集者ではなく製作者が主導する、ポスターやブロマイドなどを用いたアメリカ式の映画宣伝方法を紹介したり、[3]「活動之世界」（活動之世界社、一九一六年〔大正五年〕一月創刊）や「活動評論」（活動評論社、一九一八年〔大正七年〕十二月創刊）などの映画専門雑誌に資金を提供して映画ジャーナリズムを育成したりした功績も加えることができるだろう。コクレンが日本映画および日本映画産業の発展とその近代化に貢献していたことは疑いようがない。

しかし、問題もある。この伺書には、コクレンの履歴、略歴、業績のほかに、「ニューヨーク・タイムズ *New York Times*」などアメリカのメディア十三社による訃報記事の日本語訳がおさめられている。(4) それぞれコクレンの活動内容については、おおむね的を射た記述だが、混乱するのは年代である。例えば、コクレンがユニバーサル社の命を受けてアジアに向かうのは一九一一年とも一四年とも読める書き方であり、日本の支社設立は一一年、一五年、一六年、一七年とさまざまに記載されている。また、家族の構成についても、兄弟が何人いて、彼が第何子かは不明である。

だが、アメリカにコクレンとコクレンの家族に関する記録が残されている。一八八〇年と一九一〇年のアメリカ合衆国国勢調査記録と複数の旅券記録を照合すると、トム・D・コクレンは一八六九年十二月二十二日、西バージニア州ウィーリングで、父ロバート（Robert）、母マーサ（Martha）の第五子、四男として生まれたことがわかる。

1880 United States Federal Census
Name : Tom Cochran
Age : 10
Birth Year : 1870
Birthplace : West Virginia
Home in 1880 : Wheeling, Ohio, West Virginia
Race : White

Gender : Male
Relation to Head of House : Son
Marital Status : Single
Father's Name : Robert. H. Cochran
Father's Birthplace : Ohio
Mother's Name : Martha M. Cochran
Mother's Birthplace : New York
Household Members : Name Age

Robert. H. Cochran	43
Martha M. Cochran	43
Ella Cochran	18
Nigley Cochran	16
Witt Cochran	14
George Cochran	12
Tom Cochran	10
Mary Cochran	5
Philip Cochran	3
Robert Cochran	1

苗字は、一八八〇年国勢調査記録に「Cochran」とあるが、一九一〇年国勢調査と彼の旅券記録の多くは「Cochrane」である。名前は、映画雑誌などでは「Tom」と「Thomas」（日本ではトムとトーマス）のあいだで表

記が揺れていたが、国勢調査記録や旅券記録は、見たかぎりすべて「Tom」だった。また、彼の誕生年は、旅券記録のほとんどが一八六九年と記されていることから、八〇年国勢調査記録にある一八七〇年は誤りと判断した。一八八〇年の記録によれば、この時点で夫婦の子どもは八人、上から順番に、エラ（Ella）、ネグレイ（スペルは実はNegleyが正しい）、ウィット（Witt）、ジョージ（George）、トム（Tom）、メアリー（Mary）、フィリップ（Philip）、ロバート（Robert）の六男二女である。そしてそれから約三十年後、八人のうち五人が一九一二年に創設されるユニバーサル社で働くことになる。次男のウィットは広報、三男のジョージは監督、四男のトムは製作と営業、五男のフィリップは総務、六男のロバートは副社長（のちに社長）だった。

コクレン家とユニバーサル社の創設者のひとりカール・レムリ（Carl Laemmle）との関係は、レムリが映画業界に入る前から始まっていた。レムリがウィスコンシン州オシュコシュのコンチネンタル服飾店で働いていた頃、その店の宣伝を請け負ったシカゴの広告代理店がウィットとフィリップ、ロバートの経営による会社だった。ロバートは、のちにレムリのビジネス・パートナーとなる。そのロバートの後押しを得て、レムリはまず一九〇六年二月にホワイト・フロント劇場を、四月にファミリー劇場をシカゴに開場し、十月には当時エクスチェンジと呼ばれていた映画のレンタルを専門とする会社、レムリ映画サービス社（Laemmle Film Service）を設立する。さらに〇九年六月、ユニバーサル社の前身となるインディペンデント映画社（Independent Moving Picture Company：ＩＭＰ）をニューヨークに設立して映画製作にも進出する。[5] ＩＭＰの処女作はインディアンの英雄を扱った九百八十八フィートの映画『ハイアワサ *Hiawatha*』（一九〇九年十月公開）である。さらに、このＩＭＰを中核として一二年五月、独立系映画製作会社を集めたユニバーサル社を開業し、その製作部門をカリフォルニアに結集させる。このレムリの事業拡大とともに、コクレン兄弟

図3　若き日のトム・D・コクレン
（出典：*Moving Picture World*, September 30, 1911, p.6）

は彼の手となり足となり働くことになる。

四男のトムは、最初から最後までレムリの側近として尽くした六男ロバートとは異なるやり方で、ユニバーサル社の発展に寄与した人物である。ニューヨークの新聞「イブニング・メール *Evening Mail*」の宣伝部長として辣腕をふるっていたトムは、一九〇九年、シカゴのレムリ映画サービス社が東部に初めて進出するとき、その東部代表に抜擢される。同じ頃、レムリがニューヨークに設立した製作会社ヤンキー映画社（Yankee Film Company）の運営にも携わり、貸出する映画の数がまだ十分ではなかったレムリ映画サービス社に映画を供給した。その後、レムリが映画製作会社IMPを設立すると、トムはその製作部長としてIMPの処女作『ハイアワサ』を製作する。IMPは、映画公開の翌一〇年、アダム・ケッセル（Adam Kessel）とチャールズ・O・バウマン（Charles O. Baumann）率いるニューヨーク・モーション・ピクチャー社（New York Motion Picture Company）と提携し、映画配給セールス社（Motion Picture Distributing and Sales Company）を創設する。セールス社は毎週二十社以上の作品をリリースし、国内最大級のフィルムレンタル会社に成長する。[6] こうした配給会社の設立が独立系の映画会社に配給力を与え、モーション・ピクチャー・パテンツ・カンパニー（MPPC）の市場独占を難しくしたのである。一一年、トムはニューヨークに新設されたマジェスティック映画社（Majestic Motion Picture Company）の副社長兼製作部長となる。IMPからメアリー・ピックフォードを引き抜いて彼女の主演映画を次々に製作し、セールス社ブランドの人気に貢献する。[7] 末弟のロバートがレムリの参謀なら、トムは、その先鋒としてレムリの映画ビジネス拡充を支えていたのである。

レムリら独立系の映画製作会社がその配給組織としてセールス社を立ち上げた一九一〇年、当時メジャーだったMPPCはこれに対抗する。MPPCは〇八年、エジソン社やバイオグラフ社などが中心になって組織した主要映画会社によるトラストである。彼らはジェネラル・フィルム・カンパニー（General Film Company）を組織し、自分たちが製作する映画をライセンス映画と称して全国配給を開始する。しかし、民主党のウッドロウ・ウィルソンが大統領選で「ニュー・フリーダム」をスローガンに掲げた一二年、アメリカ映画産業は大きな転換期を迎える[8]。同じ年、セールス社は、ミューチュアル映画社（Mutual Film Corporation）とそのライバルとなるユニバーサル社の二つに分かれ、互いに競い合いながら急成長を遂げる。その三年後、MPPCに独占禁止法違反の判決が下り、トラストの崩壊は決定的となり、独立系が勝利するのである。

トムが所属するマジェスティック映画社はミューチュアル映画社に合流し、そこから作品を配給した。一方、ユニバーサル社の経営陣は最初、社長バウマン、副社長パトリック・パワーズ（Patrick Powers）、会計レムリ、総務ウィリアム・スワンソン（William Swanson）だったが、数週間後、バウマンが追い出され、社長レムリ、副社長ロバート・H・コクレン、会計パワーズとなる。その後しばらくしてトムは、マジェスティック映画社を辞めて、フィラデルフィアのルービン製造社（Lubin Manufacturing Company. 以下、ルービン社と表記）に移り、一九一三年、フィラデルフィア撮影所とベッツウッド撮影所の製作工場長に就任する。ルービン社はMPPCの主要メンバーのひとつであり、そのスタジオは国内最大級といわれていた。

マジェスティック映画社を退いたトム・D・コクレンが、なぜユニバーサル社に合流せず、兄弟と離れてフィラデルフィアに赴いたのかは興味深いところである。信頼するバウマンを追い出したユニバーサル社に対する反感なのか、あるいはマジェスティック映画社の社長ハリー・エイトケン（Harry Aitken）に遠慮してライバルのユニバーサル社に行くことをためらったのか、それともユニバーサル社が早々に製作拠点として選んだ西海岸に行くのがいやだったのか、現時点では不明である。ただ、一九〇九年から一三年にかけてアメリカでのコクレンの足跡をたどるとわかるのは、彼が一一年にユニバーサル社、あるいは、その前身となる会社から東洋市場開拓の命を受けて日本に上陸したとはまず考えられないということである。つまり、内務省警保局の記録にある複数の矛盾した説のうち一一年のトム渡日説はありえないことがわかる。

それではコクレンは、いつルービン社からユニバーサル社に転じ、アジアに向かったのだろうか。アメリカに保管された旅券記録によれば、コクレンは一九一四年十月二十三日にフィラデルフィアでパスポートを取得したことがわかる。その後、二〇年まで毎年、アメリカで旅券申請を繰り返す。行き先は不明である。申請時の現住所は一四年だけフィラデルフィアのジャーマンタウンだが、一五年以降はすべてユニバーサル社の本社があったニューヨークだった。

U.S. Passport Applications
Name : Tom Dakin Cochrane
Birth Date : 22 Dec 1869
Birth Place : Wheeling, West Virginia
Age : 44
Passport Issue Date : 23 Oct 1914
Passport Includes a Photo : Yes
Residence : Germantown, Philadelphia, PA

そのため一九一四年十月二十三日に発行された旅券だけは、ルービン社の社員として出国するためだった可能性は否定できない。しかし一四年六月以降、コクレンをルービン社の社員として報道する記事が見当たらなくなること、また一六年の秋にアメリカのメディアがコクレンのアジア渡航を二年前と述べていること、さらには一四年の時点でルービン社はアジア市場に進出していないことから、コクレンは、一四年六月から十二月のどこかの時点でルービン社からユニバーサル社に移ったと考えられる。したがって一四年十月二十三日の出国は、コクレンがフィラデルフィアから住所を移す間もなく、ユニバーサルの社員としてアジアに赴くためだったと考えていいだろう。

ユニバーサル社が早くからアジア市場を意識していたことは確かだが、いったいいつから意識し始めたのだろうか。定説では、第一次世界大戦の勃発でイギリスやフランス、ドイツなど重要な欧州市場を失ったアメリカの映画会社が、新たな市場を開拓する必要に迫られてアジア市場の開拓に向かったとされてきた。事実、一九一六年三月十二日付「ロサンゼルス・タイムズ *Los Angeles Times*」で、ユニバーサル社の大株主のひとりパトリック・パワーズは、戦争による欧州市場の損失をアジア市場の利益が埋めていると述べ、アジア市場への期待を表明している。アジア市場開拓の先駆者であるユニバーサル社が、コクレンをアジアに派遣するのが旅券の発行された一四年十月二十三日以降であるならば、まさにその定説どおりである。

しかし実は、その前からすでに、ユニバーサル社はアジア市場を意識していたのである。ユニバーサル社は、一四年一月にマニラ市場に進出し、一四年六月二十八日にサラエボ事件が起こるのとほぼ同じ時期、あるいはそれ以前にオフィスを開設している。これは同社が戦争の前から、アジアで唯一のアメリカ植民地であるフィリピンの市場開拓を目指していたことを示す（詳細は第3部を参照）。もっといえば一二年、ユニバーサル社がカリフォルニアに製作部門を集めて映画都市ユニバーサル・シティの建設を決断するのは、アジアを視野に入れた企業戦略だった可能性もある。第一次世界大戦が、大西洋の向こう側から太平洋の向こう側への市場シフトを加速させたのは確かだが、戦争だけがアジア市場開拓の発端ではないことも また事実である。

いずれにせよ、アメリカの映画会社として初めてアジア市場の開拓に本格的に乗り出したユニバーサル社だったが、それでも最も早かったフランスのパテ社に比べて七年も遅れていたことになる。とはいえ戦争による欧州映画会社の低迷、敵対する国への映画輸出の困難、アメリカの戦争景気、アメリカ政府の輸出支援、映画工場ハリウッドと新しい配給システムの発展、連続映画『名金』やチャップリン喜劇などアメリカ映画の人気が追い風となり、アメリカはアジアの映画市場を欧州の手から奪い取る。そのアメリカの先鋒としてアジア市場を開拓したのがユニバーサル社であり、ユニバーサル社の先陣がトム・D・コクレンだった。

2　ユニバーサル社とアジア市場の開拓

コクレンとアジア

一九一四年にコクレンがアメリカを出発し、アジア市場に向かったのであれば、彼はどの部分をどのように開拓したのだろうか。従来の日本映画史が示唆してきたように（あるいは問わずにきたというべきか）、コクレンはアメリカを出発したあと、真っすぐに日本に向かったわけではない。一四年の時点で彼の目標は、あくまでもアジアの市場であって、日本だけではなかったのだ。ならば彼は、まずはアジアのどこへ向かったのか。そして、なぜ大阪にたどり着くことになるのか。

カール・レムリ二十周年記念特集である「フィルム・デイリー *Film Daily*」の一九二六年二月二十八日号には、同社の海外オフィス一覧が掲載されている。(9) 二六年の時点で、すでにユニバーサル社のオフィスは全世界に広がっていて、アジアにも六カ国十五都市にオフィスがあった。

具体的には、中国やジャワ（現在のインドネシア）、フィリピン、海峡植民地（現在のシンガポールやペナンなどマレー半島の一部）、日本、インドにあった主要都市――上海、バンドン、スラバヤ、マニラ、セブ、イロイロ、シンガポール、東京、大阪、九州、北海道、ボンベイ（現在のムンバイ）、マドラス（現在のチェンナイ）、コルカタ、ラホール（現在のパキスタンのラホール）――である。コクレンは、そのうち、どの国のどの都市を訪ね、オフィスを開いたのだろうか。

コクレンが一九一四年から一六年の二年間で歴訪した国や地域は、ユニバーサル社が二六年の時点でオフィスをもっていたアジアの国や地域とほぼ重なっている。アジアでのコクレンの足取りを報道した記事は、数は少ないが、皆無ではない。報道はほぼすべて、一六年にコクレンが二年間のアジア歴訪から帰国した際のものである。

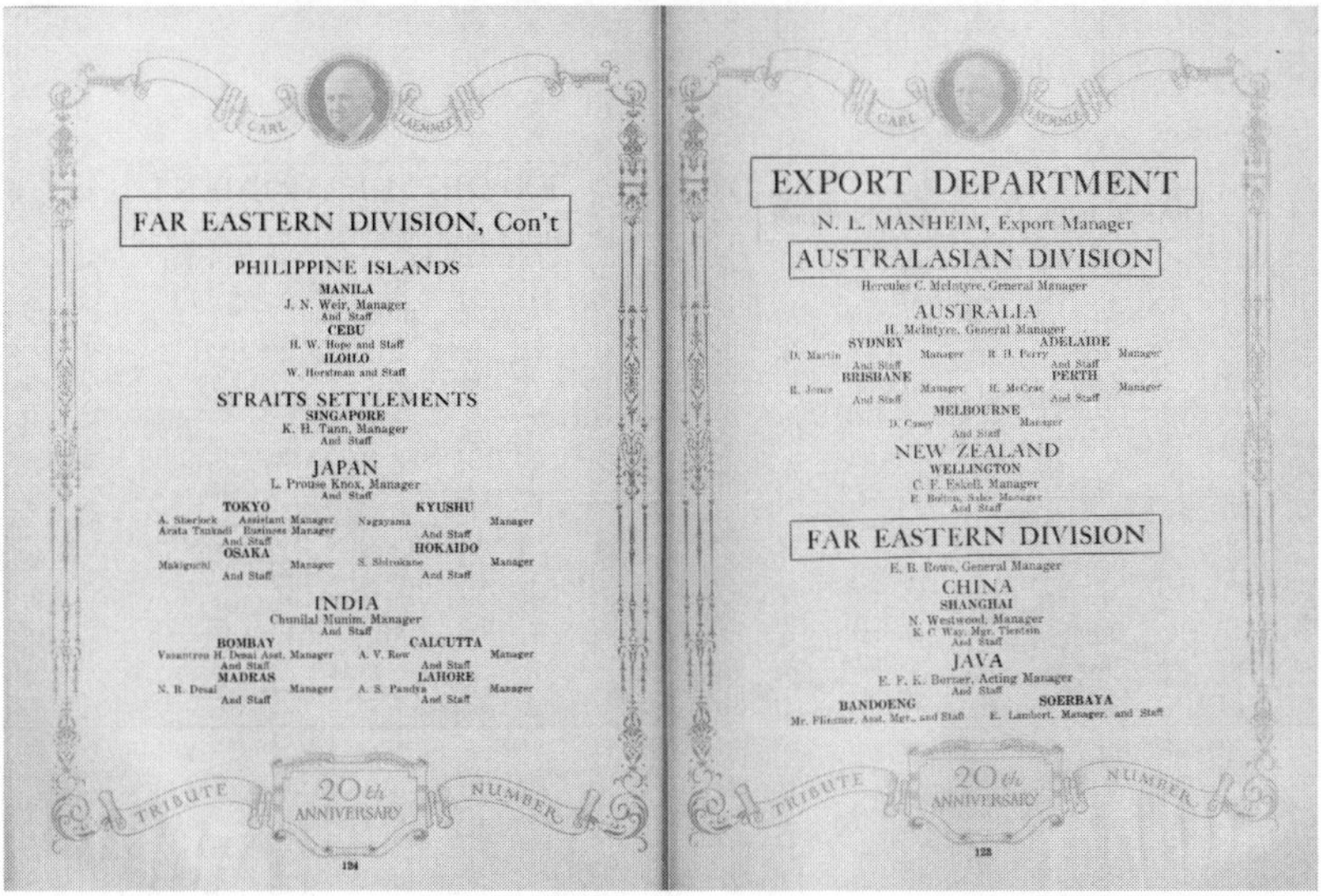

FAR EASTERN DIVISION, Con't

PHILIPPINE ISLANDS
MANILA
J. N. Weir, Manager
And Staff
CEBU
H. W. Hope and Staff
ILOILO
W. Horstman and Staff

STRAITS SETTLEMENTS
SINGAPORE
K. H. Tann, Manager
And Staff

JAPAN
L. Prouse Knox, Manager
And Staff
TOKYO
A. Sherlock Assistant Manager
Arata Tsukadi Business Manager
And Staff
OSAKA
Makiguchi Manager
And Staff
KYUSHU
Nagayama Manager
And Staff
HOKAIDO
S. Shirokane Manager
And Staff

INDIA
Chunilal Munim, Manager
And Staff
BOMBAY
Vasantrao H. Desai Asst. Manager
And Staff
MADRAS
N. R. Desai Manager
And Staff
CALCUTTA
A. V. Row Manager
And Staff
LAHORE
A. S. Pandya Manager
And Staff

TRIBUTE 20th ANNIVERSARY NUMBER
124

EXPORT DEPARTMENT
N. L. MANHEIM, Export Manager

AUSTRALASIAN DIVISION
Hercules C. McIntyre, General Manager

AUSTRALIA
H. McIntyre, General Manager
SYDNEY
D. Martin Manager
And Staff
BRISBANE
R. Jones Manager
And Staff
ADELAIDE
R. H. Perry Manager
And Staff
PERTH
H. McCrae Manager
And Staff
MELBOURNE
D. Casey Manager
And Staff

NEW ZEALAND
WELLINGTON
C. F. Eskell, Manager
E. Bolton, Sales Manager
And Staff

FAR EASTERN DIVISION
E. B. Rowe, General Manager

CHINA
SHANGHAI
N. Westwood, Manager
K. C. Way, Mgr. Tientsin
And Staff

JAVA
E. F. K. Berner, Acting Manager
And Staff
BANDOENG
Mr. Flizner, Asst. Mgr., and Staff
SOERBAYA
E. Lambert, Manager, and Staff

TRIBUTE 20th ANNIVERSARY NUMBER
123

図4　1926年2月時点のユニバーサル社極東オフィス一覧
（出典：*Film Daily : Carl Laemmle Tribute 20th Anniversary Number*, 35:48, February 28, 1926, pp.123-124.）

例えば一六年十一月十二日付「ロサンゼルス・タイムズ」はコクレンが日本と中国、インドにフィルムレンタル会社を設立し、最近帰国したと報じている。原文は以下のとおり。

TOM COCHRANE, who has recently returned from the Orient, where he had charge of the establishment of exchanges in Japan, China, and India

また、「ムービング・ピクチャー・ワールド　*Moving Picture World*」の一九一六年十一月十八日号は次のように記した。

Mr.Cochran（ママ） has been two years in the Orient establishing Universal exchanges in Manila, Tokio, Singapore, Bombay, and Rangoon, Burma.

つまり、コクレンは二年間に「マニラ、東京、シンガポール、ボンベイ、ラングーン、ビルマ」を巡り、フィルムレンタル会社を開いて帰国したという報道である。さらにユニバーサル社広報誌「ユニバーサル・ウィークリー *Universal Weekly*」一九一六年十月十四日号の「日本通信欄」は次のとおり。

> The offices established by Mr. Cochrane are in Minami Denmacho, Kyobashi, and from here the business established in India, Java, the Philippines, the Straits and China, is directed.

コクレンが東京にオフィスを開き、そこから「インド、ジャワ、フィリピン、海峡植民地、中国」の市場を管理したとある。記事によって言及する国も地域もさまざまだが、それらの記事からコクレンは、一九一四年にアメリカを出国して一六年十月頃までの約二年間で、少なくとも日本、中国、インド、フィリピン、シンガポールおよびマレーシア、ミャンマー、インドネシアなどの大きな都市を巡り、同社の市場を開拓していたことがわかる。コクレンがアジアでのユニバーサル社の配給網構築に貢献していたことは確かである。

それではコクレンはまず、アジアのどこに向かったのだろうか。おそらくフィリピンのマニラが最初だったと考えられる。なぜなら彼がアメリカを出発する前からすでにオフィスが設置されていたのは、マニラだけだからである。「ユニバーサル・ウィークリー」一九一三年九月二十日号を見ると、ユニバーサル社の配給オフィスは六十三店舗あるが、すべてアメリカとカナダにあり、アジアには一店舗もない。ところが一四年七月十一日号で初めて、そのリストに「PHILIPPINE ISLANDS : Manila-Universal Film & Supply Co., Universal Bldg.」の文字が加わる。つまり、フィリピンの首都マニラにユニバーサル社が、ユニバーサル・フィルム・アンド・サプライ社を設立したことがわかる。設立の時期は、雑誌の編集と印刷に必要な時間を差し引いて、一四年七月十一日より前、おそらく六月、場合によっては、それ以前だろう。当時フィリピンがアメリカの植民地だったことを考えれば、アジア進出を目指すユニバーサル社が、その最初の拠点をフィリピンの首都マニラに開くのは至極自然である。フィリピンでのコクレンの軌跡は今後さらに調べる必要があるが、彼がアジア市場開拓の第一歩を、ユニバーサル社がアジアに唯一所有していたマニラのオフィスから踏み出した可能性は十分に考えられる。

では、コクレンがフィリピンの次に訪れて開いたオフィスはどこだったのか。候補となるのは、中国、インドネシア、シンガポール、日本、インドだが、最も可能性が高いのはシンガポールである。主な理由は次の五つである。

①二十世紀初頭のシンガポールは、東西およびアジア各地を結ぶ交通網が発達した自由貿易都市として重要であり、フランスの映画会社パテ社が一九〇七年からすでにアジアの映画配給の拠点としてシンガポール総代理店を設けていたこと。
②ユニバーサル社が南洋の貿易拠点であるシンガポールから、インドや海峡植民地などアジア市場を管理していた形跡があること。
③一九一六年十一月五日付「ロサンゼルス・タイムズ」が、二年間のアジア滞在中にコクレンはシンガポールとインドで大富豪と出会い、それぞれにユニバーサル映画のレンタル会社を開設し、シンガポールで出会った「裕福な日本人」と一緒に日本に向かったと報じていること。
④日本映画史家・田中純一郎がコクレンはシンガポールから日本に来たと述べていること[10]。
⑤地理的な条件や当時の汽船航路の状況から考えて、コクレンがシンガポールよりも先にインドやインドネシアに向かったとは考えにくいこと。

したがってコクレンはまず、シンガポールに拠点を置き、そこからインドやインドネシア、ミャンマー、中国、そして日本へと足を延ばしたと考えていいだろう。

コクレンがシンガポールにいつ到着したかは不明である。だが少なくとも、一九一五年夏に滞在していたことは確かである。というのもコクレンは一五年八月五日、ユニバーサル社東洋総支配人として、シンガポールのハワード・C・マーティン（Howard C. Martin）とキム・ホク・タン（Kim Hock Tann）を同社の代理人に任用し、十月にはシアター・ロイヤル（Theatre Royal）およびハリマホール（Harima Hall）と独占契約を結び、オーチャード通り六十二─七番地にシンガポール支社を設立するからである。

問題は、コクレンがいつシンガポールから日本にやってきたか、彼を日本に連れてきた「裕福な日本人」とは誰かである。報道した「ロサンゼルス・タイムズ」の記事には、人名も日付も記載がない。二十世紀初頭のシンガポールには、中国に次ぐ大きな日本人町があったことから、その候補となる日本人の数も多い。しかし幸運にも、それらを特定できる史料が日本に残されている。

コクレンと日本

「キネマ・レコード」一九一六年九月十日号（キネマ・レコード社）に掲載された「当業者訪問記──刮目す可き新事項」は、日本でのコクレンの足跡を示す貴重な記録である。この記事は同誌の記者が一六年七月二十二日に、東京市京橋区南伝馬町三丁目十四番地に新設されたユニバーサル社の「東京支社」（正式名称はアメリカ・ユニバーサル・フィルム製造会社東京支社）を訪問して取材したものである。訪問の印象として記者は、「ユ社が東洋方面に拡張の企ては一朝一夕ではないのである。が漸くにして今日我帝都に其の支社を見るに至つたのである」（三八七ページ）と述べている。重要なのは、その記事と同じページに掲載され、「PHOTO BY KINEMA RECORD」と明記された二枚の写真である（図5・6）。

図5はコクレンの写真である。オフィスでひとり、机に向かっている。周囲には人がおらず、長袖のシャツという服装から、この写真が本当に記者が訪問した真夏の東京で撮影されたかどうかは疑わしい。ただ、「活動之世界」一九一六年九月一日号（活動之世界社）の記事「外国会社と握手せよ」に大隈重信侯爵が「米国のユニヴアサルといふ大会社の支配人とかゞ来遊して居るさうだ」と述べていることから、一六年の夏にコクレンが東京に滞在していたことは確かである。

コクレンがいつ日本にやってきたかは、はっきりしない。ただ、「キネマ・レコード」の記者が京橋の事務所を訪問する一九一六年七月二十二日よりも前に、コクレンが日本にいた可能性を示す足跡は二つある。一つはコクレンがシンガポールで上映した連続映画『名金』の日本上映である。横浜オデヲン座で一五年九月二十六日に

図5　オフィスにいるコクレン
（出典：「キネマ・レコード」1916年9月10日号、キネマ・レコード社、387ページ）

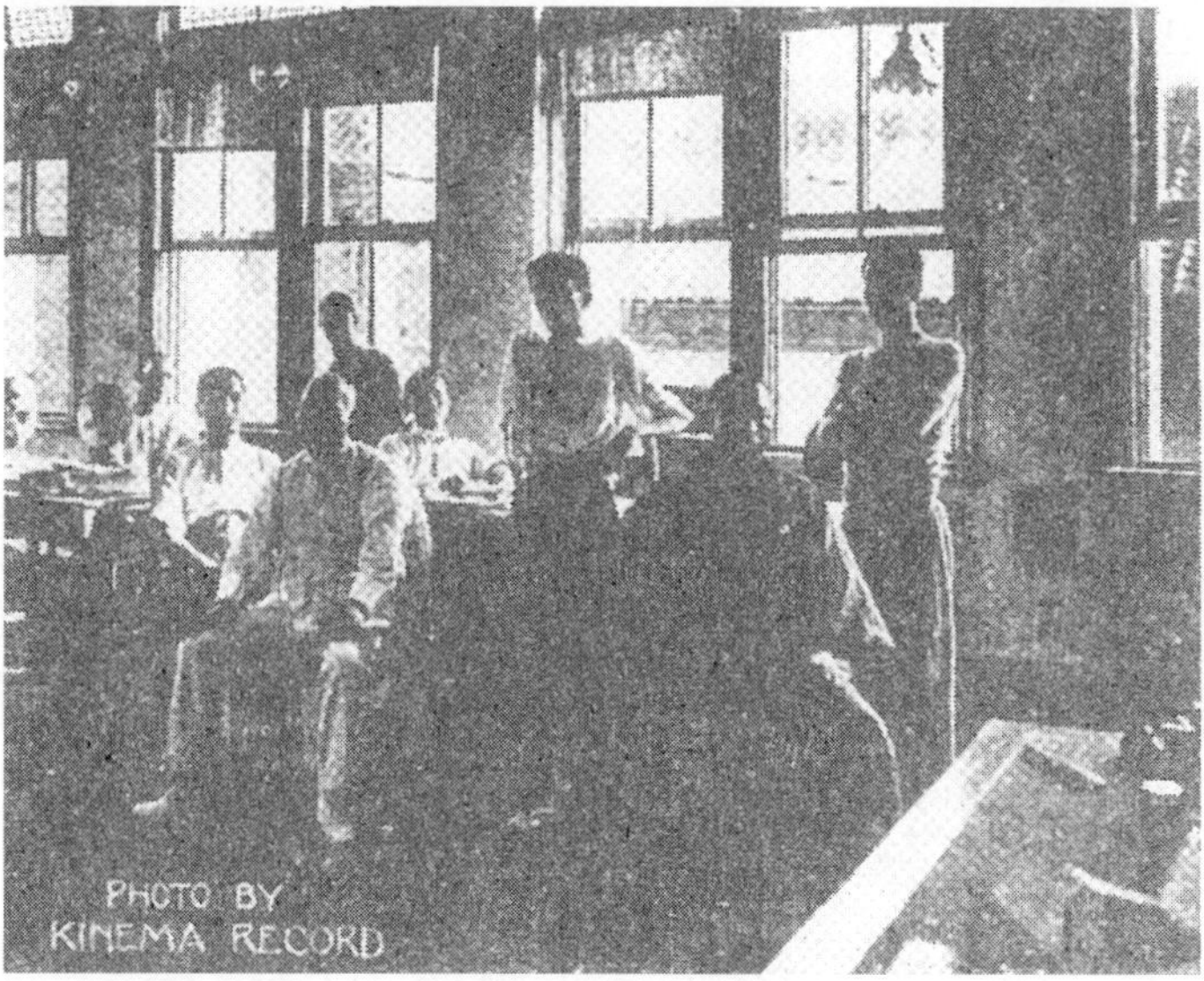

図6　事務所の写真
（出典：同誌）

封切り公開されたあと、十月十日から天活（天然色活動写真）の居城・浅草帝国館で上映された。ただし、『名金』を日本に輸入したのは横浜のニーロップ商会（のちの平尾商会）である。そのため、一五年にコクレンが日本にいたかどうかは曖昧である（したがって内務省警保局の矛盾した記録のうち一九一五年トム渡日説は検証の余地がある）。

もう一つの足跡は「活動之世界」の記者・鈴木百合子との接触である。田中純一郎によれば、記者の訪問を受けたコクレンは、多額の資金を援助して、同誌を活動家のための雑誌から映画専門雑誌に転向させたという[11]。事実、一九一六年二月十日発行の第二号には、「本邦活動写真界の改善進歩に貢献」する雑誌に変更するとの宣言文が掲載されている。また、一六年三月十日発行の第三号は『名金』の特集号であり、かつてコクレンが働いていたルービン社と、その当時にコクレンが働いていたユニバーサル社についての記事が複数含まれている。つまり、二月号を準備したであろう一五年十二月から一六年一月頃までコクレンは日本にいたと考えられる。このことから、コクレンが東京の支社を設立する以前から日本に立ち寄り、市場開拓の機会を模索していたことがわかる。しかし、その時点で彼はまだ、支社設立の糸口をつかんではいない。それではいつ、その糸口をつかむのか。一六年七月二十二日に撮影されたもう一枚の写真が、その謎を解く鍵となる。

写真（図6）は、東京支社の事務所で撮影されたものである。事務員の服装から夏らしさが伝わる。重要なのは、その写真に播磨勝太郎（手前左の男性）が写っていることである。日本人の播磨が、日本で撮影された写真に写っていても、何ら不思議ではない。しかし、この播磨という男がどういう人物かを知っていれば、コクレンをシンガポールから日本に連れてきた「裕福な日本人」が播磨であることは一目瞭然である。

播磨勝太郎は二十世紀初頭、シンガポール映画興行街の発展に先駆的な役割を果たしただけでなく、シンガポールと日本の映画産業を結ぶ経路を切り開いた人物である[12]。日本からアジアへの移民が急増する十九世紀末、播磨は大陸に渡る。彼は香港で写真館を経営するアジア主義者で長崎の同郷である梅屋庄吉と知り合い[13]、一九〇四年五月に二人でシンガポールに移り、映画興行をおこなう。翌〇五年六月、梅屋は使っていた映画装置とフィルム一式を播磨に譲って帰国、東京の大久保に映画会社Mパテー商会を設立する。播磨は、ビーチ・ロードのマツオ旅館を買収し改装して、「マツオのジャパニーズ・シネマトグラフ」という名で常設興行を始めた。日本人町やラッフルズ・ホテルに隣接した立地のよさもあって彼の興行は成功し、その周りに同業者が集まってシンガポール初の映画興行街が誕生する。やがて〇八年、ノース・ブリッヂ・ロード五番地に「ハリマのシネマトグラフ」改め「ハリマホール」を開場、一一年には孫文を支援する梅屋が撮影技師・萩屋堅蔵を日本から中国に送って撮影した映画『辛亥革命 *The Chinese Revolution*』を直接購入し、シンガポールで独占興行を開始する。興行は大成功し、播磨は巨万の富を得る。その播磨が経営するハリマホールがユニバーサル社の連続映画『マスター・キー *The Master Key*』（一九一四年）を初めて上映するのが一五年九月である。そしてユニバーサル社がシンガポール支社を開設する十月、ハリマホールはユニバーサル社と独占契約を結び、『名金』の連続興行を開始する。こうした事実から、コクレンをシンガポールから日本に連れてきた「裕福な日本人」は、播磨勝太郎を指すと断定していい。

注目すべきは、その京橋に開設されたユニバーサル社東京支社の親会社が、ニューヨークのユニバーサル本社ではなく、日本のユニバーサル・ハリマ商会だった点である。いったいユニバーサル・ハリマ商会とはどのような会社なのか。『日本映画事業総覧 大正十五年版』によれば、この会社はユニバーサル社七五%、播磨商会二五%の歩合制で組織された、ユニバーサル映画のフィルムをレンタルする会社だったという。[14] おそらく税金の関係だろう、コクレンを含むアメリカ人社員三人の給与だけユニバーサル社が支払い、残りの給与や税金、営業費は播磨が支払った。また、「キネマ・レコード」一九一六年八月十日号の記事「播磨商会新たに米国ユニバーサル社と契約なる」によれば、大阪の播磨商会は、一六年「七月以後発売」されたユニバーサル映画の「東洋一手販売権」を獲得し、新しいオフィスを東京の京橋に設立したとある。ここでいう「東洋一手販売権」とは、日本とその植民地、中国の販売権を指す。このユニバーサル・ハリマ商会は、播磨が大阪に所有する播磨商会の事務所を使って設立された。[15]

播磨商会の事務所は、大阪市東区京橋三丁目六十一番地にあった。古くから淀川水運の要衝として栄えた八軒家浜船着き場（現在の北浜東）の近くである。江戸時代にはこのあたりに大名の蔵が集まり、船で全国各地から物資が運ばれてきた。播磨や梅屋の故郷である長崎の商人も多く住んでいた。『大阪地籍地図3 土地台帖之部』（吉江集画堂地籍地図編輯部編、吉江集画堂、一九一一年）によれば、その土地の持ち主は「高畑力松」とあり、播磨はそこを借りたと考えられる。また、同じ町内に「播磨新五郎」という履物商が住んでいたことから、縁者が京橋にいた可能性もある。いずれにせよ、コクレンの日本市場開拓は、東京の京橋ではなく、大阪の京橋から始まっていたのである。

しかし、なぜ播磨は播磨商会を東京ではなく大阪に設立したのか。播磨が大阪に進出したのは、世界の映画流通が新たな局面を迎えたことと無関係ではない。第一次世界大戦まで世界の映画流通の中心はイギリスだった。欧州映画に限らず、アメリカ映画でさえも、多くはイギリスを経由して世界に配給されていた。そのイギリスの流通網を使って世界の映画市場を制覇するのがフランスのパテ社である。世界に先駆けてグローバル化を推し進めたパテ社は一九〇七年、欧米企業として初めてアジアに進出する。シンガポールに総代理店を設置し、豪華なアルハンブラ劇場を直営してパテ映画を独占的に興行するのである。こうしてアジア市場はパテ社の独壇場となる。一方、シンガポールでパテ社の映画を上映していた播磨は、このパテ社のシンガポール進出によって、興行が難しくなる。新作の入手は困難となり、市場も奪われ、新たな映画の供給元と興行先を必要とした。その結果、播磨はシンガポール以外の国々と積極的に交渉をもつことになる。そのとき播磨が目指した場所のひとつが、自分の故郷であり、彼を映画興行に導いた梅屋庄吉がいる日本だった。一九〇七年末から〇八年初頭、梅屋の口利きで播磨は、当時大阪最大の興行街だった千日前に開場したばかりの文明館で興行する。播磨にとっては初めての日本興行である。文明館は、電気館に次いで大阪に誕生した二つ目の映画専門館であり、梅屋が経営する映画会社Mパテー商会（日活の前身のひとつ）の特約店だった。その後、播磨は、浅草のキネマ倶楽部など関東にも映画を配給するが、活動の中心は大阪だった。一二年、大阪興行界の実力者・井谷亀之丞（のちの千日前土地建物株式会社社長および帝国キネマ演芸取締役）が千日前に新築したモダンな石造りの第六愛進館は、播磨が配給した映画でこけら落とし興行をおこなっている。その播磨が一四年頃、『辛亥革命』の興行で得た巨万の富をもとに日本進出を企てる。そのとき彼が選んだ場所は、かねてから彼が映画を配給していた大阪だった。そして、播磨が築いたルートをたどってコクレンは日本にやってきたのである。播磨とコクレンは共同出資でユニバーサル・ハリマ商会を大阪に設立し、そのユニバーサル・ハリマ商会が一六年七月にユニバーサル社東京支社を設立する。

コクレンがアメリカから大阪にいたる道のりは、二十世紀初頭、世界の映画流通が新たな段階に突入し、欧米主導のグローバル化がアジアに及ぶプロセスの一端を現代の私たちにのぞかせてくれる。第一次世界大戦中、ロンドンからシンガポールを経由するアジア欧州航路に加えて、アメリカから日本を経由する太平洋航路を利用した映画の輸送量が増えると、欧米映画企業は続々とアジアに進出するようになる。とりわけアメリカ企業は、その拠点をマニラからシンガポール、東京、上海、バンドン、ボンベイ、さらに多くのほかの都市へと広げ、配給網は密度を増す。時を同じくしてハリウッドの映画産業は飛躍的な発展を遂げ、それにともないアジアでの日本市場の位置はますます重要になる。こうしてアジアの内部に、それまでとは違う緊張と葛藤が生まれ、さまざまな文化的・経済的・政治的な力学がはたらくなかで、アジア市場はグローバルな映画流通の網目に組み込まれていったのである。

コクレンの日本上陸から約百年を経たいま、歴史的な偶然によって結ばれたユニバーサル社と大阪の関係は、もはやすっかり忘れられてしまった。しかし、そのつながりを現代に象徴的によみがえらせたのが、ユニバーサル社がアジアで初めて開園したテーマパーク、大阪のユニバーサル・スタジオ・ジャパンなのである。

おわりに

アジア市場の開拓を目指すユニバーサル社は一九一四年、かつてユニバーサル社の先鋒として働いていたコクレンをルービン社から呼び寄せ、同社の東洋総支配人に任命してアジアに派遣した。アメリカを出発したコクレンは、まずアメリカの植民地フィリピンを経由してイギリスの植民地シンガポールへと向かう。一五年夏、シンガポールで現地代理人を任用し、シンガポール支社を設立したコクレンは、そこを拠点にアジア市場の開拓を目指す。ところが、そのシンガポールで播磨勝太郎と知り合う。結果、コクレンは大阪にユニバーサル・ハリマ商会を設立し、商会を使って一六年七月、東京にユニバーサル社の支社を開設する。そして極東本部を東京に置き、日本とその植民地、中国、シンガポールを含む南洋でのユニバーサル映画の販売権のすべてを管理した。コクレンがアメリカを出発する一四年、ユニバーサルのオフィスはアジアではフィリピンにしかなかったが、その二年後には、日本を中心とする映画配給網の基盤が構築されていたのである。

日本とアメリカを直結する映画配給ルートの構築は、アジア、とりわけ日本の映画配給に革命をもたらした。当時アジア市場に出回っていたアメリカ映画のほとんどは、ロンドン市場などで取り引きされた「セコハン」、いわゆる中古フィルムだった。そのためフィルムの状態は悪く、輸送にも時間がかかった。だが、日本に支社を置いたことによってユニバーサル社は、使い古しではない、鮮明なイメージを映し出すきれいなプリントをアメリカ西海岸から太平洋経由で日本の横浜港に直送できた。結果、それまでのルート――アメリカから大西洋を渡ってイギリスへ、そこから地中海、インド洋を渡ってシンガポールへ、シンガポールからシナ海をのぼって日本へと運ぶ――よりもずっと早く、安く、映画を供給できるようになる。ユニバーサル社東京支社を設立した一九一六年といえば、大戦によって欧州映画の入手が困難になり、ロシア経由のロシア語幕入り欧州映画が日本の観客の不評を買っていた頃である。アメリカから大量に直輸入した美しいプリントのユニバーサル映画の最新作が、日本の映画ファンの心をわしづかみにしたことは想像に難くない。その衝撃はやがて、日本映画革新の動きにつながっていく。

従来、一九一〇年代末に始まる日本映画の革新運動は、欧米映画に憧れる日本の先駆的な映画人が自発的に生み出したと考えられてきた。だが、もっと広い視野で時代状況を俯瞰すれば、その変革は、すでに述べてきたような世界規模の流通変動が二十世紀初頭に起こり、それが日本映画産業に巨大なインパクトを与えたことでもたらされていたことがわかる。

アジアでのユニバーサル社の活動の軌跡は、アメリカ資本主義経済がアジア、そして日本の市場を開拓する過程とほぼ同義となる。従来の定説とは異なり、アメリカ企業は第一次世界大戦前からアジア市場を意識していたことは確かである。そのアメリカ企業が、アメリカの植民地フィリピンでも、イギリスの植民地シンガポールでもなく、太平洋の対岸に位置する英語がほぼ通じない日本の市場を重視したのはいったいなぜなのか。そこにはどのような日本の地理的・歴史的・政治的・経済的・文化的な条件が関わっていたのか。これについては以降の章で詳しく述べる。ただ現時点でいえるのは、二十世紀初頭にコクレンが日本をアジアのなかにどう位置づけたかが、その後のアジア市場の形成に大きな影響を及ぼしたことは間違いないということだ。過去は、現在と常に地続きでつながっているのである。

注

（1）例えば筈見恒夫は「二流のユニヴァーサルによって、日本人のアメリカ映画への最初の印象を与えられたことが幸福だったか、不幸だったかは別にして、初期の日本映画劇の作家たちが、ユニヴァーサル、ことにブルーバード映画に影響されていることは見のがせない」と述べている（筈見恒夫『わがアメリカ映画史』〔おんどり・ぽけっと・ぶっく」、雄鶏社、一九五六年、一一ページ)。

(2) 一九二二年七月にコクレンはユニバーサル社からパラマウント社に転じ、その東洋総支配人となる。死亡時の住所は東京市牛込区市ヶ谷仲町三十五番地。家族は再婚した妻ドーラと、トミーとパットの息子二人(「東京朝日新聞」一九三七年十一月十一日付)。

(3) 日本でのアメリカ映画の宣伝とスター・システムについては藤木秀朗『増殖するペルソナ――映画スターダムの成立と日本近代』(名古屋大学出版会、二〇〇七年)一一二―一二四ページを参照。

(4) 「感謝状交付ノ件伺」(内務大臣決裁書類・昭和十三年〔上〕、一九三八年三月二日、一五三―一九八ページ)に採録されたアメリカの報道記事は、「通信記事写」(詳細名不明)、「パラマウント映画会社宣伝部」「パラマウント・セールズ・ニュース」「フィルム・デイリイ」「モオシヨン・ピクチユア・デイリイ」「トリビユーン」「ポスト」「ジヤーナル」「タイムス」「テレグラム」「ジヤパン・アドヴアタイザア」「ニユーヨーク・タイムス」「モオシヨン・ピクチヤア・ヘラルド」である。すべて原文の日本語訳。ただし、アメリカで報道された記事すべてを網羅的に採集したものではない。

(5) *Film Daily : Carl Laemmle Tribute 20th Anniversary Number*, 35:48, February 28, 1926. Bernard F. Dick, *City of Dreams : the Making and Remaking of Universal Pictures*, The University Press of Kentucky, 1997. 文献によって社名や設立日に揺れがある。本章は主に「フィルム・デイリー」が特集したカール・レムリ二十周年記念号の年表に依拠した。

(6) 一例を以下に記す。新作公開の曜日が会社ごとに決まっていたことがわかる("The Sales Company Announces : The Grandest Program of Moving Picture Releases in All the World," *Moving Picture World*, July 9, 1910, p. 91.)。

Every Monday...ECLAIR, IMP, NESTOR, YANKEE
Every Tuesday... BISON, KINOGRAPH, LUX, POWERS, THANHOUSER
Every Wednesday... AMBROSIO, ATLAS CHAMPION, ELECTRAGRAPH, MOTOGRAPH
Every Thursday... CENTAUR, CINES, FILM d'ART, IMP
Every Friday... BISON, DEFENDER, KINOGRAPH, LUX, THANHOUSER

Every Saturday... CAPITOL, CARSON, COLUMBIA, GREAT NORTHERN, ITALA, POWERS

（7）"Another Independent Manufacturer," *Moving Picture World*, September 30, 1911, p.6,"Owen Moore and Little Mary with Majestic," *Moving Picture World*, October 21, 1911, p.217.

（8）ＭＰＣの力は一九一三年頃から急速に弱まり、主要メンバーも存続が危うくなり、一八年には完全に解散する。例えばルービン社は一六年に倒産した。

（9）"A Tribute from the Export Department," *Film Daily : Carl Laemmle Tribute 20th Anniversary Number*, 35:48, February 28, 1926, pp.123-124.

（10）田中純一郎『日本映画史発掘』冬樹社、一九八〇年、一〇七ページ

（11）同書一〇七―一〇八ページ

（12）播磨勝太郎については本書第3部第1章を参照。

（13）梅屋庄吉は頭山満、宮崎滔天らアジア主義者と交流し、中国の孫文、フィリピンのエミリオ・アギナルドやその参謀マリアーノ・ポンセ、インドのバルカトゥラーなどアジアの革命家たちを支援した。

（14）石井文作編『日本映画事業総覧 大正十五年版』国際映画通信社、一九二五年、二六三ページ

（15）前掲『日本映画発達史』第一巻、二五七ページ

第1部　大阪映画産業の誕生とアジア——帝国キネマ演芸

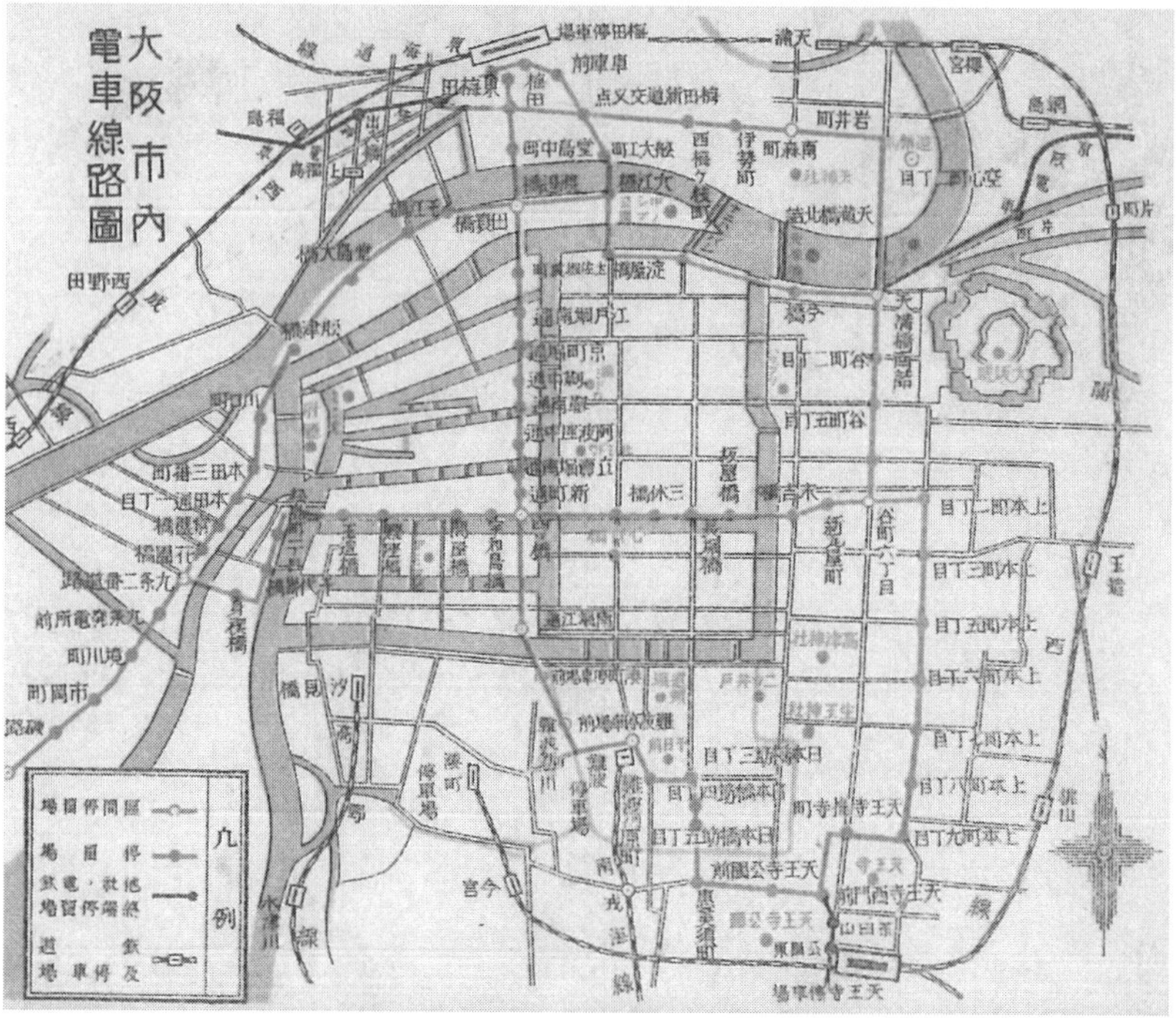

1925年（大正14年）時点の区名と現在（2017年）の区名の対応
東区、南区→中央区
西区→西区
北区→北区（旧東淀川区、旧東成区の一部）
此花区→此花区、福島区（旧西淀川区の一部）
港区→港区、大正区
浪速区→浪速区
天王寺区→天王寺区（旧東区の一部を含む）
住吉区→住吉区、住之江区、平野区、東住吉区、阿倍野区
東成区→東成区、生野区、鶴見区、城東区、旭区、都島区（旧北区の一部）
西成区→西成区
東淀川区→東淀川区、淀川区（旧西淀川区の一部）
西淀川区→西淀川区（旧東淀川区の一部）

第1章　日本映画史のなかの大阪——阪東妻三郎と大阪映画産業

はじめに

異なる地域には異なる文化があり、異なる映画の歴史がある。したがって大阪には大阪の映画製作の歴史があり、興行や消費の歴史がある。それは安易に東京や京都によって代理されうるものではないし、逆に大阪がほかの地域を代表できるものでもない。

にもかかわらず、これまで大阪の映画的事象は、ごく一部を除いてほとんど語られてこなかった。原因のひとつには、日本の映画ジャーナリズムが東京中心に機能してきたため、地方に関する記述が少なかったことがあげられる。また日本映画についての記述の多くが、映画製作所が集中する東京と京都を中心に語られてきたこととも無関係ではない。そこには配給や興行といった経済的な活動を、製作のような創造的な活動より低く見る価値観が作用しているのかもしれない。したがって映画史のなかでは地方都市のひとつであり、製作よりも配給や興行が盛んな大阪の映画的事象は、ほかの地方都市よりも多いとはいえ、東京や京都ほどには語られてこなかったのである。

しかし周知のとおり、映画産業は映画を作るだけでは成り立たない。映画が産業として成立するには、製作だけでなく、配給や興行、そして消費も必要である。ならば日本で唯一東京に匹敵する映画の消費都市であり[1]、西日本の映画流通の要として機能してきた大阪を無視することはできないはずである。例えば、一九二〇年（大正九年）に設立された大阪の帝国キネマ演芸（帝キネ）は、関西市場で強力な地盤を築いていたし、大阪に拠点を置く松竹土地建物興業は、三一年（昭和六年）七月に東京の松竹興業と合併するまで日本一の興行会社だった。つまり、製作重視の視点――どんな映画を誰がどう作ったか――からいったん離れて歴史を見直すならば、大阪の映画産業の重要性が浮かび上がってくるはずなのだ。

本章の目的はまず、大阪と映画との関係を明らかにし、それによって、より複雑で多層的な映画史の構築の可能性を指摘することである。

その手始めとして本章では、時代劇映画の大スター阪東妻三郎を取り上げる。時代劇映画は京都を中心に製作されてきたジャンルであり、阪妻はそのジャンルで初めての国民的大スターである。したがって、これまで阪妻といえば京都と結び付けられてきた。本章では阪妻と大阪の関係を明らかにすることで、そのイメージの攪乱を試みる。そのため、まずは阪妻のスターイメージがなぜ京都と結び付いたのかを確認する。次に阪妻というスターの形成に大阪の企業がどう関わったのかについて検証する。最後は時代状況を踏まえたうえで、大阪の映画産業史を解明することの意義を考察したい。

1　阪妻と京都――阪妻というスターイメージの形成

阪妻の愛称で親しまれた阪東妻三郎は時代劇映画の大スターだった。時代劇映画は大正末期の日本に新たに登場したジャンルで、旧劇映画から派生したものである。旧劇映画とは、日本で映画製作が始まったばかりの頃に歌舞伎や講談などを題材に映画化した作品群で、演技や衣装、セットなどは歌舞伎の演出を取り入れている。

　時代劇映画は、この旧劇映画を逸脱するかたちで誕生したジャンルである。立ち回りが舞踊のような旧劇とは異なり、時代劇はリアルな殺陣を主な特徴とする。その殺陣は、新国劇を興した澤田正二郎によって確立された剣劇などの影響を強く受けている。(2) 草創期のスターには阪妻のほかに、大河内伝次郎や市川右太衛門、片岡千恵蔵、月形龍之介、林長二郎（のちの長谷川一夫）、嵐寛寿郎などがいる。なかでも阪妻は新しい時代劇映画の誕生を先導した俳優のひとりであり、旧劇映画の国民的大スター尾上松之助に取って代わる一番星だった。

　一般に、時代劇スターのイメージは京都と結び付けて考えられやすい。なぜなら、時代劇映画の撮影所の多く

図7　『砂絵呪縛』（1927年）の阪東妻三郎
（出典：御園京平編著『写真阪妻映画』活動資料研究会、1979年、9ページ）

が京都に集中していたからだ。例えば阪妻が活躍した昭和初期には日活、松竹、新興キネマ、マキノ映画製作所、東亜キネマなどが京都で時代劇映画を製作していた。実際、阪妻も、京都の太秦に自分の撮影所（現在の東映京都撮影所あたり）を作り、主演映画のほとんどを京都で撮影している。自宅も京都の嵯峨にあった。こうした事情から阪妻に京都のイメージが強く結び付けられたといえるだろう。

しかし勘違いしてはならないのは、阪妻は初めから京都にいたわけでも、最初から時代劇スターだったわけでもないことだ。それではいつ、どのようにして阪妻はスターになり、そして京都のイメージと結び付いたのか。そこで以下では阪妻の経歴をたどりながら、彼がいつ、何を成し遂げ、そして京都のイメージとどう結び付けられたのかを確認する。

もともと阪妻は京都の人間ではない。本名は田村伝吉といい、生まれは東京の神田区橋本町、つまり生粋の江戸っ子である。(3) 継母が来て丁稚に出されるが、丁稚がいやで役者になろうと決心したといわれている。十五歳のとき小学校の卒業証書を手に、ひとりで歌舞伎役者・片岡仁左衛門の家の門をたたき弟子入りするが、二年ほどでそこをやめ、小芝居の吾妻市之丞の弟子になる。しかしそこも長続きせず、旅回りの一座を立ち上げて座長になるものの、それもすぐに解散してしまい、東京の巣鴨にあった極貧の国際活映撮影所（国活）などで映画のエキストラをして食いつないでいた。つまり阪妻は、最初は京都とは何の関係もない、東京に住む食えない役者のひとりにすぎなかったのである。

ところが、一九二三年（大正十二年）二月、この阪妻に転機が訪れる。きっかけは牧野省三によるスカウトである。牧野はよく知られるように日活の映画製作者として『岩見重太郎』や『弁天小僧』など人気の講談や歌舞伎の演目を尾上松之助主演で映画化し、彼を日本初の国民的大スターに仕立てた人物である。二一年四月には日活を退社、宿願の独立を果たし、京都の等持院に牧野教育映画製作所を設立する。そして、すぐにその製作方針を教育映画から商業映画に転換し、社名をマキノ映画製作所と改め、国活の下請けで劇映画の製作を開始するのである。その際スタッフの増強を図るべく、国活の巣鴨撮影所から監督の志波西果や俳優の市川幡谷、中村吉松、環歌子ら数十人を引き抜くが、このときついでに引き抜かれた大部屋俳優のひとりが阪妻だった。こうして阪妻は京都の人となる。

しかし京都に来たからといって、すぐに阪妻に京都のイメージが結び付いたわけではない。もらえるのは相変わらず御用提灯の役ばかりで、阪妻はまだまだ無名の役者だった。ところが、下宿先が同じ縁で仲良くなった寿々木多呂九平《すすきたろくへい》の推薦を得て主役の座をつかむ。一九二三年（大正十二年）十月に公開された『鮮血の手型』前篇（監督：沼田紅緑）である。呂九平はマキノ映画製作所（マキノ）の新進気鋭の脚本家で、「時代劇にはじめてアメリカ映画的な複雑なストーリーと、激しいアクションと、熱い反逆のニヒリズムを持ち込んだ(4)」といわれている。この『鮮血の手型』からわずか一年半のあいだに、阪妻は同じ呂九平の脚本で『討たるゝ者』（監督：沼田紅緑、一九二四年）、『逆流』（監督：二川文太郎、一九二四年）、『江戸怪賊伝　影法師』前・後篇（監督：二川文太郎、一九二五年）、『墓石が鼾をする頃』（監督：二川文太郎、一九二五年）といった陰惨な魅力の作品を次々と世に送り出す。そしてこれらの映画が公開されるたびに阪妻は脚光を浴び、ついにマキノの時代劇映画を支える看板スターのひとりになる。

阪妻の映画には、それまで主流だった尾上松之助主演の映画にはない新しさがあった。まず、阪妻が演じるヒーローは松之助の英雄豪傑な忠臣義士ではなく、純粋ゆえに悩み、心ならずも反逆者になっていく若者である。報われない恋に悩み、葛藤し、理不尽な状況に苦悶し身を持ち崩す。こうした屈折した心境と抑えようのない反逆精神が、阪妻の立ち居振る舞いに悲壮な美を加えている。また阪妻の殺陣には、硬くこわばった松之助と比べて、バランスを欠いた美しさがある。ハミダシモノの真っすぐすぎる情や斜に構えた色気、孤独や憂い、人間の弱さが阪妻の体の線ににじみ出ている。さらに所作も松之助とは違う。松之助はゆっくり構えて大見えを切り、次のポーズに移る。型の連続によって構成された舞踊のような動作である。これに対し、阪妻はポーズとポーズの合間にアクロバティックな激しい動きを入れる。つまり人物の感情や性格を体の線で象徴的に伝えようとする動きと、それとは異なる自然な動きとが混ぜ合わされているのだ。このように、激しさのなかにナイーブな人間味が漂う、色香と孤独が垣間見える阪妻が、「マゲもののコスチュームを使って、素晴らしいスピードと怪奇なスリルを盛り込んだアメリカ活劇の様式を取り入れた」[5]新しい映画で大暴れするのだから、阪妻映画は、えもいわれぬ魅力を放っていたといえるだろう。そして、こうした斬新な魅力の映画のすべてを、阪妻は京都にあるマキノの等持院撮影所で製作していたのである。

こうして阪妻は、京都で尾上松之助に代わる新しい国民的大スターに成長する。実際、大正末期から昭和初期にかけての阪妻の人気にはすさまじいものがあった。雑誌「キネマ旬報」(キネマ旬報社)の「内外映画俳優人気投票」(一九二五年十一月十一日号)を見ると、阪妻は二位以下を大きく引き離して断トツの一位である。また地方でも、例えば岡山市に本社を置く「中国民報」が一九二七年におこなった人気投票で二位の雲井龍之助に約三万票も差をつけて一位だった。[6]「国際映画新聞」(一九二八年六月十日号、二〇ページ)の映画興信録には「上映すれば宣伝をせずとも客は来る」と書かれている。作品の質にかかわらず、阪妻のスターバリューだけで興行が成功していた様子がうかがわれる。

この盤石な人気を背景に、阪妻は松之助でさえ果たせなかった数々の偉業を成し遂げていく。まず、日本初となる俳優の独立プロダクションを設立する。大正末期から昭和初期にかけて、日本では五月信子や高木新平、市川右太衛門など俳優の独立プロが雨後の筍のごとく設立されるが、その嚆矢となったのが阪妻である。また俳優の独立プロとして撮影所をもったのも、やはり阪妻が初めてだった。撮影所は京都の太秦に建設された。さらに、阪妻・立花・ユニバーサル連合映画(頭文字をとってBTUと呼ばれた)という外資との合弁会社を設立したのも、阪妻が初めてである。この会社は年間八十四本の映画を製作し、うち十本程度はユニバーサル社の配給網を使って欧米各地に輸出することを目標とし、アメリカから最新の機材や技術者が太秦の撮影所に送り込まれた。[7]残念ながら海外進出は果たされずに終わるが、阪妻・立花・ユニバーサル連合映画による日米合作映画は数本製作され、公開された。

こうした偉業の数々は当時、複数の新聞で報道されセンセーションを巻き起こす。このような盛り上がりが阪妻のスターイメージに京都のイメージを深く刻み込んでいったといえるだろう。例えば一九二六年（大正十五年）九月七日付「大阪時事新報」に、「阪妻映画を世界に配給 ユ社と立花氏の提携 技術者は本場から来る」という見出しの記事がある。映画の記事が芸能欄の片隅ではなく、二ページ目の中段をほぼ占領して、しかも阪妻の写真付きで掲載されている。それは、この出来事がいかに大事件であったかを物語っている。記事には次のようにある。

図8　阪妻・立花・ユニバーサル連合映画提携の記念撮影
（出典：「芝居とキネマ」1926年10月号、大阪毎日新聞社出版部、写真ページ）

ユニバーサル社と一立《いちりつ》商会主で京都市外太秦の阪妻プロの経営者である立花良介氏との提携が、立花氏によつて発表され愈々十月中旬（ママ）からその提携が実現されるまでにこの話が進むで居る事が判つた。(8)

注目したいのは、阪妻が「京都」や「太秦」という地名と結び付けられて報道されている点である。ほかにも「阪東妻三郎 太秦スタジオ 開所式」など阪妻の記事には京都を想起させる地名が並ぶことが多い。(9) 現在発行されている日本映画史の書籍でも同じである。佐藤忠男の『日本映画史』は阪妻を京都のマキノに所属する俳優として紹介していて、(10) 田中純一郎の『日本映画発達史』は阪妻を京都・等持院のマキノ、京都・

下加茂の松竹、京都・太秦の阪妻撮影所との関連で言及する。(11)つまり、こうした言説が阪妻に京都のイメージを結び付けていったと考えられる。

このように阪妻は、時代劇映画を代表するスターとして数々の偉業を成し遂げ、その過程で京都を想起させる言葉とともに語られた結果、「阪妻といえば京都」というスターイメージが形成されたといえるだろう。

2 阪妻プロの成立と大阪との関係

では阪妻はいったいどのように大阪と関わっていたのだろうか。阪妻と大阪の関係は、阪妻が大阪で撮影したことがあるとか、大阪で暮らしていたことがあるなどといったことではない。阪妻というスターが誕生し、独立し、さまざまな偉業を成し遂げる過程の要所要所に、東亜キネマ（東亜）や帝国キネマ演芸（帝キネ）、一立商店、松竹合名社大阪事務所、松竹キネマ大阪支店といった大阪の企業が関わっていたということである。順に見ていこう。

まずは東亜である。ほとんど知られていないが、東亜は大阪に設立された映画会社である。東京の八千代生命が保険の広告映画を作るために兵庫県の甲陽にあった撮影所を買収し、一九二三年（大正十二年）十二月、大阪市東区平野町一丁目二十八番地に創設した（一九二六年に北区中之島宗是町に移転）。そして、この東亜が二四年に京都のマキノを買収し、商業映画の製作に乗り出す。(12)買収の結果、マキノは東亜から毎月製作資金を受け取って時代劇映画を製作する請負会社になる。したがって前述した阪妻の出世作のうち『討たるゝ者』はマキノ等持院だが、『逆流』は東亜等持院作品、すなわち大阪に本社を置く東亜という映画会社が、京都の等持院撮影所で製作した作品なのである。ただし、マキノと東亜の請負契約は二五年に変更され、マキノは月四本の東亜請負以外にも映画を製作できるようになり、契約以外の映画は自由配給が可能になる。(13)そのため、『影法師』以降の阪妻主演映画は、東亜等持院ではなく、東亜提携によるマキノ等持院の作品として配給される[14]。しかし、たとえ請負契約が変わろうとも、阪妻がスターの地位を確立するうえで重要な役割を果たす作品群が、東亜に買収されていたマキノで作られていたことにかわりはない。つまり、東亜の経済的庇護のもとで阪妻というスターが誕生したのであれば、阪妻の誕生と大阪はまったくの無関係だとはいいきれないのである。

次に帝キネと一立商店に話を移そう。この二つの会社は阪妻プロの独立に深く関わっている。帝キネとは、大阪市東区備後《びんご》町で「山喜」を営む近江出身の呉服卸商の家に生まれた山川吉太郎が、大阪・千日前の三友《さんゆう》倶楽部から福宝堂大阪支店、東洋商会、天然色活動写真（天活）大阪支店、山川興行部、山川演劇商行などの経営に携わったあとの一九二〇年（大正九年）五月、「北浜太閤」の異名をもつ相場師・松井伊助の資本協力を得て大阪市南区末吉橋通り四丁目十九番地（一九二一年十一月七日に南区塩町通り四丁目四十三番地に移転）に設立した映画会社である。大阪の中河内郡小阪村と兵庫の芦屋村に撮影所をもち、のちに大阪の長瀬村に東洋一と謳われる近代的なサウンド・スタジオを建設する。大正末期から昭和初期にかけては、最大手の日活や松竹に迫る勢いを見せた関西随一の大映画会社だった。他方、一立商店は国活を辞めて東亜の営業部長をしていた立花良介が、東亜から独立して設立した配給会社である。主にマキノなど独立プロの映画を自由配給し、オフィスは大阪市北区梅田新道にあった。つまり両方とも大阪の会社なのである。

阪妻の独立は、この帝キネが阪妻を東亜から引き抜こうとしたことに端を発している。帝キネはもともと穏健な会社であり、金がかかるスターは使わず、映画を安く早く作って手堅く儲けるのを得意としていた。ところが一九二三年（大正十二年）九月、関東大震災で東京の撮影所が軒並み壊滅状態になると、帝キネはここぞとばかりに積極策に転じる。毎月十本以上の量産体制に入り、「松竹と対抗すべき意気込みを以て[15]」東京・浅草に進出、朝鮮や台湾、中国などにも作品を輸出し始める。大阪・道頓堀のカフェを舞台に女給の悲恋を描いた小唄映画『籠の鳥』（監督：松本英一、一九二四年）は、このとき量産された映画のひとつである。これが九週続映という未曾有の快挙を遂げ、帝キネに巨額の利益をもたらす。そしてその金で帝キネは、松竹の五月信子や東亜の市川幡

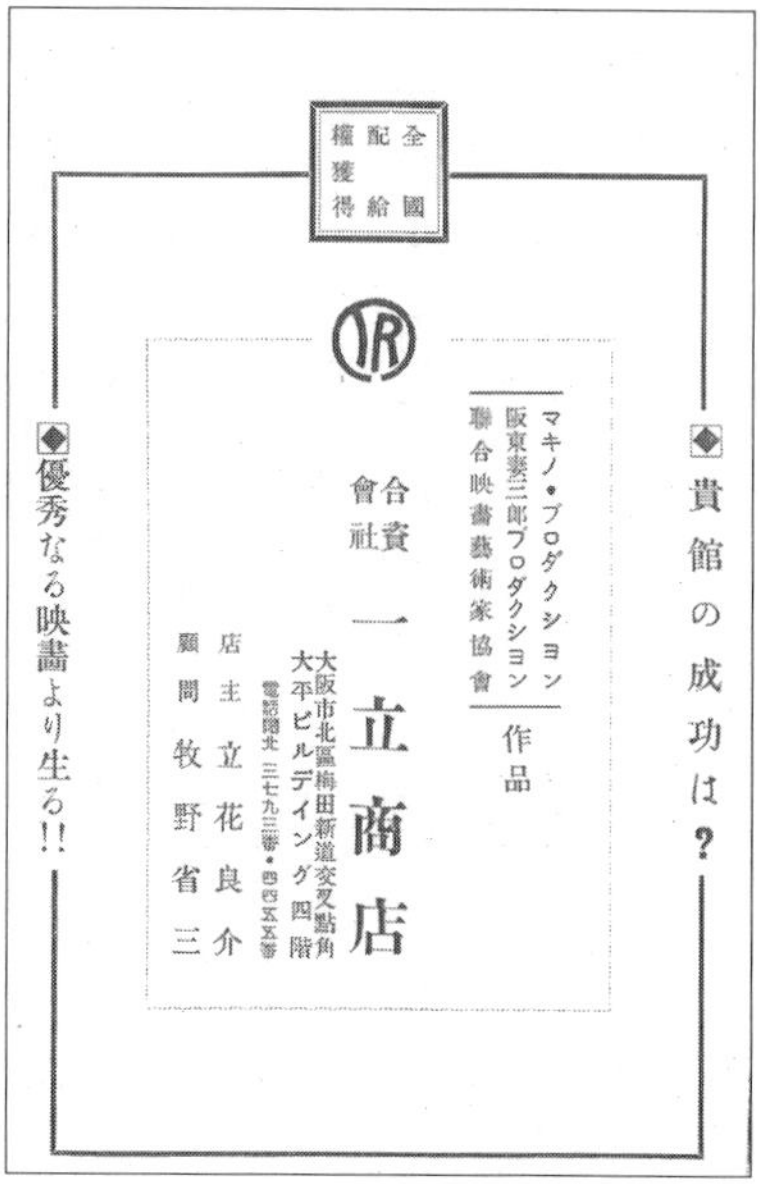

図9　大阪市北区梅田新道に設立された一立商店の広告
（出典：「阪東妻三郎プロダクション機関雑誌」1925年11月号、表現社第八部、広告）

谷など、他社の人気俳優を引き抜く策に出る。阪妻もこのとき帝キネの誘いに乗った俳優のひとりだった。

しかし帝キネによる阪妻の引き抜きは失敗に終わる。なぜなら帝キネに入社しようと東亜を逃げ出した阪妻が、急に約束を反故にして京都のマキノに逃げ帰ったからである(16)。反故にした理由は、東亜で仲が悪かった市川幡谷も帝キネに引き抜かれていたと知ったからだった。この阪妻の逃走によって、阪妻を取り戻そうとする帝キネと、かくまうマキノのあいだに緊張が走る。両社しばらく睨み合いとなるが、こじれた話を丸くおさめたのが、当時東亜で営業部長をしていた立花良介だった。

立花はこの事件をきっかけに、阪妻の厚い信頼を勝ち取る。そしてその信頼関係を担保に、阪妻プロの設立に向けて走りだすことになる。まず立花は東亜から独立し、一立商店を設立する。一立商店はマキノが東亜の請負以外に製作した映画を配給することを主な仕事としていたが、一九二五年（大正十四年）六月、マキノが東亜から独立したのをきっかけに勝負に出る。独立したマキノに参加すべく、二度目の東亜逃亡を図った阪妻と裏で手を結び、同年七月、マキノの許可を得て阪妻プロを立ち上げる(17)。そして阪妻プロ支配人に親戚の川浪良太（伯父は黒龍会の内田良平）を配し、本社を一立商店に近い大阪市北区曾根崎上三丁目百五十八番地太平ビル内に置く(18)。こうして阪妻プロは大阪に設立されたのである。

したがって阪妻プロは、大阪の映画会社・東亜のスターだった阪東妻三郎が、大阪の映画会社・帝キネに引き抜かれた事件をきっかけに、東亜の営業部長・立花良介と懇意になり、その結果、大阪の配給会社・一立商店の支援で、大阪の曾根崎に設立された会社であることがわかる。つまり、阪妻というスターの誕生と、阪妻プロの成立の陰には大阪の企業や人が深く関わっていたのである。

3　阪妻プロの発展と大阪

このように、阪妻プロとは大阪の企業や人との関わりにおいて大阪に設立された会社だが、当時の独立プロとしては例外的に恵まれた環境で映画を製作し、成長し続けることができたのも、大阪を拠点とする二つの松竹――松竹合名社大阪事務所と松竹キネマ大阪支店――との関係があったからである。

松竹合名社は、京都・新京極の阪井座などの興行主だった白井松次郎と大谷竹次郎の双子の兄弟が一九〇二年（明治三十五年）に起こした松竹《まつたけ》合資会社がその始まりである。のちに松竹合名会社と改名し、一一年（明治四十四年）には社名を松竹合名社と簡略化する。松竹合名社大阪事務所（のちの松竹土地建物興業株式会社）は松次郎が、東京事務所（のちの松竹興業株式会社）は竹次郎が担当する。京都は竹次郎が兼務、のちに信太郎が担当した。この信太郎は松竹兄弟の末弟だが、松次郎の継嗣となり松竹の映画部門を担当した。この信太郎が二二年（大正十一年）、松竹映画の関西市場を開拓するため松竹キネマ大阪支店長に就任する。そして松竹合名社大阪事務所の松次郎を口説いて、大阪の道頓堀や京都の新京極など西日本の主要都市を中心に映画館を開場していく。とりわけ二三年五月に開場した大阪松竹座は、二百十万円と二年を費やした千七百五十人収容の豪華劇場で、パリの凱旋門を模した日本最初の鉄骨鉄筋コンクリート建築は全国のキネマファンをあっと驚かせた。[19]こうした豪華劇場を東京でも京都でも兵庫でもなく、大阪に設立したのは、それだけ大阪が松竹の興行にとって重要な拠点だったことを示す。そのことは松次郎が采配を振るう日本一の興行会社が、ほかでもない全国随一の芝居町大阪道頓堀すぐ近くの久左衛門町八番地に置かれていたことからも明らかである。

図10　『雄呂血』（1925年）の阪東妻三郎
（出典：日本映画を愛好する会編『阪妻物語――阪妻の人・芸・作品のすべて』日本映画を愛好する会、1962年、写真ページ）

松竹合名社は、大阪と東京を拠点にそれぞれ強力な興行網を築いていくが、その松竹の興行力を目当てに松竹キネマ大阪支店に近づいていったのが立花良介である。立花は阪妻が奈良の中川映画製作所[20]を借りて、独立第一回企画作『雄呂血』（監督：二川文太郎、一九二五年、『無頼漢』の改題）を寿々木多呂九平らマキノ一党の協力を得て、せっせと撮影しているあいだに、マキノを捨てて松竹との提携を決めてしまう。一九二六年（大正十五年）一月、阪妻プロと松竹の提携が発表され、以後、阪妻映画は松竹キネマが買い取って松竹合名社の配給網に乗せて全国配給することになる。[21] 提携後、阪妻プロの本社は大阪市北区にある曾根崎から、南区の久左衛門町、すなわち松竹合名社大阪事務所と松竹キネマ大阪支店と同じビル内に移る[22]。

しかし、なぜ立花はマキノを捨てて松竹との提携を望んだのか。当時のマキノは、時代劇映画の製作では群を抜いていたはずである。その問いの答えは両社の配給網の違いにある。『雄呂血』を例に説明しよう。

この映画は、阪妻映画には珍しく批評家に大絶賛された作品である。一九二五年（大正十四年）十一月二十一日号の「キネマ旬報」（四一ページ）では「乱闘劇の模範ともなるべき映画」と評され、同年十一月二十六日付「読売新聞」（五面）には「大分前から評判になつて居た」とある。

この映画の配給は、阪妻プロが松竹と提携する前なので一立商店がおこなっている。本来ならば自由配給を標榜する一立商店は、日活系や松竹系の映画館に配給できるはずだが、最大手の日活が松竹や帝キネ、東亜を巻き込んで阪妻など独立プロの映画を映画館から排斥していたため、『雄呂血』はマキノ系統館だけで封切られた(23)。大阪でいえば主に九条八千代座と天満八千代座、新世界第一朝日劇場の三つである(24)。

これらの映画館は、明らかにこの映画の市場価値に見合う規模でもなければステータスがあるわけでもない。立地条件からしても、映画に向いた劇場ではない(25)。九条八千代座は、急激に発展した西大阪に林立する紡績工場の労働者を相手に興行していた映画館である。定員は千七十六人で都市周辺部にしては規模が大きい。だが、その設備は芝居小屋から花道をとって椅子を並べた程度で、席料はわずか大人三十銭、小人十銭でしかない。また、新天満八千代座は、独立プロを積極的に擁護した吉田卯之助が北大阪で経営していた千人収容の映画館であり、新世界第一朝日劇場は第五回内国勧業博覧会の跡地にできたテーマパーク内にある定員五百五十一人の中規模劇場にすぎず、席料は一等七十銭、二等五十銭である。大阪市内のマキノの上映館はほかに北区天神橋筋の天満倶楽部（四百九十人）、浪速区の桜川キネマ（八百人）、此花区のキネマ福島（四百六十二人）などがあるが、どれも紡績など工場労働者が多い土地柄から入場料は低く設定され、道頓堀や千日前など都市中心部にある高級な大劇場とは隔たりがある。

それではもし仮に松竹が『雄呂血』を配給していたらどうなっていただろうか。大阪での封切り館は、随一の繁華街・道頓堀にある第一級の邦画専門館・朝日座となる。道頓堀は江戸時代から続く芝居町で、朝日座は由緒ある櫓五座のひとつだった。だが、一九〇八年（明治四十一年）末に白井松次郎が買収し、翌年一月から松竹合名会社（一九一一年に松竹合名社と改称）の芝居興行場とする(26)。そして一一年（明治四十四年）、松竹は東京の福宝堂と特約(27)を結び、十月から映画興行を始める。大正期の朝日座は、高級感がある設備とサービス、本格的なオーケストラ伴奏で、道頓堀に芝居を見にくるような上流階級や知識階級、あるいは心斎橋筋で買い物をするような富裕層に映画を広める役目を果たす。定員は千百人だが、席料は特等一円六十銭、一等一円と高い。立地のよさ

図11　1930年に新築開場した朝日座
(出典：橋爪紳也監修『近代建築画譜 近畿編』復刻版、不二出版、2007年、373ページ)

から客入りもよく、週二万円は売り上げたといわれている。[28] これは当時の貨幣価値で超大作映画を四本も作れるほどの額である。しかも朝日座は、西日本地方の興行者が邦画を買い付けにくるショーウインドー的な機能を果たしていて、ここで公開して成功するかどうかでその後の売れ行きが左右される重要な映画館でもあった。したがって、もし阪妻映画が朝日座で封切られていたならば、その興行規模や価値を一気に引き上げることができただろう。だからこそ野心家の立花は、無情にも『雄呂血』の製作に協力するマキノとの関係を断ち切り、新たに松竹と契約を結んだのである。

この契約によって阪妻プロは飛躍的に成長する。提携第一回作『尊王』(監督：志波西果)は一九二六年(大正十五年)二月七日から全国に先駆けて大阪朝日座、京都歌舞伎座、神戸菊水館といった関西三大都市にある松竹系の映画館で一斉に封切られた。[29] 朝日座では人気弁士・伍東宏郎《ごとうこうろう》が活弁し、名文句「東山三十六峰静かに眠る丑満時《(ママ)》……」が受けて、興行は大成功する。[30] 映画館が一流なら弁士も一流だった。松竹は阪妻映画を優遇し、当時の買い付け価格としては最高値の一尺あたり二円五十銭（一本六千尺として約一万五千円）を阪妻プロに支払っている。[31] 現代劇に比べて時代劇作品の手薄な松竹にとって、帝キネの市川百之助やマキノの高木新平の人気に対抗できる阪妻の映画は、のどから手が出るほどほしかったといえるだろう。一方、その収益で阪妻プロは、『尊王』が公開されたのと同じ二月に京都の太秦に土地を購入し、撮影所の建設に着手する。[32] つまり前述した阪妻の偉業――映画史上初の俳優による撮影所の設立――は松竹との提携があったからこそ可能になったのである。

　その撮影所の設立が、阪妻プロにユニバーサル社との提携をもたらす。ユニバーサル社は、大阪の播磨商会と提携してユニバーサル・ハリマ商会を設立、そのユニバーサル・ハリマ商会がユニバーサル社東京支社を開設し、アメリカ映画を日本で初めて本格的に直輸入して日本市場に殴り込みをかけた会社である。最も早く日本に進出したこの外国映画会社は、日本映画優勢の大正末年、[33] 市場に参入するためにユニバーサル・ブランドの日本映画を製作する撮影所を必要とし、用地の提供を阪急電鉄にもちかける。それを聞きつけた立花は、両社のあいだに割って入り、一九二六年（大正十五年）九月にユニバーサル社と阪妻プロ、そして一立商店の契約を成立させる。言い換えれば、阪妻・立花・ユニバーサルの設立には、阪妻プロの太秦撮影所が必要条件だったのである。だとすれば、阪妻プロの太秦撮影所は松竹との提携によって開所できたのだから、この日本初の日米合弁会社の設立で間接的に大阪の松竹が果たした役割は無視できないことになる。

　以上のことから、阪妻という国民的大スターの誕生、そしてそのスターによる独立プロの設立、撮影所の開設、さらに日本初の日米合弁会社の設立という映画史に残る数々の快挙達成に、大阪の企業や人が深く関わっていたことがわかるのである。

4 映画の文化地理学――よりローカルな映画史の地平に向けて

ではなぜ東亜は、甲陽撮影所がある兵庫県ではなく大阪市平野町に本社を置いたのか。阪妻を引き抜いたのが、松竹でも日活でもなく、帝キネという大阪の映画会社だったのはなぜなのか。なぜ立花良介は一立商店を、マキノがある京都ではなく大阪の梅田に作り、阪妻プロの本社もその近くに置いたのか。そしてなぜ、東京ではなく大阪の松竹合名社が日本一の興行力を誇っていたのか。

その答えは、これらの出来事が起こった当時、すなわち大正末期の大阪の状況を考えれば容易に導き出せるだろう。大正期に入ってすぐ第一次世界大戦が欧州で勃発し、それを契機として大阪の商工業は急速な発展を遂げた。とりわけ都市周辺部には工場が乱立し、その周りに労働者の住宅が増え、商店や娯楽施設なども集まって、都市はどんどん肥大化していく。加えて一九二三年（大正十二年）九月、関東大震災で東京が壊滅状態になると、東京に代わって大阪が日本の経済や文化の中心となり、さらに人口は過密化する。いっときとはいえ大阪の北浜が日本一の金融街となり、道頓堀と千日前が日本一の興行街となるのである。大阪市民の所得は、一五年（大正四年）に全国平均の約二倍だったが、第一次世界大戦後の二〇年（大正九年）には約三倍となる。そして二〇年に九十一円だった市民の平均所得は、震災後の二五年（大正十四年）に百三十三円に跳ね上がった。[34]こうした経済活動の活性化と都市人口の増加に対応すべく、大阪市は第二次市域拡張を施行し、三二年（昭和七年）に東京が市域を拡張して大阪を抜くまでのあいだ、人口と面積の両方で日本最大の都市となる。大阪市が「大大阪」と呼ばれ、のちに「赤い灯、青い灯」と歌われる道頓堀のネオンが華やぎを増すのもこの頃である。つまり大正末期から昭和初期にかけての大阪には、モノ・カネ・ヒトが全国から集まる日本一の大量消費都市が出現していたのである。

こうした状況だから、日本の映画産業の経済的な活動も大阪に集中する。実際、その様子は当時の資料からもうかがい知ることができる。例えば一九二三年（大正十二年）十二月十一日号の「キネマ旬報」（八ページ）には「映画界の中心は目下は事実上に関西に移っている」とある。また『日本映画事業総覧　大正十五年版』の「東京を凌駕せんとする大阪及附近」には次のような記述がある。

大震災後の特異なる事実として、従来余り認められなかつた映画事業上の勢力が関西に集中した。それは色々の意味に於てであることは謂ふまでもない。

（一）東洋一の常設館松竹座の新設

（二）各外国映画会社が神戸に集中したこと

（三）邦画撮影所も京阪神間に集まつて了つたこと

等其の主要な原因であろうが、帰するところは観衆を含む人口の稠密さが一層増したことである。而して大阪はこの近畿の中心であり全関西地方といふ日本の西半分の咽喉である。(35)

東亜が大阪に設立され、豊富な資金を背景に京都のマキノを買収し、業界第三位にのし上がるのはまさにこの繁栄においてである。また日活や松竹など、東京で被害を受けた撮影所を尻目に大阪を地盤とする帝キネがかつてない急成長を遂げ、その金余り状態から阪妻などのスターを多数引き抜くのも、この活況ゆえだった。さらに一立商店や阪妻プロが京都ではなく大阪に設立されるのも、大阪の松竹合名社が興行網を強化し日本一の興行事業を展開するのも、この地で盛んに映画への投資がなされ、旺盛な消費活動がおこなわれていたからだといえる。京都の撮影所で映画を作っていた阪妻に大阪の資金や人が絡んでいたのは、こうした時代や地域特有の状況があったからなのだ。

おわりに

阪妻にはこれまで、時代劇映画というジャンルとの関係から、あるいは等持院や太秦など撮影所との関係から京都のイメージが強く結び付けられてきた。しかしここまで見てきたように、ジャンルや撮影所といった創造的な活動だけに注目するのではなく、資金調達や配給、興行など映画の経済的な活動にも目を向ければ、阪妻と大阪の意外な関わりが見えてくる。無名の阪妻がスターになるまで製作資金を提供していた東亜も、阪妻独立のきっかけを作った帝キネも、阪妻プロの発展に尽力した一立商店も、阪妻プロを経済的に支援することになる関西の二つの松竹も、みな大阪に拠点を置く企業である。

大阪は、全国で東京に唯一匹敵する映画の消費量を誇る大都市であり、西日本の映画流通の中心である。しかも、いっときとはいえ大正末期から昭和初期には日本映画流通網の中心として機能した経験ももつ。そのため大阪は、これまでの東京―京都中心の見方だけでは語りきれないことがあることを私たちに教えてくれる。日本での映画的事象は、東京と京都だけで起こっていたわけではないし、映画の製作面だけが映画産業ではないのである。日本の映画産業の地勢図はもっと複雑に、多様なものへと描き足されるべきである。

多様な視点から大阪の映画産業を分析し、ダイナミックな関係性を捉える必要がある。大阪が映画をどう取り込み、どう作り替え、そしてどう消費したのか。その歴史を明らかにすることは、ひとつの布石となるだろう。つまり、冥々たる大阪映画産業の歴史に光を当てること、その意義は思いのほか大きいはずだ。

注

（1）例えば一九二六年（昭和元年）の映画動員数を見ると、一位が東京で二千八百一万二千七百三十八人、二位が大阪で千八百万四千六百五十五人である。兵庫や福岡など三位以下は七百万人台であることから、東京と大阪の消費量の多さがわかる（「昭和元年全国映画興行場入場人員調査表」「国際映画新聞」一九二七年九月五日号、国際映画新聞社、表紙ページ）。

（2）藤井康生『東西チャンバラ盛衰記』（平凡社選書）、平凡社、一九九九年、二六ページ

（3）阪東妻三郎の経歴については秋篠健太郎『阪東妻三郎』（毎日新聞社、一九七七年）、および佐藤重臣『阪妻の世界』（池田書店、一九七六年）、御園京平編著『写真阪妻映画』（活動資料研究会、一九七九年）を参照。

（4）佐藤忠男「雄呂血」、キネマ旬報社編『日本映画２００』（映画史上ベスト２００シリーズ）所収、キネマ旬報社、一九八二年、一六―一七ページ

（5）前掲『日本映画発達史』第一巻、三八〇ページ

（6）「阪妻すみ子最高 中国民報の人気投票」「国際映画新聞」一九二七年十月二十日号、一七三ページ

（7）「大日本ユ社の輸出映画は年十本の計画」「読売新聞」一九二六年十月十一日付、九面

（8）「阪妻映画を世界に配給 ユ社と立花氏の提携 技術者は本場から来る」「大阪時事新報」一九二六年九月七日付、二面

（9）「阪東妻三郎 太秦スタジオ 開所式」「大阪時事新報」一九二六年五月四日付、三面

（10）例えば前掲『日本映画史』第一巻、二〇四―二〇五ページ

（11）例えば前掲『日本映画発達史』第一巻、三七九―三八二ページ

（12）「東亜キネマとマキノの合同――七月一日から実現」「読売新聞」一九二四年七月三日付、五面、山本緑葉「マキノ映画と私」、都村健編「等持院」一九二五年四月号、マキノを圍る同人社、三八ページ

（13）「マキノ通信」、同誌六一ページ

（14）『影法師』はマキノが東亜と請負契約を改定した直後に公開された作品のために表記が揺れている。例えば「キネ

マ旬報」（一九二五年二月一日号、キネマ旬報社、四〇ページ）や「大阪時事新報」（一九二五年十二月二十六日付、四面）では「東亜等持院映画」、「キネマ旬報」（一九二五年四月一日号、キネマ旬報社、二五ページ）では「マキノ等持院映画」、『日本映画年鑑 大正十四・五年度版』（東京朝日新聞社、一九二六年、一六ページ）では「東亜映画」として紹介されている。

(15)「帝キネ映画」「読売新聞」一九二四年一月三日付、七面

(16)「妻三郎が帝キネ退社か」「大阪時事新報」一九二四年十一月八日付、五面

(17)「謹告」「大阪時事新報」一九二五年七月五日付、二面

(18)広告「国際映画新聞」一九二七年九月五日号、「映画風聞録」「大阪時事新報」一九二六年十月十七日付、二面

(19)前掲『日本映画事業総覧 大正十五年版』九七ページ

(20)監督の中川紫郎が帝キネをやめてハリウッドに外遊したあと、一九二五年に奈良市内に設立した貸スタジオ。阪妻プロのほかに直木三十五の連合映画芸術家協会などがここで映画を撮影している。

(21)松竹株式会社『松竹七十年史』松竹、一九六四年、二六一ページ

(22)「妻三郎主演脚本募集」「大阪時事新報」一九二六年四月二十五日付、三面

(23)日活の横田永之助はマキノなど独立プロの映画が相場より高く映画館に買い取られている事実に反感を抱き、一九二五年十月十四日、松竹や帝キネ、東亜を誘って四社連盟を組織し、独立プロの映画を排斥する。しかし二六年一月に松竹と阪妻プロが提携することで四社連盟は瓦解する（「大阪時事新報」一九二六年二月二十七日付、九面）。

(24)広告「大阪時事新報」一九二五年十一月十三日付、二面

(25)映画館については笹川慶子『明治・大正 大阪映画文化の誕生――「ローカル」な映画史の地平にむけて』（「大阪都市遺産研究叢書」、関西大学大阪都市遺産研究センター、二〇一二年）を参照。

(26)前掲『松竹七十年史』九七ページ

(27)当時日本の映画興行は直営、歩合、特約があった。直営は映画会社が興行。歩合は映画会社と映画館が歩合を決めて興行。特約は映画館が月決め賃貸料を映画会社に払って映画供給を受ける。特約館は契約した映画会社以外の映画は上映しない。大正末年に製作会社が増えると、地方や都市の二流館などは同時に二、三社と特約を結ぶようになる。

(28) 前掲『阪妻の世界』九四ページ
(29) 広告「大阪時事新報」一九二六年二月七日付、二面
(30) 前掲『写真阪妻映画』一一六ページ
(31)「配給の途が開けて蘇生の独立プロダクション」「国際映画新聞」一九二八年七月十日号、二七ページ
(32)「阪妻用のスタヂオ落成」「大阪時事新報」一九二六年三月一日付、二面
(33) 当時日本の映画館には日本映画専門館、外国映画専門館、混成館があった。草創期は外国映画中心の混成館が主流だったが、日本映画の生産量が増え日本人スターの数も増えると、日本映画専門館が急増、一九二七年度には混成館の数を抜く（国際映画通信社編『日本映画事業総覧 昭和三―四年版』国際映画通信社、一九二八年、一六ページ）。
(34) 大阪市役所編『明治大正 大阪市史』第一巻、日本評論社、一九三四年、九〇ページ
(35) 前掲『日本映画事業総覧 大正十五年版』九七ページ

第2章　大阪映画文化の誕生とその変遷——都市の変容と映画館

はじめに

ここに二つの分布図がある。(1)一つは一九一二年（大正元年）頃の大阪市内にあった映画館の分布図（図12）、もう一つは二六年（大正十五年）頃の分布図（図13）である。見比べると、およそ十五年のあいだに映画館がずいぶん増えたことがわかる。大阪市の映画館はいつ、どこに、どう増えていったのだろうか。そしてそれは、都市の変容とどう関係するのか。

大阪という都市のかたちは常に同じだったわけではない。経済発展や人口増加にともない、そのかたちは何度も変わっている。最初に市制が施行されたのは一八八九年（明治二十二年）である。そのときの大阪市はまだ小さく、区も北区、南区、東区、西区の四つしかなかった。その後、九七年（明治三十年）に第一次市域拡張、一九二五年（大正十四年）には第二次市域拡張が施行され、市域はどんどん広がっていく。第一次市域拡張では、旧大阪市の四区の名称はそのままに周辺部を編入した。そして第二次市域拡張では第一次で編入した地域を切り離して浪速区、港区、此花区、天王寺区とし、さらにその周辺部に東成区、西成区、東淀川区、西淀川区、住吉

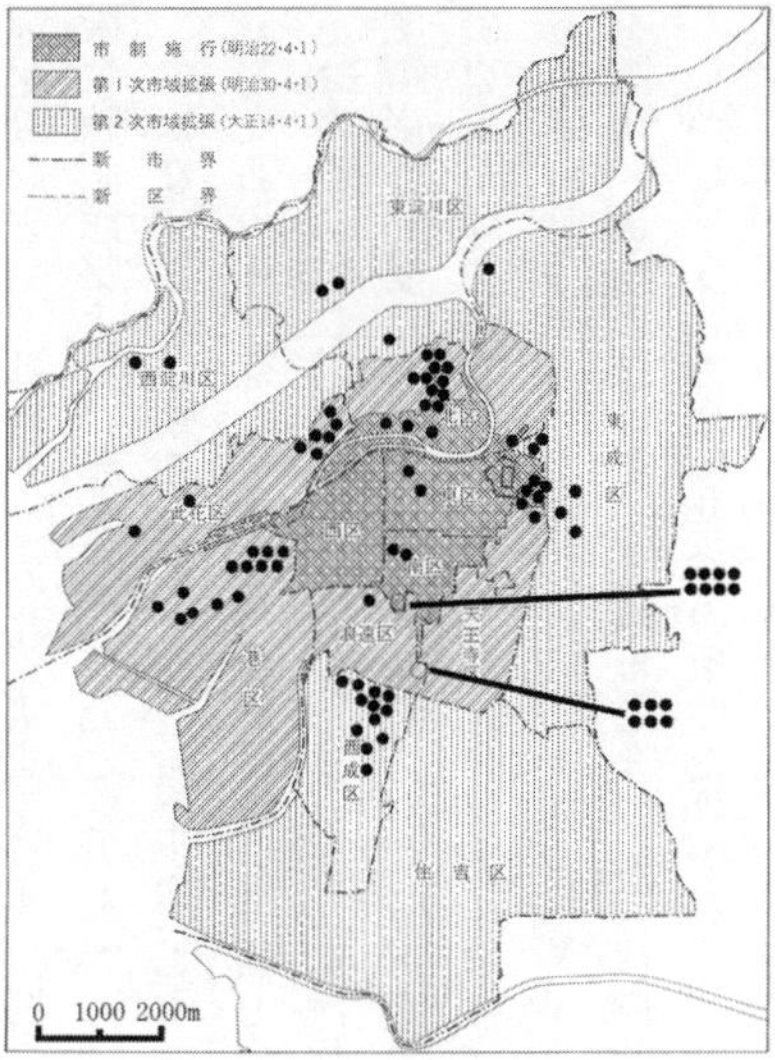

図13　1926年（大正15年）頃
（出典：同書4ページをもとに作成）

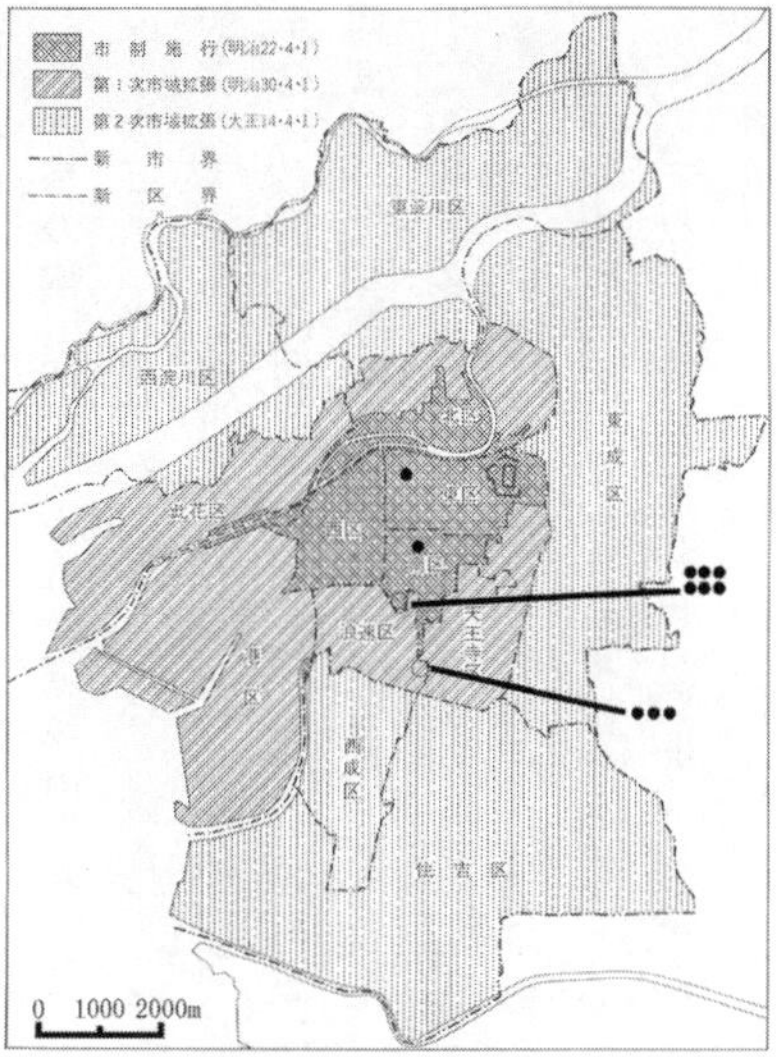

図12　1912年（大正元年）頃
（出典：『新修大阪市史』第7巻、大阪市、1994年、4ページをもとに作成）

区の五区を加えている。この第二次市域拡張によって、大阪市は人口と面積で東京をしのぐ日本一の大都市となり、ここに「大大阪」と呼ばれる、大阪が未曾有の経済的・文化的な繁栄を謳歌した時代が到来するのである（ただし、その日本一の座は一九三二年〔昭和七年〕、東京に再び奪われる）。

このように大阪という都市のかたちはしだいに拡大していったわけだが、その都市の変容と大阪の映画文化のあいだには実に密接な相互関係があるといえる。というのも「大阪時事新報」を調査すると、大阪の映画館が第二次市域拡張の前後、すなわち一九二四年（大正十三年）から二六年（大正十五年）にかけて、一気に増えていたことがわかるからだ。この頃、新たに開場した映画館は、例えば新世界いろは座、パーク劇場、パークキネマ、公園敷島倶楽部、桜川キネマ、市岡キネマ、市岡パラダイス（明光館）、市岡倶楽部、築港第一弥生館、九条花園倶楽部、キネマ福島、キネマ花月、聖天倶楽部、玉出座、粉浜劇場、大成座、橘館、北野館など多数ある。開場しても新聞に掲載されない映画館もあっただろうから、その数はかなりにのぼるはずだ。また「常設館廻り」という連載が二六年（大正十五年）四月三日から「大阪時事新報」で始まることからも、この時期の大阪に映画館ブームが起こっていたことがわかる。

ではなぜ大阪の映画館は一九二四年（大正十三年）頃を境に急増したのだろうか。これについては複数の要因が考えられる。なかでも時代劇映画という新しいタイプの日本映画が誕生し大流行したことが関係する。前章でもふれたように時代劇映画とは、それ以前に流行していた歌舞伎風の旧劇映画から脱し、ハリウッド映画や新国劇の影響を受けた、よりリアルなアクションを重視した映画である。大正末年の時代劇映画の人気はすさまじく、阪東妻三郎や高木新平、月形龍之介、市川百々之助ら若いスターが台頭し、市川右太衛門や片岡千恵蔵、大河内伝次郎、嵐寛寿郎、林長二郎らがあとに続く。さらに外資のユニバーサル社までもが、阪東妻三郎の時代劇映画を製作しようと試みる。それほどまでに時代劇映画は大衆に支持されていたのである。

しかしこうした全国共通の条件だけでなく、大阪という場に特有の条件も考える必要がある。つまり東京や京都とは異なる、大阪ゆえの事情である。それについては、大きく二つの要因が考えられるだろう。一つは、対アジア貿易の輸出増大による大阪経済の未曾有の好景気である。第一次世界大戦（一九一四―一八年）で中国やインドなどアジア市場を支配していた欧米、とくにイギリス綿製品の支配力が弱まり、日本がその市場を奪うと、対アジア貿易の拠点であり、かつ紡績織物など商工業が盛んな大阪の輸出は急速に伸びていく。「外国貿易増加歩合比較表」（図14）を見ると、大阪の貿易額は一七年（大正六年）から激増し、二〇年（大正九年）にピークを迎えていたことがわかる。

この輸出の急成長にともない大阪市の周辺部には工場が乱立し、工場の周りに労働者の住宅や商店、施設が集まって人口は急増する。そして、そうした工場や商店で働く中・低所得者が休日に娯楽を求めるようになり、その結果、安くて手軽な娯楽を提供する場として映画館が増えていったと考えられる。実際、一九二二年（大正十一年）一月十七日付「大阪毎日新聞」には次のようにある。

昨年十月頃から大阪市の郊外殊に接続町村へ小劇場、活動写真館、寄席等の建設を企つるもの続出し目下府保安課で許否詮衡中のものだけでも約三十件あるがこれらは近年著しく発展した接続町村の人口増加から娯楽機関設置を望む必要の声もあるがその大部分は欲張連が土地の思惑からの出願が多い(2)

出願してから実際に建設されるまで時間差があることを考えると、だいたい一九二三年（大正十二年）あたりから小劇場や映画館、寄席が増えていったことがわかる。

もう一つは、一九二三年（大正十二年）九月一日に起きた関東大震災で東京が壊滅状態になり、映画産業の中心が関西に移ってきたことが関係する。このとき松竹や日活の映画撮影所、洋画の配給会社、キネマ旬報社といった出版社など、多くの映画関連会社が関西に移ってくる。そうしたなか西日本最大の都市であり、商工業の中心地である大阪が、いっときとはいえ日本での映画流通の中核を担うことになる。大阪の映画館は東京に代わって新作映画を封切るショーウインドーとなり、その興行成績が地方での映画の売り上げを左右する。また、それまで東京に押されていた洋画興行も大

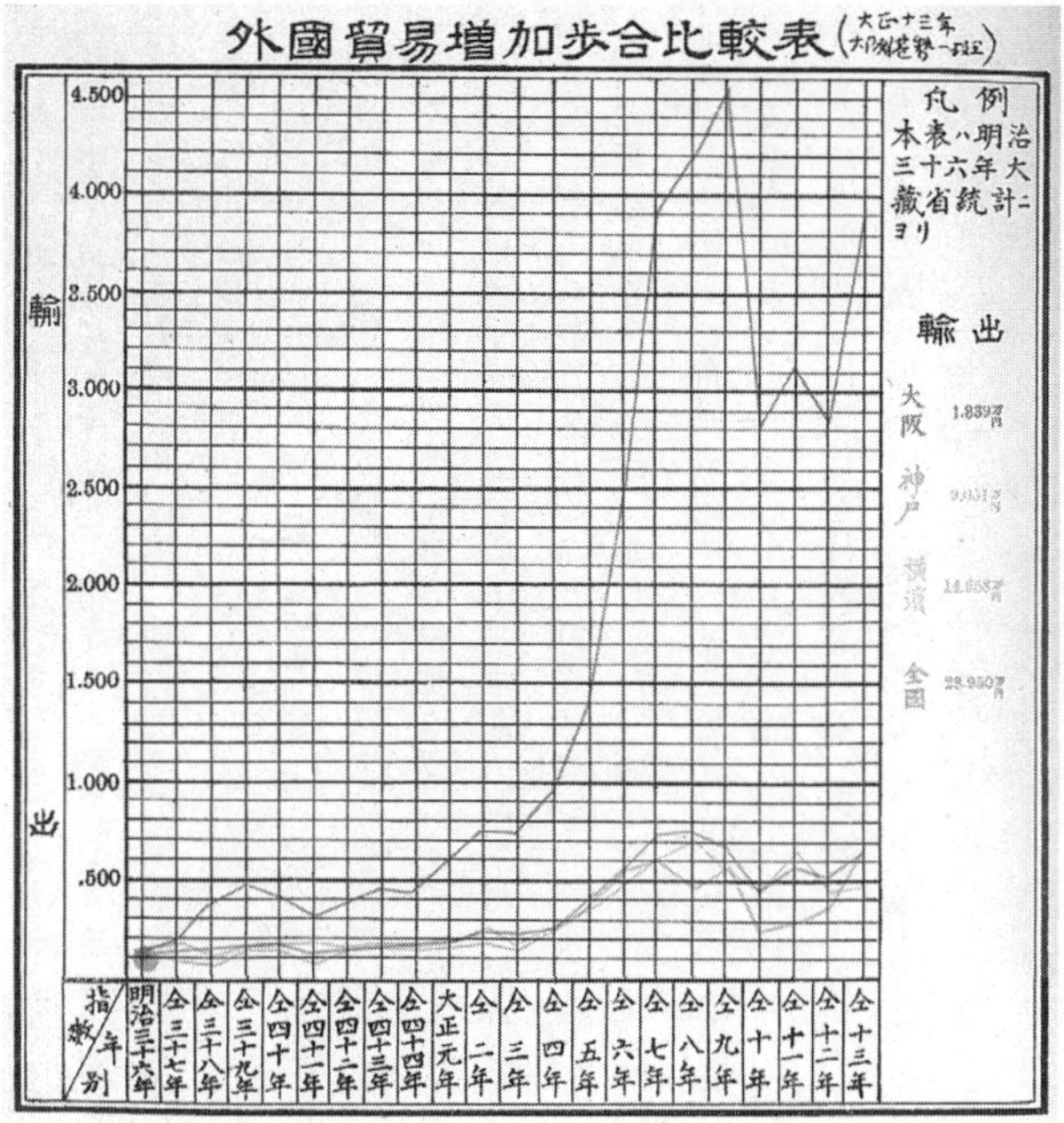

図14　外国貿易増加歩合比較表
（出典：大阪市教育部共同研究会編『大正大阪風土記』大正大阪風土記刊行会、1926年、折り込み図版）

阪が全国一の消費地となる。さらに震災で壊滅的な被害を受けた東京の映画会社を尻目に、大阪を本社とする映画会社——帝国キネマ演芸（帝キネ）や東亜キネマ（東亜）——は積極的に契約館を増やしていく。震災後、地方紙である「大阪時事新報」に映画広告の掲載が急増するのは、そうした大阪映画産業の活況を物語るといえるだろう。

したがって一九二四年（大正十三年）頃に大阪の映画館が急増するのは、もともと第一次世界大戦の影響で経済が発展し、労働人口が急増して都市の娯楽需要が高まっていたところに、震災で映画流通の中枢機能が大阪に移った結果、大阪の映画消費が活気づき、そこに時代劇など日本映画ブームも加わったためと考えられる。このように、大正末年の大阪市での映画館の増殖は、時代劇映画の流行という全国共通の現象だけでなく、大阪という地域に特有の状況も重なって起こっていたのである。

映画文化を考える場合、こうした地域差を考慮する繊細さが重要である。映画文化のあり方は、そこがどんな土地で、どういう歴史をもち、どんな人が住んでいて、どういった生活習慣のなかで映画を消費しているのかによって変化する。それは都市／地方といった単純な二項対立で語りつくせるものではないし、ましてや東京の事象だけで全国の映画文化を代表させることもできない。大阪の映画文化は、大阪という空間を構成する人や物、金、そして大阪が歩んできた歴史によって生み出されるものなのである。したがって映画史で語られてきた一九二三年（大正十二年）の映画館の壊滅は、あくまで東京の出来事であって大阪のことではない。同じように二四年（大正十三年）の映画館の増加の仕方は、震災復興中の東京と、震災景気にわく大阪とでは様相を異にする。要するに同じ時代でも、場所が変われば映画の消費モードは変わり、そのために形成される文化も異なるのである。

このような見地から、本章ではまず、大阪の映画文化が形成される過程を都市空間の変容と重ね合わせて考察する。主に「大阪時事新報」の記事を参照しながら、映画館がいつ、どこに、どう浸透し、どういう文化を築いていたのかを解析する。こうした考察を通じて明らかにしたいのは、大阪の固有性や特殊性ではなく、映画文化とはいかに地域の歴史や社会、文化との関わりにおいて動的に捉える必要があるかについてである。この論点から、東京の事象だけですべての映画文化を代表させることには無理があることが明らかになるだろう。

1　大阪における映画興行の始まり――舶来の見せ物としての映画装置

日本と映画の関わりは、アメリカのエジソン社やフランスのリュミエール社などの映画装置が、海を渡って神戸や横浜に荷揚げされ、大阪や東京などの大都市で興行された明治末年に始まる。もちろん、日本にも幻灯や影絵など、動く像を見て楽しむ装置は江戸時代からすでに存在していた。大阪にも一八九七年（明治三十年）頃は島之内大宝町や船場御神社境内、堀江廓などに幻灯の常小屋があったが、のちに活動写真と呼ばれることになる舶来の科学装置の興行に取って代わられていく。

大阪はその最初期の映画興行で重要な役割を果たした都市である。日本の映画興行は一八九六年（明治二十九年）に始まる。[3]まず、高橋信治が輸入したエジソン社のキネトスコープが神戸の神港倶楽部で十一月二十五日から十二月一日に興行される。翌九七年二月十五日から二十八日には京都の稲畑勝太郎がフランス、リュミエール社のシネマトグラフを大阪の南地演舞場で、同月二十二日から二十四日には大阪の荒木和一がアメリカ、エジソン社のヴァイタスコープを大阪の新町演舞場で一般公開する。ほかに東京の新居商会がヴァイタスコープを神田錦輝館で九七年三月六日から、同じく東京の吉沢商店がシネマトグラフを横浜港座で同月九日から興行している。つまり、日本では九六年十一月から九七年三月までの約四カ月間で三種類の装置が興行されたが、どの装置も東京より大阪のほうが先だったのである。

大阪での初興行は、一八九六年十二月三日から南地演舞場で公開されたキネトスコープである。南地演舞場は八八年に開場した歌舞練場で、阪堺鉄道難波駅（一八八五年開業、のちの南海鉄道、難波高島屋はターミナル・デパ

図15　エジソン社のキネトスコープ
（出典：Paul C. Spehr, *The Movies Begin : Making Movies in New Jersey 1887-1920*, Newark Museum, 1977, p.29.）

ート）の真向かいにあった。キネトスコープとは観客が箱の上に設置された穴からなかを覗き見る映画装置で、一回の上映に一人しか見られない。現在日本では、キネトスコープのような覗き眼鏡式を映画と見なさない向きも多い。だが、その投影の仕組みは、シネマトグラフなどスクリーン式とほぼ同じである。キネトスコープの開発国であるアメリカでは、キネトスコープから映画史を語ることが多い。そもそも日本でも一九九五年にメディアがシネマトグラフを特権化し映画生誕百年を祝うまでは、映画史をキネトスコープから始めることも珍しくなかった。例えば映画批評家の飯島正は『日本映画史』（白水社、一九五五年）で映画史の始まりを「いままでの例にならって」キネトスコープとしている。大きなホールで大勢の人がスクリーンを見つめる行為だけが映画の見方ではなくなって久しい昨今、大阪の映画興行の始まりも、一人で見る映画装置、つまり一八九七年のシネマトグラフやバイタスコープではなく九六年のキネトスコープから始めていいだろう。

覗き眼鏡式に続いて、大阪ではすぐにスクリーン式の映画装置が興行される。場所は南地演舞場や新町演舞場、それから角座や弁天座、浪花座、朝日座、天満座など大阪を代表する大きな芝居小屋だった。大阪の掬水庵渓楓が創刊した個人雑誌「あのな」では、一八九七年（明治三十年）二月二十八日に南地演舞場でシネマトグラフを見た掬水庵自身の体験を次のように記述している。

活動写真［明治三〇年］二月廿八日　日曜日　旧暦一月廿七日　晴
午後七時頃南地演舞場に至りシネマトグラフ（自動真影）を見る本日の番組は『英国婦人の喧嘩』『噴水』『鶏飼、狗と猫と小児』『露国皇帝戴冠式』『野戦砲兵演習』『英国人の撃剱』『海上ボート』『軍人整列』等にして、此は皆一分間九十枚程を速写したるものにて森羅万象生ある者は皆其動作真に迫れり其中にて最も感歎せしは英国婦人の喧嘩に噴水又野戦砲兵演習大砲の発射の際起る烟に海上ボートの怒濤の為ボートの上下する浪のボートに当りて飛散する海岸にある少女の衣服の裾が風に翻く有様には観客皆手を拍て驚喜せり発明者は佛国リオン府リミエールなり入場券は通常十銭特別二十銭なり午後八時帰る(4)

この頃の映画はまだ動く写真の装置でしかなく、物語を楽しむというよりもむしろ、最新鋭の光学技術によって作り出される現実を再現した像を見て驚くための見せ物だったのである。

映画の導入段階で、大阪の興行はおおむね二通りに分けられる。一つは演舞場や寄席で、いろいろな出し物のひとつとして興行する場合、もう一つは芝居興行の入れ替えなどで空いた数日間に映画興行をする場合である。例えば、遅くとも一九〇四年（明治三十七年）頃には千日前で犬芝居や女相撲などを興行していた第二井筒席や、怪談や犬相撲などを興行していた第三井筒席などが見せ物のひとつとして活動写真を上映していた。また、道頓堀中座では〇三年（明治三十六年）七月、役者の不在で休演となった舞台の代わりに一八九九年（明治三十二年）に撮影された九代目市川團十郎と五代目尾上菊五郎の『紅葉狩』を上映したり、一九〇七年（明治四十年）に火事で焼けた道頓堀浪花座が劇場を再建するまでのあいだ仮小屋で活動写真を上映したりした。いずれにせよ映画は、映画専用の劇場ではなく、すでに都市の娯楽として定着していた見せ物や寄席、芝居興行の隙間に入り込むかたちで浸透していったのである。

「大阪時事新報」の興行記録を拾っていくと、映画は最初、庶民的な小屋が多かった千日前ではなく、伝統ある芝居町・道頓堀の高級劇場や周辺の大きな劇場で興行されていたことがわかる。もちろん新聞で告知しなくても、どこかで興行されていた可能性はある。だが、たとえそうだとしても大阪一ステータスが高い道頓堀の劇場が映画を興行していたのは事実である。映画は、高級な劇場の「箸休め」的出し物のひとつとして、それ相応の客層に消費されていたのである。映画装置そのものが高級な舶来品だったこともあり、ある程度高い入場料を期待できる興行場や観客を必要としていたと考えられる。したがって、草創期の映画興行はまず、高級な娯楽を求めて道頓堀にやってくる中流以上の人々に向けておこなわれ、その後しだいに中流以下の労働者やその家族など観客の裾野を広げ、大衆化されていったことがわかる。

2　映画館の誕生と繁華街の変容――千日前

大阪に初めて映画常設館――映画上映を専門とする劇場――が誕生するのは、映画の渡来から約十年たった一九〇七年（明治四十年）である。この頃、東京や京都、名古屋など全国の大都市で映画館の開場が相次ぐ。日露戦争（一九〇四―〇五年）の勃発により戦況映画に人々の関心が集まり、経済好況も相まって、大都市で映画市場が飛躍的に拡大し、それが映画館の開場ラッシュにつながったと考えられる。[5]

大阪初の映画館が設立された場所は、先述した道頓堀ではなく、その隣にあった新興の繁華街、千日前である。一九〇七年（明治四十年）七月七日、京都の横田商会が新築の当栄座を電気館（のちの第二電気館）と改称し、開場した。[6] 座席は土間に十人掛けの細い長椅子を二十から三十脚ほど並べた簡易なものだった。千日前はもともと豊臣氏滅亡後に墓地として成立し、江戸時代には罪人の刑場・墓場として使われ、獄門首が並ぶ薄気味悪い場所だった。しかし一八七〇年（明治三年）に刑場が廃止され、墓地が阿倍野に移ると、千日前は大阪有数の盛り場に変身する。元墓場だった土地柄ゆえに地代が安く、そのため女角力、海女の水芸、玉乗り、活人形、娘浄瑠璃など入場料が安い雑多な小屋がひしめき合うことになる。

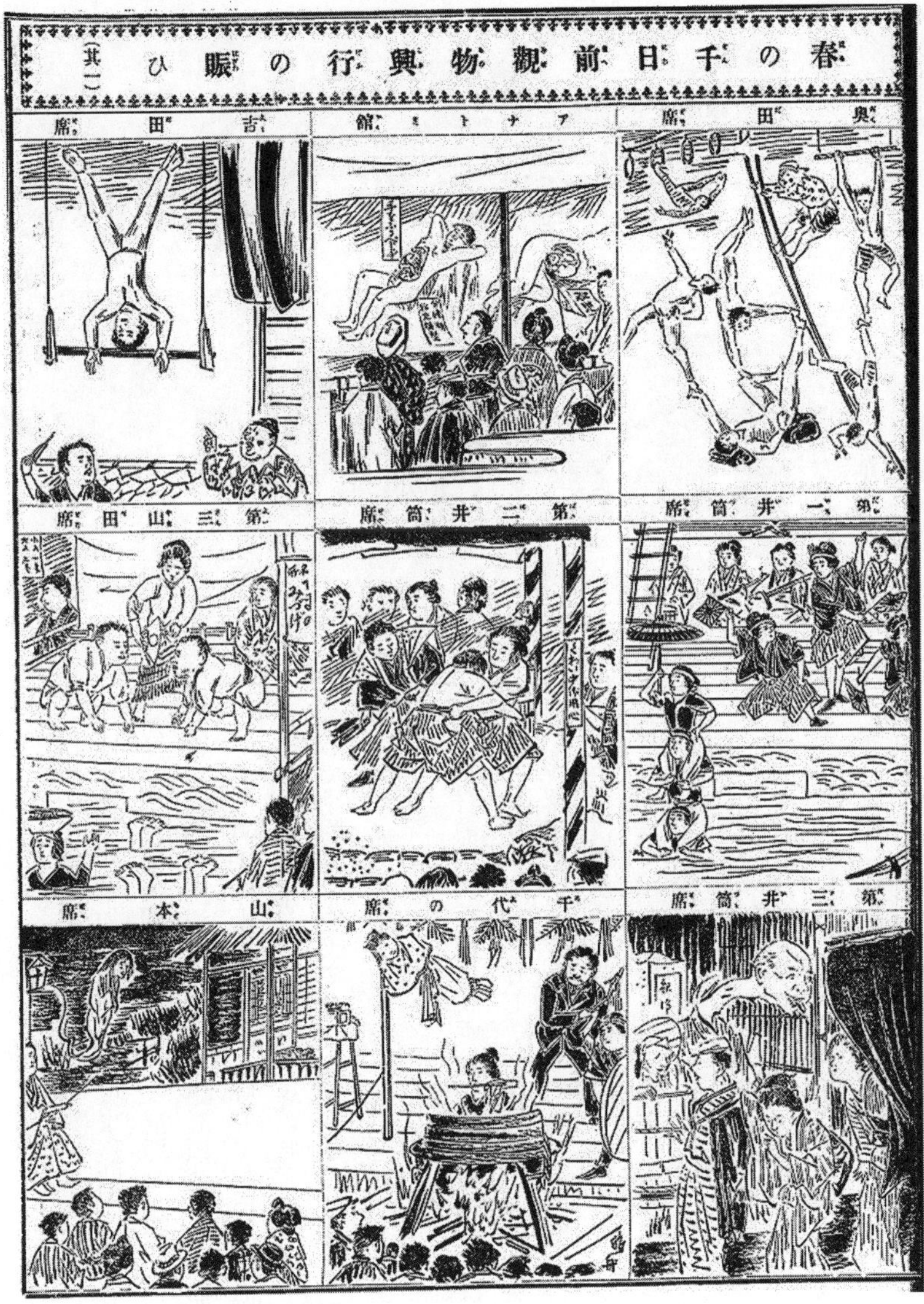

図16　「春の千日前観物興行の賑わひ（其一）」
（出典：「大阪経済雑誌」1901年1月20日号、大阪経済社、7ページ）

図17　墓地だった頃の千日前
（出典：「上方」1931年10月号、上方郷土研究会、写真ページ）

其処には女のヘラ〳〵踊といふのもあつた。鶴屋団十郎、団九郎の仁輪加もあつた、坂東蓑助の芝居もあつた、名高い千日前福圓といふ可なり立派な役者が近江源氏の盛綱なんかをやつていた。地獄、極楽の活人形もあつた。ろくろ首がやかましく人を呼立てゝいた。海女が水の中へ飛込む處も見せて居た。馬芝居、猿芝居、犬芝居とまるで動物園のやうであつた（ママ）さうして横井座といふ立派な小屋もあつた。千日前らしい特種の気分があつた。(7)

この千日前に大阪初の映画館が誕生したことは、明治末年になると映画も舶来の珍しい科学装置から、大衆娯楽のひとつとして認識されるようになっていたことを示している。とはいえ歌舞伎や新派よりは格下の、むしろにわか芝居や講談、浪花節などといった芸能に近いランクの娯楽と見なされていたといえるだろう。

こうして千日前に誕生した映画館はたちまち増殖し、わずか二年で東京の浅草に次ぐ映画街に発展する。電気館を皮切りに、一九〇七年（明治四十年）十二月に寄席の第二井筒席を改装した文明館、翌年四月にその内装に手を入れ、名称も改めた世界館（のちの第一世界館）、九月には金沢席の跡地に新築した第二世界館、十一月に日本館、〇九年（明治四十二年）三月に寄席の春木亭を改装した三友《さんゆう》倶楽部、同年七月に東洋館、さらに一〇年（明治四十三

図18　千日前通りと電気館
（出典：大久保透編著『最近の大阪市』大久保透、1911年、写真ページ）

年）十一月に芦辺倶楽部の一号館、翌年に二号館、三号館が開場し、千日前の顔となる。ほかにも第一電気館や帝国館などが次々に開館した。こうして木造の小屋が並んでいた千日前通りは、またたくまに、どこの国ともいいがたい不思議な建物が並ぶ映画街へと変貌するのである。当時の一般市民の家がまだほとんど純和風建築だったことを考えれば、こうした異国風の外観の建物がいかに視覚的なスペクタクルを人々に提供していたかがわかるだろう。

　映画館が非日常的な体験を提供する特殊な場として機能していたことは、その外観だけでなく、館名に「電気」や「文明」、「世界」や「東洋」など時代の最先端をイメージさせる言葉が使われていることからも察せられる。また、そのことは館内の演出にも現れている。例えば世界館（第一世界館）の室内は欧米式に飾りたてられ、当時まだ珍しかった扇風機が設置され、お香でなく舶来の香水が散布されていた。[8]観客はこの風変わりな空間で、『伊太利古代ポンペイ市街』や『多才の王女』など遠い異国の風景や西洋人の演技、あるいは手彩色のカラー映画[9]に興じていたのである。海外渡航など、まだ要人か富裕層にしかできなかった

図19　「南の大火」後の千日前、芦辺倶楽部が左奥に見える（大阪市立中央図書館所蔵）

時代である。そうした映画体験が大正期の大衆にとって、いかに非日常的な驚きだったかは容易に想像できる。

このように大阪唯一の映画街として繁栄を謳歌していた千日前だが、一九一二年（明治四十五年）一月十六日、南の大火によって、その景観は大きく変わってしまう。南の大火とは、南区の百草湯から出火した火が強風にあおられて燃え広がり、四千五百七十六戸を焼く惨事となった大火事である。千日前でも道頓堀に近い三友倶楽部と帝国館は焼け残るが、第一世界館や第二世界館、日本館、東洋館など五劇場十六寄席が焼失し、廃館となる。[10]だが、その後、千日前は驚異的な勢いで復興し、見せ物小屋を改装した程度の小さな映画館に代わって、中規模の真新しい劇場が軒を連ねることになる。まず千百七十人収容の大劇場芦辺倶楽部が改装開場、続いて常盤座（千九十六人）、敷島倶楽部（七百八十九人）、第六愛進館（八百人、のちの映画倶楽部）、南座（三百七十人、のちのキネマ倶楽部）といった劇場や演芸場が新築され、芝居小屋から映画館に転向する。当時の変貌ぶりを会心居主人は次のように述べている。

明治四十五年一月一六日の午前一時に噴き出した百

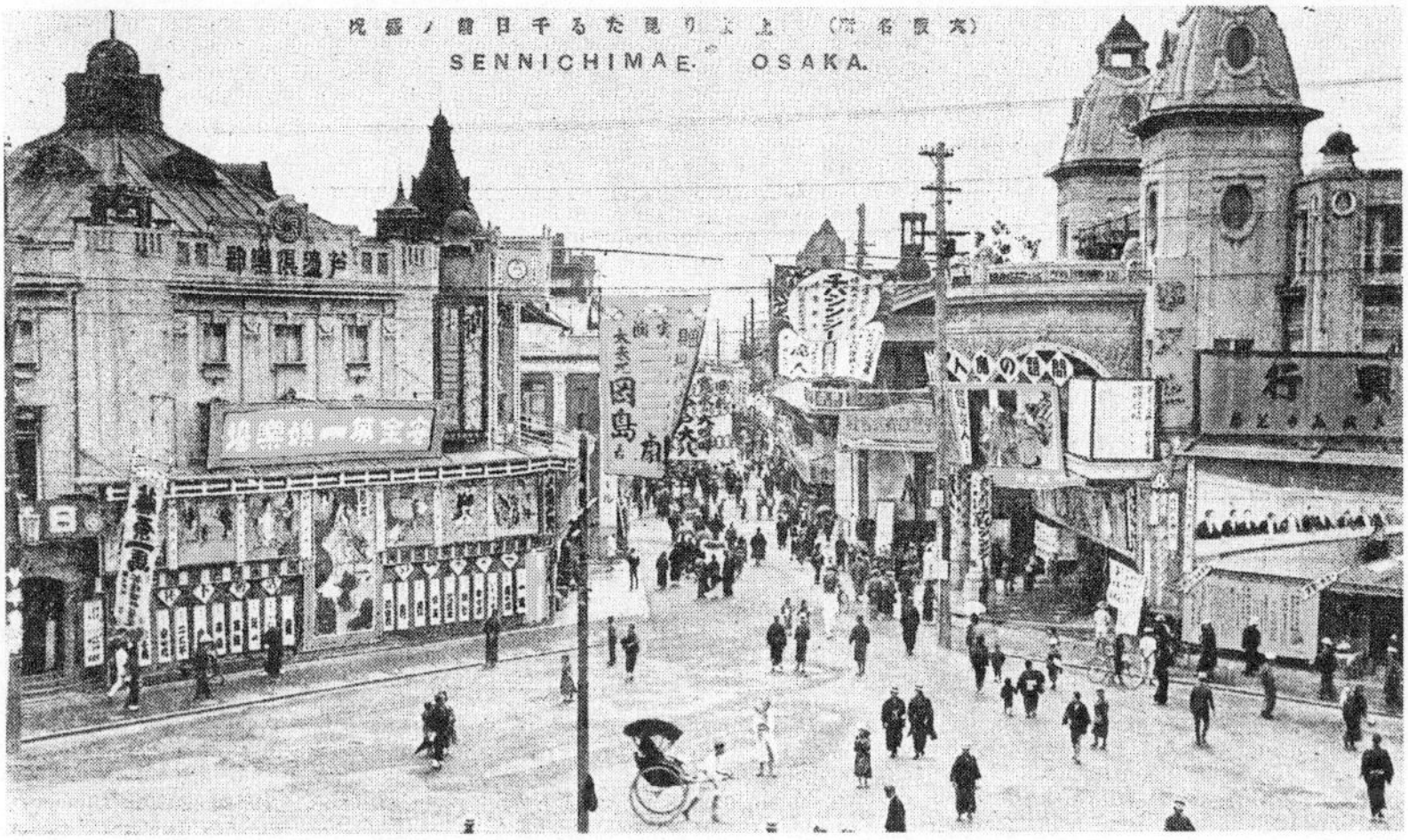

図20　千日前の芦辺倶楽部（左）と楽天地（右）（関西大学総合図書館所蔵）

草湯の煙突の火滓は、千日前を中心に、東西十二丁廿一ヶ町を焼払って、四十余年間に築かれた千日前の繁昌を、昔の荒野に返したが、禍転換、電車走る広路に、堂々たる大洋館が建ち、その内容も充実した今日の殷賑を見るに至った。(11)

この「電車走る広路」とは、宗右衛門通りに建設を予定されていた市電通りが焼け野原になった千日前にできたということで、「堂々たる大洋館」とは電車通りと千日前通りの交差点に一九一四年（大正三年）に開場した楽天地を指す。

楽天地は木造四階一部地階の巨大娯楽施設で、大正新時代の視覚文化を象徴する存在として重要である。後述する新世界（一九一二年開場）に刺激された南海鉄道が、そのターミナル駅に近い千日前に建設した。施設内には二千九百九十七人収容の大劇場と二つの演芸場があり、新派劇、映画、連鎖劇、少女歌劇、喜劇、浪花節などを興行していた。(12)ほかにも泳ぐ魚をガラス越しに横から眺められる水族館、椅子に座っているだけで目の前の風景が勝手にぐるぐる回り出す大回転機、ドーム型屋根の螺旋階段を歩きながら大阪市街を見下ろせる展望台など、新奇な視覚装置がいくつも集められていた。こうした場所で映画が上映されていたという事実は、椅子に座ったまま見知らぬ世界を垣間見る映画もまた当時の人々にとっては、大回転機や展望台と同じくらい、視覚的な好奇心を刺激する装置のひとつであったことを示すといえるだろう。

こうして千日前の繁華街は、大災害と都市計画の変更を契機として、見せ物小屋が集まる雑然とした古い街並みから、より清潔で、より近代的な装いの街として新生し、さらににぎわいを増すのである。

3　地域による映画文化の違い——道頓堀と新世界

千日前の映画街が活気づく一九一一年（明治四十四年）頃になると、道頓堀や新世界といった千日前以外の地域にも映画館が登場し始める。道頓堀は千日前通りとT字に接合する通りで、新世界は千日前から歩いていける距離にある。場所は近いとはいえ、それぞれ土地の歴史が違うため、そこに形成される映画文化もおのずと違ってくる。

千日前が明治期に発展した新しい繁華街であるのに対し、道頓堀は江戸時代から続く古い芝居町である。そのため、千日前とはだいぶ異なる映画文化を生み出している。道頓堀の芝居町は、もともと豊臣時代に開削された運河の周りに芝居小屋や飲食店が集まって成立した。江戸時代には人形浄瑠璃の竹本座（のちの浪花座）や豊竹座、芝居のなかの芝居（中座）や角の芝居（角座）、角丸の芝居（朝日座）、竹田の芝居（弁天座）などといった劇場が立ち並び、近松門左衛門や並木正三、並木五瓶などの狂言作者が興行を盛り上げた。[13]明治以降も歌舞伎の中村鴈治郎、新派の高田実や喜多村緑郎、連鎖劇の山崎長之輔、新国劇の澤田正二郎らが活躍し、芝居街の伝統を引き継ぐ。このように道頓堀では芝居の勢力が強かったため、千日前のように芝居小屋から映画館へのむやみな鞍替えは起こらなかった。ここでの映画は、火事で焼けた浪花座の本建築が完成するまでのあいだ、期間限定の仮小屋で吉沢系の映画が興行されたり、芝居の入れ替えの合間に数日間だけ興行されたりといった程度にとどま

図21　道頓堀の朝日座
（出典：大阪府立中之島図書館編『大阪今昔写真２』大阪府立中之島図書館、1982年、写真番号20）

っていたのである。

この道頓堀に初めて誕生した映画常設館は朝日座である。[14]　朝日座は一九〇八年（明治四十一年）十一月に松竹が買収し、翌年から新派劇を上演していたが、一一年（明治四十四年）十一月に福宝堂に貸し出され映画館となる。[15]　やがて、この福宝堂が横田商会（封切り館は千日前・電気館）、Ｍパテー商会（千日前・文明館）、吉沢商店（道頓堀・浪花座）と合併し、日本活動写真（日活）になると、朝日座は日活向島撮影所の新派悲劇映画を主に上映する館に変わる。ただし道頓堀の場合、朝日座のあとが続かず、二三年（大正十二年）に松竹座が開場するまで映画館は増えない。しかもその松竹座は映画だけでなく、楽劇や実演との混成興行である。つまり道頓堀ではあくまでも芝居興行の伝統を維持し、隙間に映画を取り込んでいたにすぎなかったといえるだろう。

とはいえ、道頓堀はただ単に映画興行を取り入れたわけではない。映画興行に格式を加えることで、千日前との差異化を図っている。朝日

図22　新世界ルナパーク
（出典：傍士定治編『大阪新名所新世界写真帖』大阪土地建物、1913年、ページ表記なし）

座は江戸時代から続く由緒ある劇場であるだけでなく、千百人を収容し、最新の設備や本格的なオーケストラが自慢の、大阪では最高級の劇場だった。例えば一九二二年（大正十一年）の特別興行の特等席料を比較すると、千日前で最高峰の敷島倶楽部が二円二十銭、ランク下の芦辺劇場が二円であるのに対し、道頓堀の朝日座は三円、指定席はなんと五円である。[16] これは銀行員の初任給が五十円から七十円の頃である。[17] このことから、道頓堀の朝日座がターゲットとしていた客層はそれだけの席料を払える人々、すなわち上流階級や知識階級、道頓堀で芝居や茶屋遊びを楽しんだり心斎橋筋で高級品を買い求めたりする富裕層だったことがわかる。このように道頓堀の映画館は、安い席料で大衆を呼ぶ千日前とは一線を画し、高級さや上品さ、豪華さを漂わせる映画文化を形成していたのである。

　他方、新世界もまた、千日前や道頓堀とは異なる映画文化を作り出していた。新世界とは一九〇三年（明治三十六年）、殖産興業と輸出拡大を目指して政府が開催した第五回内国勧業博覧会の跡地を、大阪土地建物株式会社が阪堺電車の利用客を集める目的で一一年（明治四十四年）に大阪市から借り受け、一二年（明治四十五年）七月に開場した家族向け遊園地である。パリのエッフェル塔と凱旋門を模した展望塔の通天閣をくぐると、ニューヨークやロンドンの遊園地ルナパークをモデルにしたルナパーク（月の園）があり、広い敷地内には男女計七百五十人収容の大噴水浴場、空中移動するゴンドラ、大回転機など視覚的な好奇心を刺激するアトラクションが集められていた。そしてそのルナパークを囲むように大山館（千四百八十九人収容）や第一朝日劇場（五百五十一人）などゴシック様式やルネッサンス様式の劇場が立ち並び、どこの国ともいえない風景を生み出していた。入場口で「五銭払えば夢の国」[18]と謳われた新世界の空間的な異質性はひときわ強烈であり、それがいっそう非日常的な体験を可能にしていたと考えられる。

新世界の映画文化は、どちらかといえば道頓堀よりもむしろ千日前に近い。両者はまず、公的政策によって生

図23　千日前をぶらつく男性
（出典：岡本良一編『写真集明治大正昭和 大阪』上〔ふるさとの想い出〕、国書刊行会、1985年、70ページ）

図24　新世界の家族連れ
（出典：前掲『大阪新名所新世界写真帖』、ページ表記なし）

じた空き地を民間が引き受けることで成立した点で同じである。また狭い範囲に複数の映画館が集まっている点、中流および中流以下の大衆を相手にしている点、高いところから低いところまで多種多様な要求に応えるべく、映画館がそれぞれ上映映画の種類や入場料に幅をもたせている点でも類似する。

　しかし違いもある。既存の興行街に映画館が入り込んだ千日前に対し、新世界にはそうした歴史がない。「天王寺公園の一角に理想的民衆娯楽場を作らんとして」新地から人工的に作り上げた街が新世界である。開場当時は「地域に於て規模に於て道頓堀、千日前に勝る」とまでいわれ、客筋は中産階級の家族連れが多かった[19]。実際、当時撮影された写真を見ると、劇場と一緒に丁稚や番頭といった若い男性が写り込んでいることが多い千日前に対し（図23）、新世界は女性や子どもも多く、家族連れの姿が目立つ（図24）。テーマパークという性質上、新世界には、映画の物語世界に浸って静かに鑑賞するというより、大回転機やゴンドラといった視覚的な刺激を楽しむ乗り物と似たような感覚で映画を見る、例えばときに声をあげて、わいわい騒ぎながら目の前の動く風景を見るといった観客が少なくなかったと考えられる。このように新世界と千日前は、ともに大衆を相手にする映画街とはいえ、それぞれの歴史や土地柄の違いから、そこに集まる客層に違いが生まれ、映画を消費するモードも異なっていたのである。

以上、明治末期から映画が大阪に浸透していく過程で、どの地域にどんな映画館ができ、どのような映画文化を形成していたのかについて見てきた。映画は都市の娯楽空間に入り込み、千日前、道頓堀、新世界でそれぞれ異なる映画文化を形成していたことがわかるだろう。つまり同じ都市の内部でも、場所が変われば、そこに生まれる映画文化も違っていたのである。

もちろん、この三つの地域のほかに映画常設館がなかったわけではない。例えば東区の場合、商家町の船場で御霊倶楽部が一九一一年（明治四十四年）から、本町で本町倶楽部が一三年（大正二年）から映画を上映していた。しかし、その数は実にわずかである。また一九年、二〇年（大正八、九年）頃になると、映画専門館が九条や天満、福島など都市周辺の繁華街にポツポツと現れだすが、それ以外はまだ芝居興行の合間に単発的に上映していたにすぎなかった。したがって、大阪の映画文化はまず千日前や道頓堀、新世界のような繁華街――人を引き寄せる娯楽施設や飲食店が集中し、かつ都市の周辺から人を運び込む交通機関が発達し、映画消費の中核をなす商工業労働者が四方八方から集まってくる地域――を中心に発展していったことがわかる。

逆にいうと、映画を常時興行する劇場のほとんどが、都市の中央部にある三つの繁華街に集中していたということは、大阪での初期の映画興行はこれらの繁華街でほぼすべての観客の要求に応えていたことになる。だからこそ、これらの地域には、都市全域から集まってくる階級や職業、性、年齢が異なる多種多様な客の欲求を満たすべく、趣向やランクが異なる多彩な映画館が必要とされたのだろう。

4　急増する映画館と映画文化の変容

しかし、こうした映画館の一極集中構造は一九二四年（大正十三年）前後を境に一変する。千日前、道頓堀、新世界といった都市の中核となる興行街を基点として、周辺部に映画館が急増していくからだ。その結果、映画は都市中央部の興行街にわざわざ出かけていかなければ見られないものではなくなり、より身近な存在となる。では、具体的に映画館の急増は都市の映画文化をどう変えたのだろうか。どこに、どんな映画館がどう増え、どういった人々がそこで映画を見ていたのか。それによって初期の映画文化はいったいどう変わっていったのか。まずは中央部の映画館について、次にその周辺部について考察することにしよう。

特権化と周辺化——都市中央部の変化

大正末期の千日前と道頓堀の映画館は、建物の老朽化と周辺部での競争相手の急増にもかかわらず、客入りの多さは相変わらずだった。例えば一九二六年（大正十五年）五月十四日付「大阪時事新報」では、芦辺劇場が「表通りの華やかな人波から絶えず各階級の人々」を吸い込んで「不景気知らず」と紹介している。つまり千日前・道頓堀界隈の映画館は、都市で唯一映画が見られる場所ではなくなったものの、大阪随一の繁華街としての魅力ゆえに、大勢の観客でにぎわっていたのである。

しかし、何も変わっていないかのように見える千日前・道頓堀界隈の映画館も、実は時とともに微妙に変化していたことを見逃してはならない。何がどう変化したのかは、この時期この界隈から何が消え、何が加わったかを考えればよくわかる。消えたのは南の大火で焼け残った二つの映画館——三友倶楽部と帝国館——である。三友倶楽部は、娘義太夫や落語をかけていた春木亭という小屋を一九〇九年（明治四十二年）に改装し、開場した

図25　道頓堀の松竹座（松竹株式会社提供）

映画館である。一七年（大正六年）、大阪府から劇場の設備が条件を満たさないと警告され、色物席に転向する。また、帝国館は、一一年（明治四十四年）十月に三友倶楽部の隣に開場した二流の映画館である。二一年（大正十年）頃まで、下層階級を相手に千日前で営業していたことはわかっているが、それ以降の消息はつかめない。要するに、この界隈から消えたのは明治期から続いていた小さな映画館だったのである。

　他方、新たに加わったのは、壮麗で格調高い、まるで宮殿のように豪華な松竹座（千百四十一人収容）である。ネオ・ルネッサンス様式の鉄筋コンクリート造りで、大阪通天閣の約二倍に相当する百三十万円を費やして一九二三年（大正十二年）五月に新築開場する。[20]内部には音響設計されたホール、豪華なバルコニー席、空調、食堂やレストラン、酒場などがある。優秀な洋画を中心に、日本映画もときどき上映し、レビューや実演を添えて本格的なオーケストラ伴奏を聴かせるという斬新な興行で、千日前の映画館に寄り付かなかった上流階級や知識階級の映画ファンを開拓していった。したがって千日前・道頓堀の興行街から消えたのは中流以下狙いの劇場で、逆に増えたのは中流以上狙いの劇場だったことがわかる。

　こうした千日前、道頓堀界隈の変化は、第一次世界大戦による好景気の影響だけでなく、都市の膨張とともに漸次増え続ける周辺部の映画館との差異化を図るべく、中央部の映画館がより高いランクを目指して集中投資することで新しい価値を創造しようとした結果だったと考えられる。実際、道頓堀よりもランクが劣る新興の興行街と考えられてきた千日前の「道頓堀化」「上品化」が指摘されるのもこの頃である。

> 千日前の道頓堀化と云はふか（ママ）欧米化と云はうか（ママ）、何れにせよ今日の千日前が上品化して来たことは争はれない事実である。看客や入場料の関係から見ても道頓堀六座を第一流とし千日前を第二流の興行地域と見ることは出来ない。弁天座・朝日座の客筋を以て敷島や楽天地の客筋と著しく相違していると見ることは正当ではない。(21)

　また、千日前や道頓堀では、劇場の高級化と同時に、興行のイベント化の傾向も強くなる。朝日座や芦辺など、大きな映画館では映画の封切り日に主演スターを迎え、舞台挨拶をさせたり、映画スターに生の舞台を演じさせたりといったことが盛んにおこなわれ始めるのである。つまり、都市中央部の映画館は、それまで高いところから低いところまで、ありとあらゆる観客の嗜好を満足させようとしていたのだが、低いところは周辺部の映画館に任せ、高いところにターゲットを絞って、周辺部の映画館にはまねができない豪華な興行をすることによって、自らを特権化しようと試みたといえるだろう。こうして映画ファン、とりわけ「金は馬に食わすほどある」大阪の富裕層のあいだでは、わざわざ千日前や道頓堀まで行って、地元の映画館より数倍高い入場料を払って封切り映画を見るのが一種のステータスとなる。要するに都市周辺部での映画館の増加は、千日前と道頓堀の映画興行の高級化・特権化に拍車をかけたのである。

この千日前・道頓堀界隈と対照的なのが新世界である。映画館が急増する大正末期、新世界にも新しい映画館がいくつか開場するが、かつてのような集客力はなく、客層も大きく変わってしまう。例えば、一九二四年（大正十三年）に鉄筋コンクリート建築で新築開場したいろは座は、「新世界の松竹座」たるべく「東京落ちのイカサマダンスを踊らせたり、心細い歌劇をやらせたり」するが、立地条件に恵まれた道頓堀の松竹座のようには上流の客が集まらず、失敗に終わる。[22] 同じく松竹座を意識して二五年（大正十四年）三月に開場したパークキネマも斬新さを打ち出せず、新築にしては「古ぼけた感じ」と酷評される。[23] また、新世界最大の収容人数を誇る大山館も大正末年には「今宮方面の筋肉労働者を相手に金二十銭」で営業する安劇場になり下がる。[24] 新聞でも、新世界は「中心になる力がない」「高遠な理想も昔の夢」などと否定的に紹介されることが多くなる。[25]

そしてついに一九二五年（大正十四年）七月、経営難によりルナパークは閉園し、それとともに「理想的民衆娯楽場」として開場した新世界は大人の歓楽街にその姿を大きく変えていく。当時の新世界の凋落ぶりを長谷川幸延は次のように述べている。

花園も、池も、痕跡をとゞめず、そのあとへ諸種の興行物や、飲食店が立並び、いはゆる新興の歓楽街と化してしまつた。千日前よりさらに低く、メタンガスのような體臭を芬々させ、一種の新世界色をぬりたくつた。[26]

この環境変化とともに新世界の映画館は開館当時の威力を失い、「イカサマ」くささが鼻につくようになる。明治期の新しい世界観を示すという、かつて中心にあったコンセプトが古び、人を引き付ける力を失った結果、大正末期の新世界はもはや、安くて広いだけが取り柄の労働者向けの二流の映画街へと変貌していたのである。

このように、周辺部での映画館の乱立は、大阪での娯楽の中心地のありようを変えてしまった。千日前と道頓堀は、雑多な人々の要求を満足させるよりもむしろ付加価値が高い、より高級で特権的な興行にシフトする。一方、新しい価値を作り出せなかった新世界は中心となる力を失い、ついには周辺化されてしまうのだ。こうして大阪での映画館の勢力図は、千日前と道頓堀を主軸に描き直されることになる。

集中から分散へ――都市周辺部の変化

それでは具体的に、都市周辺部にはどのような映画文化が形成されていたのだろうか。

「大阪時事新報」を調べると、映画館は大阪市の全地域に均質・均等に拡散したわけではないことがわかる。つまり映画館が急増した地域には、かなりの偏りがあるのだ。増加が顕著なのは、①北区と東区の第一次市域拡張部分、②第一次市域拡張で西区に編入され、第二次市域拡張で分区された港区と此花区、③そして第二次市域拡張で新たに編入されたうちの東成区と西成区である。これらの地域に共通するのは大日本や天満、福島、東洋、鐘淵、津守など大きな紡績工場があり、かつ第一次世界大戦を契機として工場やその労働者の住宅、商店、施設が集まって人口が爆発的に増えた点である。例えば一九二〇年（大正九年）から二五年（大正十四年）までに港区の人口は四三・七％、西成区は六二・三％、東成区は七〇・二％も増加している。[27] つまり映画館の開場ラッシュが起こったのは、労働人口が激増した地域なのである。

さらに興味深いのは、映画館が急増した地域のなかでも、その分布の仕方に違いがある点である（図13を参照）。例えば北区の天満や東区の玉造、港区の九条、此花区の福島のように、一八九七年（明治三十年）の第一次市域拡張で市域に編入され、早くから交通機関や商店街、娯楽施設などの開発が進んでいた地域では、まるで太陽の周りを回る小惑星群のように映画館が集まっていた。これに対し、一九二五年（大正十四年）の第二次市域拡張で新たに編入された東成区と西成区は、周囲にほかの映画館がなく「ポツネン」と建設される傾向が強い。例えば大正末年の時点で東成区には鶴橋、猪飼野《いかいの》、鯰江、片江、鴫野《しぎの》といった離れた地域にそれぞれ一館ずつあった。

図26　猪飼野一条通り（東成区）
（出典：『大大阪現代風景』大阪毎日新聞社、1933年、ページ表記なし）

つまり、大正末期の時点では、市域編入の時期が遅い地域ほど映画館が分散していたことがわかる。

都市周辺部の映画館は、新設にせよ芝居小屋からの転業にせよ、千日前など都市中央部の映画館に比べて、かなり見劣りする。例えば、港区の茨住吉神社境内にあった九条第一住吉館（七百十七人収容）は外観だけは洋風だが、館内は「幕末物向きの小屋」と揶揄されるほど貧相なもので、[28] その隣にあった第二住吉館（六百三十七人）も新築だが「少し陰気すぎて」ハイカラさがないといわれていた。[29] また「東大阪、玉造・鶴橋の工業地帯を背景とした盛り場」にある玉造座（六百九十人収容）は、一九二五年（大正十四年）に芝居小屋を無理やり映画館に転じたもので、客席は椅子ではなく桟敷だった。[30] 客は、入り口で履物を脱いで座布団と

図27　茨住吉神社境内とその周辺。映画館がいくつか集まっていた。中央奥に見える大きな建物もそのひとつ
（出典：前掲『写真集明治大正昭和 大阪』上、102ページ）

タバコ盆を受け取り、スクリーンの前の好きな位置に座布団を敷いて映画を見る。大正末年ですべて桟敷席というのは、古いタイプの映画館といえる。つまり道頓堀の松竹座のような、「気の利いた」外観に清潔感や高級感がある内装、オーケストラ・ピットや椅子席、空調など近代的設備が整った劇場での映画体験は、都市周辺部ではできなかったのである。

さらに上映される映画の種類も周辺部と中央部では違っていた。周辺部にはまず封切り映画館がない。大手映画会社の封切り館は、松竹は道頓堀の朝日座、日活は千日前の常盤座、帝キネは千日前の芦辺劇場であり、震災以降に新設された東亜は、その外側の新世界パーク劇場、マキノは九条の八千代座と新世界の朝日第一劇場であった。したがって新聞や雑誌などメディアで話題になるような封切り映画は、千日前や道頓堀といった大阪随一の繁華街、もしくは新世界や九条という、それに次ぐレベルの繁華街でなければ見られなかったのである。また、上映映画の種類も、周辺部は、洋画よりも邦画が多かった。しかも時代劇映画の上映館が圧倒的に多い。とりわけ市川百々之助や阪東妻三郎、月形龍之介、尾上松之助など人気の時代劇スターを抱えていた帝キネやマキノ、東亜、日活の上映館が多く、現代劇を中心とする松竹の上映館は少ない（松竹の時代劇は、阪東妻三郎と提携し、林長次郎がデビューする一九二七年以前は興行価値が低かった）。このことは周辺部の映画館に集まる観客が、松竹の現代劇映画のような複雑な心の機微を読む映画よりもむしろ刺激が強い、わかりやすい映画を好むたぐいの人々であったことを示すといえるだろう。

加えて、大正末期の大阪では、帝キネ系の上映館が都市周辺部にやたらと多いことがわかる。帝キネは、大阪映画産業の先駆者・山川吉太郎が一九二〇年（大正九年）に創設した大阪歴代最大の映画会社である（山川については次章を参照）。天然色活動写真（天活）大阪支店の機構を受け継いだこの会社は、大阪を中心とする西日本に強力な営業地盤をもっていた。創業わずか五年ほどで千日前の芦辺劇場および映画倶楽部を筆頭に、新世界いろは座、九条の高千代座、老松座、玉造座、市岡キネマ、玉出座など大阪市内はもちろんのこと、全国および朝鮮や台湾にも映画を配給していた。大阪での帝キネ上映館が都市中心部よりも周辺部に多いのは、大阪の周辺部で映画館が急増する時期と、帝キネが急成長する時期がほぼ重なったことが関係する。帝キネもまた、そうした都市周辺部の映画館に集まる客の嗜好に合わせて、映画を製作配給するよう心がけていたと考えられる。

周辺部の映画館の特徴でとくに興味深いのは、映画館がどこにあるかによって客層が大きく変わる点である。もちろんすでに述べたように、中央部の繁華街にある映画館も、千日前や道頓堀、新世界といった場所によって、それぞれ客層に違いはある。とはいえ、それらの地域は大阪有数の盛り場であるがゆえに、四方八方から集まってくる階級や職業、年齢が異なる雑多な観客を相手に興行していた点では同じである。したがって、こうした場所にある映画館の客層は、何を上映するかによって左右される部分が大きい。これに対し周辺部の映画館の場合、観客の大半は近所に住む人々、主に労働者階級である。したがって客筋は上映する映画の種類よりもむしろ、映画館がある場所によって規定される傾向が強い。つまり、映画館がどこにあるか、どんな人々がその周りに住んでいるのかによって、映画館の客層は、ある程度まで固定されてしまうのである。

例えば東区の本町倶楽部と北区の老松座は両方とも、江戸時代から続く大きな商家が立ち並ぶ地域にある。そのため両方とも観客は、その地域で働く番頭、いとはん（商家のお嬢様）など「上品で静か」な客が多かった。[31]とはいえ両者には微妙な差もある。職人町に近い本町倶楽部には職人が多いのに対し、色町の曾根崎新町に近い老松座には芸妓が多く集まってきた。また西大阪の大遊郭・松島に近い九条の高千代座は「昔から相変わらず女の客が多い」のに対し、西九条の明治座では「近所に沢山ある紡績会社の男女職工サマ」が常連である。しかも工場が休みになる毎月一日と十五日には男子職工が、翌日は労働者の家族が多くなる。[32]このように周辺部では、映画館がどんな場所にあり、どういった人々がそこに住んでいて、どのような生活習慣をもっていたのかによって、客筋は大きく変わってしまうのだ。つまり周辺部の映画館は、中央部と違って、地域に住む人々とのあいだにより密接な関係を築くために、土地ごとに多様な映画文化を形成していたのである。

ならば、周辺部での映画館の急増は、ただ単に映画文化を中央から周辺に押し広げるのに寄与したというだけでなく、都市全体の映画文化をさらに多彩なものに変えていったといえる。言い換えると、都市中央部の映画館だけで大衆の雑多な要求に応える、いわば一極集中型の構造から、都市全体で多様性を維持する分散型の構造へと変わったのである。都市の経済的・社会的な変化が映画館の増殖を生み、その増殖がよりローカルで多彩な映画文化を都市全体に作り出し、映画文化のありようを根底から変えたのだ。こうして大正末年、大阪での映画の文化地勢図は大きく塗り替えられることになる。

5　新たな消費モードの台頭

都市の膨張とともに映画館のありようが変化するなか、映画を見る環境や習慣はどのように変わったのだろうか。大きく三つの変化を指摘したい。

一つ目は、新作映画を中心から周辺へと流す仕組みができあがるということである。松竹キネマの例をあげて

図28　九条の花園橋停留所付近（大阪市立図書館所蔵）

説明しよう。松竹キネマは一九二〇年（大正九年）に設立された映画会社だが、最初、大阪での松竹キネマの上映館は道頓堀の朝日座しかなかった。ところが大正末年、都市の周辺部に映画館が急増し、その多くが帝キネや日活の時代劇映画を上映するようになると、競合せずにすむ松竹キネマの映画を選ぶ映画館も少しずつ増え、松竹映画を中心部の映画館から周辺部へと流す配給経路ができあがる。例えば西大阪でいうと、道頓堀の朝日座で封切り公開が終わった映画は、まず九条の花園倶楽部で上映され、そのあと市岡の辰巳館などで上映された。九条は工場が林立する西大阪最大の工業地帯を背景にした繁華街で、花園倶楽部はその九条で最もにぎやかな花園橋停留所付近にあった映画館である。「外観の貧弱な割合に内側の感じは実に好」く、この地域にしては「上品」な客が多い映画館といわれていた[33]。これに対し、辰巳館は一六年（大正五年）に開場した古い芝居小屋を改装した、いわば三流の映画館である。辰巳館があった市岡は盛り場の九条から南に下った殺風景な地域で、大正末期には工場とその労働者の住宅があるくらいだった。したがって松竹キネマの映画は、朝日座という都市の中央部にある一流映画館から、周辺部にある二流映画館を経て、場末の三流映画館で上映されていたことがわかる。つまり周辺部での映画館の増加によって、こうした中央から周辺へといった映画の流通経路が形成されたのである。そしてその流通経路ができたことによって、都市中央部の映画館の特権化が進み、周辺部より中央部を上に見る観念が強化されていったと考えられる。

二つ目は都市の周辺部に映画館が拡散した結果、同じ俳優の違う映画が同時に複数の映画館で上映されることが常態化した点である。大正末期の大阪市内で契約館がとくに多かった帝キネを例にあげよう。一九二五年（大正十四年）九月二十二日前後の大阪市内での帝キネ時代劇映画の興行を拾ってみると、『神出鬼没』（監督：広瀬五郎）や『隼七之助』後篇（監督：馬場春宵）、『松平長七郎』前篇、『赤格子と六三』『猫』（いずれも監督：長尾史録）など、市川百々之助が主演する映画が千日前の芦辺劇場と映画倶楽部のほかに、東区の御霊倶楽部と玉造座、北区の老松座と天満花屋敷、西区の市岡キネマなどで上映されている。これは新たに開場した映画館がこぞって人気スターの映画を上映しようとした結果、配給プリント数の制限などが足かせとなり、同じ俳優の異なる中古映画が都市のあちこちで上映されることになったと考えられる。

そして、三つ目として、こうした新しい興行が広まった結果、それまでと異なる映画の見方が現れ、新たな映画ファン文化の醸成を促したと考えられる。例えば一九二六年（大正十五年）六月十三日付「大阪時事新報」には、都市中央部の長堀あたりで働く労働者が、千日前の常盤座で見た松之助の封切り映画をもう一度、都市周辺の九条第一住吉館に見にいく様子が語られている。つまりファンのなかには、ひいき役者の映画を求めて市内の映画館を渡り歩く者が現れだすのである。ほかにも都市周辺部での旧作映画の興行が当たり前になると、見逃した映画をあとで見たり、入場料が安い映画館にお目当ての映画がくるまで待ったりといったこともできるようになる。もちろん、その選択の自由度は、ネットやＤＶＤが普及した現在とは比べものにならないほど限定されているものの、こうした現在につながる新しい映画の見方が、映画館の数が急増する大正末年の大阪に登場したのは確かである。

このように、一九二四年（大正十三年）前後の大阪での映画館の急増は、単に映画文化を都市の周辺部にも押

図29　1932年（昭和7年）開場の大阪歌舞伎座
（出典：前掲『近代建築画譜 近畿編』376ページ）

し広げただけでなく、文化のもっと深いところに作用し、映画の文化地勢図を塗り替え、映画を見る環境や習慣を変えていたのである。

おわりに

　ネットやDVDが普及したいまとは異なり、かつて映画は映画館でしか見られないものだった。そして映画館は、それぞれの地域と関わりながら、多彩でローカルな映画文化を生み出していたのである。だからこそ映画文化のありようは東京と大阪で違っていたし、また同じ大阪でも中央と周辺、もっといえば映画館がどこにあるのかによって、それぞれ違っていたのである。つまり、ひとつの国、ひとつの都市のなかには、さまざまな歴史や社会、文化をもつ地域が混在するために、同じ映画でも異なる文化が生み出されていたのである。
　映画文化とは決して固定されたものでも、常に変わらない本質的なものでもない。時とともに変わり、人や物、金の流れによって、そのつど形作られていくものである。だからこそ映画文化は都市の変容と深く関わるのだ。実際、大正末期に急変した大阪の映画文化は、昭和に入って、また別の様相を見せる。映画館の数は今里新地など新しい盛り場ができた東成区で四倍、西成区で二倍に増え、港区や此花区でも累増し、住吉区には五館が新たに開場する。(34)他方、大正新時代の視覚モードを象徴していた楽天地は老朽化のため一九三〇年(昭和五年)に取り壊され、その跡地に地上八階地下二階建ての大阪歌舞伎座が華々しく誕生する。そしてこの大劇場の幕開けとともに、大阪の映画興行はサイレントからサウンドへと、転換の歩みを速めていく。

こうして大阪の映画館は再び、地域のさまざまな歴史や社会、文化と関わり合いながら既存の映画文化を塗り替え、古い文化に新しい文化を重ねながら、さらなる多様さを生み出していくことになる。

参考資料　大阪・千日前界隈の映画館(一九〇七―二六年)

本資料は、明治末期から大正期に大阪の千日前に開場した映画館の記録である。「大阪時事新報」に掲載された広告記事をベースに、柴田勝の『映画常設館の記録』および市史、映画雑誌などの情報を補足し作成した。データ採集期間は、大阪に最初の映画館が誕生した一九〇七年(明治四十年)から二六年(大正十五年)までである。大阪の映画館に関する情報は、当時の映画雑誌の映画館特集号などにときどき記載されている。だが、その情報量はわずかにすぎない。当時の映画雑誌の多くは東京で発行されていて、東京が主な流通市場であったことから、映画館の情報も東京とその近隣の映画館についての情報がほとんどである。そのため映画雑誌から東京以外の都市に関する映画館の情報――どんな映画館が存在し、どういった映画文化が形成されていたのか――を得るのは難しい。

大阪は、映画製作に関しては、東京や京都と比べて、薄い歴史しかもたない。帝キネのように全国規模の会社も存在したが、わずか十年しか続かなかった。しかし映画興行に関して大阪は、東京に次いで濃厚な歴史をもつ。とりわけ大正末期から昭和初期にかけては、大阪が全国一の映画消費地であり、映画は大阪から全国に配給されていた。にもかかわらず、その大阪の映画館に関する包括的な調査記録は残っていない。

そもそも映画文化とは、映画を製作することだけでなく、その映画が配給され、興行され、消費されるまでをひとまとめにした文化である。したがって、どの映画館が、いつ、どこに開場したのか。誰が経営し、どのような建築様式で、収容人数はどのくらいだったのか。どんな映画を上映していたのか、それはどのように変遷していったのか。地域によって、映画館の密集度に差はあるのか。時代によって地域と映画館の関係に差はないのか。映画興行の慣例はどのように変化したのか、そこにはどんな階級、ジェンダー、職業、年齢の人々がより多く集まっていたのか、客層に地域差はあるのか、といったことを包括的に記録しておく必要がある。

本資料は、このような思想的背景をもとに大阪に開場した映画館一つひとつをたどり、それによって草創期の大阪映画文化――大阪の劇場空間で演劇や演芸と関係を築きながら、地域特有の映画文化を形成するまでの経年変化――を明らかにしようとするものである。ここでは大阪初の映画興行街となった千日前について記載する。それ以外の地域に関しては拙著『明治・大正 大阪映画文化の誕生』を参照されたい。

表記方法：
劇場名
①一九二六年（大正十五年）時点の区名（地域名）
②劇場所有者（劇場経営者）
③劇場の変遷：新築、開場、改称　★＝芝居や演芸を興行、●＝映画を興行
④一九二六年（大正十五年）時点の上映映画、洋画／邦画（日活、松竹、帝キネ、東亜、マキノ、ほか）
⑤収容人数

電気館
①南区（千日前）
②大矢藤松（不明）
③★当栄座→●電気館（一九〇七年〔明治四十年〕七月改装開場）→●第二電気館（一九一一年〔明治四十四年〕三月改称）→●記念館（一九一一年〔明治四十四年〕十二月頃改称）→南の大火（一九一二年〔明治四十五年〕一月）→●電気館（一九一二年〔明治四十五年〕三月新築開場）
④不明
⑤不明

電気館は大阪初の映画常設館である。千日前に新築された当栄座を改装し、一九〇七年（明治四十年）七月に開場した。主に横田商会が製作あるいは輸入した映画をかけていた。映画はそれまで専門の劇場をもたず、すでにあった芝居小屋や演芸場、寄席などで上映されていたが、これによって映画を専門に上映する劇場が大阪に初めて登場することになる。

千日前の電気館に続いては、一九〇八年（明治四十一年）に天満の第二電気館、翌年に松島の第三電気館と北新地の宮永電気館が開場し、さらに一一年（明治四十四年）三月十九日には、十五万円の巨費を投じたもう一つの電気館が千日前に新築開場する。新しい電気館は第一電気館と命名され、古い館は第二電気館改め記念館と称される。第一電気館は間口十五間（約二十七メートル）、奥行き十一間（約二十メートル）の和洋折衷様式で、当時としては最新式の映画館だった。

千日前電気館の開場後、千日前は映画館の開館ラッシュとなる。文明館（のちの世界館）や日の出館、東洋館、日本館、三友倶楽部、大阪館、帝国館、芦辺倶楽部などの映画館がわずか四年ほどで開場し、大阪初の映画街に

図30　電気館。大阪初の映画常設館
（出典：前掲『写真集明治大正昭和 大阪』上、67ページ）

発展する。

しかし、にぎやかだった千日前も一九一二年（明治四十五年）一月の南の大火でほぼすべて焼失し、劇場の多くは廃館となる。焼け残ったのは三友倶楽部と帝国館ぐらいだった。

この大火事のあと明治の香りを残す見せ物小屋はほぼ消え失せ、千日前は近代的な劇場が立ち並ぶ興行街に変身する。電気館も被災からわずか二カ月後の三月には千日前通りを挟んだ芦辺倶楽部の向かいに新築される。

ところが、宗右衛門町を通る予定だった市電が千日前通りを横断するかたちで通るように変更され、そのための道路拡張が必要になると、せっかく再建された電気館も夏には取り壊されてしまう。こうして大阪初の映画常設館である電気館は千日前から姿を消す。

世界館
①南区（千日前）
②不明
③★第二井筒席→●文明館（一九〇七年〔明治四十年〕十二月改装開場）→●世界館（一九〇八年〔明治四十一年〕四月改装開場）→●第一世界館（一九〇八年〔明治四十一年〕九月改称）
④不明

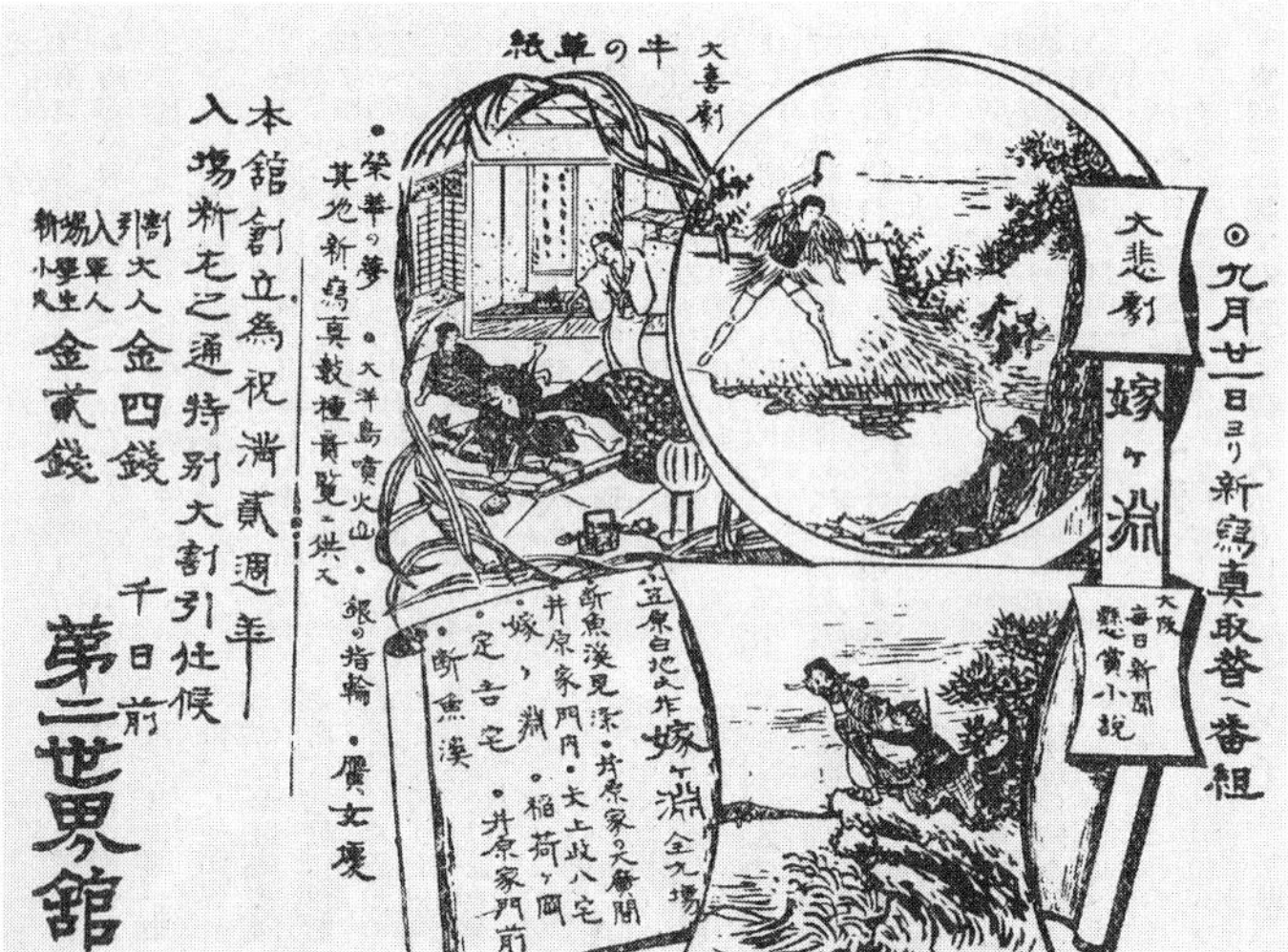

図31　写真上は1909年（明治42年）頃の世界館（第一世界館）、下は第二世界館の番組ビラ
(出典：船本茂兵衛「二十年前の千日前活動写真」、前掲「上方」1931年10月号、上：44、下：42ページ)

⑤不明

文明館の内装を欧米風に飾って、一九〇八年（明治四十一年）四月十五日に再開場したのが世界館である。文明館とは第二井筒席という寄席を改築した映画館で、千日前では電気館と同じ〇七年（明治四十年）に開場した。世界館は毎月三回、輸入映画を封切り公開していた。料金は十銭均一で、学生と軍人は半額だった。

一九〇八年（明治四十一年）九月、千日前に第二世界館が新築開場すると、世界館は第一世界館と改称される。第一世界館も第二世界館も、ともに吉沢商店の特約館だった。吉沢商店は道頓堀の角座で上演していた伊井蓉峰の新派舞台をそのまま撮影した映画『不如帰』などをここで上映していた。一二年（明治四十五年）、千日前界隈を焼く南の大火（俗にいう「なんば焼け」）で焼失し、再建されることなく廃館となる。

三友倶楽部

①南区（千日前）

②不明（山川吉太郎）

③★南文明館→★末広館→★春木亭（一九〇二年〔明治三十五年〕頃）→★●三友倶楽部（一九〇九年〔明治四十二年〕三月改装開場）→★三友倶楽部（一九一七年〔大正六年〕）

④不明

⑤不明

寄席の春木亭を改装し、一九〇九年（明治四十二年）三月二十五日にMパテー商会の特約館として再開場したのが三友倶楽部である。この劇場は、大阪歴代最大の映画会社である帝国キネマ演芸（帝キネ）を創設した山川吉太郎が、映画興行に足を踏み入れた最初の劇場でもある。

図32　三友倶楽部。開館1周年の旗が見える（大阪市立中央図書館所蔵）

三友倶楽部はすぐに福宝堂の特約館に変わり、山川は福宝堂大阪支店長となる。当時、千日前にあった映画館の多くが戦争や事件などの実写映画を上映していた頃に、三友倶楽部は『不如帰』や『金色夜叉』などの新派悲劇の映画を上映し、連日満員の大盛況をおさめる。

一九一二年（明治四十五年）一月、南の大火で千日前はほぼ全焼するが、三友倶楽部は運よく焼け残る。しかしその後、焼け跡に立派な劇場が続々再建されると、明治期の見せ物小屋の雰囲気を引きずった三友倶楽部は古くさい劇場として人々の目に映るようになる。

一九一四年（大正三年）、三友倶楽部は、山川吉太郎と小林喜三郎が創設した天活の直営となる。天活はここで、カラーを含む自社製作の映画に、ドイツの連続活劇『名馬』やアメリカの実写映画『カリホルニヤの美観』などを織り交ぜて興行する。しかし一七年（大正六年）の夏頃、大阪府から劇場の設備が映画館の条件を満たさないとの警告を受け、落語や安来節など色物席に変わる。そして二一年（大正十年）には吉本興業直営の寄席となり、安来節の専門館となる。

帝国館

図33　右端の白い建物が帝国館
（出典：前掲『写真集明治大正昭和 大阪』上、69ページ）

①南区（千日前）
②牧野荘次郎（畠中豊吉）
③●帝国館（一九一一年〔明治四十四年〕十月新築開場）
④不明
⑤不明

一九一一年（明治四十四年）十月に映画館として開場した劇場である。小規模の木造建築だが、外観は、新派の創始者のひとり川上音二郎が北浜に設立した純洋風劇場の帝国座を意識して作られている。帝国館は翌年一月の南の大火をギリギリのところで免れ、焼け残る。

開場当時はＭパテー商会の製作映画や輸入映画などを上映していたが、一九一二年（大正元年）に日活が設立されると日活の特約館に変わる。

一九一四年（大正三年）六月に劇場内を改装し、再開場したあとも、日活向島の新派悲劇映画『怪美人』や、日活京都撮影所の松之助映画『三日月次郎吉』（監督：築山光吉）などを上映していた。二一年（大正十年）三月十二日からは松竹キネマの上映館となるが、その後、どうなったかは不明である。

芦辺倶楽部／芦辺劇場
①南区（千日前）
②山松友次郎（帝キネ）

図34　芦辺倶楽部第一号館
（出典：「大阪「NOREN」百年会かわら版」第6号、大阪「NOREN」百年会、2000年、ページ表記なし）

図35　芦辺倶楽部客席
（出典：同誌）

③★永徳座→★改良座→★●芦辺倶楽部第一号館（一九一〇年〔明治四十三年〕十一月新築開場）、第二号館（一九一一年〔明治四十四年〕九月）、第三号館（一九一一年〔明治四十四年〕十月）→南の大火（一九一二年〔明治四十五年〕一月）→★●芦辺倶楽部（一九一二年〔大正元年〕十二月新築開場）→★●芦辺劇場（一九一九年〔大正八年〕七月改称）→●芦辺劇場（一九二四年〔大正十三年〕）
④邦画（帝キネ）
⑤千百七十人収容

芦辺倶楽部は一九〇九年（明治四十二年）四月に焼失した改良座の跡地に新築された劇場である。山松友次郎が土地を買収して建築し、東京の桜井三左衛門に興行を依頼して、一〇年（明治四十三年）十一月二日に開場した（一九一一年〔明治四十四年〕開場説は誤り）。山松は船場の大店の主人だったが、好きが高じて興行界に入り、三友倶楽部の山川吉太郎らとともに、東洋商会（天活の前身）を設立する人物である。

建物は帝国座を木造にしたような造りだった。帝国座は一九一〇年（明治四十三年）三月に、新派劇の川上音二郎が大阪の金融街である北浜に建設した純西洋式の大劇場である。芦辺倶楽部の劇場内には運動場や喫煙室、電話室、喫茶室、食事室、化粧室などがあった。帝国座とまではいかなくとも、それなりに近代的な劇場だったことがわかる。

一九一一年（明治四十四年）には木造二階建ての洋館を二つ新築し、第二号館、第三号館とする。両館の屋上には池や噴水、展望台などをしつらえた空中庭園・芦辺パークを作り、第二号館から第三号館へは朱塗りの鉄橋がかけられていた。映画は主に第三号館で上映された。

一九一二年（明治四十五年）一月の南の大火で被災し、十二月二十一日にセセッション様式の鉄筋コンクリート三階建てで新築され、再開場する。セセッション様式とは面や直線による単純な抽象的構成に美を見いだす十九世紀末のウィーンで始まった新様式で、明治末期に日本にもたらされ、大正期に流行した。

新しい芦辺倶楽部には、回転式照明や回り舞台といった最新式の舞台装置のほかに、冷暖房が完備されていた。劇場の南隣には洋食レストランを設置し、浪花亭のコース料理をわずか十五銭で食べさせ話題になった。

一九一三年（大正二年）五月には、大阪で千日前と道頓堀に次ぐ繁華街である九条と天満に進出。八千代興行部の吉田卯之助から九条歌舞伎座と天満座を借り受け、前者を第二芦辺倶楽部、後者を第三芦辺倶楽部として開場する。興行内容は映画上映と女優の所作事や奇術などを合わせた混成興行で、入場料は特等席三十銭、一等席二十銭、二等席十銭と安めに設定された。

千日前の芦辺倶楽部は開場以来、その興行者が二転三転する。最初は吉沢商店が映画や東京の女優による舞台、電気応用のダンス、キネオラマなどを交ぜて見せていた。その後、天活がここを借り受け、旧劇の嵐璃之助一派で人気を博す。その天活が一九一七年（大正六年）八月に立ち退くと、代わりに中野丑松率いる中野商会が入り、天活のライバルである日活の映画に実演や踊りを添えて興行する。中野は、京都の横田商会の大阪営業責任者をしていたが、横田の支援で九条住吉館の館主となり、九条中央館や福島春日座、大阪市周辺地域や和歌山など近畿圏の映画館経営に携わった人物である。しかし、一九一九年（大正八年）六月、その中野商会もついに芦辺倶楽部を去る。

座主の山松友次郎は芦辺倶楽部を改装し、一九一九年（大正八年）七月一日に再開場する。そのとき劇場名は芦辺劇場と改められる。そして翌月から、天活を辞して山川演劇商行を創設した山川吉太郎が経営にあたる。二〇年（大正九年）五月、山川が山川演劇商行を改組して帝国キネマ演芸（帝キネ）を起こすと、芦辺劇場は帝キネ直営封切り館となる。帝キネはこの劇場で映画と一緒に、女優の実演や踊りなどを見せていた。

芦辺劇場が映画の専門館となるのは、一九二四年（大正十三年）頃である。おそらく関東大震災を機に、帝キネが映画の製作本数を月十四本に増やした結果、映画専門で興行するに十分な供給量が確保されたからだろう。同年八月、船場のお嬢様と学生との自由恋愛の悲劇を描き、未曾有の大ヒットを記録した小唄映画『籠の鳥』（監督：松本英一）も芦辺劇場で封切られた。

芦辺劇場の入場料は帝キネの方針により安く設定された。同じ千日前にあった敷島倶楽部が特等席二円二十銭、一等席一円五十銭、二等席八十銭だったのに対し、芦辺劇場は週替わり三本立てで、わずか三十銭均一である。豆腐一丁五銭の時代なので、ずいぶん大衆本位の価格だったといえる。

芦辺劇場は大阪の中心的な盛り場である千日前でも、ひときわ人通りが華やかな場所にあった。そのため多様な階級や職業、年齢の人々が都市の四方八方から集まり、年中客の入りがよく、不景気知らずといわれていた。とくに多かったのはサラリーマンや学生で、女性客も少なくなかった。カフェが集まる道頓堀や色町の宗右衛門町などが近かったからだろう。

常盤座

①南区（千日前）

②山田ウメ（同上）

③★金沢座→★金沢亭（一八九七年〔明治三十年〕十一月改称）→★常盤座（一九〇九年〔明治四十二年〕一月新築開場）→南の大火（一九一二年〔明治四十五年〕一月）→★常盤座（一九一二年〔大正元年〕十月新築開場）→★●常盤座（一九一三年〔大正二年〕八月改装）

図36　常盤座。見事なハツ棟破風造り
（出典：前掲「上方」1931年10月号、写真ページ）

④邦画（日活）
⑤千九十六人収容

常盤座は、一九〇九年（明治四十二年）に開場した演劇の劇場である。一二年（明治四十五年）一月に南の大火で焼失し、座主の山田幸太郎が二十万円あまりを投じて最新式のハツ棟破風造りで新築、一二年（大正元年）十月六日に再開場する。

興行の中心を演劇から映画に移すのは、松之助映画の人気が高まる大正初期である。怪物退治や仇討ち、御家騒動、山賊退治など大衆受けする物語と、松之助演じる英雄豪傑の活躍が観客をわかせた。松之助映画のほかに、フランスのゴーモン社などから輸入した映画や中村歌扇一派の連鎖劇、のちに帝キネで活躍する嵐璃徳一座の実演などを交ぜて興行していた。一九一三年（大正二年）八月一日には下足のまま入場できるよう場内を改装し、再開場している。

この館は、松之助映画を売りにしているだ

けに宣伝が派手で、館前には松之助に似せた人形を置いたり、絵看板に化け物を描いたりとなかなか挑発的だった。また、松之助映画の封切り館なのでほかの館よりも声色弁士が優れているともいわれていた。常盤座の入場料は一等席六十銭、二等席三十五銭、最低八銭と幅がある。客層は労働者や花柳界の連中など中層や下層で、松之助ファンが多かった。

千日前の常盤座は、日活にとって大阪での興行の最重要拠点であり続けた映画館である。日活は創設以来、この常盤座と道頓堀の朝日座を直営とし、それぞれ旧劇映画と新派劇映画の封切り館とする。ほかに千日前の帝国館、天満の天満倶楽部や八千代電気館、玉造の三光館や城東館などと契約していた。

しかし、一九一四年（大正三年）に天活が設立されると、大阪の興行場は日活と天活で二分されることになる。天活は楽天地を中心に攻勢をかけ、千日前の天活倶楽部や三友倶楽部、九条の歌舞伎座、天満の天満座などをその上映館とし、一時は日活を超える勢いを見せる。ところが、その天活が二〇年（大正九年）に国際活映（国活）に買収されて消滅し、代わって松竹や帝キネといった新勢力が台頭すると、千日前・道頓堀界隈で日活を上映する館は常盤座だけになる。関東の興行界で幅を利かせていた日活も、大阪ではさほどでもなく、存在感が薄かったのである。

敷島倶楽部／南地敷島倶楽部

①南区（千日前）

②大木平兵衛（米田権一、米田興行部）

③★敷島倶楽部（一九一一年〔明治四十四年〕十月新築開場）→南の大火（一九一二年〔明治四十五年〕一月）→★

●敷島倶楽部（一九一二年〔大正元年〕十二月新築開場）

④洋画

⑤七百八十九人収容

図37　敷島倶楽部
（出典：海事彙報社『大阪独案内』海事彙報社、1924年、21ページ）

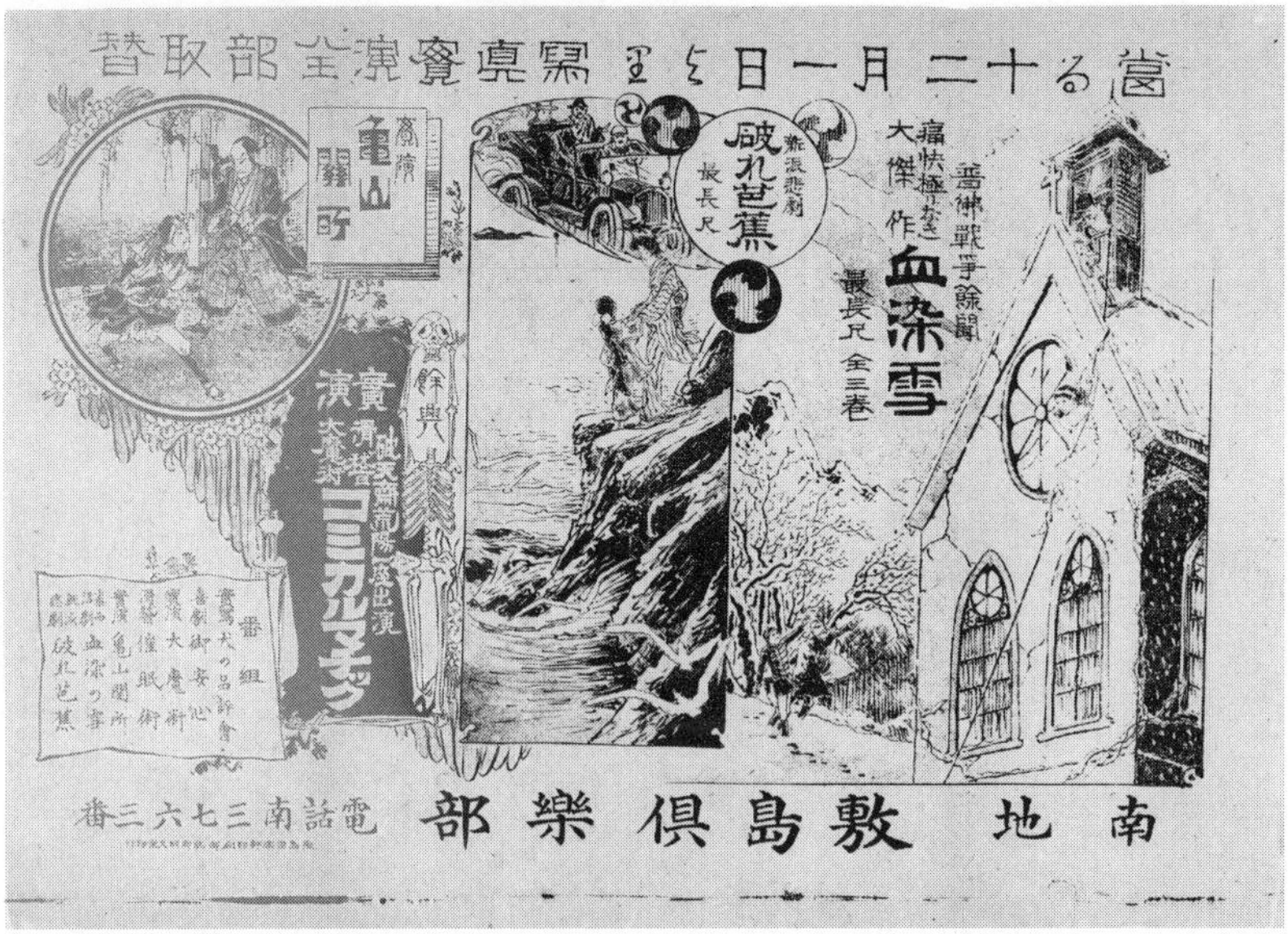

図38　敷島倶楽部の番組ビラ。1914年（大正3年）頃（関西大学総合図書館所蔵）

芝居の劇場として一九一一年（明治四十四年）十月に新築開場する。南の大火で焼失し、一二年（大正元年）に再建されたあと、十二月二十八日から米田権一が経営にあたる。米田は新派劇の山田九州男や秋山十郎、池見成美など芸達者な俳優の芝居や連鎖劇に加えて、きわもの映画を興行するようになる。

一九一七年（大正六年）十月、米田興行部はユニバーサル社と契約する。こうして大阪に初の洋画専門館が誕生する。ただし一八年（大正七年）頃までは連鎖劇を併演する。ここ敷島倶楽部の連鎖劇は若い女形がそろっていると評判だった。客層は中流階級以上で、とりわけ知識階級や中学生以上の学生が多く、近くにある色町の宗右衛門町からも芸妓が集まってきた。

米田興行部は千日前のほかにも、一九二一年（大正十年）一月に九条茨住吉神社南門の末廣座があったところに九条敷島倶楽部を、二六年（大正十五年）八月には新世界ルナパーク跡地にセセッション建築の公園敷島倶楽部を開場している。また南地敷島倶楽部の弁士・生駒天雷をソウルの黄金館に送るなど、専属弁士の派遣もおこなっていた。

千日前の敷島倶楽部は客席数七百八十九席の中規模劇場である。さっぱりした外観、清潔な館内、立派なオーケストラ・ピット、充実した楽士や弁士には定評があった。中間字幕は直訳に徹し、対話は対話調とする、無駄に出しゃばらない東京流の活弁スタイルが採用され、洋画ファンには絶大な人気があった。弁士のなかには自分で映画の脚本を書き、監督し、俳優までこなし、活弁もするという橘浩葉のような多彩な人物もいた。映写幕には、当時一般的なホワイト・スクリーンではなく、映像をより鮮明かつ立体的に映せるシルバー・スクリーン(いわゆる銀幕)を使用し、ほかとは一線を画していた。

一九二三年(大正十二年)頃の入場料は特等席二円二十銭、一等席一円五十銭、二等席八十銭と、千日前でいちばん高い。映画館の設備や入場料、上映映画、弁士や楽士、客層などから判断するに、敷島倶楽部は大阪の洋画とくにアメリカ映画の興行を牽引する、最もランクが高い映画館のひとつだったといえる。二三年五月に道頓堀の松竹座が開場してからも、千日前の老舗洋画館として大いに気を吐く。

映画倶楽部

①南区(千日前)

②千日前土地建物(帝キネ)

③★横井座→★南大劇場→★春日座(一九〇四年〔明治三十七年〕四月新築開場)→南の大火(一九一二年〔明治四十五年〕一月)→★●第六愛進館(一九一二年〔大正元年〕十二月新築開場)→★●千日倶楽部(一九一五年〔大正四年〕六月改称)→★●天活倶楽部(一九一六年〔大正五年〕二月改称)→●映画倶楽部(一九二〇年〔大正九年〕五月改称)

④邦画(帝キネ)

⑤八百人収容

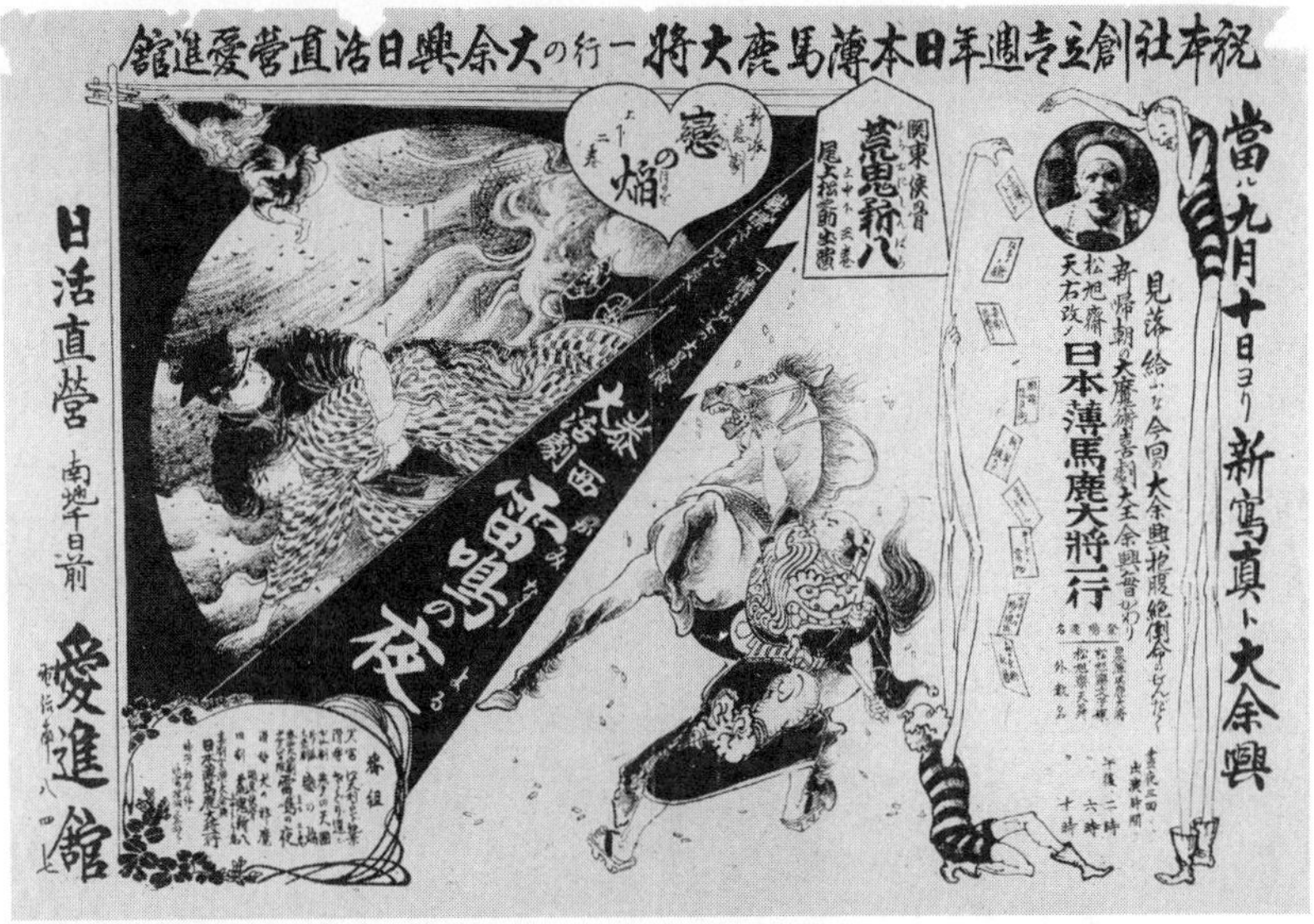

図39　第六愛進館時代の番組ビラ（関西大学総合図書館所蔵）

一九一二年（明治四十五年）一月、建設中に南の大火で被災し、一二年（大正元年）十二月十四日に第六愛進館として新築開場する。開場当時はシンガポールの播磨勝太郎が供給する映画を上映した。映画のほかに、キネオラマを応用した舞台や女優の舞踊なども見せていた。

この劇場は当時まだ珍しかった石造りの洋風建築である。経営者は井谷亀之丞。井谷は第一から第六まで六つの愛進館を経営し、のちに千日前土地建物株式会社の社長に就任する人物である。千日前土地建物は一九一九年（大正八年）七月十五日に創設された不動産会社で、経営者は社長の松井伊助、取締役の井谷亀之丞や山川吉太郎など、翌年設立される帝国キネマ演芸の経営陣と重なっている。千日前土地建物の経営権は井谷のあと、帝キネ重役の小野末造、そして山川吉太郎に譲渡され、本社は帝キネと同じ大阪市南区末吉橋通り四丁目十九番地に移される。

第六愛進館は一九一三年（大正二年）六月一日から日活の直営となり、『岩見重太郎一代記』（監督：牧野省三）などの松之助映画を上映する。しかし、一五年（大正四年）六月三十日に天活の直営に代わり、劇場名は千日倶楽部に改められる。さらに翌年の二月二十一日には

図40　第六愛進館の外観
（出典：「大阪時事新報」1913年3月24日付）

天活倶楽部と改称される。
　天活倶楽部は常盤座の松之助映画に対抗して、澤村四郎五郎一派の旧劇映画に新派劇や活劇、滑稽、実写を交ぜて上映する。弁士の桂家残月、村上正胤らは天活式の活弁で客をわかせた。天活式の活弁とは、説明部分に七五調の節をつけて、会話は普通に話すスタイルで、日活の松木狂郎のように浪花節と新体詩を交ぜて流暢な活弁を得意とする弁士と比べてより写実的だった。

図41　映画倶楽部の頃
(出典：「キネマ旬報」1922年12月1日号、キネマ旬報社、2ページ)

一九二〇年(大正九年)五月に帝キネが創設されると、天活倶楽部はその直営となり、劇場名は映画倶楽部に改称される。映画倶楽部は、同じ千日前にあった芦辺劇場で封切った帝キネの映画を再上映する二番館となる。映画は少し古いが、料金は安いとあって、中流以下の観客でいつもにぎわっていた。帝キネ映画のほかには、ルドルフ・ヴァレンティノ主演の『シーク *The Sheik*』(監督:ジョージ・メルフォード、一九二一年)やセシル・B・デミル監督の『愚か者の楽園 *Fool's Paradise*』(一九二一年)など外国映画も上映していた。

大正初年にひときわ異彩を放っていた石造りの洋風建築は、大正末年にはもう「イカサマ臭さ」が漂う古びた洋館となってしまう。昭和の初めに取り壊され、その跡地にできたのが「東洋一の大劇場」と謳われた純西洋式コンクリート建築で三千六百人収容の東洋劇場である。一九三三年(昭和八年)八月に開場したこの劇場は、翌年四月には経営権が松竹の手に渡り、大阪劇場と改称される。

南座

①南区(千日前)

②西村平右衛門(折島瀧之助、折島興行部)

③★南座→南の大火(一九一二年〔明治四十五年〕一月)→★南座(一九一四年〔大正三年〕十月新築開場)→●南座(一九一九年〔大正八年〕)→●キネマ倶楽部(一九二〇年〔大正九年〕改称)→●南座(一九二二年〔大正十一年〕頃改称)

④邦画(マキノほか)

⑤三百七十人収容

芝居小屋として開場し、映画や浪花節をかけていたが、一九一九年(大正八年)に日活の封切り館となり、翌年、大正活映(大活)の封切り館に変わる。このとき劇場名を南座からキネマ倶楽部に改称する。

図42　南座
（出典：「大阪時事新報」1913年3月24日付）

大活は一九二〇年（大正九年）四月に横浜に創設された映画会社である。ハリウッド帰りの栗原トーマスが監督し、谷崎潤一郎が原作・脚色した『アマチュア倶楽部』（一九二〇年）などを作った会社として知られている。のちに監督として活躍することになる井上金太郎や二川文太郎、内田吐夢なども大活から映画の道を歩みだす。

図43　南座の番組ビラ（肥田皓三氏提供）

一九二二年（大正十一年）三月にはデヴィッド・W・グリフィス監督『イントレランス』（一九一六年）の特別興行がおこなわれた。入場料は一等席二円、二等席一円である。大活が凋落したのちは、再び日活の上映館となり、劇場名を南座に戻す。二六年（大正十五年）にはマキノの『照る日くもる日』（監督：二川文太郎、一九二六年）や阪妻プロの『狂へる人形師』（監督：安田憲邦、一九二六年）など、主に独立プロの映画を封切り上映していた。

図44　弥生座
（出典：「大阪時事新報」1913年3月24日付）

弥生座
①南区（千日前）
②逢阪弥（同上）
③★弥生座（一八九六年〔明治二十九年〕十二月新築開場）→南の大火（一九一二年〔明治四十五年〕一月）→★弥生座（一九一二年〔大正元年〕十一月移築開場）→★●弥生座（一九一六年〔大正五年〕一月）
④不明
⑤五百三人収容

弥生座は新派劇の成綾団が居城としていた劇場である。千日前通りと金毘羅筋の交差点、南座の向かいにあった。座主が逢阪弥であることから、逢阪席とも呼ばれていた。開場当時はわずか一銭で壮士芝居やにわか芝居などを見せることで話題になった。

劇場は一九一二年（明治四十五年）一月の南の大火で全焼する。座主の逢阪は、さっそく博労町稲荷神社内にあった人形浄瑠璃の劇場（かつて文楽座に対抗した彦六座・稲荷座）を買収し、その建物を千日前の焼け跡に移築し、同年十一月十五日に再開場した。再開場の頃は、『生さぬ仲』などの新派劇や『犬の探偵』などの喜劇、浪花節などの舞台を上演していた。

一九一六年（大正五年）頃には、大和家小宝楽や宝太郎、曾我廼家一満などによる喜劇と一緒に映画も上映するようになり、当時の雑誌に「喜劇と活動写真のべつ幕なし」と揶揄されている。入場料は特等席で十銭と格安だった。

その後、一九二二年（大正十一年）まで楽劇会が喜劇を上演していたことはわかっているが、それ以降の活動は不明である。二六年（大正十五年）九月にはマキノの封切り館になる話ももちあがるが、成立しなかった。

楽天地

①南区（千日前）
②千日土地建物（松竹）
③★●楽天地（一九一四年〔大正三年〕七月新築開場）→★●大阪歌舞伎座（一九三二年〔昭和七年〕九月新築開場）
④邦画（松竹）および洋画
⑤二千九百九十七人収容

楽天地は、一九一二年（明治四十五年）七月に開業した「新世界」に刺激された南海鉄道社長の大塚惟明が構想し、そのターミナル駅に近い千日前に建設された巨大娯楽施設である。ゴシック様式とセセッション様式を交ぜた木造四階一部地階建てで、一四年（大正三年）七月に開場した。設立者は一三年（大正二年）四月創業の千日土地建物である（初代社長は大塚惟明）。

図45　電車通り側から見た楽天地
（出典：前掲『近代建築画譜 近畿編』361ページ）

人通りのにぎやかな千日前通りに面した壁には、俳優の似顔絵を描いた大看板がずらりと並べられていた。入場料は大人十銭、小人五銭。大人二十銭、小人十銭の共通券を買えば、場内のあらゆる施設が楽しめた。

入り口を通ってなかに入ると、二千九百九十七席の大劇場・蓬萊殿と、朝陽殿、月華殿の二つの演技場があり、ほかに泳ぐ魚をガラス越しに眺める水族館、座るだけで景色が勝手にぐるぐる回りだす大回転機、屋根の螺旋階段を歩きながら市街を一望できる展望塔（登仙閣）など、人々の視覚的好奇心を刺激するアトラクションが集められていた。

開業当時は『欧州の戦争』や『パリの秘密探検』など輸入映画を上映していたが、一九一五年（大正四年）の秋から天活直営となり、連鎖劇を目玉に興行する。天活所属俳優の木下吉之助や五味國太郎、大井新太郎らが映画と舞台の両方に出演して人気を博し、映画の陰台詞も俳優本人が担当することで評判だった。また、川上音二郎一座で活躍した金泉丑太郎が舞台監督を務め、のちに映画監督となる賀古残夢が脚本を書いていたこともあった。

一九一六年（大正五年）の初春興行からは、天活大阪の代行興行をしていた山川吉太郎（のちの帝キネ社長）が劇場経営にあたる。山川は楽天地で、東京興行界の風雲児といわれた小林喜三郎が代行興行する天活東京とほぼ同じ映画や連鎖劇を見せ、巧みな宣伝で大阪人の心をつかみ、楽天地の興行を盛り上げる。

しかし、その山川が帝キネを設立すると、楽天地の経営は一九二〇年（大正九年）十月に小林喜三郎らの設立した国活に委託される。そして翌年に千日土地建物の経営権が松竹に移ると、松竹は古くなっていた楽天地の内部を改装し、蓬萊殿を中央館（千四百十二人収容）、龍宮殿と月華殿を貫いてキネマ館、朝陽殿をコドモ館として十月に再開場する。このとき劇場経営も国活から松竹に代わる。中央館では成美団など新派劇や歌劇をみせ、キネマ館では松竹映画と欧米の映画を交ぜて上映し、コドモ館ではお伽噺劇や安来節、浪花節、萬歳などをやっていた。

大正初年に登場し、人々に視覚的な驚きを提供していた楽天地も、大正末年には老朽化が進み、一九三〇年（昭和五年）十一月に閉館する。そしてその跡地に三二年（昭和七年）九月に誕生するのが、大劇場時代の到来を象徴する大阪歌舞伎座（三千人収容）である。

注

（1）二つの分布図は、一九二五年（大正十四年）の大阪市域図（新修大阪市史編纂委員会『新修 大阪市史』第七巻、大阪市、一九九四年、四ページ）に、「大阪時事新報」の記事や広告などから集めた映画館の情報を加えて作成したものである。本章は、この第二次市域拡張によって成立した十三の行政区およびその地名を用いて分析する。

（2）「大阪毎日新聞」一九二二年一月十七日付、二面

（3）日本の初期映画興行に関しては塚田嘉信『日本映画史の研究――活動写真渡来前後の事情』（現代書館、一九八〇年）、前掲『日本映画発達史』第一巻、二八―六六ページなどを参照。

（4）体験記は掬水庵渓楓「掬水庵日誌抄録」（「あのな」第三集、楓文庫、一九二六年、六―七ページ）に所収。
（5）前掲『日本映画発達史』第一巻、一一四―一一五ページ、吉田智恵男「活弁の歴史（2）」、岩崎昶『映画史』所収、東洋経済新報社、一九六一年、一四ページ
（6）柴田勝『映画常設館の記録――大阪、道頓堀・千日前：神戸、新開地・三宮周辺』柴田勝、一九七五年、一一―一一ページ
（7）梅川生「道頓堀と千日前とさうして京極」「演芸画報」一九二一年三月号、演芸倶楽部、六一ページ
（8）船本茂兵衛「二十年前の千日前活動写真」「上方」一九三一年十月号、上方郷土研究会、四三―四四ページ、前掲『映画常設館の記録』三ページ
（9）手彩色は筆やステンシル（型紙）を使ってフィルムを一コマずつ着色する。最初期はエジソン社やスター・フィルム社などが筆彩色、一九〇〇年代にはパテ社やゴーモン社などがステンシル彩色のカラー映画を製作していた。
（10）前掲『明治大正 大阪市史』第一巻、九六七ページ
（11）会心居主人「千日前俄漫談」、前掲「上方」一九三一年十月号、五三ページ
（12）大阪都市協会編『続南区史』南区制一〇〇周年記念事業実行委員会、一九八二年、五五八ページ
（13）同書五二三―五二六ページ
（14）一九〇八年（明治四十一年）、浪花座を建て替える際、期間限定の仮設小屋で映画を興行していたことはある（吉山旭光『日本映画史年表――映画渡来四十年記念』映画報国社、一九四〇年、一六五―一六六ページ）。
（15）前掲『松竹七十年史』九七―九八、五二五ページ
（16）イタリア史劇映画『テオドラ』（一九一九年）の特別興行料金。大阪では一九一六年（大正五年）頃から「特別興行」という高額の入場料を取って短期間限定で興行する方法がはやりだす。松竹は松竹座ができるまで道頓堀の朝日座で邦画と洋画を交ぜて興行していた。
（17）週刊朝日編『値段史年表――明治・大正・昭和』朝日新聞社、一九八八年、五一ページ
（18）通天閣観光株式会社『通天閣――50年の歩み』通天閣観光、二〇〇七年、九ページ
（19）大阪市社会部調査課編『余暇生活の研究』（労働調査報告）、弘文堂、一九二三年、七三ページ

(20) 前掲『続南区史』五六〇ページ
(21) 大阪市教育部共同研究会編『大正大阪風土記』大正大阪風土記刊行会、一九二六年、二九四―二九五ページ
(22)「大阪時事新報」一九二六年五月二十五日付、三面
(23)「大阪時事新報」一九二六年六月九日付、三面
(24)「大阪時事新報」一九二六年六月十七日付、三面
(25)「大阪時事新報」一九二六年五月二十五日付、三面、「大阪時事新報」一九二六年六月十一日付、三面
(26) 長谷川幸延『随筆 大阪今昔』青朗社、一九四六年、一三六―一三七ページ
(27) 前掲『新修 大阪市史』第七巻、六ページ
(28)「大阪時事新報」一九二六年六月十三日付、三面
(29)「大阪時事新報」一九二六年六月十六日付、三面
(30)「大阪時事新報」一九二六年五月二十日付、三面
(31)「大阪時事新報」一九二六年六月一日付、三面、「大阪時事新報」一九二六年六月三十日付、三面
(32)「大阪時事新報」一九二六年五月二十九日付、三面、「大阪時事新報」一九二六年六月十八日付、三面。当時の大阪市に住む工場労働者は月二回休みが最も多く、総数の七三・八四%だった(大阪府知事官房編『大阪府労働統計実地調査ノ概要』大阪府、一九二五年、五〇―五一ページ)。
(33)「大阪時事新報」一九二六年七月二日付、三面
(34) 例えば一九三二年(昭和七年)の東成区には、鶴橋館、御幸館、昭和キネマ、寿座、第一楠館、第二楠館、大黒館、生野館、中本館、末広座、江南キネマ、新橋座、城東館、鴫野倶楽部、旭劇場、赤川劇場、昭和館、今福キネマなどがあった。

第3章　山川吉太郎と帝国キネマ演芸

はじめに

日本映画の製作地といえば、東京あるいは京都を思い浮かべる。それは映画史の草創期から、その二つの都市に映画会社が集まっていたからである。しかし、すっかり忘れられているが、大阪や横浜など、それ以外の地方都市にも映画会社は複数存在していたのである。ただ、どれも短命に終わったため、その活動の記録が少なく、注目されないまま忘れられているにすぎない。

実は大阪も、かつては日本を代表する映画会社が存在し、全国に名を馳せていた。だが、一般にはほとんど知られていない。国際映画新聞社が一九二七年（昭和二年）に発表した映画製作会社上位七社の実力比較表を見ると、二社が大阪に本社を置いていたことがわかる。(1) 一つは、帝国キネマ演芸（帝キネ）、もう一つは東亜キネマ（東亜）である。帝キネは大阪市南区末吉橋通り四丁目十九番地に設立された会社である。撮影所は、大阪の小阪と兵庫の芦屋にあった。一方、東亜は、大阪市東区平野町一丁目二十八番地にあった映画会社である。撮影所は、京都の等持院と兵庫の甲陽にあった。同じ頃この二社以外にも、規模は小さいが、国精協会枚方撮影所が枚

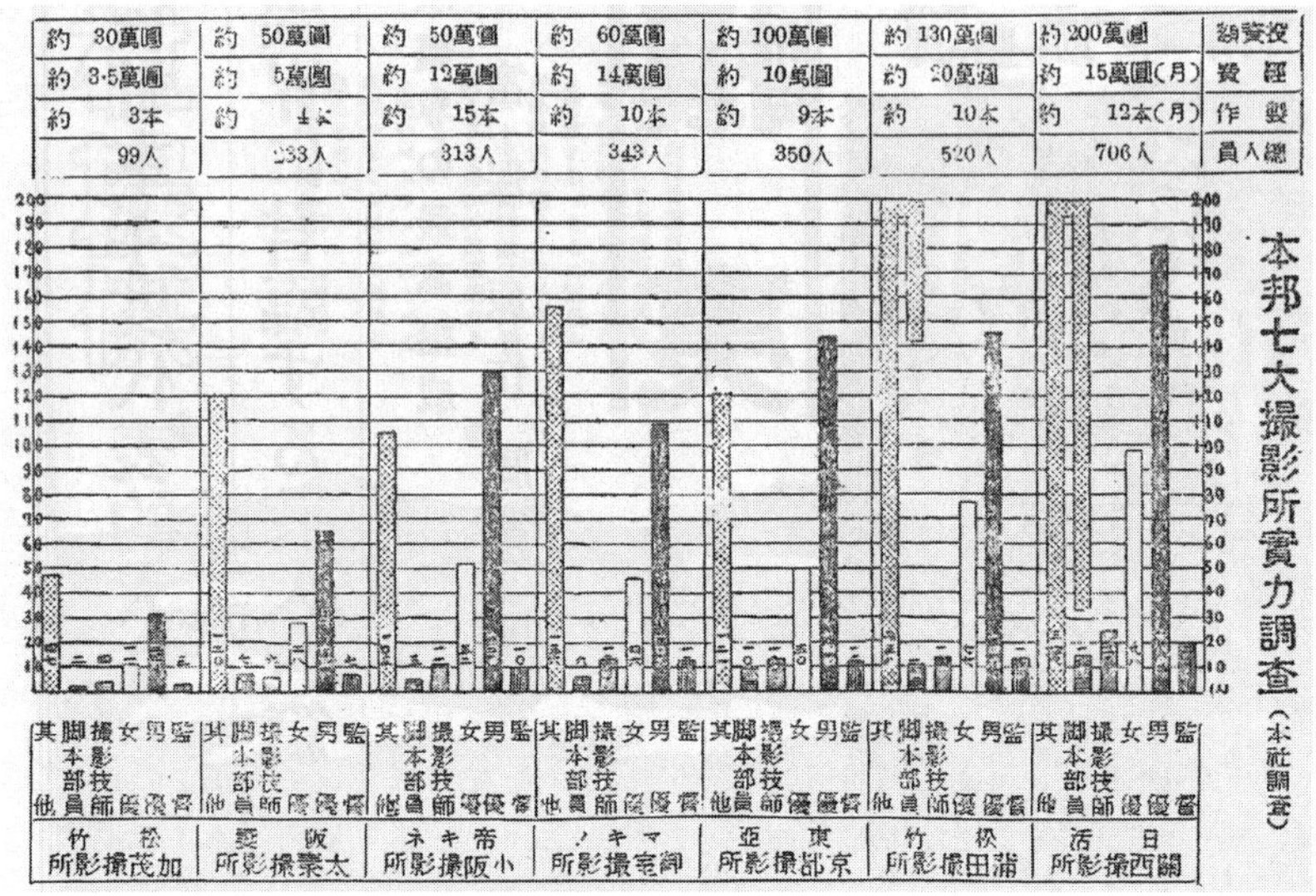

図46　国際映画新聞社による本邦七大撮影所実力調査
（出典：「国際映画新聞」1927年9月20日号、表紙）

方市に設立された。設立者は、松竹の大女優の栗島すみ子の養父である新派俳優の栗島狭衣である。また、瓢箪山には、帝キネ倒産後、元重役の辻川修輔が旗揚げしたアシヤ映画（別の帝キネ重役・石井虎松が兵庫県芦屋に設立したアシヤ映画とは別物）もあった。こうした東京と京都以外の地方都市の映画製作史は、すっかり歴史の塵に埋もれてしまい、表層からは見えなくなっている。そこで以下では、大阪の最も輝かしい時代である大正末期から昭和初期の映画製作史を掘り起こすべく、その代表格である帝キネの歴史を紐解く。

1　帝国キネマ演芸とは

帝国キネマ演芸は、いまから約百年前、一九二〇年（大正九年）五月に資本金五百万円で設立され、三一年（昭和六年）八月まで存続した大阪の映画会社である。[2] 創設者は山川吉太郎。備後町で父が経営する甲斐絹の呉服商を手伝っていたが、明治末年に映画の興行と製作に手を出し、大阪映画産業の先駆者のひとりとなる。その山川が、第一次世界大戦の好景気にわいた大阪の伝説的な相場師である松井伊助の協力を得て、帝国キネマ演芸を設立する。

設立時の社長は松井で、山川は専務を務めた（一九二三年〔大正十二年〕から山川が社長）。ほかの経営陣に石井虎松、小野末造、映画倶楽部を経営していた井谷亀之丞らがいた。帝キネは、関東大震災をきっかけに急成長した大阪経済を背景として、日活や松竹に次ぐ日本第三位の契約映画館を抱える大映画会社にのし上がる。

日本映画史で帝キネは、ほとんど正当に評価されてこなかったといえるだろう。そもそも日本で「映画史」と冠して発行された文献に、帝キネの名前を見つけること自体難しい。帝キネに言及していたとしても、たいていは低い評価である。例えば、日本映画史の大家、田中純一郎は帝キネについて「無気力で退嬰的な二流会社」「少年剣戟スター市川百々之助の主演映画以外には、大した興行価値はなく」「イージーな均一フィルムを向上させることができず[3]」、契約館が減少していったと述べる。ほかにも筈見恒夫は「低い観客層を目標としなければならない立場にあつたので、日活や、あるいは松竹のごとき、第一流を目標の映画を作ることができなかつた[4]」と記す。また、関西で活躍していた杉山平一でさえ「土地柄、コストのかからぬ二流作品を作って」「丁稚や女中など低所得者、年少者[5]」を相手に商売をしていたと述べる。要するに帝キネは、低レベルの観客向けに安い映画をせっせと作る地方の二流会社と見下されていたのである。こうした低い評価が、現在の日本映画史の叙述から帝キネの存在を消し去ったと考えられる。

しかし、はたして本当にそうなのだろうか。従来の帝キネ像は、一方的・一面的なイメージにすぎないのではないか。同時代の人々にとっても帝キネは、「無気力で退嬰的な二流会社」だったのだろうか。そもそも帝キネは、日活や松竹とは異なり、東京ではなく大阪を拠点に西日本をその勢力範囲とした映画会社である。逆にいうと、富士山より東では市場シェアが低く、目立たない。しかも当時の批評家や歴史家のほとんどは東京在住である。したがって彼らは、東京での帝キネの活動、つまり、帝キネの勢力範囲外で、その実力を評価していたのである。東京から見た帝キネ像が、日本映画史での帝キネの位置を低くしてしまったと考えられる。

日本での帝キネ像を正しく捉えるには、東京中心ではなく、大阪中心の目線で、活動の全体を見直す必要がある。従来の映画史が語ってきた絶頂期の作品や混乱だけでなく、ルーツからたどる必要がある。そうすることで帝キネは、明治末期から昭和初期の日本の映画史を語るうえで重要な映画会社のひとつであることが見えてくるだろう。

2　帝キネのルーツ――大阪映画産業の誕生

帝キネ創設者の山川吉太郎は、草創期の大阪映画産業の形成に貢献した人物のひとりである。大阪に映画館が初めて開場するのは一九〇七年（明治四十年）七月である。場所は千日前、名前は電気館といった。この電気館は、〇三年（明治三十六年）に吉沢商店が浅草に開場した電気館に続く全国で二番目の映画館として、京都の横田商会が開場した。電気館という館名は英語の Electric Theater の訳語だろう。大阪ではその電気館を皮切りに、映画館が千日前に次々と開場し、それが大阪初の映画街に発展する。同じ頃、東京や京都、名古屋、九州などにも映画の常設館が次々と開場し、全国映画興行の市場規模は一気に拡大した。

山川は、その波に乗った人物のひとりである。彼は一九〇九年（明治四十二年）三月に千日前の春木亭という娘義太夫の席を改装し、三友倶楽部と改称して映画興行を始める。

三友倶楽部は最初、Mパテー商会から映画の供給を受けていた。Mパテー商会は、シンガポールからパテ社の映画装置とフィルムを持って帰国した梅屋庄吉が一九〇六年に設立した映画会社である。事務所は東京の麴町、撮影所は大久保百人町にあった。梅屋は中国の革命家・孫文の盟友として辛亥革命を資金的に援助し、フィリピンの独立運動を支援したアジア主義者である。(6) Mパテー商会は、大隈重信の依頼により南極探検隊に撮影技師・田泉保直を同行させ、実写映画『日本南極探検』（一九一二年）を撮影したり、孫文の武装蜂起成功後に技師・萩屋堅蔵を派遣して『辛亥革命』（一九一一―一二年）を撮影したりする一方、浅草大勝館の依頼で女役者・中村歌

図47　左端の小屋が春木亭。看板に「春木亭」とある
（出典：藤田実「絵葉書でみる明治末〜大正初年の千日前――「映画の街」の黎明期」、大阪市史編纂所編「大阪の歴史」第74号、大阪市史料調査会、2010年、表紙）

扇の一座を使った『曾我兄弟狩場の曙』（一九〇八年）など旧劇映画を製作し、国内外に配給した。また、国内の契約館には、Mパテー製の映画のほかにシンガポールなど海外から入手した映画も交ぜて配給していた。山川の三友倶楽部はまず、このMパテー商会と特約を結び、同社が配給する映画を上映する混成興行をおこなう。

しかし、東京日本橋に福宝堂という新しい映画会社が設立されると、山川はMパテー商会との契約を破棄し、新たに福宝堂と契約を結ぶ。そして山川はその福宝堂の大阪支店長の座におさまる。

図48は福宝堂特約館時代の三友倶楽部の写真である。白っぽい袴姿の男性が三十歳を少し過ぎた頃の山川吉太郎である。

福宝堂は、フランスの連続映画「探偵奇譚ジゴマ」を輸入配給して大ヒットさせるとともに、新派の舞台の見せ場を記録した新派劇映画の製作を得意とした映画会社である。(7) 映画館の直営興行もおこなっていた。千日前に開場した映画館の多くがまだ風景を撮影した実写映画を中心に興行していた頃に、山川は福宝堂の新派劇映画を目玉に興行する。映画

図48　開館当時の三友倶楽部と若き日の山川吉太郎（山川暉雄氏提供）（上の写真の右下を拡大）

と比べて舞台の席料がかなり高額であり、関西の舞台ファンが東京の舞台を簡単には見られない時代であったために、この新派舞台を丸写しした映画は大阪の演劇ファンに好評を博し、連日満員の大評判となる。一九一二年（大正元年）、福宝堂は吉沢商店や横田商会、Mパテー商会とともに日本活動写真（日活）に吸収合併され、山川はその日活の大阪支店長となる。

ところが、数カ月で山川は日活を退社。そして一九一三年（大正二年）の秋、船場大店の主人で千日前に芦辺倶楽部など近代的な劇場を経営していた山松友次郎らとともに東洋商会を設立する。この東洋商会には主に二つの目的があった。一つは、山川や山松らが経営する劇場で上映する映画を製作することである。最初は大阪の東成郡鶴橋村字小橋（玉造の町外れ）にあった山松の親族が所有する二百坪（約六百六十平方メートル）ほどの別荘を改装し、旅役者を使って新派劇映画『野崎村』（一九一三年）などを製作していた。(8) のちに東洋商会は、同じく日活を退社した元福宝堂営業部長の小林喜三郎が東京・日暮里に開所した常盤商会の日暮里撮影所を借り受け、旧劇映画『阿波の鳴門』（一九一三年）などを製作する。

もう一つは、イギリス、チャールズ・アーバン社のキネマカラー映画の東洋特許使用権を確保することである。キネマカラーの特許使用権は、福宝堂が、イギリス出張所を通じてアーバン社と交渉して購入したものである。(9) だが、日本でその特許を申請している最中に福宝堂が日活に吸収合併されたため、東洋商会が使用権を獲得する。(10) 東洋商会はカラー映画を大阪千日前に開業を予定していた楽天地（一九一四年開場）の呼び物にしようともくろんでいた。

翌一九一四年（大正三年）三月十七日、山川と小林らは、キネマカラー特許使用権をもつ東洋商会の事業を拡張するかたちで天然色活動写真（天活）という会社を設立する。本社は東京市日本橋区通一丁目十三番地（福宝堂本社跡）、支店は大阪市南区末吉橋通り四丁目十九番地、出張所はロンドンのウォーター街百七十二番地と上海に置かれた。大阪支店の住所は山川吉太郎の自宅である。

天活は、結局はカラー映画をほとんど作らなかったが、当時最大最古の映画会社・日活に対抗する映画会社に成長し、日本の市場はこの二大映画会社が支配することになる。日活と天活は、日本市場を富士山から東と西に分けて、映画を配給した。ただし両社とも自社製作の日本映画だけでは市場の需要を満たせなかったので、毎月大量の外国映画をロンドンや上海の中古市場から購入していた。日本映画は一八九九年（明治三十二年）から製作され始めたとはいえ、日本映画だけで興行するにはまだ映画数が足りず、当時の映画会社は自社で製作した映

図49　天活小阪撮影所全景
（出典：『無声映画の一齣』河内の郷土文化サークルセンター、1994年、ポストカード）

画と外国映画を交ぜて供給するのが当たり前だったのである。

天活の配給興行は西日本を山川が、東日本を小林が主に担当した。山川と小林は一九一四年（大正三年）九月に山川興行部と小林興行部をそれぞれ設立し、天活の映画や連鎖劇の営業権を譲り受け、その配給興行をそれぞれ月二万円で請け負う[11]。堅実な山川は、大阪や京都、兵庫など近畿圏はもちろんのこと、中国や九州地方、日本の植民地だった台湾や朝鮮に配給網を広げていく。

山川はまた、天活大阪の製作機構も刷新する。一九一六年（大正五年）一月に大阪府中河郡に小阪撮影所を開所し、楽天地に出演していた熊谷武雄や大井新太郎、嵐璃徳などの舞台俳優を使って、新派劇映画や旧劇映画を製作した。大当たりとなる『須磨の仇浪』（一九一六年一月、楽天地初演）など連鎖劇の製作にも力を入れ、楽天地をその中心的興行場とする[12]。さらに、ソウルにあった天活朝鮮一手代理店の黄金館に、天活製作の映画や連鎖劇、天活入手のユニバーサル映画などを配給する[13]。同年十月、小林は天活から独立して小林商会を設立するが、山川は天活に残る。こうして山川は、天活の屋台骨を大阪から支え続けたのである。

この天活大阪と山川興行部の製作配給興行の機構を引き継いだのが、一九二〇年（大正九年）五月三日に設立された帝キネである。同年、天活が小林喜三郎の新たに設立した国際活映（国活）に買収されると、山川は国活に参加せず、山川興行部が所有していた天活倶楽部や芦辺劇場などの劇場と小阪の撮影所をもとに山川演劇商行を設立。そして山川演劇商行を改組して帝キネを設立する。

帝キネが大阪を中心とする富士山以西に強固な営業地盤を築くのは、こうした帝キネの出自が関係する。帝キネは小阪撮影所（旧天活小阪撮影所）で製作した映画を、大阪中心部の繁華街にある千日前の芦辺劇場や神戸の相生座など大劇場で封切ったあと、千日前の映画倶楽部（旧天活倶楽部）や九条の高千代座、西九条の明治座、福島の天神倶楽部、天満座、老松座、玉造座など大阪周辺部および近畿圏繁華街の中小劇場、加えて広島や福岡など中国地方や九州・四国地方および東京など東日本、さらに台北など日本の植民地の大都市に配給した。また帝キネの営業地盤が西日本に偏っていることは、帝キネ創設時の株主を見てもわかる。大阪が二百九人、兵庫が二十五人、京都が五人、和歌山が十九人、広島が二十二人、福岡が十人、愛知が六人であり、それ以外の都府県はそれぞれ五人に満たない[14]。東京の二人の株主を除けば、すべて西日本在住者である。つまり帝キネの営業地盤は、東日本では脆弱だったが、西日本とりわけ大阪および関西圏では絶大だったのである。東京の批評家が帝キネを地方の冴えない会社と低く評価したのには、こうした帝キネの偏った配給網が大いに関係すると考えられる。

3　帝キネの挑戦——日本映画の新しい波と帝キネ

帝キネが設立された一九二〇年前後は、新しい映画会社が次々と設立され、日本映画革新の機運が高まる時代である。日本映画を欧米の映画形式に近づけようとした帰山教正の純映画劇運動は、その最も顕著な例である。当時の日本映画は舞台の影響を強く受けていた。女形を使用し、舞台正面の客席から記録したかのような映画で、ハリウッド流の演出や編集、撮影とは大きく違っていた。製作だけでなく興行でも、劇場に所属する弁士が、映画の上映中にスクリーンの脇から声色を使ってセリフをつけたり、歌舞伎の下座音楽を映画に添えたりと、欧米とは明らかに異なっていた。天活東京映画輸入部に勤務していた帰山は、日本映画の舞台的な慣例を取り除き、欧米の映画のように女優を起用し、クロースアップやロケーション撮影を活用した新しい日本映画を作ろうとする。帰山のほかにも、松竹キネマ研究所の小山内薫とその門下生たち、あるいは横浜に新設された大正活映（大

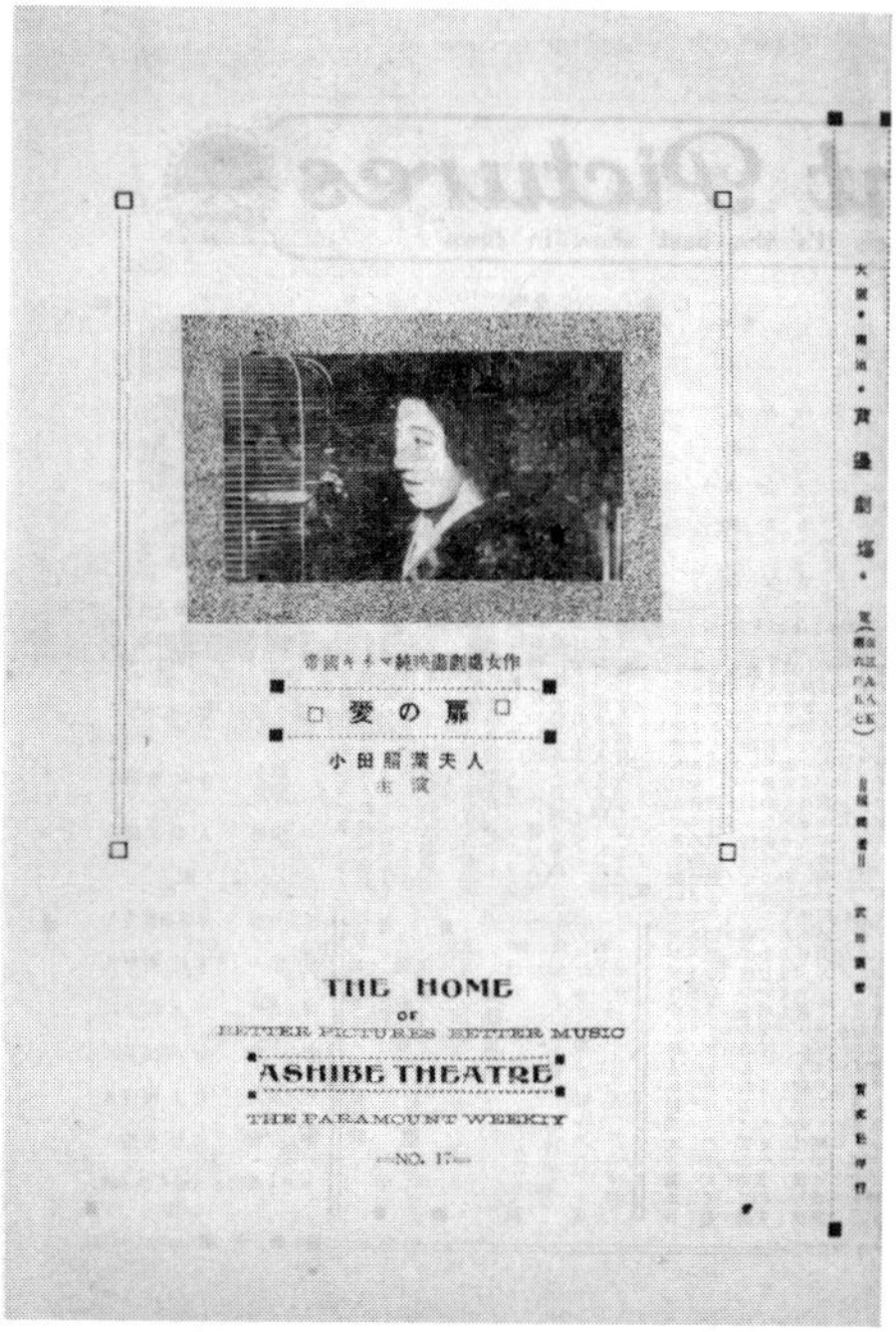

図50　芦辺劇場プログラム　帝キネ初の純映画劇『愛の扉』主演は照葉（肥田晧三氏提供）

活）の谷崎潤一郎や栗原トーマスらが、日本映画の革新を目指した。

　帝キネは従来の日本映画史で、松竹や大活とは異なり革新を目指す会社ではないとされてきた。おそらくそれには、帝キネが天活大阪の機構を受け継いだ会社であったことが関係するのだろう。しかしながら、創設時の帝キネに集まった人材と彼らが製作した映画を見れば、帝キネもまた、日本映画の革新を目指す新しい映画会社のひとつであったことがわかる。帝キネが一九二三年（大正十二年）に製作した三作品――『愛の扉』『修善寺物語』『父よ何処へ』を例にあげよう。

　まず、『愛の扉』（監督：中川紫郎）である。この映画は、女優を初めて起用した帝キネの「純映画劇第一回作品」である。つまり、男性が演技の型を使って女の役を演じる「女形」ではなく、女性が自然に動くことで女を演じる「女優」を起用している。主役を演じたのは元花柳界のアイドル照《てる》葉《は》である。照葉は撮影当時、帝キネ重役の小田末造の妻だった[15]。小田末造はハリウッドの早川雪洲などとも交友関係があり、アメリカ事情に詳しい人物である。映画『愛の扉』は、女形とは異なる、照葉の若くて初々しい女性の自然な魅力で、大成功をおさめる。この成功によって帝キネは、新派劇映画を革新した現代劇映画を専門に製作するスタジオとして芦屋撮影所を開所する。

　次は、歌舞伎的な演出から脱することを試みた旧劇映画『修善寺物語』である。原作は歌舞伎の演目ではなく、岡本綺堂の小説である。主演は、帝キネ創立時から活躍する帝キネのスター俳優、嵐璃徳だった。監督は、その璃徳の座付き作者だった中川紫郎が担当した。中川は、のちに映画修業のためハリウッドに渡り、帰国後は奈良に中川映画製作所を設立する人物である。嵐と中川は、「従来の型に嵌つた旧劇映画を脱却し時代映画劇の作成に努力する」目的で小阪撮影所に「日本旧劇映画研究部」を立ち上げる。その研究成果を反映した第一回作が『修善寺物語』だった。そのあと『袈裟と盛遠』や『或る敵討の話』『鳥辺山心中』『水郷の唄』など、新しい旧劇映画を続けて発表する。同時代の批評家は彼らの映画を、従来の旧劇映画とは一線を画する「映画劇の形式」を採った革新的な映画と称賛した[16]。

最後は、『父よ何処へ』である。この映画は、前述した純映画劇運動の提唱者・帰山教正が中心となり、新進気鋭の脚本家として松竹で活躍していた伊藤大輔が帝キネに入社して、一緒に製作した作品である。原作はドイ

「修善寺物語」の場面です。撮影場通信を御参照下さい。映畫劇の形式をとつたものです。
（帝キネ小坂）

図51　『修善寺物語』の嵐璃徳
（出典：「キネマ旬報」1923年7月21日号、キネマ旬報社、10ページ）

ツのゲアハルト・ハウプトマン。出演俳優は、関操や吾妻光など、純映画劇運動に賛同した俳優やハリウッドで映画に出演したことがある俳優たちだった。撮影は一九一九年三月に天活が巣鴨に新設し、翌年一月に国活が買収し、その後帝キネが借り受けた巣鴨撮影所でおこなった。

こうして見ると、帝キネも、その創設期には、同時代の松竹や大活には及ばないまでも、決して引けをとらない革新的日本映画の製作を目指していたことは明らかである。一九二二年十月に公開された『良弁杉』(監督：中川紫郎)はそのひとつである。(17)帝キネ映画はほとんど残っていないが、現存するなかでは最も古く、『愛の扉』の約四カ月前の作品である。女優ではなく、まだ女形を使っている。だが、映画形式は実に斬新といえる。

『良弁杉』の物語は、鷲にさらわれて、二月堂の杉のところに捨てられた赤ちゃんが、和尚さんに拾われて育てられ、やがて良弁(嵐璃徳)という立派なお坊さんになって、東大寺の建立に尽くし、二月堂の杉の木の袂で、生き別れた母に再会する話である。撮影は奈良の二月堂でおこなわれた。注目したいのは、良弁が二月堂の杉の木の袂で、かつて自分の子を鷲にさらわれたと話す老女の話を聞きながら、その老女の子どもが自分ではないかと気づく、クライマックスの場面である。この場面は良弁と母の顔のクロースアップ・ショットが交互に重ねられる。このショット・リバース・ショットという技法は、現在では当たり前の技法だが、一九二〇年代初頭の日本映画としては目新しかった。『良弁杉』でのショット・リバース・ショット技法は、当時の帝キネが、いかに前向きに、かつ挑戦的に映画を作っていたかを示すといえるだろう。

また、『良弁杉』は全十巻の長篇映画である。一九二〇年代初頭の一般的な作品は通常、四巻から六巻であることから、十巻は約二倍の長さがある。二二年の時点で長篇映画そのものが新しい形式の映画であったことからも、『良弁杉』の革新性がうかがわれる。

さらに興味深いのは、この映画の物語構造である。映画はまず、二月堂の僧侶が観光客に良弁杉の由来を説明する現在進行形の場面で始まる。ところが、すぐに時制が過去に飛び、赤ちゃんの良弁が鷲にさらわれ、成長した良弁が老母と再会するまでが語られる。そして母子が再会した時点で、再び現在、つまり二月堂の僧侶が観光客に良弁杉の物語を説明する場面に戻るのである。最後に僧侶の物語を聞き終わった観光客が納得して、映画は終わる。川島雄三の『雁の寺』(一九六二年)のような物語構造だが、川島のような諷刺味はなく、時間が入れ子構造になっているだけである。だが、一九二〇年代の日本映画としては、より複雑な物語構造といえるだろう。このことから、帝キネが二三年に革新的な映画を次々と発表する前から、すでに新しい映画の模索を重ねていたことがわかる。

図52　嵐璃徳(永見克也コレクション、関西大学総合図書館所蔵)

図53　撮影技師の大森勝(本地陽彦氏提供)

『良弁杉』を撮影した大森勝(のちの映画史家・柴田勝)は、帰山教正が主宰する映画芸術協会で撮影技師をしていた人物である。映画芸術協会の代表作『生の輝き』(監督:帰山教正、一九一九年)は大森が撮影した。大森が先端的な技法を追い求め、新しい映画に挑戦する気概がある人物であったことは、写真に写し出された彼の装い――帽子やコート、編み上げのロングブーツ――からも見て取れる。

このように帝キネ作品を注意深く見れば、従来の帝キネ像とは異なるイメージの作品があったことがわかるだろう。帝キネもまた、松竹や大活など同時代の新会社と同じように、欧米の技法を積極的に取り入れた革新的日本映画を志していたのである。ただ、天活の遺産を受け継ぐ帝キネは、松竹や大活が新しい映画を作るために新たに人材を集めて起業したようには、すぐには革新に向かうことができなかったにすぎない。しかしながら、すでに見てきたように、一九二三年にいたるまでにも帝キネは日本映画の革新を目指して映画を作っていたのである。

4　関東大震災と帝キネ——日本の三大メジャーへの飛躍

大正バブル期に新設された映画会社の多くは、昭和初期までに姿を消してしまう。現在でも存続するのは松竹だけである。帝キネも、大正末期には日本三大メジャー映画会社のひとつにまで昇り詰めるが、昭和初期には消滅する。

地方の映画会社だった帝キネが全国規模の大会社に成長できたのは、関東大震災による大阪経済の急速な発展が背後にある。一九二三年（大正十二年）九月一日、関東を襲った大地震で東京は壊滅状態になり、経済や文化の中心がいったん関西に移る。とりわけ「日本の西半部の咽喉」といわれた大阪の経済発展は目覚ましかった(18)。大阪の周辺部には工場や会社が乱立し、その周りに労働者が住む町が生まれて、人口は爆発的に増加する。いわゆる「大大阪」と呼ばれた時代である。

関西の映画産業も、この未曾有の好景気を背景に急成長する。とくに勢いづくのが、大阪を拠点とする帝キネと東亜、そして京都を拠点とするマキノである。とりわけ大阪を中心とする西日本に強力な営業地盤を築いていた帝キネの成長は著しかった。帝キネは、都市周辺部に急増した低賃金労働者をターゲットに、月十四本から十八本という驚くべき数の映画を量産する。必要なスタッフは競合他社から引き抜いた。その顔ぶれは松竹の大スター・五月信子や正邦宏、藤間林太郎、東亜の市川幡谷、森静子、日活の葛木香一、澤蘭子など百余人である。

金に物を言わせたあまりのえげつない引き抜きに訴訟事件まで起こった。小唄映画『籠の鳥』（監督：松本英一、一九二四年）を製作したのも、このときである。映画は未曾有の全国的大ヒットとなり、社会問題にまで発展して「バチルス映画」などと批判された。こうした低賃金労働者狙いの煽情的な映画と、ゴシップ報道が日本映画史での帝キネのイメージを偏ったものにしたことは確かだろう。

5　帝キネの混乱と絶頂

関西のバブル経済に裏打ちされた帝キネの急激な拡張主義はしかし、社内にひずみを生む結果となる。創設時から帝キネで働くスタッフと、大変な優遇を受けて他社から引き抜かれてきた新しいスタッフとのあいだに内紛が起こり、一九二五年（大正十四年）、帝キネは三つの会社に分裂する。その三社とは山川吉太郎が率いる小阪映画、石井虎松が率いるアシヤ映画、そして立石駒吉が率いる東邦映画である。東邦映画には、主に他社から引き抜かれて帝キネにやってきた新参者が集まり、設立わずか二カ月後の六月に消滅する。東邦が消滅したあと、山川と石井は合流し、翌年九月に帝キネを再び結成。再結成後の帝キネは「新帝キネ」と呼ばれた。つまり、帝キネは分裂して、他社から入ってきたじゃまなスタッフを切り離し、再度合流することで、元来の帝キネの状態に近づくことができたのである。

この内紛を経て、帝キネ内で大きな影響力をもつことになるのが石井虎松である。石井は新帝キネでの映画製作の実権を掌握する。彼は、二十歳そこそこの市川百々之助を中心に低予算のチャンバラ映画を量産し、着実な利益を帝キネにもたらす。大正末期の市川百々之助は「剣劇映画勃興時代に、其先駆をなした一人」といわれ、同時代の阪東妻三郎などと並び称されるほど高い人気を誇っていた。[19] とくに大阪での百々之助映画の人気はすさまじく、彼の派手な刀さばき、白塗りの美男子ぶり、ふんどしチラ見せの色気は女性観客の心をつかんで離さな

図54　市川百々之助（永見克也コレクション、関西大学総合図書館所蔵）

図55　「新帝キネ」1927年1月号（新帝キネ雑誌社）表紙の市川百々之助

かったという。玩具フィルムには百々之助の作品が多く残されていて、大衆的な人気の高さがうかがわれる。『嵐山花五郎』（監督：江後岳翠、一九二九年）はその貴重なフィルムのひとつである。[20]上下左右に走る百々之助の動きが空間的な広がりや躍動感を生み、鋭い剣さばきと百々之助のふっくらした顔つきの絶妙な対比が、視覚的な魅力に富む作品である。宣伝費を渋ることで有名な堅実主義の帝キネも、この百々之助映画だけは定期的に広告を出した。それだけ帝キネの経営は百々之助の肩にかかっていたといえるだろう。

市川百々之助映画の人気に支えられた帝キネの経営は絶頂期を迎える。山川と石井が合流して帝キネを再結成する頃の帝キネの利益金は、七十一万二千四十円十銭と、東邦解散時の約一・五倍となる。[21]また、二五年（大正十四年）七月から二六年六月までの入場者数を見ると、帝キネの封切り館である千日前の芦辺劇場（旧芦辺倶楽部）は約百十五万九千人に達している。[22]同じ期間、松竹のドル箱封切り館である道頓堀の朝日座が約六十七万一千人、日活の封切り館である千日前の常盤座が約五十七万人であることから、入場者の数では帝キネ封切り館がほかの二社をはるかにしのいでいたことがわかる（ただし芦辺劇場の入場料は安い）。帝キネ映画が大阪の低所得者層を中心に、いかに支持されていたかがわかるだろう。

百々之助映画は帝キネにとって理想的な映画だった。百々之助さえ登場すれば、どんな早撮りの低予算映画でも売れたからだ。新作の宣伝さえしておけば、製作費をかけなくても、売れたのである。だからこそ帝キネは、百々之助映画を次々に量産した。そして、それが東京在住の批評家の目に、「イージーな均一フィルム」を作る「無気力で退嬰的な二流会社」と映ったと考えられる。(23) しかし、その「イージーな均一フィルム」こそ、帝キネの営業地盤である大阪、そして西日本では、費用対効果が非常に高い理想的な映画だったのである。帝キネが百々之助ら俳優陣を西日本の映画館にせっせと派遣し、手厚いファンサービスをおこなったのも、そのためである。逆にいえば、日活や松竹が支配する東京市場に、わざわざ出ていく必要もなかったのだ。

図56　当時最先端のサウンド設備を備えた帝キネ長瀬撮影所
（出典：「建築と社会」1928年4月号、日本建築協会、写真ページ）

図57　長瀬撮影所ダークスタジオ内部
（出典：同誌写真ページ）

図58　帝国キネマ長瀬撮影所全景。住所は大阪府下中河原郡防街菱屋。中央手前に「帝キネ」の表札が見える
（出典：「キネマ」1930年1月号、豊国社、12―13ページ）

このように東京ではなく、大阪から帝キネという会社を見るならば、従来の映画史が語ってきた帝キネ像とは別のイメージが浮かび上がってくる。震災景気にわく大阪は、都市周辺部で工場が乱立し、地方から出稼ぎに集まった労働者で人口は爆発的に増加していた。労働者の増加とともに、映画の消費量は激増する。その圧倒的な消費パワーをほかのどの会社よりも効率的に吸収できたのが、大阪映画産業草創期から大阪で製作と興行の両方に従事してきた山川の帝キネだったといえる。帝キネは、大阪の未曾有の経済発展の波に乗り、激増した労働者の心を捉え地元に寄り添うかたちで映画事業を展開し、急成長する。

一九二六年（大正十五年）、帝キネは大軌鉄道から長瀬村（現在の東大阪市長瀬駅近く）に九千二百坪（約三ヘクタール）の広大な土地の提供を受け、新しいスタジオの建設に着手する。(24) 帝キネ長瀬撮影所である。巨大なかまぼこ型のスタジオは、当時のハリウッド三大メジャーのひとつ、ファースト・ナショナル社に範を得て建築された。二八年（昭和三年）に竣工したスタジオは、最新式のサウンド設備を備え、日本映画のサウンド化を推し進めると期待される。それはまさしく帝キネの、そして大阪の、映画製作の絶頂を象徴するものだったといえるだろう。

6　松竹の侵略と帝キネの抵抗

しかし、東洋一と謳われた長瀬撮影所を建設したものの栄華は短く、帝キネは一気に坂を転げ落ちていく。転落の原因は一つではない。過剰な設備投資や増員、百々之助の暴君化と退社、東京の復興など、さまざまな要因が重なった。だが、その引き金となったのは、松竹との提携だろう。一九二九年（昭和四年）三月二十九日、帝キネは松竹との資本提携を発表、これが帝キネの崩壊を招くことになる。

資本提携の話は、松竹のほうから帝キネにもちかけられた。当時、日本第二位の松竹と第三位の帝キネとの提携は、第一位の日活の座を脅かすと考えられた。提携交渉の場で松竹は好意的だった。帝キネには技術と人、資金を融通し、重役の異動は形だけにとどめ、組織変更はしないと約束した。しかし、好意的に見えた松竹との提携は帝キネの力をたちまちに削ぎ落としていく。

外から見れば、松竹との提携は帝キネに大きな進歩をもたらしたかに見えた。松竹と提携した帝キネは、映画製作の重点を、百々之助一辺倒からモダンな現代劇映画に移す。一本当たりの映画製作予算も提携前より格段に増加した。帝キネはそれまで、どんな映画もセットを一律二十円で作るというルールがあったが、提携後は、セットに十五万円をかけることもあった。またスタッフも、鈴木重吉や豊田四朗など若手の映画監督や、日本の新劇運動の拠点だった築地小劇場の俳優などインテリ系のスタッフが松竹から送り込まれた。この頃、帝キネは「新興帝キネ」と呼ばれていた。

その「新興帝キネ」の代表作が『何が彼女をそうさせたか』（監督：鈴木重吉、一九三〇年）である。雑誌「改造」（改造社）に連載された藤森成吉の社会批判的な戯曲が原作である。映画の物語は、貧しい家に生まれたすみ子が、犯罪者になるまでを描いている。すみ子が出会う人間は、貪欲で残忍、意地悪で偽善者である。さまざまな苦難の末、彼女は収容所に火をつける。そして最後、この映画は「何が彼女をそうさせたか」と観客に問いかけて終わる。要するに、貧乏人の子は貧乏から抜け出せず、最後は犯罪者になるしかないという結末であり、純真な女の子を犯罪者にしたのは醜い社会であると告発する映画である。

こうした物語のために、『何が彼女をそうさせたか』は、日本映画史で傾向映画のひとつと見なされている。しかし、主人公が経験する困難は、社会の矛盾や問題点を鋭く指摘するというよりもむしろ、偶然の連鎖によって物語が進行する新派の世界観に近い。実際、監督の鈴木重吉は「検閲を通すために、左翼思想を薄める必要があった」と述べている。

確かに、原作の左翼くささが薄れ、大衆の好む新派調が強まることで、より多くの人々の心をつかむことができたといえるだろう。この映画は帝キネ最大の封切り場である千日前の芦辺劇場で一九三〇年（昭和五年）二月一日に封切られ、異例のロングランとなる。六月二十日には、パート・トーキー版（映像の一部に音声が同期した映画）を製作し、松竹座で公開して大成功をおさめる。日本映画がまだほとんど輸出されなかった時代に、この映画はロシアなど海外でも上映され、大きな反響を呼んだ。(25)

『何が彼女をそうさせたか』は、当時としては斬新かつ技巧的な映画である。監督は、前衛的技法を駆使することで有名な鈴木重吉が担当した。鈴木は、欧米視察旅行から帰国後、すぐに松竹の白井松次郎の肝いりで帝キネに入社する。この映画で彼は海外で学習した映画技法を臆面もなく取り入れており、そのあたりに若さと勢いが感じられる。例えば、県議会議員の秋山の家の場面で、魚の骨を呑み込んで大騒ぎするブルジョアのお嬢様と、魚の骨を取らなかったと叱られる労働者のすみ子を鮮やかに対比しながら、布袋像のショットを三回、アングルを変えながら重ねる場面は、ソビエト・モンタージュ派の技法を手本に試してみたといったふうである。ほかにも、主人公の心を視覚化したような荒涼とした風景ショット、クロースアップによる人物の戯画化、室内から室外へトラックバックする長回し、スピード感がある編集、ドイツ表現主義的な影の表現など欧米の新しい技法が盛りだくさんで、世界との同時代性を感じさせる作品といえる。

松竹との提携は、表面上、帝キネに批評家の注目を再び集める効果をもたらしたが、その裏では帝キネの血肉を直ちに腐らせていく。まず、批評家が褒めた映画が、帝キネの映画ファンにも受けるとはかぎらなかった。百々之助のチャンバラ映画を喜んで見ていた観客が、いきなり高尚な社会批判と複雑な心理描写の映画を手放しで喜んだわけではないのである。結局、帝キネは、多少の高級志向の映画ファンを新たに獲得するものの、大量の常連客を失うことになる。

次に、帝キネ映画は、松竹との提携後、松竹の配給網を使って配給されることになった。帝キネの東京支社、北海道支社、九州支社および全国の営業所はすべて廃止され、創業以来、帝キネが地道に築いてきた映画配給網は崩壊してしまう。そしてその帝キネ契約館を新たな網目に編み込んでいったのが松竹である。こうして松竹は、日活を抜いて日本一の興行会社に成長する。

帝キネ経営陣にとっても、松竹との提携は涙をのむ結果となる。提携が成立する前、提携後の「新興帝キネ」社長は、山川吉太郎が指名される予定だった。ところが提携が成立したあと、それが覆り、社長には松竹の白井松次郎が就任する。山川は専務取締役となるが、それも提携した年の年末には松竹の立花良介に奪われ、平取締役となる。また、長瀬撮影所の実権を握っていた石井虎松も追い出され、重役はほぼ松竹系の社員が掌握する。要するに帝キネは、思うように製作できず、配給もままならず、かつ常連客と契約館を失い、真綿で首を絞められるように、じわじわと弱体化していったのである。提携後、帝キネの収入は約三八%、利益は約六九%も減少した。(26)

しかしこの苦境でも、石井の子飼いのスタッフは、必死に映画を作り続ける。映画『足軽吉右ヱ門』(監督：佐藤樹一路、一九三〇年)は、そんな彼らの抵抗の足跡ともとれる作品である。(27) この映画は、『何が彼女をそうさせたか』と同じ年、正月映画として千日前の芦辺劇場で封切られた。物語は、足軽の身分で討ち入りに加わった四十七士のひとりで、唯一生き残った寺坂吉右衛門を題材にしている。吉右衛門を演じたのは松本田三郎である。松本は、市川百々之助が暴君化したあと、帝キネを代表する新たなスターになった俳優である。一九三一年(昭和六年）の帝キネ消滅後は、瓢箪山に設立される辻川修輔が率いたアシヤ映画のトップスターとなる。

人口に膾炙した物語であるがゆえに、目新しさはない。だが、その映像の美しさは特筆に値する。例えば、雑木林のなかの川辺で大石内蔵助の使いが足軽の吉右衛門に、「病気の父親が不憫だから討ち入りには参加するな」という大石の意向を伝える場面がある。「自分の忠義を疑われた、切腹する」と言いだす吉右衛門を、二人の侍が止めようとする劇的な見せ場だが、映像は逆光をうまく利用し、うっそうと茂る木々のなかで、密談する人物たちのシルエットを浮かび上がらせる。そしてその背景には、水面に反射するきらめく光が美しく映し込まれている。まさに「美しい忠義の密談」といった雰囲気である。ショットの構図も美しく、極端なローアングルからハイアングル、近景や遠景を組み合わせた変化に富む構成で、視覚的な刺激に満ちている。論理性を重視した構成の『何が彼女をそうさせたか』と比べても、むしろ抒情的なショットの美しさや組み立て方は、勝るとも劣らない。

そもそも帝キネは、演出よりも撮影法に定評があった会社である。室内のセットや衣装、照明の点では見るべきところはほとんどない。帝キネも、それらの点にはほとんどこだわりはなさそうである。しかし撮影法は別である。とくにロケーション撮影は美しく、見事である。例えば『足軽吉右ヱ門』も、吉右衛門の家のセットは誠に貧弱である。もちろん、吉右衛門は貧乏である設定なので貧弱でかまわないのだが、問題は貧しく見えるというより、むしろ安っぽい印象を与える点にある。つまり帝キネのセットは、予算をかけて貧乏をリアルに再現するのではなく、予算をかけずに貧乏を演出しようとしているのである。衣装も布地を継ぎはぎして貧乏くささを出そうとしているが、その生地が新しく、汚れていないせいで、貧乏がリアルに感じられない。セットに十分な予算も労力も使っていないため、貧乏の作り込み方が雑なのである。

それに対し、野外風景の撮影は実に見事である。前述した「美しい忠義の密談」の場面は、まさに好例だろう。帝キネ映画がほぼ現存しない今日、その映像の美しさを検証することは困難だが、当時の映画批評家が帝キネ映画の撮影映像には一目置いていたことは確かである。事実、帝キネには有名になった監督はほとんどいないが、名人といわれた撮影技師は少なくない。純映画劇運動に参加した大森勝はもちろんのこと、のちに亀井文夫監督の『戦ふ兵隊』（一九三九年）を撮影する三木茂も、名匠・伊藤大輔とコンビを組む唐沢弘光も、帝キネの撮影技師からキャリアをスタートさせている。帝キネの映画製作は、小津や木下、島津など監督を売りにした松竹とは、根本的にその方針が違っていたのである。

こうして見ると帝キネと松竹は、会社の経営や運営だけでなく、製作やスタッフの美意識など、さまざまな点で価値観が異なっていたことがわかる。そう考えると、帝キネと松竹の提携が両社の対立を生むことは必然だったといえる。それでも松竹は、帝キネとの提携を望んだ。それはサウンド化を見据えた松竹が、どうしてもほしいものが帝キネにあったからだ。その松竹がほしかったものとは、東洋一のサウンドスタジオといわれた長瀬製作所でも、撮影に長けたスタッフでもなく、西日本に広がる帝キネの映画配給網——帝キネ契約館——だったといえる。松竹は、来るべきサウンド映画時代には、これまで以上に多くの映画館が必要とされることを見通していたのである。その意味で、高価なサウンドスタジオを先に作って、そのあとのことを考えていなかった帝キネは、やはり戦略的に失敗していたといわざるをえない。

7　帝キネの終焉

松竹の抑圧に対し、帝キネは必死の抵抗を試みる。帝キネは閉鎖された東京支社を復活させるが、その抵抗むなしく、じわり追い詰められていく。石井虎松は辞任し、山川吉太郎はすでに専務を退き、帝キネ本社は久左衛門町の松竹本社内に移動を余儀なくされる。市川百々之助や嵐璃徳、松本田三郎ら帝キネ古参の俳優は退社。創業時のスタッフがほとんどいなくなった一九三〇年（昭和五年）九月三十日、長瀬の撮影所から夜中に火の手があがり、全焼する。この火事は放火の疑いもあった。[28]翌朝、撮影所所長の立花良介（松竹）は、焼け跡にスタッ

図59　焼失した帝キネ長瀬撮影所
（出典：「大阪時事新報」1930年10月1日付）

フを集め、撮影所を松竹の太秦撮影所（かつての阪妻プロ太秦撮影所）に移転すると発表する。地元住民や土地をほぼ無利子で帝キネに貸していた大軌鉄道は、長瀬での帝キネ再建を望むが、その願いは聞き入れられなかった。太秦に移転した帝キネは、そこで再び火事に見舞われる。編集室にワット数が異様に高い電球が交ざっていたのである。当時のフィルムは可燃性だったため、電球の光でも、長時間当たれば発火してしまう。

帝キネ社長の白井松次郎（松竹）は、二度の火災に見舞われた帝キネを見放すことを決断する。優れた企業家である白井は、帝キネに投資した己の財産と松竹の株券を守るため、負債がかさんだ帝キネの財産を整理すべく代行整理会社・新興キネマを設立する。全営業権を新興キネマに委託した帝キネは、新興キネマから毎月二万五千円の委託権利金を受け取り、借金を返済する。こうして大阪映画産業草創期から約二十年間続いた映画会社の歴史は幕を閉じる。

一九三一年（昭和六年）八月、東京に設立された新興キネマは、帝キネの代行経営を開始する。松竹は、山川に新興キネマ大阪支店長の座を用意するが、山川

太秦へ引つこし　二百餘名といふ大世帶、その一部が一日太秦スタヂオに着いたところ

はそれを断った。彼は実体のない幽霊会社になってしまった帝キネの専務を続けるのだが、しかし三三年（昭和八年）十月に辞職、名前さえもなくなった帝キネはこの世から完全に消えてしまう。

一方、帝キネの機構を引き継いだ新興キネマは、設立後、わずか五カ月で百十万円以上の営業利益を上げた。(29) これは新興キネマが帝キネに毎月支払う営業委託権利金を優に超える、約十一倍の金額である。おそらく松竹の白井は、帝キネのこの実力を十分に理解したうえで、帝キネとの資本提携に踏み切ったと考えられる。その意味でも松竹は、合理化が進む資本主義経済の最先端で、積極的な企業戦略を実践していた会

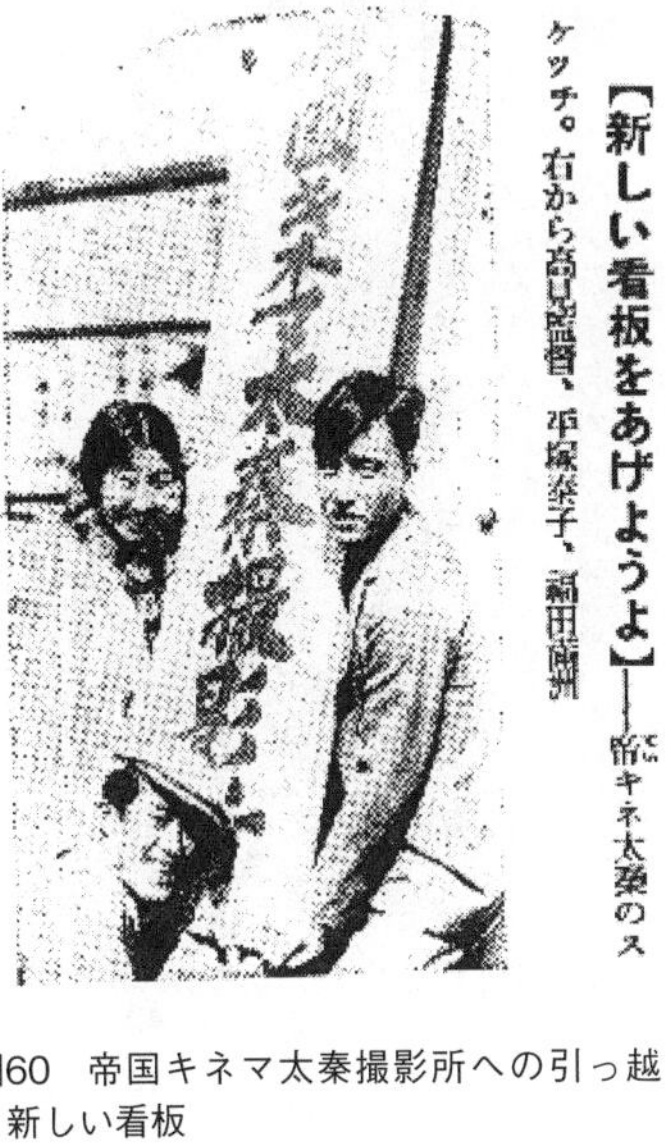
【新しい看板をあげようよ】――帝キネ太秦のスケッチ。右から高見監督、平塚泰子、福田蘭洲

図60　帝国キネマ太秦撮影所への引っ越しと新しい看板
（出典：「大阪時事新報」1930年10月3日・10日付）

社だった。

日本映画市場で第二位のシェアを誇っていた松竹が帝キネとの提携を望んだのは、帝キネを潰そうとしたからではなく、帝キネがたまたま日本第三位の大会社だったからにすぎない。膨張する資本主義社会で松竹がさらなる発展を目指すには、帝キネの地盤が必要だったのである。こうした松竹に比べ、帝キネは時代の流れに臨機応変に対処することに無頓着だった。おそらく帝キネは、たとえ松竹と提携しなかったとしても、いずれ消滅する運命にあっただろう。しかし、松竹の甘い提携話が帝キネの余命を縮めたことは確かである。

こうして見ると、日本映画史で帝キネの代表作が『何が彼女をそうさせたか』とされているのは、実に皮肉なことである。少なくとも帝キネを創設した人々にとってはそうだろう。なぜなら松竹との提携を象徴するこの映画こそ、いわば帝キネの暗澹たる道行を決定づける映画だったからである。長瀬撮影所が焼失した日、カメラマンの大森勝は日記に次のように書いた。


（九月三〇日）ようやく鎮火した夜あけの焼跡は東京の大震災そのまゝの姿で悲しい。午後一時、立花所長の訓辞があり、急に京都太秦行と決定、大急ぎで荷物をまとめてトラックに乗せ（略）下加茂へ（略）夜十時頃に帰宅した。心身共にフラフラだった。

（十月一日）疲労した身体に鞭打って九時頃スタジオへ行く。数台のトラックにカメラや雑品《ざっぴん》が積まれてあった。出発前に焼後を一廻りして塚越君と一緒にタクシーを天神橋六丁目迄飛ばして新京阪で京都へ（略）。到着早々何かと忙しく、夜十二時頃にようやく附近の合宿でゴロ寝をした。

（十月三日）明日から毎日往復四時間の京都行である。やれるところ迄やろうと決心。

（十月八日）九時半天六発の急行へ乗る。（略）スピードを出して走っている車輪の動きを見ていると何故か涙ぐまれてくる。(30)

この大森の日記からは、火事のあと帝キネのスタッフが作業場に寝泊まりし、風呂にも入らず、通常の三分の一の手当で、帝キネ復興を信じて働き続けていたことがわかる。しかし、その熱い思いが報われることはなかった。やがて彼らは新聞の報道を通じて、社長の白井松次郎が帝キネの幕を閉じることを知らされる。こうして大阪最大最古の映画会社は消滅し、日本の映画製作は、急速に東京―京都中心にシフトしていくのである。

図61　帝キネ小阪撮影所に集まった映画を志す若者たち（本地陽彦氏提供）

おわりに

ここまで帝キネの歴史をたどってきたわけだが、大阪にも映画製作の歴史があったことが以上のことからはっきりする。また、従来の日本映画史で語られてきた帝キネ像とは異なる帝キネ像があったことも、これまでの論述で明白になったと思われる。帝キネは徹頭徹尾、「無気力で退嬰的な二流会社」「土地柄、コストのかからぬ二流作品を作って」「丁稚や女中など低所得者、年少者」を相手に商売をしていた会社ではなかった。それは帝キネの勢力範囲外である東京の視点から歴史の一点を見たイメージにすぎない。むしろ帝キネは、日本映画産業の中心が関東から関西にシフトし、国産映画のシェアが初めて外国映画を上回る大正末期から昭和初期の映画史を語るうえで、絶対に外せない存在である。大阪と西日本、そして植民地の映画配給関係を探るうえでも、重要かつ貴重な事例を提供してくれる会社なのである。

　歴史を読み返すときに重要なのは、どんな語りにも必ず偏りが含まれていることを理解することである。そしてなぜ、そう語られるにいたったのかを、できるだけ公平に見極める必要がある。歴史は多様で複雑な時間と意識の集積である。だからこそ過去は、ただ単に細かく見つめるだけでは見えてこない。凝り固まった見方からいったん離れ、異なる方向から見る必要がある。そうすることで、複雑な過去をこれまでと違う側面から理解できるようになるはずだ。帝キネの不当な扱いの歴史は、多様な視点をもつことの大切さを私たちに教えてくれる。

注

(1)「本邦七大撮影所実力調査」「国際映画新聞」一九二七年九月二十日号、表紙ページ
(2)帝国キネマの概要については「東大阪市紀要」三部作を参照。森杉夫、東大阪市史編纂委員会編『帝国キネマの興亡1』(「東大阪市紀要」第十二号)、東大阪市役所、一九八八年、北崎豊二『大正末期の帝国キネマ――帝国キネマの興亡2』(「東大阪市史紀要」第十三号)、東大阪市役所、一九九三年、宇田正『昭和初期の帝国キネマ――帝国キネマの興亡3・完』(「東大阪市史紀要」第十四号)、東大阪市役所、一九九八年
(3)田中純一郎『日本映画発達史』第二巻(中公文庫)、中央公論社、一九七六年、二六、一七六―一七七ページ
(4)筈見恒夫『映画五十年史』創元社、一九五一年、一五八ページ
(5)杉山平一「大阪の映画人」「大阪春秋」第百七号、大阪春秋社、二〇〇二年、二四ページ
(6)梅屋庄吉については長崎新聞社/えぬ編集室編集・制作『孫文・梅屋庄吉と長崎――受け継がれる交流の架け橋』(長崎県文化観光物産局文化振興課、二〇一一年)を参照。
(7)新派映画、旧派映画という表記もあるが、本書では新派劇映画、旧劇映画で統一した。
(8)編輯局「天活会社の沿革」「活動之世界」一九一八年十二月号、活動之世界社、一三、二〇ページ、冬樹薫「小林喜三郎と天活全盛時代」「映画論叢」第三号、樹花舎、二〇〇二年、三六―五一ページ
(9)前掲「天活会社の沿革」二一ページ

(10) 小松弘「天然色から純映画劇へ――日本映画史における天活の意義」「芸術学研究」第五号、明治学院大学芸術学会、一九九五年、二五―三七ページ
(11) 前掲「小林喜三郎と天活全盛時代」四七ページ
(12) 前掲『帝国キネマの興亡1』五―六ページ
(13) ソウルの黄金館については第1部第4章を参照。
(14) 帝国キネマ演芸株式会社『大正九年上半季 第一期営業報告書』帝国キネマ演芸株式会社、一九二〇年
(15) 「愛の扉」「芦邊劇場」一九二三年二月八日号、実文社
(16) 山本緑葉「帝キネ小坂通信」「キネマ旬報」一九二三年八月十一日号、キネマ旬報社、一〇ページ
(17) 『良弁杉』（一九二二年、十六ミリ、千六百四十二フィート、短縮版）は東京国立近代美術館フィルムセンターに保管されている。
(18) 「(ホ) 近畿の部」、前掲『日本映画事業総覧 大正十五年版』所収、九六―九八ページ
(19) 「市川百々之助」、近藤経一編『映画スター全集』第三巻所収、平凡社、一九二九年、一二一ページ、「月刊映画」一九二六年二月号、大正通信社、口絵
(20) 『嵐山花五郎』（一九二九年、三十五ミリ、四十九フィート、玩具フィルム）は東京国立近代美術館フィルムセンターに保管されている。
(21) 前掲『日本映画事業総覧 大正十五年版』二六〇ページ、国際映画通信社編『日本映画事業総覧 昭和二年版』国際映画通信社、一九二六年、五六八ページ
(22) 前掲『日本映画事業総覧 昭和二年版』三七三ページ
(23) 前掲『日本映画発達史』第二巻、二六、一七六―一七七ページ
(24) 「大阪時事新報」一九二六年六月三日付、三面
(25) 現在、紀伊國屋書店から販売されているDVDは山川吉太郎の孫の山川暉雄がロシアで発見したフィルムを収録（太田米男「映画の復元『何が彼女をそうさせたか』(1929) に関して (I)」、大阪芸術大学芸術研究所運営委員会編「大阪芸術大学紀要」第二十三号、大阪芸術大学、二〇〇〇年、一四一―一五三ページ）。

(26) 前掲『日本映画事業総覧 昭和三―四年版』一五一―一五二ページ、国際映画通信社編『日本映画事業総覧 昭和五年版』国際映画通信社、一九三〇年、三九四―三九五ページ

(27) 『足軽吉右ヱ門』(一九三〇年、三十五ミリ、五千百二十七フィート)は東京国立近代美術館フィルムセンターに保管されている。

(28) 「大阪時事新報」一九三〇年十月一日付、二面

(29) 国際映画通信社編『国際映画年鑑 昭和九年版』国際映画通信社、一九三四年、二四五―二四八ページ

(30) 柴田勝『帝キネ映画の記録――大阪の映画会社 自大正9年5月至昭和6年9月』柴田勝、一九七六年、一八―一九ページ

第4章　京城での帝国キネマ演芸の興亡——朝鮮映画産業と帝国日本の映画興行

はじめに

朝鮮映画産業の形成と発展は、日本が朝鮮の主権を奪っていく時代と重なり合う。つまり、それは日本人のアジア大移動が始まって、日本による朝鮮への関与が急速に強まり、日韓併合へといたる帝国主義の時代と重なるのである。そのため、日本がその形成と発展に、陰に陽に果たした役割は無視できないものとなる。

しかし従来の朝鮮映画史は、民族主義的な歴史観から朝鮮民族の主体性を強調し、日本との関係を希薄に、あるいは対立的に叙述する傾向が強かった。「最初」の朝鮮映画に関する、いまも終わることがない議論はその最も顕著な例だろう。『義理的仇討』（監督：金陶山、一九一九年）が連鎖劇の舞台で使用した映像を寄せ集めたものであるにもかかわらず、最初の朝鮮映画と見なされ、公開初日が「国民映画記念日」と定められているのは、それが朝鮮資本と朝鮮人によって製作されたからである。[1] 逆に本格的な劇映画『国境』（監督：成清竹松、一九二三年）や『月下の盟誓』（監督：尹白南《ユンベンナム》、一九二三年）が最初の朝鮮映画と見なされないのは、それらが日本の資本やスタッフによって製作されていることが関係する。朝鮮人の主体性を強調しようとするあまり、朝鮮映画史に複雑なゆがみが含まれてしまったのである。

こうした朝鮮映画史の問題は、映画の製作よりもむしろ興行でより深刻となる。朝鮮の映画製作に果たした日本の役割は、ゆがんだかたちとはいえ叙述され、それが議論の対象になっている。だが、映画興行での日本の役割についてはまだほとんど研究されていない。朝鮮映画市場での日本の活動に関する研究上の無関心には、前述した民族主義的な歴史観への固執に加え、映画興行研究は対象が製作よりずっと広範かつ複雑になるにもかかわらず、活動を詳細にたどるための資料が十分に残っていないという物理的な問題が絡んでいる。

しかし近年、この困難な研究課題に果敢に挑む研究者も現れ、朝鮮映画史の再構築が試みられている。[2] 彼らが目指すのは、日本を侵略者、弾圧者として位置づけて糾弾する歴史でもなければ、朝鮮映画史への日本の関与を無視する排他的な歴史でもない。そうではなく、従来の歴史にありがちな民族主義的な歴史観から距離をとり、朝鮮映画産業の発展と日本の関わりをより包括的・客観的に調査・分析した歴史である。それは新しい朝鮮映画史を刻もうとする真摯な挑戦といえるだろう。

朝鮮映画の歴史を日本との関わりのなかで再構築するのであれば、その大仕事は当然、朝鮮だけでなく日本の側からも光を当てることが必要不可欠となる。映画研究者キム・ドンフンが指摘するように、「旧植民地国の映画文化で日本が確実に目に見えて存在していたことに関して日本映画史が徹底的に沈黙を守ったまま」[3] であり、それが朝鮮映画史の再構築を停滞させている一因であるならば、日本側からの研究は急務だといえるだろう。日本帝国主義の抑圧や搾取への抵抗の物語ではなく、複雑に絡んだ朝鮮と日本の歴史のなかで、日本が朝鮮映画産業に残したものを明らかにする必要がある。

本章は、その大きな目的意識のもと、朝鮮映画産業の発展に果たした日本の役割を日本の側から跡づけようとするものである。具体的にはまず、日帝時代に「京城」と名付けられた都市ソウルでの日本映画興行の発展過程を明らかにし、そのうえで京城興行界での帝国キネマ演芸（帝キネ、一九二〇年大阪設立、三一年消滅）の活動をたどる。それによって、植民地支配下の朝鮮映画産業と日本映画産業の歴史がいかに不可分な関係にあるかを示したい。

日帝時代の京城での日本映画興行を調査するために使用した主な資料は、「朝鮮公論」（朝鮮公論社）や「朝鮮及満洲」（朝鮮及満洲社）、「京城日報」など朝鮮で発行された日本語の雑誌と新聞である。また随時、「キネマ旬報」や「朝日新聞」「大阪時事新報」など日本で発行された映画雑誌と新聞も参考にした。

1　京城での日本映画市場の形成と発展

戦前の朝鮮映画産業の発展を日本との関わりでたどる場合、その歴史は大きく三つの段階に分けることができる。それは、日韓併合以前、日韓併合から文化統治前まで、そして最後は文化統治から満洲事変までである。以下では、段階ごとに、京城での日本映画の市場がどのように形成され発展したのか、そこに両国間の政治的・経済的・文化的な変化がどう関わっていたのかを明らかにする。

日韓併合以前（—一九一〇年）

日本人が朝鮮に移住し始めるのは十九世紀後半である。一八七六年、朝鮮王朝（一三九二—一九一〇年）が明治政府と日朝修好条規を結び、七六年に釜山、八〇年に元山、八三年に仁川、九七年に木浦などの港を開港すると、朝鮮に渡る日本人の数は徐々に増えていく。[4]ただし、朝鮮王朝は日本人が朝鮮人に交ざって国内に住むことを許さず、開港都市に日本人居留地を設け、日本人の行動は居留地外で厳しく制限された。[5]やがてその居留地に日系の映画館が開場していくことになるのだが、それはまだ数十年先のことだった。

朝鮮王朝の都・漢城（現在のソウル）に日本人が住めるようになるのは、一八八二年以降である。八二年、朝鮮が清国と朝清商民水陸貿易章程を結び、清国人が漢城や漢江の河港都市に住むことを許すと、日本も清国と同

図62　京城の本町通り
（出典：全遇容「植民地都市イメージと文化現象──1920年代の京城」、日韓歴史共同研究委員会編『日韓歴史共同研究報告書』第3分科篇上所収、日韓歴史共同研究委員会、2005年、388ページ）

等の権利を朝鮮に要求し、日本人も漢城内に住み始める。さらに同じ年、日本公使館が焼き打ちされたのをきっかけに、新しい日本公使館を漢城の西大門の外から漢城内に移すと、その周りに日本人が集まるようになり、日本人町が形成される。

日本人町があったのは漢城の南村と呼ばれた地域である。漢城は、都市のちょうど真ん中あたりを流れる清渓川を境に、それより北を北村、南を南村と呼び、身分によって住む場所が定められていた。北村は両班《ヤンバン》と呼ばれる役人登用選抜試験の受験資格をもつ階級のなかでも、試験に合格して官僚になれた人々が住む地域だった。他方、南村は高級官僚になれなかった貧しい両班や下級官史が住む地域である。南村は雨が降ると道がぬかるむような場所で、居住環境としては北村のほうがずっと恵まれていた。(6)

南村に日本人の移住者が増えるにつれて、その景観はしだいに日本化していく。(7)南村の日本人たちは漢城を「京城」と呼んだ。三越呉服店や百三十銀行など日本の会社や商店、施設が通り沿いに立ち並び、本町通り（現在の忠武路）、黄金町通り（現在の乙支路）、明治町（現在の明洞）、永楽町（現在の苧洞）など日本風の地名も使われ始める。とくに本町通りは日本人町の中心的盛り場として栄え、日本人が多く集まってきた。そしてそうした日本人町の盛り場に、京城の日系映画館は開場していくことになる。

日韓併合から文化統治前まで（一九一〇―一九年）

日本人町に映画館が開場し始めるのは、日韓が併合された一九一〇年（明治四十三年）以降である。朝鮮で発行された「朝鮮及満洲」には、その頃の日本人町の映画興行について、次のような記述がある。

京城のキネマ界は明治四十二、三幾年今の喜多金光堂の隣り明治生命の所に有つた高等演芸館に初まる、其時分は日本の活動界も幼稚であつた、随つて京城のキネマも言ふべき者なく、月二回写真の更新をやつて居た有様で有つた。[8]

ここでいう「京城のキネマ界」とは南村の映画館を指す。というのも、北村では遅くとも一九〇三年には欧米映画を上映していたからだ。[9]高等演芸館は一〇年に黄金町二丁目に開場した千二百人収容の劇場で、[10]のちに世界館と改称される。開場時はタイで映画を興行していた渡辺治水（渡辺知頼）が配給する映画を上映していた。[11]

黄金町は、北村と南村の境界あたりにある黄金町通り沿いの地域である。黄金町通りは、清渓川のすぐ南を東西に走る大通りで、朝鮮王朝時代に作られた。清渓川のすぐ北にはやはり東西に走る大きな通り、鐘路通りがある。鐘路通りは北村最大の繁華街で、物売りの露店が雑居していた。つまり日本人町で最初の映画上映館は、南村のなかでは、北村に最も近い、南村周辺部の繁華街に誕生していたのである。

一九一二年になると、櫻井町一丁目に大正館（のちの第一大正館）という映画館が開場する。場所は、黄金町通りを東に向かい、黄金町四丁目あたりを一本横丁に入った裏通りにあった。経営者は新田耕市・秀吉・又兵衛の兄弟である。[12]新田兄弟は大正館を開場した二年後の一四年、黄金町二丁目の世界館（旧高等演芸館）を買収し、第二大正館と改称して再開場する。そして翌年には第二大正館を閉館、より日本人が多い本町一丁目の三越呉服店前に有楽館を新築開場している。[13] 新田兄弟は、日本活動写真（日活、一九一二年設立）と特約を結び、その朝鮮代理店となり、日活映画や日活配給の外国映画を上映していた。

大正館の次は、一九一三年に黄金館《こがねかん》が「黄金遊園」内に新築開場する。黄金遊園は黄金町四丁目に開園した娯楽場で、大正館のすぐ近くにあった。経営者は早川増太郎（孤舟）である。早川は最初ここで日活映画を上映するが、一四年に日本で天然色活動写真（天活）が設立されると、すぐに天活朝鮮一手代理店となり、大正館の日

図63　大正館
（出典：岡良助『京城繁昌記』博文社、1915年、479ページ）

活映画に対抗して、黄金館を天活の上映館に変える。黄金館は、『名金』（監督：フランシス・フォード、一九一五年）などユニバーサル社の連続映画や『女の鑑』など井上正夫一派の新派劇映画を男女複数の弁士で興行し、「京城一」と謳われるほどの人気を博す。[14] 早川は朝鮮映画産業の発展に日本の側から貢献した最重要人物のひとりであり、彼についてはまたあとで述べることにしよう。

大正館、黄金館に次いで日本映画を上映し始めるのは、寿座と龍光館[15]である。寿座は、本町三丁目と永楽町二丁目が交差するあたりにあった。その南側には警務総長官舎や総督府など、日本人にとって重要な施設が集まっていた。寿座は日本人町で最も古い芝居小屋を改築して日活特約館として開場したが、客足が伸びず経営は悪化、一九一六年に再び芝居小屋に戻る。経営悪化の原因は、朝鮮総監部から毎月二週間の興行許可しかもらえなかったことに加え、大正館と有楽館の二つも日活映画を上映していたため作品が重なり、立地的に人通りが多い館に客を奪われたからだと考えられる。[16] 一方、龍光館は南村の南にある南山をさらに南西に下った龍山という町の停車場前にできた映画館である。龍山は日本の大陸政策の基幹となる京釜線や京義線、京元線が集まる鉄道拠点で、韓国駐剳軍が駐屯し、陸軍官舎や兵舎が立ち並んでいた。龍光館は天活映画を上映していて、黄金館の分館のような存在であった。

さらに一九一七年には、黄金館を経営していた早川増太郎が、日本の興行師・小林喜三郎と組んで有楽館を買収、その外観と内部を改装し、洋画専門館として再開場する。有楽館は、まだ混成興行をしていた大正館と黄金館に対し、日本から配給されたユニバーサル映画を本格的なオーケストラ伴奏と南郷公利らの活弁付きで上映し、他館を圧倒する。[17] 早川経営となった有楽館と黄金館は、両方とも複数の弁士による「連鎖」活弁を売りにしていた。[18] 一七年は、小林が天活を辞めて設立した小林商会が、天活に対抗して『毒草』（監督：井上正夫、一九一七年）などの映画を大量に作ったあげく倒産した年でもある。おそらく小林は天活の営業部にいた頃に、黄金館を経営する早川と知り合ったのだろう。こうしてみると日本での日活と天活、小林商会の覇権争いが京城の日本人町でも繰り広げられ、その結果として京城の南村での映画興行の基盤が形成されていったことがわかる。

図64　喜楽館のプログラム（個人蔵）

しかし、その映画興行の均衡は一九一九年に崩れてしまう。早川が有楽館の洋画興行に失敗するからだ。有楽館は長崎の萬活土地起業の手に渡り、萬活と日活の共営となる。[19] このとき館名は有楽館から喜楽館に改称される。喜楽館は、日活の松之助映画にハリウッド映画を交ぜて興行し、「旭日昇天の勢でキネマ界を圧倒した」。日本人町の中心的繁華街である本町一丁目に位置する映画館なので、洋画よりも邦画の需要のほうが高かったといえるだろう。以後、喜楽館は、京城中で最も集客力がある、日活にとっていちばん重要な映画館となる。

そして、この喜楽館の開場を契機として、日本人町の映画興行の地図は大きく動く。まず大正館が、日活第一部の松之助映画から日活第二部の市川姉蔵映画の上映館に変わる。ところがその姉蔵が撮影中に急逝し、姉蔵映画の製作が中止されるため、大正館は日活との契約を捨て、新進の松竹キネマ（松竹）と新たな契約を結ぶ。以後、大正館は京城での松竹の主力館となる。一方、南郷公利など、有楽館を追い出された洋画系の人気弁士たちは黄金館に集まる。[20] 黄金館は天活映画を上映していたが、その天活が国際活映株式会社（国活）に吸収合併されたため、ユニバーサル映画を興行の中心に据え、大阪南地敷島倶楽部（ユニバーサル映画など洋画専門館）の弁士・生駒天雷を招聘するなどして、日本人町の洋画興行を盛り上げていく。

興味深いのは、なぜ有楽館が洋画興行で失敗する一方、黄金館が洋画興行で成功したかである。そこには映画館の立地場所と上映プログラムが関係する。前述したように黄金館がある黄金町通りは、北村と南村の境目に位置する。しかも、すぐ近くに北村最大の繁華街・鐘路通りがある。その鐘路通りには貫鉄洞に優美館（一九一二年開場）、授恩洞に団成社（一九〇七年開場）という朝鮮人向けの洋画専門館があった。[21] 当時、北村にある映画館がすべて洋画専門館だったのは、劇場公開できる朝鮮語の映画がまだ作られていなかったからだが、ともかく北村の映画館には、洋画慣れした観客が集まった。とくに優美館はハリウッド映画の第一封切り館として京城洋画ファンの人気をさらっていた。したがって日本人町の中心地である本町一丁目の有楽館が洋画興行で失敗する一方、北村に近い黄金町四丁目の黄金館が洋画興行で成功するのは、黄金町が邦画よりも洋画を好む客が集まりやすい場所だったからだと考えられる。

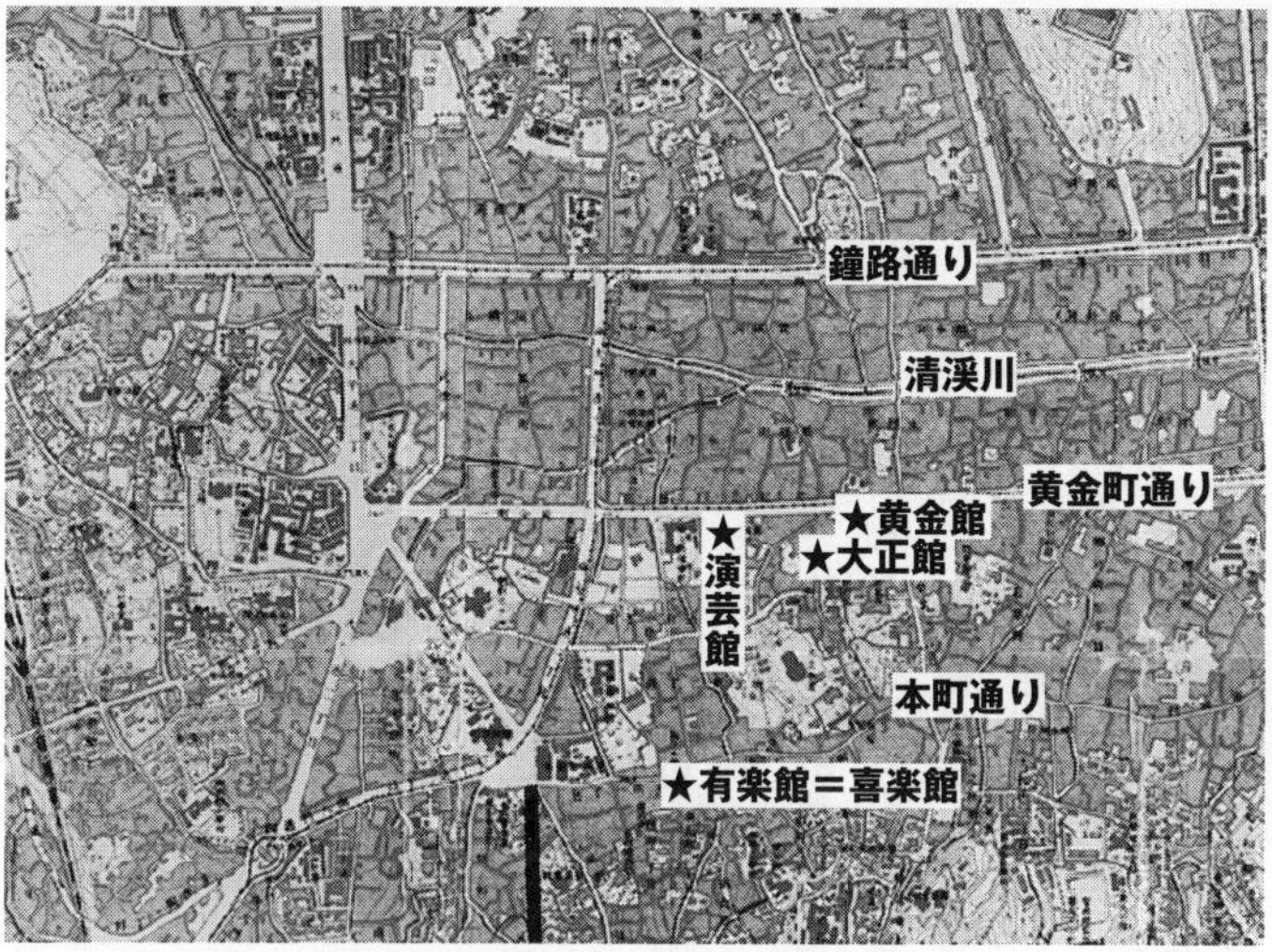

図65　京城市街図（1917年）NAJ デジタルアーカイブから作成

このように京城の映画市場は、朝鮮王朝時代から続く北村と南村という分離のうえに、帝国日本の侵略が重なるかたちで発展するため、北村と南村では異なる映画文化が形成されていたのである。さらには、同じ南村でも、北側の黄金町と南側の本町の映画館では、集まる客筋に合わせて上映プログラムの傾向が違っていた。このことから、南村の映画文化は決して一様ではなく、隣接する北村との関わりで南北に差があったことがわかる。

高等演芸館　黄金町二丁目、一九一〇年開場→世界館→第二大正館、一九一四年改称、日活→一九一五年閉館
大正館　櫻井町一丁目、一九一二年開場、日活→第一大正館、一九一四年改称→大正館、一九一五年改称
黄金館　黄金町四丁目、一九一三年開場、日活→天活
寿座　本町三丁目と永楽町二丁目の交差点あたり、日活→一九一六年、芝居小屋に戻る

龍光館　　龍山、天活
有楽館　　本町一丁目、一九一五年開場、日活→一九一七年に小林と早川が買収、ユニバーサル→一九一九年閉館
喜楽館　　一九一九年に有楽館を改称、日活

文化統治から満洲事変まで（一九一九―三一年）

一九一九年、朝鮮のあちこちで日本の植民地支配に対する抵抗運動が起こると、朝鮮総督府は植民地政策を武断政治から文治政治に方向転換する。「会社令」撤廃はその現れのひとつだが、この政策転換が朝鮮の映画産業界に大きな変化を引き起こす。

会社令とは、朝鮮での民間投資の抑制を目的として、日韓併合の一九一〇年に制定された法令である。この法令によって、朝鮮で会社を設立する場合、朝鮮総督府の許可が必要となる。

京城の映画館開場ラッシュは、この法令が制定されたのちに起こっている。そのため京城の映画館の経営はほとんど例外なしに、南村も北村も、日本人が掌握することになる。つまり日本人は朝鮮総督府が制定した法の恩恵を受けて、京城の映画興行を独占していったのである。その意味で、この時期の京城の映画館は、まさに帝国日本の植民地支配が生み出した産物だったといえるだろう。

興味深いのは、会社令が一九二〇年に撤廃される二、三年前あたりから、朝鮮映画産業での民間投資が増え始め、それが日本人と朝鮮人の連携を促したことである。その最も顕著な例のひとつは団成社だろう。団成社は一九〇七年に北村の授恩洞に開場した朝鮮人向けの劇場である。所有者は一七年に朝鮮人のキム・ヨンヨウン（金然永）から日本人の田村義次郎に代わり、義次郎の死後は妻のミネに代わる。(22) 田村は、北村の団成社のほかに、南村の黄金遊園（黄金館と演技館を含む）などを所有していた資産家である。田村は一八年、パク・スンピル（朴承弼）に団成社の経営を任せる。パクは、黄金遊園内の演技館を光武台（一九一四年開場）と称して朝鮮劇など

を興行していた人物である。[23]パクの経営となった団成社は洋画専門館となり、黄金館にあった天活鮮満一手代理店から天活配給の洋画を手に入れて興行を始める。そしてその一年後、団成社は、黄金館が上演した天活の連鎖劇に刺激を受け、のちに朝鮮映画第一号と称される連鎖劇『義理的仇討』（一九一九年）を初演する。[24]連鎖劇の舞台はキム・ドサンの率いる新劇座が演じ、映像は天活大阪の宮川早之助が撮影した。[25]つまり、植民地支配下、南村の黄金館と北村の団成社を通じて、日本と朝鮮の映画人の交流が不平等な関係とはいえおこなわれ、境界を越えた交渉が朝鮮映画産業の発展を促していたのである。

会社令撤廃後、朝鮮にもようやく映画の製作会社が設立され、その数は一気に増えていく。これには植民地政策の方向転換と会社令の撤廃により、朝鮮への民間投資が急増したことが関係する。極東映画倶楽部や早川増太郎の経営による東亜文化協会、[26]団成社朴承弼演芸部や大陸キネマ、朝鮮キネマ、高麗キネマ（のちの高麗映画協会）、羅雲奎プロダクション、金剛曙光合同キネマ、鶏林映画協会などが設立された。[27]これらは、朝鮮の資本や人材だけで設立された会社もあれば、日本と朝鮮、あるいは主に日本の資本や人材で設立された会社もある。こうした映画会社の乱興は朝鮮映画界始まって以来の出来事だった。

さらに朝鮮での民間投資の拡大は、それまで沈滞していた京城の映画興行界にも新風を吹き込む。京城には新たに三つの映画館が開場する。まず一九二一年、龍山の旧練兵場跡に京龍館が、続いて南村の永楽町に中央館が、そして翌年、北村の仁寺洞に朝鮮劇場（旧演興社）が開館する。[28]これによって京城の映画館は、北村に朝鮮人向けの映画館が三館、南村と龍山に日本人向けの映画館が五館となり、狭い市場に八つの映画館がせめぎ合う激戦地となる。

ところで、当時の京城の映画興行界についてキム・ドンフンは、それが南北で地理的・文化的に隔てられていたと主張するが、この主張に対しては疑問を挟む余地がある。確かに一九一〇年代中頃、北村だけでなく南村にも映画館が開場すると、京城には二つの映画文化が別々に存在することになる。北村の映画館は欧米映画、南村の映画館は日本映画と欧米映画を上映し、弁士については北村では朝鮮語、南村では日本語で説明がおこなわれた。このことからキム・ドンフンは次のように述べる。

一九一〇年代半ばから一九三〇年代半ばまでの、こうした民族別に特化された映画の興行慣習によって、日本人と朝鮮人の映画の観客が交流する機会や必要性が生まれることはほとんどなかった。(29)

しかし、この「ほとんど」という言葉が示唆するように、両者のあいだに交流がまったくなかったかというとそうではない。実際、一九二一年九月号の「朝鮮公論」には、日本人による次の記事が掲載されている。

京城で一番高級な洋劇を映写している館と言へば先づ未だ世人に知られざる二つの館がある。一つは優美館、一つは団成社である。此の二館は全鮮でも冠たるもので、何時も高級なる洋劇専門館である。が惜しい哉不清潔なる平場や階上は兎角異臭に充ち亦は色々の悪性な人間に害を与へる蟲類の生存しているのは甚だ遺憾だ。(30)

要するに、北村の映画館はプログラムの質は高くとも館内の環境が悪いと批判しているのだが、注目したいのは、言葉の裏にある差別意識よりもむしろ、この記事を書いた人、すなわち北村で映画を見る日本人が、多くはないながらも、存在していた事実である。ほかにも「一部に限られ」るとはいえ、「鮮語を解しタイトルの読める内地人ファン連は（北村でかかる洋画を）見逃しては終生の恨事だと言つた調子で熱心にドン〳〵詰めかけて行く(31)」といった記載もある。

こうした記事から推測するに、日鮮融和が推進される一九二〇年以降も、南村と北村の交流が「ほとんどなかった」とはやはり考えにくい。二〇年代の京城では、北村で映画を楽しむ日本人、あるいは逆に南村で映画を楽しむ朝鮮人は一定数いたと考えられる。その理由として、第一に、南村の日本人町は行動を制限されていた一八八〇年代の日本人居留地ではない。清渓川を渡って越境的に映画を見る行為が制限されることはなかったのである。第二に、京城の朝鮮人と日本人は、完全に分かれて北村と南村に住んでいたわけではない。京城商業会議所の『統計年報　昭和四年』によれば、黄金館がある南村の黄金町四丁目の人口は、日本人千二百四人、朝鮮人千六百九十二人であり、団成社がある北村の授恩洞は日本人八十九人、朝鮮人二千百五十八人である。(32)つまり、異なる民族が交ざり合って暮らしていたのである。第三に、言葉の壁は確かにあったとしても、京城にいた日本人の多くが朝鮮市場の開拓を目的に渡朝した人々であり、なかには在朝十年以上の人もいたことを思えば、朝鮮語を理解できる、あるいは英語を読める日本人は少なからずいたと考えられる。たとえそうでなくとも、弁士なしでも視覚的に物語を理解しやすい作りのハリウッド映画ならば、スラプスティック・コメディーなどジャンルによっては、理解するのに語学力はそれほど必要なかったともいえる。

この問題については今後さらに調査する必要はあるが、少なくとも、北村と南村の観客が交流する機会は「一九一〇年代半ばから一九三〇年代半ばまで」「ほとんどなかった」というより、むしろ二国間の政治的・経済的状況が変化するなかで、交流の機会は着実に増えていったと考えるべきだろう。植民地政策の変化とともに一九二〇年代の京城では、差別的なまなざしを含みながらも、文化的な分離の曖昧化は確かに始まっていたのである。そしてこの状況で、京城の映画市場にその第一歩を踏み出したのが帝国キネマ演芸であった。

2　南村での帝国キネマの興亡

前章でふれたように、帝国キネマ演芸は一九二〇年（大正九年）、大阪に設立された映画会社である。大阪映画産業の草創期に千日前の三友倶楽部を開場し、興行界で名を成した山川吉太郎が、東洋商会や天活などを経て、北浜の資産家の協力のもと資本金五百万円で設立した。帝キネは大阪を活動拠点とし、西日本に強力な営業地盤を築き上げる。とくに大正末期から昭和初期にかけて目覚ましい成長を遂げ、日活や松竹キネマと並ぶ日本の三大メジャー映画会社のひとつになる。

帝キネが設立された一九二〇年前後といえば、第一次世界大戦による日本の経済好況を背景に、映画会社の新設が続いた頃である。まず一九年に国活が東京に設立され、その翌年には大阪の帝キネ、東京の松竹、横浜の大活の三社が、続いて京都の牧野教育映画製作所(のちのマキノ)、そして大阪の東亜が設立される。これらの新会社はすべて、従来の旧劇映画や新派劇映画から脱した新しい日本映画の製作を目指すとともに、海外市場の開拓にも積極的だった。とりわけ京城は日本の東アジア進出にとって重要な都市だったために、新会社はこぞって進出する。二一年の夏に帝キネ、同年の冬に松竹、二二年の秋に大活、そのあとマキノ、東亜と続く。大正期に新設された会社のなかでは帝キネの朝鮮進出がいちばん早かった。

こうした新会社による京城進出ラッシュは、京城映画産業への投資の旺盛さを物語るとともに、京城市場の過熱ぶりをも示すといえるだろう。そしてその過熱ゆえに、京城の帝キネ上映館はめまぐるしい変転を余儀なくされる(33)。一九二一年十月、帝キネは新たに開場した中央館と特約を結んで京城に進出する。だが、二三年までに中央館を松竹に奪われ、上映館は大正館に移る。ところが大正館も国活、そして松竹に取られ、帝キネは一時上映館を失ってしまう。二四年、黄金館の南郷公利が帝キネと契約し、帰山教正監督の『父よ何処へ』など帝キネ革新派の映画とハリウッド映画を併映して話題を呼ぶが、その南郷も二五年二月、ある日突然夜逃げをし、黄金館は早川増太郎からマキノ、そして東亜の直営に変わる。その間、帝キネは再び京城の上映館を失う。その後二七年一月までに帝キネは黄金館を田村ミネと共同経営することになるが、二八年三月には再び東亜に奪われる。また同じ年の秋、黄金町一丁目に開場した楽天地を拠点に市川百々之助映画などで人気を博すものの、それも長くは続かず、やがて楽天地は洋画専門館となる。そして三〇年、中央館がわずか数カ月だけ帝キネとマキノの映画を併映するも、三一年に大阪の帝キネ本社が消滅し、帝キネは京城から姿を消す。このように、京城での帝キネ映画の興行は、日活と松竹がそれぞれ喜楽館と大正館で安定的に興行していたのとは対照的に、実に不安定だったのである。

その原因はどこにあったのか。一つは、そもそも京城では日本映画を見る人の数が限られていたにもかかわらず、日本に次々と新設された映画会社が、日鮮融和政策の流れに乗ってこぞって朝鮮に進出し、日本人町という小さな市場の客を奪い合った結果、魅力に乏しい映画会社は苦戦を強いられたから、と考えられる。もう一つは、帝キネの海外市場戦略によるところが大きい。朝鮮での帝キネの契約館は、同業他社と比べて非常に数が少ない。例えば昭和初年の朝鮮全体の契約館数（併営も含む）を比較すると、[34]最も多いのはいちばん早く朝鮮に進出した日活である。日活は、南村で最高の興行収入を誇る喜楽館に加え、大邱の大栄館、木浦の喜楽館、平壌の偕楽館、港館、新義州の世界館、咸興の元山劇場、咸興劇場と計八つの契約館を有する。一方、松竹は日活に遅れて進出したとはいえ、日活に対抗するかたちで京城の大正館、釜山の相生館、大邱の大栄館、平壌の金千代座と平壌キネマ、咸興の真館の計六館をもつ。これに対し帝キネは、松竹とほぼ同じ頃朝鮮に進出したにもかかわらず、京城の中央館、釜山の宝来館のわずか二館しかない。帝キネの契約館数は、帝キネよりあとに朝鮮に進出したマキノや東亜と比べても、まったく少ない。この数の少なさが現地での帝キネの知名度を高められずに、その興行を難しくしたとはいえるだろう。

しかし、京城での帝キネ契約館の混迷を生み出した原因はそれだけではない。もっと重要なのは、本社の市場戦略と京城の観客との関係である。京城の帝キネ契約館は、南村を転々としたとはいえ、ひとつの共通点がある。最初の常設館である中央館は、黄金町通りを南に入った永楽町一丁目（図66の①）。次の大正館も黄金町通りを少し南に入った櫻井町一丁目（②）、黄金館は黄金町四丁目（③）、楽天地は黄金町一丁目（④）である。すべて黄金町通り、すなわち南村の北側周辺に集中している。こうした周辺重視の市場戦略は、大阪での帝キネの実践と同じである。大阪で帝キネは、中心的繁華街である南の道頓堀や千日前よりもむしろ、その北側に位置する九条や福島、天満、玉造など都市周辺部の盛り場に直営館を増やす。要するに帝キネは、京城でも、大阪と同じような地理的条件の場所に契約館を獲得していたことがわかる。

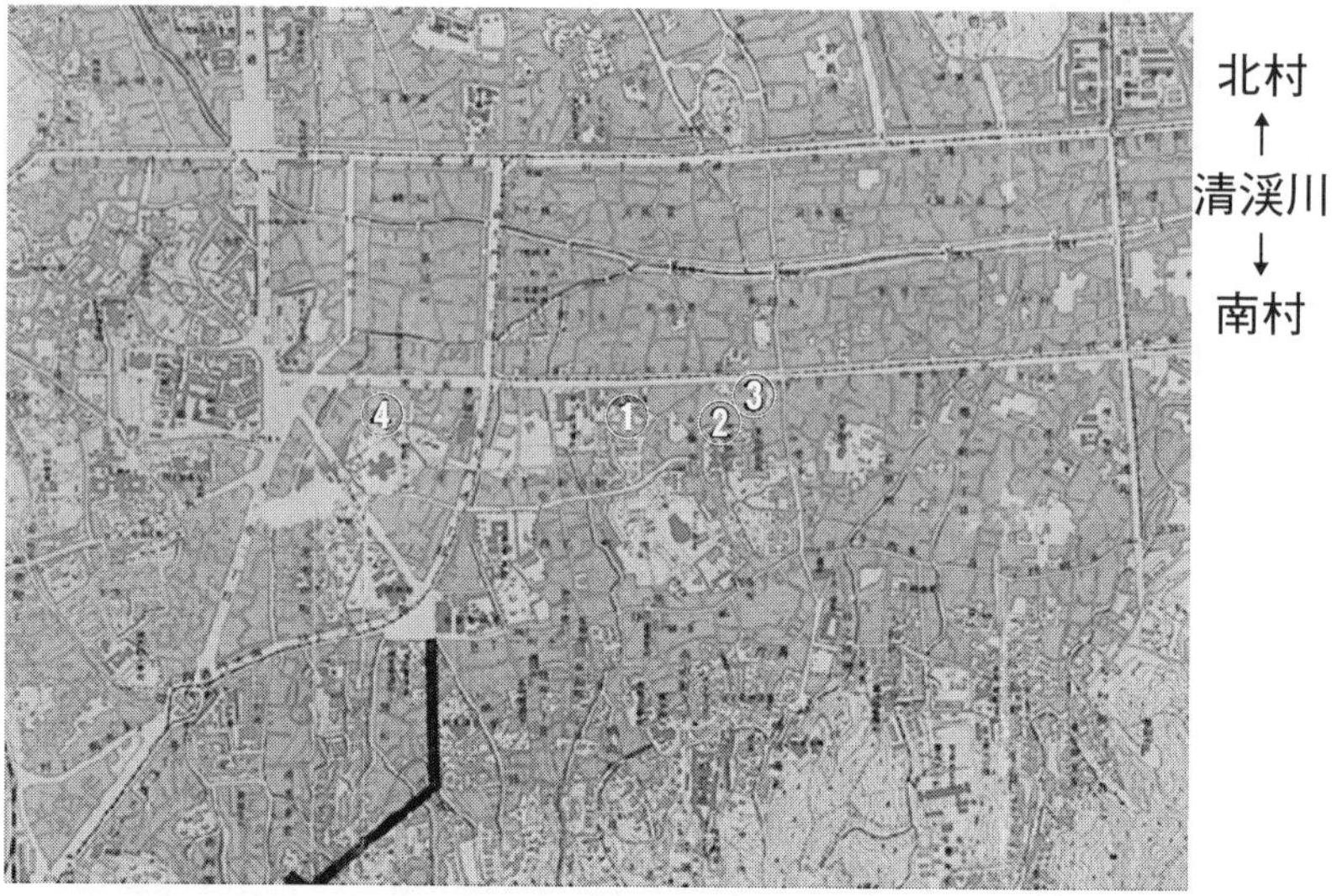

図66　京城市街図（1917年）NAJ デジタルアーカイブから作成

そして、この周辺重視の市場戦略が、ひいては京城での帝キネ契約館の不安定さを招くことになる。なぜなら、大阪と京城では都市周辺に住む人の層が違っていたからだ。一九二〇年代の大阪は、第一次世界大戦と震災の影響により経済が急速に発展する。大阪の周辺部には工場が乱立し、そこに若い労働者が集まって、労働人口が膨れ上がる。(35) 二五年の市域拡張はその結果である。帝キネはそうした労働者層をターゲットに都市周辺部の映画館と契約し、大阪に強力な配給網を築き上げる。一方、京城はすでに述べたように北村と南村に分かれ、北村は朝鮮人、南村は京城に移住した日本人が多く住む。そこで帝キネはその南村北端の盛り場にある映画館と契約する。ところが京城に住む日本人は、朝鮮のほかの都市と比べて自由業や公務員の数が圧倒的に多い。(36) すなわち、新しい市場を求めて朝鮮にやってきた新興富裕層や知識階級である。しかも隣の北村は、伝統的に朝鮮人の両班や貴族が住む地域だった。したがって黄金町通りの映画館は周辺部とはいえ、そこに集まる人々は、大阪のような工場で働く低賃金労働者ではない。そのため、それらの観客が、大阪周辺部に集まる低賃金労働者をターゲットに作られた帝キネ映画を喜んで見ていたとは考えにくい。

必然、帝キネ契約館は洋画でプログラムを補強せざるをえず、洋画中心の興行になったと考えられる（ハリウッド風のモダンな松竹映画が大正館で安定的に興行されていたのとは対照的である）。

事実、京城の帝キネ契約館は、日活や松竹とは異なり、自社映画よりもむしろ併映する洋画をその興行の目玉にしていた。例えば中央館の興行では、帝キネの新派劇映画は「スケールの《ママ》薄弱なので感心出来ない」と批判され、同社が配給した「豪壮な」イタリア映画やアメリカ映画は称賛されている(37)。また、「臨機応変な経営法」で帝キネ映画を興行し、一時は喜楽館をしのぐ勢いを見せた黄金館も、パラマウントなどハリウッド映画の魅力で客を呼んだにすぎない(38)。楽天地でも最初は帝キネ製の映画を上映したが、最終的には洋画中心に変わる。つまり、京城の帝キネ契約館は、日活や松竹の契約館が邦画と洋画の混成興行から邦画の専門興行にシフトするのとは対照的に、邦画と洋画の混成興行を続け、しかも邦画中心から洋画中心に移行せざるをえなかったことがわかる。このことは、帝キネが製作した映画がいかに京城の日本映画ファンを取り込むことができなかったかを示すといえるだろう。

そしてこの洋画中心の興行が、帝キネ契約館の経営を不安定なものにする。「朝鮮公論」を読むと、当時の南村の洋画興行に対する不満を表した記事が散見される。

喜楽館大正館黄金館中央館の何れの館にしても（略）外国ものゝ優秀なのを上映して呉れないのは甚だ遺憾に堪えない（略）これは独り筆者の不平ではなくファン即ち民衆の等しく言はんとする不平なのである、京城で上映される外国映画に対して絶対に京城の民衆は満足して居ないのである、現に上映される外国映画と言ふと名のみの愚作醜悪（略）申訳的に日本映画の中に挟んで済まして置くと言つた譯で言語道断である、それではとても民衆が満足する筈がない(39)。

邦画興行にシフトする松竹や日活とは異なり、洋画中心の混成興行だった帝キネの契約館は、この批判の矛先にあった。これに対し、当時北村の朝鮮人向け映画館である朝鮮劇場は、「得難い名映画を惜しい程次々に公開」すると高く評価されている。このとき朝鮮劇場を経営していたのは、かつて南村の黄金館や遊楽館でユニバーサル映画などを興行していたことがある早川増太郎である。

前述したように文化統治以降、京城の北村と南村の交流が増えたのであれば、北村に近い黄金町通りで、京城の観客の嗜好に合わない邦画と魅力に欠ける洋画を興行する帝キネ契約館が、北村の朝鮮人向け映画館に客を奪われ、思うような利益を上げられなかったであろうことは容易に想像できる。要するに帝キネの市場戦略は、低賃金労働者が流れ込み、都市が外へ外へと膨張していた大正末期の大阪ではうまく機能したのだが、北村と南村の二つの映画文化が複雑に共存する京城では、そうはいかなかったのである。

そのため京城の帝キネは、日本人だけでなく、朝鮮人の観客をも積極的に取り込むことに活路を見いだそうとしていたと考えられる。そのことは帝キネが、中央館から大正館、黄金館、そして楽天地へと上映館を変えたことからも推察できる。京城商業会議所の『統計年報 昭和四年』によれば、町内の日本人と朝鮮人の比率は、中央館があった永楽町一丁目は日本人八〇%、朝鮮人二〇%、大正館の櫻井町一丁目は日本人八四%、朝鮮人一三%と日本人が圧倒的に多い。これに対し、黄金館の黄金町四丁目は日本人四一%、朝鮮人五七%、楽天地の黄金町一丁目は日本人三一%、朝鮮人六四%と、その比率は逆転する。[40] つまり、帝キネの常設館は南村のなかでも、より朝鮮人比率が高い地域へと移っていたことがわかる。実際、楽天地の開場時に市川百々之助や松本田三郎の映画が「鮮人小学生剣劇ファン」を喜ばせたとの記事もある。[41] このことから、京城の帝キネ特約館は、数に限りがある日本人だけを狙ってビジネスを展開していたのではなく、朝鮮人も含めたビジネスの可能性を早い段階から模索していたことがわかる。

民族の境界を越えて映画ビジネスを展開しようとする帝キネのこうした志向性は、その前身である天活大阪から継承されたものである。天活大阪とは、東京に設立された天活の大阪支社を指す。天活大阪は富士山以西の映画事業、および台湾や朝鮮などアジア市場への映画配給を担当していた。朝鮮には、天活大阪から南村の黄金館や北村の団成社に、天活製作の映画や天活入手のユニバーサル映画などを配給した。天活朝鮮一手代理店の黄金館は京城での天活映画配給拠点であった。また、黄金館は天活大阪の連鎖劇も上演していた。大阪千日前の楽天地で大評判となった連鎖劇『須磨の仇浪』（一九一六年）を大阪初演の約二カ月後に上演したり、大井新太郎一座の『船長の妻』（一九一八年）を日本から役者を呼んで上演したりしている。さらに、朝鮮と日本のあいだを往来したのは役者だけではない。朝鮮映画草創期の撮影技師として歴史に名を残すイ・ピル（李弼雨）は、日本に渡って天活大阪と帝キネで撮影修業をした経験がある。彼は団成社朴承弼演芸部製作『薔薇紅蓮伝』（一九二四年）などを撮影し、朝鮮初のサウンド映画開発にも携わった朝鮮映画史の重要人物である。こうしたことから、天活大阪と帝キネと朝鮮の映画館が交渉を重ねながら、朝鮮映画産業の発展に寄与していたことがわかる。

このように、京城での帝キネの足跡をたどることで見えてくるのは、日本の映画会社が地理的・歴史的・民族的に隔てられた植民地支配下の京城で、その境界を飛び越えてビジネスを展開しようとしていた事実である。ただ残念ながら、朝鮮人との連携によるビジネスの可能性を追求した帝キネの試みは、豊かな実を結ぶことはなかった。とはいえ、京城での帝キネの興亡は、朝鮮映画産業の発展と日本の関わりの深さを示す顕著な例であり、日本が朝鮮映画史に残した数多くの足跡の重要なひとつであることにかわりはない。朝鮮での日本映画産業の帝国主義的展開が、朝鮮映画産業の発展を抑圧しゆがめたことは事実である。けれども、だからといって朝鮮映画産業の形成に果たした日本の役割は、やはり無視できないのである。

おわりに

朝鮮映画産業の揺籃期は、日本の帝国主義的侵略の時代と重なる。とりわけ京城の映画市場は、朝鮮王朝の時代に築かれた地理的・歴史的な特徴のうえに、帝国日本の資本主義経済が塗り重ねられて形成されるため、複雑

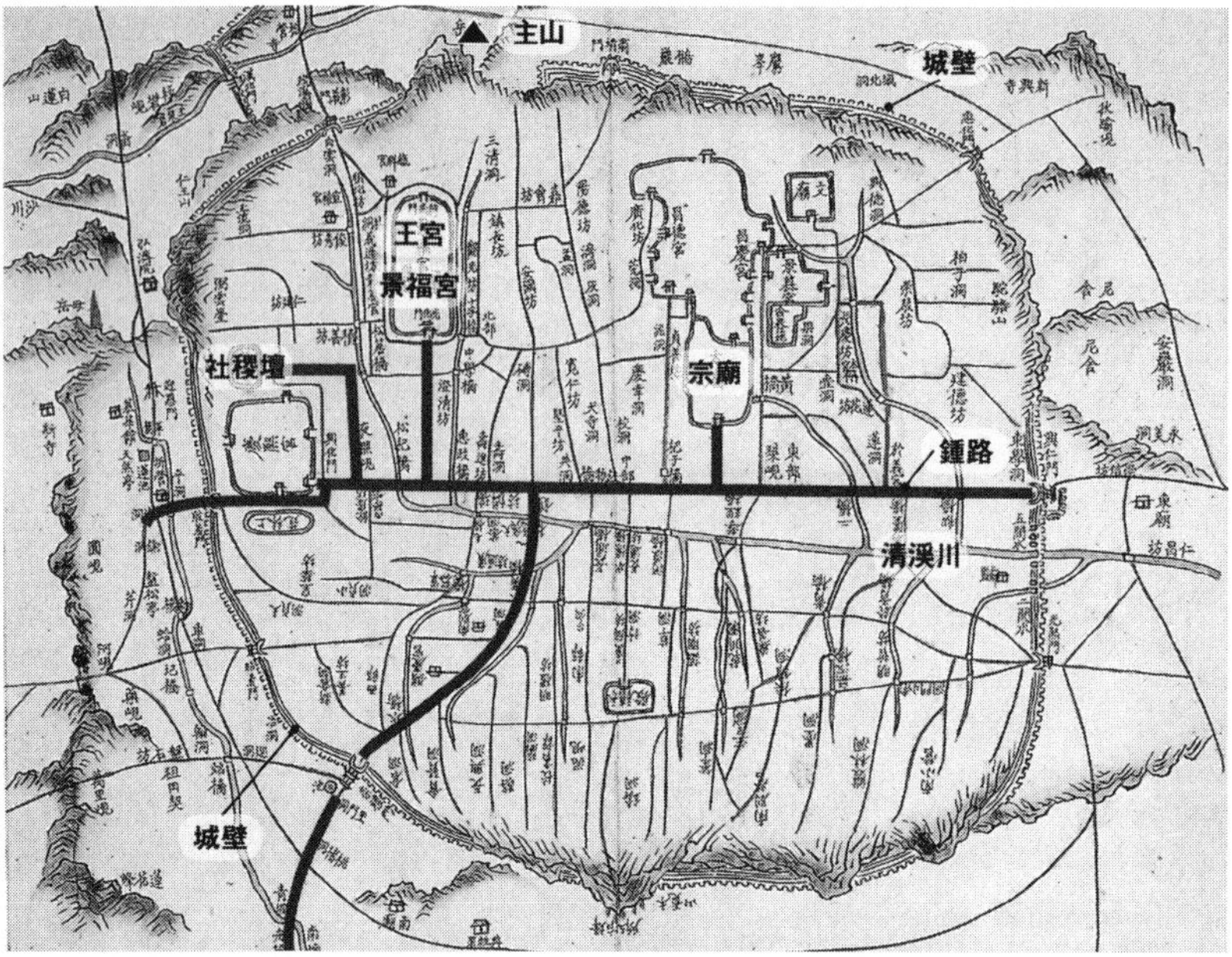

図67　朝鮮王朝14世紀頃の国都造営
（出典：砂本文彦『図説 ソウルの歴史――漢城・京城・ソウル 都市と建築の六〇〇年』〔ふくろうの本〕、河出書房新社、2009年、27ページ）

で屈折した様相を呈する。このことからも、植民地支配下の朝鮮映画産業と日本の関わりを明らかにすることは極めて重要になる。

従来の朝鮮映画史が描いてきたように、朝鮮映画産業の形成期に北村と南村、朝鮮人と日本人のあいだに地理的・民族的・階級的な分離があったことは確かである。それまで北村でしか上映されていなかった映画が、日韓併合後、南村に日本人町が誕生することで日本人向けに上映され始めるのだから、必然、北村と南村の映画興行は分離から始まる。しかしながら、その分離は数十年も変わらなかったのではなく、少しずつ変化し、複雑な感情を抱えながらも交流は生まれていたのである。とくに政治的・経済的な力も加わって、積極的な日鮮融和が目指された一九二〇年代以降は、映画ビジネスも時流に乗って地理的・文化的な越境を試み、その境界を徐々に曖昧化していったといえるだろう。

現在、喜楽館、大正館、黄金館、中央館、龍光館など帝国日本の植民地支配下にあった京城の日系映画館は跡形もなく消えてしまっている。しかし物質的な遺産は消えたとしても、それらの映画館を通じて朝鮮映画産業の発展に果たした日本の役割は、たとえ無視されたとしても、消えることはない。植民地支配下の京城での北村と南村の交流は、朝鮮と日本の映画産業のつながりの縮図であり、アジアの近代化とは何かを象徴的に示す事例でもある。日本と朝鮮の人や映画、資本がどのように関わり合い、影響し合って、それぞれの映画産業を築き上げていったのか。今後さらに視野を広げ、より大きな文脈のなかでこの問題を見つめ直し、朝鮮と日本の両方向から研究を重ねていく必要がある。

注

(1) ナショナルシネマと帝国主義、純粋性の問題についてはキム・ドンフン「分離されたシネマ、絡み合う歴史――日本植民地支配下の一九二〇年代朝鮮映画文化」(藤木秀朗編『観客へのアプローチ』〔日本映画史叢書〕所収、森話社、二〇一一年、一三九―一七〇ページ)を参照。
(2) 例えば前掲論文のほかに Brian Yecies, Ae-Gyung Shim, *Korea's Occupied Cinemas, 1893-1948* (Routledge, 2011)、韓相言「一九一〇年代京城の劇場と劇場文化に関する研究」(「映画研究」第五十三号、韓国映画学会、二〇一二年、四〇三―四二九ページ)などがある。
(3) 前掲「分離されたシネマ、絡み合う歴史」一一六ページ
(4) 高崎宗司『植民地朝鮮の日本人』(岩波新書)、岩波書店、二〇〇二年、二―九三ページ
(5) 砂本文彦『図説 ソウルの歴史――漢城・京城・ソウル 都市と建築の六〇〇年』(ふくろうの本)、河出書房新社、二〇〇九年、五三ページ
(6) 同書六八―六九ページ
(7) 前掲『植民地朝鮮の日本人』。在朝日本人の数は一九〇五年末に四万二千四百六十人だったのが、一〇年末には十七万千五百四十三人と約四倍に膨れ上がる。

(8) 酒居正雄「京城の活動写真界」「朝鮮及満洲」一九二二年一月号、朝鮮及満洲社、一一九ページ
(9) 李英一／佐藤忠男『韓国映画入門』凱風社編集部訳、凱風社、一九九〇年、一九―二二ページ、キム・ミヒョン責任編集『韓国映画史――開化期から開花期まで』根本理恵訳、キネマ旬報社、二〇一〇年、三五―三七ページ。パテ社など欧米の映画が漢城電気会社器械廠や大韓帝国皇室劇場の円覚社、漢城電気が宣伝用テーマパーク内に一九〇三年に開場した活動写真観覧所（のちの光武台）、団成社などで上映されていた。
(10) 岡良助『京城繁昌記』博文社、一九一五年、四七八―四八〇ページ
(11) 韓相言「活動写真時期朝鮮映画産業研究」漢陽大学校博士学位論文、二〇一〇年、六八ページ
(12) 白銀幕夫「映画街漫歩」「朝鮮公論」一九二八年四月号、朝鮮公論社、三の八ページ
(13) 「京城日報」一九一五年九月六日付、二面、「京城日報」一九一五年九月二十日付、三面
(14) 大林花蝶「京城だより」「活動之世界」一九一六年十二月号、活動之世界社、一七三ページ
(15) 「朝鮮及満洲」一九一六年二月号（朝鮮及満洲社）には「龍江館」とあり、一九一五年十二月一日付の「京城日報」の広告には「龍光館」とある。本章は後者を採用した。
(16) 江戸ッ子「京城活動写真界の内幕」、前掲「朝鮮及満洲」一九一六年二月号、一二二―一二四ページ
(17) 前掲「京城の活動写真界」一二〇ページ、竹本國夫「京城 映画界の今昔」「朝鮮公論」一九二五年二月号、朝鮮公論社、八四―八五ページ
(18) 「京城通信」「活動之世界」一九一八年一月号、活動之世界社、二三三―二三四ページ
(19) 前掲「京城 映画界の今昔」八四ページ。萬活とは、一九一一年に長崎喜楽館を開場した萬国活動写真商会が一四年に資本金百五十万円で設立した興行会社。喜楽館チェーンは一時、九州各地および朝鮮の釜山、京城、仁川にまで広がっていた。
(20) 前掲「京城の活動写真界」一二〇ページ
(21) 『朝鮮年鑑 一九二六年度』高麗書林、一九八六年、三七四ページ
(22) 前掲「活動写真時期朝鮮映画産業研究」三七―三八ページ
(23) 前掲『京城繁昌記』四七四―四七五ページ

(24) 前掲『韓国映画入門』二四ページ
(25) 前掲『韓国映画史』四五ページ
(26) キム・ジョンミン（金廷珉）「1920年代前半における『京城日報』製作映画に関する研究――『愛の極み』を中心に」「マス・コミュニケーション研究」第八十号、日本マス・コミュニケーション学会、二〇一二年、一八〇―一八一ページ
(27) A・W・生「朝鮮人側の映画に就て」「朝鮮及満洲」一九二八年十一月号、朝鮮及満洲社、六四―六八ページ
(28) 前掲「京城の活動写真界」一二〇ページ、前掲『韓国映画史』四四ページ
(29) 前掲「分離されたシネマ、絡み合う歴史」一五六ページ
(30) 松本輝華「京城キネマ界」「朝鮮公論」一九二一年九月号、朝鮮公論社、一三五―一三六ページ
(31) 「キネマ界往来」「朝鮮公論」一九二四年九月号、朝鮮公論社、八三ページ
(32) 京城商業会議所編『統計年報 昭和四年』京城商業会議所、一九三〇年、二―三ページ
(33) 「ヒルムフアンの呟き」「朝鮮公論」一九二三年五月号、朝鮮公論社、一一三―一一四ページ、「ヒルムフワンの呟き」「朝鮮公論」一九二三年八月号、朝鮮公論社、一一七―一一八ページ、「キネマ界往来」「朝鮮公論」一九二四年二月号、朝鮮公論社、一一五―一一六ページ、「キネマ楽屋噺」「朝鮮公論」一九二五年三月号、朝鮮公論社、五四ページ、前掲「映画街漫歩」三の七―一〇ページ、「京城通信」「キネマ旬報」一九二八年十一月十一日号、キネマ旬報社、九九ページ、「時報欄」「キネマ旬報」一九三〇年五月二十一日号、キネマ旬報社、九ページ
(34) 「全国映画常設館名簿」、前掲『日本映画事業総覧 昭和二年版』六九五―六九七ページ
(35) 大阪の変容については第1部第2章を参照。
(36) 朝鮮総督府編纂「現在内地人戸口職業別」『朝鮮総督府統計要覧 大正二年』朝鮮総督官房総務局、一九一四年、三四―三五ページ
(37) 松本輝華「キネマ界通信」「朝鮮公論」一九二一年十二月号、朝鮮公論社、一一七ページ
(38) 「キネマ界往来」「朝鮮公論」一九二四年十二月号、朝鮮公論社、一〇二ページ
(39) 「キネマ界往来」「朝鮮公論」一九二四年九月号、朝鮮公論社、八三ページ

（40）前掲『統計年報 昭和四年』二―三ページ
（41）前掲「京城通信」「キネマ旬報」一九二八年十一月十一日号、九九ページ

第5章　帝国キネマ演芸と台湾——京城との比較において

はじめに

帝キネは、設立された一九二〇年から消滅する三一年までの約十年間に、大阪や兵庫で映画を製作する一方、大阪を中心に日本全国および植民地に映画を配給興行していた会社である。とくに関東大震災で東京が壊滅的な打撃を受けた大正末期から、東京が復興する昭和初期にかけての帝キネは、大阪経済の未曾有の隆盛を受けて急成長し、東京の日本活動写真（日活）や松竹キネマ（松竹）と並ぶ、日本三大映画会社のひとつとなる。

帝キネの創設者は、前述しているとおり、大阪映画産業草創期の興行界で名をなした山川吉太郎である。山川は娘義太夫の小屋だった千日前の春木亭を改装し、三友倶楽部と改称。Mパテー商会の映画などを興行して大成功をおさめる。その後、福宝堂大阪支店、東洋商会、天然色活動写真（天活）大阪支店などの経営に携わる。東洋商会は、イギリスのアーバン社が開発したカラー映画の特許使用権をもつ、天活設立の中核となった会社である。東洋商会や天活で山川は、旧派や新派の舞台を題材とする映画や連鎖劇を製作し、彼が所有する劇場や契約館などに供給していた。その山川が天活時代に築いた製作配給興行機構を土台に、一九二〇年、松井伊助の協力のもと大阪市南区末吉橋通り四丁目十九番地――天活が大阪支店として使っていた山川の住宅――に設立したのが帝キネである。

帝キネは、第一次世界大戦の経済好況を背景に、雨後の筍のごとく設立された新会社のひとつである。開設ラッシュの嚆矢となるのは一九一九年、小林喜三郎やトーマス・D・コクレンらが設立した国際活映（国活）であった。翌年には、大阪に帝キネ、東京に松竹キネマ合名社（松竹）、横浜に大正活映（大活）が設立された。松竹は、京都で芝居興行をしていた白井松次郎と大谷竹次郎の松竹《まつたけ》兄弟が設立した会社であり、大活は東洋汽船会社の浅野総一郎が出資し、谷崎潤一郎が顧問を務めた会社である。その後、日活を退社した牧野省三が牧野教育映画製作所（のちのマキノ映画製作所）を京都に、保険会社の八千代生命が東亜キネマ（東亜）を大阪に設立する。こうして日活と天活の二大映画会社が市場を独占する時代は終焉を迎え、新会社が製作した初々しい日本映画が、さらに多くの映画ファンを生み出していく。

帝キネ最大の特徴は、同時代のほかの会社と異なり、映画の配給網が西日本を中心に形成されていた点である。それは帝キネが天活大阪の営業地盤を引き継いで設立された会社だったことが関係する。天活は、日本の市場を富士山から東と西に分け、東は東京本社、西は大阪支店――天活大阪――の管轄としていた。その天活大阪を代行経営していたのが山川である。山川は山川興行部を設立し、西日本での天活の営業権を引き受け、三友倶楽部など彼が所有していた映画館と西日本の天活系統館に映画を配給する。一九二〇年、天活が国活に買収されると山川は、所有していた劇場と当時小阪にあった撮影所をもとに山川演劇商行を設立、その山川演劇商行を改組して帝キネを創設する。こうして帝キネは、西日本を中心に強力な営業地盤を築くことになる。

だがその半面、東日本での帝キネは精彩を欠き、東京の中心的興行地である浅草でさえ、まともな映画上映館となかなか契約できなかった。こうした関東での帝キネの営業地盤の弱さに地方に対する偏見が加わり、関東の批評家や映画ファンは帝キネを「地方」の「二流」、「低い観客層を目標」とする会社と見なし、低く扱うようになる。とはいえ大阪を中心とする西日本で、帝キネは絶大な人気を誇っていたのである。

帝キネはまた、日本の植民地にも積極的に進出した。例えば、日本の東アジア進出にとって重要な都市である京城には一九二一年の夏に進出している。帝キネのあと、松竹が二一年の冬、大活が二二年の秋、そしてそのあとマキノ、東亜と続く。古参の日活（一九一二年設立）は別格として、二〇年代に新設された会社のなかでは帝キネがいちばん早かったのである。[1] これは、山川が天活大阪を代行経営していた時代に京城市場に進出し、現地映画館と提携関係を築いていた経験と無縁ではない。京城南村の黄金館や北村の団成社などの映画館に映画や連鎖劇を供給する一方、朝鮮人スタッフの育成にも尽力した。現在、朝鮮映画第一号とされる『義理的仇討』（一九一九年）は天活大阪の撮影技師・宮川早之助の撮影である。また、朝鮮映画草創期の歴史に名を残す撮影技師イ・ピル（李弼雨）は、天活大阪と帝キネで撮影技術を修業した。こうした天活大阪と京城との関係が、帝キネの積極的な京城進出につながったといえるだろう。

それでは台湾で、[2] 帝キネはどのような足跡を残したのだろうか。まずは、帝キネが配給する映画が日治時代の台北で、いつ、どこで、どのように興行されたのか、それは京城とどう違うのかを明らかにする。それによって、これまでまったく調べられてこなかった帝キネ映画配給網の最南端を浮かび上がらせるとともに、帝国日本の映画配給での大阪と西日本、そして植民地の関係を分析する。台北での帝キネ映画の興行を跡づけることはまた、アジアの近代的経験の多様さと複雑さを示す重要な事例ともなるだろう。

1　日本での台湾映画興行記録とその問題点

映画年鑑『日本映画事業総覧』は、戦前の日本映画産業に関する最も網羅的な情報が記載された文献のひとつである。その年鑑によれば、台北での帝キネ映画の上映館は次のようであった。

	劇場名	住所	上映映画	所有者
一九二六年版	芳野亭	台北市街西門町三丁目	帝・東	永戸トモ
一九二七年版	芳乃亭	台北市外西門町三丁目	帝・マ	永戸とも
一九二八―二九年版	芳乃館	台北・西門街三丁目	帝・マ・東	永戸とも
一九三〇年版	芳乃館	台北・西門町三丁目八	帝・マ	永戸とも[3]

帝キネ映画は、台北の「西門《せいもん》町」にあった「永戸とも」が経営する映画館——芳野亭、芳乃亭、芳乃館——で継続的に上映されていたことがこの資料からわかる。西門町は大稲埕と萬華の二つの市街のあいだに位置していて、劇場や商店が立ち並ぶ新興地域だった。

しかし、この分厚い年鑑をすべて調べても、台湾の帝キネ映画に関する記録はこれだけである。これらの微妙に表記が異なる映画館は、みな同じ映画館なのか、それとも違うのか。映画館はいつ開場し、何を上映していたのか。「永戸とも」とはいったい何者で、帝キネ映画をいつからいつまで上映していたのか、謎は尽きない。台湾は帝国日本の重要な映画市場の一部であったにもかかわらず、その記録はこの網羅的な映画年鑑にも、ごくわずかしか残されていないのである。

その点に関しては、市川彩の「台湾映画事業発達史稿[4]」も同じである。大東亜戦争直前の一九四一年十一月に書かれたこの史稿は、イデオロギー上の注意が必要とはいえ、戦前の日本で書かれた台湾映画産業草創期に関する最も詳しい文献である。それによれば「明治四十年十一月から同四十一年三月」にかけて、すなわち〇七年から〇八年に「西門町」の「芳乃亭」がその隣接地に「芳乃館」を新築し、それが「最初の映画専門館」となった、とある。また、一五―一六年からは、芳乃館と岩橋利三郎の経営による世界館が、それまでの九州全土上映後の中古映画ではなく、内地の製作会社と直接交渉して「全島配給権」を獲得し、内地から運んだ映画や弁士を台湾全土に配給するようになったという。一三―一四年以前の台湾では「九州支社又は代理店」から流れてきた「九州全部上映後の古物」映画が上映されていたらしい。『日本映画事業総覧』の記録と比べてより詳細な叙述ではあるが、映画年鑑の情報と一致せず、混乱を招いている。また、芳乃亭と帝キネとの関係に関する記述もない。

2　台湾での台湾映画興行記録の混乱——芳野亭／芳乃亭／芳乃館

台湾映画産業草創期の歴史は、台湾と日本の双方から研究が重ねられ、少しずつ明らかにされてきたものの、いまだ解明されていないことも多い。とくに一九九〇年代以降、台湾の李道明や羅維明、洪雅文、石婉舜、葉龍彦らが映画史研究を盛り上げる一方、川村健一や三澤真美恵など、台湾に長年滞在した日本人が網羅的な研究を発表することで研究は飛躍的に進んだ。しかし、草創期の最も重要な映画館のひとつである芳乃亭の歴史は、これらの研究を経ても、十分に調査されてきたとはいいがたく、さまざまな説が混在している。

例えば映画史家の李道明は、前述した市川彩や呂訴上の説（呂訴上『台湾電影戯劇史』銀華出版部、一九六一年）——一九〇七年から〇八年に日本料理屋・芳乃亭の隣に「芳乃館」が新築され、この芳乃館が台湾で初めての映画専門館になった——と異なる説を提唱し、次のように述べる。

> 「芳乃亭」は一九一一年七月に開設された。それまでは「女義太夫」で有名な国芳という芸人がもともと新起町に「芳乃亭」を建てて義太夫や曲芸雑技を上演したのだが（略）当時流行していた映画を上映するようになった。これが「旧芳乃亭」で、一九〇八、〇九年のことであった。一九一一年、高松豊次郎は「旧芳乃亭」の隣に劇場を新設し「芳乃亭」と名付けた。これが「新芳乃亭」である。これが台湾で最初の映画館になった(5)

つまり、台北に「よしの」と名がつく劇場は新旧二つあり、台湾初の映画館は一九〇七―〇八年に映画を上映した小屋ではなく、一一年開場の小屋であり、そしてその小屋の名前は「芳乃館」ではなく「芳乃亭」である、と主張している。

一方、葉龍彦は、芳乃亭は一九一三年十二月九日に落成したと『台湾大年表』（台湾経世新報社編、台湾経世新報社、一九二五年）に記載があるが、実は芳乃亭には新旧二つあり、古いほうは〇七年より前、新しいほうは〇八年三月までに開場した、と述べる。(6) また、三澤真美恵は、芳乃亭と芳乃館は記事によって表記の異同はあるものの同一だろう、と推察する。(7) 結局、台湾初の映画館はどれで、いつ開場したかは曖昧であり、芳野亭と芳乃亭、そして芳乃館の明確な関係性もよくわからないままなのである。

こうした歴史叙述の混乱は、同時代の資料に芳乃亭、芳の亭、芳野亭、芳乃館、芳の館、芳野館など表記が異なる複数の「よしの」と名のつく劇場が存在していたことが関係するのだろう。現時点で、その縺《もつ》れをすべて解くことはできないが、「台湾日日新報」の調査をもとに新たな仮説を以下に展開する（調査範囲は一八九五年から一九三三年まで）。

3　台湾初の映画館――芳野亭と芳乃亭の関係

一九一〇年四月十七日付「台湾日日新報」に次のような記載がある。

芳野亭の建築（略）新起横街一番地にて建坪百四十七坪余の日本風木造二階建スレート葺といふ大寄席を（略）着手中なるが工費一万余円約二箇月半に竣工する由（略）定員四百人市内公共的集合等には無料貸与する筈なりと（傍点は引用者）

この記事は、台北での「芳野亭」という劇場の建築予定を告知したものである。漢字の表記は異なるが、時期から推測して、この新劇場は李道明がいう「新芳乃亭」——高松豊次郎が建てた劇場——を指すと考えられる。

高松豊次郎は、台湾総督府民政長官・後藤新平の求めに応じて台湾に映画を普及させるために尽力した人物である。(8) 高松は台湾で、一九〇〇年代中頃から日露戦争映画などの巡回興行を始め、〇八年以降は竹塹倶楽部（新竹、一九〇八年七月）、南座（台南、一九〇八年十月）、台中座（台中、一九〇九年十月）、嘉義座（嘉義、一九〇九年三月）、打狗座（高雄、一九〇九年五月）、阿緱座（屏東、一九〇九年六月）、基隆座（基隆、一九〇九年十月）、朝日座（台北、一九一〇年十二月）といった劇場を建設する。芳野亭を経営する永戸も、世界館の岩橋利三郎も、(10) 高松豊次郎との関係を抜きに語ることはできない。(9) 台湾では正業を営む事業家が興行に乗り出す場合も多く、劇場は

図68　芳乃館で開催された台北郵便局従業員慰安会
（出典：「台湾日日新報」1925年1月28日付）

商業目的だけでなく、愛国婦人台湾支部主催職業婦人慰安会など公共事業にもよく利用された。「芳野亭」もまさに、そうした劇場のひとつだった。

一九一三年十二月九日、「台北新起横街」にさらに新しい劇場が開場する。[11] こけら落とし公演は、阪神から招聘した娘義太夫のはずだったが到着が遅れたため、急遽、台北の娘義太夫連中と映画上映でもって開場した。[12] この劇場について、一三年十一月二十一日付「台湾日日新報」には次のように記されている。

芳乃亭　新築中の芳乃亭愈々来る二十五日を以て全部竣成の筈にて十二月五日を以て花々しく開場式を挙行すべくその柿落しには阪神の両地より娘義太夫の大一座を招聘する由尚芳野亭の野の字を今回乃に改め芳乃亭と改めたり又た本日よりの活動写真映画は亜米利加丸にて到着せしが本月限り一先づ切上げる筈なれば今回はフィルム全部を出映すべしと[13]

芳乃亭の開場式はこの記事に十二月五日とあるが、実際には工事の遅れから十二月九日に延期された。亜米利加丸はこのとき神戸─基隆などに就航していた大阪商船の船である。着目すべきは、この記事が一九一三年十二月九日に開場した新築劇場の名称を、「芳野亭」ではなく「芳乃亭」に改めると記している点である。このことから古い館は「芳野」、新しい館は「芳乃」の文字を使っていたことがわかる。

新たに開場した芳乃亭は娘義太夫と映画の混成興行であった。一九一四年一月十日付「台湾日日新報」にも、「芳乃亭　仙千代、龍城の一座（略）日曜日昼興行は倫敦グリーヤ会社より新着せる活動写真キネオラマ等に浪花節を加へ五銭均一にて開場」とあり、開場後しばらくは混成興行を続けていたことがわかる。

興行の中心が映画に変わるのは一九一四年三月である。三月十四日付「台湾日日新報」に「芳乃亭月初めより休業中の同亭は今回日本ものゝ活動を加へ本夜より花花しく開場」とある。そして三月十九日以降、芳乃亭は『生さぬ仲』や『子煩悩』『自業自得』『南部坂雪の別れ』など、梅屋庄吉が設立したMパテー社の新派劇映画を次々と上映する。さらに同年七月、芳乃亭は日活と三年の特約を結ぶ[14]。これらのことから、芳乃亭が映画専門興行に転じるのは、早くて一四年三月、遅くとも七月と考えられる。

新しい芳乃亭が、一九一三年十二月九日に混成興行で開場し、一四年三月もしくは七月に映画専門に転じたとするならば、「よしの」と名がつく古いほうの劇場――芳野亭――は、どのような興行をしていたのだろうか。

芳野亭はもともと、永戸トモが弁護士の矢野猪之八と共同出資し、娘義太夫語りの国芳（永戸の娘）のために開場した寄席である[15]。一九一三年一月二十六日付「台湾日日新報」には「芳野亭活動写真（略）大日本活動写真株式会社と交渉纏まり」、喜劇の舞台に加えて映画も興行するとあることから、一三年初頭の芳野亭はまだ、演芸の添え物として映画を興行していたことがわかる。ところが、一三年三月二日の同紙に「活動写真常設館　日本活動写真と興行の契約成りし芳野亭は従来の喜劇合同を廃し昨日より活動写真一本にて常興行を為す」とある。そして日活の女弁士・野村律子などが芳野亭に登壇するようになる。したがって芳野亭は、この頃、日活の特約になったと考えられる。

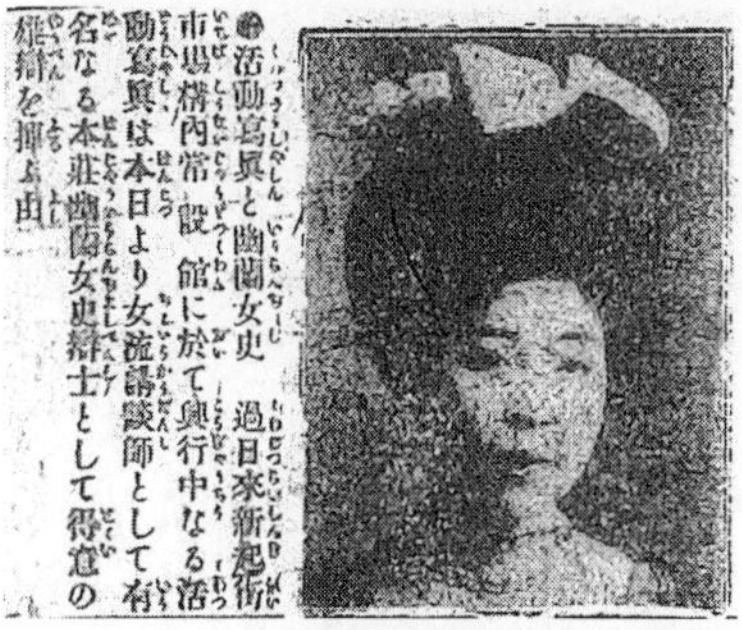
◉活動寫眞と幽蘭女史　過日來新起街市場構内常設館に於て興行中なる活動寫眞は本日より女流講談師として有名なる本莊幽蘭女史辯士として得意の雄辯を揮ふ由

図69　女弁士の本荘幽蘭
（出典：「台湾日日新報」1914年1月1日付）

しかし、その後、芳野亭の所有権は永戸や矢野の手を離れ、「御用紳士」と呼ばれた辜顕栄に渡る。一九一三年十二月二十七日付「台湾日日新報」には次のようにある。

> 旧芳野亭　辜顕栄氏の所有権にある新起横街の旧芳野亭では何者の興行か知らぬが新年を当て込んでキネオラマの様う（ママ）なもので開場する筈で既に準備中

また、一九一三年十二月二十八日付には、「新高館　旧芳野亭跡の寄席は今回服部清なる人の手に於て経営さるゝ事となり、名を新高館と改称し活動写真の常設館となし日本活動写真の新フィルムを出映する筈」とある。つまり、辜顕栄の所有となった芳野亭は新高館と改称し、服部清支配人の経営のもと、日活映画の上映館になったのである。そして新高館は、予告どおり一四年一月一日から、「活動写真と幽蘭女史　過日来新起街市場構内常設館に於て興行中なる活動写真は本日より女流講談師として有名なる本荘幽蘭女史弁士として得意の雄弁を揮ふ由」とあるように、日活特約の映画専門館として興行を開始する。(16)

このように「台湾日日新報」の記録から得られる情報をもとに映画の配給面に注目して分析した場合、新しい「芳乃亭」は一九一三年に演芸と映画の興行場として開場し、一四年三月、遅くとも七月に映画専門となる。他方、古い芳乃亭すなわち「芳野亭」改め新高館は一一年に演芸の興行場として開場し、一三年三月、もしくは十二月までには映画専門に転じたと考えられる。したがって「台湾で最初の映画館」は、「芳乃亭」ではなく、「芳野亭」すなわち古いほうの「よしの」亭とすべきである。

4　芳乃亭と西日本映画供給網

台湾で帝キネの映画は、新しい芳乃亭で一九二三年七月から上映される。そこにはどのような経緯があったのだろうか。

すでに述べたように芳乃亭は、一九一四年三月からMパテー商会、七月からは日活と特約を結び、日活の配給による映画を上映する。だが一八年三月三十日、連続活劇映画『拳骨 *The Exploits of Elaine*』（監督：レイ・J・ガスニア／ジョージ・B・サイツ、一九一四―一五年）の上映が宣伝され、翌日『拳骨』と『忍術太郎』（一九一六年）の併映が宣伝される。ユニバーサル映画『拳骨』は天活の配給であり、『忍術太郎』は天活製作映画であることから、一八年三月に芳乃亭は日活を離れ天活に転じたことがわかる。芳乃亭で大村天爵や下村静江（琵琶使いの女弁士）など、天活系弁士が活躍するのもこの頃である。

芳乃亭は、天活が国活に買収され消滅した一九二〇年以降も、二年ほど天活映画を上映し続ける。しかし、二一年六月には新派の国民的俳優・井上正夫が主演した『寒椿』（監督：畑中蓼坡、一九二一年）や、人気女形・秋元菊弥が主演した『乃木将軍潮来船』（一九二〇年）など、国活の映画を天活映画に交ぜて上映し始める。そして二二年一月一日に「国活直営館待遇」の特約館となるが、その国活が製作困難となり二二年三月に消滅。芳乃亭は再び映画の供給難に見舞われる。そのため『河内山宗俊』（監督：吉野二郎、一九一六年）など六、七年も前の天活映画を上映したり、浄瑠璃語りなどの舞台で穴埋めしたりせざるをえなくなる。

こうした不安定な時期を経て一九二三年六月、ついに芳乃亭は帝キネと特約を結ぶ[17]。興行は七月から始まり、映画は門司や神戸など九州や関西の港から台湾に運ばれ、弁士も内地から派遣された。これによって芳乃亭は、一、二年ほど前に内地で封切られた帝キネ映画を上映できるようになる。画質が悪い、内容的にも技法的にも劣る六、七年前の「古物」映画に比して、帝キネ配給の映画が格段に優れていたことは想像に難くない。芳乃亭はまた、台湾での帝キネ映画の全島配給権を獲得し、三一年に大阪の帝キネ本社が消滅したあとも、二年ほど帝キネ映画を興行し続ける。

興味深いのは、そうした台北の映画市場が西日本の地方都市と類似していた点である。すなわち日活天活時代に日活特約から天活に転じ、天活消滅後に帝キネに向かう芳乃亭の上映遍歴は東日本よりも西日本の映画館の多くがたどった道だった。例えば大阪の場合、千日前の天活倶楽部は二〇年五月に帝キネが設立されて、すぐにその直営館となり、館名を天活倶楽部から映画倶楽部に改称する。ほかにも千日前の楽天地、福島の天神倶楽部、九条の高千代館、西九条の明治座、玉造の玉造座、堺の電気館などが天活から帝キネの上映館となる。また、大阪以外でも福岡の永眞館（門司）、朝陽館（後藤寺）、中央館（八幡）、開月館（直方）、佐賀の大勝館、大分の大分館、熊本の電気館、鹿児島の世界館、長崎の占勝館（島原）、徳島の三友倶楽部、そして植民地である大連の高等演芸館、釜山の宝来館、京城の黄金館などが天活から帝キネ特約に転じる。つまり、天活大阪が管理していた西日本および植民地の天活系統館は、天活を買収した国活から映画の供給を受けるはずだったが、それが不可能になり、結果として、多くが天活から独立して大阪を中心とする西日本に強力な営業地盤を築いていた山川の帝キネに向かったのである（ただし国活直営館は松竹が買収）。台北の芳乃亭も、そのひとつだった。

もう一つ、類似点をあげておこう。西日本と台湾には、東日本と異なり、日活と松竹の併映館が早くから存在していた。上映映画を確保するために複数の映画会社と契約する映画館が地方都市で増えていくのは一九二〇年代半ばである。映画会社の組み合わせは帝キネやマキノ、東亜など中小規模の会社を組み合わせるか、中規模会社と大会社の日活か松竹のどちらかを組み合わせる場合が多く、日活と松竹の組み合わせはごくまれだった。二六年でみると、東日本にはほぼ例がない。ところが、西日本および植民地には京都の舞鶴座や愛媛の住吉館、福岡の喜楽館、台北の世界館と新世界館などいくつかの事例がある。しかもそれが年を追って増えていく。これは二三年の関東大震災以降、映画産業の中心がいっとき関西に移り、勢いを増した松竹や帝キネ、東亜、マキノなど関西系の新設会社が西日本で日活の契約館を奪い、日活が富士山以西の一部の市場で東日本ほどの圧倒的な強さを維持できなかったためと考えられる。こうした日活と松竹の併映興行の事例からも、台湾市場と西日本市場の類似性を指摘することができる。

このような両者の類似性には、日本では映画事業が東西に分けて展開され、台湾などの植民地市場が西日本の管轄だったことが関係する。そしてその映画供給網の中心として機能していたのが大阪である。そのことは例えば一九一二年、福岡博多座で映画『御大葬活動写真』が上映されたときの興行主は「日本活動写真会関西特派隊」であり、九州や植民地の天活特約館に映画と弁士を供給したのが天活大阪であり、「福岡日日新聞」に尾上松之助偽物興行への注意喚起の広告を掲載したのが日活の東京本社ではなく「大阪支店」であったことからも明らかである。(18) 台湾はその大阪を中心とする西日本映画供給網の一部として位置づけられていたがゆえに、西日本映画市場と多くの共通点をもつにいたったと考えられる。

5　芳乃亭（芳乃館）の帝キネ映画興行

同じ帝キネ特約館とはいえ、台北の芳乃亭と大阪の特約館では、その興行内容に大きく二つの違いを指摘することができる。一つは、芳乃亭は帝キネの創設三年後に特約を結ぶため、帝キネ映画のなかでも比較的評価が高かった革新的映画を選んで上映できた点である。もう一つは、日本の映画配給網の最南端に位置づけられていた台北は、配給が大阪より一、二年遅れていたため、一九二五年前半の帝キネ内紛による混乱の影響をまともに受けずにすんだ点である。以下、この二点に注目しながら芳乃亭の興行を跡づけていこう。

芳乃亭が帝キネと特約を結ぶのは一九二三年六月である。この契約によって芳乃亭の弁士は入れ替えられ、新たに星好一郎ら帝キネ系の弁士が内地から台北に迎えられた。契約後の二四年三月から五月までの三カ月間に芳乃亭が上映した主な帝キネ映画は以下のとおりである（詳細は章末の参考資料を参照）。

一九二四年三月三日『後藤隠岐』（一九二三年）など
一九二四年三月八日『或る敵討の話』（一九二三年）など
一九二四年三月十三日『関口弥太郎』（一九二三年）など
一九二四年三月十八日『血槍九郎』（一九二三年）など
一九二四年三月二十三日『新累物語』（一九二三年）など
一九二四年三月二十八日『嵐山花五郎』（一九二三年）など
一九二四年四月六日『修善寺物語』（一九二三年）など
一九二四年四月十一日『父よ何処へ』（一九二三年）など

一九二四年四月十六日『坂崎出羽守』（一九二三年）など
一九二四年四月二十一日『天下茶屋』（一九二三年）など
一九二四年四月二十四日『寂しき人々』（一九二四年）など
一九二四年五月二日『異端者の恋』（一九二三年）など
一九二四年五月七日『一人行く路』（一九二三年）など
一九二四年五月十二日『血の笑ひ』（一九二三年）など
一九二四年五月十七日『呪の船』（一九二三年）など
一九二四年五月二十二日『袈裟と盛遠』（一九二三年）、『心中地獄谷』（一九二四年）など
一九二四年五月三十一日『大江戸の武士』（一九二三年）など

話題作の『或る敵討の話』（一九二三年）や『修善寺物語』（一九二三年）など、嵐璃徳（大阪・北堀江出身の歌舞伎役者）主演の映画が立て続けに公開されている。これらは当時の高級映画雑誌「キネマ旬報」で新しい旧劇映画と称賛された映画たちである。また、日本映画の革新を目指して純映画劇運動を先導した帰山教正が、帝キネ東京巣鴨撮影所で監督を務めた純映画劇映画『父よ何処へ』（一九二三年）も上映された。脚本は、松竹を退社した伊藤大輔がゲアハルト・ハウプトマンの『ハンネレの昇天』（一八九三年）を翻案した。ほかに『愛の扉』（一九二三年）など女形の代わりに女優を起用した純映画劇映画などもあった。このように草創期の帝キネは、当時人気が高かった旧式の新派劇映画や旧劇映画だけでなく、松竹や大活など同時代のほかの新会社同様、革新的な映画も製作配給していたのである。芳乃亭がこうした帝キネ草創期の話題作を立て続けに上映できたのは、契約の時期だけでなく、内地から遠く離れ、ほかに帝キネ映画を上映する館もなかったためだろう。

芳乃亭で上映される映画は、帝キネ特約とはいえ、帝キネ映画だけではなかった。例えば一九二四年四月六日は、帝キネの『修善寺物語』とともにユニバーサル社の連続活劇『西部の勝者 *Winners of the West*』（監督：エ

ドワード・レムル、一九二一年）などが上映されている。ユニバーサル社は一六年、外国映画会社として初めて日本に支社を開設し、自由配給《フリー・ブッキング》システムを紹介した会社である。同社は台北にも拠点をもっていたので、芳乃亭がユニバーサル社からレンタルした映画を交ぜて上映していた可能性も無視できない。だが、芳乃亭の上映映画にゴーモン社やセリグ社などが含まれていることから、芳乃亭の外国映画はほぼ帝キネが供給していたと考えられる。帝キネ代理店になった頃の芳乃亭が、帝キネ製作の革新的映画と外国映画の混成興行であったことは、台湾では、労働者階級のファンが多い大阪と異なる客層に向けて上映されていたことがわかる。

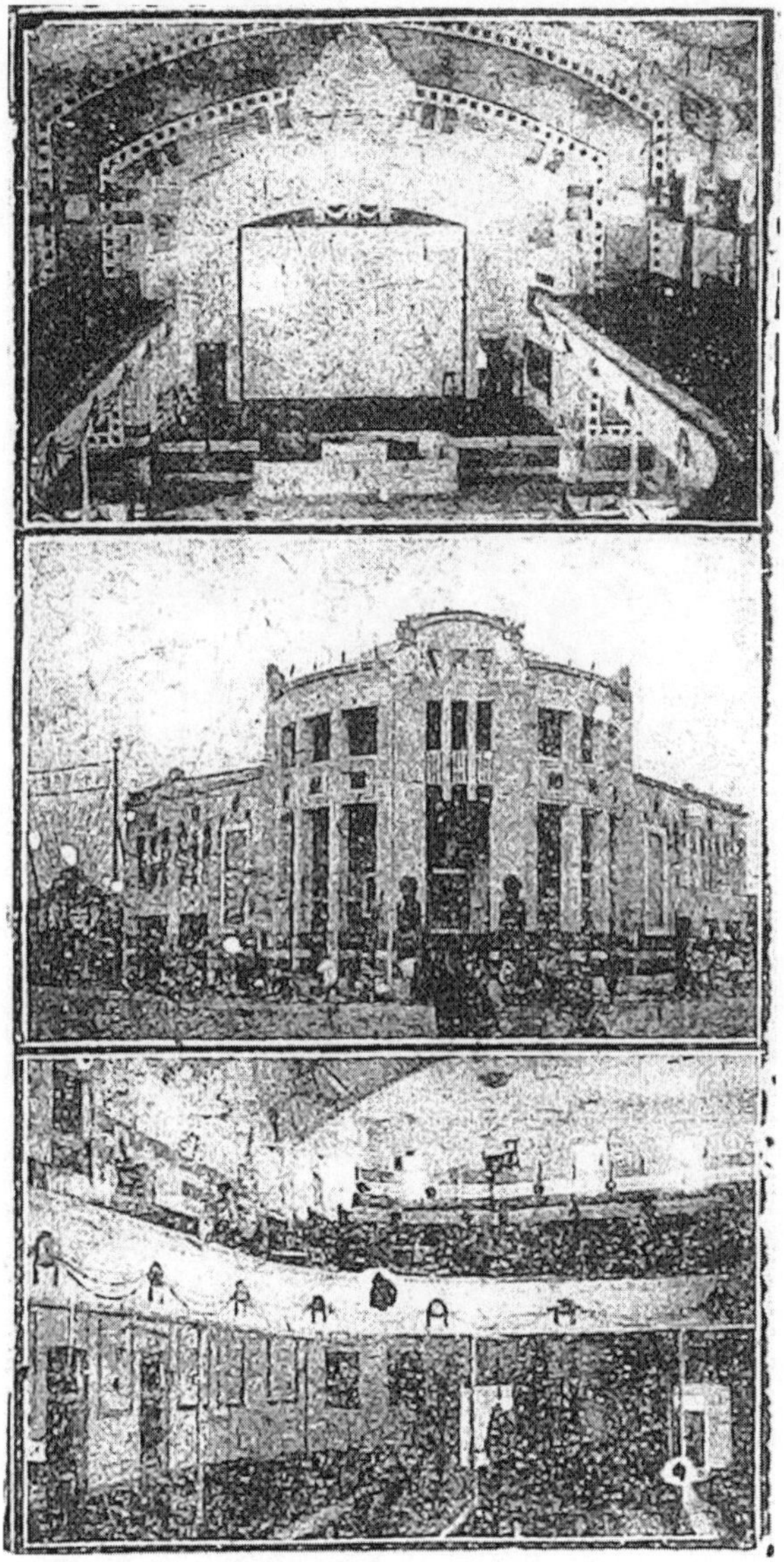

図70　開場当時の新世界館
（出典：「台湾日日新報」1920年12月30日付）

図71　新築の芳乃亭改め芳乃館と永戸トモ
（出典：「台湾日日新報」1924年12月29日付）

帝キネと特約を結んだ約一年後の一九二四年八月、芳乃亭は劇場の建て替えを発表する。永戸によれば、低地にある芳乃亭は開場して以来たびたび浸水被害を受けていて、その悪循環を改善すべく新築願いを出したところ、政府の許可が下りて建て替えにいたったという[19]。このとき芳乃亭の近くには、二〇年十二月二十九日に新築落成した新世界館（千六百二十二人収容、日活特約）や世界館が営業していた。新築前の芳乃亭の席料は八十銭から三十銭であったのに対し、新世界館は二円五十銭から七十銭であった。このことから、新世界館の出現により、芳乃亭は古くて小さな劇場になり下がっていたことがわかる。だからこそ永戸は二四年に新築による事業規模拡大を図る必要があったのだろう。芳乃亭での帝キネ映画興行と全島配給の好況が、この永戸の決断を後押ししていたことは確かである。

新築された芳乃亭は一九二四年十二月二十八日、無事に落成式を迎える[20]。収容人数は八百人、レンガと木材を合わせたモダンな造りだった。このとき館名を「芳乃亭」から「芳乃館」に改める。支配人は永戸の秘蔵っ子といわれた佐野卯三郎である[21]。

新築再開場時の芳乃館が上映していたのは、帝キネ全盛期の映画群である。すなわち一九二四年後半から二五年初頭、関東大震災後の大阪の繁栄を受けて急成長した帝キネが、小唄映画『籠の鳥』（監督：松本英一、一九二

図72　芳乃館の館内、家族慰安会
（出典：「台湾日日新報」1925年3月14日付）

四年）などの大ヒットによって大金を手にし、その金で松竹の五月信子など人気スターを他社から百人以上引き抜いて、スター中心の映画を月に十四本から十八本も量産していた頃の映画である。嵐璃徳ら古参の俳優陣に加えて、尾上紋十郎や市川百々之助らが時代劇映画で、歌川八重子や澤蘭子、五月信子、松本泰輔、里見明、小島洋々、藤間林太郎、葛木香一、正邦宏らが現代劇映画で活躍し、帝キネ映画は高い市場価値を誇っていた。

しかし、一九二五年初頭からスタッフの内紛によって製作が混乱し、帝キネの映画配給は貧窮する。だが台湾の芳乃亭改め芳乃館は、その影響をまともに受けていない。内地で帝キネ映画の配給が滞っていた頃、台北では、歌川八重子と里見明共演の『経文と友禅』（監督：松本英一、撮影：大森勝、一九二四年）、五月信子と正邦宏共演の『情火渦巻く』（監督：小沢得二、一九二四年）、澤蘭子と松本泰輔共演の『星は乱れ飛ぶ』（監督：伊藤大輔、一九二四年）、鈴木歌子と葛木香一共演の『迷夢』（監督：細山喜代松、一九二四年）など帝キネ絶頂期の現代劇映画や、マキノから引き抜いた市

図73　芳乃館の館内
（出典：左は「台湾日日新報」1925年1月7日付、右は1928年1月12日付）

川幡谷主演の『雲霧仁左衛門』（監督：森要、撮影：唐沢弘光、一九二四年）など時代劇映画が次々と公開されている。

ところが、秋の深まりとともに芳乃館も、西日本の映画館の一部がそうであったように、帝キネ映画に併せてマキノや東亜の映画を上映し始める。内紛後に再生した帝キネの屋台骨を支えた市川百々之助の『長兵衛売出す』前後篇（監督：長尾史録、一九二五年）や尾上紋十郎の「関東侠客伝」シリーズ（監督：森本登良夫ほか、一九二五年）などに加えて、阪東妻三郎の『血桜』（マキノ、監督：後藤秋声、一九二四年）や高木新平の『血に狂ふ者』（東亜、監督：金森万象、一九二四年）など、内地で話題になった時代劇映画が上映されるのである。

そして一九二七年八月、ついに芳乃館は時代劇映画で人気を博していたマキノと特約を結ぶ。これによって月形龍之介の『砂絵呪縛』（督監：金森万象、一九二七年）や伊井蓉峰の『忠魂義烈 実録忠臣蔵』（監督：マキノ省三、一九二八年）、南光明らの「浪人街」シリーズ（監督：マキノ正博、一九二八―二九年）などの話題作が、内地よりもわずか二、三カ月遅れで芳乃館のスクリーンに登場する。

とはいえ、マキノと特約を結んだあとも芳乃館は帝キネとの特約を維持し続ける。洋行帰りの鈴木重吉が松竹から派遣され監督した社会派映画『何が彼女をそうさせたか』（一九三〇年）や、最新鋭のサウンド設備をもつ長瀬撮影所で撮影された関屋敏子のパート・トーキー『子守唄』（一九三〇年）など、いわゆる新興帝キネ――帝キネが松竹と提携してから消滅するまでを指す俗称――の話題作はすべて芳乃館で公開された。

このように台北での帝キネ映画は、初めて上映された日から帝キネ本社が消滅し供給が止まる日まで、地元事業家の永戸トモの経営による映画館――芳乃亭改め芳乃館――で独占的に興行され続けたのである。

6　植民地での帝キネ映画興行――台北と京城比較

本章の最後に、台北での帝キネ映画の興行を京城と比較し、それによって帝国日本の植民地映画市場の諸相を浮かび上がらせたい。京城での帝キネ映画の興行については前章で論じたので、ここでは比較のための要点だけを述べる。

台北と比較した場合、京城での帝キネ映画の興行は、次の二つの点で異なる。一つは、台北の天活特約館であった芳乃亭が、一九二二年に国活の「直営館待遇」特約館となったのち、二三年六月に帝キネと特約を結ぶのに対し、京城の天活特約館であった黄金館は、二一年に国活、二二年に国活に代わって大活と契約し、そのあと松竹との共同経営となり、二四年には羽振りがよくなった帝キネと特約を結ぶ。つまり、京城の黄金館は、天活消滅後、その系統である国活や帝キネとは関係のない新会社に向かうのである。

この些細な違いは、台北と京城の映画市場の性質の違いを示唆するがゆえに重要である。京城の映画市場は、朝鮮王朝時代から続く北村と南村という分離のうえに、帝国日本の侵略が重なるかたちで発展する。そのため、朝鮮人の高級官僚が住む北村と、下級官僚や日本人が住む南村では異なる映画文化が形成された。黄金館は、南村の北端、すなわち北村に近い黄金通り沿いに一九一三年に開場した映画館である。黄金館の経営者は、のちに北村の朝鮮人向け映画館・朝鮮劇場（旧・演興社）を経営する早川増太郎であった。北村は外国映画の興行が盛んで、外国映画を好む客が多かった。こうした立地条件のために黄金館は、ユニバーサル映画など天活が供給する外国映画を中心に興行することになる。

その黄金館の外国映画興行をさらに助長したのが、一九一九年の弁士の大移動である。南村の南側、最も日本人が集まる繁華街・本町にあった有楽館が、長崎の興行会社・萬活土地起業の手に渡り日活との共同経営になると、南郷公利など有楽館を解雇された外国映画専門の弁士たちが黄金館に集まる。こうして黄金館は京城の日本人町随一の外国映画興行館となり、洋画ファンをさらに魅了した。

黄金館が、天活特約館でありながら、天活消滅後に国活や帝キネではなく大活や松竹に向かうのは、こうした外国映画好きの常連客を満足させる必要があったからだろう。大活は日本で初めて最新のアメリカ映画を定期直輸入した会社であり、松竹は大活消滅後、日本の外国映画輸入興行を牽引した会社である。両社ともアメリカ映画の輸入と、アメリカ風の日本映画の製作に定評があった。逆にいうと、魅力的な外国映画を配給できない国活や帝キネは、たとえ天活時代からの関係があったとはいえ、黄金館との契約は難しかったと考えられる。

このように天活と契約する二つの映画館——台北の芳乃亭と京城の黄金館——は、天活の消滅後、市場環境の違いから、まったく異なる道を歩んでいたことがわかる。

もう一つの違いは、台北では、帝キネ映画が同じ映画館で最初から最後まで上映されるのに対し、京城の場合、帝キネ映画の上映場所は、中央館から大正館、黄金館、そして楽天地に変わる点である。中央館は朝鮮活動写真株式会社が一九二一年に新築開場した映画館で、永楽町一丁目にあった。大正館は櫻井町一丁目で、両館とも日本人居住者が圧倒的に多い地域である。これに対し、黄金館の黄金町四丁目は日本人と朝鮮人が半々、楽天地の黄金町一丁目は日本人の二倍を超える朝鮮人が住んでいた。つまり、帝キネの上映館は、より日本人が少ない、より朝鮮人が多い地域に移っていたことがわかる。

こうした京城での帝キネ映画興行の不安定さは、激しい市場競争にその一因がある。京城では、地元事業家が映画を興行していたところに、日本の映画会社が次々に上陸し、市内の映画館を奪い合うという状況が生まれる。しかし帝キネは、外国映画の配給に弱く、そのうえ本社の内紛で邦画の配給にも支障が生じ、他社と比べて配給力が劣っていた。結果、帝キネ映画の上映館は激しい市場競争に揉まれ、だんだん日本人の少ない地域へと移っていかざるをえなかったと考えられる。

帝キネの例でもわかるように、日本統治下の台北の映画市場と京城のそれを比較すると、その違いは明らかである。台北は永戸や岩橋など日本人事業家が互いに棲み分けながら市場を支配し続け、映画館と映画会社の関係が安定している。一方それとは対照的に、市場競争が激しい京城では、劣勢を強いられた映画会社の場合、映画館と映画会社の関係が不安定だった。また、台北の映画市場は西日本との類似性を指摘しうるのに対し、京城は地理的・歴史的な条件が複雑であるがゆえに、それとは異なる様相を呈していたといえる。

こうした台北と京城の映画市場の違いは、企業戦略の結果や偶然の産物というよりもむしろ、日本と台湾、日本と朝鮮それぞれの関係の歴史と、そこに重なる映画の歴史が異なることが深く関わっていると考えられる。映画の装置は資本と技術力がある欧米で開発され、十九世紀末アジアに伝播する。したがって台湾の場合、映画の歴史と日本の植民統治の歴史はほぼ重なり、台湾映画産業は最初から日本統治下で発展した。一八九九年頃から大島猪市など日本人興行師や廖煌など裕福な台湾人らがシネマトグラフなどを台北の十字館などの演芸場で巡回興行し始め、(22)その後、後藤新平の植民地文化政策とその招請を受けた高松豊次郎の活動が、伝播の大きな原動力になった。また、日本列島を東西に二分し映画を配給する制度が内地で整う一九一〇年代以降は、台湾の市場が大阪を中心とする西日本映画配給網の一部に位置づけられ、日本の最南端市場として発展する。

台湾に劇映画の製作会社が育たなかったのも、そうした台湾と日本の関係史から切り離して考えることはできない。三澤真美恵は「台湾における民族資本による映画製作不振」は、弁士による台湾語の説明が中国映画など他者の映画を台湾映画であるかのように思わせてしまう「臨場的土着化」にその一因があったと述べる。(23)しかし、それは受容の場での言語の問題というよりはむしろ、台湾市場が最初から日本の映画配給網に組み込まれ、西日本市場の一部として発展したために、西日本の多くの地方都市がそうであったように、台湾でもわざわざ劇映画を製作する必要がなかったことが、大きな要因であったと考えられる。

一方、朝鮮は、一九一〇年に日本の植民地支配が始まる。したがって朝鮮では、朝鮮人や在朝外国人らによる映画興行が成立したあと、日本の映画会社が上陸し、市場を奪い合う。すなわち競争的環境がそこにあった。そのような環境で、法的にも政治的にも支援がない、また資本力にも乏しい地元の興行者は抑圧され、淘汰されていった。それは日本の会社ではあっても、帝キネのように弱い映画会社ならばまた同じだった。

一九一九年に会社令が撤廃され、日本と朝鮮の資本提携が盛んになったとき、朝鮮の映画会社の乱立が起こるのは、日本の法や資本の力による抑圧が朝鮮人のナショナリズムを強め、その鬱積が一部解放されたためだったと考えられる。しかし、新しい状況でも、日本は資本と技術力を武器に映画製作の指導的立場に立つことで、依然として支配的地位を確保するのである。

このように同じ帝国日本の植民地とはいえ、台湾と朝鮮での映画市場の様相は異なる。それは台湾がもともと中国の地方のひとつだったのに対し、朝鮮は一つの国であったという違いに加えて、帝国日本に植民地化される歴史と映画の歴史の重なり方がそれぞれ異なるために、異なる市場環境を生み出していたと考えられる。台北と京城での帝キネの興行の違いは、そうした市場環境の違いをあぶり出す顕著な事例なのである。

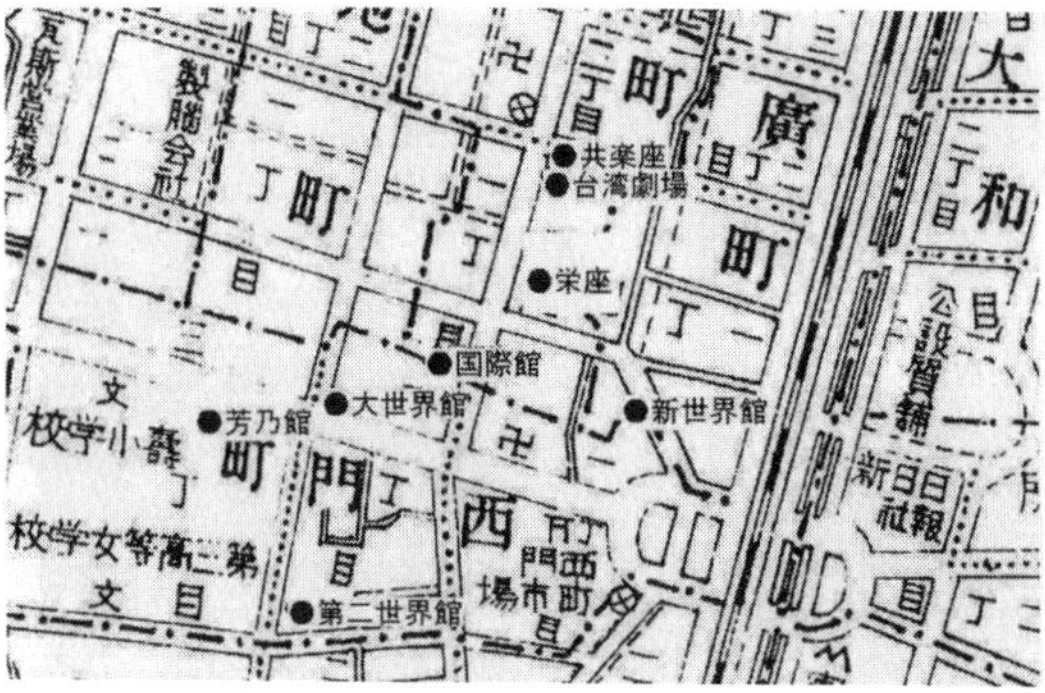

図74　台北市街地図と映画館
（出典：川瀬健一編『植民地台湾で上映された映画――1899（明治32年）～1934（昭和9年）』東洋思想研究所、2010年、xページ）

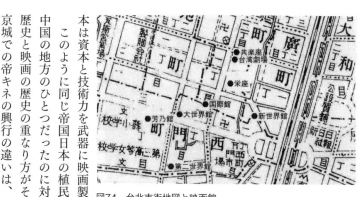

おわりに

日本統治下の台北で帝キネが供給する映画が、いつ、どこで、どのように上映されたのかを明らかにする過程で、新たな事実が浮かび上がってきた。台湾の市場は最初から日本統治下で形成され、台北では主に日本人が市場を支配していたこと。一九一〇年代には日活と天活の二大映画会社の西日本映画供給網に組み込まれ、大阪支社管轄となり、内地から映画と弁士の両方の供給を受けていたこと。そのため台湾市場は西日本市場と類似する特徴を有していたこと、などである。とはいえ映画草創期から裕福な台湾人や漢人による映画の紹介や興行もあり、上海や香港、厦門など中国大陸との交渉もあったことは忘れてはならない。

帝キネは、天活大阪の営業地盤を受け継いだこともあり、台湾や朝鮮など植民地での映画配給に積極的だった。しかし、同じ植民地でも、市場環境の違いから展開はまったく異なっていたのである。最初から日本の強い影響下に市場が形成された台湾では、台北の事業家・永戸トモが経営する映画館――芳乃亭改め芳乃館――が最初から最後まで帝キネ映画を興行し続け、全島配給もしていた。それに対し朝鮮では映画市場が形成されたあと、日本から帝キネなど新興の映画会社が次々と進出したため、市場が台湾よりずっと複雑で競争的だった。帝キネ映画は、市場戦略の誤りも重なり、興行場所を転々と変えて苦戦を強いられたのである。

このようにアジアの近代化は、欧米を起源とするグローバル化の圧力だけでなく、アジア内部の圧力によっても引き起こされ、土地それぞれの歴史や文化と多様な交渉を重ねながら経験されていたのである。台湾、そして朝鮮で帝キネ映画が残した足跡は、そうした複雑なアジアの近代的経験の諸相を示す貴重な事例である。同時にそれは、帝国日本の映画配給における大阪の役割を明らかにするうえでも重要な事例なのである。

参考資料　台北・芳乃亭（芳乃館）興行記録（一九二四年三月―五月）

一九二三年六月一日付「台湾日日新報」に次の記事が掲載されている。

芳乃亭は愈々帝国キネマと提携することゝなり高田、折井の両弁士は引退し後任として神戸より星好一郎を主任とし外数名次便にて渡台し来月より華々しく開演する

この記事から、台北で帝キネが供給する映画は一九二三年七月から芳乃亭で常設興行されたことがわかる。特約直後は、帝キネ創設期の良質な話題作がまとめて上映された。その後ほとんど間を置かずに帝キネ絶頂期の映画——五月信子など他社から引き抜いた人気スターを中心とした商業価値が高い現代劇映画など——が興行の目玉となる。関東大震災後の二五年に起きた社内内紛で帝キネの映画製作が滞っても、台北の芳乃亭は大阪のように直接的な影響を被ることはなかった。とはいえ、その頃から芳乃亭改め芳乃館は、帝キネ主力の市川百々之助映画と一緒に、マキノや東亜、阪妻プロの時代劇映画を併映するようになる。そして二七年にマキノと特約を結ぶ。だが、帝キネとの特約は継続された。芳乃亭改め芳乃館は三一年に大阪の帝キネ本社が消滅し、その財産整理会社として新興キネマが設立されても、三三年まで帝キネ映画を上映し続ける。つまり、台北で帝キネ映画は、最初から最後まで同じ映画館で上映され続けていたのである。

以下は、一九二四年三月から五月までの三カ月間に「台湾日日新報」に掲載されていた芳乃亭の上映記録である。丸かっこ内の「帝小」は帝国キネマ小阪撮影所（大阪）、「帝蘆」は帝国キネマ蘆屋撮影所（兵庫）、「帝巣」は帝国キネマ巣鴨撮影所（東京）、「ユ社」はユニバーサル・フィルム製造会社（アメリカ）、□は不明文字を指す。

「台湾日日新報」掲載日
映画題名（日本公開年月日、巻数、製作社）俳優名
一九二四年三月三日
『後藤隠岐』（一九二三年七月二十五日、四巻、帝小）嵐璃徳、実川延松
『月晴れし夜半』（六巻、帝蘆）歌川八重子、松本泰輔
『武者修業』（二巻）、『剣の舞踊』（四巻、イタリア）、『北アテレの競泳会』（一巻）

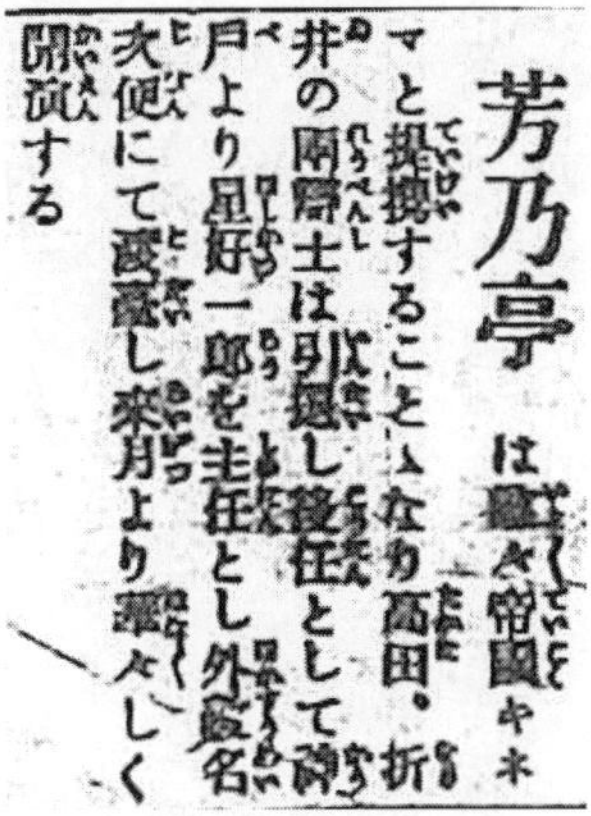
芳乃亭　は愈々帝國キネマと提携《ていけい》することゝなり高田・折井の兩辯士《りやうべんし》は引退し後任として神戸より星好一郎を主任とし外數名次便にて渡臺し來月より華々しく開演《かいえん》する

図75　芳乃亭と帝キネの提携を報じる「台湾日日新報」1923年6月1日付の記事

図76　芳乃館
（出典：葉龍彦『台湾的老戯院』遠足文化、2006年、35ページ）

一九二四年三月八日
『或る敵討の話』（一九二三年九月二十八日、七巻、帝小）嵐璃徳、実川延松
『天の恵み』（一九二三年八月三十日、帝蘆）歌川八重子、松本泰輔
『セリグ週報』（一巻、アメリカ）、『女は何処に』（五巻、ユ社）、『アンブローズ写真』『悠領甚』（一巻、ユ社）
一九二四年三月十三日
『関口弥太郎』（一九二三年二月二十三日、帝小）嵐璃徳
『寫眞ゴーモン週報』（フランス）、『悩みの町』『研究狂』『死の船出』『剣の舞踊』
一九二四年三月十八日
『血槍九郎』（一九二三年一月二十六日、帝小）嵐璃徳、実川延松
『恋以上の恋』（一九二三年六月八日、七巻、帝蘆）歌川八重子、松本泰輔
『寫眞ゴンドラの風景』『ウェータ』『おんな心』（五巻、パテ社）
一九二四年三月二十三日
『新累物語』（一九二三年五月二十三日、五巻、帝小）嵐璃徳、実川延松
『女は抱かれて』（一九二三年六月七日、帝蘆）
『寫眞ゴーモン週報』『ピアノ』（二巻）、『世界の舞台』（一九二二年、六巻、イタリア）
一九二四年三月二十八日
『嵐山花五郎』（一九二三年五月三十一日、五巻、帝小）嵐璃徳、実川延松
『寫眞帝国軍艦金剛』（一巻）、『思はぬ手柄』（二巻）、『白馬の騎士』（一九二一年、五巻、ユ社）
一九二四年四月二日
『蔭に咲く花』（一九二一年四月一日、六巻、日活）
『水戸黄門漫遊日記』（五巻）

『柔和なるライオン』（七巻、イタリア）
一九二四年四月三日
『西部の勝者』（一九二一年、ユ社）
『森の王者』（三巻）
一九二四年四月六日
『修善寺物語』（一九二三年八月八日、七巻、帝小）嵐璃徳、実川延松
『黒き微笑』（一九二三年十月二十五日、五巻、帝蘆）歌川八重子、松本泰輔
『写真コロンビヤ河』『百万弗乞食』、『火星の飛行』（二巻）、『西部の勝者』（一九二一年、ユ社）
一九二四年四月十一日
『父よ何処へ』（一九二三年八月三十一日、七巻、帝巣）関根達発、関操、吾妻光子
『いかるが平次』（一九二三年八月十日、四巻、帝小）
『琵琶湖めぐり』（一九一三年十一月五日、一巻、横田商会）、『化物屋敷』（一九一五年、二巻、天活）、『自動車騒動』（二巻）、『西部の勝者』（一九二一年、ユ社）
一九二四年四月十六日
『坂崎出羽守』（一九二三年六月二十五日、四巻、帝小）嵐璃徳、実川延松
『幸福を祈りて』（一九二三年七月五日、五巻、帝蘆）歌川八重子、松本泰輔
『不思議な人』（一九二〇年、七巻）、『西部の勝者』（一九二一年、ユ社）
一九二四年四月十八日
『坂崎出羽守』（一九二三年六月二十五日、四巻、帝小）嵐璃徳、実川延松
『幸福を祈りて』（一九二三年七月五日、五巻、帝蘆）歌川八重子、松本泰輔
『道具方』（二巻）、『魚釣り』『不思議な人』（一九二〇年、七巻）、『西部の勝者』（一九二一年、ユ社）

一九二四年四月二十一日
『天下茶屋』(一九二三年二月八日、六巻、帝小) 嵐璃徳、阪東豊昇
『伊丹の夕暮』(一九二三年八月三十日、五巻、帝蘆) 鈴木信子、柳まさ子
『ヨセフ』(一九一四年、五巻、タンハウザー社)、『西部の勝者』(一九二一年、ユ社)
一九二四年四月二十四日
『寂しき人々』(一九二四年四月二十四日、五巻、帝巣) 関操、久松三岐子
『白縫譚』(一九二三年五月十五日、九巻、帝小) 嵐璃徳、実川延松
『深夜の怪異』(一九二二年、五巻、ユ社)
一九二四年五月二日
『異端者の恋』(一九二三年十一月二十二日、七巻、帝小) 嵐璃徳、潮みどり
『地上の叫び』(一九二三年、五巻、帝蘆) 歌川八重子、松本泰輔
『男の情け』(ユ社)、『西部の勝者』(一九二一年、ユ社)
一九二四年五月七日
『宮本左門之助』(一九二二年十一月七日、五巻、帝小) 嵐璃徳
『一人行く路』(一九二三年、六巻、帝蘆) 歌川八重子、松本泰輔
『かるた大会』(二巻)、『空拳』(一九一九年、七巻、ユ社)、『西部の勝者』(一九二一年、ユ社)
一九二四年五月十二日
『血の笑ひ』(一九二三年十一月七日、五巻、帝小) 嵐璃徳、阪東豊昇
『女の嫉妬』(一九二三年、五巻、帝蘆)
『富める娘貧しき娘』(一九二一年、五巻、ユ社)、『西部の勝者』(一九二一年、ユ社)
一九二四年五月十七日

『大前田英五郎』（一九二三年十一月十五日、五巻、帝小）嵐璃徳
『呪の船』（一九二三年十二月二十一日、五巻、帝蘆）柳まさ子、松本泰輔
『激闘の果』（一九二三年、五巻、ユ社）、『幽霊船』（一九一七年、ユ社）
一九二四年五月二十二日
『袈裟と盛遠』（一九二三年八月八日、五巻、帝小）嵐璃徳
『心中地獄谷』（一九二四年一月十七日、五巻、帝蘆）久世小夜子、五味国男
『猛獣と女』（一九二一年、五巻、ユ社）、『幽霊船』（一九一七年、ユ社）
一九二四年五月二十七日
『柳生重兵衛漫遊記』（一九二二年十月二十九日、六巻、日活）
『生さぬ仲』前後篇（一九一九年四月二十一日、十巻、日活）
『断腸の思ひ』（一九二一年、ユ社）、『幽霊船』（一九一七年、ユ社）
一九二四年五月二十九日
『生さぬ仲』前後篇（一九一九年四月二十一日、十巻、日活）
『拳闘王』（一九二二年、ユ社）
一九二四年五月三十一日
『大江戸の武士』（一九二三年十二月三十日、五巻、帝小）嵐璃徳
『大尉の娘』（一九一七年一月十一日、四巻、小林商会）
『拳闘王』（一九二二年、ユ社）、『幽霊船』（一九一七年、ユ社）

注

（1）京城での帝キネ映画の興行については第1部第4章を参照。
（2）台湾にはもともと先住民が住んでいたが、一六二〇年代にオランダ人やスペイン人が統治する。その後、統治者は鄭成功、清国、日本に代わる。一八九五年以降、日本は台北を整備する。台北には内地人（日本人）、本島人（漢人）、蕃人（先住民族）が住んでいた。
（3）前掲『日本映画事業総覧 大正十五年版』一五一ページ、前掲『日本映画事業総覧 昭和二年版』六九五ページ、前掲『日本映画事業総覧 昭和三―四年版』三〇一ページ、前掲『日本映画事業総覧 昭和五年版』五九九ページ
（4）市川彩「台湾映画事業発達史稿」『アジア映画の創造及建設』国際映画通信社出版部大陸文化協会本部、一九四一年、八六―九八ページ
（5）李道明「台湾における映画の始まり――台湾映画史第一章1900～1915」稲葉京子訳、Cinema101編集部編「Cinema101」創刊準備号、映像文化研究連絡協議会、一九九五年、三三ページ（「電影欣賞」第七十三号〔国家電影資料館、二〇〇六年〕から翻訳転載）
（6）葉龍彦『台湾的老戯院』遠足文化、二〇〇六年、九二ページ
（7）三澤真美恵『殖民地下的「銀幕」――台湾總督府電影政策之研究（1895～1942）』（台湾文史叢書）、前衛出版社、二〇〇二年
（8）高松豊次郎については石婉舜「高松豊次郎與台湾現代劇場的揭幕」（「戲劇研究」二〇一二年七月号、国立台湾大学戲劇系、三五―六八ページ）を参照。
（9）岩橋利三郎は高松豊次郎が改築開場した朝日座を譲り受けるが、朝日座は火事で焼失。そこで一九一六年六月七日、新起横街に映画館を新設開場したのが世界館である。岩橋亡きあとは弟の古矢正三郎が跡を継いだ（前掲「台湾映画事業発達史稿」八七ページ、「台湾日日新報」一九一六年六月七日付、七面）。
（10）前掲「台湾映画事業発達史稿」九一ページ
（11）原房助『台湾大年表』第三版、台湾経世新報社、一九三二年、九二ページ、「台湾日日新報」一九一三年十二月九

日付、七面
(12)「台湾日日新報」一九一三年十二月八日付、七面
(13)「台湾日日新報」一九一三年十一月二十一日付、七面
(14)「台湾日日新報」一九一四年七月八日付、七面
(15)「台湾日日新報」一九一三年六月十三日付、七面
(16)「台湾日日新報」一九一四年一月一日付、七面
(17)「台湾日日新報」一九二三年六月一日付、七面
(18)「福岡日日新聞」一九一二年九月二十三日付、五面、一九年七月十五日付、三面
(19)「台湾日日新報」一九二四年八月二十二日付、五面
(20)「台湾日日新報」一九二四年十二月二十九日付、三面
(21)前掲『台湾的老戲院』一〇四ページ
(22)「台湾日日新報」一八九九年九月八日付、五面、一九〇〇年六月十九日付、五面、六月二十一日付、五面、十二月二十六日付、五面、〇四年一月七日付、五面。大島猪市は台湾のほかに大阪、福州、厦門なども巡回していた。
(23)三澤真美恵『「帝国」と「祖国」のはざま――植民地期台湾映画人の交渉と越境』岩波書店、二〇一〇年、七三―七七ページ

第2部　横浜での映画産業とアメリカ——大正活映

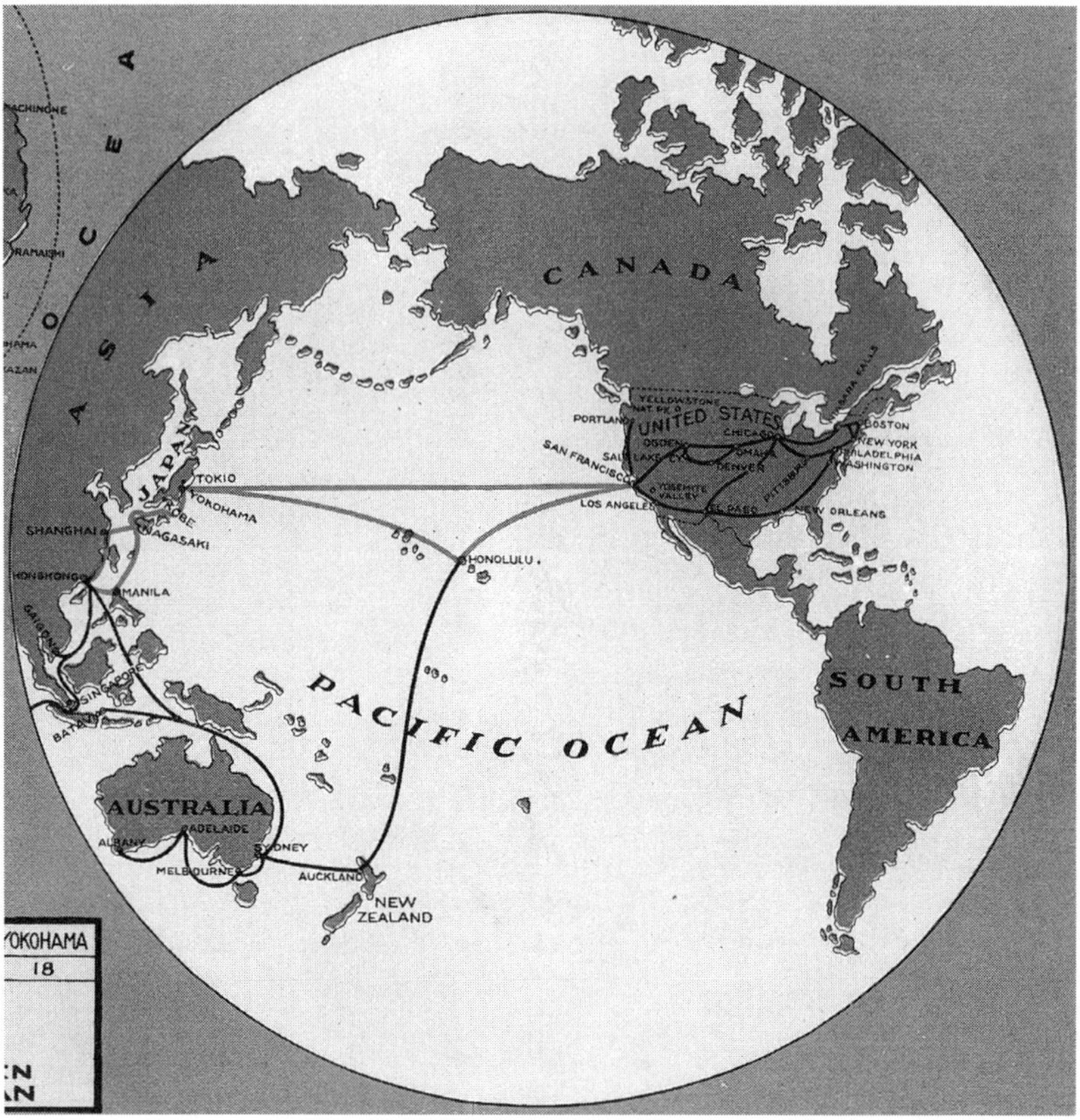

ASIA
CANADA
UNITED STATES
PACIFIC OCEAN
SOUTH AMERICA
AUSTRALIA
NEW ZEALAND
JAPAN
TOKIO
YOKOHAMA
NAGASAKI
SHANGHAI
MANILA
HONOLULU
SYDNEY
AUCKLAND
ADELAIDE
ALBANY
PORTLAND
SAN FRANCISCO
LOS ANGELES
YOSEMITE VALLEY
DENVER
CHICAGO
NEW YORK
BOSTON
NEW ORLEANS
18

第1章　大正活映の興亡と大正末期の日本映画産業

はじめに

一九二〇年四月二十日、大正活動写真株式会社改め大正活映（略称、大活）が創設される。造船業や海運業など、近代日本の産業発展に寄与した浅野財閥の浅野総一郎が出資した映画会社である。[1] この大正活映について、映画史家の田中純一郎は次のように述べている。

〝船〟の浅野というのは、郵船の向う（ママ）をはった有名な東洋汽船の社長浅野総一郎のことで、その息子良三氏が大正活映という映画会社を創立し、横浜の山下町に撮影所を設け、外国映画はそれまでの中古品とちがい、アメリカ発売早々のものを輸入、万事新しづくめで、映画界に新風を送りこむというのが、その当時の前評判であった。[2]

田中によれば、大正活映は、それまでの大衆を相手にした「見世物興行師」「裏店式三流商売」とは一線を画する新しい会社であり、「一流経済人の出資経営」による、「高い文化性と明るい経営を目指す」会社だったという。[3] また、大正活映と同時代に生きた批評家の南部爾太郎は、「大活回顧録」のなかで大正活映を次のように評している。

> 本邦映画界の花武者として、若き人々に謳はれた大活を想ふ時私は其処女作『アマチュア倶楽部』を思出ず（ママ）には居られない。飽迄も真剣にわが活動界を昏睡状態から救はんと考へた大活は小さい乍ら横浜山手に撮影所を有して居た。[4]

南部もまた、大正活映が「純芸術としての映画劇」を目指して、「従来の日本製品とは異なつた味」の日本映画を製作し、日本の「映画劇研究の導火線」になった、と高く評価しているのである。

こうした大正活映に対する好意的な評価は、その誕生から約百年の歳月がたとうとしている現在も、ほぼ変わっていない。田中はかつて、大正活映の調査は「当時の文書や資料があるわけではない」ので「なかなかむずかしい」[5]と述べたが、先行研究は少なくない。資料集として充実したものもある。谷崎潤一郎の側面から大正活映の資料を集めた橘弘一郎編著『谷崎潤一郎先生著書総目録 別巻 演劇・映画篇』や、栗原トーマス（栗原喜三郎）の側面から大正活映の資料を集めた岡部龍編『資料 帰山教正とトーマス栗原の業跡』[6]は重要である。ただし後者の引用記事は間違いが多いことに注意する必要がある。また、文学的アプローチの研究としては、田代慶一郎の「大正ロマン」、千葉伸夫の『映画と谷崎』、服部宏『トーマス栗原』[7]などがある。一方、映画史の論考としては、包括的に大正活映の活動をまとめようとした平野正裕の「大正期横浜における映画製作と「純映画劇運動」」や、歴史叙述の問題を論じる事例として大正活映とアメリカの関係を論じた小松弘「ヒストリオグラフィーと概念の複数性」[8]がある。ただ、多かれ少なかれ、大正活映に対して同じイメージを共有していることにかわりはない。すなわち、『アマチュア倶楽部』など革新的な日本映画を製作したものの、高邁な理想に倒れた異質かつ先駆的な映画会社といった認識である。それは、まるで日本映画製作の革新を第一目的として設立された会社であるかのような評価である。

実際には、大正活映は日本映画製作の革新だけを目的に設立された会社ではない。従来の研究は、谷崎や栗原が製作した代表作品に注目する傾向が強く、そのためそのような評価になってしまうのだろう。しかし、それでは大正活映の事業全体を捉えることができないばかりか、映画史の外に広がるもっと大きな文脈で大正活映の活動を捉えることもできない。そこで以下では、大正活映の事業活動の全体を捉えるべく、まず先行研究を踏まえて大正活映の映画製作を再検討し、そのうえで新たに創設目的とその背景、配給および興行について検証する。それによって、大正活映が日本映画製作の革新よりもっと大きな目的意識のもとで創設され、日本での映画の配給システムや映画著作権の認識に新しい風を吹き込んだ会社であったことを明らかにする。

1　大正活映を映画製作面から再検討する

大正活映とは、映画と畑違いの一流企業が出資し、映画については素人《しろうと》だが、作家・知識人である谷崎潤一郎と、ハリウッド帰りとはいえ監督素人の栗原トーマス、そしてその他大勢の素人が集まって、映画のための映画、つまり映画劇映画の製作を目指した、ある意味で正真正銘の初々しい会社である。

大正活映の設立が広く社会の関心を集めたのは、日本を代表する大企業である東洋汽船が映画に進出したこと以上に、谷崎が顧問として参加したことが大きかったといえるだろう。そのことは大正活映設立当時の広告や新聞記事、雑誌記事の多くが、谷崎の名前を大きく取り上げて宣伝・報道したことからも明らかだ。例えば一九二〇年五月四日付「都新聞」に掲載された大正活映の創業に関する記事の見出しは、大正活映ではなく、「谷崎潤一郎氏が呎画製作に係る(9)」である。下劣な興行師の集まりと揶揄されていた当時の映画界に、文壇の寵児といわれた谷崎が参加したことに注目が集まっていたのである。

谷崎を大正活映に招いたのは東洋汽船の志茂成保である。志茂は、ハリウッドで東洋人役を演じてスターになった俳優の上山草人と同郷であり、谷崎は上京のたびに、よくその上山の東京宅に滞在した。ある日、志茂は栗原を連れて上山の東京宅に谷崎を訪ね、大正活映の顧問を依頼する。[10] 依頼を受けた谷崎は後日、横浜市山下町三十一番地（現在の元町一丁目三十一番地）の事務所に栗原を訪ね、そのときの様子を「映画雑感」に次のように描写している。

「どうぞ二階へ」と云つて、栗原君は私を階上へ連れて行つた。そこは表通りに向いた、両側に窓のある、余り広くはないが少綺麗《ママ》な日あたりのいゝ部屋で、同君の執務するらしい大型のデスクが片側の壁に添うて置いてあつた。技師の稲見君が出て来て挨拶をした後、「今迄当会社で製作したフィルムを二つ三つ御覧に入れませう。《ママ》」さう云つて、両君は直ぐにその支度を始めた。家庭用のアクメ映写機をデスクの上に載せてそれに電燈の線を取り付ける。両側の窓の鎧戸を締めてしまふ。青空の明かりが一杯にさして居た部屋は急に真暗になつた。映画は此の狭い室内の一方から他方の壁へ小さく映し出されるのである。私はそこで三つの実写物を見た。一つは三景園の桜、一つはシルク・インダストリー、蚕から絹が造られ、遂にはそれが精巧な織物となつて呉服屋の店頭に現はれ、都会の婦女の晴れ着となる迄の順序を示したものであつた。云ふ迄もなく其れは極く普通の写真ではあつたけれども、今迄非常に明るかつた部屋の中が一度に暗くなつて、而も其の壁へ小さく小さく、宝石のやうにきらきらと映し出されて鮮やかにくつきりと動く物の影は、次第に私を或る奇妙なる夢心地に誘ひ込んだ。暗黒の中を仕切つて居る僅か三尺四方にも足らぬ光の世界、そこにもくもくと生きて動きつゝある蚕の姿、――私はそれを眺めて居ると、たゞ此の小さなる世界以外に世の中と云ふものがあるのを忘れた。[11]

当時、小説家が自分の見た映画について感想を書くことはあっても、このように映画会社の内側を描写するのはまれであり、それが谷崎ファンはもとより、広く一般の耳目を集めたと考えられる。

大正活映の撮影所は、その谷崎が訪れた事務所の裏手から三百メートルほど離れた横浜市山手町七十七番地にあった。ガラス張りのスタジオは栗原が考案し、設計した。野外セットを作れるほどの敷地はなかったが、字幕室や化粧室、俳優部屋、編集室などが設置されていた[12]。松竹や日活に比べたらお粗末な撮影所だったとはいえ、アメリカで買いそろえた高価な照明装置が装備されていて、夜間撮影も可能だった[13]。撮影所を訪れた吉山旭光は、大道具の岩に張り子細工や書割ではなく漆喰細工を採用するなど、現場の人間たちが工夫してセットの再現性を高める姿勢を高く評価している。スタジオの規模はお粗末でも、スタッフの志は高かったことがうかがわれる。

大正活映の製作陣が日本映画の革新を目指したことは、これまで論じてきたとおりである。彼らは、旧劇映画や新派劇映画のような舞台の影響を強く受けた映画表現を排し、弁士の説明に頼らずとも俳優の動作や表情、音楽によって物語の展開が理解できる、脚本に重きを置いた映画を作ろうとした。そのため、俳優はすべて舞台経験がない素人から育成した。栗原は支配人兼俳優養成所主任教師となり、彼を中心に青柳信子や中村成吉といった舞台教師が、葉山三千子、紅沢葉子、上山珊瑚、相馬花子、下村知恵子、豊田由良子、神部光男、高橋英一（岡田時彦）ら素人に映画の演技を仕込んだ[14]。のちに映画監督となる井上金太郎、二川文太郎、内田吐夢もいた。舞台主任は尾崎庄太郎、宣伝は国活宣伝部から来た小栗政寧が務めた。撮影技師はのちに小笠原プロダクションで活躍することになる稲見興美である。稲見は「有の儘に自然らしく」撮影することを心がけたという[15]。谷崎も、「われ〳〵の日常生活を基礎にして、多勢の青年男女の生き生きとした陽気な雰囲気を出すことに努めたつもりである[16]」と述べている。

このように大正活映は、同時代の帰山教正の純映画劇運動や小山内薫の松竹キネマ研究所と同じ方向を向いた会社だったのである。彼らに共通するのは、舞台を記録したかのような映画（旧派劇映画や新派劇映画）を作ることは、映画を演劇に従属するメディアと見なすに等しいとして、それを否定したことである。同時に、映画とは映画のために作られるべきもの（映画劇映画〔純映画劇映画〕）と考えていた。そして、そうした映画を製作するために彼らが参考にしたのが欧米、とりわけアメリカの映画だった。

「革新的」ではない大正活映の映画たち（1）——新派劇映画

従来の日本映画史で、大正活映といえば知識人の谷崎潤一郎が参画し、ハリウッド帰りの栗原トーマスが中心になって革新的な日本映画を製作した会社として高く評価されてきた。しかしその一方で、実はそういった従来のイメージに反するような映画も製作していたことを忘れてはならない。設立後わずか一年あまりで、大正活映は地方向け新派劇映画の製作を開始するのである。「映画新聞」一九二二年一月号には次の記事が掲載されている。

『アマチュア倶楽部』『葛飾砂子』『蛇性の婬』と理想の燭光を照らして歩を進めたる大正活映は突如として撮影所を閉鎖し、俳優を解散せしが昨今再び新しく俳優を組織し地方向新派及び旧派映画の製作を開始せり[17]

宣伝された具体的な作品名を列記すると、『若僧の恋』『黄金の力』『異郷の晩鐘』『薄命の女』『夜明の歌』『廿五の女』『紅書草紙』『魔に誘はれて』『雪解けの夜』『三すぢの糸』『涙の家』『牧場の母子』『千鳥の声』などがある。これらの新派劇映画は、神田など当時でいう東京場末や水戸など地方の映画館で封切られた。

かつては「緋おどしの鎧きた若武者[18]」と例えられた大正活映だが、同社がその対極にあったはずの新派劇映画を製作したのにはさまざまな理由がある。まず、資金不足の問題である。一九二一年九月十五日、大正活映は、資本金を二十万円から百五十万円に増資する[19]。第一回作『アマチュア倶楽部』は話題性もあり、期待どおりの成績を収めるものの、その後の映画製作は災難が続く。栗原監督、葉山三千子主演の喜劇『煙草屋の娘』は検閲で差し止められ、谷崎原作の男性劇『邪教』は撮影中止となる[20]。こうして思うように映画製作費を回収できず、経済的に困窮する。二一年八月に『アマチュア倶楽部』を義太夫出語りで再上映し、事務所を二二年二月に銀座の数寄屋橋から交通の不便な麴町区内幸町二丁目四番地にある自動車会社のビル内に移転するのはその困窮を物語るかのようである。

次に、スタッフの問題である。存続が危ぶまれる状態となる最も大きな痛手は、栗原の病気休養だった。その栗原に代わり、新派劇映画を製作するのが俳優の中尾鉄郎である。中尾は、山崎実と名乗って新派の一座を結成し、地方巡業をしていたことがあった。天活に入社して映画俳優となり、『孝女白菊』（監督：田村宇一郎、一九一九年）などに出演したあと、大正活映に移って、『葛飾砂子』（監督：栗原トーマス、一九二〇年）や『喜撰法師』（監督：栗原トーマス、一九二〇年）、『蛇性の婬』（監督：栗原喜三郎、一九二一年）などに出演していた。その中尾が、『薄命の女』『紅書草紙』『雪解けの夜』（いずれも一九二一年）は栗原と共同で、『若僧の恋』（一九二二年）は単独で監督する。新派の舞台は知っていても、映画については素人の中尾を監督にしなければならないほど、大正活映の製作条件は悪化していたのである。

さらには、地方の映画館との契約獲得という目的もあったといえるだろう。常務の志茂成保は東京と地方では観客の趣向に大きな差があるから、大正活映は新派劇映画と旧劇映画の製作に踏み切るとして、次のように述べる。

乍然大正活映直輸入の外国映画を理解し得ぬ人々に理解を強請するは無謀であり且つ事業経営より見て不得策でありますので大活は昨冬来新派劇の撮影を開始し既に六本を提供し、本年初頭更らに旧劇製作を企てゝ居るのでありますが坊間伝へらるゝ如き理想を捨てたのではないのであります。寧ろ抱持する理想に一日も早く到達する為めに採りし必要なる手段であります。(21)

もちろん志茂がこの記事を書いたのは、大正活映の窮状を隠す言い訳ともとれる。しかし、それだけではない。

大正末期といえば、大都市の中心部だけでなくその周辺部、そして地方都市でも、映画館が爆発的に増えていた時代である。新たに増えた観客の多くは低賃金労働者であった。したがって、彼らは外国映画やそれを模倣した先鋭的な日本映画よりもむしろ、彼らが慣れ親しむ舞台、すなわち旧劇や新派劇の映画化を好む傾向が強かった[22]。大正活映は、そうした新しい観客が求める映画を製作し配給することによって、都市周辺に急増した映画館との契約を増やそうとしていたと考えられる。つまり、大正活映が高邁な理想を捨てて、より大衆的な映画――大正活映の場合は新派劇映画――を製作したのは、それが大正末期の日本で、新会社が契約館の数を増やすために必要不可欠な映画だったからである。

とはいえ、契約館数を増やしたところで、頼みの栗原は病気休養中、残った素人俳優が作る新派劇映画では、どうにもならないことは火を見るよりも明らかである。結局、大正活映は一時解散、撮影所は閉鎖され、近藤伊與吉が主宰する無名映画協会に貸し出されることになる[23]。

「革新的」ではない大正活映の映画たち(2)――時事映画と政府の宣伝映画

大正活映は、革新的な映画や新派劇映画のほかに、時事映画や宣伝映画、喜劇映画などの短篇も積極的に製作していた。映画の製作本数でいえば、『アマチュア倶楽部』『葛飾砂子』『蛇性の婬』など谷崎潤一郎が関与した映画よりもむしろ、こちらのほうが圧倒的に多い。なかでも、とくに注目したいのは時事映画である。例えば『娘道成寺』(監督:栗原トーマス、一九二二年)は、帝国劇場の女優が舞台で演じる日本舞踊劇『娘道成寺』をイギリス皇太子が台覧する様子を撮影した二巻物である。一九二二年四月二十日から浅草千代田館で上映された[24]。この種の映画は、現在わかっているかぎりで、二〇年は『明治神宮鎮座祭』や『米国大野球団来朝実写第一報』『米国大野球団来朝実写第二報』、二一年は『元旦の撮影』や『米国曲芸飛行』『曲芸飛行第三報』『加州大学野球団来襲実況第一報第二報』『加州大学野球団来朝戦実況』『保津川下り』『九校端艇競漕実況』『大日本帝国』『摂政殿下実演御台覧の光景』、二二年は大隈侯の家族に依頼されて撮影した大隈侯の『実写国民葬』、海軍省依頼の

『軍艦陸奥』、カナダ政府委嘱の『実写加奈陀横断』などがある。

また、大正活映は政府に委託された映画事業にも携わっている。例えば一九二一年の秋には、鉄道省の五十周年記念映画を製作した。このときは撮影班を三つ用意し、第一班を「朝鮮満州方面」、第二班を「長野地方」、第三班を「伊香保方面」に派遣して、各地の鉄道従業員の執務や工事などを撮影した(25)。また、文部省の映画選定に協力したり、外務省の許可を得て貴賓の訪日記録の撮影もおこなっている。こうした政府請負の仕事は少なくない。

なぜ大正活映は、劇映画だけでなく、こうした時事映画や政府の宣伝映画を製作していたのだろうか。大正活映と政府のあいだにはどんな関係があったのか。そこには浅野総一郎が畑違いの映画事業に出資した謎を解き明かす糸口が隠されていると考えられるが、それについては大正活映の前身である東洋フィルム会社の章で述べることにしよう。

なぜ大正活映はアメリカ映画を模倣したのか

大正活映が製作する映画がアメリカ映画の影響を強く受けていたことはよく知られている(26)。ただ、その大正活映のなかにもさまざまな思惑が交錯していたことを見過ごしてはならない。製作に携わった谷崎や栗原、そして経営陣はそれぞれ異なる立場で、異なる方向からアメリカ映画を志向していたのである。まず谷崎である。谷崎は、第一回作『アマチュア倶楽部』の原案を作るうえでアメリカ映画、とりわけチャップリン喜劇を分析したという。

活動写真の喜劇は、劇と云ふよりも寧ろ歓ばしき諧調を持つた音楽である。（略）〔チャップリンの喜劇を：引用者注〕見て面白がるのは筋が面白いからではなく、あの中に横溢している音楽的滑稽の気分に動かされるからである。（略）若しも喜劇が、以上の如き音楽的効果の外に、更に何等かの諷刺を含み、問題を暗示す

ることが其来れば一層結構であることは云ふ迄もない。(27)

谷崎は、諷刺や暗示の表現を好み、アメリカ映画よりもむしろ欧州映画を高く評価していたというが、彼が大正活映の第一回作のために分析したのはチャップリンの喜劇であった。谷崎自身は、それは会社の方針によるものだったとして、次のように述べている。

〔『アマチュア倶楽部』が：引用者注〕そのころのアメリカ映画の影響をうけていたといふのには訳がある。ほんたう《ママ》は、ヨーロッパ風にしても、どつちでもいいわけだけれども、資本をだしていた東洋汽船といふ会社が、アメリカ航路をもつていて、いろいろアメリカのことに詳しかつたし、それに栗原トーマスがアメリカのことしか知らなかつた。映画はやはりヨーロッパよりもアメリカの方が進んでいるといつていたが、それは、技巧的にはさうだつたかもしれないが、私たちは必ずしもさうは思はなかつた。むしろヨーロッパの方がいいと思つていたくらいだが、前にいつたやうな理由から、アメリカ流のものにしよう《ママ》といふことになつた。(28)

つまり、自分はどちらでもよかったのだが、製作の責任者である栗原や会社の経営陣がアメリカを志向していたため、アメリカ映画を手本にしたというのである。

一方、大正活映の映画製作を一身に背負っていた支配人の栗原トーマスは、アメリカに日本の文化を紹介したいと考えていた。設立当時、彼は次のような抱負を述べている。

永年米国に滞在して居た私は或階級の米国人に依つて、唱導されて居る所謂日本人排斥なるものの内容を種々の方面から観察すると、日本及《ママ》日本人が理解されて居ない事が其最大原因であるのを見て如何にせば彼等の蒙を啓発するかに就いて、研究を重ねた結果、活動写真を善用して、徐々に故国の美しい風景を背景に修養あり教育ある日本人は斯の如きものであり、日本古来の道徳、武士道、大和魂は斯うしたものといふ事を、映画劇に仕組み、之を公開する事が比較的容易で而も最も偉大な効果を持ち来すといふ結論を得て斯うした有意義の事業に従事する。(29)

栗原は一九一〇年代初頭、トーマス・H・インスが設立したオリエンタル・プロダクションに入り、ニューヨーク・モーション・ピクチャー社の『火の海／神々の怒り』(監督：レジナルド・バーカー、一九一四年)やトライアングル映画社の『櫻子』(監督：メーソン・ホッパー、一九一八年)など、草創期のハリウッドで流行したアジア人向け映画に俳優として出演していた人物である。トライアングル映画社とは、ハリー・エイトケンやチャールズ・O・バウマンらが一五年に設立した新しい映画会社で、トーマス・H・インスやデヴィッド・W・グリフィス、マック・セネットなどサイレント映画時代のハリウッドを代表する監督たちが映画を製作していた。栗原がハリウッドで俳優として働いていた頃、カリフォルニア州では急増した日本人移民に対する不満が高まり、排日運動が起こっていた。アメリカで人種差別を体験した栗原は、その根底に日本に対するアメリカ人の無理解があると考え、映画を通じてアメリカ人に日本人や日本文化のいい面を知らしめ、少しでもそれを和らげたいという思いを抱く。そのために彼は大正活映に参加し、アメリカ映画の形式で日本の文化を紹介する映画を作ろうとしていたのである。

しかし大正活映の経営陣は、また別の意図をもっていた。彼らはアメリカ映画を分析し、それと似たような構造の日本映画を製作することで、アメリカ映画が供給されている地域(アメリカ本土も含む)に、大正活映の映画を配給することを期待していたと考えられる。大正活映がそのような高い望みを抱いていたことは、栗原の次の発言からも察知できる。

日本の製作映画を発展させるには、どうしても内地だけの供給を目的とするのでは、良い作品は得られないし、又製作会社としても利益を挙げる事は中々容易でない。然も撮影するとなれば、可成りの費用がわけもなく消費されて了ふ。其れよりも四五千円も出せば外国のパリ〳〵が買入れる事が出来て其の方が金儲けにもなる。其故、今後の日本映画はどうにか工夫して支那なり米国なりへ輸出し得る方法が《（ママ）》執りたいものだと思ふ[30]。

大正活映の製作の責任者である栗原が、なんとか世界に通用する日本映画を作って世界に輸出したいと考えていたことがわかるだろう。しかもその輸出先は、アメリカだけでなく中国などアメリカ映画を輸入していた国も視野に入っていたのである。

したがって、大正活映がアメリカ映画を模倣したのは、谷崎がいうようにたまたま製作責任者の栗原も会社経営陣もアメリカと関係していたからというだけでなく、また栗原がいうように黄禍論対策でもなく、世界市場に日本映画を送り出すには、アメリカ映画の形式を備えることが必要不可欠であったためと考えられる。大正活映に限らず、松竹など同じ時期に新設された複数の新会社が、程度の差こそあれアメリカ映画を志向するのは、これとほぼ同じ理由だろう。ただ、大正活映ほど強くアメリカを志向した新会社はなく、その理由をより深く理解するには、大正活映の前身である東洋フィルム会社について知る必要があり、それについては次章で述べる。

2　大正活映の創設目的とその背景

大正活映は一九二〇年四月二十日に大正活動写真株式会社という名で設立され、のちに大正活映株式会社と改称された横浜の映画会社である。横浜は日本を代表する開港都市として栄え、早くから外国映画の興行が盛んだった。映画輸入業者のニーロップ商会（のちの平尾商会）や外国映画専門館のオデヲン座、外資系映画会社の試写室などがあったが、製作所をもつ映画会社の設立は、この大正活映が初めてである。二〇年五月四日付「横浜貿易新報」に掲載された同社の商業登記公告を以下に記す。

商号	大正活動写真株式会社
本店	横浜市山下町参壱番地
目的	活動写真フィルムノ貸借、輸出入及販売活動写真ノ応用貸借及興行活動写真ニ関スル図書雑誌出版及之等ノ事業
設立年月日	大正九年四月弐拾日
資本総額	金弐拾萬圓
売株金額	金五拾圓
各株ニ付払込株金額	金拾弐圓五拾銭
公告方法	横浜貿易新報ニ掲載ス
取締役	東京市芝区三田功運町弐〇番地　小松隆
	同市四谷区坂町六弐番地　中谷義一郎
	東京府豊多摩郡千駄ヶ谷町字原宿壱七〇番地ノ四　志茂成保
監査役	東京府荏原郡大崎町字上大崎弐五四番地　関根要八[31]

創設時の大正活映の営業内容は主に、①映画の輸入および賃貸、②機材や付属品などの販売、③映画の製作、

④映画の興行および出張映写、⑤映画雑誌などの出版であった[32]。本社は横浜市山下町三十一番地（現在の元町一丁目三十一番地）、撮影所は山手町七十七番地。営業所は最初、東京市丸ノ内仲通り二十号館に置かれ、のちに京橋区元数寄屋橋一―一番地、そして麴町区内幸町二丁目四番地に移される。国内には大阪市北区小松原町三百六十七番地と、福岡市材木町九番地、札幌区南六条の三カ所に出張所があり、アメリカにもニューヨーク市ブロードウェイ街百六十五番地、サンフランシスコ市マーケット街六百二十五番地の二カ所に代理店があった[33]。アメリカの代理店は主に映画の仕入れをおこなっていた。

ところで船の浅野が、あえて異業種の映画事業に出資し、大正活映を設立したのにはどのような目的があったのだろうか。「活動倶楽部」一九二〇年五月号の記事「果して日本映画界の転機時代来るか？」は、その目的を次のように記す。

一、「欧米作品中最も新しく最も優秀なる映画のみを輸入提供」

二、「風光絶雅なる我が国の景勝を背景としたる欧米風映画を作製の上、欧米のキネマ市場に送り大に日本並に日本人の特性を世界に宣伝して、国際的地歩に於ける日本民族の進運を図らんとする」

三、「内地提供向きとしては活動週報の如き時事問題の撮影並に従来の如き科白劇を全廃し動作を主とする所謂純映画劇的喜活正劇の映画を作製する」[34]

帰山教正も「活動倶楽部」一九二〇年六月号で、ほぼ同様の記述をおこなっている。

一、欧米作品中最も新しく最も優秀なる映画のみを輸入提供すること。

二、当社作品としては風光絶雅なる我国の景勝を背景としたる欧米風映画を作製輸出し以て大いに日本及《ママ》日本人の特性を世界に宣伝すること。

三、内地興業向としては活動週報の如き時事問題の撮影並に従来の如き科白劇を廃し動作を主とする喜活正劇の映画を作製すること。(35)

理論家であり技術者である帰山の記述からは、「日本民族の進運を図らん」といったナショナリズム的な文言

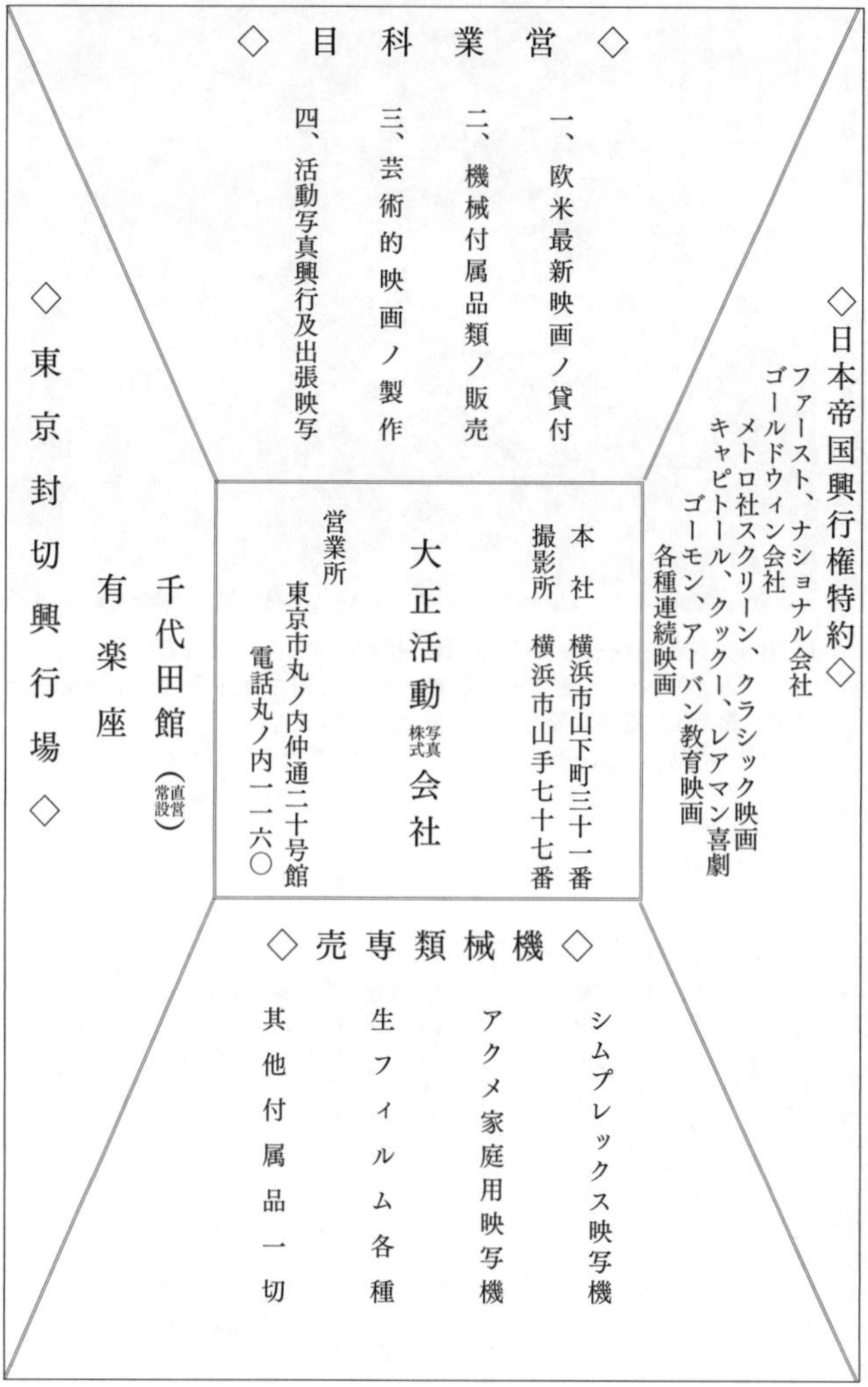

図77　大正活動写真株式会社広告
（出典：「キネマ旬報」1920年7月11日号、黒甕社、18ページ）

図78　大正活映株式会社幹部役員。後列右から重役・志茂成保、撮影部長・栗原トーマス、重役・中谷義一郎、前列左から重役・小松隆、顧問・大島菊松、重役・新井精司、顧問・宇治元吉
（出典：「活動倶楽部」1921年5月号、活動倶楽部社、写真ページ）

は消えている。だが、両者の内容はほぼ同じであることから情報源は大正活映だろう（ただし、そこに「日本民族の進運を図らん」の文言があったかどうかは不明）。そして、この三つの目的をそのまま受け止めるならば、大正活映は日本映画製作の革新を目的に設立されたというより、むしろ日本の国民に資する外国映画を輸入し、世界に日本映画を輸出する目的で設立されていたことがわかる。

設立当時の大正活映は、財閥や官僚出身のお堅い経営陣が「最も真面目に最も着実に其の理想を実現しやう[36]」とした会社として期待されていた。主な経営陣は東洋汽船の関係者である。社長は浅野財閥の当主・浅野総一郎の二男、浅野良三。常務取締役は、浅野の主力企業の東洋汽船から来た志茂成保、取締役はもと鉄道院の役人で、東洋汽船にその人ありと知られた中谷義一郎（のちの映教常務理事）、良三の兄・浅野泰治郎（のちの二代目浅野総一郎）、ほかに松方乙彦（のちの日活社長）、小松隆（のちの日米協会会長）、渡邊勝三郎、阿部吾市、関守造、岩崎昌が務めた。監査役は関根要八や浅野八郎、澤木三郎である。つまり大正活映は、それまでの「見世物興行師」の経営による映画会社とは「全然其の類を異にする」、世界を目指す会社だったのである[37]。

大正活映の経営陣は東洋汽船での経営経験を生かして映画事業に取り組んだ。常務取締役の志茂成保は雑誌記事「太平洋会議と活動写真の事業」で、造船などの大事業に比べたら映画事業は経営が容易であると、その能力をアピールしながら、次の抱負を述べる。

> 少くとも活動写真は、もう押しも押されもしない立派な事業の一つであることを信じて居ります。お互に《（ママ）》在来の習慣的に経営し来つたやうな興行的不真面目な態度を止め、紳士的な事業として向上させたいと思つています。私は此活動写真が、将来日本に於ける諸般の事業中最も有望なものであると思ひます。[38]

志茂は映画を国家的な大事業と捉え、その将来の成長に期待を寄せていた。その期待の根拠は、志茂がいうところの映画の「世界的共通性」にある。映画の特性は、国境を越えて流通することだ。実際アメリカ映画は「日本人にも支那人にも、又印度人にも好かれている」。映画事業は、経済がどんなに不況になっても、「一番打撃の少いそして健全に進んで行ける事業」となりうる。だからこそ映画事業は将来有望である、と志茂は考えていたのである。

日本の映画産業を国家的な一大事業に育てよう、育つ可能性は十分にあるはずだという認識は、松竹や国活など、この時代の映画会社経営者や批評家の多くが共有する認識だったといえるだろう。大正活映の創設にあたり同社を取材した三木生も次のように述べている。

> 映画事業が国家的に最も有効有望である事は今更論ずる迄もない。（略）吾映画界の地位の高上のために、知識階級が一日も早く此事業に対して真実の理解を得て、吾産業の一部の重要な位置を占むる様な勢力を持つ様になる事を望んで居る。幸に斯《（ママ）》うした映画会社が有数の実業家の援助に依つて新《（ママ）》らしく組織された事を喜悦ぶ者である。[39]

東海汽船の援助によって設立された大正活映ならば、その理想を実現し、日本の映画産業を国家的な大事業に引き上げることができる、そう三木生は期待していたのである。

ここで見過ごせないのは、アメリカ映画の快進撃が日本の財界人や映画人にある種の期待を抱かせたと考えられる点である。当時は三木のような映画関係者だけでなく、渋沢栄一や大隈重信など日本を代表する実業家や政治家も、太平洋の向こうのアメリカ映画産業を意識していた。アメリカは二十世紀初頭に大量生産の時代を迎え、弱小企業が淘汰され、巨大企業による寡占化が進む。アメリカ政府も、企業の海外進出を支援する制度や体制を整え、アメリカ製品の海外シェアは飛躍的に伸びる。映画は一九一〇年代初頭までに自動車と並ぶアメリカの重要な輸出品に成長する。同じ頃、アメリカ西海岸には新しい映画の都ハリウッドが誕生し、映画の大量生産システムが整うと、アメリカは欧州に代わる世界映画市場の覇者となる。

日本でも最初アメリカ映画は中古の短篇ぐらいしか輸入されず、欧州の文芸映画や史劇映画など長篇映画と比べて存在感が薄かった。ところがそのアメリカ映画が日本だけでなく世界の市場を欧州映画から奪っていった。日本の財界や映画界があわよくば日本にもその機会があると期待したとしても不思議ではない。財閥浅野が出資する大正活映ならば、期待に応えられる、理想に最も近づくことができるはずだと、夢見ていたのである。

3　大正活映の映画輸入とその配給と興行

すでに述べたように従来の日本映画史で大正活映といえば、アメリカ映画に強く影響された革新的な日本映画を製作した会社として高く評価されてきた。例えば佐藤忠男は『アマチュア倶楽部』と『葛飾砂子』を取り上げ、「アメリカ的なモダニズムに憧れる」人々が製作した「アメリカニズムの横溢する作品」[40]と述べ、日本映画の革新運動の一翼として紹介している。しかし大正活映が何よりも重視していたのは、なんといっても映画の輸入と配給である。この事業こそ、まさに浅野の海運力を生かした、浅野ならではの映画事業だったといえるだろう。

> 在来我邦に紹介さるゝ外国映画は、概して四五年以前のものが大部分を占め、最新の封切の如きものは、誠に微々たるものであると、又日本映画は、進歩の痕は認めらるゝにしても、これを欧米先進国のそれに比しては、遺憾ながら未だ遜色があることを免れないことは、徒に西洋映画に心酔した者でないまでも、公平な眼で、等しく認むる所だ。これに慨し、最新の西洋映画を出来得る限り速か《(マヽ)》に我邦に紹介し、同時に日本物作成は、在来の如く内国のみを本位とせずして、世界的に日本の真相を紹介して、日本民族の世界的進運を図らんとする目的を以て興つたのが即ち大正活映株式会社の前身大正活動写真株式会社である。(41)

このように日本の批評家たちは、日本が世界の映画市場の中心から取り残されていると感じ、不満を募らせていたのである。だからこそ彼らは、大正活映の創設に大いに期待した。日本とアメリカのサンフランシスコを結ぶ航路を運航する「世界」の東洋汽船が出資した大正活映ならば、最新映画をいち早く外国から運ぶことができると考えたからである。

実際、設立早々に大正活映は、ユニバーサル社に次ぐ外国映画配給の新しい勢力となる。例えば「活動倶楽部」の「大活と営業成績如何」を記した経済記者・立花白蝶は、大正活映が「西洋映画専門の会社として、良く今日迄ユ社に対抗」しているとし、次のように述べる。

> 殊に連続ものゝ所有会社としては、ユ社を別とし、同社〔大正活映：引用者注〕の右に出づるものはあるまい。同社営業部に、嘗ては電気館の荒井〔新井：引用者注〕氏が大いに尽力する所多かつたが、更に今度は東洋汽船にその人有りと知られた敏腕家中谷氏が入社するに至つた。(42)

「ユ社」とは、ユニバーサル社のことである。ユニバーサル社はアメリカの映画会社として初めてアジア市場に進出した会社である。東洋総支配人トム・D・コクレンを一九一四年に派遣し、アジア各地に支社を設立する。日本には一六年七月、シンガポールの映画興行師・播磨勝太郎の協力を得てユニバーサル社の支社が東京に設立された[43]。ユニバーサル社は連続活劇やブルーバード映画など、大量のアメリカ映画をアメリカから直接日本に輸入しフリーブッキングで配給する。そのユニバーサル社とほぼ同様の事業をおこなった最初の日本の映画会社が大正活映だったのである。

ただし、大正活映とユニバーサル社では大きな違いもある。ユニバーサル社は自社の映画しか配給しないが、大正活映は海外の複数の会社から映画の興行権を獲得し、日本国内の契約館に配給していた[44]。一九二〇年四月に設立されてすぐに大正活映はゴールドウィン社と契約を交わす。そして六月までにアメリカのフィルムレンタル会社（Film Exchange、映画製作者からフィルムを購入し興行者に期限付きで賃貸する）であるデヴィッド・P・ハウエルズ社と契約し、ファースト・ナショナル社やメトロ社が製作した映画の日本興行権を獲得する[45]。さらに同年九月には、ヴァイタグラフ社やオーストラシアン社とも独占契約を結ぶ。こうして大正活映は、二〇年末までにゴールドウィン社、メトロ社、ファースト・ナショナル社、ヴァイタグラフ社、キャピタル社、ゴーモン社、そしてアーバン社の教育実写映画などの映画を配給することが可能になる[46]。ゴーモン社はフランス、アーバン社はイギリスの映画会社である。つまり大正活映は、アメリカ映画だけ配給していたのではなく、わずかとはいえ欧州映画も配給していたのである。

大正活映は最初、常設の興行場をもっていなかったので、東京の有楽座を借りてロードショー興行をおこなった。有楽座は一九〇八年に設立された日本最初の洋式劇場で、坪内逍遥や小山内薫、島村抱月らがここを拠点にシェイクスピアやチェーホフなど芸術的な西洋演劇を上演した場所である。二〇年からは帝国劇場の経営となり、芝居と映画の両方を興行していた。大正活映第一回興行は二〇年五月十五日から二十三日まで、ゴールドウィン社の西部劇映画『ピントー *Pinto*』（監督：ヴィクター・シャーツィンガー、アメリカ公開一九二〇年一月）と、人気のオペラ歌手ジェラルディン・ファーラーが主演した『沙漠の情火 *Flame of the Desert*』（監督：レジナルド・バーカー、アメリカ公開一九一九年十月）であった。本国アメリカの公開から一年足らずの上映である。ロンドンや上海、ニューヨークなどの中古市場で入手したアメリカ映画は四、五年は遅れていたのに対し、これは異例の早さである。

今日映写せられつゝあるものゝ中にも、今年春の作品や、昨年の十一二月頃のものを発見することが時にはある。然し之れは縦令あつたにもせよ、極く稀なことで愛活家たちは之れを恰も奇蹟かの様に考へて居る。唯ユ社のみが支社を置いて居る丈けに《（ママ）》、比較的新らしいものを見せて居るに過ぎない。大正活動写真会社の設立は一つには此の弊を破らうとする目的にある。今後もその目的を一貫するために努力するさうである。従つて第一回の公開映画も極めて新らしいほどのものばかりである。今回の呼び物の一つである『ピントー』（全五巻）は、同社と契約を結んだゴールドウイン会社の本年一月市場に発表した新作品で（略）此の劇ではノーマンド嬢の馬の曲乗と、投げ縄とが如何にも鮮かである。ジョージ・ウエバー氏の撮影もよく、殊にグリーンの調色が眼の醒める程に美しかつた。[47]

図79　大正活映が有楽座で初めて映画を興行したときの広告。上映されたのは当時人気のオペラ歌手ジェラルディン・ファーラー主演『沙漠の情火』（1919年）などゴールドウィン社の作品
（出典：「読売新聞」1920年５月13日付）

大正活映が、ユニバーサル社と同じくらい早く、新しいアメリカ映画を日本で封切っていたことがわかる。また、この発言からは、大正活映が配給するアメリカ直送の状態がいいフィルムが、それまでの摩耗した傷だらけの中古フィルムとは段違いに美しいイメージを

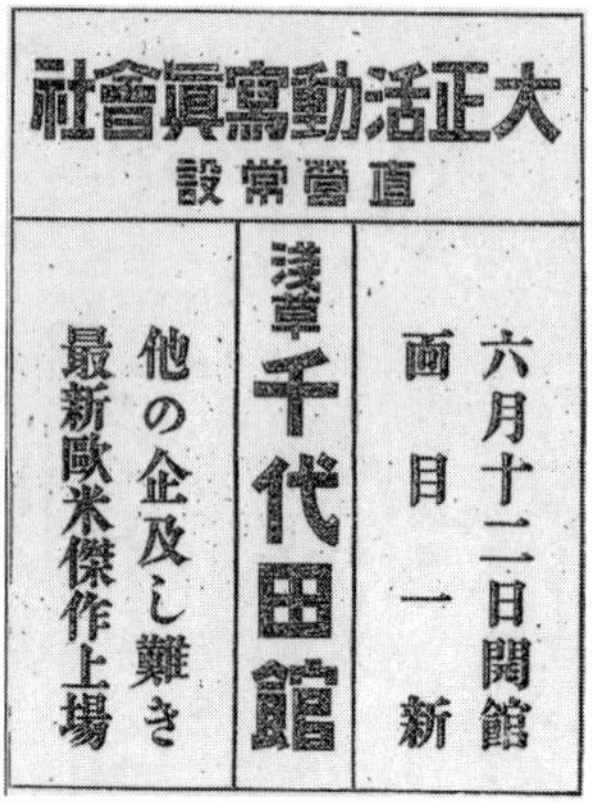

図80　1920年6月12日、大正活映は浅草での日活の外国映画封切り館だった千代田館を直営館として開場する。直営興行は22年7月18日までだった
（出典：「東京朝日新聞」1920年6月9日付）

スクリーンに映し出し、観客の目を魅了していたことがうかがわれる。

大正活映の有楽座興行は、創立時から松竹との提携直前まで続く。『アマチュア倶楽部』（一九二〇年）や『葛飾砂子』（一九二〇年）など、大正活映が製作した長篇映画はもちろんのこと、モスクワ芸術座の女優からハリウッドに転じたアラ・ナジモヴァ主演の『死よりも強し *Stronger Than Death*』（監督：ハーバート・ブラーシュ、一九二〇年）や『幼児の心 *The Heart of a Child*』（監督：レイ・C・スモールウッド、一九二〇年）といった呼び物も、有楽座を借りてロードショー公開された。また、有楽座では栗原トーマスが映画監督として出演し、兄妹の役に扮した関操と水谷八重子を演出する映画撮影風景を舞台化した作品を上演したこともあった。[48]この舞台は撮影され、二日後に浅草千代田館で上映されたという。

最初の直営館は、大正活映が日活から奪って一九二〇年六月十二日に旗艦劇場として開場した浅草千代田館である。[49]日本での外国映画興行の重要拠点のひとつだった。入場料は特等一円二十銭、一等八十銭、二等五十銭。当時としては超一流とはいえないまでも、一流のたぐいに入る映画館といえるだろう。千代田館の弁士は原紫翠や小川紫友、谷天郎、細川天龍、内藤紫漣、杉浦市郎、白石紫紅など、さほど名が知られているわけではない。一九二二年五月二十八日付「東京朝日新聞」に、「耳を覆ふて映画を見るべきは千代田館、目を覆ふて映画を聞くべきは帝国館」とあることから、千代田館で上映されるフィルムの状態が際立ってよかったことがわかる。

大正活映は輸入した映画を、東京はもちろん、神戸や京都など外国映画興行の比較的盛んな地方にも配給する。「キネマ旬報」一九二二年四月十一日号に掲載された読者の寄稿によれば、神戸には「大活系とユ社系の映画は割に早く廻つて来るが日活物となると頗る遼遠[50]」とある。また京都では、ユニバーサル社は「東京で封切された写真はどれでも来る」が、大活は「大低いゝと思つて待つている奴は来ます。けれど時々は素的なのが来ずにすむことがあります」[51]とある。比較するため、ほかの映画会社の評価をあげると、帝キネは「此頃はちつともいゝのが来ません」。日活は「さすがに地盤を築いてい」るが、松之助映画に頼るのではいただけない。国活は「京都に高級常設館一つ持たぬ」不心得者である。松竹は「西洋物よりは新派でやる方針のやうに思はれたが、此頃はいゝ奴が時々来るのがうれしい」とある。このように、大正活映が配給する外国映画は、画面の鮮明な美しさに加えて、質的・量的にもほかの日本の映画会社を引き離し、群を抜いていたことがわかる。

4　競争的興行と映画興行権——売買か賃貸か、それとも興行権か

大正活映は、日本での外国映画配給の歴史を語るうえで最も重要な会社のひとつである。それは単にアメリカから最新の映画を輸入して興行したからではない。むしろ重要なのは、日本の配給および興行システムのあり方に一石を投じたばかりでなく、映画の著作権に対する認識を広めたことにある。その発端となるのが、当時の言葉でいう「競争的興行」である。以下では、この「競争的興行」に注目しながら、大正活映が日本の配給と興行のありようをどう変えたのかについて見ていくことにしよう。

「競争的興行」とは、同じ興行地域にA館とB館の二つの映画館があった場合、A館がある映画を興行したら、B館も同じ映画を同じ時期に興行することを意味する。例えば大正活映は、メトロ社のアラ・ナジモヴァ主演の『ブラット *The Brat*』（監督：ハーバート・ブラーシュ、一九一九年）を輸入し、一九二〇年十月に『餓鬼娘』と題して浅草千代田館で上映したが、それと同じ映画を日活が浅草電気館で『腕白娘』と題して上映し、競争的興行となった。[52]大正活映は製作者のメトロ社から独占的興行権を獲得していたため、日活を「版権侵害」で訴えるが、日活は「従来の慣はしで差支ないものと思ふ」として取り合わなかった。[53]また、義和団事件を題材にしたメトロ

社の大作、アラ・ナジモヴァ主演の『レッド・ランターン *The Red Lantern*』(監督:アルベール・カペラーニ、一九一九年)は、大正活映が千代田館で『紅燈祭』として封切ると同時に、国活も『赤燈籠』と題して浅草帝国館とキネマ倶楽部で封切った。国活のフィルムは上海から入手した中古だった。そのため大正活映は、国活に対して上映をやめるよう申し出るが、国活はそれを無視する。さらに酷いのは、大正活映が千代田館で封切り公開を予定していたメトロ社の二時間半の大作、ルドルフ・ヴァレンティノ主演の『黙示録の四騎士 *The Four Horsemen of the Apocalypse*』(監督:レックス・イングラム、一九二一年)を、松竹が大正活映より先の二二年五月十二日に帝国館で封切ることがわかり、驚いた大正活映は急遽、千代田館の上映予定を変更し、同じ五月十二日から「他館上映々画の如き粗悪なる複写品にあらず」「真偽は画面鮮明のみにても一目瞭然なり」[54]と宣伝しながら、競争的興行を開始する。大正活映はメトロ社から独占的興行権を獲得していたが、松竹はフィルムレンタル業者から賃貸したフィルムであった。この一件は浅草興行組合の仲裁により、松竹は浅草帝国館のあと東京では興行しないこと、地方では無用な競争は避けることを約束して落着する。[55]ほかにも、二二年四月、大正活映は

図81 『散り行く花 Broken Blossoms』1919年ユナイテッド・アーティスツ社製作、22年4月2日有楽座封切り公開。リリアン・ギッシュと共演したリチャード・バーセルメス(写真協力:公益財団法人川喜多記念映画文化財団)

純映画劇の公開を目的に弁士の藤浪無鳴らが組織した大日本映画協会と共同で輸入したグリフィス監督の『散り行く花 *Broken Blossoms*』（一九一九年）を有楽座で封切り公開するが、その藤浪が松竹と勝手に契約を結び、同じ映画を浅草帝国館で興行して大事件になったこともある[56]。

こうした競争的興行が、取り締まられることなく、平然とおこなわれていたのはなぜだろうか。その理由は「高級志向」ゆえに公明正大な大正活映と、大衆的であるがゆえに「山師的」な映画会社という二項対立で語れるものではない[57]。また田中純一郎は、当時「フィルムの興行権はその所有者にある[58]」と考えられていたからだと述べているが、そこには、もっと複雑な問題も絡んでいる。それは世界の映画の流れが地球規模で変わっていく時代に、日本を含むアジア全体で起こっていたことでもあったのである。その複雑な問題を理解するためにはまず、当時の日本での外国映画の輸入と配給および興行について理解する必要がある。

現在では想像しがたいことだが、第一次世界大戦前、アジアで公開されるアメリカ映画は、そのほとんどがロンドンから欧州航路を通ってアジアに運ばれていた。とくに草創期のアジア市場は、フランス映画やイタリア映画など欧州映画に独占され、アメリカ映画は中古の短篇がわずかに公開される程度であった（その背景要因については第2部第3章で述べる）。

しかし、一九一〇年代初頭、アジアでもアメリカ映画がしだいに台頭し始め、さらに第一次世界大戦が起こると、世界の映画取り引きの中心は不安定化したロンドンからニューヨークに移る。すると、アメリカ映画はアジア欧州航路ではなく、アメリカ西海岸から太平洋を渡ってアジアに運ばれ、アジア市場に大量に流れ込むようになる。こうしてアジアでのアメリカ映画のシェアは飛躍的に伸びていく。

こうした世界映画流通の大変動は、日本の映画市場にさまざまな亀裂や摩擦をもたらす。前述した「競争的興行」は、そのひとつである。世界の映画流通が、西回りから東回りにシフトすることによって、アメリカ映画を輸入配給する新旧さまざまな方法が入り交じって実践されることになり、結果として生じた摩擦が競争的興行だったと考えられるのである。どういうことか少し詳しく説明しよう。

映画草創期の欧米では、配給者はまだ存在せず、映画は、製作者と興行者のあいだで直接取り引きされていた。興行者は、製作者から映画のカタログを取り寄せ、そこからほしい映画を選んで購入する。映画の値段はフィルムの物理的な長さによって決められた。興行者は購入した映画を上映したあと、フィルムを中古市場で売ることができた。資本が少ない興行者は、そうした中古映画を安く調達する。欧米との経済格差があるアジアの国々の興行者は、高い新作映画は買えず、安い中古映画を購入するのがせいぜいであった。

やがて欧米でフィルムレンタル業（配給の元祖）が興隆し、売買よりも賃貸が映画取り引きの主流になる。だが、欧米から遠く離れたアジアの興行者たちは、運搬中の賃貸料金の発生を避けるため、中古映画を安く買うほうを好んだのである。日本では吉沢商店や福宝堂がロンドンや上海などの中古市場に社員を派遣し、映画を安く大量に仕入れていた。あるいは横浜の平尾商会など、輸入業者に依頼して代理輸入してもらうこともあった。

ところが大戦中、アジアにもアメリカ起源の新しい配給システムが浸透する。そのシステムとは映画の製作者、もしくは配給者が映画の独占的興行権を地域単位で売る仕組みである。興行者は、彼らから映画を購入するのでも借りるのでもなく、ある地域で一定期間独占的に上映する権利を買う。この方式だと、中古映画のようにフィルムを所有する人すべてに興行権があることにはならない。映画を上映できるのは、興行の契約をした映画館だけである。したがって同じ地域で複数の映画館が同じ映画を同時に上映することはできなくなる。

日本の場合、この方式の普及に重要な役割を果たしたのがユニバーサル社であり、大正活映である。ただし、ユニバーサル社は映画の配給はおこなうが、興行はおこなわない。これに対し大正活映は、従来の日本の映画会社同様、配給も興行もおこなう点で異なる。大正活映は日本の会社でありながら、世界映画市場の中心がイギリスからアメリカに移り、新しい配給方法が台頭する時代の変化をいち早く察知し、それを日本に導入した。だが、その大正活映の新しすぎる試みが、従来のルートや方法で日本に輸入される映画とのあいだに摩擦や混乱をもたらしたのだった。

このような摩擦や混乱は、映画の独占興行に必要な法的環境が整っていなかったことが大きな要因である。つまり、映画の著作権の問題である。当時、日本の法律で脚本や楽譜の興行権は認められていたが、映画のそれは認められていなかった[59]。そのためフィルムを所有してさえいれば、誰でも映画を興行することができた。また、輸入品に関しては、文学や美術、写真の著作権は保護の対象とされたが、映画についてははっきりと定義されていなかった。そのため映画は複製を作ることもできた。つまり、旧来の方法で日本に輸入された中古映画や複写映画には「いかなる保護も制裁もな」かったのである。大正活映がアメリカの会社と直接交渉し、高額な独占的映画興行権を獲得したとしても、他社が同じ映画の中古フィルムや複写フィルムを入手して、同じ時期あるいは先行して上映することを法的に阻止することはできなかった。結果、大正活映は、わざわざ独占的興行権を購入しても、その費用に見合う興行成績を上げられず、経営を悪化させていったと考えられる。

興味深いのは、競争的興行が社会を騒がせる頃から日本では、旧来の習わしで輸入された映画が「不正な映画」として批判され始めることである。一九二二年七月号の「活動画報」に掲載された記事「日本に於ける映画興行権問題」で石井迷花は、「不正映画」を「製作会社に相当の権利金を仕払つて直接購入又は貸借契約を結んだ以外のもの[60]」と定義している。同時代の雑誌記事から、「不正映画」とは当時以下のように認識されていたことがわかる。

①時効映画
契約した映画を、契約で決められた地域で、決められた期間に興行したあと、期限が切れても返却せず、上映し続けること。
②古物《セコハン》映画
契約した映画を、契約で決められた地域で、決められた期間に興行したあと、返却せず、転売すること。ロンドンや上海、香港、ニューヨークなどの中古映画市場で取り引きされることが多い。
③複写映画あるいは複製映画

契約した映画を、契約で決められた地域で、決められた期間だけ興行する最中に、許可なく複写を作成して売ること。あるいは契約で許可された本数以上の複写を作成して売ること。複写映画はアメリカ、サンフランシスコから日本に送られることが多い(61)。

④盗写映画

契約当事者以外が勝手に許可なく複写して売ること。

⑤盗難映画

盗んだフィルムを売ること。例えば大正活映が輸入を予定していたチャールズ・チャップリン主演の『キッド *The Kid*』（一九二一年）は、サンフランシスコ港から日本に運ばれる直前、ニューヨークで盗難にあったフィルムであることがわかり、没収された。

盗写映画と盗難映画はそもそも犯罪である。だが、古物や複写、複製映画は、それまで中古市場で普通に取り引きされていたのが、世界映画流通の大変動により不正映画と見なされるにいたる。とくにアジアの場合、二十世紀初頭の市場で流通する映画はほぼ中古や複写、複製映画であったことから、独占的興行権という新しい配給システムが導入されることによる混乱は、欧州に比べて大きかったといえるだろう。

しかし、「不正」映画と呼ばれるようになったとはいえ、日本では法的な拘束力はなく、結局、大正活映はただひたすら自社が配給する映画の正統性を主張するよりほかなかったのである。例えば、「活動倶楽部」一九二二年三月号に大正活映は次のような広告を掲載している。

> 業務拡張の為従来の事務所にては狭隘に付左記へ移転仕候間相変らず御引立の程願上候
> 当社は大正十年十一月十四日附を以て継続契約完了候間従て、ヴイタグラク《ママ》社一九二二年度作品短編連続を併せ全部の東洋一手興行は確実に所有致居候（近頃虚疑の広告をなす向有之候に付念の為謹告候也）

東京市麴町区内幸町二丁目四番地（電車、虎之門下車）
大正活映株式会社　電話銀座三二二一番　三七七四番[62]

「虚偽の広告をなす向」とは、ヴァイタグラフ社の日本での興行権を主張した松竹を指す。また、一九二二年一月十六日付「東京朝日新聞」によれば「興行権の奪ひ合ひで松竹と大活が夜さへ明ければ宣伝[63]」しあう、とある。大正活映に興行権を販売したアメリカのデヴィッド・P・ハウエルズ社は、「複写又は不正フィルム」の興行者を糾弾し、「大活の権利を保護すべし」との広告を掲載する。

大活以外の会社が、ブラッー（ママ）、レッドランターン、ハート・オヴ・ザ・チャイルド等のナジモーワ劇を公開した時は複写又は不正フィルムにて、その興行者は不正興行者として日本に於ては勿論英米に於ても有謂手段に訴へて大活の権利を保護すべし[64]。

だが、誰もその主張に耳を貸さなかった。なぜなら日本には、それを取り締まる法が存在しなかったからである。

このような新旧の配給システムの混在による興行市場の摩擦と混乱は、日本に限らず、地域差こそあれ、アジア全体で起こっていたことである。それは欧米で起こった映画流通の大変動がアジアに及んだ結果でもあった。ユナイテッド・アーティスツ社は、不正な映画輸入を防止すべく、東京や中国、フィリピン、インドに事務所を設置した。ユニバーサル社も不正な映画取り引きに注意を促す広告をアジア各地で掲載している。大正活映の志茂成保も、日本での映画の著作権を「蓄音機のレコードと同様」に認めさせようと奔走する。

日米間に法の規定がないから何程米国で騒いでも手のつけようがない近い例を挙ぐる迄もなく興行権を正当

に継承しているものが我が国で複写映画に封切を先んぜられた例は枚挙に遑なき程その実例があるが曾て一度と雖も正式に訴訟が成立した事がない（略）是を救ふには日米間に著作権法の条約を結ぶ事と映画の著作権を蓄音機のレコードと同様に認めしめねばならぬ事の二つである、早くから此の問題に就いて多少奔走したものは天活〔大活の間違い：引用者注〕の志茂専務であった[65]

志茂のこの試みは、日本国内に必要十分な賛同者を得ることができず、実現されずに終わる。

ただし、勘違いしてはならないのは、こうした競争的興行に翻弄されたのは大正活映だけではないということである。例えば日活が購入したファースト・ナショナル社のチャップリン主演映画『キッド』（一九二一年）は、フィルムが日本に到着する前に、松竹と大正活映が同じ映画を別のルートで入手し、先に公開して大成功をおさめる[66]。また、横浜の平尾商会が輸入したエジソン社の『男らしき男 *The Courage of the Common Place*』（監督：ベン・ターベット、一九一七年）は、直営館の横浜オデヲン座で上映したあと、国活が浅草帝国館で、大正活映が浅草千代田館で同時に再上映している。あるいは、ユナイテッド・アーティスツ社が製作し、ダグラス・フェアバンクスが主演した喜活劇『ナット *The Nut*』（監督：セオドア・リード、一九二一年）は、買い付け交渉中だった国活を出し抜いて、松竹が一九二一年十月に抜き打ちで上映する。驚いた国活は急遽、大正活映の浅草千代田館を借りて、松竹の一日遅れで競争的興行を開始した。ほかにも、松竹が『ターザンの冒険 *The Adventures of Tarzan*』（監督：ロバート・F・ヒル、一九二一年）と題して公開を宣伝していた映画は、大正活映が先に入手し、『大ターザン』と題して公開し、大成功をおさめている[67]。つまり、「最も真面目」[68]な大正活映だけが競争的興行の被害者であるかのような言説は、片方に偏りすぎて歴史をゆがめてしまっている。

とはいえ大正活映にとっては、その競争的興行による打撃が、他社よりずっと大きかったことは確かである。なぜなら大正活映は、アメリカ映画の直輸入とその独占的興行を看板とし、一九二二年の時点で直営館がわずか十七館、特約館は七十六館と、その程度の契約館しかもたなかったからである[69]。全国に数百もの契約館をかかえ、輸入映画だけでなく、松之助映画など日本映画も潤沢に供給できた老舗の日活はいうまでもなく、芝居興行の地盤をもち日活に次ぐ映画館数を誇る松竹などほかの新会社と比べても、大正活映が被った打撃は相当なものだったといえるだろう。そのことは一連の競争的興行で争ったあとの大正活映が、アロー映画社（Arrow Film Corporation）と契約し、安い三流映画の輸入に走ることからも明白である。大正活映は大資本を後ろ盾に、一流の経営陣が経営していた稀有な映画会社だったが、契約館数の絶対的な少なさゆえに、競争的興行の衝撃に堪えることができなかったのである。

大正活映は、アメリカから映画を直輸入し、その映画の独占的興行権を主張した。しかし、それは旧来の習わしで輸入されていた映画とのあいだに摩擦を生んだ。その後、他社の追随もあって日本市場は新旧さまざまなルートや取り引き方法で入手された外国映画が入り交じる混乱状態となる。興行地盤の脆弱な大正活映は、その混乱によって窮地に追い込まれてしまう。

大正活映の苦難は、世界映画流通の大変動がアジアに引き起こした摩擦や混乱の象徴である。太平洋の海原を雄飛していた東洋汽船は、世界の映画流通の大変動にいち早く反応し、それを映画産業で実現しようとした。だが、その俊敏すぎた行動は、結果として混乱や摩擦をもたらした。この混乱と摩擦は、決して「欧州映画の衰退とアメリカ映画の台頭」という表面的な変化ではない。また、正規と不正、高級と山師といったモラルの問題でもない。そうではなく、映画の取り引きや契約の方法、著作権意識などさまざまな構造的変化が折り重なった複雑な変容なのである。そしてその複雑な変容が引き金となり、日本の映画配給システムは次の段階へと導かれていく。

5　松竹との提携――企業合同と特約システムの関係

一九二二年八月十六日付「東京朝日新聞」に、松竹キネマと大正活映の連名で三年間の提携契約の締結が謹告されている。提携の宣言は以下のとおりである。

今般両社提携の協商成立し来九月一日より両社各其特長を合し松竹は専ら営業に関する一切の業務並に日本映画の製作に努め大正は主として西洋映画の輸入を担当し二者相俟て今後一層大方諸君の御希望に副はん事を期し奮励可仕覚悟に候間何卒両社共倍旧の御誉顧相仰度奉懇請候右謹告仕候　以上

追て営業上諸般ノ《ママ》御用件並に写真賃貸御契約は自今松竹へ御交渉相願度候也

大正十一年八月十五日

東京市京橋区中橋和泉町六番地

松竹キネマ株式会社

同市京橋区松屋町一丁目八番地

大正活映株式会社(70)

この契約に基づき、大正活映は映画製作を放棄し、映画の配給と興行を中止し、外国映画の輸入だけに専念することになる(71)。また、これまで大正活映が輸入してきた映画、そしてこれから輸入する映画の興行権はすべて松竹に譲渡される。これによって松竹は、ファースト・ナショナルやメトロ、ゴールドウィン、ヴァイタグラフ、アロー、フォックス、パラマウント、ワーナー・ブラザーズ、エディ・ポロ連続映画、セリグ社猛獣連続映画といった豊富なアメリカ映画の配給が可能になった。松竹が、松竹蒲田撮影所の製作する日本映画と一緒に、それら外国映画を配給することで契約館数を伸ばしたことはいうまでもない。提携後の松竹の繁栄と、大正活映の存在の薄さを比べれば、この提携が広告の文言からはほど遠い、買収に近い提携であったことがわかる。

大正活映はそもそも、その創設当初から絶えず「合同」の噂がつきまとっていた会社である。例えば、創設から二カ月もたたないうちに、大正活映を六十万円、帝国キネマ演芸（帝キネ）を四十万円に評価して、両社を合同する話がもちあがる。[72]同じ一九二〇年に設立された新会社同士とはいえ、帝キネは前身の天活大阪支社の営業地盤を引き継いでいるため、創業時からすでに南地芦辺劇場や天活倶楽部、老松座、玉造座、九条繁栄座、御霊倶楽部、高千代館、神戸相生座、名古屋新守座、和歌山紀国座など多数の映画館や劇場をもち、映画の製作体制も整っていた。[73]両社の交渉は再三おこなわれたが、慎重な山川吉太郎が首を縦に振らず、実現にはいたらなかった。ほかにも二一年秋、松竹に契約館の一部を奪われて弱体化した国活が、大正活映との合同を模索したこともあった。[74]国活の専務だった北村民也は、大正活映社長の浅野良三と同級生だったという。合同後の新社長には九州水電専務の山口恒太郎、副社長には大正活映「首脳」の浅野良三が予定されていたが、国活内で話がまとまらず、この合同も実現しなかった。

大正活映にそうした合同や提携の噂が絶えなかったのは、第1部で述べた松竹が帝キネと提携したのと同じ理由だろう。すなわち、契約館の確保である。大正活映が生き残るには、必要最低限の映画館数の確保が必要であり、合同や提携はその有効な手段だったといえるだろう。逆にいうと、松竹が大正活映との提携に五十万円もの大金を使ったのは、[75]製作能力が低い横浜の小さな撮影所のためでも、素人集団のスタッフのためでも、人気がないアロー映画のためでもなく、狙いは浅草千代田館や新宿武蔵野館など、全国に散らばる大正活映の直営館や特約館である。千代田館は訴訟沙汰となり、浅草電気館の経営者・新井精司が死守するが、[76]それ以外はほぼ松竹の手中におさまる。これによって松竹は老舗の日活に迫る勢いを見せ、大正活映に代わる外国映画興行の旗手となる。つまり、大正活映と松竹の提携は、単なる大正活映の経営難ゆえのやむなき提携ではなく、当時の日本では契約館確保の常套手段としておこなわれていたことだったのである。

こうした日本市場の特性は、アメリカ市場と比較するとより明確となる。アメリカではフィルムレンタル業者が早くに現れ、製作者と興行者の橋渡しをおこなう。製作者は、製作した映画をレンタル業者に託し、映画館はレンタル業者から映画を手に入れる。この仕組みゆえに、アメリカでは新規参入の製作者も興行者も自由に市場に入り込めた。アメリカで一九〇五年以降にニッケルオデオン・ブームと呼ばれる映画館の開場ラッシュが起こり、アメリカ映画産業を急成長させたのも、このフィルムレンタル業者の存在なしでは考えられない。他方、日本では製作者が配給業も兼ねるため、直接に映画館と契約し、映画を供給する。映画館は契約した映画会社以外の映画は基本、上映しない。この契約により、映画の興行価値によって上映館が増減するフリーブッキングとは異なり、製作者と映画館の供給関係は長期的に固定される。また日本の映画館は通常、外国映画よりも集客力がある日本映画を手に入れたいと望む傾向が強い。そのため日本映画を安定的に供給できない会社は、映画館の契約をとるのがなかなかに困難となる。したがって、配給する日本映画がない外資の映画会社や、日本映画の製作本数が希少かつ斬新すぎる映画会社は、映画館と特約を結ぶのが大変難しくなる。結局そうした会社は、日本映画の安定供給を可能にし、かつ利益が上がる映画館数を確保するために他社との提携や合同が必要になる（ユニバーサル社が阪妻と提携するのはそのためである）。大正活映に合同の噂が常につきまとっていたのは、こうした日本特有の市場システムが深く関係するのである。

新参者の大正活映が日本市場特有の慣例に難儀したことは、その関係者の発言からもうかがい知ることができる。例えば、栗原トーマスは「製作者と興行者とを各独立させるに至つて始めて優秀な映画が作成され、然かも非常な勢で進歩し」うる、だから日本でもアメリカのように「映画の製作者と、興行者とが分離しなければならない機運になつていることは確かでせう」[77]と述べている。もちろん、これは栗原の希望的観測にすぎない。同じく、浅草電気館の経営者であり、大正活映の重役として契約館の獲得に尽力した新井精司も、「映画の製造と配給とを独立せしめよ」と題した記事のなかで次のように述べる。

> 現在、日本一として自他共に許している日活会社が、すでに、製造と営業配給とを兼ねているなぞは、日本の活動界が、活動の輸入以来約二十年を閲しているにかゝはらず、何物の進歩を遂げていない事を裏書してあまりある事である。製作と配給とを一会社が兼ねる事が何故に良くない事かと言ふに、例へば、日活に、非常に優秀なる西洋物が輸入せられたことする《ママ》、すれば《ママ》日活は、莫大なる広告費と其の他の金を投じて自己の関係館のみに上演する。此の場合、他流会社は、自分の常設館をして、此の映画を上映せしめる事は絶対に出来ない。日活は、折角、輸入した映画を、自己が畑にうつし植えるだけで、最後は、自分の倉庫の下積にしてしまふまでゝある[78]。

日本の配給システムを批判して、新井はこのように主張する。映画会社と映画館の特約システムがなくなり、映画館の経営者が映画会社に縛られることなく自由に映画を選べるようになれば、現状のようにせっかく輸入した高価な映画が契約館だけで上映され、十分に活用されないまま倉庫に眠る弊害はなくなるはずであるといっているのだ。逆にいえば、現行の配給システムでは、映画館が映画会社との契約に縛られているため、どんなにいい映画でも「限られた常設館」でしか上映できず、それでは「平凡な結果」しか出せないと不満を述べているのである。新井は、日活を例に日本の配給システムを批判するが、実際には当時の新会社である大正活映のことを述べていたと考えられる。なぜなら、それは日活のような数百の特約館をもつ老舗映画会社よりもむしろ、大正活映のような地盤がない新会社にとって切実な問題だったからである。

事実、大正活映は、浅草電気館の新井や神戸菊水館の大島らの協力により全国に契約館を増やしたが、その数は百館にも満たなかった。これでは、グリフィス監督の大作映画やチャップリン主演の人気映画など高価なアメリカ映画を上映しても、とても十分な利益は上げられない。だからこそ、最終的に大正活映は松竹と提携する以外に道がなかったのである。

6　大正活映の残党と外国映画のセカンドラン

大正活映は、これまでの映画史言説では、松竹との提携によって消滅した会社であるかのように語られてきた。例えば南部爾太郎は次のように述べている。

有力なる実業家の後援を有し、海外大会社と円満なる取引を有し、本邦最大の名監督栗原氏を擁した大活が突如として名誉ある降服に甘じ、過去二年八ヶ月間に築き得た地盤を投出すの止むなきに至つた真相に照魔鏡を向けたい（略）大活は事業の上には奇跡的な進歩を見せて純興行師の舌を捲かしめたけれども経済的には余り有望ではなかつた、於此大正十年秋百卅萬円の増資をなし此急場を救はうとして一時は其目的を達したが其時彼が近き将来に廃倒す可き運命を握つたのである。果然引継き国活と合併なる一術策は施されんとし其常務の諫止に会ひ、暫しの命を延したが、軈て浅野系統の大整理に遭遇するや、秘密裡に而も疾風迅雷に松竹と提携を発表したのである、其間熱烈なる諫止を挟む余裕もなく八月十四日調印は了せられ、事実上永久に滅し去つた。(79)

つまり南部は、理想的な映画会社だった大正活映は日本の古めかしい映画界に飲み込まれ、座礁し沈没したと感傷的な調子で述べているのである。このように松竹との提携を大正活映の最期と見なす感傷的な叙述は、そのあとに続く田中純一郎や田代慶一郎もほぼ同じである。

「大正活映が、どういうわけで解散になるのか、私たち研究生には皆目見当もつかなかった」（『映画監督五十年』）とのちに内田吐夢は回想している。突然打ち出されたこの製作方針の転換は、戦後景気のあとに続いた不況が次第に慢性化の様相を呈し、大正活映の出資会社たる東洋汽船も経営状態が急速に悪化しだしたことによるのである。浅野良三のいわば道楽事業とも言えたこの映画製作のごときはまず最初に緊縮の対象となった。（略）純映画劇の製作をとりやめ、新派映画の製作で苦境をしのごうとした大正活映は、一一年八月には松竹キネマに併合されてしまう。こうして、一時日本映画界に新風を吹き込んだ大正活映は、まことにあっけなく姿を消した。(80)

ここでも浅野良三の道楽で始まった大正活映は、松竹との合併を最後に幕を閉じる、と認識されていたことがわかる。

しかし、そうしたロマンチックな叙述に反して大正活映は、実のところ一九二七年まで存続している。松竹との提携契約が満了する二五年九月、大正活映は欧州映画およびアメリカ映画の配給興行会社として再建される（以下、第二次大正活映と表記）。経営陣は、社長に浅野良三、取締役は志茂成保、中谷義一郎、岩崎昌、浅野泰治郎、渡邊勝三郎、阿部吾市、関守造、橋本梅太郎、監査役は関根要八、浅野八郎、澤木三郎である。(81)これは松竹と提携する前とほぼ同じ陣容だった。

第二次大正活映は、一九二五年末までに浅草の東京館と芝区新堀町の芝園館、神田表神保町の南明座を直営館とする。事務所は芝園館に置かれた。東京館は一五年一月に日活が浅草に開場し、二四年三月一日に新築再開場した外国映画の封切り館である。大正活映はそこを二五年九月四日に直営とする。約千五百人収容、外観は白レンガ造り、ホールは椅子席が基本で、特等席には座敷席もあった。弁士には奥田康彦や田中敏郎などがいた。また、南明座は、桃中軒雲右衛門と人気を二分していた吉田奈良丸が二四年八月二十七日に浪花節の理想的な劇場として開場したホールである。浪花節がない日は帝キネの映画を封切り上映していたが、生駒雷遊興行部の直営となり、二五年十二月十八日からは大正活映が直営する。ちなみに生駒は、新宿武蔵野館の弁士・徳川夢声と人気を競っていた浅草千代田館の人気弁士である。

そして芝園館は、浅野財閥の主要会社のひとつである浅野セメント鉄筋コンクリート部が施工した五階建て本建築の、収容人数二千三百人の劇場である。休憩室や喫煙室、化粧室、食堂など高級劇場並みの設備を整えていた。弁士や楽士は四十人ほどいて、開場時は生駒雷遊が直営するが、二五年九月四日に「大正活映復興披露」との鳴り物入りで大正活映の直営として改築再開場する。入場料は特等一円五十銭、一等一円、二等五十銭と高めである。以下は芝園館の改築再開場の広告である。当時のホール内の様子がうかがわれる。

○階下を普通席として下足の儘出入御自由。
○特一等は勿論普通席も全部ひぢ附安楽椅子。
○靴のお方は階上でもカバーなしで其儘お上り願へます。
○下駄のお方に階上は草履をお貸し致します。
○御婦人方の為に畳桟敷を新設致しました。
○スクリーン、床、壁、テスリを根本的に改造致しました。
説明者 金井秀香・坂野清勝・月丘思雪・林秀峰
入場料　五十銭、一円、一円五十銭(82)

この広告からは、改築後の芝園館は、外履きのまま館内を歩ける都内でも指折りの外国映画専門館であり、下駄の音が映画鑑賞をじゃましないよう、静かな環境に注意が払われていたことがわかる。また、和服の女性用に畳桟敷席を設けるなど、女性客の勧誘に積極的だったことも見て取れる。

重要なのは、この第二次大正活映の直営三館が、日本での外国映画のセカンドラン興行を牽引する点である。これらは都内の封切り館で上映されたアメリカ映画の大作を再上映する場になるのである。例えば、一九二五年八月二十六日にファースト・ナショナル社の日本支社設立披露興行として帝国劇場で封切り公開されたフランク・ロイド監督の『シー・ホーク *The Sea Hawk*』（一九二四年）は、二五年十月二日から東京館と芝園館で再上映された。あるいは、二五年十月二十五日から松竹が歌舞伎座で封切り公開したバスター・キートン主演・監督の『海底王キートン *The Navigator*』（一九二四年）は、二六年一月二十二日にやはり東京館と芝園館で再上映される。また、良質な映画であれば、アメリカ映画だけでなく、欧州映画も再上映された。例えば芝園館と南明座は、フランスのパテ社披露興行として二六年一月二十六日に封切り公開されたアベル・ガンス監督の『鉄路の白薔薇 *La Roue*』（一九二三年）を二六年四月二十三日から再上映する（パテ社日本代理店のパテーコンソルシアムは志茂成保が顧問）。大正活映の直営館のほかには新宿武蔵野館や大久保キネマ、目黒キネマなどでも外国映画のセカンドラン興行がおこなわれた。そして、そうした映画館で再上映されることが、良質な映画の証しと見なされるようになる（のちの名画座につながる興行）。

もう一つ重要なのは、第二次大正活映の直営館が、日本でのパラマウント映画の最初の興行地盤となる点である。パラマウント日本支社は、かつてユニバーサル社の東洋総支配人として日本初の外資系映画会社を開設したトム・D・コクレンが同社を退社し、一九二二年にパラマウント社の東洋総支配人として再来日して設立した会社である。コクレンは浅草千代田館を直営として、二二年九月十三日から第一回興行をおこなう。そして第二次大正活映の直営館を次々と手に入れる。まずは、第二次大正活映との契約が満了した東京館が、二六年八月一日からパラマウント日本支社と浅草日本館支配人である太田団次郎の共同経営となる。次は、芝園館が二六年九月三日からパラマウントの直営館となる。南明座も、同日付でパラマウント日本支社と第二次大正活映の中谷義一郎が設立した中谷興行部との共同経営となり、翌二七年一月からは、パラマウント直営となる。その後南明座は、八月一日からフリーブッキング方式で興行を開始する。こうして第二次大正活映の直営館はすべてパラマウント系となり、それが日本でのパラマウントの地盤構築の足がかりになる。

興味深いのは、大正活映の映画館を奪った松竹と、この第二次大正活映の映画館を奪ったパラマウント社が、日本での外国映画興行の新しい覇者となる点である。日本にアメリカのサウンド映画旋風が吹き荒れる一九三〇年、松竹合名社の松竹座チェーンは、パラマウント・サーキットと提携してS・P（松竹パ社興行社）を設立、日本映画界のサウンド化を大きく前進させる。これを機に、日本映画の音は本格的に生の音から機械の音へ、弁士の声から俳優の声へと移っていくのである。

一九二七年五月、第二次大正活映はついに解散する。解散後、中谷は中谷映画興行部を設立し、芝園館や南明座、渋谷道玄坂キネマ（三千人収容、弁士には徳川夢声らがいた）に映画を配給する。そのとき、中谷と行動をともにし、大正活映の後始末をしたのが金指英一である。[83] 金指は浅野良三の秘書から東洋フィルム会社に入社、そして大正活映に移った人物である。のちに森岩雄や「配給の神様」佐生正三郎とともに、東宝の創業に尽力する。[84] ちなみにその佐生正三郎も、東洋汽船から映画界に入り、ユニバーサルやパラマウントの日本支社でコクレンからアメリカ式の配給システムを学んだ人物である。このように、東洋汽船の社員が日本の配給システムの発展に果たした役割は、思いのほか大きいのである。

おわりに

こうしてみると大正活映の映画事業は、アメリカ式の配給システムを導入し、日本での著作権や興行権の認識のありように揺さぶりをかけていたことがわかる。それは、世界映画市場の覇権が欧州からアメリカへと移り、アメリカのシステムが新たにグローバルな流通の標準になろうとする時代に、その新しい世界標準にいち早く照準を合わせ、日本の映画市場を世界に接合しようとするものだったともいえる。したがって大正活映の映画史的意義は、単に革新的な日本映画を作ろうとしたというだけでなく、アジア太平洋を雄飛していた日本の海運会社のひとつである東洋汽船が、アメリカを中心に世界の映画配給システムが様変わりする時代に、その資本と人材を投入し、日本を新しい世界秩序に接続しようとしていた点にもあることを見落としてはならない。

参考資料　大正活映直営・浅草千代田館の上映記録（一九二〇年六月十二日―二一年七月十八日）

以下の表は、大正活映が浅草千代田館を直営していた一九二〇年（大正九年）六月十二日から二一年（大正十一年）七月十八日までの上映記録を「東京朝日新聞」の広告をもとに作成し、「読売新聞」の広告で確認したものである。

表内は、上から順に、広告が掲載された「東京朝日新聞」の発行年月日、映画の邦題名および製作会社名と巻数、続いて映画の公開日を記載した。大正活映が製作して上映した映画は＊、その前身の東洋フィルム会社が製作して大正活映が上映した映画は＊＊を施した。映画の題名は、広告に掲載されたままを書き写した。そのため、映画雑誌などで流通している題名と微妙に違うものもある。例えば『煙草屋の娘』が『たばこ屋の娘』、あるいは『狂へる悪魔』（監督：トーマス栗原、一九二一年）が『狂える悪魔』と記してあるのは、そのためである。

図82　千代田館のプログラム。「後藤三次 *Sanji Goto*」（別題『成金』）は東洋フィルム会社が1918年に製作した中島岩五郎（洋好）主演の短篇
（出典：「千代田週報」第62号〔1921年8月10日号〕表紙、松田集編『帝都封切館――戦前映画プログラム・コレクション』フィルムアート社、1994年、12ページ）

広告に掲載された外国の製作会社名のうち、頻出する会社には省略名を使用した。フ社はファースト・ナショナル社（First National Pictures Inc. 一九一七年設立）、ゴ社はゴールドウィン社（Goldwyn Pictures Corporation. 一九一六年設立）、メ社はメトロ社（Metro Pictures Corporation. 一九一五年設立）、ヴ社はヴァイタグラフ社（Vitagraph Company of

図83　千代田館プログラム。チャップリンの『キッド』（1921年）で共演したジャッキー・クーガンが表紙を飾る。当時の大正活映は、のちに名作と称されることになる映画を次々に公開している
（出典：「千代田週報」第66号〔1921年9月7日号〕表紙、前掲『帝都封切館』11ページ）

America. 一八九八年設立）を指す。これらはすべてアメリカの映画会社である。

大正活映の封切り館は浅草千代田館だが、映画によっては有楽座を借りてロードショー興行をおこなった。例えば、大正活映の初興行となるオペラ歌手ジェラルディン・ファーラー主演の『沙漠の情火 *Flame of the Desert*』（監督：レジナルド・バーカー、一九一九年）は、一九二〇年五月十五日から有楽座で公開後、二〇年六月十二日に浅草千代田館で公開した。大正活映が有楽座でロードショー興行をするのは、アラ・ナジモヴァ主演の『紅燈祭 *The Red Lantern*』（監督：アルベール・カペラーニ、一九一九年）や『死よりも強し *Stronger Than Death*』（監督：ハーバート・ブラーシュ、一九二〇年）、ルドルフ・ヴァレンティノ主演の『黙示録の四騎士 *The Four Horsemen of the Apocalypse*』（監督：レックス・イングラム、一九二一年）、D・W・グリフィス監督の『散り行く花 *Broken Blossoms*』（一九一九年）などアメリカから直輸入した大作映画、あるいは大正活映製作の長篇映画——谷崎潤一郎が関与した『アマチュア倶楽部』『葛飾砂子』『蛇性の婬』など——である。つまり、大正活映が上映する映画のなかでも、高い集客率を期待できる映画を選んで、有楽座でロードショー興行をしていたことがわかる。

一方、浅草千代田館では、大正活映がアメリカから直輸入した映画と大正活映とその前身の東洋フィルム会社が製作した映画のほぼすべてを公開している。〝ほぼすべて〟としたのは、栗原トーマスが病に倒れたあと、地方に急増した映画館との契約を獲得するために志茂成保が製作を宣言した大正活映の新派劇映画（『薄命の女』〔神田で封切り〕や『若僧の恋』〔水戸で封切り〕など）は地方で封切られ、浅草千代田館では公開されていないからである（当時は神田も〝地方〟）。東洋フィルム会社が製作した『ビューティフル・ジャパン *Beautiful Japan*』

は『美しき日本』、『後藤三次 *Sanji Goto*』は『成金』と改題して大正活映の輸出映画として公開された。

大正活映が浅草千代田館の広告に掲載した映画の本数は、一九二〇年から二二年までの三年間で約四百五十本である（再映も含む、詳細不明の短篇特集は一、連続映画は上映ごとに一と数えた）。そのうち大正活映が製作した映画の公開本数は三十本、東洋フィルム会社が製作した映画は二本であり、輸入映画の公開本数が圧倒的に多かったことがわかる。

輸入した映画は主に、ゴールドウィン社、メトロ社、ファースト・ナショナル社の製作である。要するに、一九一〇年代中頃、新たに誕生した映画の都ハリウッドの草創期に、これまでにない豪華な映画を作ってハリウッド映画の名声を築いていった新進気鋭の映画会社の作品を興行の目玉にしていたことがわかる。ゴールドウィン社は、一六年にサミュエル・ゴールドフィッシュ（のちのゴールドウィン）がハリウッドに設立した会社である。有名俳優による有名舞台をそのまま、あるいは翻案して映画化し、当時大変な人気があった。また、メトロ社は一五年にハリウッドに創立された映画会社で、大予算の上質な映画の製作を目標として、著名な小説の映画化などを積極的におこなっていた。一九年にはマーカス・ロウに買収され、二四年に合併されたゴールドウィン社とともに、豪華作品を売りにするメトロ・ゴールドウィン・メイヤー（Metro-Goldwyn-Mayer）、すなわちＭＧＭとなる。他方、ファースト・ナショナル社は、アメリカの映画興行者が集まって、自分たちの映画館に配給する映画を自分たちで製作する目的で、一七年に設立した映画会社である。チャップリンと契約して『犬の生活 *A Dog's Life*』（一九一八年）や『キッド』（一九二一年）などを製作配給し、当時最大のパラマウント社と肩を並べるほどの大会社であった。

ところが一九二一年夏、大正活映はアロー映画社と契約し、秋頃からアロー映画社の供給による映画の上映が増えていく。アロー映画社はもともと、アメリカのＭＰＰＣメンバーとなったフランスのパテ社がアメリカ市場で供給するための映画を製作していたアメリカの会社である。一五年末に改組し、タンハウザー社の副社長Ｗ・Ｅ・シャレンバーガーが社長となるが、ＭＰＰＣの消滅後、二〇年代にはフィルムレンタル業に転じ、中頃に姿を消す。二〇年代にアロー映画社が供給した映画が、メトロ社やファースト・ナショナル社とは比べものにならない小品であったことはいうまでもない。実際、二〇年から二一年の初秋ごろまで、大正活映は広告にファースト・ナショナル社やメトロ社などアメリカの製作会社の名前を宣伝材料として積極的に使用していたのに対して、二一年末から二二年にかけての広告にそれらの製作会社の名前はわずかにすぎない。この事実こそ、大正活映がこの頃すでに弱体化していたことの証左といえるだろう。

一方、自社映画の公開は、検閲で差し止められた『煙草屋の娘』を一九二一年十一月二日に浅草千代田館で公開して以降は、ほとんどなくなる。そして二二年春にはなんと有楽座で、映画ではなく舞台を興行する。栗原トーマスが水谷八重子に演技指導を施し、カメラマンがそれを撮影するという筋の作品であった。栗原の役は本人が演じた。二二年四月七日付「朝日新聞」によれば、演じられた舞台は客席から撮影され、その撮影した映像は浅草千代田館で四月八日から公開予定とある。〈ゲキ×シネ〉とまではいかない、舞台の記録映画のようなものだろう。ただし、その映画を実際に公開したかどうかは不明である。舞台を撮影した映像を上映することは新しい試みといえなくもないが、大正活映はよほど公開する映画に困窮していたともいえる。

掲載日	上映作品（製作会社、巻数）、*大活製作　**東洋フィルム製作	上映日予告
一九二〇年六月十二日	大正活動直営第一回興行『砂漠の情火』（七巻）、『極内証』（五巻）、『新婚旅行』（一巻）	
一九二〇年六月十九日	『霹靂』（フ社、五巻）、『アルヂー卿夫妻』（ゴ社、六巻）	二十日封切り
一九二〇年六月二十七日	『愛の絆』（ゴ社、五巻）、『ピントー』（ゴ社、五巻）、『二弗頂戴』	二十七日上映
一九二〇年七月三日	『懐しのケンタッキー』（七巻）、『犬の子ハム君』（四巻）、『ほつと一息』（二巻）	三日上映
一九二〇年七月十日	『ジュビロー』（六巻）	十日から

一九二〇年七月十五日　『笑みの酬』（五巻）、『彼女は勝てり』（七巻）、『ビルの宙返り』（一巻）、『写真北米行脚』（一巻）　十五日から

一九二〇年七月十七日　『笑の酬』（五巻）、『彼女は勝てり』（七巻）、『ビルの宙返り』（一巻）

一九二〇年七月二十四日　『愛の為めに』（ゴ社、七巻）、『新星発見』（一巻）、『男らしき男』（五巻）　二十四日封切り

一九二〇年八月一日　『柳の精』（メ社、六巻）、『河畔の古塔』（六巻）、『世話好のビル君』　三十一日から

一九二〇年八月七日　『氷原の彼方へ』（フ社）、『牧師と女』（五巻）、『飛んだ間違』

一九二〇年八月十四日　『コルシカの兄弟』（六巻）、『虐げられて』（五巻）　十四日封切り

一九二〇年八月二十一日　『THE LITTLE SHEPHERD OF KINGDOM COME』（ゴ社、六巻）、『男と狼』、『一大難局』　二十一日封切り

一九二〇年八月二十七日　『白銀の群』（ゴ社、七巻）、『十三号室』（ゴ社、五巻）　二十七日封切り

一九二〇年九月三日　**ダグラス大会**『ビル君』　三日から

一九二〇年九月十日　『懐しのケンタッキー』（七巻）、『ピントー』（五巻）、『霹靂』（五巻）、『ジュビロー』（五巻）　十日から

一九二〇年九月十七日　『海底の驚異』、『新カルメン』　十七日から

一九二〇年九月二十四日　『猛虎の脅威』（十五篇三十一巻のうち一―三篇七巻）、**ニコニコ大会**『放浪の一夜』（二巻）、『人魚の群』（二巻）、『脱兎の如く』（五巻）、『百万弗』（二巻）、『デカとチビ』（一巻）　二十四日から

一九二〇年十月一日　『弗と心』（ゴ社、五巻）、『猛虎の脅威』（四―六篇六巻）、『野生の叫』（五巻）　一日から

一九二〇年十月七日　『死よりも強し』（メ社）、『猛虎の脅威』（七―九篇六巻）、『新家庭』（二巻）　七日か

一九二〇年十月十四日　『夢みし国』（フ社、七巻）、『子煩悩』（二巻）、『猛虎の脅威』（十―十二篇六巻）　十四日から
一九二〇年十月二十一日　『嵐は過ぎぬ』（フ社、六巻）、『猛虎の脅威』（十三―十五篇六巻）、『平和と戦争』（二巻）　二十一日封切り
一九二〇年十月二十八日　『明暗の女』（フ社、六巻）、『二週の後』（六巻）、『マンハッタン』（五巻）　二十八日から
一九二〇年十一月四日　『美の悲哀』（フ社、六巻）、『空中美人』（二巻）、『神の悪戯』（メ社、七巻）、*『明治神宮鎮座祭』、『水中美人』（二巻）　四日から
一九二〇年十一月十一日　『結婚する勿れ』（フ社、六巻）、『迷路の秘密』（十五篇三十巻のうち一―三篇六巻）、『名門の血』（フ社、六巻）　十一日から
一九二〇年十一月十八日　『餓鬼娘』（メ社、七巻）、『ヴァレンタイン』（メ社、六巻）、『迷路の秘密』（四―五篇四巻）　十八日封切り
一九二〇年十一月二十五日　『渇仰の舞姫』（フ社、七巻）、『荒野の花』（フ社、七巻）、『迷路の秘密』（六―七篇）、*『米国大野球団来朝実写第一報』　二十五日から
一九二〇年十一月二十七日　『渇仰の舞姫』（フ社、七巻）、『荒野の花』（フ社、七巻）、『迷路の秘密』（六―七篇）、*『米国大野球団来朝実写第二報』
一九二〇年十二月二日　『古今サロメ』（メ社、六巻）、*『アマチュア倶楽部』（五巻）、『迷路の秘密』（八―十篇）　二日から

一九二〇年十二月九日

『其夜の懺悔』（メ社、六巻）、『新夫婦』、『明日は晴れ』（メ社、六巻）、『迷路の秘密』（十一―十三篇）　九日から

一九二〇年十二月十六日

『紅燈祭』（メ社、七巻）、『お転婆さん』（メ社、六巻）、『迷路の秘密』（十四―十五篇）　十六日から

一九二〇年十二月二十三日

『渇仰の舞姫』（七巻）、『笑の酬』（五巻）、『死よりも強し』（七巻）、『氷原の彼方へ』（六巻）、『白銀の群』（七巻）、**『美しき日本』　二十三日から

一九二〇年十二月三十日

チャプリン・デブ大会『拳闘家』（二巻）、『給仕のチャーリー』（二巻）、『茶目のチャーリー』（二巻）、『芝居のチャーリー』（二巻）、『デレデレデブ君』（一巻）、『デブ君の行水』（一巻）、『デブ君のシャレ者』（一巻）、『多忙のデブ君』（一巻）　三十

図84　『アマチュア倶楽部』1920年11月19日有楽座封切り公開、原作・谷崎潤一郎、脚色・谷崎潤一郎、監督・栗原トーマス（写真協力：公益財団法人川喜多記念映画文化財団）

図85　『紅燈祭 The Red Lantern』1919年メトロ社製作、1920年12月16日浅草千代田館封切り公開、アラ・ナジモヴァ主演（写真協力：公益財団法人川喜多記念映画文化財団）

図86　『葛飾砂子』1920年12月28日有楽座封切り公開、原作・泉鏡花、脚色・谷崎潤一郎、監督・栗原トーマス（写真協力：公益財団法人川喜多記念映画文化財団）

日から一月三日まで

一九二一年一月六日　『鳥人獣人』（フ社）、『幼児の心』（メ社、六巻）、『ハムレット』　六日から

一九二一年一月十三日　**喜劇大会**『ホテル騒動』（二巻）、『下宿のチャーリー』、『デブのペテン』（二巻）、『デブの妻君』、『誕生日』（二巻）、『黒ン坊ボーイ』（二巻）、『学校友達』（二巻）、『一睡の夢』（二巻）、『大茶目小茶目』（二巻）　十三日から

一九二一年一月二十日　『審きの日』（七巻）、『生の願』（フ社、五巻）、＊『葛飾砂子』（三巻）、＊『元旦の撮影』（二巻）　二十日から

一九二一年一月二十七日　『明滅の灯台』（メ社、六巻）、『夜半ロマンス』（フ社、六巻）、『暗号の四美人』（十五篇三十巻のうち一―二篇）、＊『泥の災難』（三巻）　二十七日封切り

一九二一年二月三日　『赤熱の十字架』（メ社、七巻）、『愛国者』（五巻）、『暗号の四美人』（三―五篇六巻）、＊『五万円』　三日から

一九二一年二月十日　『太陽児』（メ社、六巻）、『暗号の四美人』（六―七篇四巻）、『アントニーとクレオパトラ』、『お菓子の御使』（ゴ社、二巻）　十日から

一九二一年二月十七日　『羊飼う乙女』（フ社、六巻）、『嵐を衝いて』（ゴ社、六巻）、『暗号の四美人』（八―九篇四巻）、『日曜学校』　十七日から

一九二一年二月二十四日　『女性の賜』（フ社、六巻）、『神の犠牲』（五巻）、『ヒポコン』（ゴ社、二巻）、『暗号の四美人』（十―十一篇四巻）　二十四日から

一九二一年三月二日　『黎明の女性』（フ社、六巻）、『魔の囚』（メ社、六巻）、『暗号の四美人』（十二―十五篇八巻）　二日から

一九二一年三月九日　『再生の曙光』（メ社）、『ジンクス』（ゴ社、五巻）、『一転機』（フ社、六巻）　九日封切り

一九二一年三月十六日　＊『神の摂理』（二巻）、『コルシカの兄弟』（六巻）、『餓鬼娘』（メ社、七巻）、『結婚する勿れ』（フ社、六巻）、『愛の為めに』（ゴ社、七巻）　十六日から

一九二一年三月二十三日　『イソベル』（七巻）、『清濁』（フ社、六巻）、『愛の霊光』（ゴ社、五巻）　二十三日封切り

一九二一年三月三十日　＊『雛祭の夜』（四巻）、『母の留守』（ゴ社、二巻）、『黄台風』（フ社、六巻）、『夢のソ

ロモン』（メ社、七巻）　三十日から三日まで
一九二一年四月六日　**ニコニコ喜劇大会**チャプリンほか七種、＊『米国曲芸飛行』　六日から
一九二一年四月七日　＊『夢の旅路』（三巻）
一九二一年四月十三日　『天空より海底へ』（メ社、六巻）、『誉の選手』（ゴ社、六巻）、＊『怪指紋』（四巻）、＊『曲芸飛行第三報』　十三日から
一九二一年四月二十日　『疑はるゝ女』（ゴ社、五巻）、『鉄拳舞踏』（フ社、六巻）、『蹄の響』（五巻）　二十日封切り
一九二一年四月二十七日　『マンクスマン』（十巻）、『名投手』、『痛快市長』（ゴ社、六巻）　二十七日から
一九二一年五月四日　『海の雄叫』（メ社）、『嘘』（ゴ社、五巻）、『幽霊泥棒』、『木霊』（五巻）　四日封切り
一九二一年五月十一日　『大北の生』（フ社、六巻）、『牡丹刷毛』（メ社、六巻）、『暗影』（ゴ社、六巻）、『探検家』（二巻）、＊『喜撰法師』（二巻）　十一日から
一九二一年五月十五日　『牡丹刷毛』（メ社、六巻）、『大北の生』（フ社、六巻）、『暗影』（ゴ社、六巻）
一九二一年五月十八日　『喘ぐ霊魂』（メ社、六巻）、『俺あヂムさ』（ゴ社、六巻）、『赤熱の十字架』（メ社、七巻）　十八日から
一九二一年五月二十五日　『迷信』（メ社、六巻）、『恋と宝玉』（ゴ社、五巻）、『懐しのケンタッキー』（フ社、七巻）　二十五日から
一九二一年五月二十九日　＊『加州大学野球団来襲実況第一報第二報』　本日から
一九二一年六月一日　『天罰』（ゴ社、七巻）、『其家の女』（フ社、七巻）、『運命の記録』（メ社、六巻）、『成金エドガー』（二巻）、＊『加州大学野球団来朝戦実況』　一日から
一九二一年六月八日　『鳥人獣人』（七巻）、『古今サロメ』（六巻）、『明日は晴』（六巻）、『名門の血』（六巻）、『沙漠の情火』（七巻）　八日から

一九二一年六月十五日　『唸る鉄腕』（ヴ社、十巻）、『ローザ』（ゴ社、五巻）、『曲芸エドガー』（二巻）、＊『弱者の夢』（二巻）　十五日から
一九二一年六月二十二日　『喇叭島』（ヴ社）、『唸る鉄腕』（八巻）　二十二日から
一九二一年六月二十九日　『平和の谷』（フ社、六巻）、『脅かす女』（メ社、六巻）、『唸る鉄腕』（六巻）　二十九日封切り
一九二一年七月六日　『ディンティー』（フ社、七巻）、『唸る鉄腕』（八巻）、『故郷を出でて』（五巻）、＊『保津川下り』、『参いったか』　六日封切り
一九二一年七月十三日　ニコニコ大会『やせ姫』（ゴ社、六巻）、『海水浴美人』　十三日封切り
一九二一年七月二十日　『暗雲時代』（ゴ社、七巻）、＊『狂へる悪魔』（三巻）、『気儘妻』（フ社、六巻）　二十日から
一九二一年七月二十七日　『湖上の一夜』（フ社、六巻）、『其家の怪人』（メ社、六巻）、『白い馬』、『ナイヤガラ大瀑布』　二十七日封切り
一九二一年八月三日　『情熱の薔薇』（フ社、七巻）、『彼女の真価』（メ社、六巻）　三日から
一九二一年八月十日　『懐しの泉』（フ社、六巻）、＊＊『成金』（五巻）、エドガー傑作集『また食べたい』ほか三種（八巻）　十日から
一九二一年八月十二日　『懐しの泉』（六巻）、『成金』（五巻）、『エドガー少年』、『キッド』（フ社、六巻）　本日から
一九二一年八月十七日　ニコニコ大会チャップリンほか八種（十四巻）、＊『アマチュア倶楽部』（五巻）　十七日から
一九二一年八月二十四日　『南海のほとり』（メ社、六巻）、『二週の後』（フ社、六巻）、『餌食』（ヴ社、六巻）、『ジンクス』（ゴ社、五巻）、『三つの恋』（ゴ社、五巻）　二十四日から

図87 『蛇性の婬』1921年9月6日有楽座封切り公開、原作・上田秋成、脚色・谷崎潤一郎、監督・栗原トーマス（写真協力：公益財団法人川喜多記念映画文化財団）

一九二一年八月三十一日　『死人に口なし』（ヴ社、七巻）、『海の雄叫』（六巻）、『明滅の燈台』（六巻）、『運動の解剖』　三十一日から

一九二一年九月七日　『自然児』（六巻）、『ディンティー』（七巻）、『キッド』（六巻）　七日から

一九二一年九月十四日　『神秘の幻影』（十五篇三十巻のうち一―三篇六巻）、『愛の虜』（六巻）、『岩窟の奇縁』（六巻）、『ラリーのパン屋』（二巻）　十四日封切り

一九二一年九月二十一日　『誓の白薔薇』（フ社、六巻）、『学窓を出でて』（ゴ社、五巻）、『神秘の幻影』（四―六篇六巻）、『店頭騒ぎ』（二巻）　二十一日封切り

一九二一年九月二十八日　『青春と乙女』（フ社、六巻）、『運命の街』（ゴ社、六巻）、『神秘の幻影』（七―九篇六巻）、『エドガー名探偵』（二巻）　二十八日封切り

一九二一年十月五日　『神国と其女』（ヴ社、五巻）、『水郷の歌』（ゴ社、五巻）、『神秘の幻影』（十―十二篇六巻）、『地上一千呎』（アロー社、二巻）　五日から

一九二一年十月十二日　ニコニコ大会『大当り』（二巻）、『お化自動車』（二巻）、『屋上の花婿』（二巻）、『雪は止むでも』（二巻）、『バディの功名』（二巻）、『欲しい銀杯』（二巻）、『神秘の幻影』（十三―十五篇六巻）　十二日から

一九二一年十月十九日　『復讐のアルプス』（メ社、六巻）、＊『蛇性の婬』（十巻）、『暗示の時計』（アロー社、六巻）　十九日から

一九二一年十月二十一日　『ナット』（ユナイテッド・アーティスツ社、六巻）

一九二一年十月二十六日　『歓楽の沐浴』（ヴ社、五巻）、『太平洋の娘』（ゴ社、六巻）、『氷雪を踏んで』（アロー社、六巻）、＊『九校端艇競漕実況』、＊『大日本帝国』（十三巻のうち二巻）　二十六日から

一九二一年十一月二日　『刻印の乳房』（七巻）、『鏡中の影』（六巻）、『情熱の渦巻』（六巻）、＊『たばこ屋の娘』（二巻）　二日から

一九二一年十一月九日　『恋の名人』（フ社、五巻）、『南方の碧血』（ヴ社、七巻）、『太洋の鬼』（ゴ社、七巻）、『ヒック』（二巻）　九日から

一九二一年十一月十六日　『懐しの泉』（六巻）、『紅燈祭』（七巻）、『再生の曙光』（七巻）、『牡丹刷毛』（六巻）四日間

一九二一年十一月二十日　『其家の女』（七巻）、『俺アヂムさ』（六巻）、『情熱の薔薇』（七巻）、『鉄拳舞踏』（六巻）　二十日から二十二日まで

一九二一年十一月二十三日　『涙の船唄』（フ社、六巻）、『若人よ純なれ』（メ社、六巻）、『哀愁の調』（ゴ社、六巻）　二十三日から

一九二一年十一月三十日　『後のジュデックス』（ゴーモン社、十二篇三十六巻のうち一―六篇十八巻）、『巌頭の懺悔』（アドラー社、四篇八巻）　三十日から

一九二一年十二月七日　『後のジュデックス』（七―十二篇十八巻）、『讃美歌と鼻唄』（ゴ社、五巻）　七日から

一九二一年十二月十二日　*『摂政殿下実演御台覧の光景』、『カウボーイカウガールのサーカス』、『正邪の騎士』（五巻）、『飛んだり跳ねたり』（二巻）、『雪国の掟』（パインツリー社、六巻）、『家庭生活』、『飛鳥の如く』（アロー社、五巻）　十二日から

一九二一年十二月十九日　『紅涙の宝刀』（ヴ社、七巻）、『青春の夢』（フ社、六巻）、『醒めよ若者』（ゴ社、六巻）、『チャプリン銀行』　十九日から

一九二一年十二月二十四日　**クリスマス興行正喜劇大会**　『平和の谷』（六巻）、『極内証』（五巻）、『お転婆さん』（六巻）、『生の願』（六巻）、『ローザ』（六巻）　二十四日から

一九二一年十二月二十九日　『ニコニコ結婚生活』（五巻）、『ラリーと舞姫』、『美人満載』、『第二運動の解剖』、『馬上の雄姿』（五巻）　三十日封切り

一九二二年一月六日　『世界と其女』（七巻）、『水原の獅子吼』（フ社、六巻）、『天下の男』（ゴ社、五巻）六日封切り

一九二二年一月十三日　『のんき者』（五巻）、『穴居美人』（二巻）、『風呂屋の化物』（二巻）、『処嫌わず』（二巻）、『素的な一幕』（二巻）、『地獄廻り』（二巻）、『第三運動の解剖』　十三日から

一九二二年一月二十日　『光明の氷原』（ゴ社、六巻）、『黒馬物語』（ヴ社、七巻）、『幕になる迄』（フ社、五巻）、*『実写国民葬』、*『軍艦陸奥』　二十日から

一九二二年一月二十七日　『無条件』（フ社、六巻）、『煉獄』（フ社、七巻）、『駒鳥の舞』（ヴ社、六巻）、*『実写加奈陀横断』（十四巻のうち一篇）　二十七日上映

一九二二年二月二日　『秘密の扉』（フ社、七巻）、『紅の唇』（五巻）、『雪の日の思出』（ヴ社、六巻）　二日から

一九二三年二月九日　『弱き者女よ』（アロー社、六巻）、『老人議会』（六巻）、『X夫人』（ゴ社、七巻）　九日から

一九二三年二月十六日　『青狐』（十五篇三十巻のうち一―四篇八巻）、**ニコニコ大会**『安全第一』（フ社、五巻）、『鍛冶屋さん』（二巻）、『好きな水泳』（二巻）、『俺の領分』（二巻）　十六日封切り

一九二三年二月二十三日　『正義の力』（ヴ社、五巻）、『旋風児』（五巻）、『青狐』（五―八篇八巻）、『ヂャンク』（二巻）　二十三日封切り

一九二三年三月二日　『奇跡』（フ社、七巻）、『歓楽の美酒』（アロー社、六巻）、『青狐』（九―十二篇八巻）　二日封切り

一九二三年三月九日　『大ターザン』（十五篇三十一巻のうち十六巻）、『青狐』（十三―十五篇六巻）、『運命の人形』（フ社、七巻）　九日から

一九二三年三月十六日　**ニコニコ風船玉珍優ラリー大会**『楽屋騒ぎ』（二巻）、『ラリーと舞姫』（二巻）、『急転直下』（二巻）、『ヒック』（二巻）、『ラリーのパン屋』（二巻）、『店頭騒ぎ』（二巻）、『大ターザン』　十六日から

一九二三年三月二十三日　『灼熱の刻印』（ゴ社、七巻）、『闇の囁き』（五巻）、『大ターザン』　二十三日から

一九二三年三月三十日　『海底の黄金』（六巻）、『紫の暗号』（ヴ社、五巻）、『大ターザン』　三十日から

一九二三年四月六日　『学生時代』（六巻）、『六六六』（六巻）、『大ターザン』　六日封切り

一九二三年四月十三日　『天下泰平』（フ社、五巻）、『大ターザン』、『エドガー少年』ほか五種（十巻）　十三日から

一九二三年四月二十日　*『娘道成寺』（二巻）、『獅子奮迅』（ヴ社、十五篇三十巻）、『母呼ぶ声』（六巻）、『緑の花祭』（六巻）　二十日から

一九二二年四月二十七日　『極光の娘』（六巻）、『鉄拳一撃』（五巻）、『獅子奮迅』（八巻）　二十七日から
一九二二年五月四日　『雪の其夜』（六巻）、『女作家の恋』（五巻）、エドガー傑作集四種（八巻）、『獅子奮迅』　四日から
一九二二年五月十一日　『口笛吹いて』（五巻）、『死後の霊魂』（七巻）、『名優生活』、『獅子奮迅』（六巻）　十一日封切り
一九二二年五月十二日　『黙示録の四騎士』（メ社、十一巻）　十二日から
一九二二年五月十九日　『死後の霊魂』（七巻）、『口笛吹いて』（五巻）、『名優生活』（一巻）、『獅子奮迅』（六巻）　十九日から六日間
一九二二年五月二十五日　**大活説明班競演大会**『白夜の国』（五巻）、『閉扉せる』（五巻）、『囁の市』（五巻）、『名優生活』　二十五日封切り
一九二二年六月一日　『猛獣と女神』（十五篇三十一巻）、『海から来た男』（五巻）、『現代の女』（五巻）　一

図88　『黙示録の四騎士 The Four Horsemen of the Apocalypse』1921年メトロ社製作、1922年5月12日浅草千代田館封切り公開、ルドルフ・ヴァレンティノ主演（写真協力：公益財団法人川喜多記念映画文化財団）

一九二二年六月八日　日から
一九二二年六月十五日　『二代成金』（ヴ社、七巻）、『秘密結婚』（五巻）、『猛獣と女神』　八日封切り
　『北を指して』（五巻）、『猛獣と女神』、『鳥人ラリー』（二巻）、『腰抜山賊』（二巻）、
　『あはて者』（二巻）、『名優生活』（二巻）　十五日から
一九二二年六月二十三日　『靴と恋』（六巻）、『北海の秘密』（六巻）、『猛獣と女神』　二十三日封切り
一九二二年六月三十日　『海に咲く花』（六巻）、『猛獣と女神』（二十─三十一巻）、『滑稽消防夫』（二巻）、
　『名優生活』　三十日から
一九二二年七月七日　『赤誠の審』（六巻）、『涙の船唄』（六巻）、『大北の生』（六巻）、『学窓を出でて』（五
　巻）、『神の悪戯』（七巻）　七日から
一九二二年七月十四日　『腕白少年』（ワーナー社、七巻）、『馬鹿息子』（メ社、七巻）、『男子怒れば』（五巻）、
　『写真屋さん』、『滑稽競□□』　十四日から五日間

注
（1）浅野総一郎と東洋汽船については松浦章「第1部　東洋汽船の活動」（松浦章／笹川慶子『東洋汽船と映画』所収、関西大学出版部、二〇一六年）を参照。
（2）田中純一郎「秘稿日本映画　第27回」「キネマ旬報」一九六六年九月上旬号、キネマ旬報社、四八ページ
（3）同記事四九ページ
（4）南部爾太郎「大活回顧録　其三」「活動画報」一九二二年十二月号、飛行社、一一六ページ
（5）前掲「秘稿日本映画　第27回」四八ページ
（6）橘弘一郎編著『谷崎潤一郎先生著書総目録　別巻　演劇・映画篇』ギャラリー吾八、一九六一年、岡部龍編『資料　帰山教正とトーマス栗原の業跡──天活（国活）と大活の動向』（「日本映画史素稿」第八集）、フィルムライブラリー

協議会、一九七三年
（7）田代慶一郎「大正ロマン」、嶋田厚ほか『大正感情史』所収、日本書籍、一九七九年、千葉伸夫『映画と谷崎』青蛙房、一九八九年、服部宏『トーマス栗原――日本映画の革命児』（小田原ライブラリー）、夢工房、二〇〇五年
（8）平野正裕「大正期横浜における映画製作と「純映画劇運動」――大正活映とトーマス栗原、あるいは日本に於ける映画監督の誕生」「横浜開港資料館紀要」第二十五号、横浜開港資料館、二〇〇七年、五―五八ページ、前掲「ヒストリオグラフィーと概念の複数性」二一―二一ページ
（9）「谷崎潤一郎氏が呎画製作に係る」「都新聞」一九二〇年五月四日付、七面
（10）谷崎潤一郎「映画のことなど」「新潮」一九五五年四月号、新潮社、三四五ページ
（11）谷崎潤一郎「映画雑感」「新小説」一九二一年三月号、春陽堂、三〇―三一ページ
（12）「大正活映株式会社撮影所――横浜市山手町七十七番地」「活動倶楽部」一九二一年六月号、活動倶楽部社、二六ページ
（13）吉山旭光「各社スタヂオ巡礼記」「活動倶楽部」一九二三年四月号、活動倶楽部社、一三九ページ
（14）前掲「大正活映株式会社撮影所」二六―二七ページ
（15）同記事二七ページ
（16）谷崎潤一郎「其の歓びを感謝せざるを得ない」「活動倶楽部」一九二〇年十二月号、活動倶楽部社、一八ページ
（17）「大正活映の純新派悲劇製作 理想主義の新傾向」「映画新聞」一九二二年一月号、二ページ
（18）黒顔子「松竹大活合併より千代田館問題に至る真相」「活動倶楽部」一九二二年十一月号、活動倶楽部社、二八ページ
（19）「大正活映増資」「活動雑誌」一九二一年十一月号、活動雑誌社、一七〇ページ
（20）「スタヂオ巡礼記」「活動雑誌」一九二一年十月号、活動雑誌社、一一〇ページ
（21）志茂成保「大活は理想を捨てず」「活動画報」一九二二年二月号、飛行社、三〇―三一ページ
（22）石巻良夫「本邦映画興行概観」、前掲『日本映画事業総覧 大正十五年版』所収、三二―五五ページ
（23）「大活の横浜撮影所で無名映画協会の撮影 近藤伊與吉若手連の暗中飛躍」「活動雑誌」一九二二年五月号、活動雑

誌社、九四―九五ページ。無名映画協会は、帰山教正の映画芸術協会を離れた青山杉作と近藤伊與吉が二巻物の喜劇を作る目的で組織した。徳川夢声、谷崎潤一郎、花房種太らが顧問を務める。撮影所が閉鎖されていた大正活映の葉山三千子や高橋英一らも参加。

(24)「大活の娘道成寺」「キネマ旬報」一九二二年五月一日号、キネマ旬報社、七ページ

(25)前掲「スタヂオ巡礼記」一一〇ページ。前掲『資料 帰山教正とトーマス栗原の業跡』は、記事の題名を「『煙草屋の娘』検閲禍と国鉄宣伝映画その他」と記すが、正しくは「スタヂオ巡礼記」である。

(26)例えば前掲『日本映画史』第一巻、一六七―一六九ページ、ほか多数。

(27)前掲「其の歓びを感謝せざるを得ない」一八―一九ページ

(28)前掲「映画のことなど」三四六ページ

(29)栗原トーマス「活動写真と僕」「活動倶楽部」一九二〇年六月号、活動倶楽部社、二二ページ

(30)栗原喜三郎「映画劇と感想断片録」、前掲「活動雑誌」一九二一年十月号、六九ページ

(31)「商業登記公告」「横浜貿易新報」一九二〇年五月四日付、六面

(32)広告「キネマ旬報」一九二〇年七月十一日号、黒甕社、一八ページ。大正活映専門雑誌「ムーヴィー THE MOVIE」は大正映画研究会によって一九二一年二月に創刊される。

(33)大正活映株式会社「本社の理想と事業一般」「映画倶楽部」一九二二年二月号、映画倶楽部社、三八―三九ページ。記事は文部省主催「活動写真展覧会」の記録を編集したもの。

(34)編集局「果して日本映画界の転機時代来るか?」「活動倶楽部」一九二〇年五月号、活動倶楽部社、九二―九三ページ

(35)帰山教正「大正活動写真株式会社の設立――誌上の一隅を借りて」、前掲「活動倶楽部」一九二〇年六月号、二四―二五ページ

(36)前掲「果して日本映画界の転機時代来るか?」九三ページ

(37)同記事九三ページ

(38)志茂成保「太平洋会議と活動写真の事業」「活動雑誌」一九二二年三月号、活動雑誌社、一二九ページ

(39)三木生「大正活動写真株式会社を訪ねて」、前掲「活動倶楽部」一九二〇年六月号、二二—二三ページ
(40)前掲『日本映画史』第一巻、一六七—一六九ページ
(41)「大正活映株式会社発展史」「活動倶楽部」一九二〇年十月号、活動倶楽部社、七七ページ
(42)立花白蝶「大活と営業成績如何」「活動倶楽部」一九二一年五月号、活動倶楽部社、一二六ページ
(43)播磨勝太郎については第3部第1章を参照。
(44)日本では最初、日本映画と外国映画の混成興行が主流であり、日本の映画会社は海外に社員を派遣するなどして外国映画を輸入し契約館に供給していた。だが一九二〇年代になって日本映画の生産と消費量が急増すると、外国映画は国内外の輸入会社や供給会社と契約して手に入れるようになる。
(45)ホーレス・テー・クラーク「大正活動との契約に就て」「活動倶楽部」一九二〇年八月号、活動倶楽部社、六二—六三ページ。クラークはデヴィッド・P・ハウエルズ社の東洋支配人。一九二三年にファースト・ナショナル社に移り、インド、ビルマ、タイ、セイロン、中国、日本、フィリピン、オランダ領東インド諸島やイギリス領海峡植民地などを転々としたあと、神戸にアジア市場開拓の拠点として同社の支社を設立する。ハウエルズ社はニューヨーク本社を拠点に、ロンドンやパリ、ベルリン、ローマなどに支社をもっていた。
(46)「撮影の内幕種あかし」、前掲「活動倶楽部」一九二〇年十二月号、写真ページ
(47)一記者「椰子の葉蔭から—大正活動写真会社提供 有楽座封切映画を見て」「活動倶楽部」一九二〇年七月号、活動倶楽部社、二四—二五ページ
(48)「有楽座の『撮影実演』を見る」「読売新聞」一九二三年四月七日付、七面。新聞には千代田館で四月八日から上映する予定とある。
(49)広告「東京朝日新聞」一九二〇年六月九日付、七面
(50)中西一失「映画断片(2)」「キネマ旬報」一九二一年四月十一日号、黒甕社、一〇ページ
(51)田中幹人「京都者の不平」、同誌一〇ページ
(52)太田黄鳥「問題になつた映画」「活動画報」一九二三年七月号、飛行社、四七—四九ページ
(53)「映画版権侵害の訴」「活動新聞」一九二一年十月一日付、一面、「映画複製で訴へらる 版権侵害として活動界の大

問題」「東京朝日新聞」一九二一年七月二十九日付、二面
(54) 広告「東京朝日新聞」一九二二年五月十二日付、三面、広告「東京朝日新聞」一九二二年五月十三日付、二面
(55) 新川碧流「最近の映画争議」、前掲「活動画報」一九二二年七月号、三八ページ
(56) 大正活映株式会社「『散り行く花』と背徳漢藤浪無鳴」「活動雑誌」一九二二年七月号、活動雑誌社、一三六—一三七ページ
(57) 例えば平野正裕の前掲「大正期横浜における映画製作と「純映画劇運動」」はその図式で叙述している。
(58) 前掲「秘稿日本映画 第27回」四九ページ
(59) 石井迷花「日本に於ける映画興行権問題」、前掲「活動画報」一九二二年七月号、二九—三〇ページ
(60) 同記事二九—三〇ページ
(61) 片野暁詩「映画の興行権と不正映画に就て」、同誌三九—四一ページ
(62) 広告「活動倶楽部」一九二二年三月号、活動倶楽部社
(63) 「活動噂ばなし」「東京朝日新聞」一九二二年一月十六日付、四面
(64) 「時報」「キネマ旬報」一九二〇年十二月一日号、黒甕社、九ページ
(65) 「拡大されたる盗難・複写・興行権問題——盗難輸出防止会の設立も絶対困難な問題か」、前掲「活動雑誌」一九二一年十一月号、九八—九九ページ
(66) 前掲「問題になつた映画」四七—四九ページ
(67) 「大活の部 大連続ターザン大好評」「活動倶楽部」一九二二年五月号、活動倶楽部社、一二六ページ
(68) 前掲「果して日本映画界の転機時代来るか？」九三ページ
(69) 前掲「本社の理想と事業一般」三九ページ
(70) 広告「東京朝日新聞」一九二二年八月十六日付、三面。「キネマ旬報」一九二二年九月一日号（キネマ旬報社）の広告にも同じ内容が掲載されている。
(71) 大正活映撮影所の閉鎖後、撮影技師の稲見興美はそこに大正活動写真製作所を新たに立ち上げ、撮影請負業を始める（「大正活動写真製作所創立」「キネマ旬報」一九二二年十月二十一日号、キネマ旬報社、一一ページ）。

(72)「大活の部 大活帝キネマの合同」、前掲「活動倶楽部」一九二二年四月号、一三三ページ
(73)「大正活動と帝国キネマ」、前掲「活動倶楽部」一九二〇年八月号、一二七ページ
(74)「活動噂ばなし」「東京朝日新聞」一九二一年十一月十日付、三面、「大活の部 国活大活合同の其後」、前掲「活動倶楽部」一九二二年四月号、一三三ページ
(75)前掲「松竹大活合併より千代田館問題に至る真相」三〇ページ
(76)「記者曰く」、前掲「活動倶楽部」一九二二年十一月号、三五ページ
(77)栗原喜三郎「映画製作者を独立せしめよ」、前掲「活動雑誌」一九二二年五月号、一三三ページ
(78)新井精司「映画の製造と配給とを独立せしめよ」、前掲「活動倶楽部」一九二二年十一月号、三四―三五ページ。新井は浅草電気館や浅草千代田館のほか、全国に映画館を経営。
(79)前掲「大活回顧録 其三」一一六―一一七ページ
(80)前掲「大正ロマン」一五〇―一五一ページ
(81)「大正活映株式会社」、前掲『日本映画事業総覧 大正十五年版』所収、二六二―二六三ページ
(82)広告「東京朝日新聞」一九二五年九月四日付、六面
(83)金指英一「東洋汽船と大正活映」、前掲『資料 帰山教正とトーマス栗原の業跡』所収、六一ページ。中谷義一郎と金指英一は、大阪毎日新聞社/活動写真研究会編の『映画大観』(春草堂、一九二四年)に執筆するなど、大正活映と松竹の提携中も、行動をともにしていた。両者は大戦中の映画配給社(映配)南方局でも一緒だった。
(84)岩崎昶『映画史』(日本現代史大系)、東洋経済新報社、一九六一年、一〇六ページ

第2章　東洋汽船の映画事業参入と近代日本――東洋フィルム会社の創設

はじめに

日本映画史研究では、大正末期に大正活映という映画会社が存在し、そこに谷崎潤一郎が参加して、『アマチュア倶楽部』という革命的に新しい映画を作ったことはよく知られている。だが、大正活映の前に東洋フィルム会社という会社があったこと、その出資者が東洋汽船会社だったこと、さらにその会社が、香港やサンフランシスコで映画ビジネスをしていたベンジャミン・ブロッキー（Benjamin Brodsky. 一八七五／七七―一九六〇）というロシア移民を雇い、海外市場に進出しようとしていたことは、あまり知られていない。

東洋フィルム会社は、作品偏重の日本映画史という思考の枠内で考えれば、短命に終わった、取るに足らない映画会社にすぎない。だが、近代日本、あるいは世界のなかの日本といった、もっと大きな枠組みで捉え直すと、その存在意義はとても重要なものとなる。世界の映画流通の中心が欧州からアメリカに移る二十世紀初頭、コペルニクス的な大変動を鋭く察知して真っ先に反応したのが、当時、物流の最先端にいた汽船会社のひとつ東洋汽船会社である。東洋汽船の浅野総一郎は、日本の映画産業がハリウッドのような国家の基幹産業に育つことを期待する大隈重信や渋沢栄一ら日本政・財界の期待にいち早く応じて、東洋フィルム会社を設立する。

この東洋フィルム会社に関する資料は、まるで意図的に消されたのではないかと思うほどに少ない。しかし、わずかに残された資料をもとに、本章では東洋フィルム会社の歴史的意義をこれまでと違う側面から明らかにしたい。そこで以下では、東洋フィルム会社が製作した映画『ビューティフル・ジャパン *Beautiful Japan*』(一九一七―一八年製作)を取り上げ、汽船会社がなぜ映画事業に挑んだのかを明らかにする。それによって近代日本の映画産業の歴史を、作品偏重の映画史の枠を超えた、地球規模の政治的・経済的な交渉のなかに捉え直す。

1　東洋フィルム会社とは

東洋フィルム会社とは、東洋汽船会社が出資し、大正活映の前身となった映画会社である。(1) 東洋汽船会社は一八九八年にサンフランシスコ、ホノルル、横浜、香港を結ぶ定期船を就航し、太平洋航路にその名を馳せた汽船会社であり、横浜に本社を置いていた。東洋フィルム会社の事務所も一九一七年、横浜市の山下町三十一番地に設立され、のちに大正活映が引き継ぐことになる。社長は東洋汽船会社社長・浅野総一郎の二男、浅野良三である。良三は未来の社長たるべく、アメリカのハーバード大学で教育を受け、一二年に卒業し、そのあとすぐ東洋汽船に入社する。そして約五年後、東洋フィルム会社の社長に就任するのである。

同社の支配人兼製作責任者は、アメリカから招喚されて一九一七年の夏に横浜に降り立ったベンジャミン・ブロツキーである。ブロツキーは、香港に中国製造影片有限公司(China Cinema Co. Ltd. 一九一四―一八年)を設立し、袁世凱の息子たちや紫禁城など貴重な中国の風景を撮影した紀行映画『経過中国 *A Trip Through China*』(一九一二―一五年製作、一六―一七年アメリカ公開)を製作、ロサンゼルスやニューヨークなどアメリカ各地で公開して批評的にも興行的にも大成功をおさめていた。東洋フィルム会社が、ブロツキーを支配人に抜擢したのは、そうした彼のアメリカや中国での成功体験を評価してのことだろう。

東洋フィルム会社の撮影所は、横浜のオフィスに近い山手町七十七番地に開所された。必要な機材はハリウッドで調達し、東洋汽船の船でサンフランシスコから横浜に運ばれた。俳優や監督もハリウッドでスカウトし、横浜に連れてきた。のちに大正活映で活躍する栗原トーマスも、このときハリウッドでスカウトされ、一九一八年四月に横浜に到着する。東洋フィルム会社は、一七年から一八年のあいだに劇映画一本と観光宣伝映画一本を製作した。劇映画は、日本のチャップリンの異名を取る中島岩五郎（洋好）主演の短篇『後藤三次 *Sanji Goto*』（一九一八年製作、別題『成金』）、観光宣伝映画は日本全国の名所・名跡を撮影した長篇『ビューティフル・ジャパン』（別題『美しき日本』）である。両作品とも、帝国ホテルで試写会をしたあと、アメリカに売り込んでいる。だが期待した成果、『経過中国』のような批評的かつ興行的な成功をおさめることはできなかった。なお、東洋フィルム会社の後身である大正活映は、『後藤三次』を『成金』と改題して浅草千代田館や日本橋水天館などで公開する。『ビューティフル・ジャパン』も『美しき日本』と改題して浅草千代田館で公開した。

岡田正子ら先行研究の成果によって、以上のような東洋フィルム会社の概要が明らかになったが、ここで疑問に思うのは、なぜ日本の汽船会社が一九一七年に、いきなり映画会社を作るのかである。当時、日本には日活と天活という二つの大きな映画会社があり、市場を独占していた。第1章で述べたように、日本には映画会社と映画館のあいだに独特の契約の習わしがあったため、市場への新規参入は大変難しかったはずである。にもかかわらず、なぜ業界をよく知らないはずの汽船会社が一七年に突如として映画事業に進出するのだろうか。

その謎を解く鍵となるのが、東洋フィルム会社が、設立と同時に作りだす映画『ビューティフル・ジャパン』である。この映画は日本の名所・名跡を紹介する内容で、現在はワシントンD.C.のスミソニアン国立自然史博物館が保管している。(2) 元駐日大使ローランド・S・モリスの遺族が寄贈したものだが、本章では、この映画を糸口として、東洋汽船がなぜ東洋フィルム会社に出資し映画会社を設立したのかを明らかにする。そこでまずは、一九一七年前後の東洋汽船がどのような状況にあったのかを確認しておこう。

一九一七年といえば、第一次世界大戦中である。東洋汽船は、日本の汽船会社としてサンフランシスコ航路を独占し、アメリカの汽船会社の挑戦に「負けじと」奮闘していた。一九年二月十六日付「東京朝日新聞」の記事「満員の＝外遊名士連＝大景気の東洋汽船　依然鼻息凄まじく太平洋上に米国の汽船と覇を争はんエライ意気組（ママ）」には次のようにある。

　桑港横浜間の太平洋航路に従事せる我東洋汽船は大戦以来殊に同航路に於ける旅客輸送権を掌握し独占的の好況を持続して来たが平和克復の近き昨今米国諸汽船会社も亦捲土重来の勢ひを以て東洋航路を復旧し若くは新設するであろうが孰れにしても天洋、春洋以上の大型船を差廻して同航路の覇□競は□事は経営上入費倒れとなり到底能くし得べからざる情勢にあるを看破した同社は鼻息の荒さを熄めず日の丸の扇を太平洋上に靡せて奮然挑戦の臍を固めている。(3)（□＝不明文字）

　このあたりの事情を確認すると、一九一五年に米国新海員法が成立している。(4)これによって、アジアの安い人件費に頼っていたアメリカの汽船会社は太平洋航路の維持が困難となり、撤退を余儀なくされる。東洋汽船は、このとき撤退するアメリカの汽船会社から船を買収し、太平洋航路に就航して太平洋の海を独占する。(5)しかし、一六年にアメリカの汽船会社が復活、新しい船を太平洋航路に大量投入して日本の独占を崩そうとする。(6)これは東洋汽船にとって大変な脅威だった。こうした海運業の状況下で、東洋汽船は東洋フィルム会社を設立し、映画『ビューティフル・ジャパン』を製作しているのである。したがって東洋汽船は、今後太平洋航路で厳しくなることが予想される日米競争に備え、利用客の増加を目指して宣伝映画を製作した、と考えることも可能である。

　ところが、東洋汽船の一九一八年度上半期と下半期の収支報告書を比べると、多少の利益減とはいえ、立派な黒字だったことがわかる。(7)東洋汽船の社史『東洋汽船六十四年の歩み』にも、海運業が不況の呈を見せるのは一九年末からであり、一七年は東洋汽船創業以来、過去最高の業績を記録したとある。(8)ならば、アメリカの汽船会社復活の脅威で、戦々恐々として宣伝映画を作ったということはなさそうである。実際、先に引用した「東京朝日新聞」にも東洋汽船が「依然鼻息凄まじく」頑張っているとある。したがって、理由はほかにあったと考えるほうが自然だろう。

一つ考えられるのは、当時、新しいサービスとして人気だった船内上映のために、日本を紹介する映画を製作した可能性である。映画は、映写機とフィルム、そして白い壁さえあれば、どこでも上映できる。一九〇〇年にはすでに北大西洋航路の定期船でバイオグラフの映画を蓄音機から流れる音楽と合わせて上映した記録もある。(9) 一〇年代初頭までには船内上映が長い船旅の人気サービスとなり、上映設備を完備した豪華客船が太平洋を往来するようになる。(10) 東洋汽船もそのサービスを取り入れ、天洋丸や地洋丸など豪華客船でアジアに向かう乗客を対象に、船内で映画を上映していたかもしれない。そのために日本の観光名所を紹介する映画『ビューティフル・ジャパン』を製作した可能性は否定できないのである。

しかし、東洋汽船が東洋フィルム会社を設立して映画を製作したのには、実はほかにもっと重要な理由がある。そもそも、この映画は東洋汽船や東洋フィルム会社の企画ではなく、外部の依頼で製作した映画だった。依頼者は、外国人観光客の誘致と斡旋をおこなう目的で一九一二年に設立された社団法人ジャパン・ツーリスト・ビューロー（以下、ビューローと略記）である。戦後、日本交通公社に改称し、民営化されてジェイティービー（JTB）となる半官半民の組織である。つまり『ビューティフル・ジャパン』は、一企業の利益のために作られたものではなかったのである。

それでは、なぜビューローは『ビューティフル・ジャパン』を作ろうとしたのか。この半官半民の組織を設立するにあたり中心となった人物は、鉄道院の木下淑夫であった。ほかに平井晴二郎（鉄道院副総裁）、大道良太（鉄道院）、生野団六（同）、国澤新兵衛（南満洲鉄道）、清野長太郎（同）、龍居頼三（同）、近藤廉平（日本郵船）、林民雄（同）、小林政吉（同）、浅野総一郎（東洋汽船）、白石元治郎（同）、井坂孝（同）、林愛作（帝国ホテル）といった鉄道院や鉄道会社、汽船会社、ホテル、劇場、デパートなど、近代日本の観光事業に関連する省庁や企業が発起人に名を連ねている。[11] 創立総会の出席者は錚々たる顔ぶれである。その一覧を以下に記す。

中橋徳五郎（大阪商船）、大屋権平（朝鮮総督府鉄道局）、内田嘉吉（台湾総督府鉄道部）、岩下清周（箕面有馬電気軌道）、吉野傳治（東武鉄道代理）、濱岡光哲（京都電気鉄道）、井上敬次郎（東京市電気局長松木幹一郎代理）、石井良一（大阪市電気鉄道代理）、今西林三郎（阪神電気鉄道）、青木正太郎（京濱電気鉄道）、草郷清四郎（小田原電気鉄道）、上野吉二郎（横浜電気会社）、山口正造（富士屋ホテル）、山口堅吉（同）、金谷眞一（金谷ホテル）、新井秀夫（日光ホテル）、北村重昌（精養軒ホテル）、井上喜太郎（京都ホテル）、坂巻正太郎（東京ホテル＋レーキサイドホテル）、樋口忠助（樋口ホテル）、青山和三郎（海浜院ホテル）、佐藤熊太（軽井沢ホテル）、柏熊福太郎（みかどホテル）、高田鉄次郎（名古屋ホテル）、梅原宙峰（敦賀ホテル）、猪原貞雄（奈良ホテル）、小倉鎭之助（横浜電気鉄道）、成瀬正忠（嵐山電車軌道）、藤村喜七（三越呉服店代理）、飯田藤次郎（高島屋代理）、穂積太郎（横浜正金代理）、御木本幸吉（御木本商店）、能勢常太郎（西村商店代理）、野村洋三（さむらい商会）、手塚猛昌（帝国劇場）、坂本省三（歌舞伎座）、西村仁兵衛（大日本ホテル）、大塚卯三郎（大阪ホテル）、平尾久晴（大東館ホテル）、飯田伊佐夫（三笠ホテル）、佐藤国三郎（萬平ホテル）[12]

注目すべきは、このビューローに貴賓会の中核メンバーが参加していたことである。貴賓会とは、一八九三年に、渋沢栄一と三井の益田孝男ら著名な財界人が発起人となって設立した、民間の外客斡旋組織である。[13] 事務所は、渋沢と益田が株主だった帝国ホテル内に置かれた。それがのちに発展して東京商工会議所となる。貴賓会の目的は、日本を訪れる身分の高い客をもてなし、観光の便宜を図ることであり、日本の貿易発達の一助になることを目指した。

我が国山河風光の秀、美術工芸の妙、夙に海外の称讃する所なり、万里来遊の紳士淑女は日に月に多きを加

表１　浅野が渋沢とともに経営に参加した企業の一部

年　社名	浅野総一郎	渋沢栄一
1884年（明治17年）　磐城炭礦株式会社	取締役会長	会長
1887年（明治20年）　大日本人造肥料株式会社	監査役	取締役会長
1887年（明治20年）　東京製綱株式会社	取締役	取締役会長
1887年（明治20年）　札幌麦酒株式会社	発起人	発起人、会長
1890年（明治23年）　株式会社帝国ホテル	監査役	理事長
1896年（明治29年）　東洋汽船株式会社	取締役社長	監査役
1896年（明治29年）　浦賀船渠株式会社	取締役会長	相談役
1897年（明治30年）　広島水力電気株式会社	設立賛助	設立賛助、取締役会長
1898年（明治31年）　浅野セメント合資会社	業務執行社員社長	監査役
1901年（明治34年）　茨城採炭株式会社	監査役	相談役
1906年（明治39年）　石狩石炭株式会社	取締役社長	顧問
1907年（明治40年）　帝国劇場株式会社	監査役	取締役会長

（出典：渋沢栄一記念財団「渋沢栄一ゆかりの地」〔http://www.shibusawa.or.jp/〕［2016年3月31日アクセス］）

ふるも之を待遇する施設備らず、旅客をして失望せしむること少なからざるを遺憾とし、同志者深く之を慨し遠来の士女を歓待し行旅の快楽、観光の便利を享受せしめ、間接には彼我の交際を親密にし貿易の発達を助成するを以て目的とす。(14)

貴賓会の精神は、その中核メンバーを介して、ビューローに引き継がれることになる。

貴賓会やビューローに参画した企業の多くは、渋沢栄一が絡んだ企業である。東洋汽船もそのひとつだった。東洋汽船の浅野総一郎は、磐城炭礦株式会社をはじめ、浅野セメント合資会社や帝国ホテル、帝国劇場など、多くの事業で渋沢と行動をともにしている。

こうした状況を踏まえて『ビューティフル・ジャパン』を捉え直すと、次のようになる。『ビューティフル・ジャパン』は、渋沢を中心とする貴賓会の活動を引き継いだジャパン・ツーリスト・ビューローの依頼を受けて、外客斡旋および誘致の宣伝のために、ビューローの中核メンバーである浅野が東洋フィルム会社を設立し、製作した映画だったのである。

このような複雑な経緯は、『ビューティフル・ジャパン』

という映画のテクストにも現れている。つまりこの映画は、視点の一貫性に欠け、複数の視点が入り交じっているのである。映画の詳細は第5章で述べるので、ここではその製作背景ゆえに雑居することになった複数の視点を整理しておこう。

まずはビューローの視点である。『ビューティフル・ジャパン』の場面の多くは、一九一四年に鉄道院が出版した英文案内書『公式東亜旅行案内 *An Official Guide to Eastern Asia*』に掲載された名所と重なっている。この案内書は、香港や上海、日本などアジアに住む富裕層やエリート層の欧米人、あるいは旅が大衆化した時代に、あえて特権的な旅を求めてアジアに来るような欧米の富裕層やエリート層、そして国内外に設置されたビューローの案内所を訪れる欧米人や日本人などに向けて作られている。映画には京都や別府、日光など、その案内書に掲載された名所が数多く登場する。次に、ビューローとは異なる貴賓会の視点がある。美術工芸、学校、製造工場などの場面がこれにあたる。それらはビューローの案内書には掲載されていないが、貴賓会の要綱に含まれている場面である。さらに、鉄道院や高島屋デパートなど、ビューローの構成員と関連する場面も含まれている。とくに場面数が多く、最も印象的に語られているのは、浅野セメント工場や浅野造船所など浅野総一郎の事業である。そして最後は、映画を撮影したブロッキーの視点である。オリエンタリズム的感性を満足させたであろう日本人の生活や風習が、中国で彼が製作した『経過中国』と通底する手法で紹介されている。

このように、『ビューティフル・ジャパン』とは政府と企業、そして西洋人であるブロッキーなどさまざまな思惑が一つの映画に放り込まれた散漫な映画なのである。観光の目的で日本を訪れたい外国人を勧誘する目的で作られたにもかかわらず、日本人でなければ見分けがつかない似たような名所・名跡の映像が続き、観光名所になりえない工場の風景が繰り返されるのはそのせいだろう。

しかし、『ビューティフル・ジャパン』が作られた文脈は理解できたが、依然として疑問なのは、それではなぜビューローは、その映画を一九一二年の設立後すぐではなく、五年もたった一七年に作ろうとしたのかである。その理由は、ひとつの会社、ひとつの組織のなかだけで考えても見えてこない。もっと大きな文脈で捉える必要がある。

まず考えておくべき点は、大隈重信内閣の外客誘致政策案である。一九一六年大隈内閣は、大戦後の不況を見込んで、外貨獲得手段として経済調査会に外客誘致に関する調査を要求する。調査会が提出した外客誘致政策案は可決され、ビューローの活動は国が援助することになる。以下に、第二次大隈内閣経済調査会の具体案を記す。

（一）

観光外客誘致に関する各般の施設を完備せしむる為め、官民関係者を以つて組織する常設調査機関を置き、適切なる方策を考究せしむべきこと。

（二）

我国民中、往々漫遊外客を厚遇するを非難冷笑する偏狭の見解を懐くものあり、これ等は不知不識の間に漫遊外客誘致の事業に障害を与へるのみならず、外人をして本邦文化の程度並国民性を誤解せしむるの原因をなすの懼れあり、故に将来は一層普通教育程度の教科書、又は教育学若くは学者名士の講演等により、一般国民に対し本事業に関する正当の観念を与へその公徳心の養成を図ると共に、遠来の外客を厚遇する良風美俗を醇致せしむべきこと。

（三）

観光外客の宿泊に供すべき内地の「ホテル」は今後ます〳〵発達を期するの要あり、然るに現在は収支の関係上、その改善を望むべからざるものゝみならず、概ね経営困難の状態にあり故に政府及地方公供《（ママ）》団体は、これに相当の保護奨励を与へ、その経営を便ならしむると共に国有鉄道及地方公供《（ママ）》団体は、必要の地に「ホテル」を建設し、これを直営するか又は低廉なる料金をもつて確実なる営業者に貸付する等にあり、漫遊外客の便利を図ること。

（四）

「ジャパン・ツーリスト・ビューロー」は我国に於ける外客誘致の機関とし、その事蹟見るべきもの多し、故に政府は今後その組織を確固ならしむると共に、その事業を保護し、且つ関係者をしてますく〱これを援助せしむるの方針をとり、将来一層その活動を促すべきこと。

（五）

案内業者（ガイド）は内務省令に依る取締りと、営業上の必要に依る自制心と相俟つて漸次従来の弊風を矯正せしむるの現状にあるも、尚は今後は一層その改善を図り、一方にはますく〱これが取締りを厳にし、その弊風を除去すると共に、他方には可及的その営業上の利便を図り、以つて彼等をして自主向上の精神を涵養せしむるに努むべきこと。

（六）

政府は我国自然の風致と人工の美の維持保存に関し、従来諸般の施政を行ひ来れり、然して漫遊外客の誘致に関し、とくに本邦がほかに優越せる便宜を存するも、又畢竟その風光の明媚、その気候の温和にして神社仏閣の古建造物並古代美術品の観るべきもの〻富めるによる、故に将来ますく〱その施設を改善すると同時に、国内交通機関改良及各般の文明的施設の完全を図り所詮天然と人工相俟つて漫遊外客の利便を増進し、慰安享楽の目的を達せしむるの途を講ずること。(15)

とくに注目したいのは、政府が外客誘致のために官民による調査機関を組織し、その組織が「国民の公徳心の養成を図る」とともに、政府はこの組織を保護し援助して「文明的」施設の改善と国内交通機関の改良に努める、とした点である。残念ながら、その政策は大隈内閣の解散で実行されずに終わってしまうのだが、一九一九年の第四十一回帝国議会衆議院で再度、同じような内容の「外客の誘致及待遇に関する建議案」が提案・採択され、実行に移される。つまり、大隈内閣の提案は実行されなかったが、政府内に外客誘致政策の必要性は認識され続けていたのである。

この外客誘致政策の提案から採択実行までの三年間に浅野総一郎が何をしていたかを確認すると、『ビューティフル・ジャパン』の製作意図が見えてくる。内閣が経済調査会に外客誘致に関する調査を依頼する一九一六年末、浅野は、神戸の外国人向け高級ホテルであるオリエンタル・ホテルを買収し、一七年四月に開業の準備を整える。[16] そして同年の夏に、横浜に東洋フィルム会社を開設。香港からブロツキーを呼び寄せ、彼をその支配人兼製作者とし、秋には「活動写真列車」を走らせ、二年がかりで全国各地を撮影し『ビューティフル・ジャパン』を製作する。さらに一八年には、東洋汽船の拠点があるサンフランシスコにサンライズ映画会社（Sunrise Film Manufacturing Company）を開設。外客誘致政策が可決される一九年にブロツキーがその映画をもって渡米、サンライズ映画会社を拠点にアメリカでの配給を試みる。つまり、この三年間の浅野の動きは、外客誘致政策をめぐる政府の動きと確実に連動しているのである。

したがって映画『ビューティフル・ジャパン』は、金あまり企業の道楽でも、汽船会社による単純な異業種進出でもなく、官民がともに志す外客誘致策の一環として、当時、日本経済の中核をなす財閥のひとつが、国家的な使命感で実践した外客誘致の一手段であったといえる。東洋フィルム会社が当時としては巨額の資本を投じ、二年間という異例の製作期間をかけたのはなぜか。鉄道院までが撮影に協力し、高価な撮影機材をそろえ、わざわざ外国からスタッフを招いて映画を製作するという従来の映画会社と一線を画する事業を展開していたのはなぜか。こうした背景があったからなのである。

そして、その官民による外客誘致策が主な標的にしていたのはアメリカ人である。もちろん、そこにはアジア在住の西洋人も含まれていた。ビューローは、香港や上海、マニラ、シンガポール、ペナン、インドなど、東洋汽船や日本郵船、大阪商船が寄港するアジアの主要都市に、海外嘱託案内所を設置し、最初の常設案内所を北京に開設している。[17] だが、たとえそうであったとしても、東洋フィルム会社が製作した『ビューティフル・ジャパン』を支配人のブロツキーが売り込んだ先はアメリカだった。[18] 一九一四年にビューローが発行した英文案内書にも、「米国より東洋にくるものを主眼」に編集したとあり、ビューローは早くからカリフォルニアなど太平洋沿岸の避暑地を中心に、幻灯や映画を用いて日本の紹介に努めていた[19]。それでは、なぜビューローはアメリカを最重要視したのか。なぜブロッキーはアメリカで映画を公開しようとしたのか。

単純に考えて、ブロッキーがアメリカ市場に詳しかったこと、東洋フィルム会社に出資した東洋汽船がサンフランシスコに拠点をもっていたことがあげられるが、それだけではない。一九一七年の世界状況も無関係ではないのだ。一七年といえば、欧州は戦争の真っ最中である。日本のビューローは欧州からの観光客の減少を埋めるべく、宣伝チラシ「大戦とツーリスト・ランド *Great War and Tourist Land*」を二万部印刷し、「米豪方面」に配布して、日本旅行がいかに「安全」であり「愉快」であるかを宣伝する[20]。「米豪方面」とは、すなわちアメリカとオーストラリアやニュージーランドを含むオセアニアを指す。こうした地域では、戦時景気の影響で旅行熱が高まっていたのである。

しかし同時に、一九一七年という時代状況だけでなく、もっと大きな歴史意識のなかで、これを考える必要もある。そのためにまず日本の外客誘致策で重要な立場にいた二人の人物に注目したい。ひとりは外客誘致政策を提案した大隈重信、もうひとりは貴賓会の中心人物だった渋沢栄一である。人類が初めて経験する第一次世界大戦という大戦争によって、国と国の力関係が激変し、物の流れが地球規模で変動する時代に、浅野総一郎に思想的影響を与えたこの二人が日本とアジア、そしてアメリカをどう捉え、それぞれの関係をどのように考え、また映画産業をどう見ていたのかを明らかにする。それによって、浅野の映画事業とはいったい何を目指していたのか、それは近代日本にとってどのような意味をもっていたのかが見えてくるだろう。

2　大隈重信とハリウッド

まずは一九一七年前後の大隈重信の対アメリカ意識について見ていこう。一六年七月二十日付で発表された論考「日米親交論」で大隈は、彼が〇七年に刊行した『開国五十年史』（開国五十年史発行所）で展開した持論を引用しながら、次のように述べる。

されば日本を勧めて世界列国の伍班に紹介したるは米国にして日本の要求を容れて列国と対等の国たらしめたるは実に英国なりとす。故に此両国と日本との間に於て縦令将来如何なる商業的競争の起るとも此歴史的厚情は敢て或は渝はる所なかるべく、日本人が両国民に対する感謝の念殊に重大なる国家の危急に際し両国民の同情に対する謝恩の念は永く国民の記憶すべき所なり。開国以来日本が外国の思想と風潮とに触れて其感化を受け影響を被りたること少からず就中アングロ、サクソン人種より受けたる感化は、極めて健全にして有益の結果を得たり。(21)

この「日米親交論」で大隈はアメリカへの感謝の意を表している。日本を世界に紹介したのはアメリカであり、日本を欧米列強に仲間入りさせたのはイギリスである。日本には、その両国、とりわけアメリカの宣教師によって「アングロ、サクソン」文明がもたらされ、それは「極めて健全にして有益の結果」を生むことになったと認識しているのである。さらに彼は次のように述べる。アメリカがもたらした文明は正義を重んじる。それは江戸末期に日本に浸透していた「仁と義を重んず」る道徳観と非常に親和性が高い。そのため日本とアメリカは「一致同化」できた、と。そして、日本とアメリカの友好関係を今後さらに深めていくためには、アメリカとの貿易が重要であり、両国が互いに協力するのが最も有効である、と主張する。

日米両国の親交を緊切ならしむべき楔子は実質的に於ては日米の貿易であると思ふ（略）日米の貿易は従来に於ても盛大なりき、即ち日米貿易の額は支那、印度、濠州の対米貿易額に勝る、此の如く日米は太平洋の東西に国を為して萬里相対し平和的に交通貿易を為して共に其利害関係上から握手協力するの《ママ》必要があるのである、殊に日本の進歩は今後一層大なるべし、従て日米間の貿易関係も十年後には倍加すべく恰も大西洋方面に於ける対米貿易の最も進歩せるものに劣らぬ進歩を為すことゝ思はる、此の如くにして両国民の交通頻繁となり其の結果互に既往親交の歴史を顧み、互に相近づき相親しみ靄然として融和し怡々として歓娯するときは日米の親交は一層円満となり、彼の局部的差異に基く示唆的言論は次第に其の根拠なきことを看破され、誤れる群集的心理は迷霧の清風に一掃さるゝが如くなるであろう（大正五年七月二十日）[22]。

ここで大隈がいわんとするのは、要するに、欧州よりもアメリカとの貿易に力を注ぎ、日本とアメリカの経済関係を今後ますます発展させ、それによって両国の結び付きを強化すべきである、ということである。この発言から、大隈が論文を発表した一九一六年の時点で、アメリカの存在を重視していたことが見て取れる。

それではなぜ大隈はアメリカを重視していたのだろうか。単に経済的な利益だけを目的にしていたのか。大戦中の大隈のアメリカ観をより鮮明にするために、以下では二つの大隈の言説を比較検討する。一つは、政界を辞して早稲田大学の総長をしていた大隈が一九一一年の辛亥革命勃発のあと早稲田大学でおこなった講演である。もう一つは、一六年に出版された『支那研究』所収の「支那に対する我が国民」である。まず大隈の早稲田講演だが、その一部を以下に引用する。

日本の生産物の市場として何處が最も有望であるかといへば無論支那である。何となれば文明の程度の低い国に生産したものは、高い国へ対して売込むことは困難である。どうしても自国より文明の低いところへ売込むがよいのである。日本は地理上支那と最も近い国で文明の程度は支那よりも高い。（略）日本は未だ製造業に於いて欧米には及ばぬけれども、支那へ対しては距離の関係から欧米と競争して之れに打勝つことが出来る。支那人の需用する位の製造品は日本で間に合ふのである[23]。

西洋文明を判断基準としたうえで、欧米を高く、日本を欧米より低く、そして中国を日本より低く見なしていることがわかる。その差別的なフィルターを通して、大隈は中国市場を搾取の対象と見なす。ここに大隈の帝国主義的な思考回路が見て取れる。一九一一年といえば、日本は日清・日露戦争で勝利して列強の仲間入りをしたとはいえ、財政的には厳しい状況に置かれていた。経済の立て直しには、海外事業展開による外貨獲得が必要とされ、巨大な中国市場が注目されていたのである。大隈も、日本経済の回復に中国の巨大市場が重要であることを認識し、そのうえで日本は、競合する欧米よりも、地理的には中国に近いことから、事業を有利に展開できると考えていた。つまりこのとき大隈は、欧米との関係を強化し、その力に頼ることでアジアに進出するのではなく、欧米と対等に競い合いながら、日本と中国の経済関係を強化することでアジアに進出しようと考えていたのである。

大隈は、この早稲田講演を「日米親交論」の前におこなっているが、両者のあいだに「支那に対する我が国民」と題した論考も発表している。論考での彼の思考は、講演の内容と微妙な違いを見せている。彼はこのようにいう。中国は「世界の最古の文明」をもちながら「進歩の跡なく」、このまま「現代文明に同化」できないのであれば、「国家の存続も危く」なり、そうなれば東洋の平和だけでなく世界の平和を乱すことになる。したがって日本は、中国を「扶掖し」、東洋の平和の維持に努めなければならない。中国は「同種同文」であり「唇歯輔車」である日本の「真精神を諒解」し、「他を頼む」のではなく、日本と手を結び「東洋の平和」に尽くすべきである、と。(24) 一見して、大隈が中国を日本より低く見て、日本の経済発展にその中国の市場が必要であるとする点は、早稲田大学での講演と通底するかに見える。だが、決定的に違う点もある。それは後者が中国を単なる市場と見なしているのに対し、前者には、中国が日本を信じ、日本と手を結ぶことを望み、それを説得しようとする意図が含まれているからである。

大隈のこの思考の変化を理解するには、一九一五年、大隈内閣が中国に突き付けた対華二十一カ条要求について考える必要がある。対華二十一カ条要求とは、第一次世界大戦が勃発し、中国でのイギリスやフランス、ドイツなど列強の影響力が弱まったところで、日本の影響力を強めようと画策した大隈内閣が、中国に突き付けた二十一の条件を指す。日本は欧州の戦争に乗じて、中国での日本の権益を拡大しようとしたのである。だが中国は、その日本の圧力にアメリカやイギリスの力を借りて抵抗し、日本の野望は思いどおりにいかずに終わる。大隈がいう、「他を頼む」とはこのことである。つまり大隈は、アジアの平和のためには日本が中国を底上げしなければならないといった、いらぬお世話ともとれる正義をかざしながら、相手を見下すような威圧的な態度で、中国に対する日本の野望を、協力という麗しい名のもとに突き付けたにすぎない。ここにはもはや、欧米と対峙しながらも中国との関係を強化できるとする自信は見られない。

このような状況で、日本が中国を思いどおりに動かすために、どうしても必要だったのがアメリカの協力である。アジアの植民地レースに出遅れたアメリカは、イギリスやフランス、スペイン、オランダなど欧州列強の後塵を拝していたが、欧州の支配が手薄になる第一次世界大戦中にアジアに進出し、市場シェアを飛躍的に伸ばす。一方、アジアで唯一の一等国となった日本も、アメリカに負けじと、アジア市場での攻勢を強めていく。渋沢栄一や浅野総一郎といった第一線の財界人が、この好機にアジア・太平洋地域での事業拡大を狙ったことはいうまでもない。東洋汽船はその一例である。こうして日本とアメリカはアジア市場で競合関係となる。しかし同時に、日本は、巨大なアジア市場での権益を拡大するためには、アメリカの協力、すなわちアメリカが日本のアジア進出をじゃませず資本と技術を支援することも必要としたのである。この論考のあとに大隈は「日米親交論」を執筆するが、そのなかで彼がアメリカとの関係強化こそ日本の将来的発展のために重要であると強調したのは、そのためである。

こうした大隈の対アメリカ意識は、日本の映画産業に対する彼の思考のなかにも看取することができる。「活動之世界」一九一六年九月号に寄稿した「外国会社と握手せよ」で大隈重信は、日本の映画事業にとっていまいちばん大切なのは、大きな資本と優れた人材を集めることであり、それにはまず「信用ある外国会社と握手する」ことが肝要であるとして、次のように述べている。

> 活動写真は未だ新事業である、戦争の為めに俄に勃興して来たのか、時世の推移が自然に進歩を促したのかわからぬが、とにかく、前途有望な一大新事業として認むるに何人も躊躇しない迄に進んで来た、殊に、他の事業と違つて面白いのは、活動写真は、一日一日、一月一月に、事業の成敗が明瞭に分る。（略）活動写真は新事業の大なるものである、今後、之に従事する者も段々増加して来る事であらうが、其中に立て、よく最後の勝利を博し得るものは、必ずや、人に優れた社会上の信用を有する者でなくてはならぬ、目前の権謀や術策や乃至小さな資本の融通力やでは、決して最後を完ふする事は出来ないのである、故に、自分は常に思ふて居る、活動写真の如き、風教々育に至大の関係ある事業に在ては、之を個人に任せずして公の機関に於て営み、之を私営に委ねずして市営とすべきものである、少くも、興行の方だけは、市の経営とせねばならぬ。外国では、興行と製造とが別々になつて居るから、左までの弊害も起らないが、日本の如く製造と興行とを同一人の手によつて経営して居るのでは、何う考へても、真面目な発達は遂げられないのである。然し、市営とか官営とかいふ問題は、一朝一夕には実行の出来ないものであるから、暫く個人の手によつて経営するの外はない、それには何うしても最つ（ママ）と会社の信用を高める事に努力せねばならぬ、その第一着手として、外国の活動写真会社と握手するといふ事が、急務ではなからうかと思ふ、聞けば、目下、米国のユニヴアサルといふ大会社の支配人とかゞ来遊して居るさうだから、これ等の人と、十分に意思の疎通を謀つて、日本に一大トラストでも起したらよからうと思ふ、右のユ社の人の来遊は、果して何が目的か知らないが、単に、一時的の製品販売が目的でなく進んでは、日本同業と握手して、大に東洋の活動写真の勃興を計らうといふ考へでもあるのであつたら、誠に結構な事で之をして、手を空しうして帰らしむるやうな事があつたら、日本活動写真をして、世界的に発達せしむる事は、到底至難と言はねばならぬ。[25]

つまり大隈は助言しているのである。映画は「前途有望な一大新事業」であり、「風教々育に至大の関係ある事業」である。そのために、その事業は個人ではなく、公の機関で営むべき重要なものである。しかし、公の機関というものはそう簡単に作れるものではない。したがって、しばらくは個人の手に委ねるしかない。だが、個人では「社会上の信用」が足りず、なかなか大きな資本を集めることができない。ただ、信用声望の乏しい人でも、映画のような大きな新事業を「真面目」に発達させようという志があるならば、「信用ある外国会社と握手」することが「一番緊要」である、と。ユニバーサル社のようなアメリカの大きな映画会社と提携し、その資本と技術に助けてもらうことで、資本の脆弱な日本の映画事業でも大きく展開することができるだろう、と大隈は期待していたことがわかる。

雑誌の発行日から推測するに、大隈はこの記事を少なくとも一九一六年八月までには執筆していたと考えられる。したがって、それは彼が「日米親交論」を執筆したのとほぼ同じ時期である。言い換えると、欧州で起こった戦争がアメリカに未曾有の好景気をもたらす頃であり、西海岸に誕生した映画の都ハリウッドが、その豊富な資本と人材に裏づけられた強力な大量生産体制を武器に、世界の映画市場のシェアを欧州から奪っていた最中である。そのアメリカのなかでアジアに真っ先に進出する映画会社がユニバーサル社であり、その後のアジアでの映画の流れを大きく変える新しい動きを生み出していくのである。

こうした世界規模の映画流通大変動のなかで、大隈の発言を捉え直すと、大隈がユニバーサル社と提携せよと述べた言葉の背後にある彼の真意が見えてくる。大隈は、極東の小国である日本は富豪の大国であるアメリカと対峙して映画産業の近代化を図るのでも、アメリカに近代化してもらうのでもなく、むしろアメリカとの関係を強化し、それによって日本の信用度を上げて、アジアそして世界にその第一歩を踏み出せと鼓舞しているのである。一九一六年といえば、アメリカの映画産業が飛躍的に成長し、欧州に代わってアジアの映画市場を支配しつつあったものの、アメリカがそのまま市場の覇権を維持できるとは考えられていなかった時期である。言い換えれば、日本にもまだ、アメリカのようにアジア映画市場に進出する可能性が残されていた時期なのである。したがって大隈にとっては、アメリカとの関係しだいでは日本の海外市場進出も、高邁な絵空事ではなかったということである。

3　渋沢栄一とハリウッド

この大隈と通底する認識を同時代の渋沢栄一に見いだすことは容易である。渋沢も同じ頃、日本の映画事業に関心を寄せていた。大隈は「外国会社と握手せよ」のなかで、日本の映画産業を造船業や紡績業といった世界に通用する「一大新事業」に育てるには、映画界にも渋沢栄一のような人材と資本を集めることができる「信用声望」の極めて厚い人物が必要であると述べているが、(26) 渋沢自身は日本の映画事業をどう見ていたのだろうか。

「活動之世界」一九一六年二月号に、渋沢の「米国では今何をして居るか」という記事が掲載されている。この一六年二月号というのは、「活動之世界」が「活動家」のための一般雑誌から映画専門誌への転向を宣言する号である。したがってまだ、創刊号の名残で「活動家」向けの記事も多く、政治家や文学者などが多く寄稿している。渋沢の記事もそのひとつである。記事では渋沢がパナマ運河開通および太平洋発見四百年を記念した一五年のサンフランシスコ万国博覧会を訪れた体験が書かれている。表題の「米国では今何をして居るか」とは、アメリカの最新動向を伝えるという意味だが、その小見出し――「雄大で敢為な米国人」「年中日本の大晦日」「志の小さい日本人」「名流富豪の大活躍」――を見れば、具体的な視察報告というよりはアメリカ人の優れた点を紹介し、日本の活動家を啓蒙しようとする意図で書かれていることがわかる。

私は今度で米国へ三度行く、最初は、明治三十五年で、二度目は、明治四十五年であつたが、その度に、米国商工業の発達の度の速かなのには実に驚嘆せずには居られないのである、一体米国人は、雄大な敢為な気性に富んで、国家社会に対する念慮が非常に厚く、商工業に従事するにも、自分の為にするのでなく、凡て、国家社会の為めに富を増やすといふ考へ許りでやつて居る（略）皆な、米国の為めといふ考へを以てその業に従事して居るのである。（略）此の如く、事業は事業で、非常なる活気を呈し、人間は人間で驚く可き雄大な志を抱く米国今後の発達は実に測り知るべからざるものがあるであろうと、私は羨ましいやら恥かしいやらで、到所無量の感慨を禁じ得なかった（略）（これに対し）一体、日本の人は、青年でも紳士でも、国家よりは自分に重きを措いて困る、従て、志も大ならず、理想も低く、体力も精力も弱くて、少し働けば直ぐ疲れて終ふ、考へると、日本人ほど、考への浅い力の弱い国民はない、実に、浅間《ママ》しい事である。(27)

一九一五年といえばアメリカは、戦争景気にわいていた頃である。渋沢はその飛躍的な成長に驚き、今日アメリカの成長があるのは、アメリカの国民に「雄大な志」があるからだと述べる。アメリカのルーズベルトやロックフェラー、カーネギーといった「名流富豪」の名をあげながら、渋沢はアメリカ人は「雄大な精力と無限の智力」をもち、国家社会のために「日夜奮闘努力」している、だから国が富む。これに対し、日本人は「国家よりは自分に重き」を置き、「志も大ならず、理想も低く、体力も精力も弱くて」「考への浅い力の弱い国民」であると批判する。つまり、アメリカの経済的成功は、アメリカ人が個人よりも国家社会に重きを置く精神にあり、日本人もそうした精神をもたなければ、アメリカのような経済発展はできない、と啓蒙しているのである。日本よりもアメリカを上に見て、そのアメリカから多くを学ぼうとしている渋沢の様子が見て取れる。

もちろん、渋沢がいうように当時のアメリカ人がみな個人のためにではなく、国家のために働いていたとはかぎらない。むしろ注目すべきは、渋沢のアメリカ人論が本当かどうかではなく、渋沢がアメリカ人を、私欲より国家社会を優先する国民として解釈し、そう日本人に語ったということである。つまり、彼が理想とする人間と国家の関係が、「アメリカ人」の物語として、日本人に伝えられたにすぎない。渋沢は、日本人に個人よりも国家社会に重きを置いて物事を考え行動してほしかったのであり、その理想を「アメリカ人」に重ねて、志として語っているのである。そして渋沢がアメリカ人の精神として語った物語が、戦中・戦後に形を変えて日本の社会に生き永らえることになる。

「活動之世界」同号には、もう一つ渋沢の記事が掲載されている。「驚くべき米国の活動写真界」である。これは渋沢がハリウッドを見た感想をつづったものである。一五年、渋沢はサンフランシスコ万国博覧会を見たあと、そこから足を延ばしてロサンゼルスに向かう。アメリカ西海岸の荒野に新しく誕生したばかりの映画の都ハリウッドを見学するためである。渋沢は、そのロサンゼルスのバーバンク市にあるユニバーサル・シティを訪問する。ユニバーサル・シティは、アメリカ・インディーズの雄といわれたユニバーサル社が、一二年の創業時に計画し、一五年にようやくハリウッドの地に完成した巨大映画都市である。スタジオが完成するあたりからアメリカの映画製作の中心は完全に東海岸から西海岸に移る。二百三十エーカー（約九十三ヘクタール）の巨大な映画都市には、室内スタジオや動物園、野外スタジオ、住居、食堂など映画を撮影するための設備とその労働者が生活するために必要な施設がすべてそろっていた。この時代のスタジオに動物園が隣接されることが多いのは、動きを重視するサイレント映画時代に動物が重要な存在であったこともあるが、それだけでなく、スタジオめぐりが観光アトラクションのひとつとなり、映画に使う動物を見せ物とする動物園が人気を博していたからである。ハリウッドを見学した渋沢は、同時代の日本の映画会社とは比べものにならない規模の資本、人材、そして最先端のテクノロジーを目の当たりにして、驚愕し、次のように述べる。

一体、米国人には、国家的社会的観念が強い、何事にも、自分を忘れて、社会の為めに働き、国家の為に働く、何事業にも大仕掛の者が多い、失敗した所でそれは国家の為めだか□る考へて、少しも自分を悔むといふ風がない。活動写真業の如きも、皆な国家的社会的に経営せられて居る、私は、活動写真には、兼て注意を払つて居るので、今度も有名な活動写真会社を見物して来たが、規模といひ設備といひ、実に驚き入つたものので、日本の活動写真業に照し合はして実に、骨肉の嘆に堪えなかつた。（略）米国人は、活動写真に付ても、亦国家的に全力を注いでやつて居るのである、就て、日本の活動写真界を見ると何うであろう、現在従業者は、単に自分の私欲を充たすに汲々として、更に社会的観念がなく、地もあれば智識もある、世の有識者は少しも活動写真を顧みなく、日本の活動写真の振はないのは無理のない事である。[28]（□は不明文字）

アメリカの映画人は「国家的社会的観念が強い、何事にも、自分を忘れて、社会の為めに働き、国家の為に働く」。だから大きな資本で、大きな事業を展開できる。ところが日本の映画人は、自分の利益ばかり考えて、産業全体、ひいては社会や国家全体の利益を考えない。映画人が「単に自分の私欲を充たすに汲々として、更に社会的観念がなく、地もあれば智識もある、世の有識者は少しも活動写真を顧みな」い。だから、日本の映画産業はアメリカのそれに遠く及ばない。日本人ももっと大きな志をもって、映画産業をハリウッドのような一大事業にしなければならない。そのためには個人が私欲を捨て、国家や社会のために尽力しなければならない、と述べる。要するに、前述した記事と主張はほぼ同じである。つまり渋沢は、日本の映画産業をアメリカのハリウッドを見習って、事業の規模を大きくし、大量生産を可能にする産業基盤を整え、近代化すべく、高い志をたてよ、と叱咤激励しているのである。この記事からは渋沢が、大隈と同じく、日本の映画産業も世界を志すべきと考えていたことがわかる。

しかし、渋沢が大隈と異なるのは、メディアとしての映画の役割にも注目している点である。渋沢は演劇を「古い日本の芸術」として「尊重」し「保存」すべきであると主張する一方、映画には、それとは異なる「大なる国家的社会的使命」があると論じる。

芝居は単純な娯楽物であつて、国家的社会的のものでない私が芝居に関係して居るのは、たゞ、古い日本の芸術を尊重して、之を他日に保存したいといふのが本当で、帝国劇場でお金儲けをしやうといふ考へは更にない、活動写真は、娯楽物の上に、更に、大なる国家的社会的使命を持つて居る、之を善用し活用すれば学科《（ママ）》的にも裨益しやう、社会的にも裨益しやう、教育的にも裨益しやう、太閤秀吉の写真を作つて、果してその真を伝へ得たら、世人に歴史上の智識を与へ、兼て、国民の士気を鼓舞するの料とならう（略）造船所の内部は何う、電気のカーボンは何うして出来る、細密な機械の組立は何う、皆な、活動写真の応用によつて、之を天下に知らしめる事が出来る、百聞は一見に如かず、斯うした智識は、多くの書面によつて得よなり《（ママ）》、一つの活動写真によつて得た方が、遥かに利益が多いのである。(29)

つまり渋沢は、映画が国民に元気を与え、世界を理解するための知識を与える、公衆的で近代的な娯楽であり、かつ国民を効率的・効果的に教育するツールとして、日本の発展に寄与する使命をもつものと見なしているのである。だからこそ日本も、アメリカのように映画産業を一大事業に育て上げ、その使命を果たせるようにすべきである。それは国家的に意義があることである。にもかかわらず日本では、そうなっていない。それは映画事業に従事する者の志が低いからだ、と苦言を呈している。

そうした映画に対する渋沢の考え方を明確に示すのが、「活動之世界」一九一六年六月号に掲載された「海の博覧会と沙翁祭の活動写真」である。このなかで渋沢は、彼の個人的な映画体験の例を三つあげながら、日本の映画産業について、その考えを述べている。まず例にあげているのは上野で開催された海の博覧会である。

先頃上野に海の博覧会を見物に出かけ、活動写真館が開いて居つたので、早速其れへ入つて見たが、海の博覧会の事であるから、活動写真も海に関する面白い写真許り《（ママ）》であろうと思つたに、さうでなくて芸者の手踊だの景色だのといふ、海の博覧会に縁の遠いもの許り《（ママ）》であつた、何故最つと《（ママ）》海の写真を見せなかつたかと、私は、独りで失望したが、之は博覧会当事者の用意の足らなかつた為めもあらうが、主なる原因は、日本の活動写真界に、まださうした方面の趣味ある写真が多く作られていない、といふ点に帰するのであろうと思はれた。(30)

上野で海に関する博覧会をやっているというので出かけたら、活動写真館があったので、面白い海の映画でも見られるのではないかと期待して入った。ところが、海とまったく関係がない、芸者の手踊りの映画が上映されていて、すっかり「失望」したという話である。

次は、早稲田大学のシェイクスピア三百年祭に行ったとき、その余興の席で上映された活動写真を見たという体験である。こうした祝いの席で映画を上映するのは気の利いた接客であり、「実に快心を覚えた」として次のように述べている。

此間早稲田大学で、沙翁の三百年祭のあつた時思ひがけなくも、余興に活動写真を使はれたのは実に快心を覚えた、活動写真の活用として近来の思付きだと思はれた是等は、明らかに本誌の如き、専門雑誌が、勉めて活動写真の性質なり目的なりを紹介し、兼て、其の趣味の鼓吹に力を致すことの一影響と見て然る可き事だと思ふ。活動写真の応用は実に広大無辺である（略）この応用の範囲が広まりさへすれば、自然に活動写真は発達して行くのである、日本の活動写真を発達せしむるは、一は当業者の力であつて一は、一般世間の注意である。(31)

映画を単なる娯楽メディアとして捉えるのではなく、さまざまな利用方法を考え、その可能性を広げるべきであると提言し、そのためには映画の製作者と観客の両方の意識改革が重要だと渋沢は主張する。

最後は、ハリウッドのユニバーサル・シティを訪問したときの体験談である。昼間に社長のカール・レムリに案内されて撮影所を見学し、その夜に招待された晩餐会で、昼間スタジオ見学をしている自分の姿がスクリーンに映し出されて驚いたというエピソードである。

先般、私が米国に遊んだ時、ユニバーサル会社を訪問して、社長と握手の後その案内で、同社内の設備万端

> を隈なく見物して歩いた事がある、其の際右社長から晩餐を差し上げ旁活動写真を御覧に入れるから来て下さいといふ案内状が来たので、時刻を計つて行つて見ると、成程活動写真が写された、よく見ると、其れがその日の昼間、自分がユ社を尋《(ママ)》ねて社長と握手したり社長と逍遥したりしたその時の光景が、すべて残らず写し出されてあつたので、私は覚えず感嘆の声を放つた、米国で、活動写真を新聞の代はりに用ひるといふのも無理ではないと、沁々感心したのであつた。[32]

渋沢は、映画を報道の目的に利用することに「沁々感心」し、日本でもこうした「応用の途」が開けてほしいと希望する。

この三つの体験を例に、渋沢は「何人も活動写真を活用せよ」と主張する。ただし、海の博覧会で芸者の手踊りの映画を見せるような使い方ではいけない。貴賓を歓待し喜ばせ、速報メディアとして活用するなど、国家や社会に役立つ使い方を考えなければならない。娯楽を提供してお金を儲けるためではなく、「真面目な考へを以て」この事業にあたる必要がある、と述べているのである。

この「真面目な考へを以て」とはすなわち、日本の映画産業をハリウッドのような大資本の産業に育成する志をもつことを意味する。日本では映画事業がまだ山師的商売と考えられていた時代、アメリカの映画産業はすでに自動車と並ぶ基幹産業にまで発展していた。その差に驚いたからこそ渋沢は、日本の映画産業を叱咤激励する記事を「活動之世界」に連載し、アメリカを目標に、その発展を目指せと鼓舞したのだろう。このとき渋沢は、映画というメディアが単なる見せ物興行に終始するだけでなく、近代日本の一大事業となりうる可能性をもち、効果的に国民を教育し、その意識を改革する道具として有効であることを鋭く見抜いていたのである。

> 活動写真は小資本では出来ない事業である、又他の事業の経営者以上、優れた頭と腕とが無くては成功を見難い事業である、小林喜三郎君は、真に如何なる人物か知らないが、若し、真面目な考へを以てこの難事業

に当つて居るとすれば誠に偉い者である、若し然らずして、単に面白いものを見せてお金儲けをやらうといふのであつたら、それは興行師として腕のある人といふに止まり、足跡を天下に印する事は出来ないであろう（略）何人が出て来やうとも、日本の活動界では乃公一人だとの堅い堅い信念を以て、飽まで勇往邁進して貰ひたい、小さい日本の同業者を目標とせず、相手は対岸の米国なりとの考へを以て、大に策戦の準備を整へて欲しいものである、いつまでも天活日活の小争闘は、前途ある活動写真界の為めに又小林君其人の為めに、窃かに取らない所である。(33)

要するに渋沢は、日本の映画企業は小資本に満足し、小競り合いばかりしているが、そんな場合ではない。大きな資本でアメリカと張り合う志をもたなければならない。アメリカは資本家から資本を募り、映画産業を大事業に発展させた。日本もそうする覚悟が必要である。にもかかわらず日本は、大資本を集めようとも人を集めようともしない。映画を娯楽以上に活用しようとしない。映画をメディアとして、報道や宣伝、国際親善、教育など多様に活用し、国家や社会のために役立てるべきである。「相手は対岸の米国なり」。渋沢のこの言葉には、日本のなかだけで考えるのではなく、世界のなかで日本の映画産業を考えよ、と啓蒙する果敢なメッセージが込められている。

おわりに

東洋汽船会社にとって初の映画事業である東洋フィルム会社の設立を時代の文脈で捉え直すと、映画史の片隅に追いやられてきた小さな会社の存在意義が見えてくる。つまり、この会社は、日活や天活のように、日本の大衆に娯楽を提供したいとか、お金儲けをしたい、といった内向きの発想で事業を展開してはいない。そうではなく、大隈や渋沢が望んだように国家的・社会的な意識のもと、日本の映画産業をアメリカのような大事業に育て上げ、かつ、報道や宣伝、親善、教育など日本の発展に寄与するメディアとして育成することを目指して、事業を展開していたのである。アジアでの欧州映画の覇権が揺らぐなか、そのアジアに攻勢をかけるアメリカ映画を横目に、アメリカの資本や技術に頼りながら、日本もまた、アジア市場進出を目指して挑戦しようとしていたといえるだろう。

東洋フィルム会社の設立とその背景を理解すれば、第1章で述べた大正活映が、なぜ大きな資本を扱う東洋汽船の出資によって設立され、なぜアメリカ映画の形式を模倣した日本映画を作り、なぜ報道や宣伝・親善・教育を目的とする短篇映画を次々と作ったのかが見えてくる。一九二〇年四月、浅野総一郎は、東洋フィルム会社を増資改組し、大正活動写真株式会社、改め大正活映を設立する。「緋おどしの鎧きた若武者」に例えられた大正活映は設立当時、日本の映画界を革新する映画会社として大きな期待を集めた。知識人の谷崎潤一郎を顧問に迎え、フレッシュな素人俳優を使って、ハリウッドから戻った栗原トーマスを監督に、新しい映画の製作に取り組んだのである。処女作『アマチュア倶楽部』は、日本映画革新の嚆矢となり、泉鏡花原作の『葛飾砂子』は、気鋭の映画批評家・淀川長治をして、世界の名作にひけをとらない初めての日本映画といわしめる。そしてその一方で、大正活映は、『明治神宮鎮座祭』（一九二〇年）、『米国曲芸飛行』（一九二一年）、大隈侯の『実写国民葬』（一九二二年）など、短篇の時事映画を何本も製作する。それらの活動の意図は、単に出資者の東洋汽船がアメリカへの航路を就航していたからでも、栗原がハリウッド帰りだったからでもない。その意図は浅野、そして浅野に影響を与えた政・財界人が、どのように世界の情勢を見据え、日本のために何をしようとしていたのか、そうした背景を理解しなければ見えてこないのである。

東洋汽船による映画事業すなわち東洋フィルム会社と大正活映の歴史的意義は、従来の映画史が語ってきた、谷崎や栗原が作った大正活映の作品の新奇さだけで理解できるものではない。前身の東洋フィルム会社から考えるならば、その意義はむしろ、世界の映画市場を意識し、映画を近代日本の一大事業のひとつとして捉え、日本の国民を教育する新しいメディアとして育成しようとした点にあるだろう。浅野の映画事業は、資本と国家とメディアとの関係で理解されるべきなのである。

こうした浅野の映画事業に対する理想は、実に革新的である。しかし、その理想は世界の大海原に飲み込まれ、日本の慣例にも拒絶され、あえなく座礁する。松浦章は「東洋汽船とサンフランシスコ航路」[34]で、東洋汽船がアメリカの汽船会社に一社で立ち向かったと述べるが、映画事業でも浅野はたった一社であの巨大なハリウッドに立ち向かおうとしていたのかもしれない。当時の日本とアメリカの映画産業の差を考えれば、それは、無知蒙昧といえるほど自己認識が甘い野望にすぎない。だが、どんなに遠い道のりでも、いかに無謀な望みでも、とにかく「国のため」と称して一歩を踏み出す強さが浅野にはある。排他的でも対抗的でもなく、積極的にアメリカを内部に取り込むことでアメリカに対峙する、これこそ近代日本の企業の多くが目指した、当時のひとつの理想型だったといえるだろう。浅野の試みは、あえなく座礁するも、その挑戦の遺産は、日本の映画産業に新たな流れを形作った。そういった意味で東洋汽船の挑戦は、近代日本の映画産業史にとっては非常に重要な意義をもっていたといえるのである。

注

(1) 東洋フィルム会社については岡田正子「Beautiful JAPAN」東京シネマ新社（http://tokyocinema.net/）［二〇一五年六月三日アクセス］を参照。

(2) 現存するフィルムは九巻だが、ほかにもフィルムはあったと考えられている。なお現在の『ビューティフル・ジャパン』は、同時代評をもとに九巻をつなぎ合わせたものにすぎない。

(3)「満員の＝外遊名士連＝大景気の東洋汽船」「東京朝日新聞」一九一九年二月十六日付、五面

(4)「パ社東洋廃航事情　本邦海運の影響」「東京朝日新聞」一九一五年八月十八日付、四面。米国新海員法は船上での居住および労働条件を改善した法律。

(5)「太平洋の星条旗 パ社支店売却確定 米船愈姿を消す」「東京朝日新聞」一九一五年九月八日付、四面
(6)「米船と太平洋 邦船の受くる影響」「東京朝日新聞」一九一六年五月二日付、四面
(7)"T. K. K. Announces Business Returns Dividends of 30 per cent," *Shanghai Times*, April 1, 1919, p.3.
(8)東洋汽船株式会社『東洋汽船六十四年の歩み』東洋汽船、一九六四年、四五八―四六一ページ
(9)*North China Herald*, December 5, 1900, p.1180.
(10)"Motion Picture Notes," *Daily Consular and Trade Reports*, Bureau of Foreign and Domestic Commerce, Department of Commerce, June 3, 1914, p.1263.
(11)ジャパン・ツーリスト・ビューロー編『回顧録』ジャパン・ツーリスト・ビューロー、一九三七年、二七ページ
(12)同書二六―二七ページ
(13)同書二四二ページ
(14)同書二四二―二四三ページ
(15)新井堯爾『観光の日本と将来』観光事業研究会、一九三一年、四五―四七ページ
(16)"Local and General," *Shanghai Times*, November 30, 1916, p.7.
(17)前掲『回顧録』七三―七六ページ
(18)前掲「Beautiful JAPAN」、Ramona Curry, "Benjamin Brodsky (1877-1960): The Trans-Pacific American Film Entrepreneur-Part Two, Taking *A Trip Thru China* to America," *Journal of American-East Asian Relations*, 18:2, 2011, pp.142-180.
(19)前掲『回顧録』三九―四一ページ
(20)同書八三―八四ページ
(21)大隈重信「日米親交論」『世界大戦以来――大隈侯論文集』大観社、一九一九年、五七七―五七八ページ
(22)同論文五八三ページ
(23)大隈重信「清国事情研究の急務」「早稲田講演」一九一一年十二月十日号臨時増刊、早稲田大学出版部、一六ページ

(24) 大隈重信「支那に対する我が国民」、教育学術研究会編『支那研究』所収、同文館雑誌部、一九一六年、四五七―四六四ページ
(25) 大隈重信「外国会社と握手せよ」「活動之世界」一九一六年九月号、活動之世界社、二―四ページ
(26) 同記事二―三ページ
(27) 渋沢栄一「米国では今何をして居るか」「活動之世界」一九一六年二月号、活動之世界社、四―五ページ
(28) 渋沢栄一「驚くべき米国の活動写真界」、同誌六二―六四ページ
(29) 同記事六四ページ
(30) 渋沢栄一「海の博覧会と沙翁祭の活動写真」「活動之世界」一九一六年六月号、活動之世界社、一二ページ
(31) 同記事一二―一三ページ
(32) 同記事一三ページ
(33) 同記事一四ページ
(34) 松浦章「東洋汽船とサンフランシスコ航路」、前掲『東洋汽船と映画』所収、六一―六六ページ

第3章　二十世紀初頭の世界流通変動とアメリカ映画のアジア市場開拓

はじめに

東洋汽船の映画事業は、世界の映画流通の大変動にいち早く敏感に反応した結果と考えられるのだが、それでは二十世紀初頭の映画は、いったいどのように世界を流れ、そしてその流れはいつ、どのように変化したのだろうか。その変化に欧州やアメリカ、そしてアジアはどう関わったのか。アジアの映画市場はどう変わり、アメリカはどんな役割を果たしたのか。そもそもアメリカはアジアをどう位置づけ、中国、そして日本をどう見ていたのか。アメリカが描く世界地図のなかで、日本ははたしてどのような位置を占めていたのか。

本章の目的は、一九一〇年代半ばに起こる世界映画流通の大変動を明らかにし、そのうえでアメリカの対中国観と対日本観がどう変わっていったのかを検証することにある。それによって東洋汽船が、どのような世界情勢で映画事業に乗り出したのか、そしてなぜ一七年に映画事業に乗り出すのかが見えてくるだろう。

本章ではアメリカ合衆国商務労働省（United States Department of Commerce and Labor、一九〇三―一三年）およびアメリカ合衆国商務省（United States Department of Commerce、一九一三年―）の刊行物を一九〇三年から一九年まで分析する。これらの政府刊行物は、アメリカ合衆国商務労働省およびアメリカ合衆国商務省（以下、アメリカ商務省と略記）が、アメリカ企業の競争力向上と経済的発展のために、世界各地のアメリカ領事館から海外市場に関する情報を収集し、編集したものである。使用した刊行物を以下に列記する。

Advance Sheets of Consular Reports（後継誌：*Daily Consular Reports*）
Daily Consular Reports（後継誌：*Daily Consular and Trade Reports*）
Daily Consular and Trade Reports（後継誌：*Commerce Reports*）
Weekly Consular and Trade Reports
Monthly Consular and Trade Reports
Commerce Reports

内容は主に産業や人口、天然資源、政府、金融に関する報告や統計データなどである。すべて一般に公開されている。こうしたアメリカの政府刊行物を分析することで、以下のことを明らかにしたい。

①二十世紀初頭、世界の映画流通におけるイギリス海運と植民地の関係
②二十世紀初頭、欧州映画のアジア市場制覇と欧州航路の関係
③二十世紀初頭、イギリスを経由したアメリカ映画の流通とその問題点
④アメリカ政府の中国観と中国映画市場の位置づけ
⑤アメリカ政府の日本観と日本映画市場の位置づけ
⑥アメリカ映画のアジア市場開拓と太平洋航路の関係
⑦アメリカ政府がアメリカ映画のアジア市場開拓に果たした役割

ここでは二十世紀初頭の地球上を映画がどう流れていたのか、そしてそのなかでアメリカ政府はアジアの映画市場をどのように意識し、どう行動していたのかを明らかにしたいのだが、その過程で、さまざまなことが見え

てくるだろう。例えば、アメリカ映画が最初、イギリスの海運力に頼りながら映画をアジアに運んでいたこと。そのせいでアジアでのアメリカ映画の市場競争力がかなり低かったこと。しかし、辛亥革命（一九一一―一二年）の前後にアメリカ政府はアジア、とりわけ中国の市場に期待を寄せるようになり、政府が企業のアジア進出を後押しし、企業も少しずつ進出し始めること。そして第一次世界大戦を契機として、アメリカ映画はイギリスを経由せず、太平洋を横断して直接アジアに大量搬送されるようになり、アジアでの日本の地政学的な重要性が増すこと。加えて日本は、日本企業が外国映画を含むすべての映画の国内配給を支配し、映画館は契約した日本の映画会社が供給する映画以外上映しないのが暗黙の了解になっていた特殊な映画配給システムによって、法や制度の力に頼らずとも外国企業の進出から市場を守ることができたこと、などである。

東洋汽船が映画事業に乗り出すのは、こうしたさまざまな構造的変化が折り重なり、世界の映画の流れを変えていた時代であることを忘れてはならない。東洋汽船が、日本の映画産業を世界に接続するうえで大きな役割を果たしていたことは確実である。東洋汽船は早くから横浜を拠点にサンフランシスコやハワイ、香港などアメリカとアジアを結ぶ航路を運航していただけでなく、アメリカ映画のアジア進出が積極的になる大戦中には太平洋航路をほぼ独占していた船会社である。飛行機がない時代ゆえに、東洋汽船の船が、アジアに多くのアメリカ映画を運搬したことは疑いようがない。映画だけではない。ハリウッドの撮影隊をアジアに運んだり、ハリウッドを視察する日本の要人をアメリカに運んだりもした。東洋汽船の映画事業の歴史的意義は、このように映画流通と汽船が密接な関わりをもっていた時代の文脈で考えなければならない。

1　イギリス海運とアジア市場のアメリカ映画

まずは、欧米諸国で映画の装置が開発されたあと、映画産業が形成されて急成長する一九〇〇年代に、アメリカがアジア市場をどう見ていたのかを明らかにすることから始めよう。〇七年四月十七日号の「デイリー・コンシュラー・アンド・トレード・レポート *Daily Consular and Trade Reports*」の巻頭に、アジア市場に関する興味深い記事「東洋におけるアメリカ貿易」が掲載されている。報告者はシンガポール総領事のデヴィッド・F・ウィバーである。ウィバーの報告からは、アメリカからアジアへ、物資がどのようなルートで運搬されていたのか、そしてその運搬ルートにはどのような利点と欠点があったのかが見えてくる。「アメリカ直行便が必要」と題された小見出しの部分を以下に抄訳する。

アメリカの対アジア貿易を強化するには、ニューヨークからマニラへ、いまより早く到着する定期便が必要である。現在、ニューヨークを出発したアメリカ製品は、マニラに向かう途中、インドやペナン、シンガポールに寄港し、そこからシャム、ジャワ、スマトラ、ボルネオ、オランダ領の島々および南フィリピンへと運ばれる。

「外国の資本」がアメリカのために定期便を提供するはずはなく、アメリカは現行のサービスを利用するしかない。しかし現行のサービスではアメリカは、対アジア貿易の現状を維持することはできても、それ以上の発展は望めない。むしろ現行のサービスは「世界のその部分」でのアメリカ製品のシェア拡大の妨げになっている。アメリカはいま、ものすごい勢いで製品を大量生産している。したがって、いずれ、その製品のはけ口として、アジア市場が必要になるだろう。そのときアメリカが他国に打ち勝つにはインフラを整えておく必要がある。輸送手段の改善は、その最も重要なインフラのひとつだ。また、現地にアメリカの代理店も必要である。ただ、現在のアメリカ—アジア間の輸送手段が改善されないかぎり、アメリカの企業が現地に代理店を置く気にはなれないだろう。(1)

ここでいう「外国の資本」とは主にイギリスを指す。「世界のその部分」はスエズ運河からフィリピンにいたるまでに船が寄港する国や地域、すなわちアジアを指す。したがって小見出しの「アメリカ直行便が必要」とは、アメリカの東海岸から大西洋を渡り、欧州、スエズ運河を経由してアジアに向かうアジア欧州航路の定期直行便が必要だという意味である。

報告の趣旨は次のようになる。一九〇七年時点でアメリカの製品を植民地のマニラに運ぶ場合、商業中心地の東海岸ニューヨークからイギリスを経由してアジア欧州航路を使う。しかし、アメリカからマニラに定期的に発着する直行便はない。外国の船に頼りながら、複数の便を乗り継いで搬送している。そのためさまざまな不便が生じる。例えばアメリカの東海岸を出発した船がイギリスに到着したら、いったん船から積み荷を下ろし、別の船に積み換えなくてはならない。都合よくアジア行きの船があればいいが、なければ何日もイギリスの港に積み荷を停留させることになる。船のスケジュールしだいではアジアに届く日がだいぶ遅れることもあり、搬送日数も曖昧にならざるをえない。それではアメリカ製品がアジアで欧州製品に対抗しうる市場競争力をもつことは難しくなり、積極的にアジアに進出しようというアメリカ企業も現れないだろう。アメリカは今後、大量生産システムによって市場に放出される製品が急増するだろうから、その輸出先としてアジア市場が必要となる。それにはやはりアジアにアメリカ製品を運ぶ定期直行便が必要である、とウィバーは報告しているのである。

ここで注意すべきは、ウィバーはこのときアメリカ製品をアジアに運ぶのに、太平洋航路ではなく、東海岸から大西洋を渡ってイギリス経由でアジアへ運ぶアジア欧州航路の充実が必要だと訴えている点である。すでにアメリカ西海岸からアジアへ直行する太平洋航路が運航されていたにもかかわらず、なぜウィバーは、その太平洋航路ではなく、欧州航路の充実を訴えたのか。もちろん、それはウィバーがアジア欧州航路の重要な中継拠点であるシンガポールの総領事であるからなのだが、それだけではない。ウィバーがアメリカ製品のアジア運搬に欧州航路の充実を主張した理由を理解するには、二十世紀初頭のグローバルな流通環境を知る必要がある。すなわち、イギリスの海運網である。

当時イギリスは世界一の海運力を誇っていた。島国のイギリスには昔から船がたくさんあり、欧州との貿易も盛んで、海運業が早くから発達していたのである。イギリスの経済学者エドガー・クラモンドの『英国海運業 *The British Shipping Industry*』によれば、一九一三年のイギリス船の積載量は、アメリカで四二・一%、アジアで四三・五%、アフリカで四〇・六%、オーストラリアで六八・三%を占め、世界の海上輸送のおよそ半分をイギリスが占めていたという(2)。とりわけ、アジアやオーストラリアなど、遠隔地ほどイギリス海運業のシェアは高く、一三年にスエズ運河を通過した船の六〇・二%はイギリス船であった(一八九四年は七四・六%)。イギリスのアジア貿易の鍵はインドにあったが、イギリス製品のアジア最大の取引先は日本だった。

海運業に加えて、十九世紀末から二十世紀初頭にかけてイギリスは、金融業においてもまた世界の中心であった。世界の海を支配していたイギリスの海運が、経済的な利益をイギリスにもたらし、ロンドンは世界金融の中心となる(3)。早くから植民地ビジネスが発達していたイギリスは、一六〇〇年に東インド会社を設立するなど、多額の資金をアジアに投入している。産業革命が起こる十九世紀中頃には投資がますます盛んになり、第一次世界大戦直前までには総額約四十億ポンドという巨額の資金がイギリスから植民地や海外に投資されていた。投資先はアメリカが最も多く約六・三億ポンド、次はセイロンを含むインドで約四・五億ポンドだった。アジアではインドの次に日本が多く、約〇・七億ポンドである。

アメリカはまず、イギリスのその海運力と植民地ビジネスを利用して、アメリカ製品をアジアに運ぶ。もともとアメリカはイギリスの植民地であり、同じ英語を公用語とし、大西洋を横断する貿易が盛んであった。ニューヨークやボストンなどアメリカ経済の中心は東部に集中し、東海岸とロンドンなど欧州の重要な港を結ぶ北大西洋航路が発達する。したがってアメリカ製品はまず東海岸からイギリスへ運ばれ、そこから欧州各地、そしてアジアへと向かうことになる。イギリスの船は、ボンベイ、マドラス、カルカッタ、ペナン、シンガポール、香港、上海、横浜などアジアの主要な貿易都市に寄港する。イギリスの植民地、あるいはイギリスがすでに開拓した市場であれば、アメリカはアジアの複数の言語を使わずとも、英語での交渉が可能である。アメリカにとってイギリスは、英語を母国語とする世界最大の市場であるとともに、欧州やアジアへの中継点であり、イギリスの植民地は未来の重要な市場だったといえるだろう。アメリカ西海岸からハワイ経由でマニラへ向かう太平洋航路と比べて、アジア欧州航路が船便数、寄港する港の規模と数、ビジネスの機会などの点でアメリカの市場開拓により有益なのは明らかである。ウィバーがイギリス経由アジア航路の充実がアメリカの対アジア貿易の増加に必要だと主張した言葉の背後には、こうした当時の海運事情や植民地ビジネスとの密接な関係がある。

つまり、アメリカで大量生産が始まる二十世紀初頭、アメリカ政府は、大英帝国が形成した世界規模の海運ネットワークに依存しながら、まずは巨大な欧州市場、そしてその先のアジア市場へと進出しようとしていたのである。アメリカ商業都市の東部集中、北大西洋航路の発達、欧州市場の規模の大きさ、アジア太平洋地域でのイギリスの海運力、イギリスの植民地ビジネスの発展、アメリカとイギリスの歴史的関係と言語など、さまざまな点で、太平洋航路よりもアジア欧州航路のほうがよりビジネスの機会を期待できたといえるだろう。

こうしたさまざまな事情から、アメリカの製品である映画もまた、アメリカからイギリスを経由して欧州、そしてアジアへと運ばれることになる。海運の時代にグローバルな物流を支配していたイギリスが、映画の流通においても、その中心的存在になったのである。映画は十九世紀末に欧州やアメリカで開発され、すぐに国境を越えて流通するが、その際に重要な役割を果たしたのが船である。そのため当時の物流の中心であったイギリスに映画が集まり、最大の商業都市であるロンドンが世界初の映画取り引きの中心地となる。一九〇二年、フランスのパテ社はロンドンに進出、アメリカのエジソン社やバイタグラフ社、さらにエッサネイ社、ルービン社、ＩＭＰ社なども、一〇年までにはロンドンに支店や代理店を開設している。日本でも吉沢商店や福宝堂が、〇八年頃までにはロンドンに社員を派遣し、映画の仕入れを開始する。ロンドンのウォーター街は、映画の取引業者が軒を並べる世界一の映画ビジネス街となる。映画は、ビジネス街で試写され取り引きされたあと、ロンドンから船で世界各地へと運ばれた。こうして世界各地の映画市場は、イギリスを中核とするグローバルな海運ネットワークに編み込まれていったのである。イギリスの海運力が、世界の映画流通網の形成に果たした役割は大きい。

2　アメリカ商務省から見たアジア映画市場とアジアでのアメリカ映画

アメリカ政府がアジアをアメリカ映画の市場として意識するのは、いつ頃だったのだろうか。アメリカ商務省の刊行物を調査したかぎり、アジアの映画市場に関する報告がその刊行物に掲載されるのは一九一〇年頃である。それはちょうどアメリカの映画会社による欧州進出が一段落する頃でもある。ただし商務省は、まだアジアの国や地域を十把ひとからげに「アジア」と認識していたにすぎない。特別にアジア市場を調査した様子は見受けられず、たまたま現地の領事から報告があったので二、三行掲載したという程度である。例えば、一九一〇年九月十五日号の「デイリー・コンシュラー・アンド・トレード・レポート」に掲載された短い報告「映画と自動車」は、その最も初期の例である。以下に抄訳を記す。

小アジアにあるアメリカ領事館によれば、地元のある会社がアメリカ映画を扱いたいと望んでいるそうである。映画は人気があるので、もしアメリカもそれなりに対応すれば、シェアを獲得できるだろう。その会社は自動車の代理店もやりたいそうだ。映画と自動車の市場は現在さほど大きくない。だが、あと一、二年もすれば重要な市場に成長するだろう。連絡はフランス語が望ましい。(4)

二十世紀初頭、映画が当時の最先端テクノロジーとして自動車と同列に扱われていた様子がうかがい知れる興味深い報告である。ただ、この報告がどこの国についてのものかは不明である。「小アジア」にある、フランス語で取り引きをおこなっている会社らしい、という以外はわからない。非常に曖昧な報告である。

一九一一年三月三十日号の同誌に掲載された「映画と備品」も、「小アジア」の映画市場に関する報告だが、具体性を欠いている点では似たようなものである。

小アジアにあるアメリカ領事館によれば、ここ最近、映画や小芝居の興行のための建物がいくつか開設された。さまざまな階級が出入りし、大変な人気である。上映されるのはたいていフランス、イタリア、ドイツの映画だが、アメリカ映画も少しはある。もうすぐコンクリート構造の大劇場も建設されるが、その劇場との取り引きを期待するアメリカの映画製作者や備品供給者は、劇場経営者に連絡するといいかもしれない。(5)

一九一一年頃までアメリカ商務省の報告には、こうした短くて曖昧な「小アジア」に関する報告以外は見当たらない。このことから、少なくとも次の二つの仮説を立てることができる。一つは、この時点でアメリカ政府は、小アジアがせいぜいで、それよりさらに先にあるアジアの映画市場をまだ意識していなかったこと、もう一つは、一九一一年の時点で小アジアの映画市場には欧州映画が出回り、アメリカ映画はわずかだったことである。アジアも同様だろう。アジアの映画市場に対するアメリカ商務省の関心の低さは、それだけ市場が小さかったことを示すといえる。

ではなぜアメリカは当時アジアの映画市場に関心を示さず、シェアもわずかにすぎなかったのか。その歴史的経緯を簡単に説明しておこう。映画の装置は、十九世紀末、フランスやアメリカ、ドイツなど科学技術と資本主義が進んだ欧米諸国で開発され、世界各地に輸出された。例えば日本では、一八九六年にアメリカのエジソン社が開発した覗き眼鏡式のキネトスコープが、九七年にはフランスのリュミエール社が開発したスクリーン式のシネマトグラフやエジソン社のバイタスコープが演芸場や芝居小屋などで上映された。人々は、舞台とは比べものにならないほどリアルな日常の再現に興奮し、ナイアガラの滝やエリザベス女王の葬儀といった非日常的な異国の風景に驚かされた。このように映画の歴史は演劇とは異なり、その始まりからすでにグローバルな流通網のうえに成り立っていたのである。

当初、映画の興行は、一つの劇場を根城とする常設館興行ではなく、巡回興行であった。巡回興行とは、都市を転々とし、行った先で公会堂や仮設テント、演芸場、演劇の劇場などを借りて興行することだが、ではなぜ巡回興行だったのか。当時の興行者は、製作者が提供するカタログから映画を選んで購入するか、あるいは中古市場で使い古しの映画を購入した。映画の値段は物理的なフィルムの長さで決められた。興行者はたいてい資本に乏しく、映画を何本も買いそろえることはできない。したがって所有する映画の本数には限りがあった。そのため、一週間も同じ場所で映画を興行すれば客はこなくなる。だから客足が遠のいたら、新しい客を求めて、別の土地に移る必要があった。つまり、同じ場所に留まって興行するのに十分な数の映画を所有しない興行者は、移動する以外に興行を続ける方法がなかったのである。

ところが二十世紀に入ると、映画フィルムの賃貸を専門とする新しい業種——フィルム・エクスチェンジ(Film Exchange. 以下、フィルムレンタルと表記)——が急増する。フィルムレンタル業者は製作者から映画を購入し、購入価格の半分以下の安いレンタル料で興行者に貸し出す。貸出料は、やはり映画の内容ではなくフィルムの物理的な長さ、そして貸出日数と貸出回数によって決められた。この仕組みが登場することによって、興行者は映画を購入する必要がなくなる。必要なフィルムを必要なだけ借りて、上映が終わったら返却し、また別のフィルムを借りる。つまり、わずかな資金で定期的に新しい映画を入手することが可能になるのである。この仕組みによって映画の興行者は、新しい観客を求めて場所を移動する必要がなくなり、映画常設館設立の道が開ける。

一九〇〇年代中頃に世界各地でほぼ同時に起こった映画館の開場ラッシュは、実はこのフィルムレンタルという仕組みの充実と拡散が重要な要因だったと考えられる。アメリカの映画産業規模を飛躍的に拡大させたニッケルオデオン・ブームはその好例だろう。アメリカの場合、一九〇〇年代初頭に誕生したフィルムレンタル会社は、〇七年までに百二十五社から百五十社ほどに増えていたという[6]。また、〇六—〇七年にはアメリカ初となる全国規模のフィルムレンタル社が誕生し、〇六年前後にはニッケルオデオン(五セントで入場できる映画館)が全国に八千館以上乱立する。逆にいえば、製作者と興行者の間をとりもつ中間業者が誕生せず、映画を賃貸する仕組みが現れなかったならば、この飛躍的な成長も起こりえなかったといえるだろう。

このように、アメリカの映画産業が急成長する一九〇六年頃、資本を増強し、世界に先駆けてグローバルな映画配給網を形成するのがフランスのパテ社（シンボルマークは雄鶏）である。パテ社は、欧米の映画企業として初めてアジア市場に進出した会社でもある。〇七年、東西貿易の中継港であるシンガポールに総代理店を開設し、豪華なアルハンブラ劇場を直営して、フランス直輸入の最新映画を次々に上映する。そしてそのシンガポールを拠点にインドや香港、上海、日本といったアジアの国や地域に市場を広げていった。パテ社は、パテ映画だけではなく、他社の映画も購入して配給した。例えば有名俳優による有名舞台を映画化したフランスのフィルム・ダール社や、イタリア史劇映画を得意とするアンブロジオ社の長篇映画などである。ただし、アメリカ映画はエジソン社やバイオグラフ社などの短篇を配給する程度であった。パテ社に続いて、ゴーモン社などほかの欧州企業もアジアに進出する。こうしてアジアの映画市場は、欧州映画によってほぼ独占されることになる。

これらのアジア市場を最初に開拓した欧州の映画会社は、アメリカ映画の供給には消極的だった。アジアで流通するアメリカ映画は、大西洋を渡ってイギリスに搬送されるなどさまざまな制約が伴うため割高とならざるをえず、そのためアジアで供給されるアメリカ映画は新作ではなく、ロンドンで売買された、より短い、より古い中古映画がほとんどだった。当然、アジアでのアメリカ映画に対する評価は低くなり、これが映画草創期のアジアでのアメリカ映画を欧州映画より低く見る映画観の形成に影響を与えたと考えられる。

つまり草創期のアジア市場でアメリカ映画のシェアがとても小さかったのは、そもそもアジア市場に対するアメリカ政府と企業の興味が薄かったことに加え、海運力や輸送路など不利な条件が重なることでアメリカ映画の欧州映画に対する競争力が削がれるとともに、アジア映画配給網を最初に構築した欧州企業がアメリカ映画を消極的にしか供給しなかったことが大きな要因だったと考えられる。日本でよくいわれる、欧州映画が質的に同時代のアメリカ映画よりも優れていたからという美的判断に基づく優劣だけではない、さまざまな要因が折り重なることによって、一九一〇年代初頭のアジア市場でのアメリカ映画のシェアは、とても小さいものになっていたのである。

3　アメリカの世界映画市場開拓――雄鶏からアジア市場を奪回せよ

一九一二年までに映画は、アメリカで自動車や飛行機と並ぶ国家の重要な輸出品となる。同じ年、アメリカ商務省は世界の映画市場を幅広く調査し、その結果を二回にわたって報告している。それはアメリカ政府による初の本格的な映画市場調査だった。

第一回の報告は、「デイリー・コンシュラー・アンド・トレード・レポート」一九一二年一月十三日号の巻頭記事「海外における映画」である。これは約十七ページにわたるアメリカ商務省初の映画大特集であった。イギリス、スコットランド、ドイツ、フランス、ノルウェー、ロシア、スペイン、トルコ、モロッコ、シリア、日本、中国、海峡植民地、ニュージーランド、オーストラリア、南アフリカ、カナダ、ホンジュラスの計十八の国や地域が調査の対象となった。

第二回の報告は、一九一二年六月十七日号の巻頭記事「海外における映画」である。調査対象はイギリス、日本、中国、海峡植民地、トルコ、メキシコ、ホンジュラス、マルタ、インド、オーストラリア、サモアの計十一の国や地域で、約七ページの報告であった。その報告内容は、「ニューヨーク・タイムズ」の一二年六月三十日付に転載され、広く一般に公表された。両報告とも、報告の順番や行数から判断して、イギリスの映画市場を最も重視していた。

興味深いのは、第一回と第二回の報告方針に明らかな違いがある点である。前者は欧州中心、後者は植民地中心に報告がおこなわれている。具体的には、第一回は、イギリスが約三ページ、スコットランドが約一ページ、ドイツが約六ページ、フランスが約一ページ、ノルウェーとロシアとスペインで約一・五ページ、計十二・五ページである。イギリスやフランスなど、欧州諸国の報告に紙面の多くが費やされている。アジアは、日本と中国、海峡植民地だけが対象で、全部合わせて一ページにも満たない。ほかにトルコ、モロッコ、シリア、ニュージーランド、オーストラリア、南アフリカ、カナダ、ホンジュラスで約三・五ページである。

ところが、第二回の報告は、まずイギリスが約二ページ。次に多いのは日本で、約一ページ。続いて中国、そして海峡植民地が、それぞれ約〇・五ページ。そのあとトルコ、メキシコ、ホンジュラス、マルタ、インド、オーストラリア、サモアとなる。欧州はイギリスだけで、それ以外はイギリス植民地であるマルタやインド、海峡植民地、オーストラリア、そしてスペイン植民地であり、アメリカの植民地フィリピンと同じ言語を話すメキシコやホンジュラス、さらにアジアの重要な開港都市である日本の横浜と中国の上海に紙面が割かれている。こうした報告方針の違いと時間差から見えてくるのは、アメリカはまず、最大の市場であり、かつ近距離にある欧州市場でシェアを伸ばすことを優先し、次に、新たな可能性としてイギリスやスペイン、アメリカの植民地、およびアジアの大きな開港都市での市場開拓を目指していた、ということである。

もう一つ、この調査報告からわかるのは、アメリカ政府が、アジアでのアメリカ映画の有力市場と考えていたのは日本、中国、海峡植民地であったことである。以下に、日本と中国、海峡植民地に対するそれぞれの報告の一部を抄訳する。

〇一九一二年一月十三日号掲載

日本（横浜、総領事トーマス・サモンズ）

映画の取引高は大きい。だが、欧州の映画会社がほぼ独占。日本の大衆はアメリカ映画を歓迎するだろうという調査報告はあるが、この地でアメリカ映画はほとんど上映されていない。

中国（上海、総領事アモス・P・ワイルダー）

中国にアメリカ映画の代理店を設立し、中国人好みのアメリカ映画を選んで供給すれば、アメリカ映画は人気になるだろう。

中国（ハルビン、領事レスター・メイナード）

ハルビンに映画装置は四台あるが、すべてフランス製である。劇場の所有者はモスクワやパリの代理店から、その装置を入手した。

海峡植民地（シンガポール、副領事D・ミルトン・フィガート）

シンガポールに三つ、マレー半島に六つの映画館がある。ここでは、あるフランスの映画会社が装置を供給し、市場を支配している。そのストックは約百万メートル（三・二八フィート／メートル）もあり、希望があれば他社の映画を購入し供給する。その会社は新しい映画を毎週約五千フィート供給している。

○一九一二年六月十七日号掲載
日本（横浜、総領事補佐F・R・エルドリッジJr.）

日本では映画の人気が非常に高い。映画事業は拡大の一途をたどり、会社数も毎年増えている。映画装置は、最近日本でも生産するようになったが、品質はまだまだなので輸入に頼っている。主にドイツ、そしてフランス、イギリス、イタリア、アメリカから輸入される。全国に映画館は八十三館あるが、そのうち四十二館はパテ社が所有している。映画館は年間五〇％の割合で増加し、常設館に加えて巡回興行も盛んである。これまでに日本には年間約二百万フィートの映画が輸入されてきた。一九一〇年にパテ社が日本に輸入したフィルムの内訳は、アメリカ、イーストマン・コダック社のネガとポジが七十二万フィート、フランス映画が七・二万フィート、イタラやアンブロジオなどイタリア映画が六・九六万フィート、イギリスのアーバン社の映画が三・六万フィートであった。日本の横田商会は年間十五万フィートの映画を製作し、五万フィートの映画をアメリカ、フランス、イギリスから輸入する。

中国（天津、総領事サミュエル・S・クナーベンシュー）

中国では、北よりもむしろ、上海より南の開港都市で映画事業が発達している。天津で映画はフランス租界のアーケードと呼ばれる場所で上映される。一晩で八本ほどの映画を上映し、あいだに雑技が一、二回入る。

映画装置と映画の市場は、パリに本社を置くパテ・フォノ－シネマ・チネ（*Pathé Phono-Cinema Chine*）が独占している。同社はカルカッタ、ボンベイ、香港、天津、上海に支店があり、中国沿海部および東アジア全般の映画市場を独占する。アメリカ映画もときどき上映されるが、たいていは、そのフランスの会社が供給する中古映画である。中国の南部では映画が大変な人気だが、北部はまだそうでもない。だが、中国の劇場を巡回興行すれば北部でも、きっと人気が出るはずである。

海峡植民地（シンガポール、副領事D・ミルトン・フィガート）

シンガポールにはハリマホール、アルハンブラ、マルボーロの三つの大きな劇場がある。パテ社が映画装置と映画の両方を供給している。装置はパテ社のイギリス支店から搬送される。映画はパテ映画だけでなく、いろいろな他社の映画も扱う。現在、バイオグラフなどアメリカ映画もたくさん上映されている。(7)

このアメリカ商務省による一九一二年の世界市場調査のなかでとくに注目したいのは、アジア市場がフランスのパテ社にほぼ独占され、アメリカの主力輸出品であるイーストマン・コダック社の生フィルムさえもが、パテ社によってアジアに大量輸出されていた事実である。例えば、パテ社が日本に販売したフィルムの約七七％はイーストマン・コダック社の製品であった。この調査結果を踏まえて、アメリカ商務省はより積極的にアメリカ企業のアジア進出を呼びかけ、後押しするようになる。(8)

4 辛亥革命と見えないライバル——中国市場をめぐる日米の競合

アメリカ商務省が当時、アジア市場で最も注目していた国は中国である。「デイリー・コンシュラー・アンド・トレード・レポート」の一九一一年八月二十二日号「映画の海外貿易」に、マルタ島、トルコ、オーストラリア、ガテマラ、カナダと並んで中国の報告がある。アメリカ商務省はそれまで、アジアの国や地域を「アジア」という集合的なイメージでしか捉えてこなかったが、初めて具体的な国名をあげて報告したのが中国だった。

アメリカの関心がこのタイミングで中国に向かったのは、辛亥革命につながる数々の武装蜂起が中国で起こっていたことと無関係ではない。アメリカは、政治的には清国と中国革命軍の対立に中立的な立場をとるものの、経済的には革命による中国市場の開放に大きな期待を寄せ、中国への輸出が増えることを望んでいた。一九一二年七月から一四年五月までのあいだにアメリカ商務省がアジア諸国に対しておこなった映画市場の調査は、中国が五回、マレーシアが一回、インドが一回、フィリピンが一回、シンガポールが一回である。日本は一回もない。アメリカが中国市場への関心を高めていたことは確かだろう。

アメリカ商務省は一九一二年の本格的な調査以降、アメリカ企業の中国進出を積極的に支援する姿勢をあらわにする。例えば「デイリー・コンシュラー・アンド・トレード・レポート」の一九一三年五月十日号に掲載された上海副総領事ネルソン・T・ジョンソンの報告には、上海でのパテ社の映画賃貸料金が詳しく記述されている。

映画はすべてパテ社が供給している。パテ社はフランスの会社であり、上海に代理店がある。映画は高すぎて買えないので、パテ社から借りる。Ａクラスは上海封切り映画、五百メートル（千六百四十フィート）、週二回替わりで$百二十五メキシコ・ドル（$六十二・五〇ＵＳドル）／週である。Ｂクラスは上海の映画館で一回上映された映画、週二回替わりで$〇・〇二メキシコ・ドル（$〇・〇一ＵＳドル）／メートル（三・二八フィート／メートル）である。Ｃクラスはすでに三、四回上映された映画、週二回替わりで$〇・〇一メキシコ・ドル（$〇・〇〇五ＵＳドル）／メートルである。パテ社は、パテ社の映画とアメリカン・キネマ社の映画を供給する。上海の映画ビジネスは、実質的にパテ社が独占している。アメリカ映画は大いに人気があるはずだから、パテ社に対抗して支店を出しても損はしないだろう。上海に代理店を探したいアメリカの映画製作会社は、ワシントンＤ.Ｃ.のアメリカ商務省内外商務局（ＢＦＤＣ）に上海企業の一覧を問い合わせられたし。(9)

アメリカ商務省はフランス企業の詳細な価格情報をアメリカ企業に提供することで、自国の企業が上海での事業展開に興味を示し、市場進出するよう促していたのである。また、この報告からは、封切り映画に比べて中古映画が桁違いに安かったこと、そして中国ではアメリカ映画の人気が高かったにもかかわらず、配給はアメリカの企業ではなくフランスの企業によっておこなわれていたことがわかる。

一九一二年七月から一四年五月までの約二年間におこなわれたアメリカ商務省の映画市場調査から見えてくるのは、アメリカ政府が、第一次世界大戦の前からすでにアジア、とりわけ中国の映画市場を強く意識し、開拓に大きな期待を寄せていたことである。事実、この時期のアメリカ商務省は、中国映画市場の情報を集中的に調査・収集している。例えば、中国では、①映画館が山東や天津、上海、香港、広州などの都市に集中していて大変人気があること、②中国の映画流通拠点は上海と香港であり、アメリカ映画も上海を揚子江流域と中国北部、香港を西江流域と沿海南部の管轄拠点にすべきであること、③中国に出回るアメリカ映画は欧州映画よりも割高であること、などである。

また、中国でのフランス映画やフランス製映画装置の値段、フランス映画を上映する映画館の連絡先などといった情報も、アメリカの企業に無料で提供するようになる。このことから、アメリカにとって中国の映画市場とは、フランスから奪うべき市場であったことがわかる。

ところで、ここで疑問なのは、アメリカ商務省が中国に関する報告を重ねる一方、日本の報告は一九一二年七月から一四年五月まで一度もないということである。欧米列強から資本や技術、文化を積極的に取り入れ、日清・日露戦争を勝ち抜いて極東で唯一の「一等国」となった日本の映画市場は、アメリカにとって、無視するほど小さく、魅力がないものだったのだろうか。確かに、中国に比べて人口が圧倒的に少ない日本は、単純に考えれば市場規模も小さいはずである。だが、一六年にアメリカのユニバーサル社が東京支社を設立し、そこを拠点にアジア市場で事業を展開していたことを思い出せば、そのわずか数年前の日本が取るに足らない小さな市場であったとは到底考えられない。アメリカ商務省は、なぜ日本市場を調査しなかったのか。そもそもアメリカにとって日本の市場とは、どのような存在だったのか。

実はあまり知られていないが、日本は早くから、アジアで最も多くアメリカからカメラやフィルムを輸入する国だった。アメリカの輸出統計データにまだ「映画」の項目がなく、映画が「写真用品」に分類されていた一九〇〇年、アメリカの写真用品の輸出先は、第一位が中国、第二位が東インドであり、日本への輸出は中国輸出高の三分の一程度であった。ところが、〇四年になると、それが逆転し、第一位は日本、第二位がフィリピン、第三位が中国となる。日本への輸出高は中国の六・六倍に達し、日本はアジアで最も多くの写真用品をアメリカから輸入する国となる。そして〇四年以降、日本はアジア最大のアメリカ「写真用品」の需要国であり続ける。逆転の主因は、〇四年二月八日に勃発した日露戦争の影響による日本の好景気、日露戦争を題材とする記録映画や劇映画の人気、演劇に勝るリアルな見せ物としての映画の大流行、戦後の映画常設館の開場ラッシュなどである(例えば、大阪では一九〇九年から開場ラッシュが始まる)。

しかし同時に、アメリカにとって日本はアジア市場で競合する国でもあった。一九〇四年九月十七日号の「デイリー・コンシュラー・レポート *Daily Consular Reports*」の巻頭報告「日本の外国貿易」によれば、アジア市場に勢力を伸ばす日本の躍進ぶりが欧米列強を驚かせていたことがわかる。この報告は、もともとドイツの商業誌「輸出 *Export*」の〇四年八月十八日号に掲載されたものである。以下に、その抄訳を記す。

いまここで日本の過去五十年の通商に関する出来事とデータを読み解くことは、われわれにとって興味深く、かつ有益だろう。五十年前、日本は鎖国していた。そのため出島で中国、朝鮮、オランダ、ポルトガルとだけ交易していた。一八五八年、日本はイギリスやアメリカ、フランス、ロシア、オランダと条約を結び、通商国家として世界にデビューする。この条約により日本は、五九年に横浜、長崎、函館、六七年に神戸、六八年に大阪と新潟を開港する。しかし、その条約は不平等なものであり、日本はわずか五％の関税しかかけることができなかった。九七年、日本は関税自主権を獲得する。六八年から一九〇三年までの三十六年間に日本の外国貿易額は約二十六倍に跳ね上がった。とりわけ日清戦争後、外国貿易額は急増した。一八八一年まで日本の貿易相手は欧州が首位を占め、アメリカ、アジアがそれに続いたが、一九〇〇年までに順番が入れ替わり、アジアが首位、アメリカと欧州がそれに続く。一八八一年から一九〇一年の二十年間で日本の対アジア輸出は二十倍にも膨れ上がった。日本の未来はアジアにある。それは確実である。日本の輸出増は、アジア以外の地域との取り引きの影響もあるが、アジアでの増加の比ではない。(10)

この報告からは、ドイツとアメリカが日本の通商史を学ぶことで、その力を見極めようとしていた様子がうかがわれる。注目したいのは、報告にある「日本の未来はアジアにある」という文言である。同じ号に報告された別の記事「一九〇二―一九〇三年日本外国貿易分類」によれば、一九〇二年と〇三年の日本の輸出は、対欧州が三千三百二十九万ドルから三千四百九十二万ドル、対アメリカが四千百六十四万ドルから四千二百五十九万ドル、対アジアが五千三十万から六千三百二十二万ドルと増え、対アジア輸出の伸び率が最も高い約二六％だったこと

表2　カメラの対中国輸出額

国・地域	1910年	1911年
香港	$28,759	$26,024
イギリス	$91,802	$68,970
日本	$35,196	$53,329
ドイツ	$9,557	$8,750
アメリカ	$6,703	$6,444
その他	$26,592	$18,116
合計	$198,609	$181,633
再輸出	$7,810	$12,227
総額	$206,419	$169,406

（出典：「デイリー・コンシュラー・アンド・トレード・レポート」1913年4月16日号、304ページ。ただし、本文に合わせて表の数字は訂正）

がわかる。つまり、日本はアジア市場で急速に勢力を伸ばしていたのである。欧米列強にとって日本はもはや、単なるアジア市場のひとつではなく、その躍進ぶりを分析の対象にしたくなるほど注目すべき国、むしろ注意すべき国になっていたといえるだろう。

　問題は、日本の未来がアジアにあったならば、アメリカの未来もまたアジアにあったということである。「デイリー・コンシュラー・アンド・トレード・レポート」の一九一三年四月十六日号に掲載された香港の副総領事A・E・カールトンの報告「極東におけるカメラ」は、当時のアメリカが日本をどう見ていたのかを知るうえで、ひとつの手がかりになる。中国が一一年にカメラを輸入した国の取引高第一位はイギリスである。だが、イギリスの取引高は、前年の九万千八百二ドルから一一年は六万八千九百七十ドルに大幅減だった（表2）。これに対し第二位の日本は、一〇年は三万五千百九十六ドルだったが、一一年は五万三千三百二十九ドルと大幅増である。また、第三位の香港は一〇年の二万八千七百五十九ドルから一一年の二万六千二十四ドルに、第四位のドイツは九千五百五十七ドルから八千七百五十ドル、第五位のアメリカも六千七百三ドルから六千四百四十四ドルにそれぞれ減少した。要するに、対中国輸出が増加したのは日本だけで、イギリスやアメリカ、香港、ドイツでは軒並み減少していたのである。

　これについてカールトンは、もっともらしく次のように分析する。イギリスは日本にシェアを奪われたと感じているが、そうではない。一九一一年に香港が中国に輸出したカメラの八八％はアメリカ製、もしくはイギリス製である。したがってアメリカとイギリスのシェアが減ったのは、香港のせいである。香港が売ったカメラをアメリカとイギリスが中国に売っていたならば、一一年のアメリカとイギリスの対中国輸出高は一〇年とさほど変わらないだろう。だから、アメリカとイギリスは日本にシェアを奪われたのではない、と主張する。だがカールトンがいう八八％の数字の根拠は、統計的データがあるわけではなく、彼が一一年のイギリスの減少額二万二千八百三十二ドルとアメリカの減少額二百五十九ドルの合計を、同年の香港の輸出高二万六千二十四ドルで割って計算した値にすぎない。しかも、日本にシェアを奪われたわけではないというカールトンのこの説明は、香港から中国へのカメラの輸出高が、一〇年の〇ドルから一一年の二万六千二十四ドルに増えたというのでなければ、計算が合わず、意味をなさない。

こうした強引な数字操作は、対中貿易での日本の競争力を過小に評価しようとするカールトンの意図あるいは願望が、非論理的な説明を生み出したと読むことも可能だろう。同様の偏見は、中国人は「複雑な芸術」を追求し「自然な色」を好むのに対し、日本人は工程が単純な「染色」を好むと劣位に位置づける点でも看取可能である。こうした強引な否定は、日本への脅威の現れといえるのかもしれない。少なくとも、数字を使って客観性を装った偏った報告から浮かび上がってくるのは、香港のアメリカ領事館にとって中国は巨大なお得意様であるのに対し、日本は、中国のシェアを奪う競合相手であったという関係性の違いである。ドイツとアメリカが「日本の未来はアジアにあり」と認めた一九〇四年の時点から七年後、アジア市場での日本と欧米列強の関係は、新たな局面を迎えていたのである。

5　日本映画市場の開放性と排他性

日本と中国の映画市場に対するアメリカの関心に明らかな温度差があったのは、日本がもともとアメリカの写真用品のアジア最大の輸入国であったこと、そして、アジア市場でのアメリカの競合相手であったことのほかに、日本の映画会社が市場を支配して外国の企業が入り込めない日本特有の映画流通の仕組みも関係していたと考えられる。その意味で興味深いのは、一九一六年十一月二日号の「コマース・レポート *Commerce Reports*」に掲載された報告「日本の劇場における外国映画」(報告日は九月二十五日)である。報告者は神戸領事館の副領事E・R・ディックオーヴァーだった。以下に、その報告の一部を略記する。

日本で公開される外国映画はほとんどフランス、イタリア、イギリスの劇映画とアメリカの喜劇映画である。アメリカの良質な劇映画は、ほぼ上映されない。日本のフィルムレンタル業者によれば、その理由は、欧州の劇映画は廉価だが、良質なアメリカの劇映画は高すぎるからだという。ただ最近は、アメリカで大人気の連続活劇が日本でも上映されるようになってきた。

アメリカの輸出業者が映画を日本の映画館に直接売り込もうとしても無理だろう。なぜなら日本ではたいてい、日本のフィルムレンタル業者が市場を支配しており、映画館は彼らから渡された映画以外は上映しないからだ。

タイトル、サブタイトルなどの英語は、日本語に翻訳し説明する必要がある。翻訳を用意するのはフィルムレンタル業者であり、その翻訳を説明者が上映中にスクリーンの脇から読み上げて説明する。小さな劇場が外国の風習を翻訳し解釈する人を雇うのは不可能だろう。輸入関税は一ポンドあたり三ドル十セント。映写機と撮影機の関税はそれぞれ五〇%である。[11]

ディックオーヴァーの報告は、主に神戸に関するものだが、日本の映画産業の特徴をよく表している。一つは当時の日本では、欧州映画のシェアが高く、アメリカ映画のシェアが極端に低かったことである。映画史家の田中純一郎によれば、明治末期から大正初期に日本で興行された映画の「七〇パーセント以上」は、フランスのパテ社やフィルム・ダール社、イタリアのアンブロジオ社やイタラ社、ドイツのビオスコープ社、デンマークのノルディスク社など欧州映画であり、アメリカ映画は「わずかに一、二巻物の舞台喜劇か、自動車活劇のようなものが時々輸入されるにすぎなかった」[12]。ただし、この現象は、日本に限ったことではなく、映画産業草創期のアジア全体に当てはまる。程度の差こそあれ、シンガポールや香港などイギリスの植民地や、アメリカの植民地フィリピンでさえ同じだった。

もう一つは、外国の企業が日本の映画館に直接映画を配給することは非常に難しいという指摘である。おそらく、これは日本特有の現象だろう。例えばシンガポールや香港などでは、フランスのパテ社が現地に支店や代理店を開設し、欧州やアメリカの映画を映画館に自由配給していた。だが、日本ではそういうことは起こらなかった。それは日本に外国企業の進出を阻止する法律があったからでも、特別に高い関税が課せられていたからでもない（輸入映画の関税は六百グラムで八・二五銭）。また、アメリカのモーション・ピクチャー・パテンツ・カンパニー（MPPC）のように特許という法の力で外国企業の参入を阻止しようとする組織があったわけでもない。にもかかわらず、日本市場には外国の企業が入り込めなかったのである。

ディックオーヴァーはその要因として、日本の映画会社が提供する翻訳サービスをあげている。日本では、どんなに小さな映画館にも弁士がいて、映画の字幕を読み、筋や物語背景、外国の生活や習慣などを説明する役目を担っていた。この仕組みのために日本では、外国映画が言葉や文化の壁に完全にブロックされて、外国語を理解できる在留外国人か知識人にしか受け入れられないという事態にはならず、大量の外国映画を輸入し消費することができた。だがその一方で、外国映画の輸入配給は、弁士にそうした翻訳サービスを提供する日本の映画会社が牛耳ることになったとディックオーヴァーはいうのである。

しかし、外国企業を日本市場から締め出したのは翻訳サービスだけが原因とはかぎらない。なぜならディックオーヴァーがいう「小さな劇場」の弁士は、たとえ翻訳サービスがなかったとしても、思い思いに外国映画を解釈し、勝手に説明することもできたからである。例えば浅草オペラ館の弁士・土屋松濤は、映画のセリフを勝手に作って「どんな映画も自分流に説明した」[13]という。当時の映画雑誌を見れば、日本映画、外国映画にかかわらず、そのような弁士の行為を批判した記事は珍しくない。また、資本力があるアメリカ企業ならば、英語ができる日本人を雇って翻訳サービスを提供することに、さほど経済的な問題はなかったはずである。したがって、デイックオーヴァーの説明は不十分だといえる。

日本の映画会社が、日本での外国映画の配給を独占できたのは、言葉よりもむしろ、日本特有の配給システムが深く関係すると考えられる。当時、日本の映画館はわずかな例外を除いて、外国映画を輸入供給し、同時に人気の日本映画を製作供給できる日活もしくは天活との契約を望んでいた。(14)「活動之世界」一九一六年五月号によれば、東京市内の映画常設館は、過半数以上の三十六館が日活、天活は二十館、日活・天活以外は五館ほどだったという。とくに地方では、この傾向がより強く、日活・天活以外の映画供給者と契約する映画館はごくわずかにすぎなかった。問題は、日活など日本の映画会社と契約した映画館が、契約形態はどうあれ、その映画会社が供給する映画しかほぼ上映しなかった点である。そのため外国の映画会社に限らず、日本の映画会社であっても、日活と天活以外の会社が映画館に映画を配給するのはとても困難だった。つまり、新参者は自前の映画館をもつか、日活や天活から映画館を奪うかする以外に、日本で映画を配給することはできなかったのである。

要するに日本の映画産業は、欧米のように製作、配給、興行が個別に発達し、それがのちに統合される過程は踏まず、映画の製作者が配給者を兼ね、会社が自社で製作した映画と輸入した外国映画を交ぜて契約館に供給していた。そのため初期の日本の映画館の多くは混成館であり、興行される外国映画は、欧州映画であろうとアメリカ映画であろうと、ほぼ例外なく日本の映画会社が配給し、それを製作した欧米の映画会社が直接配給することはなかったのである。

こうした日本の映画流通の慣例が、大正時代の日本映画産業の形成に大きな影響を及ぼしたことは確かである。例えば一九二〇年、汽船会社の異業種参入によって新設された大正活映が契約館を増やせずにわずか二年たらずで経営難に陥るのも、こうした慣例が大きな足かせになったからである。逆に、同じ年に設立された松竹が日本第一位のシェアを誇る日活を脅かす大企業に成長できたのは、松竹がもともと芝居興行から映画に進出し、しかも芝居小屋が映画館に転換する時期と重なるがゆえに、新参者とはいえ、相当数の映画館を獲得できたからである。また、パラマウント日本支社が、外国企業として初めて日本での興行に乗り出し（ユニバーサル社は配給だけ）特殊な地位を築くことができたのも、日本第二位の映画館シェアを誇る松竹と提携したことが関係する（松竹パ社興行社〔Ｓ・Ｐ〕、一九三一年設立）。

このように映画草創期の日本では、映画館のスクリーンは外国映画が占有しているものの、その配給は、映画の製作者である外国企業ではなく、輸入者である日本企業が独占していたのである。別言すれば、日本の映画市場は、外国企業の進出を法や制度の助けなしにブロックできる、この配給システムによって守られていたといえるだろう。したがって、アメリカにとって当時の日本とは、アジア最大の映画輸入国とはいえ、その市場は小さく、開拓の可能性も低かったのであり、そのためアメリカ商務省が期待するアジア市場のひとつになりえなかったと考えられる。

６　第一次世界大戦と世界映画流通の大変動

ところが、この神戸のディックオーヴァーの報告からわずか一カ月後、それと内容がまったく異なる報告が一九一六年十二月十二日号の「コマース・レポート」に掲載される。横浜領事館副領事ウィリアム・Ｒ・ラングドンの巻頭報告「海外の映画興行と市場」である（報告日は十月十七日）。

この二年間で日本でのアメリカ映画の人気は急速に高まり、事実上、他国の輸入映画に取って代わった。唯一イタリア映画だけはまだ上映されているが、その居場所も徐々に奪われつつある。東京には約百二十館、横浜には約五十館の映画館があり、東京の大劇場六館と横浜の大劇場二館が外国映画を専門に上映し、収容人数が多くない中小劇場はたいてい日本映画と外国映画を交ぜて興行、最も粗末な小さい劇場は日本映画だけ上映している。

映画賃貸料は一日あたりの平均二セント／フィート。日本の映画輸入業者は例外なく、高価な長篇映画をアメリカから直接購入して輸入すると損をする。だから、せいぜい、もとは高価なアメリカ映画の比較的新しい、安い中古を買うことしかできない。したがって、配給興行後にフィルムをアメリカに返却したら保証金が戻るというやり方で、高価なアメリカ映画を賃貸できるなら、当該関係者全員にとって有益だろう。東京と横浜での輸入業者とフィルムレンタル業者の情報はアメリカ商務省内外商務局で閲覧可能である。(15)

この横浜の報告と前述した神戸の報告は、わずか一カ月ほどの違いである。だが、アメリカ映画の普及という点で、両報告の内容ははなはだしく異なっている。神戸の報告では、アメリカ映画はほとんど上映されないとあるが、横浜の報告では二年ほど前から市場を席巻しているとある。神戸も横浜も、外国人居留地があり、外国貿易が盛んで、外国映画の興行も早くから発達していた大開港都市である。にもかかわらず、この差はなぜ生じたのか。

日本中どこでもハリウッド映画を見ることができるシネコン時代の現在とは異なり、二十世紀初頭の日本は、地域によって外国映画の消費量に大きな差があった。外国映画を興行する映画館は東京に集中し、大きくあいだを開けて神戸や京都、大阪が続いていた。東京以外の地方都市で外国映画の公開が遅れたり上映されなかったりといったファンの嘆きを、同時代の映画雑誌のなかに探すのは難しいことではない。(16)それほどまでに東京は、外国映画の上映で特別な場所だったのである。

必然、その東京に隣接し、かつアメリカから日本に向かう船が最初に寄港する横浜は、アメリカ映画が最も多く荷揚げされる都市となる。横浜には、外国映画を輸入する業者がいて、一九一一年十二月には日本初の外国映画専門館オデヲン座も開場する。フィルムを最初に上映する映画館を〝封切り館〟と呼び始めるのも横浜からである。封切りとはフィルム缶の封を切るという意味だが、それだけ横浜には多くのフィルム缶が運ばれていたといえるだろう。その横浜のオデヲン座が、欧州映画一辺倒から、一五年末にはアメリカ映画にほぼスクリーンを独占される。こうして横浜は、全国で最も早くアメリカ映画を大量に上映する都市となる。

この横浜で起こった現象が、横浜からほぼ同時期に東京、そして間を置いて地方都市へと飛び火する。事実、一九一六年九月に神戸の副領事ディックオーヴァーが報告してから約四年後までには、神戸も横浜と同じく、アメリカ映画がスクリーンを席巻する。「コマース・レポート」の一九二〇年十一月二日号で神戸領事館の領事ジョン・K・コールドウェルは「アメリカ映画は大変人気があり、大きな劇場はたいてい三本の外国映画を上映するが、ほとんどアメリカ映画で、番組は四、五時間である」[17]と述べている。これは横浜の現象が神戸にも波及したことを示している。このように日本に輸入される外国映画は、映画館が集中する東京に最も近い港である横浜に荷揚げされ、横浜から東京へ、東京の繁華街から場末へ、そして東京から神戸や京都、大阪など地方の大都市へ、わずかとはいえそれ以外の地方都市へ、さらに外地の主要都市へと流れていったのである。

一九一八年にアメリカ商務省が発行した『アメリカの外国貿易と海運』によれば、日本のアメリカ映画輸入額は一四年が二万二千七百八十三ドル、一五年が三万四千五百八十三ドル、一六年は三万七千三十五ドル、一七年は十一万五千九百八十七ドルに跳ね上がる。これはもはや不足する欧州映画の穴埋めといったレベルではない。むしろ、欧州映画を優に超える大量のアメリカ映画を洪水のように輸入した結果、日本で上映される外国映画がアメリカ映画ばかりになったといえるだろう。ならば問題は、それまでほとんど日本では上映されなかったアメリカ映画が、なぜ一六年から一七年に急増するのかということである。それについては田中純一郎が次のように述べている。


新しい独特の映画文法を発見したグリフィスやデミルをはじめ勇敢に、しかも絶え間なくこれに突進し、次々に新技術を開拓しつつあるアメリカ映画人たちに対して、ヨーロッパの古い映画製作者たちは、その敵ではなかった。しかもアメリカ映画に注目したヤンキー資本は、圧倒的な数量戦をもって、追憶と執着に未練をのこすヨーロッパ映画ファンを強引に押しまくり、やがて世界映画界の王座にのし上がるべく、戦闘を挑んだ。[18]

つまり、田中は欧州の戦争を機に、アメリカ映画がその新しい映画技法と資本力を武器に欧州映画を押しまくり、世界の覇権を奪おうとして攻勢をかけた結果と見なす。しかし、日本市場でのアメリカ映画の大量輸入の原因はそれだけではない。

まず考えられるのは、世界の映画取り引きの中心がロンドンからニューヨークに移ったことがあげられる。一九一四年に欧州で戦争が勃発すると、イギリスは、世界の映画取り引きに便利な場所ではなくなる。イギリス政府は戦争資金を集めるために増税し、[19]ロンドンはドイツ軍による空爆の危険にさらされ、イギリス界隈の海にはドイツの潜水艦がうろついた。[20]せっかくイギリスで映画を購入しても、フィルムを積んだ船が港を出て爆破されるリスクもあった。そこで危険なロンドンに代わって新たな中心となるのがニューヨークである。日本の映画会社は、ニューヨークで映画を買い付けるようになる。例えば日活も、一七年までに映画の買い付け担当者をロンドンからニューヨークに移す。こうしてアメリカ映画の多くは、ロンドン市場から欧州航路ではなく、ニューヨーク市場からアメリカ西海岸を経て太平洋を渡って日本に運搬されることになる。アメリカとアジアの主要都市を結ぶ直行便もあり、アジアでのアメリカ映画の市場競争力は飛躍的に高まったと考えられる。

とはいえ、日本でのアメリカ映画の輸入急増の最も直接的な原因は、やはりユニバーサル社東京支社の設立である。ユニバーサル社は一九一二年の設立と同時に、西海岸のカリフォルニア州に広大な土地を購入、スタジオなど労働空間と居住空間を一カ所に集めた巨大映画都市ユニバーサル・シティの建設にとりかかる。ユニバーサル・シティは一五年に開所し、当時最先端の産業テクノロジーであった製作工程の細分化と流れ作業システムを採用し、規格化された映画の大量生産を開始する。映画は次々と缶に詰められ、サンフランシスコなど西海岸の発着港からアジアやオセアニア、南米の主要な開港都市へと運ばれた。こうして西海岸に巨大な製作拠点を築いたユニバーサル社は、西海岸から直接アジア太平洋地域へ映画を輸出することで、それまでの不利な立場を払拭し、イギリス経由アジア欧州航路では果たせなかったことを成し遂げるのである。

そのユニバーサル社が東京に支社を設立するのが一九一六年である。東京支社はユニバーサル映画のアジア配給の拠点となり、一七年一月十三日以降は日本とその植民地、中国、南洋でのユニバーサル映画の配給権を管理する。そしてそのユニバーサル社の支社設立を嚆矢として、日本にはユナイテッド・アーティスツ社やパラマウント社などといった映画の都ハリウッドを拠点とする新会社が次々と上陸する。他方、大正活映など日本の新会社も直接アメリカから映画を輸入するようになり、こうして日本はアメリカ映画のアジア展開の重要拠点となる。

ユニバーサル社に代表されるアメリカ映画会社の日本進出は、単に日本でのアメリカ映画の上映本数を大幅に増やしただけではない。日本の外国映画配給の慣例にゆさぶりをかけるきっかけにもなった。横浜の副領事ラングドンは、日本市場でアメリカ映画を売り込むには、映画を安く賃貸する仕組みが必要だと報告したが、その仕組みを日本に導入したのがユニバーサル社である。同社はアメリカ直送の映画を横浜の試写室で日本の興行者に向けて上映し、単品単位の賃貸を開始する。これによって日本の興行者は、摩耗した中古フィルムとは比べものにならないほど鮮明で美しいイメージをスクリーンに映し出すことができる直輸入プリントを、好きなときに好きなだけ借りて興行することが可能になる。ただし、このアメリカ式のシステムが、映画会社と映画館の強固な信頼関係に基づく日本の配給システムを大きく変えることはなかった。

とにかく、日本を含むアジアで、第一次世界大戦中ほどアメリカ映画が映画の流通と消費、また人々の審美観など、さまざまな面で大きなインパクトを与えたことはないだろう。とくに日本の場合、一九一六年のユニバーサル社の上陸を境に、それまで欧州映画の添え物のような存在にすぎなかったアメリカ映画に対する認識は一変する。アメリカ映画は、小説家など若い知識人や多くの若い映画製作者、そして当時全国に増加しつつあった学生など新しい文化の担い手を夢中にさせ、日本映画の革新運動や映画ジャーナリズム、さらに文学や音楽などを横断する新しい文化活動を生み出していく。こうしたアメリカ映画が日本に与えた影響は、二〇年代、日本の映画産業が急成長し、国内シェアの大部分を独占するようになっても、あるいは新しい美学の欧州映画が大衆的なアメリカ映画の対抗文化として擁護されるようになっても、消えることはなかったのである。

7　アメリカ映画のアジア市場制覇と日本の地政学的位置

第一次世界大戦中、日本市場にアメリカ映画が台頭するのは、単に戦争の混乱で欧州映画が衰退したから、というだけではない。それは映画の生産、流通、消費に関わるさまざまな地球規模の構造変化がほぼ同時にものすごい勢いで起こり、日本に波及した結果である。つまり、日本というローカルな場で起こった変化は、国際的な政治・経済関係の変容、世界映画流通システムの大転換、他国での映画産業構造の変化など、世界を覆うさまざまな変化・変容のダイナミズムのなかで読み解く必要がある。

アメリカ商務省の報告をたどると見えてくるのは、二十世紀初頭、映画が世界各地に伝播する過程が海運と極めて密接な関係にあったことである。とりわけアジアでは、植民地など欧州との貿易が盛んな開港都市から広まっていく。アメリカ映画も、最初はイギリスの海運力に頼って東回りでアジアに搬送されていた。それはアメリカの商業都市が東海岸に集中し、欧米を結ぶ北大西洋航路が早くから発達し、アジアにいたる船のほとんどはイギリスが独占していたことが深く関係する。アジアでのアメリカ映画の市場競争力が欧州映画に比べて弱かったのは、こうした海運と流通経路がその大きな要因である。

アメリカは、中国が革命に向かって政治的・社会的に混乱する頃、ようやくアジア市場に興味を抱く。ブロッキーのような個人企業がアジアで映画事業に挑むのもこの文脈においてである。同じ頃、アメリカの映画製作の中心は東部から西部へと移っていく。そして欧州で起こった戦争によって、世界の映画の流れは大きく変わる。映画取り引きの中心はロンドンからニューヨークに移り、アメリカ映画はイギリス経由欧州航路に代わり、サンフランシスコやシアトルなどアメリカ西海岸の港から太平洋航路の船でアジアに運ぶのが主流となる。新たに誕生した映画の都ハリウッドは、太平洋の果てにある将来有望な市場の開拓に積極的に乗り出し(21)、それとともにアジアでの日本の地政学的な重要性は高まっていった。コクレンがアジア市場開拓の旅に出発し、日本にアメリカ映画旋風が巻き起こり、日本人が映画革新の必要性を唱え、映画のための映画を作ろうと試行錯誤する動きが生まれるのは、こうした世界状況においてなのである。

8　アジア映画市場と東洋汽船

一九一七年七月九日号の「コマース・レポート」によれば、アメリカが世界に輸出した映画は、一三年は三千二百十九万二千十八フィートだったが、一六年は一億五千八百七十五万千七百八十六フィートと約五倍に跳ね上がる。また、輸出高は二百二十七万六千四百六十ドルから六百七十五万七千六百五十八ドルと約三倍に急増する。尺数の伸び率に対して輸出高の伸び率が低いのは、この時期、シリアルと呼ばれる連続映画が大量に輸出されたこと、アメリカ映画の量産化が進んで尺あたりの単価が安価になったこと、アメリカ映画の販路がより貨幣価値が低い地域に広がったことなどがその原因と考えられる。戦争を機にアメリカ映画の大衆化とグローバル化が急速に進んだことがうかがわれる。

輸出はすべての地域で激増しているが、とくに突出しているのは欧州諸国への輸出である。主要な映画生産国だったフランスやドイツ、そして世界映画流通の中心地だったイギリスが戦場となり、国境を越えた映画取り引きが思うようにできなくなると、中立国アメリカの映画が必要とされたのだろう（アメリカ参戦は一九一七年

表3　アメリカ映画の世界市場

	1913年	1916年
対欧州	17,762,429ft（1,317,531ドル）	126,749,563ft（4,851,866ドル）
対北米	10,846,822ft（759,544ドル）	17,603,193ft（1,070,823ドル）
対南米	811,259ft（39,629ドル）	2,638,328ft（126,007ドル）
対アジア	770,418ft（33,065ドル）	3,336,997ft（119,189ドル）
対オセアニア	1,992,000ft（126,040ドル）	8,380,999ft（583,054ドル）
対アフリカ	9,090ft（651ドル）	42,706ft（6,719ドル）

（出典：「コマース・レポート」1917年7月9日号、86ページ）

四月六日)。欧州の次に尺数の伸び率が高いのはアフリカだが、その取扱量は最も少ない。アフリカについで伸び率、取扱量ともに増加するのはアジア、オセアニア、そして南米である。つまり、太平洋沿岸地域は第一次世界大戦中、アメリカの重要な市場に成長していたのである。

このとき太平洋航路をほぼ独占していたのが日本の汽船会社である。一九一九年七月十一日号の「コマース・レポート」に掲載された「極東における海運競争」には、大戦中に日本がアジア太平洋地域の海を支配するようになったという報告がある。この記事はロンドンの新聞に掲載された記事を、シンガポールの新聞が転載し、それをシンガポール総領事がアメリカ商務省に報告したものである。以下に、その報告の概要を記す。

> イギリス海運が、かつての情勢を回復するのが最も難しい地域のひとつは極東である。戦争中、極東は日本の船に開放された。イギリスの海運業者は戦争が生んだ困難な状況のなか、極東の取り引きを維持すべく最善を尽くしたが、日本の海運は、その取り引きを奪っていった。しかも、日本の船の航海域は、その大部分が潜水艦の活動領域外にあった。日本の船は、太平洋、そして東の海の全域にわたって、その活動を増やしてきた。(略)最近ロッテルダムから、オランダ領東インド諸島で日本が現在計画中のサービスに対する苦情が届いた。いずれにしても日本は、その運航サービスを大いに向上するだけの船と運があり、戦争を経て以前よりずっと強い位置を占めるようになった。イギリス海運は、避けられない事情ゆえに船を極東から引き揚げてしまった。財力を蓄えた日本海運に対して経済的に非常に不利だが、最短で、極東での取り引きを復旧させたいと切望する。[22]

この記事にある極東の海を支配していた日本の海運業者のひとつが東洋汽船であることはいうまでもない。とりわけ一九一五年にアメリカで米国新海員法が成立しアメリカの汽船会社が太平洋から撤退すると、サンフランシスコ、ハワイ、横浜、香港を結ぶ定期航路をほぼ独占していた東洋汽船が、サンフランシスコからアジアに直送される映画の大部分を運んだといっても過言ではないだろう。

おわりに

第一次世界大戦中、世界にアメリカ主導の新しい映画流通システムが台頭する。世界映画流通の中心は、イギリスからアメリカに代わり、アメリカ映画産業の中心は東から西に移り、アメリカ映画のアジアへの運搬は欧州企業によるアジア欧州航路からアメリカ企業による太平洋航路が主流となる。この新しい世界映画流通システムに日本を接続するには、新たな覇者であるアメリカのやり方で映画事業を展開する必要がある。それを敏感に察知して実践したのが浅野であり、志茂や中谷、金指、佐生といった東洋汽船の社員たちだったといえるだろう。そして彼らがのちに日本の映画配給機構の中核をなす人物であるという事実は、東洋汽船が日本映画史に果たした役割の大きさを物語る。

現在から当時の日本の映画産業を振り返るならば、資本や技術、人材のどの面でも、日本はアメリカにかなわない。だが、世界の映画市場を支配していた欧州の力が弱まり、穴埋めを誰がするのかといった一九一〇年代中頃の世界情勢を考えれば、たまたまその勢いに乗ったアメリカに追従し、努力すれば、日本にもまだチャンスはあると思える余地があったとしても不思議ではない。つまり、現在の視点から遡及的に判断して、無知蒙昧ともとれる東洋汽船の志は、大戦中の混乱期では、そう現実離れしたものでもなかったと考えられるのである。とりわけアジア太平洋の海を欧米に代わって支配していた日本海運のひとつである、東洋汽船の浅野総一郎の志においてはなおのことそうだったのかもしれない。

注

（1）David F. Wiber, "American Trade in the Orient," *Daily Consular and Trade Reports*, Bureau of Manufactures, Department of Commerce and Labor, April 17, 1907, p.3.

（2）Edgar Crammond, *The British Shipping Industry*, Constable and Company Limited, 1917, pp.25-27.

（3）Ibid., pp.30-32.

（4）"Moving-picture Films and Automobiles," *Daily Consular and Trade Reports*, Bureau of Manufactures, Department of Commerce and Labor, September 15, 1910, p.816.

（5）"Cinematographs and Supplies," *Daily Consular and Trade Reports*, Bureau of Manufactures, Department of Commerce and Labor, March 30, 1911, p.1232.

（6）William M. Seabury, *The Public and the Motion Picture Industry*, Macmillan Company, 1926, p.8.

（7）"Moving Pictures Abroad," *Daily Consular and Trade Reports*, Bureau of Manufactures, Department of Commerce and Labor, January 13, 1912, pp.209-226. "Moving Pictures Abroad," *Daily Consular and Trade Reports*, Bureau of Manufactures, Department of Commerce and Labor, June 17, 1912, pp.1153-1160.

（8）アメリカ商務省内外商務局（Bureau of Foreign and Domestic Commerce）がアジアの領事館に収集させた情報をアメリカ企業に提供する呼びかけ文を報告の末尾に付記し始めるのは一九一一年十月以降である。一二年以降はその頻度が増す。

（9）Nelson T. Johnson, "China," *Daily Consular and Trade Reports*, Bureau of Foreign and Domestic Commerce, Department of Commerce, May 10, 1913, p.728. ただし、ジョンソンは茶園や遊楽場などでの映画の興行は考慮していない。

（10）"Foreign Trade of Japan," *Daily Consular Reports*, Department of Commerce and Labor, September 17, 1904, pp.2-3.

（11）E. R. Dickover, "Foreign Films in Japanese Theaters," *Commerce Reports*, Bureau of Foreign and Domestic

Commerce, Department of Commerce, November 2, 1916, pp.441-442.

（12）前掲『日本映画発達史』第一巻、二四七ページ

（13）前掲『日本映画史』第一巻、一五七ページ

（14）日本活動写真（日活）は、吉沢商店、横田商会、福宝堂、Mパテー商会の四社を合併して一九一二年に創設される。天然色活動写真（天活）は、一四年に福宝堂の分派が設立する。以後、日本の映画館はほぼ日活か天活のどちらかと契約し、日活天活時代と呼ばれた。

（15）William R. Langdon, "Japan," *Commerce Reports*, Bureau of Foreign and Domestic Commerce, Department of Commerce, December 12, 1916, pp.971-972.

（16）例えば田中幹人「京都者の不平」（『キネマ旬報』一九二一年四月十一日号、黒甕社）、一〇ページ

（17）John K. Caldwell, "Japanese Trade and Economic Notes," *Commerce Reports*, Bureau of Foreign and Domestic Commerce, Department of Commerce, November 2, 1920, p.527.

（18）前掲『日本映画発達史』第一巻、二六五ページ

（19）編輯小僧「米国通信」「活動之世界」一九一六年七月号、活動之世界社、四〇ページ。戦時中のイギリスは輸入フィルム一フィートにつき十六セントの関税を課した。

（20）編輯室「外国写真の上場されるまで」「活動之世界」一九一六年五月号、活動之世界社、四三―四七ページ

（21）草創期のハリウッドでは、日本を舞台にした『お蝶さん』（一九一四年）や『日本の園』（一九一五年）、中国を舞台にした『東洋の物語』（一九一五年）や『極東の習慣』（一九一五年）、インドを舞台にした『ラヂヤの犠牲』（一九一五年）など「東洋劇映画」の製作が流行した。ハリウッドの成立とアジア市場開拓の関係は深い。

（22）Edwin N. Gunsaulus, "Shipping Competition in the Far East," *Commerce Reports*, Bureau of Foreign and Domestic Commerce, Department of Commerce, July 11, 1919, p.211.

第4章　ベンジャミン・ブロツキーと環太平洋映画交渉——アメリカ、中国、日本

はじめに

東洋フィルム会社（Toyo Film Company）がアメリカから呼び寄せたベンジャミン・ブロツキーとはいったいどのような人物だろうか。

ブロツキーは二十世紀初頭にアメリカと中国、そして日本で映画事業に従事した、環太平洋映画交渉の先駆者である。彼はアメリカで購入した映画や幻灯をハワイや横浜、香港などに配給する一方、香港でアメリカ映画を興行する劇場を経営するとともに、中国人を起用した劇映画や中国の紀行映画などを製作する。また、中国在留外国人のコミュニティーと関係を築き、サロンで映画を撮影したり上映したりしていた。一九一四年には、イエール大学などアメリカの大学を卒業した若い中国人エリートらと一緒に中国製造影片有限公司を香港に設立し、映画人の育成にも貢献する。こうしてブロツキーは、中国映画史の草創期に名を残すことになる。

そのブロツキーが一九一七年、突然、横浜にやってくる。浅野財閥の東洋汽船が出資した東洋フィルム会社の支配人に就任するためである。その頃、世界の映画流通の中心はイギリスからアメリカに移りつつあった。アメ

図89　ブロツキーが中国で製作した劇映画の役者たち。アメリカの雑誌記事にはブロツキーは中国全土に80の映画館をもち、上海と香港に撮影スタジオを経営し、300人の俳優を雇って毎週1本映画を製作するとある
（出典：George S. Kaufman, “Bret Harte Said it : the Heathen Chinee is Peculiar,” *New York Tribune*, August 27, 1916, p.D3.）

リカ映画はそれまで欧州航路でアジアに運ばれていたが、太平洋航路を使ってアメリカからも直接アジアに運ばれ始める。その太平洋航路で名を馳せていたのが東洋汽船である。そして東洋汽船が外客誘致政策に応じて横浜に設立したのが東洋フィルム会社であった。ブロツキーは、その支配人として横浜に招喚されたのである。

アジア滞在中にブロツキーは、二本の紀行映画を製作する。一つは一二年から一五年に中国で製作した『経過中国』、もう一つは一七年から一八年にかけて東洋フィルム会社で製作した『ビューティフル・ジャパン』である。この二本の紀行映画は、非常に対照的な道をたどった。前者は、一六年から一七年にかけてアメリカの主要都市で公開され、興行的・批評的に大成功をおさめる。一方、後者

図90　東洋フィルム会社で働く5年ほど前、アメリカの映画業界誌に掲載されたブロツキーのインタビュー記事の写真。キャプションには「東洋映画界の大立者B・ブロツキー氏」とある
（出典：Hugh Hoffman, “A Visitor from the Orient,” *Moving Picture World*, May 18, 1912, p.620.）

は一九年から二〇年にかけて何度もアメリカでの配給を試みるが、まったく配給できず、簡易版が無料公開されただけに終わる。最終的にブロツキーは浅野の期待に応えることができず、横浜を去る。

こうした二本の映画の受容差はこれまで映画製作の意図や作品形式の違いによって説明されてきた[1]。しかし映画の受容は、映画を製作した国と、それが受容された国との関係を無視することはできない。

とりわけ帝国主義や国家主義がはびこり、黄禍論など人種差別や偏見に対する批判的思考が弱かった二十世紀初頭は、国際関係と切り離して国境を越えた映画受容を考えることは困難である。しかも第一次世界大戦という、国と国の関係が大きく揺れ動く時代ではなおさらだろう。

本章では、アメリカ、中国、日本をまたにかけて映画事業に従事したブロツキーの足跡をたどり、それによって次の二点を明らかにする。

①二十世紀初頭のアメリカとアジアを結ぶ映画流通ルートの形成と汽船の役割
②国境を越えた映画の受容と、政治的・経済的な国際関係の相関

これら二つの点を明らかにすることによって、本章では二十世紀初頭の貴重な環太平洋映画交渉の痕跡をあぶり出すとともに、東洋フィルム会社の先駆的試みとその挫折の意義を考察する。

1　ブロツキー、太平洋を渡って中国へ行く

ブロツキーは、十九世紀末にアメリカに移民したロシア人である。アメリカでさまざまな職業を経験したのち、西海岸で映画事業を立ち上げ、一九一二年頃からアメリカとアジアを往来しながら、映画の輸入、配給、興行お

よび製作などに従事した。

ブロツキーに研究者の注目が集まるのは、一九九〇年代中頃である。ブロツキーの孫ロン・ボーデンがロサンゼルスの家の屋根裏で『経過中国』のフィルム缶を発見したのが始まりだった[2]。発見されたフィルムは現在、台湾国家電影中心に保管されている。台湾の一九九五年六月四日付「中国時報」はブロツキーの特集記事「俄羅斯攝影機裏的亜細亜」を掲載し、中国映画産業草創期の発展に寄与した人物として紹介している[3]。その後、香港やオーストラリアなどの研究者が本格的に研究を始める。そして二〇〇九年、ブロツキーを題材にしたドキュメンタリー映画が製作される一方、同じ年の十二月十五日から十七日に香港で国際会議「中国早期電影歴史再探研討会」が開催され、ブロツキー研究者の国境を越えた意見交換がおこなわれた[4]。そうしたトランス・ナショナルな研究により、それまでナショナルな枠組みで調べられてきたブロツキーの活動が相互に結び付き、彼の活動の全体像がようやく浮かび上がる。

しかし、その全体像には多くの欠落があり、彼の活動のすべてが解明されたわけではない。ブロツキーは依然として謎の多い人物であることにかわりはないのである。例えば、彼の誕生日ひとつとっても、パスポートには一八七七年八月十五日生まれとあるが、彼の日記には七五年八月一日とあり、食い違っている[5]。また出生地も、ロシアのオデッサと本人はいうが、さまざまな証言から、それはおそらくエカテリノスラフだと考えられている[6]。そもそも二十一世紀に生きる研究者が、十九世紀末にロシアからアメリカに渡った、著名人でもないひとりの移民の足跡を検証するのは非常に困難な作業なのである。とはいえ香港の国際会議が有意義だったのは、これまで点でしかなかった彼の足跡が線で結ばれ、それによって欠落がより明確になったことである。これによって、ブロツキーに関する研究は飛躍的に進んだといえるだろう。

アメリカの研究者ラモナ・カリーによれば、アメリカに渡ったブロツキーは、サーカスや演劇などの仕事を転々としたあと、米西戦争が終わる頃に船を入手してマニラに渡り、マニラや香港、彼の兄が住む上海、横浜、サンフランシスコの港を往来して、さまざまな物資を運んだという[7]。

その後、ブロッキーはサンフランシスコで不動産業に従事する。一九〇六年十月十八日付の「サンフランシスコ・コール San Francisco Call」には、ブロッキー夫妻がサンフランシスコのサンブルーノあたりの土地をパシフィック州貯蓄貸付会社に譲渡した記録が掲載されている。[8] また、同紙〇七年四月十八日付にも、ブロッキー夫妻がランドルフ夫妻からサンブルーノ周辺の土地を十ドルで購入し、それをヘイマン氏に十ドルで売ったとの記録がある。[9] ブロッキー夫妻とあるのは、ブロッキーは〇六年三月十三日にマミー・レボウィッツと結婚したからである。[10]

そして一九〇八年頃までにブロッキーは、オレゴンなどアメリカ西海岸北部で映画事業を展開する。[11] 会社名はバラエティ映画エクスチェンジ社（Variety Film Exchange. 以下、バラエティ社と略記）。映画製作者などから映画を購入し、それを映画館に賃貸する会社で、アメリカではフィルム・エクスチェンジと呼ばれた。当時アメリカの映画製作会社は東部に集中し、その東部から遠く離れた西部には製作会社はほとんどなく、あるのは映画館ばかりだった。資金力がない当時の映画館が、東部から興行に必要な複数のフィルムを入手するのは困難であり、そのため西部では、配給の原型となるフィルムレンタルの仕組みが発達したと考えられる。この仕組みにより、映画館は自ら映画を購入しなくても、レンタル業者から映画を安く借りることができるようになる。ブロッキーもそうしたレンタル業者のひとりだった。

バラエティ社がいつサンフランシスコにオフィスを構えたかは定かではない。だが、一九一一年三月八日付の新聞「サンフランシスコ・クロニクル」にバラエティ社の火事被害が報道されていることから、一一年三月までにはサンフランシスコに店を構えていたことがわかる。[12] バラエティ社は最初、アメリカ西海岸北部を中心に映画を供給していたが、すぐに太平洋の向こうにある日本や中国などアジア市場にも進出するようになる。サンフランシスコ港からはアジアへの直行定期便が運航されていた。こうしてバラエティ社は、アメリカ映画の大多数がまだイギリス経由でアジアに配給されていた時代に、太平洋を渡って直接アメリカからアジアへと先駆的に映画を供給するのである。

バラエティ社はまた、西海岸最大のフィルムレンタル会社のひとつだったインディペンデント映画エクスチェンジ社のアジア配給網拡充に協力を要請されたこともある。[13]バラエティ社が配給していた地域は、サンフランシスコのほかにホノルルや横浜、香港などであった。一九一一年の晩夏までにホノルルと横浜に、一三年までには香港にオフィスを開設する。[14]ホノルルのオフィスは、ヘンリー・J・ブレドホフと共同で開設した。[15]ブレドホフは、サンフランシスコでブロツキーの会社に投資していた人物である。ホノルル・オフィスの支配人はブレドホフが務め、映画のほかに物まねオウムの見せ物なども興行していた。[16]一方、横浜のオフィスは山下町七十二番地に開設した。[17]ただし、一五年には山下町五十六番地に移る。旧オフィスは同業者の万国フィルム協会(International Film Syndicate)日本支店が使用した。当初、バラエティ社の横浜支配人はC・H・プールだった。

興味深いのは、このバラエティ社の配給拠点のすべてが、東洋汽船の定期航路便の発着港と一致する点である。ブロツキーがサンフランシスコを拠点にアジア太平洋地域に映画を配給する一九一〇年代初頭、東洋汽船はサンフランシスコ―ホノルル―横浜―香港の定期航路を就航し、西海岸の新聞各紙をにぎわせていた。一〇年四月十七日付「ロサンゼルス・ヘラルド・サンデー・マガジン *Los Angeles Herald Sunday Magazine*」は、地洋丸の豪華な船内写真を紙面いっぱいに掲載している。[18]また、一〇年七月二十一日付「サンフランシスコ・コール」にも、浅野総一郎の顔写真入りで、東洋汽船の事業が紹介されている。[19]ブロツキーがその頃、映画を船でハワイ、横浜、香港に運ぶことを考えれば、こうした東洋汽船の記事がブロツキーの関心を引いたとしても不思議ではない。

ブロツキーは一九一〇年代初頭、少なくとも年に一回は、ニューヨークで映画や幻灯などを調達していた。「ムービング・ピクチャー・ワールド」の一一年十月七日号によれば、彼はニューヨーク市三十七番街ウェスト百三十番地に店を構えるA・J・クラッパム社から、『神曲 地獄篇 *Dante's Inferno*』のスライドを七十七枚購入したという。[20]クラッパム社は当時、アジアの言語に翻訳したスライドも販売していた。同社のスライドは、一八六〇年代にギュスターヴ・ドレがダンテの『神曲』のために描いた挿絵を撮影し、そこに説明を書き加えたもので、大変な人気があった。

ブロッキーがアメリカのメディアに好んで話した、中国の観客のエピソード——中国人が、スクリーンのイメージを悪魔と錯覚して、悪魔祓いをすると叫んで劇場に火をつけた——は、おそらく、このドレの挿絵を指すのだろう。このエピソードは、中国の観客はアメリカの観客と違って、像を映す科学的装置の存在をまだよく知らない観客である、という文化差を強調するためにブロッキーが誇張した狂言と考えられる。本当に劇場に火をつけた中国人はいなかったはずである。ただ、欧米諸国の教養ある人がドレの挿絵を見れば、どのエピソードかを理解できたほど有名な絵でも、共通理解をもたない異なる文化圏の人にとっては、イメージが予想外の威力をもちえたことは確かだろう。

ブロッキーに虚言癖があったことは研究者の多くが認めるところである。「ムービング・ピクチャー・ワールド」一九一二年五月十八日号のインタビュー記事「東洋からの訪問者」でブロッキーは、バラエティ社にはホノルルと横浜、東京、ウラジオストク、ハルビン、上海、香港にオフィスがあり、これからマニラ、シンガポール、ジャワ、カルカッタに支店を開く予定だと述べる。[21]だが、研究者の多くは、彼がアジア市場に映画を供給していたことは認めるものの、その規模は、彼がいうほど大きくなかったと考える。実際、現時点で彼の会社の記録が確認できたのは、ホノルルと横浜、香港だけである。

しかし、たとえブロッキーに虚言癖があったとしても、彼が二十世紀初頭にアメリカからアジアへ映画を運ぶルートを開拓した先駆者のひとりであることにかわりはない。一九一三年五月三十一日号の「ムービング・ピクチャー・ワールド」には、中国でフィルムレンタル業を営みたいと望むハワイの読者に対し、同誌の編集部が、ホノルルのバラエティ社を訪問すること、そして、必要ならばブロッキーに手紙を書くよう勧めている。[22]「ムービング・ピクチャー・ワールド」は、アメリカで〇七年に創刊され二七年まで続いた、非常に影響力があった映画業界誌である。その編集者がそうした記事を書くということは、当時のブロッキーがアジア市場開拓の代表者としてアメリカの業界人に認知されていたことを示すといえる。

最初に述べたように、アジア市場でのアメリカ映画の台頭は、第一次世界大戦末期もしくは大戦後が定説とされている。だがブロツキーの足取りをたどれば、彼がそのずっと前から太平洋を渡ってアジアに映画を運んでいた事実が見えてくる。つまり、アメリカ―アジアの映画供給ルートは、細々とはいえ、大戦前からすでに確実に存在していたのである。

2　ブロツキーは映画をアジアへどう運んだのか――船内上映と東洋汽船

では実際に、ブロツキーは映画をどこに、どのくらい、どのように運んでいたのだろうか。その手がかりとなる情報が、前述した一九一二年の記事「東洋からの訪問者」(23)に含まれている。それはブロツキー研究者が最も頻繁に引用する記事のひとつだが、そのなかに、これまで注目されてこなかった二つの重要な記述がある。

一つは、ブロツキーが中国と日本の市場を比較して違いを述べている部分である。彼は、中国の市場は有望だが、日本の市場はそうではないという。その理由は、日本の市場は日本人が支配する閉鎖的な市場であるのに対し、中国は外国人に開かれた市場だからである。この指摘は、神戸領事館の副領事Ｅ・Ｒ・ディックオーヴァーの報告と一致している(24)。

もう一つは、バラエティ社が、映画のフィルム缶をアジアの支店から支店へ運ぶ際に軍艦を利用したと述べている部分である。当時のフィルムは、爆弾と同じナイトレートを使っていたため、危険物扱いで送る必要があった。そのため重いフィルム缶の運搬には費用がかかった。そこでブロツキーは軍艦を利用し、運搬中に映画を船内で上映することで運搬費を帳消しにしたばかりか、映画の賃貸料まで稼いだという。つまり、ブロツキーは船内上映をうまく利用して、フィルム缶を港から港へ運んでいたのである。

この二つの記述からは、ブロツキーがアメリカから映画を運んだ先は主に中国であること、そしてフィルムの運搬に船を利用し、その費用を削減するために船内上映をしていたことがわかる。もし、そうであるならば、彼がこれと同じことを太平洋を横断する豪華客船でも実行した可能性は十分に考えられる。

太平洋航路の船が船内上映サービスを開始する正確な時期は不明である。だが、一九一〇年代初頭にはすでに長い船旅を楽しむ人気サービスであったことは確かである。アメリカ商務省の機関誌「デイリー・コンシュラー・アンド・トレード・レポート」の一四年六月三日号によれば、最近、船内上映が人気サービスとなり、バンクーバーを発着する船の何隻かはすでに上映設備を完備している、とある。(25) バンクーバーは、サンフランシスコやシアトルと並ぶ、太平洋航路の船が集まる西海岸の大きな港である。したがってサンフランシスコ港を発着する船にも当然、同様の設備があったと考えられる。映画は映写機と白い壁さえあれば、どこでも上映できる。したがって船に上映設備が装備される以前から船内上映をしていた可能性は高い。逆にいうと、船内上映の人気が高まったがゆえに、その設備が船に装備されるにいたったともいえるだろう。

ブロツキーは一九一〇年代初頭までには、アメリカとアジアのあいだを豪華客船で何度も往復している。例えば一二年五月に、ブロツキーがサンフランシスコから春洋丸に乗船した記録がある。(26) 春洋丸は一一年に竣工した東洋汽船の豪華客船である。おそらくブロツキーは、ニューヨークで買い付けた映画を船または鉄道でサンフランシスコのバラエティ社に運び、そこから春洋丸で、寄港先であるホノルルや横浜、香港などに運んでいたのだろう。彼のオフィスはすべて東洋汽船の発着港にあったことから、東洋汽船の船を頻繁に使ったと考えられる。東洋汽船で浅野良三の秘書をしていた金指英一は、東洋汽船の客船が「外人乗客のために、ニューヨーク封切のフィルムを購入し船内でサービスとして映写はしていた」(27) と述べている。金指は、東洋汽船がそのサービスをいつからおこなっていたかは明言していない。しかし、東洋汽船がアジアに向かうブロツキーの映画を船内上映していた可能性は否定できない。

東洋フィルム会社の支配人として赴任する以前、ブロツキーが東洋汽船の誰といつ、どこで接点をもったのかはいまだ不明である。だが、船内上映をキーワードに彼の足跡をたどってみると、両者のあいだにかすかな線が見えてくる。もちろん確証はない。とはいえ、海を渡って他国に行く人間がごく少数の特権的な人々に限られていた時代に、東洋汽船の船を何度も利用していた常連のブロツキーが、アメリカから映画をアジアに運ぶ途上、船内上映を東洋汽船にもちかけ、交渉した可能性は低くないだろう。もしそうであるならば、東洋汽船を映画事業に向かわせたきっかけは、船内上映であったとも考えられる。つまり船内上映を介してブロツキーと知り合った東洋汽船が、『経過中国』の成功話を彼から聞いて『ビューティフル・ジャパン』の製作を思いつき、その製作責任者に彼を抜擢した、ということである。

3　中国でのブロツキーの映画興行とその観客

ブロツキーが映画を主に中国に運んでいたのであれば、彼は中国でそれをどのように興行していたのだろうか。アメリカの新聞や雑誌のインタビュー記事でブロツキーは、中国で映画を興行したときのエピソードをいくつか紹介している。そのひとつに、ブロツキーが中国で映画興行を始めたばかりの頃の話がある。仮設テントで映画を上映するが、中国人は映画といっても何のことかわからず、観客は少しも集まらない。そこでブロツキーは、中国人をお金で雇い、客のふりをしてもらう。それでようやく客が集まるようになる。ところがある日、とんでもない事件が起こってしまう。それはカウボーイ映画を上映していたときのことである。スクリーンにカウボーイが拳銃を発砲する場面が映し出されると、それを見ていた中国人の観客がびっくりし、仮設テントをナイフで切り裂き、我先に逃げ出した、というのである。[28] ほかにも、前述したように、会場で映画『神曲 地獄篇』を見ていた中国人が、スクリーンに映ったイメージを本物の悪魔と思い込み、悪魔を焼き払うと叫んで、竹製の劇場に火をつけたというエピソードがある。[29] このようにブロツキーが語る中国人の観客とは、映画という西洋の最先端技術が映し出すイメージをイリュージョンとして認識できず現実と混同してしまう、無垢な観客である。

そのブロツキーの発言に対してイギリスの中国映画研究者 Huang《ホアン》 Xuelei《シュエレイ》 と Xiao《シャオ》 Zhiwei《ジーウェイ》 は、ブロツキーがいう中国人観客は、一部の「教養のない（lowbrow）」観客にすぎず、中国にも草創期からすでに映画を西洋の科学的装置として冷静に見る「教養のある（highbrow）」観客はいたと主張する。[30] 例えば上海では一八九〇年代から、アスター・ハウス・ホテルやアルカディア・ホールなどで租界の西洋人や中国人の富裕層を相手に映画が興行されていた。彼らは決して現実と虚構を混同するような客ではなかった。したがってブロツキーがいう中国人観客は、茶園および遊楽場の第二興行や映画館の客にすぎないと主張する。そしてその証拠として彼らは、上海の第二興行を見た小説家の包天笑（一八七六―一九七三）の体験を引用して説明する。第二興行とは、一九〇〇年代末から一〇年代初頭、戯園や茶園、遊楽場で開かれた、演劇などの本興行が終わったあとの安い興行を指す。包天笑によれば、狭くて薄暗い部屋はタバコの煙でむせ返り、そこには男たちや夜の女たちが集まっていたという。要するにHuangらは、ブロツキーがいう無垢な中国人観客は、こうした第二興行で安く映画を見る「教養のない」観客にすぎず、外国人居留地の西洋人や上流階級の中国人ら「教養のある」観客とは別だったと主張するのである。

しかし彼らの分析は、ブロツキーの発言を俗受け狙いといいながらも、基本的に事実と見なす点で問題がある。確かに、香港に滞在していた撮影技師R・F・ヴァン・ヴェルツァーによれば、第二興行の入場料は本興行の三十分の一から五分の一程度で、観客は主に中国人だったという。[31] したがってHuangらが主張するように、第二興行に集まる客と、アスターホテルなどに集まる客の教養レベルが違うことは疑いようがない。だが忘れてはならないのは、第二興行の様子を報告した包天笑のような知識人も第二興行で映画を見ていた事実である。つまり、第二興行の客は「教養のない」人ばかりとはかぎらなかったのである。

そもそも二十世紀初頭のアメリカと中国の経済格差を考えれば、ブロツキーが実入りの少ない第二興行だけで映画を興行していたとは考えにくい。なぜならブロツキーの映画は、物価が高いニューヨークで購入され、アメリカを横断してサンフランシスコなど西海岸から豪華客船で中国に運ばれていた。そのコストに見合う収入を第二興行だけで稼ぐことは難しいだろう。当然、アスターホテルのような西洋人が集う場でも上映されたと考えられる。そのうえブロツキーには、若い中国人エリートの知人がいて、中国の政治家や上流階級の人々、外国人居留地の西洋人、中国のキリスト教青年会との交流もあった。[32] これらのことから中国でのブロツキーの観客は、Huangらがいう第二興行の「教養のない」客だけではなかったと考えられるのである。

Huangらは、ブロツキーが吹聴した中国人観客のエピソードに裏があることを読み取る必要がある。問題は、ブロツキーの映画の観客が本当に「教養のない」客だったのか否かでも、ブロツキーがどこで上映したのかでもない。まず、このブロツキーの中国譚はアメリカに住むアメリカ人に向けて発せられた話であること、そして同じ話が「イブニング・レジャー・フィラデルフィア *Evening Ledger Philadelphia*」や「ニューヨーク・トリビューン *New York Tribune*」などアメリカのメディアで繰り返し報道されていたこと、[33] さらにその報道は一九一五年から一七年に集中していることを考慮すべきである。つまり、ブロツキーが『経過中国』をアメリカに売り込んでいた時期と重なっているのである。このことから、彼が好んで話した無垢な中国人観客とは、二十世紀初頭のアメリカ人が東洋に対して抱く差別的な好奇心を刺激することで彼らの関心を中国、そして『経過中国』に向けようとしたブロツキー流の誇大広告だったと考えられる。要するに、ブロツキーの中国譚は、ただのほらではないが、事実でもないのである。

4　紀行映画『経過中国』のアメリカ興行

『経過中国』は、一九一二年末から一五年初頭までに、香港に拠点を置きながら上海や広州、蘇州、天津、杭州、澳門、無錫、南京、北京など中国各地で撮影した素材映像を編集したものである。撮影は、ブロツキーよりもむしろ、ブロツキーがニューヨークから招喚した撮影技師ヴェルツァーに負うところが大きいと考えられる。ヴェルツァーは、一三年末から一四年春まで香港に滞在し、『経過中国』を撮影するだけでなく、中国人俳優を起用

図91　香港の現像所で字幕を製作する撮影技師R・F・ヴァン・ヴェルツァー（手前）。奥にはフィルムを乾かすドラムが見える
（出典：Hugh Hoffman,"Film Conditions in China," *Moving Picture World*, July 25, 1914, p.577.）

した劇映画も製作し、現像からタイトルの作成や編集までこなしたという(34)。

ヴェルツァーが帰国してしばらくのち、ブロッキーは九龍のネイザンロード三十四番地に中国製造影片有限公司を設立する。中華人民共和国香港特別行政区政府の記録によれば、中国製造影片有限公司は、一九一四年十一月二十七日に設立され、一八年六月六日に解散したとある(35)。この会社の設立には、イエール大学法学部を卒業したLou Yudao《ロウイータオ》やZhu《チュー》 Chengzhang《チェンチャン》、Zhu《チュー》 Sifu《スーフー》ら九人の若い中国人が関わっていて、『経過中国』が袁世凱の息子たちや紫禁城など貴重な映像を記録できたのは、そうした中国人エリート人脈によるものとされている(36)。

現在、台湾国家電影中心に保管されている『経過中国』は、ロサンゼルスで発見された複数缶のフィルムを同時代評などを参考にしながら、最も適切と思われる順番でつなぎ合わせたものである。したがって、それはアメリカで公開された映画の順番と同じであるかどうかは不明である。だが、見方を変えて理解すべきは、『経過中国』と名がつく映画は、さまざまな短篇の寄せ集めでしかなく、もしかしたら唯一真なる完成品は存在しないのかもしれないという点である。

どういうことか説明しよう。『経過中国』は約二年の歳月をかけてブロッキーらが中国各地で撮りためた素材映像を編集した作品である。しかし、その編集は通常の商業映画のように、一つの作品を完成させるためにはおこなわれていない。そうではなく機会あるたびに、撮影した素材を何度も再利用しながら、複数の短篇を作っていたと考えられる。そう考えれば、香港や広州、蘇州、上海、杭州、南京、天津など地域ごとにまとめられたシークエンスに、鵜飼いや墳墓（唐墓）など同じショットを何度も繰り返し挿入して、映画の時空を混乱させているのも理解できる。また、同じ北京の映像が、最初と最後に分断されているのにも納得がいく。つまり、アメリカで公開された『経過中国』は、複数の完成品としての短篇を寄せ集め、接合したものにすぎない。その寄せ集め映画は十分程度に切断され、順番を記すことなく複数の缶に分けて保管された。そして数十年後、同時代評を参考に複数缶のフィルムをもっともらしく接合して百七分の映画にしたのが、現在台湾に保管されている『経過中国』だと考えられるのである。

図92　中国製造影片有限公司（China Cinema Co. Ltd.）の幹部役員。中央に座っているのがブロツキー
（出典：Hugh Hoffman, "The Photoplay in China," *Moving Picture World*, April 10, 1915, p.224.）

いずれにせよ、もはや私たちにはアメリカ公開時の『経過中国』の編集を正確に知ることはできない。だが、映画に観客がどう反応したかは記録が残っている。一九一六年一月、ブロツキーは東洋汽船の地洋丸で上海からサンフランシスコに向かう。[37] 目的は『経過中国』のアメリカ配給である。

映画はまず、サンフランシスコやロサンゼルスなど西海岸で公開され、そこから東へ進み、フィラデルフィアやニューヨークなどで上映された。一七年五月二十二日付「ニューヨーク・トリビューン」によれば、ある上映映画館は館内を中国の飾り布で装飾し、中国楽器の生演奏や英語の説明者を用意したという。[38]当時の批評によれば、アメリカの観客は主に、満族の結婚式や袁世凱の家族、北洋軍閥、万里の長城、紫禁城、明の十三陵など中国の支配者を象徴するイメージ、そして香港のスタチュー・スクエアや北京の清華学堂、ろうあ学校、競馬、YMCAの運動会など西洋化された中国のイメージ、さらには下層労働者が手と足を使って漕ぐ船、ロバやラクダ、荷車や一輪車、人力車、水上生活者、鵜飼い、寺廟での観劇など、「素朴」な中国のイメージに興味を抱いたという。[39]なかでも注目が集まったのは、鵜飼いの場面だった。とくにロサンゼルスでの反響は大きく、「ロサンゼルス・タイムズ」はブロッキーを「東洋のグリフィス」と呼んだ。[40]

一九一七年五月二十六日号の「ムービング・ピクチャー・ワールド」は、『経過中国』を評して、「日給十二セントの国の産業や労働の様子がいろいろ見られて、興味深い」[41]と記している。前章のアメリカ商務省の報告にあったように、アメリカは革命による中国市場の開放に大きな期待を寄せ、第一次世界大戦中は欧州の経済支配が手薄になった中国市場への進出に積極的に挑む。『経過中国』は、そうした状況で公開されている。その時代背景を考えれば、産業革命後のアメリカの観客が、網を使わず鳥を使って魚を捕る鵜飼い、モーターを使わず労働者がペダルを踏んで漕ぐ船、車を使わず人力で大きな荷物を運ぶ一輪車、水道ではなく井戸、電気や蒸気ではなく足で動かす灌漑器具など、「旧式」な交通や労働の手段に興味を抱いたのも理解できる。[42]スクリーンに映し出された中国の産業基盤や生活基盤が、アメリカの人々の目に、アメリカより遅れた、だがそのために有望なフロンティア市場と映っていたのかもしれないのである。アメリカにとって中国とはまさに、「ロサンゼルス・タイムズ」がいう「華麗な王国」だったといえるだろう。[43]

5　ブロツキー、太平洋を渡って日本へ行く

一九一七年八月、ブロツキーは横浜港に到着する。[44] 東洋フィルム会社支配人に就任するためである。東洋フィルム会社は、外国人観光客を日本に誘致するための宣伝映画『ビューティフル・ジャパン』を製作し、それを海外、とりわけ旅行熱が高まっていたアメリカで上映することを目的として設立された会社である。その東洋フィルム会社がブロツキーに白羽の矢を立てたのは、彼が中国でアメリカ映画を配給し、『経過中国』や劇映画を製作し、そしてアメリカで『経過中国』の興行を成功させた実績が高く評価されてのことだろう。

日本でのブロツキーの仕事は、映画の製作や配給だけでなく、機材の調達やスタッフの雇用なども含まれていた。ブロツキーが横浜に到着する約一カ月前の一九一七年七月、彼はロサンゼルスのキーストン映画社で働いていた十九歳の女優マーガレット・リサイト嬢を雇用する。[45] リサイト嬢は、ロサンゼルスで二台の撮影機を二千三百ドルで購入し、船でロサンゼルスからサンフランシスコの東洋汽船オフィスに送り、そこから東洋汽船の船で横浜に搬送した。また、ハリウッドで活躍していた俳優の栗原トーマスや撮影技師のロジャー・D・アームストロング、俳優のウォーレス・ビアリーらをスカウトし、横浜の撮影所に迎えている。[46]

『ビューティフル・ジャパン』の撮影は、一九一七年の夏から一八年にかけておこなわれた。ブロツキーとスタッフは、政府が提供する客車付き蒸気機関車に乗って、全国の名所・名跡をめぐり撮影した。「活動之世界」一九一八年一月号には、ブロツキーがアメリカ帰りの井之口誠ら俳優二、三人を従えて、列車で移動しながら、青森や木曾、名古屋、岐阜などの地を撮影するとある。[47] また、「活動写真雑誌」一八年五月号には次のように記されている。

桑港《ホンコン》(ママ)のフヰルム業者ロスケー(ママ)君一行二十余名が約六ヶ月を日本に費し、東京は申すに及ばず日光、軽井沢、日本アルプス、長良川の鵜飼、京阪、須磨明石、厳島等の名所、九州の諸景、富士箱根、より北は北海道に渡り、アイヌの熊踊りに至るまで殆んど一万呎《フィート》の映画を撮影し、帰米の途次布哇《はわい》に立寄り、同地の名所古跡を踏破撮影中なりと云ふ。(48)

前記の名所は、厳島以外すべて『ビューティフル・ジャパン』のなかに確認できる。

『ビューティフル・ジャパン』には、アメリカ人の観光客が日本という異国の地を旅する演出が施されている。その点で『経過中国』とは大きく異なる。例えば宮城の塩釜の場面では、松島行きの船に乗ろうとしたアメリカ人旅行客が日本の娘たちとうっかり話し込んでしまい、船に乗り遅れ、代わりに人力の小舟に乗って松島巡りをするという簡単な筋がある。ほかにも和装したヤンキー娘が鹿にエサをやったり、お参りしたりする場面もある。観光客を演じるアメリカ人のジェスチャーは大げさで、非常にわざとらしい。こうした演出は『経過中国』にはない。『経過中国』はあくまでも、西洋人であるブロッキーの目から見た、物珍しい中国の風景や風俗を記録しているにすぎない。だが、『ビューティフル・ジャパン』には、アメリカ人の観光客を登場させることで、映画を見る観客を、映画が描く虚構の日本に引き込もうとする意図が織り込まれている。

『ビューティフル・ジャパン』は、アメリカで『経過中国』のような反響を生むことを期待されたが、空振りに終わる。その経過は次のとおりである。まず東洋フィルム会社とブロッキーは、アメリカでの自社映画の配給に本格的に乗り出すべく、サンフランシスコのゴールデン・ゲート通り百番地にサンライズ映画会社（Sunrise Film Company）を設立する。(49) そして一九一八年十一月二十四日、ブロッキーは栗原トーマスを伴い『ビューティフル・ジャパン』とチャップリン風短篇喜劇『後藤三次 *Sanji Goto*』（別題『成金』）をアメリカで配給するため、(50) 東洋汽船の船で横浜からサンフランシスコに向かう。このときアメリカのメディアは、サンライズ映画社がアメリカで日本映画を配給する予定であると報じた。(51) だが、その映画が公開されることはなかった。『ビューティフル・ジャパン』の一部を一巻（十分ほど）に編集した『ＹＷＣＡと行く日本旅行 *A Trip Through Japan with the YWCA*』が、オークランドなどのＹＷＣＡ（キリスト教女子青年会）で無料上映されただけだった。[52] 一九年六月、ブロツキーはアメリカの観客向けに映画を編集し直し、再度アメリカでの配給を試みる。だがそれも失敗し、結局、彼は東洋フィルム会社との約束を果たすことができなかった。

一九二〇年二月二日、ブロツキーはすべての権利を東洋フィルム会社の社長・浅野良三に譲り、横浜をあとにする。[53] 当時の日本映画としては異例の歳月と費用をかけて製作された『ビューティフル・ジャパン』は、東京の帝国ホテルで華々しく披露されるも、本来の目的であるアメリカ公開は果たされなかった。浅野とブロツキーは決裂し、ブロツキーは日本を去る。そして、そのとき彼がアメリカに持ち帰ったであろうフィルムが、現在の私たちが見ることができる『ビューティフル・ジャパン』だと考えられている。[54]

『ビューティフル・ジャパン』の失敗についてブロツキーは、日本のすばらしさを宣伝したい東洋フィルム会社や役人らと意見が合わず、思いどおりに作れなかったと日記に不満を書き残している。[55] この記述を根拠に、アメリカの研究者カリーは、日本の資本家や役人が、日本を西洋に誇れる国に見せようとして、製作にあれこれ口を出し、素朴な東西比較を好むブロツキーの演出を封じてしまい、映画をつまらないものにしたと述べる。そしてその誇れる日本を宣伝するつまらない日本映画が、黄禍論渦巻くアメリカ人の反感を買い、配給できなかったと分析している。

カリーが指摘するように、『ビューティフル・ジャパン』には確かに『経過中国』のような東西の優劣を際立たせる比較の構造はない。そしてそれが映画を単調にしてしまっているのは事実である。しかし、二十世紀初頭の映画の受容差は、二十一世紀の私たちが見て判断する映画作品の魅力や人種差別だけで説明できるものではない。映画が製作された国と受容された国の関係や、時代状況などによっても大きく左右されるものである。とりわけ、戦争という大きな圧力が多くの国の相互関係を激変させていた時代では、国の違いや、わずか一、二年の違いが大きな差を生みやすい。第一次世界大戦下、アメリカにとって中国とは、欧州の後追いで進出の機会を狙っていた大市場であり、大量生産によって増えたアメリカの余剰製品を売り込むための、期待のフロンティア市場であった。一方、日本は、閉鎖的でよそ者が入り込めない市場であり、アメリカやイギリスに代わってアジアの海を支配し、対華二十一カ条要求を中国に突き付けてアジアでの存在感を増していた競合国である。当然、アメリカの日本に対する意識は、中国に対する意識とかなり温度差があったと考えられる。(56)したがって、ブロッキーが『経過中国』をアメリカに配給した一九一六年から一七年と、『ビューティフル・ジャパン』を配給しようとした一八年から一九年とでは、アメリカ人の反応が違って当然である。つまりその受容差は、映画作品の違いや、中国人も日本人もひっくるめたアメリカの「東洋人」差別だけによって生じたものではない。

このようにブロッキーの軌跡は、映画配給網と汽船の密接な関係を示すとともに、二十世紀初頭のアジア太平洋地域での稀有な映画交渉であり、激動する世界の情勢に連動し変容する映画市場の多様性をもあぶり出す重要な事例なのである。

おわりに

十九世紀末から二十世紀初頭、世界の開港都市を結ぶ定期航路の発達は、遠く離れた国や地域との距離を縮め、モノや人、情報を以前よりずっと早く、世界の果てまで届けることを可能にした。十九世紀末に発明された映画も、そうした船のネットワークによって世界各地に運ばれた。映画は、その汽船の時代に世界流通網が形成されたがゆえに、海運と密接な関係にあったのである。

地球上の映画流通網はまず、世界一の海運力を誇っていたイギリスを中心に形成される。映画は、フランスやイタリア、デンマーク、ドイツなど欧州諸国やアメリカで生産され、海を渡ってロンドンに集められ、そこからさらに世界の主要な開港都市へと運ばれたのである。しかし、その流通の網目は世界中どこでも均等であったわけではなく、スエズ運河より東は粗く、粗い地域ほどイギリス海運の支配は強かった。その結果、アジアで映画はボンベイ、カルカッタ、シンガポール、香港などイギリス植民地の開港都市から、そのほかの主要都市へと広がっていった。このときアジアに運ばれた映画の多くはフランスやイタリアなど欧州映画であった。アメリカ映画は中古の短篇映画が多く、しかもそのほとんどは欧州の会社によって配給されていた。

アメリカ西海岸のサンフランシスコでフィルムレンタル業を営んでいたブロツキーが、船で太平洋を渡って直接アジアにアメリカ映画を運んだのは、こうした時代状況においてである。こうして見ると、日本映画史からすっかり抜け落ちてしまっているこの人物の軌跡は、二十世紀初頭のサンフランシスコ、ハワイ、横浜、香港をつなぐ環太平洋映画交渉の貴重な事例であることがわかる。ブロツキーは、細々とはいえ太平洋を横断するアメリカ―アジア直通の配給ルートを構築する一方、アジアで製作した映画をアメリカに配給した、あるいは配給しようとした先駆者なのである。

東洋フィルム会社は、ブロツキーを招喚し、アメリカから最先端の技術とスタッフを迎え入れることで新しい日本映画を製作し、それをアメリカに売り込もうとした。世界の映画流通はアメリカを中心に回り始め、その新しい動向を鋭く察知したのが日本の財界人であり船会社の経営者だった浅野総一郎と、浅野が出資した東洋フィルム会社の経営陣だった。彼らの試みはみごと失敗に終わる。だが、映画産業を国家の一大事業に育て上げ、日本の映画市場を世界に接続しようとした志は、後進の大正活映だけではなく、小林喜三郎の国際活映や、松竹《まつたけ》兄弟の松竹キネマ、山川吉太郎の帝国キネマなどの新会社に広がり、それが日本映画革新の波を生み出す源流のひとつになる。

世界の映画産業にとって一九一〇年代とはアメリカや欧州はもとより、日本からしても、さまざまな可能性を想像する余地があった時代だといえるだろう。日本の海運業は世界第六位となり、アメリカやイギリスといったライバルを抑えてアジアの海を支配していた。世界映画市場の覇権は、欧州からアメリカに移りつつあったもののいまだ流動的であり、このままアメリカが覇権を握り続けることができるかどうかはまだ誰にもわからなかった。アメリカの目覚ましい躍進ぶりが日本にもチャンスがあると思わせたとしても不思議ではない。船の浅野が、ブロッキーを招喚し、東洋フィルム会社の挫折を経て、より本格的な大正活映を設立し、日本の映画市場をアメリカ経由で世界に接続しようとするのは、日本がそんな夢を見ることができる時代だったからである。

注

（1）Curry, Part Two, pp.142-180.

（2）廖金鳳『布洛斯基与夥伴們――中国早期電影的跨国歴史』城邦文化出版、二〇一五年、三一ページ。廖金鳳はドキュメンタリー映画『尋找布洛斯基（ブロッキーを探して）*Searching for Brodsky*』（二〇〇九年）を自主製作した。

（3）張靚蓓「俄羅斯撮影機裏的亜細亜――俄国影人賓杰門布拉斯基和中国淵源甚深」「中国時報」一九九五年六月四日付、三十四面

（4）香港の羅卡《ロー・カー》、オーストラリアのフランク・ブレン、アメリカのラモナ・カリーらが発表。

（5）Ramona Curry, "Benjamin Brodsky (1877-1960) : The Trans-Pacific American Film Entrepreneur - Part One, Making *A Trip Thru China*," *Journal of American-East Asian Relations*, 18:1, 2011, p.63.

（6）Curry, Part One, p.64.

（7）Curry, Part One, pp.64-65.

（8）"Real Estate Transactions," *San Francisco Call*, October 18, 1906, p.13.

（9）"Real Estate Transactions," *San Francisco Call*, April 18, 1907, p.10.

（10）"Marriage Licenses," *San Francisco Call*, March 14, 1906, p.14.

（11）Curry, Part One, p.66.

（12）"The Fire Record," *San Francisco Chronicle*, March 8, 1911, p.18.

（13）"Independent Film Exchange has Novel Plans," *San Francisco Chronicle*, January 6, 1914, p.27.

（14）Curry, Part One, p.68.

（15）ibid., p.85.
（16）“Today, Talking Parrot,” *Honolulu Star-Bulletin*, October 11, 1913, p.1.
（17）前掲「Beautiful JAPAN」
（18）“Triumph of the Age,” *Los Angeles Herald Sunday Magazine*, April 17, 1910, p.3.
（19）“Toyo Kisen Makes New Alliance,” *San Francisco Call*, July 21, 1910, p.1, “Gould Ousts Lovett Line to Orient Won,” *San Francisco Call*, July 21, 1910, p.1.
（20）“Dante's Inferno Stereopticon Lecture,” *Moving Picture World*, October 7, 1911, p.138.
（21）Hugh Hoffman, “A Visitor from the Orient,” *Moving Picture World*, May 18, 1912, p.620.
（22）“From Hawaii,” *Moving Picture World*, May 31, 1913, p.918.
（23）Hoffman, op.cit., pp.620-621.
（24）Dickover, op.cit., pp.441-442.
（25）“Motion-Picture Notes,” *Daily Consular and Trade Reports*, Bureau of Foreign and Domestic Commerce, Department of Commerce, June 3, 1914, p.1263.
（26）ブロツキーは天洋丸、地洋丸、春洋丸などをよく利用していた（Curry, Part One, pp.5, 11, 33-34）。
（27）前掲「東洋汽船と大正活映」六〇ページ
（28）“Film Starts Riot,” *Los Angeles Times*, November 12, 1916, p.III22.
（29）Grace Kingsley, “Studio: Ripples from Reeldom : Orient Takes Queer View of Some of Our Films,” *Los Angeles Times*, June 17, 1917, p.III1.
（30）Huang Xuelei, Xiao Zhiwei, “Shadow Magic and the Early History of Film Exhibition in China,” *The Chinese Cinema Book*, British Film Institute, 2011, pp.50-53. 英語文献の中国人名を本文で記す場合は、英語または漢字表記に読み方を付した。
（31）Hugh Hoffman, “Film Conditions in China,” *Moving Picture World*, July 25, 1914, p.577.
（32）Curry, Part One, pp.69-70, 89-90.

(33) "Celestial "Movies" Now Stir the Chinese," *Evening Ledger Philadelphia*, April 10, 1915, p.7, George S. Kaufman, "Bret Harte Said it : the Heathen Chinee is Peculiar," *New York Tribune*, August 27, 1916, p.D3.

(34) Hoffman, "Film Conditions in China," p.577, Curry, Part One, p.90.

(35) 「網上查冊中心 ICRIS CSC Companies Registry, The Government of the Hong Kong Special Administrative Region」(http://www.icris.cr.gov.hk/)［二〇一五年九月二十八日アクセス］

(36) Hugh Hoffman, "The Photoplay in China," *Moving Picture World*, April 10, 1915, p.224, Curry, Part One, p.78.

(37) Curry, Part Two, p.161.

(38) "Evelyn Nesbit Charms in "Redemption"- China Seen in Films, *New York Tribune*, May 22, 1917, p.9, Curry, Part Two, pp.167-168.

(39) P. G. Spencer, "A Trip Through China," *Motion Picture News*, March 17, 1917, p.1719, Margaret I. MacDonald, ""*A Trip Through China*" China Film Company Presents Ten Reels of Remarkable Travel Pictures Covering Historic China, Her People and Customs," *Moving Picture World*, March 17, 1917, p.1761.

(40) Grace Kingsley, "Stage and Studio: Film Impresario of Orient Here to Show Picture," *Los Angeles Times*, November 10, 1916, p.III22.

(41) ""Trip Through China" at Eltinge," *Moving Picture World*, May 26, 1917, p.1302.

(42) Margaret I. MacDonald, p.1761, P. G. Spencer, p.1719.

(43) Kingsley, "Studio: Ripples from Reeldom," p.III1.

(44) Curry, Part Two, p.173.

(45) Curry, Part Two, pp.175-176.

(46) Ibid., p.177.

(47) 「大正六年回顧録　活動界の来朝者　ビー、ブロドスキー及エファーソン両氏」、前掲「活動之世界」一九一八年一月号、二八ページ

(48) 青山雪雄「米国活動写真の都より（一〇）」「活動写真雑誌」一九一八年五月号、活動写真雑誌社、二四ページ

（49）"Sunrise Film Company Ready Soon," *Moving Picture World*, January 18, 1919, p.378、青山雪雄「米国スクリーン月報 サンライス映画会社の事務所ブロヅキ及栗原紐育行」「活動写真雑誌」一九一九年六月号、活動写真雑誌社、六七―六八ページ

（50）「大正七年活動界回顧録」「活動之世界」一九一九年一月号、活動之世界社、二〇ページ

（51）"Brings Oriental Films," *Variety*, March 28, 1919, p.73, "Japanese Films to Be Released Soon," *Moving Picture World*, March 29, 1919, p.1820, "San Francisco Facts," *Billboard*, February 1, 1919, p.37. "Ben Brodsky Visits New York," *Moving Picture World*, March 8, 1919, p.1366.

（52）Curry, Part Two, p.178.

（53）Ibid., p.179.

（54）ブロッキーは一九二〇年二月に横浜を離れ、二月中旬にサンフランシスコに到着し、翌年ロサンゼルスに引っ越す。

（55）Curry, Part Two, p.179.

（56）第一次世界大戦中のアメリカの対中国観と対日本観については第2部第3章を参照。

第5章　ベンジャミン・ブロツキーが製作した二つの紀行映画

ベンジャミン・ブロツキーは一九一〇年代に中国と日本をそれぞれ紹介する紀行映画を製作する。『経過中国』と『ビューティフル・ジャパン』である。これらの映画は、世界映画産業の草創期のアメリカと中国、そして日本との関係を示す重要な事例であり、二十世紀初頭のアジアの風景や風俗を記録した非常に貴重な映像史料でもある。ここでは、それぞれの映画の特徴を明らかにするために、各映画をいくつかのシークエンスに分けて、そのシークエンスを構成する主要場面を解説する。それによって二本の映画の類似点と、製作意図や出資者、製作国、撮影技師などスタッフの違いから生じたであろう相違点が見えてくるだろう。

1　『経過中国』（一九一二―一五年製作）

まず、『経過中国』の特徴から明らかにしておこう。『経過中国』は、中国の主要都市とそこで暮らす人々を紹介する目的でベンジャミン・ブロツキーが一九一二年末から一五年にかけて製作した映画である。ブロツキーは、香港や北京、広州、蘇州、上海、杭州、南京、天津、東北部などを旅して中国各地を撮影した。許可がなければ撮影できなかった紫禁城や袁世凱の四人の子どもたち、北洋軍閥の行軍演習、変貌しつつある都市、市井の労働風景、西洋なぞまるで関係ないかのように牧歌的に暮らす農村の人々など、激動する中国の広大な領土に点在するさまざまな政治や経済、社会、文化の痕跡が写し撮られている。

中国は民族構成が複雑で国土も広いため、地域によって生活や風俗にかなりの差がある。例えば、労働者の家は、南部では竹や船の家だが、北に向かうにつれて、木やレンガの家となる。家や屋根の形も異なる。また、西洋人やインド人、日本人が特権的に暮らす都市もあれば、中国人しかいない都市もある。その中国人も、季節は同じでも、地域によって着ているものがかなり違う。そうしたさまざまなコントラストが、この映画を視覚的に興味深いものにしている。

『経過中国』は、中国のことをよく知らない西洋人の目線で中国を記録した映画である。地名が間違っていたり、西洋の概念を強引に中国に当てはめていたりするのは、そのせいである。この映画には、中国にはまだ水道も蒸気も、加工食品や近代的な道具もなく、男性と女性が差別されているといった字幕が挿入される。字幕に着目して、そこに西洋の東洋に対する優越的な視線を指摘し批判することも可能だろう。しかし、これまで繰り返し主張されてきた、そうした批判のために、この映画まで引き合いに出す必要もない。

『経過中国』を論じるうえで重要なのは、この映画が二十世紀初頭の中国各地を撮影した史的資料としての価値である。帝政清国から共和制中国へ移行する途上の中国、すなわち辛亥革命で清国が崩壊し、袁世凱が臨時大統領になって、世界大戦の混乱に乗じて帝政を復活させようと野心を抱くものの、日本が突き付けた対華二十一カ条要求のせいで信頼を失っていく時代の中国とそこに生きた人々の姿を、上から下まで、南から北まで、幅広く捉えているがゆえに大変貴重なのである。

『経過中国』は、「二十世紀初頭の中国」という空間的・時間的に広がりがある捉えどころのない全体を、断片的なイメージの束として、スクリーン上に浮かび上がらせる映画でもある。いかに優れた技術を駆使しようとも、ある時代の中国に存在する空間と時間のすべてを捉えることはできない。だが、この映画はその広大な中国を断片的に記録し、それを完全な時系列ではなく、ときどき時空を無視してダイナミックにモンタージュすることで表象しようとしている。そこには西洋と見まがうような都市の風景もあれば、昔ながらの水上生活者の風景もある。競馬に興じる西洋人もいれば、灌漑のため素足でペダルを踏む人々もいる。奴隷や罪人もいれば、満族の花嫁もいる。西洋と東洋が鮮やかに対比されている空間もあれば、うまく共存している空間もある。九龍の狭い路地もあれば、北京の堂々たる紫禁城もある。こうした中国各地の多様な過去の断片的なイメージが接合され、次々に映し出されることで、さまざまな差異を含んだ広大な中国のイメージが想像的に作り出されるのである。

この映画の撮影は、ブロツキーがニューヨークでスカウトし、香港に連れてきた撮影技師ヴェルツァーか、彼が育てた撮影技師によるところが大きいと考えられる。ヴェルツァーは、一九一三年末から一四年の春まで香港に滞在し、撮影だけでなく、フィルムの現像や字幕の作成、編集などに携わる。特徴がないショットが連続する『ビューティフル・ジャパン』と比べて、『経過中国』の撮影は、例えば構図やアングル、ショット・サイズの選び方や移動撮影の使い方などが際立っていて、見応えがある。

現在、台湾国家電影中心に保管されている『経過中国』には、中国の南部から北部へ旅をするというかすかな筋がある。しかしそれは、ロサンゼルスで見つかったフィルム缶を、同時代資料を参考にしながら、もっともな順番でつなぎ合わせたものにすぎない。したがって、それが当時アメリカで公開された『経過中国』と同じかどうかは不明である。

しかし、そもそも『経過中国』は、最初から一つの『経過中国』という作品を作るべくして作られた映画ではない。編集パターンを解析すれば、この映画が機会あるたびに撮りためられた素材映像を、機会あるごとに編集、再編集し、それをアメリカ公開時に『経過中国』という名のもとに寄せ集めたにすぎないことがわかる。いわば『経過中国』とは、中国各地を題材にした数々の短篇映画を総称する題名なのである。

『経過中国』のシークエンス（カット）説明

ここでは『経過中国』（百七分）全編のシークエンスについて説明を施すが、以下の点に注意されたい。
シークエンスの表記方法：
一、まずは、アルファベット連番、〈シークエンス名〉、おおよその時間を記載。
二、次に、〈シークエンス〉の主要な主題、字幕の抄訳、ショットを羅列。
三、最後は、〈シークエンス〉の解説を付記。

A　オープニング・タイトル　00:00:36

B　香港・九龍　00:00:45　開始字幕なし、中間字幕あり
豪華客船（煙突三本）がビクトリア港へ接近。
字幕：香港の美しい広場のひとつ、銀行や政府の建物、ビクトリア女王即位記念像。

スタチュー・スクエア（旧最高法院、テミス像、ビクトリア女王像）、人力車、身なりがいい人々

字幕：ビジネス街は海面レベル、白人の居住地は丘の上。
ビジネス街の西洋式建築物、二階建てトラム、往来の人々、電柱、街灯、地元商店街、ごみごみした建物

字幕：一八八八年から白人住宅街とビジネス街を結んできたピークトラム。
ビクトリア・ピークを登るトラムから見える風景、香港の眺望俯瞰、運行するトラムの側面にしがみつく長衣を着た中国人

字幕：豪華なピーク・ホテル
ピーク・ホテル、香港港全景の俯瞰パン・ショット、渡し船の乗り場、下船する中国人や西洋人

字幕：九龍は九つの龍という意味
九龍の港で働くインド人の労働者

字幕：観光客が投げた一セントを拾おうとして中国人の子どもたちが川に飛び込む。
川で遊ぶ子どもたち

字幕：ろうあ者のための宣教師の家

ろうあ学校、そこで暮らす子どもたち

字幕：石切り島

昂船洲

字幕：三千年前に作られたヒルサイドの墓地、二千万人の中国人が生き埋めにされた。

墳墓（唐墓）

【解説】

香港は一八四二年、南京条約によりイギリスの永久領土とされ、一九九七年に返還される。西洋建築物が立ち並ぶ風景は、二十世紀初頭の日本よりもずっと近代的である。巨大な宮殿のような石造りの建物、真っすぐな広い道路、敷地を囲う鉄柵、整えられた庭木、銅像、街灯、二階建てトラム、地元住民の小ぶりな四階建てのビルなど、都市全体が西洋を模して設計されている。

外観だけでなく、ろうあ学校のように教育システムも導入され、価値観も西洋化されている。ろうあ学校のシーンでは、白い服に帽子をかぶった西洋人の女性教師とおぼしき人物と、彼女を補佐する中国人女性の姿も見られる。こうした学校は宣教師などの手によって建てられた。

『経過中国』には、高い場所から都市の全景を眺望するパン・ショット（左から右へ移動）がよく使われている。香港のシークエンスではラストあたりに使っているが、北京や天津、蘇州などほかの地域では開始字幕の直後に使っている。ブロツキーが撮影を開始したのが香港であることから、香港で試みた手法がのちに繰り返し使われ、パターン化したと考えられる。

川で遊ぶ子どもたち、ろうあ学校、墳墓（唐墓）のショットは、ここだけでなく、何度も登場する。例えば墳墓のショットは、南京、北京のシークエンスなどで使われている。ただし、それらに関する字幕があるのは香港だけである。このことから香港以外は、すべて香港で撮影した素材の再利用だと考えられる。これらのショットは、それぞれの地域を紹介したあとシークエンスの最後に置かれていることから、句点として使われた可能性もあるだろう。

C　北京　00:10:45　開始字幕なし

北海の船着き場に到着する屋根付きの渡し船、下船する人々、北海の眺望俯瞰、北海の景観、入城許可証、北海の庭、袁世凱の写真、北海の庭、回廊、庭園、広場、行進する北洋軍閥

字幕：北京 袁世凱の四人の息子にインタビューをするブロッキーと家庭教師のYatsen C. Yen。

袁世凱の息子たち（三人目は第六子の袁克桓か）、練兵、行軍演習、兵士の体力訓練、高官たち

エンドタイトル　子どもたちがかぶる帽子の上に文字が書かれていて、彼らが一人ずつおじぎをすることで社名が現れる（上段左から「CHINA CINEMA CO. LTD.」、中段左から「港 HONG KONG 香」下段右から「中国製造影片有限公司」）。

【解説】

このシークエンスは北海と袁世凱の息子たちが撮影された大変貴重な映像である。入城許可証は一九一五年十一月二十八日とあるため、撮影したのは、その日一日だけだったと考えられる。映っているのは、清国最後の皇

帝である宣統帝に代わって新生中華民国の初代大総統となった袁世凱が、日本の対華二十一カ条要求を受け入れて国内の支持を失いながらも、皇帝に即位しようと準備を進めていた頃の北海であり、その袁世凱の四人の息子たちである。

このシークエンスCは開始字幕がなく、渡し船が北海の九龍壁前の船着き場に到着する場面から唐突に始まる。舵を取るのは中国の海軍兵か。下船する人々は長衣に綿入れの上着を着ている者や軍服の者などであることから、身分が高い人々と思われる。

北京は、このあともシークエンスMとOに登場する。シークエンスMは地図入りの開始字幕で始まり、シークエンスOは中間字幕で始まる。おそらく、すべて同じ頃に撮影されたのだろう。

なお、ストップ・アクションのエンドタイトルはブロツキーが一九一四年十一月二十七日、九龍のネイザンロード三十四番地に設立した The China Cinema Company のロゴタイプである。英語は左から右、中国語は右から左に文字が並べられている。

D　広州　00:18:06　開始字幕（地図）、中間字幕あり

字幕：人口三百万人、中国南部の都、大きな貿易都市

船が行き交う港の風景、寺社（護国佑民の扁額）、日没と同時に閉まる街を囲う城壁の門、裕福な中国人の家、広州ＹＭＣＡ（半夜学堂）、傘をさして歩く人々、商店街、租界をつなぐ橋、ホテル・ビクトリア、アメリカ領事館

字幕：中国内陸地はチークやオーク、コクタン材が有名。

河口の木材集積場、河口から陸上の集積場へ木を運ぶ労働者、木材を切り出し加工する労働者、加工した木材を運ぶいかだ船、破材を積んだ多くの船、さまざまな方法で荷を陸揚げする労働者

字幕：中国では日本より大きな荷物を、より早く運ぶ。
荷を陸揚げする労働者、一輪車、二輪車、日本から宣教師によって伝えられた人力車など搬送風景

字幕：アメリカの革製品が入った大きな荷物、人間の労働力は馬より安い。
革製品が入った大きな荷物を運ぶ労働者

字幕：バンド（外灘）
租界の海岸通り、石造りの西洋建築群や大通りを往来する人々、一輪車や人力車で荷物を運ぶ人々、路面電車、自動車

字幕：南京通りは上海の「ブロードウェイ」。
南京通りの劇場、往来する人々、人力車、自動車

字幕：万国の人々が集う公園。イチジクの木はエジプトから運ばれた。
港近くの公園に集う裕福そうな日本人や西洋人、インド人

【解説】

広州のシークエンスは、香港同様、ＹＭＣＡやホテル・ビクトリア、アメリカ領事館など近代化した開港都市の風景から始まる。しかし、その都市の風景で描写の中心となるのは、旧式な方法で、せわしなく物を運ぶ労働

者の姿である。大きな荷物を肩にかついで運ぶ人、身の丈ほどの巨大な荷物を一輪車の片方に載せて器用に左右のバランスをとりながら運ぶ人、タクシーのように一輪車に人間を乗せて走る人などである。アメリカ公開時の新聞によれば、アメリカの都市生活者は、そのような人力がすべてである素朴な運搬や労働の方法に興味を引かれたという。アメリカ商務省の報告にあるように、大量生産の時代に突入したアメリカが、その生産物の輸出先としての可能性を秘めた中国市場に、大きな期待を寄せていたであろうことは想像に難くない。

E　蘇州　00:32:56　開始字幕、中間字幕あり

字幕：公園から見た混雑する蘇州の入江

入江を埋め尽くすサンパン（木造船）

字幕：中国人は貧乏で帆を買えないから筳を使う。

サンパン

字幕：中国の女性は男性と平等に働く権利がある。

櫂を使って舟を漕ぐ女性、水上生活者、青果市場

字幕：アメリカ人は缶詰の果物や野菜を好むが、中国人は柔らかいサトウキビを好む。

青果市場

字幕：自称百八歳の靴職人

路上の靴職人

字幕：中国の罪人たちは、死ぬことは許されず、一生、厳しい重労働を科せられる。鎖につながれて荷車を引く中国人の罪人たち、それを監視するインド人の警察官たち

【解説】

『経過中国』には、蘇州と名付けられたシークエンスが二回登場する。シークエンスEとHである。両方とも、人々の生活は香港や上海のようには西洋化されていない。水上生活者が主に撮影されている。それぞれ船の形が異なる。蘇州や無錫あたりで撮影されたのだろうか。

アメリカ公開時に観客がとくに注目したのは、手と足の両方を使って漕ぐ船、水上生活者の労働や生活、船で移動する水上カフェなどである。このシークエンスでブロツキーは、労働や食事、刑罰などを例にあげながら、東西文化の違いを強調している。そうしたわかりやすい比較が、アメリカ人観客の興味を引いたのだろう。

このシークエンスは、西洋とはまるで無縁の風景の連続だが、中国に進出していた西欧列強の影を見いだすことも可能である。例えば、中国人の罪人が重労働に従事する場面では、罪人たちの後景に西洋式の大型船が見える。そしてその罪人はインド人によって監視されている。インド人は、大英帝国の植民地であるインドから連れてこられたクーリー（苦力）で、中国ではイギリスの代理人として中国の罪人を管理していた。

F　上海　00:37:49　開始字幕、中間字幕あり

字幕：数百万人の中国人が暮らす海上都市・上海が台風で破壊される前の記録。

波止場の水上生活者、船の上に竹で骨組みを作り筵《むしろ》をかぶせただけの簡素な家が密集。

字幕：大きな台風がすべて破壊し、百五十万人の中国人が溺死。
水上を行き交う船、香港のろうあ学校、台風後の上海の惨状、なぎ倒された大木、海岸に打ち上げられた流木などのガラクタ
広州のＹＭＣＡ、傘をさして歩く人々、北京の清華学堂（現在の清華大学）の正門前をラバで移動する人々、正門、校舎、校舎前に集まる西欧人教師（アーサー・リチャードなど）と中国人学生、広州の公園に集う日本人、西洋人、インド人、香港の競馬場、着飾った西洋人たち、広州のＹＭＣＡ運動会、それを見物する西洋人と中国人
字幕：女性は男性より劣ると考えられている中国では、見物席が男女別々である。

女性専用の見物席と、そこにいる女性たち

【解説】

一九一五年の上海台風の被害を報告するシークエンスである。台風の前後に撮影されたショットを比較している。台風の前、上海の港は水上生活者の船が密集している。だが台風のあと、バンド（外灘）の大木がなぎ倒され、港は瓦礫で埋め尽くされている。壊滅的な被害を受けたことがわかる。

注目したいのは、上海の風景のあと、香港の競馬場や広州のＹＭＣＡなど中国に住む西洋人のコミュニティーの短いショットが続く点である。おそらく在アジアの西洋人に見せるために、上海台風の被害状況に、香港や広州で以前撮影した素材も交ぜ入れて、時報のような短篇映画を製作したのだろう。そしてそれが、のちに『経過中国』に組み込まれたと考えられる。

G　杭州　00:44:27　開始字幕、中間字幕あり

字幕：マルコポーロがニネベやチュロスを引き合いに出すようなすばらしい古代都市、人口百万人。

寺廟で崑曲を見る人々、楼閣にぎゅうぎゅう詰めの観客

【解説】

中国では、寺の縁日（廟会）が開催されるときに劇団がやってきて劇を上演する。崑曲は蘇州一帯で演じられていた中国の演劇である。このシークエンスでは、舞台上の崑曲と、それを見物する人々が映し出される。

シークエンスの最後には字幕が示されるものの、それに該当する場面はない。このことから杭州シークエンスは、もともと、これより長かったのではないかと考えられる。整合性がない字幕の接合は、このシークエンスが、長い素材映像のなかから崑曲の場面だけを抜き出して再編集したものであることを物語っている。編集前の素材映像にはおそらく、縁日に集まっていたであろう大道芸などのさまざまな見せ物も撮影されていたと考えられる。

H　蘇州　00:45:46　開始字幕（地図）、中間字幕あり

字幕：蘇州、中国のベニス、大工業地帯のひとつ、シルク産業の中心

蘇州の街並み俯瞰、仏塔（報恩寺北寺塔か）、街中をロバで散策する旅行者、太平天国の乱で破壊を免れた寺廟（玄妙観か）

字幕：蘇州は中国のベニス、とはいえ中国の船頭は歌わない。

蘇州の橋をくぐる舟

字幕：蘇州をたたえることわざ「生在蘇州、住在杭州、喫在広州、死在柳州（この世の幸せは、蘇州で生まれ、杭州に住み、広州で食事をして、柳州で死ぬ）」

字幕：中国では手と足の両方で漕ぐ。

手と足で漕ぐボート

字幕：石頭男

頭で象牙を割る大道芸人の男

字幕：路上の床屋

辮髪の髪結い、火を使った顔のムダ毛処理、耳かき、鵜飼い

【解説】

字幕には「蘇州」とあるが、映像には蘇州だけでなく、広州や無錫の風景も含まれている。また、開始字幕の地図上にある矢印は、蘇州ではなく杭州の場所を示している。ブロツキーらは、このあたりの地理を正しく認識していなかったようである。

『経過中国』は『ビューティフル・ジャパン』と比べて、その構図やカメラ移動、人物の捉え方、対比の鮮やかさなど多くの点で美的である。それはおそらく、ブロツキーがアメリカから連れてきた撮影技師ヴァン・ヴェルツァーか、もしくはヴェルツァーが教育した撮影技師によるところが大きいと考えられる。

鵜飼いの場面は、『経過中国』をアメリカで公開した際「最も興味深い」と評された。『経過中国』には、その鵜飼いの場面が繰り返し登場するが、おそらく観客の興味を引くことに気づいたブロッキーが意図的に挿入した結果だろう。このことからも、『経過中国』の主な観客は西洋人だったことがわかる。

I　南京　00:51:44　開始字幕、中間字幕あり

字幕：南京、江蘇省の首都、大規模工業都市、鉄道網の中心
川を行く船、二胡を売る行商人、占い師、人力による田畑の灌漑
香港の墳墓（唐墓）

【解説】

シークエンスIは、香港や広州、蘇州、北京のシークエンスと同じく、川や海に浮かぶ船のショットで始まる。しかし、ほかのシークエンスと違って、ここには船が港に到着するショットが含まれていない。そのため「船が観光地に到着し、これから見物を始める」という意味が生まれない。

人力による灌漑の場面は、アメリカ公開時にとくに関心が集まった場面のひとつである。電気も水道も機械もなく、ほぼ全裸の労働者が裸足でペダルを踏んで田畑に水を流し込む中国の農業は、産業革命後の大量生産時代を生きるアメリカの観客に、近代化が遅れている国という印象を抱かせただろう。ブロッキーも、それを期待して、このショットを撮ったと考えられる。

J　九龍・澳門　00:53:18　開始字幕、中間字幕あり

字幕：九龍は香港島の反対側にある、先住民が暮らし働く場所。

九龍の街路を行き交う人々、鶏、豚

字幕：釘を使わず竹で建てた中国の映画館、立ち見席だけで五千人収容、空腹になるまで居座る。

竹の骨組みと薄い板壁の藁葺き屋根の建物、建物の前の路上食堂（調理道具は天秤棒で運ぶ）、石の切り出し、天秤で石を運ぶ労働者

字幕：澳門に参拝にいく人々

波止場、続々と船から降りる参拝者、供養物を売る店、媽祖《まそ》廟（海の神様）へと続く道、途切れることがない参拝者、廟内の様子、媽祖《まそ》

字幕：爆竹は悪魔祓い

爆竹作り

字幕：中国人はギャンブル好き、ポルトガル政府に莫大な収入をもたらす。

雀荘の外観、麻雀をする人

字幕：海賊から船を守るパトロール船

船（煙突二本）、短剣の大道芸人、船（煙突一本）

字幕：華麗な仏塔、数百年前に建設、「華麗な王国」に幸運をもたらす。

蒸気船から見た仏塔

字幕：世界では蒸気や電気で動かすが、中国では日雇い労働者の人力で動かす。

人力の船いろいろ

字幕：中国の浚渫機は四気筒、すなわち女性三人と少年一人で動かす。

浚渫機

字幕：ロサンゼルスでは客がカフェに行くが、中国ではカフェのほうからやってくる。

飲み物を売りにくる小舟

【解説】

シークエンスBが墳墓（唐墓）で終わっているのに対し、シークエンスJは墳墓から始まる。またシークエンスBの中間に九龍のショットがあり、シークエンスJの冒頭にも九龍のショットがある。画面に映る人々の服装から、両方とも同じ季節に撮影されたと考えられる。このことからシークエンスJは、Bの後ろに続いていた可能性が高い。

シークエンスBとJは、鮮やかな対比をなす。イギリスに割譲され西洋化された香港を映し出すシークエンスBに対し、Jは、西洋化されていない九龍や澳門の生活や風俗が示される。狭く曲がりくねった街路、竹製の劇場、路上レストラン、宗教、爆竹、麻雀、大道芸人、仏塔、人力船、水上生活者などのショットが続く。ブロッキーの中国での活動拠点が香港であったことから、ほかの地域と比べても香港の映像には厚みがある。

K　天津　01:02:13　開始字幕（地図）、中間字幕あり

字幕：天津、天国への港、人口八十万人、一八六〇年に開港。北京と鉄道でつながる。塩の取り引きが盛ん。

天津の眺望俯瞰、外敵の侵入を知らせる鐘、温麵を食べる子どもたち

字幕：中国人は温かいものは健康にいいと信じている。

おかゆを食べる子どもたち、温麵を食べる子どもたち

【解説】

天津のシークエンスを皮切りに、中国の北部が紹介される。天津の街を眺望する俯瞰ショットでは、水上生活者の南部とは違って、しっかりした屋根の家が密集している。天津のシークエンスは短く、とりたてて注目すべきものはない。強いていえば、中国では温かいものを食べるという食文化を紹介している程度である。

ブロツキーが意識して撮影したかどうかは定かではないが、土地がやせている中国北部では小麦が、土地が肥えている南部では米が主食であった。シークエンスJ（九龍）の路上食堂で子どもたちが米を食べているのに対し、天津では麵を食べているのは、そのためである。グローバル化によって食文化の差が薄れた現代とは異なり、二十世紀初頭の中国には地域差がはっきりとあった。そしてその差は、ブロツキーの意識の外で、フィルムにきっちり記録されていたのである。

L　満洲　01:04:53　開始字幕、中間字幕あり

字幕：満洲の金持ちの結婚式、招待客が花嫁の家に集まる、壁に立てかけた板は招待状。

花嫁行列、輿に乗せられ大通りを通過する花嫁、着飾った花嫁

【解説】

このシークエンスは最初から最後まで豪華な花嫁行列の記録である。有力者の家から出た花嫁行列が花婿の家へと向かう。子どもたちは結婚式の招待客を示す大きな板を抱えて歩く。中国の花嫁は結婚式の当日に花婿の顔を初めて見るなど、中国の上流階級の結婚式の習わしを字幕で紹介している。字幕には「Manchu（満洲）」とあるが、Newchwang（牛荘）と呼称された営口で撮影された可能性もある。

M　北京　01:08:34　開始字幕（地図）、中間字幕あり

字幕：人口百四十万人、一四〇九年から中国王朝の都、城壁が幾重もある都市、真ん中に皇帝が住む紫禁城

北京の眺望俯瞰、鉄道の駅、密集した家々、城壁南西側、内城、外城、そして北京駅

字幕：城壁に作られた門に向かって進む。

前門の大通りを南から北に移動。牌楼をくぐり正陽門を通過、奥に天安門、門の前を行き交う人々、天安門

字幕：アメリカに中国が支払った義和団事件の賠償金の一部を使って一九〇九年に創立された清華学堂。

正門前をラバに乗って移動する人々

字幕：中国の学生は、多数あるアメリカの大学に留学する前にここで英語を学ぶ。

清華学堂の正門（上部に清華園の文字）、学長のアーサー・リチャード博士とその助手たち

字幕：ラクダは一年かけて茶やシルクをロシアやチベットに運ぶ。
荷物を背負って街中を進むラクダの行列、将軍帽の「仁丹」の看板
字幕：祖先崇拝
白い喪服に身を包んだ葬儀の行列、装飾された棺を運ぶ労働者、郊外の野原に置かれた三つの棺桶
香港の墳墓（唐墓）、川で遊ぶ子どもたち、ろうあ学校
字幕：在中アメリカ大使ポール・レニッシュ博士とアメリカ公使館員C・D・テニー博士
アメリカ大使とアメリカ公使館員たち
字幕：北京の商工会議所
広場、香港の集会所の子どもたち

【解説】

北京のシークエンスは、香港のシークエンスと鮮やかな対比をなす。香港の場合、近代化された空間と過去を継承する空間が交ざり合うことなく別々に並置されている。ビクトリア広場と九龍のショットが入り交じることはないのである。しかも九龍の場面は尺数が短いため、まるで隔離された狭い地域であるかのような印象を生み出す。つまり、西洋が植民地支配する空間の片隅に、中国の伝統的な空間が追いやられているかのような編集で

ある。

これに対して北京のシークエンスでは、近代化された空間と過去を継承する空間が交互に提示される。例えば西洋建築の駅舎の次に伝統的な建築様式の正陽門、続いて洋風の清華学堂、伝統的な葬礼装束をまとった葬列と続く。つまり、北京のシークエンスは万里の長城から続く伝統のなかに西洋的なものを織り込んでいる、といった映画空間の作り方なのである。

天安門のシークエンスでは、最後のほうに香港のショット――墓、川で遊ぶ子どもたち、ろうあ学校――が登場する。このようにシークエンスの主題と異なる地域の短いショットを重ねる編集がブロツキーの好んだ映画の終わり方であったとすれば、少なくともこの編集スタイルが登場する数だけ、ブロツキーは短い映画を製作していた可能性がある。

なお、明の永楽帝は、一四〇六年に北京の宮殿の改修工事に着手し、〇九年から北京に滞在し始めるが、北京が正式に明の都になるのは二一年である。映像の字幕では、永楽帝が北京滞在を開始する年と遷都する年が混同されている。また字幕に「北京の商工会議所」とあるが、映像は香港のショットが使われている。

N　全国のショットをモンタージュ　01:16:24　＊ここから字幕なしが続く

香港の豪華客船（三本の煙突）、満洲の花嫁行列、南京の灌漑、蘇州の鵜飼い、北京の前門、広州の荷物を運ぶ人々、杭州の寺廟で崑曲を見物する人々、波打つ海、上海台風の被害、吉祥画を売る店、広州の木場、北京の城壁基礎工事、蘇州の手と足で漕ぐ舟、打ち寄せる波、蘇州の手と足で漕ぐ舟、北京の城壁基礎工事、天津の眺望、香港の眺望、香港の街路と二階建て電車、身分が高い人の墓（明陵か）左半分、広州の鐘、広州の裕福な家、明の十三陵（明代の皇帝の墓）の長陵の稜恩殿、蒸気船（煙突一本）、華麗な仏塔、紫禁城の鶴、船式カフェ、紫禁城の石灯籠、香港のろうあ学校、南京の川、観客でぎゅうぎゅう詰めの杭州の楼閣、頤和園《いわえん》の長廊、鐘、稜恩殿、万里の長城、頤和園の仏香閣、故宮（太和殿）、三つの棺、広州ＹＭＣＡ、故宮（太和殿）、上海の傾いた船、満洲の花嫁行列、広州の寺院（護国佑民の扁額）、石の上に立つ人々、香港のインド人労働者、傾いた船、香港の墳墓（唐墓）、広州の木材労働者、杭州の観劇の群衆、身分が高い人の墓（明陵か）右半分、寺院、広州ＹＭＣＡ、広州の裕福な家、寺院、砦、澳門の船着き場で供養物を売る店、石、木材、南京の占い師、故宮太和殿前の龍の彫刻が施された石段、北京前門の眺望、鳥の調教、北京の雑踏、正陽門、鳥の調教、北京前門から見た正陽門、北京の雑踏、正陽門から見た天安門（手前）と故宮（奥）、正陽門から見た前門、青華学堂、北京の雑踏、正陽門、鳥の調教、青華学堂、北京駅

【解説】

このシークエンスには字幕がまったくない。ほかのシークエンスのショットを短く切り刻んで脈絡なく接合しているにすぎない。しかし別の見方をすれば、このシークエンスは、一九一二年から一五年の中国という広大な空間と長い時間のなかから、ランダムに高低、貧富、古新、南北といったさまざまな差異を含んだイメージを選び出し、寄せ集め、無秩序に接合しているために、その時代の捉えきれない中国全体のイメージを想像的に作り出しているともいえるだろう。

前述したように『経過中国』では、異なる地域の短いショットを重ねるこうした編集パターンは、映画の終わりを示す形式的工夫だったと考えられる。例えば上海（シークエンスＦ）や北京（シークエンスＭ）の最後がそうである。ただし、このシークエンスＮは、ほかのシークエンスと比べて、この編集パターンの尺数が非常に長い。したがってこのシークエンスは、上海や北京などの短篇映画を寄せ集めた長篇映画『経過中国』の最後を締めくくるためのシークエンスとして編集されたと考えることもできるだろう。

O　北京　01:26:13　＊ここから再び字幕と映像が交互に入る。

字幕：家に水道が通っていないので、中国人の大半は「古い桶」で水を運ぶ。

井戸で水をくむ人々

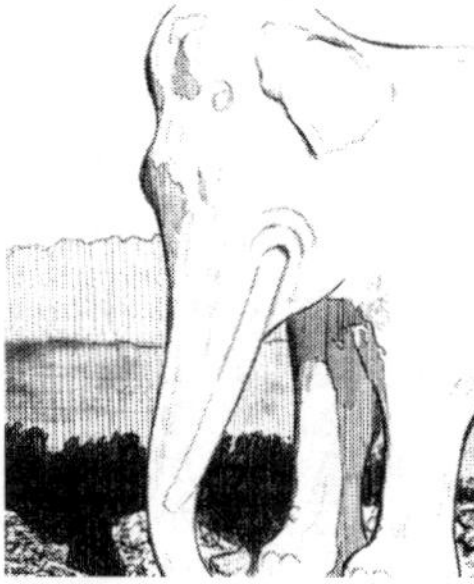

字幕：鳥を調教する行商人

鳥を調教する行商人

字幕：紫の蓮池にかかる美しい大理石の橋

頤和園《いわえん》の十七孔橋

字幕：天壇、年に一度、皇帝が人々のために祈りをささげる場所。

頤和園の万寿山と仏香閣（遠景）、頤和園の仏香閣（近景）

字幕：中国皇帝の昔の居城、初代皇帝らが即位した場所で四千年以上の歴史がある。

明の十三陵の長陵の稜恩殿

字幕：中国皇帝たちのいまの居城

太和殿

字幕：美しい白い大理石の階段

故宮の太和殿、太和殿前の大理石でできた階段字幕：階段中央は上から下まで、カーペットのように彫刻で装飾されている。
龍の彫刻が施された階段、太和殿

字幕：鶴は中国の国鳥
銅で鋳造された鶴

字幕：北京から四十マイル、有名な明の十三陵、十三人の皇帝が葬られている。明は「華麗な王国」を統治した最後の王朝である。
皇帝の陵墓へと続く神道、道の左右に神像が置かれている。

字幕：明の初代皇帝朱元璋（元を打ち破り、一三六八年に明を建国）を記念した大きな石造りの犬
石造りの獅子

字幕：明陵はエジプトのピラミッドのようなもの、さまざまな動物の像はそれぞれの皇帝の特徴を象徴する。
立ち姿の獅子

字幕：立った象は強さの象徴
立ち姿の象

字幕：座った象は下の意見を聞く有能な統治者の象徴

座姿の象、武官の石像

字幕：万里の長城は紀元前二百五十年頃、秦によって建造された。

万里の長城

罪人の刑罰、蘇州の鵜飼い、池を楽しむ中国人、粘土人形を作る北方の職人、蘇州の鵜飼い

【解説】

シークエンスOが『経過中国』の最後のシークエンスであるとは到底思えない。現在、台湾国家電影中心に保管されているこの長篇の『経過中国』は、ロサンゼルスで発見されたフィルム缶を、公開当時の同時代評をもとに再編集したものであり、現在の順番が公開当時と同じとはかぎらない。

北京のシークエンスCに、製作会社である「CHINA CINEMA CO.LTD.」のロゴタイプを使ったエンドタイトルがあるので、このシークエンスCで終わるほうが自然に思えるだろう。しかし、短いショットのランダムな積み重ねをブロッキー流のエンディング・パターンと捉えるならば、この映画の最後はシークエンスNが適切かもしれない。こうしたエンディング・パターンは、『経過中国』には何度も登場することから、アメリカで公開した『経過中国』は短篇の編集映画を複数寄せ集めたものであった可能性が高い。

頤和園の十七孔橋の撮影場所は、頤和園昆明湖の西の湖岸だろう。ここから南西を見ると十七孔橋があり、北西を見ると仏香閣が見える。

字幕で「天壇」とある映像は、天壇ではなく、頤和園である。字幕を作成する際に頤和園とすべきところを天壇と書き間違えたか、あるいは撮影旅行から戻って編集作業をしているときに天壇を撮影したつもりが、その素材が見当たらず、戻って撮り直すこともできないので、ほかのショットを流用したか、あるいは天壇と頤和園を同じだと思っていたのか。いずれにせよ、獅子の石像を「犬」と記していることからも、作り手は中国に関する

知識はさほどなかったことがわかる。少なくとも、北京や蘇州などのシークエンスからは、中国の地理や文化に詳しい中国人は関与していなかったことが見て取れる。

（協力：台湾国家電影中心、二ノ宮聡、作画：杉原一光）

2 『ビューティフル・ジャパン』（一九一七―一八年製作）

『ビューティフル・ジャパン』は、一九一二年に設立された半官半民の外客斡旋誘致組織ジャパン・ツーリスト・ビューロー（のちのJTB）が海外に日本を紹介する目的で東洋フィルム会社（一九一七年設立、横浜）に製作を依頼した観光誘致映画である。ビューローには東洋フィルム会社の出資者である東洋汽船も参画していた。

この映画の製作のために、東洋フィルム会社はベンジャミン・ブロツキーを支配人として雇い入れる。ブロツキーは一九一七年から二年の歳月をかけて全国を巡り映画を製作。完成した映画は帝国ホテルで試写され、その後アメリカへの配給が試みられる。だが最終的に映画は配給されず、ブロツキーはすべての権利を放棄して日本を去る。映画は現在、アメリカのスミソニアン国立自然史博物館に保管されている（三十五ミリ、九巻）。元駐日大使のローランド・S・モリスの遺族が寄贈したものである。

『ビューティフル・ジャパン』と『経過中国』は、両方とも製作の中心人物がブロツキーであることから共通する点は多い。扱う主題は、鵜飼いや港の風景、荷車による運搬や灌漑など人力作業、労働したり、食べたり遊んだりする子どもや女性、市井の雑踏、結婚式や祭りなどの行列、運動会や大道芸人、演劇とその見物人、街の眺望俯瞰などが繰り返される。また、撮影の手法も、都市の眺望を俯瞰するパン・ショットで紹介シークエンスを始めたり、船や列車など乗り物にカメラを載せて移動したりといった点で似ている。政界や財界の権力者と関係を築き、特別な配慮を得て、珍しい風景を撮影する点も同じである。

しかし、『ビューティフル・ジャパン』は『経過中国』と異なる点も多い。最も根本的な違いは、前者には日本をアピールするための演出が施されている点である。日本の名所を紹介するだけでなく、アメリカ人の夫婦が松島行きの船に乗り遅れたり、日本髪を結った和服姿のアメリカ娘が鹿に餌をあげたりと、アメリカ人観光客を意識した設定の簡単な筋が一部に仕込まれている。また、浅野セメントや浅野造船所、高島屋、列車のホームや駅舎など製作に関係する企業や組織を宣伝する場面もたびたび挿入されている。

説明字幕は日本の近代化を強調するものの、映し出された現実が貧弱で、字幕と齟齬をきたす点も『経過中国』とは異なる。例えば「近代的高層ビル」と字幕が出ても、現代の私たちの目にとても近代的には見えないビルが映し出される。おそらく大正期の日本人は、当時の東京のビル街を近代的なものとして見ただろうが、同時代の香港の西洋建築と比べても貧弱であり、ニューヨークと比べたらさらに貧弱である。したがって、現代の私たち同様、その頃のアメリカ人もおそらく、この字幕と映像の齟齬に気づいたと考えられる。

字幕の使い方にも大きな違いがある。『経過中国』とは異なり、『ビューティフル・ジャパン』は映像を映し出す前に、その映像の説明字幕を規則正しく挿入している。しかも字幕の内容は、作り手による映像の分析や感想ではなく、映像の単純な言語化である。例えば、字幕に村の大工とあれば、映像は作業する村の大工を映し出す。字幕に二重橋とあれば、映像も二重橋という具合である。情報単位は細かく、規則的で、意外な組み合わせがない。結果、映像のリズムは単調となり、面白みに欠ける。

また、『ビューティフル・ジャパン』には地域ごとの主題が設定されていない。そのため主題の重複が多く、メリハリのない構成となる。『経過中国』ならば、杭州は崑曲の観劇、満洲は花嫁行列、北京は紫禁城と袁世凱の息子たちなど、歴史的建造物と権力者というように、地域によってテーマが焦点化されている。例えば花嫁行列は、ほかでも撮影することができたはずだが、満洲だけである。あるいは、同じ行列でも、北京は葬式の行列であり、満洲は花嫁の行列である。そのため地域の違いが明確になる。ところが『ビューティフル・ジャパン』は、奈良でも京都でも、あるいは日光でも浜大津でも横浜でも、祭りの行列である。結果、地域差が薄れ、曖昧となる。撮影も単調で、光と影の濃淡に乏しく、ぼんやりした印象の映像が延々と続くだけの紀行映画となる。

映画の構造も、似て非なるものである。それは、『経過中国』がほぼ直線的に南から北へ向かうのに対し、『ビューティフル・ジャパン』は東京を拠点に循環する構造だから、というわけではない。そうではなく、『ビューティフル・ジャパン』には『経過中国』のような時空を無視したダイナミックなモンタージュがない。シークエンスの主題になっている地域と、それとはまるで違う地域の短いショットが、突然ランダムに接続されることがないのである。作品全体の起伏に乏しい、単調な繰り返しの面白みに欠ける報道映画であるといえる。にもかかわらず、ときどき演出が施された場面が挿入され、それが違和感を生み出す。居心地の悪い作品である。

『ビューティフル・ジャパン』には、さまざまな視点が雑居している。日本を世界に紹介したいジャパン・ツーリスト・ビューローの視点、自己アピールしたい浅野などビューローの構成員の視点、ビューローの前身・貴賓会の視点、西洋とは異質なものとして東洋を見るブロツキーの視点である。視座が複数あることで、主題の重複が多くなり、一貫性が保てず、まとまりのない作品になったともいえるだろう。

この映画の撮影は、日本人の稲見興美とアメリカ人の撮影技師が一九一七年から一八年にかけて分担しておこなった。場面によって構図のとり方や光と影の濃淡、奥行き感、カメラワークなどが大きく異なるのはそのためだろう。問題は、名所といわれる風景にふさわしい、いかにも名所といった構図のショットがほとんどないことである。なかには撮影ノルマをこなすために機械的に処理したといったふうのショットさえある。名所といわれても名所に見えない、何の変哲もない風景がただただ、現れては消えていくことになる。

ただし唯一、この映画に『ビューティフル・ジャパン』という題名にふさわしい見せ場があるとすれば、東洋汽船の進水式のショットである。それは美しい船とそのすそでうごめく小さな人間のコントラストが印象的に対比されている。巨大な鉄の塊が海へと放たれる瞬間のイメージは圧巻である。人間の小ささを強調しながらも、小さな人間が巨大な船を作り、そして巨大な船が広い太平洋に放たれ、海の向こう岸にあるアメリカへと大海原を渡っていく。これこそまさに、アメリカを強く意識しながら、東洋フィルム会社に出資した東洋汽船の志を象徴するショットといえるだろう。

総じて、『ビューティフル・ジャパン』には、『経過中国』のような見事な対比——西洋と東洋、貧と富、都市と地方など——が希薄である。地域性を強調する主題が設定されていないことも原因だろう。こうした対比の弱さは、そもそも日本に、多民族の攻防といった豪快な歴史や、イギリスに割譲された香港のような西洋さながらの都市がないことも関係するのかもしれない。加えてブロツキーがいうように、東洋フィルム会社が日本の近代化の遅れを印象づける可能性がある表現を排除していたのだとすれば、なおのこと『経過中国』のような対比は生まれにくかったと考えられる。

『ビューティフル・ジャパン』のシークエンス説明

ここでは『ビューティフル・ジャパン』(百三十二分)の全編のシークエンスについて説明を施すが、以下の点に注意されたい。

シークエンスの表記方法:

一、まずは、アルファベット連番、〈シークエンス名〉、おおよその時間を記載。

二、次に、〈シークエンス〉の主要な主題、字幕の抄訳、ショットを羅列。

三、最後は、〈シークエンス〉の解説を付記。ただし、複数まとめて解説する場合もある。

A　オープニング　00:00:08

字幕:Beautiful Japan　T. F. K.

字幕:大日本帝国鉄道院の特別な配慮により撮影された。

千輪仕立ての菊、和装の若い女性のオーバーラップ

B　神奈川　00:01:00

字幕：千年のあいだ仏は人間を見つめ続け、次の千年には人間に姿を見せるという。

鎌倉の大仏、農村の人々

【解説A—B】

まずはオープニング・タイトルが現れる。そのタイトルにある扇子のなかにT. F. K.と書かれているが、それは東洋フィルム会社（Toyo Film Kaisha）の頭文字である。次に、ブロツキーの「活動列車」のために、列車を提供した鉄道院に対する謝辞が述べられる。そして、国花であり天皇を象徴する花である菊の千輪仕立てが映し出されて、そこに和装の若い女性がオーバーラップされる。さらに場面は鎌倉に移り、大仏、農村、農村の人々、子どもたちと続く。要するに、大仏に見守られている日本国をブロツキーの「活動列車」が走って紹介する、と

いうイメージで映画は始まるのである。

C　東京　00:02:15

字幕：藁葺き屋根の家や狭い路地が江戸（いまの東京）の風情を残す。

道路の基礎工事をする労働者

字幕：東京。三番目の都で現在の都。六十年間続いている。人口二百万人。

東京の眺望俯瞰

字幕：首都のスナップ・ショット、日本一周の旅がそこから始まった。

字幕：九段からの景色
九段の坂道から見た都市の風景、皇居二重橋、行進する近衛兵、皇居城壁、水撒き車、荷車同士の口げんか
字幕：日本の主食は魚、野菜、果物
天秤の上の魚、魚を売る老女
字幕：信じないだろうけど、私も若いときはきれいだったのよ。
魚を売る老女、果物屋、青果市場の雑踏と荷車、小舟が集まる船着き場

【解説Ｃ】

東京は、ブロツキーの日本をめぐる旅の出発点として紹介される。まずは皇居と靖国神社がある九段下、次に労働者、荷車、青果市場、波止場と続く。皇居と一般の人々のショットを隣接させることによって、天皇の庇護の下で生活を営む国民という意味が生じる。『経過中国』と異なり、『ビューティフル・ジャパン』では、映画の被写体（魚を売る老女）がカメラの反対側にいる観客に向かって直接呼びかけるセリフ字幕が挿入される。第三者の視点で被写体を記録する単なる報告ではなく、映画と観客のあいだに親密な関係を築こうとしていることが見て取れる。

Ｄ　旅の説明　00:07:59
字幕：いよいよ Benjamin Brodsky Moving Picture Co. が日本全国を巡り、五千八百マイルのすばらしい旅を始める。
世界地図の前でお辞儀するブロツキー、日章旗と宣伝幕で飾られた映画列車の出発風景、壁に張られた日本地

図を指示棒で指しながら旅程を説明するブロッキー

【解説D】

ブロッキー本人が登場して、旅の行程を説明するジェスチャーをおこなう。撮影の移動には、鉄道院が提供した客車付き蒸気機関車が使われた。鉄道院が協力したのは、映画の製作を依頼したジャパン・ツーリスト・ビューローに鉄道院が絡んでいたからである。また、東洋汽船の映画事業に最後まで尽力した中谷義一郎は、鉄道院の役人から東洋汽船の重役になった人物である。鉄道院と東洋汽船、東洋フィルム会社の関係の深さを示すシークエンスといえるだろう。

E　宮城　00:09:27

字幕：塩釜の人口は六千人、海水から塩を作った最初の町。

波止場と船に乗ろうと待っている人々、着飾った日本娘たち、船に乗ろうとするアメリカ人の男がフレーム・イン、アメリカ人が娘たちに取り囲まれ話に夢中になる、船の時間に気づいたアメリカ人があわてた様子でフレーム・アウト、塩釜を離れる船、波止場に残されたアメリカ人夫婦、松島の海の風景、たくさんの人が立ったまま乗っている船、船頭小舟に乗る夫婦、松島の洞窟遺跡をぶらつく日本人観光客とアメリカ人夫婦

字幕：福禄寿、投げた石が神の膝の上に乗ると縁起がいい。

福禄寿の像と石を投げる人

【解説E】

このシークエンスには、陽気なアメリカ人旅行客が、着飾った日本人の若い女性たちと話し込み、船に乗り遅れ、結局、船頭小舟で松島五大島を回る、という筋が設定されている。アメリカ人夫婦、船着き場、および娘たちの位置関係を示す設定ショットが最初にないため、話の筋がつかみにくい。つまり、同時代のハリウッドで当たり前になっていた文法をこの映画は使っていないのである。また、大げさなパントマイム風のアメリカ人男性の演技がわざとらしく、一九一九年としては古めかしい印象を受ける。

福禄寿の場面は場所を示す字幕がない。そのため松島か、次に続く北海道か不明である。だが、北海道の場面は羽織を着用しているのに対し、松島の場面はより軽装であり、福禄寿の場面も人物がより軽装であることから、松島のシークエンスの一部と見なした。

F　北海道　00:13:06

字幕：大沼公園、駒ヶ岳のふもとの美しいリゾート地。

駒ヶ岳ふもとの大沼公園、楓葉の茶屋からの景色、人力車に乗る芸者、噴水

字幕：団扇作り

G　岐阜　00:18:56

団扇作り、ホテルの水車と子どもたち、北海道の人力による基礎杭打ち、東京の機械による杭打ち、辻占いと子どもたち、村の大工、そばを干す風景

【解説F】

ここから北海道の紹介が始まることを示す字幕はなく、唐突に名所が映し出される。団扇作りの場面がとても長い。団扇を作る工程を最初から最後まで紹介しているのだが、カメラの位置のせいで作業の様子がよく見えない。ほぼ同じ構図の、似たようなグレー調のショットが延々と続くために視覚的な変化に乏しく、退屈である。

字幕：長良川、鵜飼いで有名。

長良川の漁師、カメラの前で鵜を見せる漁師、船を縄で引っ張って川上に移動させる漁師、魚を呑み込まないよう鵜の首を縛る漁師、薪を用意して出発、昼の鵜飼いの様子、夜の鵜飼いの様子

【解説G】

長良川の鵜飼いの場面は、ほかの場面と比べて尺数がかなり長い。『経過中国』で鵜飼いの場面がアメリカの観客に受けたことを踏まえてのことだろう。ただ、こちらのほうが鵜飼いの仕組みや作業手順を順番に説明する点で、より詳細で教育的な構成である。

H　滋賀　00:23:15

字幕：浜大津、山車、子どもたちの神輿車
浜大津の山車、山車を引く子どもたち

【解説H】

浜大津の祭りの風景は、映像がやや不鮮明である。一台の山車がカメラに向かってだんだん近づいてきて、前を通り過ぎ、しだいに遠ざかる様子を固定したカメラで撮影しているだけの短いシークエンスである。撮影ノルマを消化するための撮影といったふうである。

I　奈良　00:24:10

字幕：奈良、日本最初の都、美しい寺院と神聖な鹿が有名。
奈良の風景、奈良ホテルの鯉、奈良ホテル、鹿の給餌、着物姿のアメリカ娘も給餌、春日大社の参道を人力車に乗って通るアメリカ人夫婦、南大門、大仏、献納者の名前が書かれた鉄のツボ、二月堂で鐘を突く人々、春日野宮の参道、火渡り神事

【解説I】

奈良の観光宣伝である。奈良ホテル、鹿、春日大社、南大門、二月堂、火渡り神事と続く。火渡りの場面が長く、白装束の僧侶が灰の上を歩く様子が繰り返される。ジャパン・ツーリスト・ビューローのガイドブックに記載された項目どおりに撮影し、字幕を入れたかのような場面である。なおこの映画を長年研究してきた岡田正子

によれば、このシークエンスで奈良の大仏として映し出される大仏は、奈良ではなく、岐阜の大仏だという。

J　神奈川　00:34:38

字幕：水の女神・弁天の祭り
元町の弁天祭り、山車の上で歌舞伎や日本舞踊などを演じる子どもたち

字幕：横浜の浅野造船所
造船所の外観、船の進水式、見物人、浅野造船所の内部、お祝いの酒と餅

字幕：浅野氏は日本の大実業家のひとり、アメリカと東洋を結ぶ最も豪華な客船を運航する東洋汽船会社（T.K.K.）の社長。

浅野総一郎、大きなクスダマ、進水式、蠟をはぐ労働者

【解説J】

美しい巨大な船が、海へと滑り出していく光景は圧巻である。新品の大きなスクリュー、巨大な歯車、見事な曲線を描く大きな鉄の船、うごめく小さな人間たち。大きな船と小さな人間の対比が、船に威厳あるイメージを付与する。

特筆すべきは、浅野総一郎の姿が記録されている点である。サンフランシスコ航路で名を馳せた東洋汽船が東洋フィルム会社を設立し、官民一体となってこの外客誘致映画『ビューティフル・ジャパン』を製作してアメリカに配給しようと意気込んでいた頃の浅野である。

K　京都　00:42:36　＊開始字幕なし

京都の眺望俯瞰

字幕：疏水から見た風景
京都の眺望俯瞰、疏水を渡る船、百十八フィートの落差を降りる船
字幕：日本では家畜が不足、馬はほとんど見ない。家畜のえさを作れるほどの土地がない。
荷車を引く人、荷車を引く牛、荷車を引く犬と人、にぎやかな通り
字幕：有名な京都の磁器作り
京都の陶磁器職人、清水寺、東本願寺、お参りする着物姿のアメリカ娘、平安神宮

【解説K】

『経過中国』を想起させるシークエンスである。香港の丘を登るトラムや、広州の荷車を引く人や家畜、北京の

泥人形を作る職人を撮影した場面と類似する。ただしこの映画は、和装したアメリカ娘がお参りをするという演出が施されている点で『経過中国』とは異なる。

L　長崎　00:49:39

字幕：雲仙、保養地として人気の雲仙温泉へ向かう美しい谷と見事に曲がりくねった道
山間の風景、湯煙の温泉町、棚田
字幕：大村、人工真珠の生産中心地
大村湾の真珠、海に潜る潜水夫、牡蠣から真珠を取り出す作業
字幕：本当に美しいものは百ドル
ケースに入った真珠

M　奈良　00:54:54
字幕：白馬、神聖なる白い馬
奈良の白馬、青銅の燈籠、祭りの長い行列

N　京都　00:57:07
字幕：京都、七九一年から一八五九年まで十一世紀にわたり日本の都だった。現在は人口五十万人の美しい芸

術の都　＊字幕だけ、映像なし

【解説L―N】

観光名所の長崎・雲仙では、温泉町の風景やおみやげ用の真珠が宣伝される。長崎に続いて奈良の祭り、京都と続く。ただし京都は字幕だけで映像はない。おそらく、この字幕のあとにシークエンスKの京都のパン・ショットが続いていたと考えられる。

O　函館　00:57:18

字幕：函館、人口八万八千人、北方の島・北海道の主要港

函館の港、魚を運ぶ女、タラの天日干し製造・販売、干魚を束ねて運ぶ男たち、登別温泉の駅、馬が引く路面車からアメリカ人夫婦が降りてくる、地獄谷の入り口、温泉地帯、噴火口にできた湖、溶岩を湖の底からすくい

上げる、温泉を運ぶ送水管、公共温泉場

字幕：白老行きの「旅客列車」

白老行きの乗合馬車に乗るアメリカ人夫婦、白老のアイヌ村、三人の長老、アイヌの熊祭りの風景

【解説O】

宮城の塩釜で登場したアメリカ人夫婦が再び現れる。アイヌの祭りが観光イベントとして提示されている。アイヌは独自の文化をもっていたが、明治政府によって強制的に日本に取り込まれ、その文化が観光商品のひとつにされてしまう。

P　東京　01:12:51

字幕：東京の大相撲大会

九段の奉納相撲、升席、土俵、髪結い、栃木山と三代目西ノ海の土俵入り、幕内の土俵入り、取り組み

【解説P】

一九一八年の正月に開催された靖国神社の奉納相撲を撮影したものである。

Q　神奈川　01:20:36

字幕：日本の学校は生徒であふれている、ある公立学校の運動会

運動会を見る子どもたち、来賓席、和装女子のリレー、洋装男子の障害物競走、和装女子の平均台渡り、洋装男子の棒跳び、中国人の子どもたち、和装女子の着付け競争、洋装男子の徒競争、洋装女子の徒競争、和洋装男子の行進、和装女子のダンス、表彰式

【解説Q】

一九一七年の秋に横浜の小学校で撮影された。女生徒は和装がほとんどであるのに対し、男生徒は洋装がほとんどである。借り物競争やリレーなどに興じる日本人の子どもたちを映す数々のショットのなかに、中国服を着た子どもたちが一ショットだけ挿入される。『経過中国』の場合、中国にいる日本人は、少数派とはいえ、西洋的な空間でくつろぐ上流階級の大人であるために弱者という印象はないが、この映画では、圧倒的多数の日本人

の子どもたちのなかに中国人の子どもたちが、まるで隔離されているかのように一ショットだけ挿入されているために、弱者のイメージが漂う。

R　北九州　01:27:19

字幕：門司にある最新設備の浅野セメント工場

浅野セメント工場外観、滑車で石灰の塊を運ぶ女性たち、樽のリングを作る少年たち、石灰の塊を粉砕機に入れる男性たち、粉砕された石灰を運ぶ女性たち、粉砕された石灰が運ばれるパイプ、大きな歯車、工場の外観

【解説R】

石灰を運ぶ滑車、巨大な粉砕機、粉砕した石灰を運ぶ鉄のパイプ、流れ作業をする労働者は、近代化された日本の産業を強調している。『経過中国』に工場の紹介はない。ただし、中国でもやはり労働する女性たちや子ど

もたちの姿が好んで撮影されていて、その点は類似している。

S　静岡　01:29:48

字幕：興津の五百羅漢像
興津の五百羅漢像
字幕：願い事がかなう車輪
石の輪を回す子ども

T　兵庫　01:30:36

字幕：明石海岸、漁師たちが網を修理している。

明石海岸で網を修理する漁師

字幕：神戸、二千八百エーカーの日本第二位の大きな港、人口十四万人

神戸の港と船、オリエンタル・ホテルの屋上からの眺望、亀の甲羅を磨く亀鏡職人、象やライオンなどサーカスの宣伝行列

【解説S—T】

興津の五百羅漢像や明石海岸のあと、神戸の波止場やオリエンタル・ホテルからの俯瞰パン・ショット、亀鏡職人、サーカスの行列と続く。このシークエンスの撮影は、『経過中国』の上海（波止場）や香港（眺望俯瞰）、北京（粘土人形職人）、満洲（花嫁行列）の場面と、題材も撮影方法も類似している。とくに波止場や高い場所からの眺望俯瞰パン・ショットはブロツキーが好んでいたことがわかる。

U　静岡　01:35:46

字幕：静岡特急

静岡の駅に到着する蒸気機関車、静岡の眺望、茶畑、茶摘み、境内で鳩にエサをやる婦人、洪水被害、安来節を踊る娘と見物人たち、お花見する人々、舟遊び、お座敷に入ってくる芸者たち、アメリカ人観光客、鶴亀を踊る芸者たち、芸者と踊りだすアメリカ人観光客

【解説U】

静岡特急の到着する場面のあと、茶摘み、洪水と続く。さらに、そのあと安来節と舟遊び、芸者の鶴亀踊りの場面が続く。ただし、安来節からあとのショットは、静岡ではなく京都で撮影された可能性が高い。鶴亀を踊る場面は、男性一人と女性四人のアメリカ人の観光客が登場し、〝外国人観光客が日本観光を堪能する〟という簡単な筋が用意されている。ここでもアメリカ人の演技は誇張されすぎていて、同時代の映画と比べて古めかしい印象を受ける。

V　長崎　01:43:43

字幕：長崎、ペリー提督来航後、一八五九年に初めて開港した港、現在人口十八万人
長崎の眺望俯瞰
字幕：アメリカ船のシェリダン号に石炭を積む。
字幕：日本政府は労働者雇用を確保するため、給炭に機械の使用を禁じている。
石炭が入った籠を手渡しながら、石炭を船に積む日本人の労働者
字幕：T.K.K. の定期船さいべりあ丸は四時間千トンのペースで給炭
東洋汽船会社のさいべりあ丸に石炭を積む大勢の人々

【解説V】

ベルトコンベアではなく、人力で給炭する様子が映し出され、その言い訳をするかのように、日本では労働者の雇用を確保するためにベルトコンベア式の給炭は政府が禁じているという字幕が表示される。日本の労働者が人力で石炭を船に運び入れる様子が、工業化の遅れたイメージを作り出す危険性を心配した東洋フィルム会社の関係者が、旧時代的な燃料積載方法の言い訳として、政府の雇用政策のせいであると説明した字幕をあえて挿入したと考えられる。

W　大分　01:45:30

字幕：別府の温泉、王子様にふさわしい寝具

別府温泉の旅館の客室、畳に敷かれた布団、中庭から見た客室、手を叩いて仲居を呼ぶ宿泊客、客の前で座礼をする仲居、布団に寝る宿泊客と布団を整える仲居、障子を閉め再び座礼をして立ち去る仲居

X　北海道　01:46:16

字幕：上磯の浅野セメント工場

上磯の浅野セメント工場の眺望俯瞰、コークス炉、鉱石格納庫、坑内を走る滑車、煙突、工場内部、石炭焼却炉、みどりかわ支配人、坑内で働く労働者、滑車で樽を運ぶ女性たち、精米、大掃除の畳干し

【解説W―X】

別府の老舗旅館では、靴を脱ぐ生活、畳、障子、布団、座礼など伝統的な日本文化が紹介される。一方、浅野セメント工場では、近代化された日本の産業が紹介されている。しかし、旅館はともかく、北海道のセメント工場が、日本観光に興味を抱く人々にとって魅力的な場所であるかどうかは疑わしい。

Y　栃木　01:50:15

字幕：宇都宮駅で朝礼指導を受ける駅員たち
宇都宮駅の朝礼、遠足に行く高校生たち、日光に向かう巡礼者たち、ホームに入ってくる日本とアメリカの国旗で飾られた蒸気機関車、日光の滝、神橋、参道、陽明門、神輿行列、見物客

Z　長野　01:56:11
字幕：木曾福島、日本アルプスを通り抜ける旅
木曾福島の日本アルプス、トンネルを抜ける列車、木曾の森林風景
字幕：寒風が吹き荒れる美しい谷、利口な村人は重い石を屋根の上に置いて家を守る。
石置き屋根の家並みの眺望俯瞰

AA　京都　01:57:34

字幕：京都の円山公園にある最も古い桜の木、樹齢三百年以上
円山公園のしだれ桜、桜のなかを歩く和装の女性たち、羽根を広げる孔雀、公園のブランコ、花見をする家族

字幕：嵐山に向かう渡し船に乗る。
嵐山に向かう渡し船、嵐山に到着する渡し船、船を降りる女性たち

AB　静岡　01:59:21

字幕：最近日本を襲った台風の影響
駅で足止めをくらう人々、駅員が列車の遅延を説明、洪水の後始末をする人々、水の底に沈んだ田んぼ、洪水の後始末をする人々、富士山

【解説Y―AB】
鉄道院と東洋フィルム会社との関係を示すシークエンスのひとつ。蒸気機関車が牽引する「活動列車」が日光の駅に到着する。列車の側面には「BRODSKY MOVIES TOUR THRU JAPAN／TRAIN BY SPECIAL COURTESY OF JAPAN IMPERIAL GOVERNMENT／ブロツキー活動列車」と記した幕が張られている。

AC　東京　02:02:18

字幕：最も楽しい旅のあと、再び東京に戻る。
東京に到着するブロツキーの「活動列車」、隅田川、吾妻橋、日本橋、ビルが立ち並ぶ金融街、銀座、高島屋、高島屋の前に停車する西洋式馬車、着物姿のショーウインドーのマネキン人形、草履を脱ぐ婦人たち、外壁をカバーで覆われたビル、救世軍慈善活動、亀戸天神の太鼓橋、東京の消防隊、火災訓練、消防出初式の梯子乗り

【解説AC】

字幕には「東京のブロードウェイ」「近代的高層ビル」などの文字が並び、日本の西洋化が強調される。だが、映像は、欧米諸国はもちろんのこと、西洋と見まがうような西洋建築が立ち並ぶ香港のビクトリア広場などと比べても、雑然とした貧弱ささえ感じられる。字幕と映像に齟齬が生じている点も『経過中国』とは大きく異なる。

（協力：Smithsonian National Museum of Natural History、東京シネマ新社）

第3部　近代アジアでの欧米日の映画産業の興亡

PATHÉ
FRÈRES
MOVING
PICTURES
TRADE MARK

第1章　シンガポール映画市場でのパテ社の進出と日本

はじめに

本章の目的は、二十世紀初頭のシンガポールを中心に映画の興行者として活躍した播磨勝太郎の活動を、シンガポール映画興行史およびアジアの映画流通史の観点から検証することにある。具体的には、地元新聞など一次資料をもとに、シンガポールの映画興行史を掘り起こしながら、その文脈のなかでシンガポールに渡った播磨の活動を捉えていく。それによって二十世紀初頭のアジア映画市場でのシンガポールの重要性と、これまでほとんど無視されてきたシンガポールと日本の古い交渉の歴史を明らかにしたい。

播磨勝太郎(1)はアジアの映画流通史、とりわけシンガポールと日本の関係を考えるうえで欠かせない人物のひとりである。だが、現在までに出版されてきた日本映画史の文献から、播磨勝太郎の名前を探し出すのは容易なことではない。たとえ言及していても、ほんの一言ふれているだけで、さして重要視されていない。例えば、岡田晋の『日本映画の歴史』は、播磨をシンガポールで「旅館を経営するかたわら、映画の巡回興行などをやってい

た」「ヤクザくずれ」の日本人と二行ほどで紹介しているにすぎない。(2)

現在の日本に残されている播磨に関する唯一まともな叙述は、田中純一郎の『日本映画発達史』と「日本映画事業発達史」(3)である。それぞれ短い文章だが、現時点で播磨について最も詳しく知ることができる資料である。田中によれば、播磨は「シンガポールの旅館碩田館《せきでん》の経営者で、巡回興行を副業」にしていたが、巡業で使った映画のストックを有効利用するために一九一四年頃、大阪に播磨商会を開設して関西圏で映画を配給し始め、その後一六年に「ユニバーサル社の極東セールス・マネージャーであるトム・コクレン」と提携してユニバーサル・ハリマ商会を設立し、東京と大阪を拠点に映画を配給していたとある。播磨はまた、Mパテー商会（のちに日活に吸収合併）の創業者で、孫文の中国革命を支援した梅屋庄吉との交流もあったという。この田中の叙述から、播磨は単にシンガポールで映画の巡回興行をしていただけでなく、アジア映画産業の草創期に、シンガポールと日本を結ぶ重要な役割を果たしていたことがわかる。

しかし、これほど重要な人物であるにもかかわらず、一九七五年の田中の叙述以降、新たな情報はまったくない。日本の映画史研究が播磨を無視し続けてきた原因は複数考えられるが、その一つは播磨が活躍した場所が日本国内でも欧米諸国でもなく、アジア、しかもシンガポールだったことが関係する。アジアで活躍した日本人に関する研究は、これまで積極的におこなわれてきたとはいいがたいからだ。二十世紀初頭の日本映画史に関する従来の研究は、えてして日本国内ならば日活の尾上松之助やマキノ省三、天活の帰山教正、松竹蒲田や日活向島など映画製作に関わる出来事、国外ならば早川雪洲やヘンリー小谷、トーマス栗原などハリウッドで映画製作に携わった人々を主な研究対象とする傾向が強かった。そのため映画の興行、しかも欧米以外の海外で活動していた播磨勝太郎の存在は、歴史の塵に埋もれ、すっかり忘れられてしまったのである。

こうした研究の欠如はシンガポールでも同じである。例えば、数少ないシンガポール映画史に関する文献のひとつ、ジャン&イヴォンヌ・ウーデの『ラテント・イメージ――シンガポールの映画 *Latent Images : Film in Singapore*』（二〇一〇年）、あるいはラファエル・ミレの『シンガポール映画 *Singapore Cinema*』（二〇〇六年）

にも、播磨への言及はほんの数行しかない。[4] そのうえ情報は曖昧であり、それぞれの研究での食い違いも多い。例えばウーデ夫妻は、播磨が一九一〇年までにノース・ブリッジ・ロード（North Bridge Road）に「ハリマ」を開場したという。これに対しミレは、ノース・ブリッジ・ロードに「マツオ・シネマ」が開場し、のちに「ハリマ」と改称され、ビーチ・ロード（Beach Road）に移ったという。情報が曖昧で少ないうえに、このように史実内容が食い違っていると、読み手は混乱するばかりである。播磨はいったいシンガポールで何をしていたのか。シンガポールの映画史研究でも、興行に従事していたこの日本人の活動は軽んじられ、田中による播磨に関する叙述以上の情報はほぼ何もわからない。

したがって本章の目的は、二十世紀初頭のアジアの映画流通史、とりわけシンガポールと日本の映画流通史を考えるうえで非常に重要な役割を果たしたにもかかわらず、日本の映画史研究からも、シンガポールの映画史研究からも無視され続けてきた、この播磨勝太郎が残した足跡を、一次資料から掘り起こし少しでも明らかにすることである。

調査・分析の際、とくに留意した点は二つある。一つは、現在とは異なり、二十世紀初頭はシンガポールの宗主国だったイギリスが、グローバルな映画流通の拠点であったということである。もう一つは、調査対象をシンガポールに限定せず、ペナンや香港など旧イギリス植民地、さらにインドネシアやタイ、フィリピンなど近隣の国々との関係も視野に入れて調査することである。

これらの点に注意しながら、以下では、播磨勝太郎の活動をシンガポールの映画興行史に跡づけ、そのうえでシンガポールと日本の映画史的つながりを二十世紀初頭のアジアでの映画流通網の構築という観点から明らかにしたい。

1　シンガポールでの映画興行の始まりと歴史叙述の問題

イギリスの植民地だったシンガポールで映画が初めて上映されたのは、二十世紀に入ってからといわれている。シンガポールの映画研究者ラファエル・ミレは、一九〇一年にシティ・ホールで上映された『ヴィクトリア女王の葬式 *Queen Victoria's Funeral*』（一九〇一年）が一般興行ではなかったため、初の一般興行は、〇二年のパールシー教徒（八世紀にインドに逃れたゾロアスター教徒）のバスライ（Basrai）による巡回興行であると述べる。[5] バスライは、ヒル・ストリート（Hill Street）とリヴァー・ヴァレー・ロード（River Valley Road）が交差するあたりに仮設テントを設置し、主にフランス、ときどきイギリスやアメリカの映画を一カ月ほど興行した。つまり、ミレによれば、〇二年までシンガポールでは一般興行はおこなわれていなかったことになる。

しかし、地元新聞を調べればすぐにわかることだが、映画の興行は一九〇二年以前からすでにおこなわれている。少なくとも一八九九年八月二十一日には、巡回興行者ベレスフォード・ペティット・サプライズ隊（Beresford Pettitt Surprise Party）がボードビルの舞台と一緒にアメリカン・バイオグラフ社の映画を上映していた。[6] 舞台はベレスフォードが、映画はペティットが担当する。地元新聞「ストレイツ・タイムズ *Straits Times*」には、興行の二十日前である八月一日から予告が始まり、「いまロンドンで大流行」などと宣伝されている。上映場所はシンガポール河口の近くにあったタウン・ホール（図93を参照）である。興行は一日だけの夜二回。席料は指定席二ドル、普通席一ドル、映画のイメージが反転するスクリーン裏の席は五十セント、子どもは半額だった。前売り券は輸入貿易商のロビンソン・ピアノ・カンパニー（Robinson Piano & Co.）が販売していた。

ほかにも、最新バイオグラフ映画の上映を予告する広告が一九〇一年七月九日付「シンガポール・フリー・プレス・アンド・マーカンティル・アドヴァタイザー *Singapore Free Press and Mercantile Advertiser*」に掲載されている。興行場所はやはりタウン・ホールで、興行日は〇一年七月十三日だけ。上映映画は『ヴィクトリア女王の葬式』などである。広告には、バイオグラフ社の映画は、フランスのリュミエール兄弟の「シネマトグラフ」やドイツのスクラダノフスキー兄弟の「ビオスコープ」など、ほかの「スコープ」や「グラフ」と名がつく映画装置とは違うことが強調されている。上映開始は夜九時、料金は高いほうから三ドル、二ドル、一ドルであ

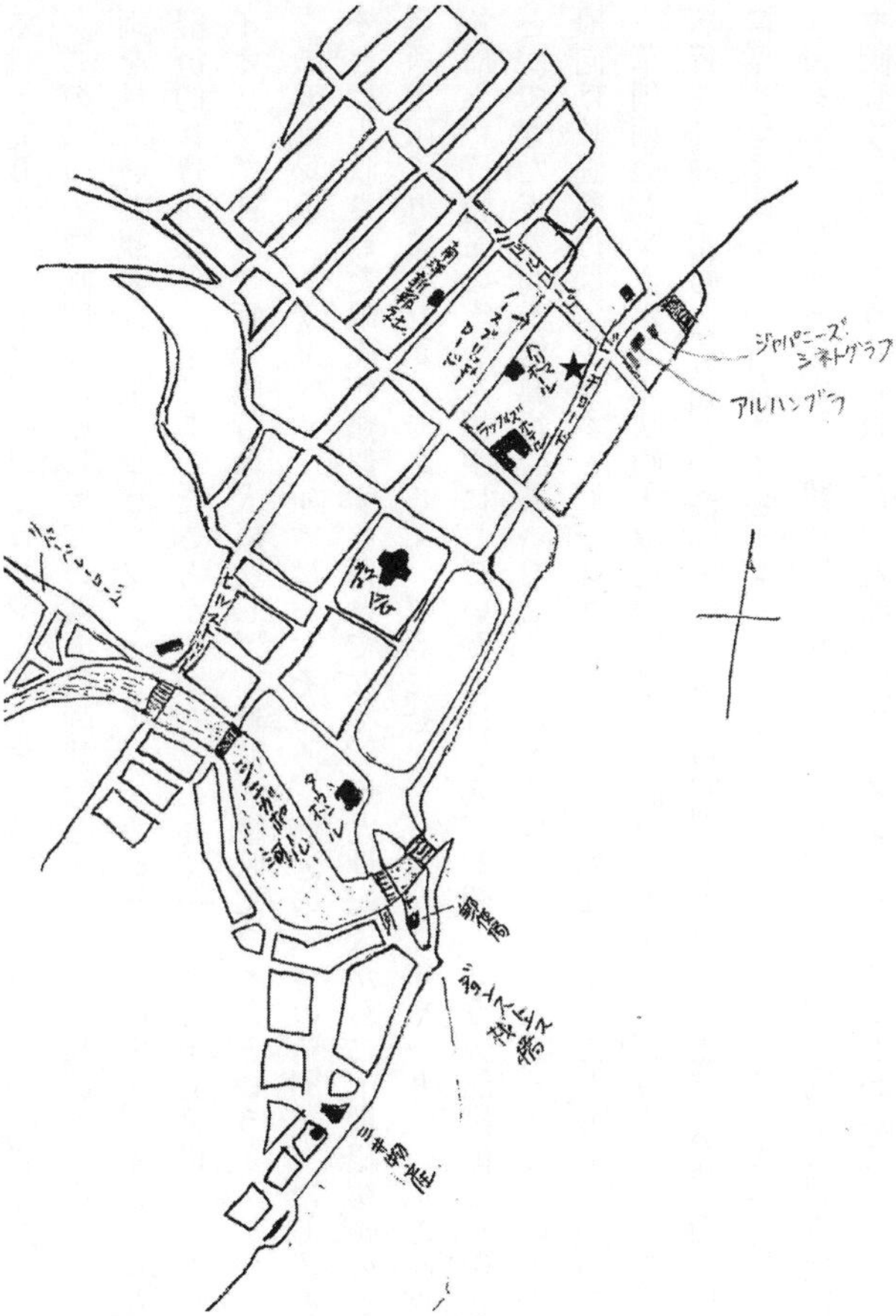

図93　1910年頃のシンガポール市街略図
（出典：「南洋新報」1910年3月26日生駒号付録から作成）

る。前売りチケットは、同じくロビンソン・ピアノ・カンパニーが販売した。

この二つの映画興行の席料は、のちの映画興行と比べて大変高額である。このことから当時シンガポールで映画を見ていた観客は、主にロビンソン・ピアノ・カンパニーに出入りするような人々——ピアノを買えるような経済的に豊かな層——であったことがわかる。一九〇一年七月十五日付「ストレイツ・タイムズ」によれば、バイオグラフ社の映画の興行は大成功し、一週間の続映になったという。

ミレがいう「シティ・ホール」は、おそらく、前述の二つの新聞記事にあるタウン・ホールを指すのだろう。それは上映された映画が類似するだけでなく、十九世紀末から二十世紀初頭のシンガポールで映画を興行できる場所が限られていたからである。いずれにせよ、一八九九年や一九〇一年のタウン・ホールでの映画興行は、富裕層という特定の客層を相手にしていたとはいえ、新聞という公的媒体で宣伝し、料金さえ払えば誰でも見ることができた点で商業的興行であったことにかわりはない。したがってミレの主張とは異なり、シンガポールの一般向け映画興行は、少なくとも一八九〇年代末には始まっていたと考えていいだろう。

草創期のシンガポール映画史叙述の問題は、調査の不十分さだけでなく、その単純さにもある。ミレは、映画興行を巡回と常設に分類し、前者を「本物」以前、後者を「本物」の映画興行と見なす。そして、レヴィ兄弟(Levy Hermanos)が所有するビクトリア・ストリート(Victoria Street)三百二十番地の建物でおこなった「パリ・シネマ(Paris Cinema)」興行を、シンガポール初の「本物志向」の映画興行だという(7)。だが、同時代の新聞を調査すると、そうした叙述には疑問を挟まざるをえないことがわかる。

レヴィ兄弟とは、オメガなど高級時計や宝石を売っていた輸入貿易商である。シンガポールのラッフルズ・ホテルなどに店を構え、シンガポールを拠点にパリや香港、上海、漢口、マニラ、ハルビン、ポートアーサーなどで事業を展開していた。一九〇四年十一月、彼らは「ストレイツ・タイムズ」にシネマトグラフの広告を掲載する。その広告には「バッテリー・ロード三番地」「電気式シネマトグラフの完璧な設置」とある。売っていたのは映画装置と映画だった。映画興行に関する言及はない。つまり、レヴィ兄弟は最初、自分たちの店に時計や宝石、蓄音機など高級な舶来品を買いにくる裕福な客を相手に、映画装置と映画を販売していたにすぎない。

ところが、その広告の少しあと、一九〇四年十二月八日から同じ新聞に、「パリ・シネマトグラフ」の広告掲載が始まる（ミレはこれを「パリ・シネマ」と誤記）。興行者はパウル・ピカール（Paul Picard）、場所はビクトリア・ストリート三百二十番地のレヴィ兄弟が所有する建物である。商店街の店を改装し、なんとか映画を見られるようにした程度のものだが、のちにマレー劇場（Malay Theatre）とも呼ばれた。興行は毎晩二回、寸劇やアクロバット・ショーなどと一緒に、パテ社の手彩色映画『アリババと四十人の盗賊 *Ali Baba et les quarante voleurs*』（一九〇二年）や、『眠れる森の美女 *La belle au bois dormant*』（一九〇三年）など短篇映画を上映している。ある興行の席料はボックス席が五十セント、一等席が四十セント、二等席が三十セント、三等席が二十セントだった。前述したロビンソン・ピアノ・カンパニーと比べて桁違いに安い。それはこの興行が、場末の、劇場ともいえないような小さな場所でおこなわれた、より階級が低い、より幅広い層の観客に向けた興行だったことを示すといえるだろう。

ミレは、そのパリ・シネマトグラフを新しい映画興行の始まりと見なす。レヴィ兄弟が所有する建物で、レヴィ兄弟が輸入した映画（彼の表現では「first truly imported」）を上映した、「シンガポール初の本物の映画館[8]」と考えるのである。ミレがパリ・シネマトグラフの興行をパールシー教徒による一九〇二年の巡回興行と区別する条件は二つある。一つは国境を越えて旅する巡回興行者ではなく、シンガポール居住者が映画を輸入興行している点、もう一つは上映場所が仮設テントや貸ホールではなく、興行者が所有する建物だという点である。要するに、映画の輸入供給と建物による興行の継続性が問題とされているのである。

だが、映画の輸入供給と建物だけを条件に、「本物」の映画興行か否かを判断するのは歴史を単純化しすぎである。地元新聞を調査すれば、パリ・シネマトグラフが始まる前後のシンガポールには、エジソン・シネマトグラフ（Edison Cinematograph）やイギリス・シネマトグラフ（British Cinematograph）など似たような名前の興行がおこなわれていたことに気づくが、これをどう考えたらいいのだろうか。また同じ頃、マッツオ旅館は旅館のホールで、ハミルトン社（Hamilton & Co.）やマーチン&シバタ（Martin & Shibata）は海岸広場の仮設テントで興行を始め、それを数年もしくは数十年も継続するが、そもそもパリ・シネマトグラフの興行はいったいどのくらい継続していたのだろうか。

ミレは、レヴィ兄弟が彼らの輸入した映画を彼らが所有するマレー劇場で、パリ・シネマトグラフという名で興行したとする。だが、実はパリ・シネマトグラフは巡回興行の名称であると考えられる。なぜなら一九〇四年十二月のパリ・シネマトグラフの興行は、〇五年一月には影芝居ワヤンの巡回興行者カッシム（S. Kassim）の手に渡り(9)、そのカッシムが映画をもってジャワの巡回興行に旅立つからである(10)。実際、パリ・シネマトグラフという名の興行は、ジャワや上海などを巡った形跡がある。つまり、マレー劇場でのパリ・シネマトグラフの興行は、パールシー教徒の興行とほぼ同じ一カ月ほどにすぎず、しかもレヴィ兄弟は興行者に一時場所を貸したにすぎないのである。したがって両者の違いはテントか劇場かだけとなる。しかし、テントであろうと野外であろうと、興行は興行である。よって、その違いは曖昧とならざるをえない。ミレは、同時代に存在する多様な興行のなかから、パリ・シネマトグラフの興行だけを「本物」として抜き出し、それ以外の興行を切り捨ててしまうことで、見えなくなる歴史があることに気づいていない。

2 シンガポール映画興行街の形成と播磨勝太郎

シンガポール初の映画興行街は、一九〇〇年代初頭に基盤が形成されるが、その形成を考えるうえでとくに重要なのは、一カ月ほどで興行者が代わるマレー劇場の興行よりもむしろ、マツオ旅館の興行である。マツオ旅館は、シンガポール最上級のラッフルズ・ホテルに近い、ビーチ・ロード五―十三番地と五―十四番地にあった（図93の★印）。もとは日本人のマツオ（K. Matsuo）が所有していた宿屋だが、〇五年十二月五日、播磨勝太郎が買収し（図94）、〇六年二月までには「マツオのジャパニーズ・シネマトグラフ（Matsuo's Japanese Cinematograph)」という名称で興行を開始する。

興行に使われた映画や機材は、後述する梅屋庄吉が一九〇五年六月にシンガポールから日本に帰国する際に播磨に譲ったものである。[11] 興行は毎晩二回もしくは三回、支配人は旧所有者K・マツオの妻が務めた。各プログラムは、映画や手品、ダンスなど複数の見せ物で構成され、席料は一等一ドル五十セント、二等一ドル、三等五十セント、四等二十五セントと、レヴィ兄弟の劇場よりはるかに高額である。マツオ旅館の興行の前売りチケットには、英語を読めない人（おそらく日本人）のために、演奏ステージと日章旗、また豆電飾のイラストが目印として描かれていた。いまとなっては、その目印が唯一、マツオ旅館内部の雰囲気を伝える貴重な手がかりである。上映されたのは、フランスやイギリス、アメリカの映画で、ときには東郷元帥の凱旋を記録した日本の日露戦争映画もあった（図95）。とはいえ輸入だけでは興行に必要な映画を確保できなかったのだろう、このとき、播磨は映画製作にも着手している。播磨は、より継続的、より組織的な活動をおこなっていて、十年以上シンガポールを代表する映画館として興行し続ける。前述したマレー劇場での約一カ月の興行と比べると、このマツオ旅館の興行こそ、シンガポール映画興行史の分水嶺と理解すべきであると考える。

NOTICE

IS hereby given that the business of Lodging housekeeper lately carried on by K. Matsuo at Nos. 5-13 and 5-14 Beach Road Singapore has been taken over by K. Harima as from the 5th day of December 1905 and that the same will be carried on by him in future under the name of "K. Harima".

Dated this 8th day of December 1905.
SISSON & DELAY,
Solicitors for the said K. Harima.

Central Engine Works.

Engineers, Boiler Makers, Iron and Brass Founders, and General Contractors.

図94　播磨勝太郎がビーチ・ロード5―13、5―14番地のマツオ旅館を買収したと告げる記事
（出典：*Eastern Daily Mail and Straits Morning Advertiser*, December 9, 1905.）

ここで注目したいのは、このマツオ旅館の興行をきっかけに、シンガポール初の映画興行街が形成される事実である。例えば一九〇六年三月には、すでにイギリスのハミルトン社が「ロンドン・クロノグラフ（London

図95　マツオのジャパニーズ・シネマトグラフ広告　「東洋の、日本という名の島」からも映画を輸入とある
(出典：*Eastern Daily Mail and Straits Morning Advertiser*, May 21, 1906.)

Chronograph)」という名称でビーチ・ロード沿いの広場で興行している。広場はマツオ旅館の右斜め前、ラッフルズ・ホテルの向かいにあった。上映していたのは主にフランスのパテ社が製作した映画である。フランス映画を上映しているにもかかわらず、「ロンドン・クロノグラフ」と謳ったのは、パテ社をロンドンの映画会社と間違えたというよりも、ジャパニーズ・シネマトグラフと同じで、イギリス人による興行であることを強調したか(複合民族都市ゆえの慣例ともいえるだろう)、あるいは二十世紀初頭のシンガポールで公開される映画のほとんどがロンドン経由だったことから、本場ロンドンからやってきた見せ物という意味があったと考えられる。

そのロンドン・クロノグラフの支配人をしていたS・M・マーチンは、翌一九〇七年十月、日本人のシバタ(S. Shibata)とともに、「ニュー・ジャパニーズ・シネマトグラフ(New Japanese Cinematograph)」という興行を開始する。ここでいう「ニュー」は、マツオ旅館などほかの日本人による興行に対する表現だろう。場所はこれもやはり、ビーチ・ロードのマツオ旅館の近くで、仮設テントを張って欧州や日本の映画を上映していた。テントの入り口には日本風の庭園がしつらえられ、それが話題を呼んだ。残念ながらこの興行は、〇九年二月、わずか一年ほどで終了してしまうが、一時は、シンガポールを代表する興行場のひとつに数えられていた。

「マツオのジャパニーズ・シネマトグラフ」が興行的に成功したことは、それと類似した興行が、その周辺に次々と登場することからも推察できる。一九〇六年六月、マツオ旅館はシンボルマークである演奏ステージと日章旗と豆電飾のイラストをそっくりまねたチケットを売る同業他者が現れたと、常連客に注意を促す新聞広告を数回にわたって掲載している。(12)また同年八月には、改装のため一時閉館することを告げる広告で、マツオ旅館はほかのいかなる「ジャパニーズ・シネマトグラフ」とも一切無関係であると記している。(13)さらに〇六年九月、カネイチ（Y. Kaneichi）という在シンガポールの日本人が、紛らわしくも「ジャパニーズ・シネマトグラフ・ショー（Japanese Cinematograph Show）」という名で、マツオ旅館の左斜め前の広場に日章旗を掲げた白いテントを設置し、夜二回の興行をおこなっていたこともある。つまり、マツオ旅館が初めてビーチ・ロードで映画を興行してからわずか数カ月で、類似した複数の映画興行がその周りに集まり、競い合うようになっていたのである。

このようにシンガポール初の映画街は、レヴィ兄弟の店があったビクトリア・ロードではなく、マツオ旅館があったビーチ・ロードに形成されたことがわかる。新聞に掲載された広告を見るかぎりでは、播磨がマツオ旅館で映画興行を始めた頃、ビーチ・ロードにはほかに映画の興行場はなかった。だが、マツオ旅館の興行が始まってすぐ、その周りには、前述したロンドン・クロノグラフやいろいろなジャパニーズ・シネマトグラフに加えて、ロイヤル・シネマトグラフ（Royal Cinematograph）やフレンチ・シネマトグラフ（French Cinematograph）などが開場する。また、フレンチ・シネマトグラフの隣にあったジュビリー・ホール（Jubilee Hall）でも、ボクシング試合と一緒に映画を上映していた時期もある。(14)つまり、シンガポール初となる映画街の形成に大きな役割を果たしたのは、レヴィ兄弟のマレー劇場よりもむしろ、播磨勝太郎のマツオ旅館なのである。

二十世紀初頭、シンガポールにはすでに「中国以外のアジアで最大の邦人社会」が形成されていた。(15)一八八九年、在シンガポールの日本人は二千六百九十人に膨れ上がり、その多くはミドル・ロード（Middle Road）周辺に集まる。ミドル・ロードとビーチ・ロードが交差するあたりにマツオ旅館はあった。ビーチ・ロードは海岸沿いに走る通りで、その先にはシンガポール港があり、三井物産や日本郵便など日本有数の海運会社や貿易会社がオフィスを構える商業中心区と、「グダン族」と呼ばれたエリート層が集まる「山の手」があった。そしてグダン族が集う高級社交場がラッフルズ・ホテルである。つまり、「マツオのジャパニーズ・シネマトグラフ」の興行は、日本人町の中心やラッフルズ・ホテルに近く、かつ山の手からもアクセスが容易な場所でおこなわれていたのである。地の利を得て、興行は成功する。

ミレのように、最初の突出した事象——本物の輸入、本物の建物——だけに焦点を当てて歴史を点で認識し、その点と点を直線的につなぐ叙述は、歴史の変化をわかりやすくするうえで有効だろう。だが、同時にその叙述は、同時代に存在していた国も人種も異なる、多彩で多様な興行者の足跡を切り捨て、歴史の闇に閉じ込めてしまうことになる。シンガポールの映画興行史での播磨の活動の多くは、そうした叙述によって切り捨てられてしまっていた。

しかし、切り捨てられた歴史に光を当て、些末な足跡を一つひとつ拾い集めることで、一世紀前に形成されたシンガポール映画興行の、より雑多で、より複雑な像が浮かび上がる。そしてその雑多で複雑な歴史を、点ではなく、複数の層の重なりとして読み取ろうとすることによって、播磨が果たした役割の重要性は見えてくるのである。

3　アジア映画配給のグローバル化とシンガポール、そして日本

映画の興行は世界中どこでも、ほぼ同じように始まったのではない。地域によってその様相は異なる。確かにミレのように、シンガポールでの映画興行の歴史を、公共ホールから仮設テント、そして常設館興行へといった流れで捉えたならば、どこの国でも時間差こそあれ、その流れはほぼ同じになるだろう。しかし、それでは歴史的・地理的に条件づけられたシンガポールの固有性は見失われてしまう。シンガポールの映画興行には、その始

まりからアジアの映画流通拠点として位置づけられ、発展してきたがゆえの複雑さと多様さがある。

東西貿易の拠点であり、アジア各地を結ぶ交通網が発達し、自由貿易都市として古くから人やモノの出入りが激しいシンガポールの映画興行は、国籍が異なる多様な興行師たちの移動によって形作られてきたといえるだろう。例えばマツオ旅館は、一九〇六年の時点ですでに、シンガポールだけでなく、ペナンと香港の三カ所で映画を興行している。また〇五年にパリ・シネマトグラフの興行権を買い取ったカッシムも、ジャワや海峡植民地を巡回していた。さらにニュー・ジャパニーズ・シネマトグラフを開場したS・M・マーチンは、シンガポールのほかにジャワや日本などで映画を興行した経験をもつ。草創期のシンガポールでの興行の歴史をたどる場合、こうした頻繁に海を越えて移動する興行師たちの足跡をも捉えることが重要である。

そこで以下では、シンガポールという国の内部で起こった映画的事象を単に時系列でたどるのではなく、二十世紀初頭のグローバル化するアジア映画配給網の観点から、シンガポール映画市場の位置を明らかにし、そのうえで海を渡った興行師・播磨勝太郎の活動を捉えていく。それによって、シンガポールと日本との交渉の軌跡、ひいてはアジアでの映画の流れが大きく変わる瞬間が見えてくるだろう。

パテ社のシンガポール進出

ビーチ・ロードに誕生したシンガポール初の映画興行街は、一九〇七年に新たな展開を迎える。きっかけはパテ・フレール社（Pathé Frères. 以下、パテ社と略記）のシンガポール進出である。パテ社は、もともとエジソン社のフォノグラフ（蓄音機）やキネトスコープなどをフランス国内外で販売していた会社だったが、すぐに事業を拡大して、映画装置の製造と映画の製作・販売を始める。すでにフランス国内市場を支配していたパテ社は、世界に先駆けて海外展開を拡充し、〇七年にはパテ社総収入の五九・六％を海外市場であげるまでに成長する。(16)

映画配給のグローバル化が進展する一九〇〇年代、アジア市場の開拓にいち早く挑んだのは、このパテ社である。アジアにまだひとつも欧米の映画会社の代理店がなかった〇六年七月、パテ社は代理人のフェレメレン（J.

Vermeulen）をシンガポールに送り、ラッフルズ・ホテルを拠点にパテ社の映画装置と映画を販売させる。そして翌〇七年八月には、フェルナン・ドレフュス（Fernand Dreyfus）を極東代理人として、パテ社シンガポール総代理店をスタンフォード・ロード（Stamford Road）の十九番地に設立する（フェレメレンもここで働く）。以後、ドレフュスは、シンガポールを拠点に、海峡植民地や「ビルマ、ジャワ、スマトラ、シャム、香港、フィリピン」[17]などで映画装置と映画の販売をおこなうのである。こうしてパテ社は、将来的な展開が期待されるアジア映画市場の流通拠点であるシンガポールに、欧米の映画会社として初めて、映画の配給拠点をもつことになる。

グローバルな映画流通の中心であったイギリスを宗主国とし、東西およびアジア各地を結ぶ交通の中継点であるシンガポールに総代理店をもつことによって、パテ社は仲介者なしで映画をより早く、より低価格で、より安定的にアジア市場に提供できるようになる。第一次世界大戦前までアジアを含む世界の映画市場を支配していたのはフランス、とりわけパテ社である。パテ社の強みは、装置の信頼性・簡易性、豊富な映画の選択肢などいろいろあるが、最も重要なのは、やはり価格競争力の強さと配給の安定性であったといえるだろう。映画草創期の映画取り引きは、レンタルではなく販売が主だった。その価格は、現在のように製作費やスターのネームバリューなど興行価値によって変わるのではなく、尺売り、すなわち物理的なフィルムの長さによって決められていた。ロンドン市場での映画の平均価格が一フィート六ペンスだった一九〇六年頃、パテ社はそれより安い四ペンスで販売し業界を驚かす。〇七年、シンガポールのパテ社総代理店も、ロンドンと同じく一フィート四ペンス（シンガポール貨幣四十三セント／メートル）で販売していた。[18]これがアジアでのパテ社の市場支配を可能にした大きな要因のひとつだったと考えられる。

一方、興行面でもパテ社はほかの映画会社を圧倒する。一九〇七年八月三十一日、興行師のライオネル・F・ウィリス（Lionel F.Willis）はビーチ・ロードとミドル・ロードが交差する海側の広場にテントを張り、パテ社の映画を独占的に興行するグランド・シネマトグラフ・ショー（Grand Cinematograph Show）を開場する。ウィリスの興行は、パテ社の最新式装置――まだ珍しかった灯油式モーターで発電した電気を使用――と、プリント状態がいい鮮明な画像が話題を呼んだ。興行に成功したウィリスは〇七年十月、同じ場所に豪華な劇場を新築し、アルハンブラ（Alhambra. 収容人数八百―九百人）と名付ける。そしてそのアルハンブラを〇七年十二月、シンガポールのパテ社総代理店（代表ドレフュス）が買収する。[19]これによって、パテ社はアジア各地から集まってくるバイヤーに、最新のパテ映画を独占的に紹介できるショーケースを確保したことになる。つまりパテ社は、アジアで欧米映画会社として初めて、製作と配給と興行を直結させた映画の流通網を構築したのであり、それがアジアでのパテ社の覇権をより強固なものにしたと考えられる。

ここで重要なのは、アジア初となる欧州の映画会社と直結する興行場、すなわちアルハンブラの登場が、揺籃期のシンガポール映画興行を大きく変えてしまう点である。マツオ旅館を例にその変化を見ていこう。

パテ社進出後の播磨勝太郎の興行

アルハンブラが開場してすぐに、播磨は興行場をビーチ・ロードから、その一本山側を平行に走るノース・ブリッジ・ロードの五番地に移している。場所は、やはりラッフルズ・ホテルの近くだった。移転の正確な時期は不明だが、一九〇八年四月までには「ハリマのシネマトグラフ（The Harima's Cinematograph）」の名称で興行を開始し、五月中に「ハリマホール」と改称する。ビーチ・ロードのマツオ旅館は「播磨旅館」と改称され、映画の仕入れなどをおこなうオフィスはそこに置かれた。

一九一一年八月のホール改築設計図案を見ると、ハリマホールの収容人数は七百人から八百人ほどで、長方形のホールの一方に機械室があり、その反対側にスクリーンがある。客席は機械室からスクリーンへ向かうにつれて、しだいに狭く（席料が安く）なっている。スクリーンはプロセニアム・アーチの真下あたりに設置され、スクリーンの裏（実演時はここが舞台）に最も安い長椅子席がある。改築開場当時のハリマホールは、清潔で広々としたホール、電動送風機、贅沢なボックス席を備えた、アルハンブラに対抗しうる「シンガポール最大かつ最高の劇場のひとつ[20]」と評されていた。

図96　ビーチ・ロードのマツオ旅館を播磨旅館と改称
（出典：福田天心『南洋画報』第1巻、南洋新報社、1911年）

このハリマホールの開場によって、シンガポールの映画街はビーチ・ロードから、さらにノース・ブリッジ・ロードへと広がっていく。ノース・ブリッジ・ロードでは、シアター・ロイヤルとアレクサンドラ・ホール（Alexandra Hall）も映画の興行を始める。他方、マツオ旅館が閉場したビーチ・ロードには、一九〇九年、マールボロ（Marlborough）という劇場が新たに加わる。さらに同じ頃、アルハンブラも建て替えられ、豪華な映画宮殿が出現する。このようにパテ社の総代理店がシンガポールに誕生し、アルハンブラで直営興行を始めると、ラッフルズ・ホテルの南側だけでなく北側にも映画興行街が広がり、ランク差も生まれ、多様化が進むのである。

　パテ社の進出がシンガポールに引き起こした変化は、興行場の増加、興行街の拡張と多様化だけではない。興行の内容も大きく変化する。マツオ旅館の時代、播磨はパテ映画を中心に興行していたが、ハリマホールに移ったあとは、パテ映画がほとんどなくなる。例えば一九〇八年五月以降、ハリマホールの興行は、菊五郎の水からくり、クリマノフのロシアンダンス、アナ・アプスの力自慢、熊谷の柔術、オーストラリア芸人の唄と踊りなどであり、実演が目立つ。また

図97　ハリマホール（第一ハリマホール）と播磨勝太郎
（出典：同書）

映画の興行も、最初こそ『不幸な男の恋 *Le roman d'un malheureux*』（一九〇八年）などパテ社の映画をまだ少しは上映していたが、〇九年からは、フランスの有名俳優による有名舞台を映画化したフィルム・ダール社の劇映画、ゴーモン社のニュース映画『ゴーモン・グラフィック *Gaumont Graphic*』、イギリスのアーバン社やイタリアのイタラ社といった欧州映画、さらにはセリグ社の『ウィンザーの陽気な女房たち *The Merry Wives of Windsor*』（一九一〇年）や、バイオグラフ、エッサネイ、カレム、ルービン、ヴァイタグラフなどアメリカ映画も積極的に上映するようになる。つまり、播磨は興行する映画を、パテ社からほかの会社の映画にシフトしていたのである。

こうした播磨の動きからわかるのは、アルハンブラがパテ映画を独占興行

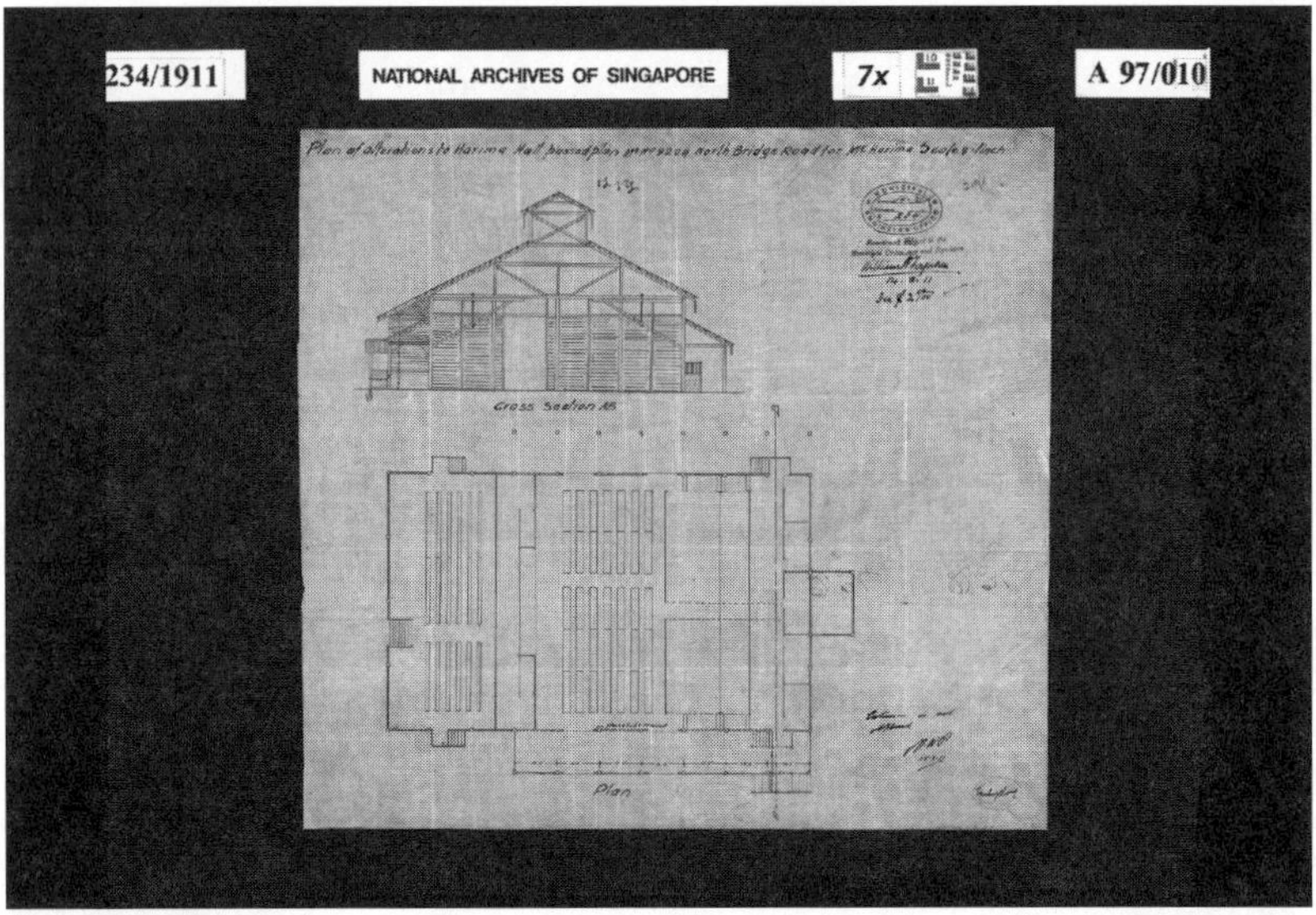

図98　ハリマホール改築設計図案。中央上部に平仮名で「はりま」とある
（出典：*Building Control Authority Collection,* Microfilm No. CBS1125 234/1911, August 14, Courtesy of National Archives of Singapore.）

することによって、それ以外の興行者がいかにパテ映画を興行しづらくなっていたかである。

パテ社のシンガポール進出は、シンガポール国内での映画の流れを変えただけでなく、シンガポールに出入りする映画の流れをも変えてしまう。事実、この頃から播磨は、映画入手先の多チャンネル化を試み始める。二十世紀初頭、アジアで流通していた映画のほとんどは、新品／中古にかかわらず、ロンドン市場で売買されていたが、播磨は、そのロンドン市場を経由せずに、映画を直接入手しようとするのである。例えば一九一一年一月、アメリカの映画興行業界誌「ニッケルオデオン *Nickelodeon*」の広告欄に「求む、日露戦争映画」という広告が掲載されたが、その広告主は播磨だった[21]。また、一〇年十月二十六日付「シンガポール・フリー・プレス・アンド・マーカンティル・アドヴァタイザー」は、ハリマホールに日本から「大洪水を写した特別映画」が到着したと報じている。映画題名の記載はないが、上映した映画は、一〇年八月十九日に東京の第一文明館で封切られたMパテー商会の『水害の状況』だったと

図99　1914年、ノース・ブリッジ・ロードのハリマホール内部
（シンガポール日本人会・史蹟史料部提供）

考えられる。この頃、日本から直接輸入した映画の上映が増えている。このように、パテ社によるアルハンブラの直営化は、シンガポールの映画興行者に興行内容の変更に加えて、映画入手先の変更をも強いていたことがわかる。

そして、シンガポールでのこうした興行環境の変化が、播磨に新たな市場を切り開く機会をも与えることになる。例えば、イポー（Ipoh）に開場した第三ハリマホールは、その一例である。イポーは、イギリスの海峡植民地を代表する大都市のひとつで、第一ハリマホールがあるシンガポールから、第二ハリマホールがあるペナンに行く途中に位置する。播磨がイポーにホールを開場するのは一九一一年一月二十八日である。〇九年五月十日には仮設テントで興行を始め、一〇年十月には第三ハリマホールの開場準備をしていたことがわかっている。つまり播磨は、シンガポールにアルハンブラが登場し、映画興行場の開場ラッシュによって競争が激化したあと、新たな市場を求めてイポーへの進出を企てたと考えられる。

播磨が日本の映画市場に進出するのも、同じ頃である。田中純一郎は播磨の大阪進出について次のように述べる。

シンガポールの播磨がわざわざ一班の巡業班を仕立てて神戸へ送り、梅屋の協力を求めた時、梅屋は大阪千日前の寄席

図100　第三ハリマホール
（出典：前掲『南洋画報』第1巻）

「井筒」に交渉して活動写真館に改装させ、これを文明館と改めて、もっぱらエム・パテーの所有映画をもって興行すると共に、播磨の持参映画を引き取った。[22]

興行の時期について田中は一九〇七年としか書いていない。寄席の「井筒」とは第二井筒席を指す。第二井筒席は、犬芝居や活動写真を興行していた。その井筒席が、電気館に次ぐ大阪で二番目の映画常設館・文明館として改装開場するのは〇七年十二月である。そしてそれを閉館し、世界館と名を改めて再開場するのが〇八年四月である。[23]したがって播磨が文明館で映画を興行したのは、〇七年十二月から〇八年四月までのどこかだったと考えられる。それはちょうどシンガポールのアルハンブラがパテ社総代理店に直営化され、播磨が映画の興行場をマツオ旅館からノース・ブリッジ・ロードのハリマホールに移す頃と重なっている。

特筆すべきは、パテ社のシンガポール進出に端を発する播磨のこうした動きが、二十世紀初頭のシンガポールと日本のあいだに双方向の映画流通ルートを確立した点である。すでに述べたように、一九〇七年末から〇八年初頭、播磨は大阪千日前の文明館で、彼にとって初となる日本での映画興行をおこなうが、播磨の興行は、この一回だけで終わったわけではない。一二年十二月十五日付「大阪時事新報」によれば、大阪の千日前に愛進館が新築開場する際も、「英領シンガポールのハリマ商会撮影の写真にて開演」したとある。当時、大阪には愛進館が第一から第六まで六館あり、第六愛進館が映画を上映していた。愛進館の経営者は井谷亀之丞、のちの千日前土地建物株式会社社長である。第六愛進館は、当時まだ珍しかった石造りの洋風建築で、そのモダンな映画館が鳴り物入りで公開したのがシンガポールから送られてきた播磨の映画だったのである[24]。そして播磨は貸フィルムを供給するための事務所を千日前に近い日本橋に置く。つまり播磨は、グローバルな映画配給網が形成される過程で、シンガポールの映画興行界が大きく動く〇七年末頃、日本市場の開拓を目指して大阪に進出し、一二年にはすでに千日前興行界の実力者・井谷との関係を築き、シンガポールから日本に映画を配給していたのである。

こうした日本とのつながりの強化は、播磨に予期せぬ幸運をもたらすことになる。辛亥革命の記録映画『チャイニーズ・レボリューション *The Chinese Revolution*』の連続興行である。記録映画を製作したのは、孫文の革命運動を支援した梅屋庄吉である。一八九五年に梅屋は、香港で写真館・梅屋照相館を経営していたが、そのとき革命を目指す孫文と出会い、革命を支援する盟約を交わす[25]。一九〇四年五月、梅屋は香港からシンガポールに逃れ、映画興行で莫大な利益を得て〇五年六月に実家の長崎に戻る。そして持ち帰った映画を日本で興行して成功し、〇六年七月にMパテー商会を設立する。同社で稼いだ金で梅屋は孫文の革命を支援した。辛亥革命につながる武昌起義が起こると梅屋は、革命の様子を撮影させるべく、Mパテー商会の撮影技師・萩屋堅蔵を中国に送る[26]。撮影された映画は日本や上海、オーストラリア、アメリカなど世界各地で上映され、シンガポールでは播磨が独占的に興行する。一一年十二月二十日付「シンガポール・フリー・プレス・アンド・マーカンティル・アド

図101　梅屋庄吉は辛亥革命の発端となった武昌起義から孫文の南京入城まで、数カ月にわたって革命の現場を撮影させた（小坂文乃氏提供）

ヴァタイザー」によれば、その映画の興行当日、ハリマホールには開場前から長蛇の列ができ、入場できない人が数百人いたという。観客は拍手喝采で盛り上がり、興行は大成功、播磨には「巨大な富」が転がり込む。そしてこの巨大な富をもとに、播磨は大阪への進出を決意し、大阪市東区京橋三―六十一番地に播磨商会を設立するのである[27]。

このように、パテ社のシンガポール進出とその独占的興行場であるアルハンブラの登場は、シンガポールの映画興行街を押し広げ、興行を多様化させ、映画供給の流れを変えただけでなく、シンガポールを拠点とするアジアの映画配給網の発展を促し、さらにはシンガポールと日本との産業的つながりをも強化していたのである。言い換えると、欧州を起源とするグローバル映画配給の網目は、イギリスを経由してシンガポールにいたり、そこからさらに海峡植民地、中国、フィリピン、そして日本へと広がっていったといえるだろう。草創期のアジア映画市場でのシンガポール、そして日本とのつながりは、こうしたグローバルな映画流通の網目のなかで捉える必要がある。

おわりに

以上の検証からわかるのは、播磨勝太郎は、従来の日本映画史で論じられてきたような、単なる「旅館を経営するかたわら、映画の巡回興行などをやっていた」「ヤクザくずれ」の男ではないということである。もちろん、「イカサマ賭博」をしていたというのだから、いわゆる立派な紳士でもない。だが、すでに見てきたように、二十世紀初頭のアジア映画流通の重要な拠点であるシンガポールで播磨が果たした役割は重要であり、彼がシンガポールと極東の島国日本とを結ぶ映画流通経路の構築に寄与していたことは確かである。

播磨が築いたシンガポールと日本を結ぶ映画流通の経路はやがて、アジアでの映画の流れ全体を大きく変えるきっかけを生む。一九一五年十月、ハリマホールは、シアター・ロイヤルとともにアメリカのユニバーサル社と独占契約を結ぶ。ユニバーサル社は、シンガポールとその周辺の地域に自社映画を販売すべく、シンガポールに代理人としてトム・D・コクレンを派遣し、オーチャード・ロード（Orchard Road）六十二—七番地に支社を設立する。ユニバーサル社の連続活劇映画『マスター・キー』や『名金』はパテ社のアルハンブラを圧倒し、シンガポールでのアメリカ映画の人気は一気に高まる。そのコクレンが、一六年、播磨が築いていたルートをたどって、シンガポールから大阪に上陸し、播磨とともにユニバーサル・ハリマ商会を設立するのである。そしてユニバーサル・ハリマ商会が、ユニバーサル社東京支社を設立し、コクレンは東洋総支配人となる。こうして日本に大量輸入されるようになったユニバーサル映画は、日本の人々に衝撃を与え、それが日本映画の革新運動につながる。やがてユニバーサル社は、アジアでの映画配給拠点を、東西貿易の要であるシンガポールから、新しい映画の都ハリウッドの対岸に位置する日本に移すのである。

播磨勝太郎の活動をたどるとわかるのは、日本映画の歴史は、日本国内の出来事だけで自律的に形成されたのでもなければ、欧米だけの影響を受けたのでもなく、アジアを含む地球規模の多種多様な交渉のなかで創出されてきたということである。日本という国の内側だけにとどまるのではなく、また特定の国との関わりだけでなく、可能なかぎり些末な出来事も視野に入れて、埋もれた歴史を掘り起こす必要がある。それによって、日本映画史の新たな諸相が明らかになる。デジタル化によって他国の情報を手に入れやすくなったいまだからこそ、日本映画史は、アジアの、そして世界のなかの日本の映画史として読み直されなければならない。

注

（1）日本では「播磨」と「播間」のあいだで表記が揺れている。だが、シンガポール発行の「南洋日日新聞」に「播磨」とあり、日露戦争寄付金帳簿にも「播磨」、本籍地は長崎とある。

（2）岡田晋『日本映画の歴史』ダヴィッド社、一九六七年、六八ページ

（3）前掲『日本映画発達史』第一巻、一五二、一五四、二五七―二五八ページ、田中純一郎「日本映画事業発達史」、前掲『日本映画事業総覧 昭和二年版』所収、二〇四ページ

（4）Jan Uhde, Yvonne Ng Uhde, *Latent Images : Film in Singapore*, Ridge Books(National University of Singapore Press), 2010, pp.188-189. Raphaël Millet, *Singapore Cinema*, Editions Didier Millet, 2006, p.17.

（5）Raphaël Millet, *Singapore Cinema*, p.16.

（6）*Singapore Free Press and Mercantile Advertiser;* August 1. 1899, p.2, *Straits Times*, August 16, 1899, p.2.

（7）Raphaël Millet, *Singapore Cinema*, pp.16-17. このページのミレの叙述はおそらく、シンガポール映画草創期の回想記事 "Cinema Has Colourful History in Singapore," *Singapore Free Press and Mercantile Advertiser*, July 27, 1938, p.4を参照していると考えられる。

（8）Raphaël Millet, *Singapore Cinema*, pp.16-17. ウーデ夫妻もまた、ミレを引用し、マレー劇場をシンガポール初の「本物の映画館」と述べている（Jan Uhde, Yvonne Ng Uhde, *Latent Images*, p.15）。

（9）“The Paris Cinematograph,” *Straits Times*, January 19, 1905, p.4.

（10）“TheWayang Kassim Returns,” *Eastern Daily Mail and Straits Morning Advertiser*, March 1, 1906, p.4.

（11）梅屋と播磨の関係については車田譲治『国父孫文と梅屋庄吉――中国に捧げたある日本人の生涯』（六興出版、一九七五年）八五―九一、一六四―一七四ページを参照。

（12）*Eastern Daily Mail and Straits Morning Advertiser*, June 12, 1906, p.4.

（13）*Straits Times*, August 14, 1906, p.4.

（14）一九〇八年までにセラングーン・ロード（Serangoon Road）やヒル・ストリートにも映画の興行場ができるが、同じ場所に複数集まることはなかった。

（15）シンガポール日本人会・史蹟史料部『戦前シンガポールの日本人社会――写真と記録』改訂版、シンガポール日本人会、二〇〇四年、二六ページ

（16）Meusy, op.cit., pp.418-429.

（17）*Straits Times*, August16, 1907, p.4.

（18）"Pathé Frères," *Eastern Daily Mail and Straits Morning Advertiser*, September 30, 1907, p.2. 一九〇五年以降にパテ社が製作した映画のあらすじと尺数、販売価格を記載した映画販売カタログ *Moving Pictures : Catalogue*（Pathé Frères, 1909）によれば、例えば『日本 *Japan*』は六百二十三フィート$七十四・七六USドル、『ナイアガラ *Niagara*』は六百六フィート$七十二・七二USドルとある。どちらも一フィートあたり十二セント（＝四ペンス）の尺売りである。

（19）ミレは、一九〇七年末にドレフュスがアルハンブラを開場し、一四年まで経営したと述べる（Raphaël Millet, *Singapore Cinema*, p.17）。しかしより正確には、〇七年十月にウィリスがアルハンブラを開場し、それをドレフュスが〇七年十二月に買収し、ウィリスがその支配人になった。

（20）"The Harima Hall," *Singapore Free Press and Mercantile Advertiser*, December 11, 1911, p.5.

（21）"Classified Advertising," *Nickelodeon*, 5:1, 1911, p.12. 広告主は「K. Harima 5-14 Beach Road, Singapore」とある。これは播磨旅館の住所である。

（22）前掲『日本映画発達史』第一巻、一五四ページ

（23）大阪の映画館および興行については第1部第2章と章末の参考資料を参照。

（24）播磨は映画館の経営や映画の配給興行のほかに、シンガポールの競馬や海峡植民地の観光地などを撮影した実写映画の製作もおこなっていた。

（25）『孫文・梅屋庄吉と長崎』長崎県文化観光物産局文化振興課、二〇一一年、一二二―一二三ページ

(26) 同書三八—三九ページ
(27) 「活動画報」一九一七年一月号、飛行社、裏表紙

第2章　パテ社のマニラ進出とマニラ映画文化の変容

はじめに

フィリピンの映画産業にとって一九〇九年と一〇年は、パテ社の映画配給網がアジアに到達し、マニラがその地球規模のネットワークに編み込まれて、新たな時代の幕開けとなる年である。グローバル企業[1]のマニラ進出は、マニラの映画文化をどのように変えたのだろうか。

本章の目的は、二十世紀初頭、グローバル化する映画配給の影響下で大きく変容するアジア映画市場の重層的ダイナミズムを、マニラを一例として捉えることにある。具体的には、アメリカ統治下のマニラにフランスのパテ社が進出することで、マニラの映画文化、すなわち映画館の設立と配給興行の仕組みなどがどのように変容したのか、スペインやフランス、アメリカといった欧米諸国だけでなく、シンガポール、上海などアジアとの交渉にも着目し、検証する。それによって、パテ社進出によるマニラ映画文化の変容は、アジアのほかの国や地域と同時代性をもつ一方、フィリピン固有の歴史的・地理的条件に裏づけられた交渉の重なりにおいてなされていたことを明らかにしたい。

本章の調査には主に、京都大学東南アジア研究所図書室所蔵の「マニラ・タイムズ *Manila Times*」を使用した。それ以外では「マニラ・アメリカン *Manila American*」や「フィリピン・フリー・プレス *Philippine Free Press*」など、フィリピンで発行された新聞や雑誌、書籍、郷土史料、地図を用いた。また、「ムービング・ピクチャー・ワールド *Moving Picture World*」などアメリカの映画業界誌やアメリカ内務省島嶼局の刊行物など、フィリピンに関するアメリカで発行された史料も参照した。さらに、十九世紀末から二十世紀初頭のフィリピンに関する論文や政府史料を収集したアメリカのミシガン大学図書館東南アジア・コレクションをデジタル化した「ユナイテッド・ステイツ・アンド・イッツ・テリトリィズ1870―1925 *The United States and its Territories 1870-1925 : The Age of Imperialism*」も活用した。ただし、どの史料も記述の揺れなどがあり、信用できる史料はさほど多くない。マニラに関する史料はタガログ語、スペイン語、英語の三つの言語に分散しているが、本書は主にフィリピンとアメリカ、日本に保管された英語史料を調査・分析した。

1 マニラ映画興行史探求

本題に入る前に、まず先行研究を検証し、マニラの映画館と配給興行の歴史が十分に研究されていないことを指摘しておく。映画史草創期のマニラの映画配給と興行に関する網羅的研究は皆無に等しい。もちろん、俳優や映画製作に関する研究はいくつかあるが、その場合も、一九三〇年代以降が中心であり、一〇年代までについて書かれたものはほとんどない。例えば、フィリピン映画の研究書として希少なブライアン・L・イーター（Bryan L.Yeatter）の『フィリピン映画――歴史とフィルモグラフィ1897-2005 *Cinema of the Philippines : A History and Filmography, 1897-2005*』（McFarland & Co., 2007）は、本文二百四十ページのうち、一九三一年から二〇〇五年までは二百二十三ページあるのに対し、一八九七年から一九三〇年まではわずか十三ページである。

また現在、最も詳細なフィリピン映画史であるニック・デオカンポ（Nick Deocampo）の大著『映画――フィリピン映画におけるアメリカの影響 *Film : American Influences on Philippine Cinema*』（Anvil Publishing, 2011）も、一八九〇年代から一九一〇年代に関する叙述は、全六百ページのうち一〇％に満たない。こうした二十世紀初頭の歴史叙述の薄さは、その時代の史料がほとんど残っていないことが原因である。

しかし、それと同時に問題なのは、正確性の欠如である。二十世紀初頭の史料は、新聞といえども、情報の揺れや掲載ミスが少なくない。その場合、複数の史料を照合することで、情報をできるかぎり検証することが〝より正確な〟歴史を叙述するうえで重要となる。にもかかわらず、二十世紀初頭のフィリピン映画史については、それが十分におこなわれているとはいいがたいのである。

そこで以下では、二十世紀初頭のマニラ映画史に言及した先行研究のなかから重要な研究を三つ取り上げ、今回の調査結果と照らし合わせながら検証することにしよう。

バウティスタの「フィリピン映画史」

まず、アルセニオ・〝ブーツ〟・バウティスタ Arsenio "Boots" Bautista の「フィリピン映画史 History of Philippine Cinema」についてである[2]。これは、論文や本ではなく、政府機関であるフィリピン国立文化芸術委員会（The National Commission for Culture and the Arts, Philippines : NCCA）のウェブサイトに掲載されている記事である。

そのなかで、二十世紀初頭の映画館に関する記述はわずか数行にすぎないのだが、注目したいのは、一九〇九年八月八日開場の「Cine Anda」を皮切りに、「It、Paz、Cabildo、Empire、Majestic、Comedis、Apollo、Ideal、Luz and Gaity」の十館の映画館が〇九年から一一年に開場し、〇九年末に「Zorilla」が演劇から映画に転じ、一〇年に「Grand Opera House」が映画を演目の合間に上映し始めたと述べている点である。問題は、典拠が示されていないだけでなく、この重要な一文が正確とはいいがたい点にある。

図102　アポロ劇場の看板
（出典：*Moving Picture World,* December 3, 1910, p.1304.）

例えばバウティスタは、アンダ（Anda）がマニラに開場した最初の映画館であるという。しかし、「マニラ・タイムズ」を調査した結果、アンダが開場する約半年前には、すでにシネマ・パズ（Cinema Paz）が映画だけのプログラムを興行している。シネマ・パズはボードビルのパズ劇場（Paz Theater）が一九〇九年から映画興行に転じ、名前を変えた劇場である。ただし、アンダもシネマ・パズも、毎日興行するに足る十分な映画を確保できていたかどうかは疑問である。おそらく両方とも、映画だけでなく、演芸などの舞台も交ぜて興行していたと考えられる。

また、バウティスタは、アンダを嚆矢として、マニラに映画館の開場ラッシュが起こったかのように述べるが、これも疑問である。なぜなら、アンダはすぐに消息がわからなくなる小さな映画館にすぎないからだ。むしろ映画館の開場ラッシュを生んだ劇場は、同日、もしくは一日遅れで開場したエンパイア（Empire）と考えるべきだろう。エンパイアは、後述するように、ソリーリャ（Zorrilla）とともにマニラの映画興行界を牽引し、アポロ（Apolo）やマジェスティック（Majestic）、アイディアル（Ideal）などの映画館を誕生させるきっかけをつくった劇場である。

結局、バウティスタの叙述は、開場日の順番でも映画史的重要性でも、過去をより正確に捉えようとしていない。そもそもこの記事は、「Zorrilla」を「Zorilla」、「Apolo」を「Apollo」、「Lux」を「Luz」、「Gaiety」を「Gaity」と記している点でも不正確である。劇場名は固有名詞であり、劇場の看板と同じ表記を使うべきだろう。

イーターの『フィリピン映画』

次は、前述したブライアン・L・イーターの『フィリピン映画』についてである。この本は一八九七年から二〇〇五年までのフィリピン映画を通史的に研究している点で貴重である。だが、残念ながら一九一〇年代までについて書かれた部分は、全部で三ページにも満たない。その概要を以下に抄訳する。

マニラで初めて映画を上映するのは、一八九七年正月である。上映場所は、マニラの繁華街エスコルタ（Escolta）通りに九六年に開店したフォノグラフ・パーラー、サロン・デ・パティエラ（Salon de Pertierra）である。上映にはフランス、ゴーモン社の六十ミリフィルム用映写機が使われた。

> 続いて同年八月、二人のスイス商人、リーブマン（Leibman）とペリッツ（Peritz）が、地元興行師アントニオ・ラモス（Antonio Ramos）の協力を得て、やはりエスコルタ通りの貸ホールなどでフランス、リュミエール社のシネマトグラフを上映した。上映映画は、『ラ・シオタ駅への列車の到着 *L'arrivée d'un train en gare de La Ciotat*』（一八九六年）などであった。（略）
>
> 二十世紀に入ると、映画館（Movie Houses）が開場する。一九〇〇年にイントラムロス内のサンタ・ローザ（Santa Rosa）通り六十番地にシネ・ワルグラフ（Cine Walgrah）が、〇二年にはキアポ（Quiapo）のクレスポ（Crespo）通り八十番地にグラン・シネマトグラフォ・パリシアン（Gran Cinematografo Parisien）が、〇三年にはアズカラガ（Azcarraga）通りにシネマトグラフォ・リザル（Cinematografo Rizal）などが開場した。ただし、この頃の映画はまだ、ボードビルの演目の合間を埋める、添え物以上のものではなかった。
>
> しかし映画産業が急成長し、一九〇九年にはマニラは映画劇場（Movie Theaters）でいっぱいになる。オペラやサルスエラを上演していた「Zorilla Theater」が映画興行に転じ、「Cine Anda、Empire、Apollo、Ideal、Luz、Majestic、Gaity、Comedis」といった、これまでとは異なる「純然たる映画劇場」が開場するのである。(3)（傍点は引用者）

ここでいう「イントラムロス」とは、マニラにあるスペイン植民地時代の要塞都市のことである。また、「シネマトグラフォ」とは、二十世紀初頭のマニラで興隆した娯楽施設のことで、映画上映を挟みながらボードビル芸を見せる、料金が安い小さな劇場を指す。(4)屋内劇場だけでなく、野外劇場の場合もあった。ボードビル芸は基本的にスペイン語で、プログラムは約一時間ほどである。とくにトンド（Tondo）地域でにぎわっていたという。

イーターの問題点は三つある。一つは、彼が「シネマトグラフォ」を「映画館（Movie Houses）」と英訳する点である。確かに、スペイン語のシネマトグラフォは、直訳すれば映画館という意味である。だが、二十世紀初頭にマニラで盛んになったシネマトグラフォは、映画と舞台を一緒に見せるシネマトグラフォという名の演芸場と考えるべきである。単語は同じでも、その単語が指す意味内容は、時代や地域によって異なることが往々にしてあることに注意しなければならない。

また、イーターは、バウティスタの記述を検証せず、そのまま使っている。「Zorrilla」を「Zorilla」、「Apolo」を「Apollo」、「Lux」を「Luz」、「Gaiety」を「Gaity」、「Comedia」を「Comedis」と記しているのは、その証左である。

加えて彼は、これらのすべての劇場が一九〇九年に開場したという。だが、アポロ、アイディアル、ラックス(Lux)、マジェスティックは一〇年、ゲイエティ（Gaiety）は一一年の開場であり、もし「Comedis」が演劇の劇場である「Comedia」を指すのであれば、開場は〇七年である。ソリーリャも、イーターがいう〇九年の時点では、オペラなど舞台興行がない日に外部興行者に劇場を貸していたにすぎず、彼がいう「純然たる映画劇場」に転向するのは、一〇年二月二十二日である。結局、イーターがあげた「純然たる映画劇場」のうち〇九年に開場したのは、アンダとエンパイアだけとなる。

デオカンポの『映画』

最後は、最も内容が充実しているデオカンポの『映画』である。フィリピン映画史に関する詳細な調査をもとにした密度が高い叙述であり、かつフィリピン初期映画史研究の重要性を示した点で特筆に値する。とはいえ、問題がないわけではない。

最も根本的な問題は、その歴史叙述がアメリカの先行研究に依拠しすぎている点である。例えばデオカンポは、アメリカは最初、国内の需要を満たすのに夢中でありアジアには無頓着だったが、第一次世界大戦が勃発し、アジアでの欧州映画の支配力が弱まると、アジアを新たに勃興したハリウッドにとっての格好の市場と見なすようになる、と述べる。(5) そしてユニバーサル社は一九一八年にマニラにオフィスを開設し、二〇年代にはアメリカ映画がマニラ市場を支配するにいたるという。(6) これはアメリカの先行研究が提示したアジア映画市場に関する見解に寄り添った叙述である。

しかし、「マニラ・タイムズ」を調査した結果、その主張とは異なる事実が明らかになった。すなわち、マニラでのアメリカ映画の台頭は第一次世界大戦末期や大戦後ではなく、後述するように、それより前の一九一〇年代初頭、遅くとも大戦直前である。それは東西貿易の中継点であるシンガポールが一五年、太平洋航路の玄関口である横浜が一六年だったのと比べても、数年は早い。

またデオカンポは、アメリカのルービン社が一九一一年にマニラに代理店を開くものの、長くは続かなかったという。[7] 彼は、クリスティン・トンプソンの著書『エクスポーティング・エンターテイメント *Exporting Entertainment*』にある巻末年表の記述「一九一一年十月　ルービン社は、シカゴ、ロンドン、ベルリン、ウィーン、マニラ、モスクワ、バルセロナ、リオ・デ・ジャネイロ、ミラノ、シドニーに代理店の開業を公表」[8]を引用している。しかし、トンプソンは「開業を公表」と記しているにすぎない。つまり、ルービン社が本当に代理店をマニラに開業したかどうかは定かではないのである。しかも、トンプソンは、その典拠を曖昧にしか示していない。資料根拠が正しく示されないかぎり、ルービン社のマニラ上陸一九一一年説は見直す必要があるだろう。

さらに、デオカンポには、トンプソンの記述を読み違えて引用している箇所もある。例えば、ユニバーサル社のマニラ進出に関して、ビセンテ・サルンビデス（Vicente Salumbides）が提唱した一九一二年ではなく、一八年とデオカンポは主張する。[9] 彼は、トンプソンの記述「一九一八年六月　ユニバーサル社は現在、マニラや日本、ジャワ、インドを含む海外オフィス二十店舗を開業」[10]を参照して、ユニバーサル社のマニラ進出は一八年と見なす。しかし、トンプソンは一八年の時点でユニバーサル社の海外オフィスが二十店舗あり、そのうちの一つがマニラにあると述べたにすぎず、一八年に開設されたとはいっていないのである。

最後にもう一つ指摘しておこう。デオカンポは、フランスのパテ社がマニラに進出して利益を上げ続けることができたのは、フィリピンの統治者がスペインからアメリカに代わっても、スペイン文化が色濃く残っていたからだと述べる。[11] アジアでのマニラの地域性を明らかにしようとしたのだろう。だが、これはフィリピン特有の歴史的経験を単純に映画市場の状況と結び付けたにすぎず、両者の関連性の根拠が曖昧である。もし、これが正しいのであれば、二十世紀初頭に、シンガポールや日本などアジアの多くの市場をパテ社が独占していた事実をどう説明すればいいのだろうか。デオカンポはフィリピンという枠内で考えるだけでなく、アジア全体のなかでフィリピンを見直す必要がある。そうすれば、パテ社がマニラに進出して市場を独占したのは、スペイン文化との関係よりもむしろ、アジアでのパテ社の映画配給網がいつ、どこに、どのように形成されたのかが重要であることがわかるだろう。

このようにデオカンポは、アメリカの研究者が調査していない貴重な郷土史料にアクセスしながらも、彼らの研究成果に依拠しすぎたせいで、それを検証する機会を失ってしまっている。そもそもデオカンポが信頼する一九八〇年代から九〇年代のアメリカの映画史研究は、「世界」を対象にするといいながら、実際には欧米の主要映画生産国中心に叙述し、アジアに関する研究は往々にして手薄である。その手薄な領域をデオカンポは深めることができたはずだった。

こうした二十世紀初頭のマニラ映画市場に関する先行研究の検証を踏まえて、以下では「マニラ・タイムズ」の調査結果をもとに、マニラの映画館および配給興行の変容を、世界映画配給網との関係、そして先行ジャンルである演劇との関係に注目しながら跡づけていく。

2　パテ社のマニラ進出と世界映画配給網

パテ社とは、シャルルとエミールの兄弟がパリで起業したパテ・フレール（Pathé Frères）社のことである。最初はフォノグラフの製造・販売で成功するも、一九〇〇年までには映画装置と映画の大量生産体制を整え、〇二年にロンドン市場に進出。そして〇六年末から〇七年に思い切った増資をおこない、世界に先駆けて地球規模の映画配給網を構築する。アジアにもいち早く進出し、一〇七年八月にはシンガポール総代理店を設立した。そのシンガポールから、パテ社はマニラにやってくる。(12)

マニラでパテ社は、一九〇九年五月から配給拠点を築く準備を始める。パテ社の広告が「マニラ・タイムズ」に初めて掲載されるのは〇九年五月七日である。以下に、その内容を記す。

図103　F・ドレフュスが掲載した初出広告
（出典：*Manila Times*, May 7, 1909.）

業務内容：映画と装置および付属品の販売
代表：F・ドレフュス（F. Dreyfus）
連絡先：ホテル・デ・フランシャ、マニラ
(Hotel De Francia, Manila)

パリ、パテ・フレール社のシンガポール代理人が五月末頃到着する予定。代理店の申し出は彼にされたし

ホテル・デ・フランシャは、エスコルタ通りとサン・ハシント（San Jacinto）通りの交差点にあったホテルである。エスコルタ通りは、パシグ川（Pasig River）に並行して走る通りで、当時は大きな商店が軒を並べるマニラ随一の繁華街であり、ビジネスの中心地であった。シンガポールの宝飾商エストレヤ・デル・ノルテ（Estrella del Norte）や、フランスの宝飾商フェリックス・ウルマン社（Felix Ullmann and Co.）、アメリカのシンガーミシン社（Singer Sewing Machine Co.）のほか、アメリカやイギリス、フィリピンなどの百貨店や雑貨店が立ち並び、多様な文化が交ざり合っていた。(13)

興味深いのは、広告の掲載者が「F. Dreyfus」とある点である。これはパテ社のシンガポール総代理店極東代

理人に任じられたフェルナン・ドレフュス（Fernand Dreyfus）と考えられる（第3部第1章を参照）。ならば、この広告は、パテ社シンガポール総代理店のドレフュスが、マニラのホテルを拠点に、マニラの代理人探しを始めたことを意味する。つまりパテ社は、本社があるフランスから直接でも、世界配給拠点があるイギリスからでもなく、シンガポール総代理店からマニラに進出したことがわかる。別言すれば、パテ社の映画はフランスなどからイギリス、そしてシンガポール経由でマニラに届けられていたのである（二十世紀初頭の世界映画配給網については第2部第3章を参照）。

シンガポールのドレフュスがマニラに代理店を正確にいつ開業したかは不明である。だが、「マニラ・タイムズ」に掲載された広告から、それが一九〇九年五月七日から二十七日までの間であったことは確実である。なぜなら〇九年五月七日以降、パテ社は、シンガポールの「F. Dreyfus」の名で広告を毎日掲載するが、五月二十七日に、その広告主が「C. Alkan」に変わり、住所もホテル・デ・フランシャからエスコルタ百番地に変わるからである。以下に、その広告を記す。

業務内容：映画と装置および付属品の販売
代表：C・アルカン（C. Alkan）
場所：エスコルタ百番地（Escolta100）
パリのパテ・フレール社の代理人が到着、エスコルタ百番地で商談可能

しかし、ここで疑問が生じる。このC・アルカンとはいったいどのような人物なのだろうか。ドレフュスがマニラに送り込んだパテ社の代理人なのか、それとも現地で委託された代理人なのか。アルカンは、パテ社がマニラに上陸する以前からエスコルタ通り百番地で宝飾店を経営していた人物である。(14) したがって彼は、シンガポールから派遣されたのではなく、シンガポール総代理店が選んだマニラの現地代理人と考えられる。パテ社の代理

図104　C・アルカンが掲載した初出広告
（出典：*Manila Times*, May 27, 1909.）

人になる前のアルカン社はほとんど広告掲載がない。だが、パテ社代理人になると派手な広告を連発するようになり、[15]一九二〇年代にはマニラを代表する大商店のひとつに成長する。[16]マニラの地元商店であるアルカン社がグローバル企業との提携によって急成長したことがわかる。

こうして見ると、パテ社のマニラ代理店は、シンガポール総代理店と同じやり方で開業していたことがわかる。シンガポールの場合は、一九〇六年七月、代理人のフェレメレンがシンガポールに到着し、繁華街にあるラッフルズ・ホテルに滞在しながら代理人を探し、〇七年八月、ドレフュスに極東代理人を委任し、スタンフォード・ロード（Stamford Road）十九番地にパテ社総代理店を設立する。一方、マニラでも、シンガポールのドレフュスがマニラに到着し（あるいはドレフュスの代理人の可能性もある）、繁華街にあるホテル・デ・フランシャを拠点に、現地代理人を探し、アルカンにマニラ代理人を委任して、エスコルタ通り百番地の店をその代理店としたのである。おそらくパテ社は、上海や香港などほかのアジアの代理店も、同じやり方で開業していたと考えられる。

注目すべきは、パテ社による市場独占は、フィリピンだけに限ったことではないということである。デオカンポは、マニラにパテ社がいち早く進出して利益を上げ続けることができたのは、統治者がスペインからアメリカに代わっても、欧州文化がマニラに浸透していたからだと述べている。しかし、シンガポールや日本、中国など二十世紀初頭のアジア市場は、ほとんどパテ社が独占していた。それは、そうした地域に欧州文化が浸透していたからというよりもむしろ、パテ社が他社に先駆けて配給網を構築したからである。つまり、パテ社がマニラの映画市場を独占していたことは、欧州文化との親和性よりも、二十世紀初頭のグローバルな映画配給網がアジアでどう構築されたかと深く関係するのである。

3　パテ社進出直前のマニラ映画興行

グローバル企業であるパテ社のマニラ上陸は、マニラの映画市場をどのように変えたのだろうか。以下では、「マニラ・タイムズ」の調査結果をもとに、まず一九〇九年五月までのマニラでの映画興行がどのようにおこなわれていたのか、次に〇九年六月以降にその状況がどう変わったのかを明らかにする。

一九〇九年五月までのマニラ映画興行

一九〇九年五月まで、マニラではオペラやボードビルといった中流階級の上層部以上の男性を主な客筋とする劇場から、家族向けの野外劇場や遊園地まで、さまざまな興行場で映画が興行されていた。それらのうち、とくに積極的に映画を興行していた三つの興行場を以下に紹介する。

シネマ・パズ（Cinema Paz）

エスコルタ通りを一本奥に入ったエスコルタ・カフェ（Escolta Café、サン・ビセンテ San Vicente 通り三百四十九―三百五十一番地）の裏手、ポプレット（Poblete）通り五番地にあった。[17] もともと欧州系の舞台芸人が登場するパズ劇場（Paz Theater）として開場した。ここで上演される舞台は、ほとんどがスペイン語だった。ところが、映画の人気が高まると、シネマ・パズと改称し、一九〇九年三月までには映画興行を始める。パズ、パズ・シネマトグラフとも呼ばれていた。

興行は最初、「シネマトグラフォ」と同じように、ボードビル芸と映画を一緒に見せていたが、一九〇九年末には映画専門の興行となる。例えば〇九年三月十五日には、ボードビル芸人ヴィオラ・C・クーパー嬢（*Miss Viola C. Cooper*）の見せ物と一緒に映画を上映している。ところが、〇九年十二月四日は映画七本の上映だけとなる。上映映画は最初、欧州映画が多かったが、しだいにアメリカ映画も増えていく。公開されるアメリカ映画は、カレム社の『ベン・ハー *Ben Hur*』（監督：シドニー・オルコット、一九〇七年）などのように、アメリカ封切りから二年、あるいはそれ以上遅れている。ある興行の席料はボックス席が五十センタボ、一階席が四十センタボである（百センタボ＝一ペソ＝〇・五USドル≒一円）。映画料金としては高めだが、ボードビルと比べるとなり安い。

一九一二年一月、シネマ・パズは、名前を再びパズ劇場に戻し、舞台中心の興行に転じる。一二年一月十三日の広告には、アクロバティックな歌と踊り、ロシア踊りなどが大きな文字で宣伝されている。映画はカレム社の『スルー・ザ・タナル *Through the Tunnel*』（一九一〇年）がいちばん下に付記されているにすぎない。席料も、ボックス席一・五十ペソ、一階席一・〇〇ペソと、ボードビル興行の平均的料金に変わる。パズが興行内容を映画中心から舞台中心に戻すのは、マニラに大きな映画専門館が次々に開場し、競争が激しくなったことの現れといえるだろう。なお、この劇場は、パシグ川の南に位置するパコ（Paco）にあったテアトロ・パズ（Teatro Paz. サルスエラなどを上演）とは別ものである。

パロマー・パーク（Palomar Park）

一九〇九年四月一日にアズカラガ通り（現在のレクト通り Recto Ave. の一部）に開場した遊園地である。[18] 入園料は一律十センタボと格安だった。

出し物は演芸やバンド演奏、花火などで、映画も上映していた。例えば一九〇九年十一月二十三日の広告には、パントマイムやバンド演奏のほかに、フランスのジョルジュ・メリエス監督の『月世界旅行 *Le Voyage dans la*

Lune』（一九〇二年）など六本の映画上映を予告している。

上映されるのはパテ社の映画が多い。ほかにゴーモン社などフランス映画、ノルディスク社などデンマーク映画、ときどきアメリカ映画もあった。野外劇場なので、雨が降ったら興行は中止するという営業形態だった。

パロマーは、夕食をすませたあと家族がみんなで出かけて、夜空の下で花火や音楽、アクロバティックや映画などを気軽に楽しむことができる、当時としては数少ない家族向けの娯楽場であったといえるだろう。

オルフェウム劇場（Orpheum Theatre）

エスコルタ通りから少し離れた、川沿いのエチャゲ（Echague）通り（現在のパランカ Palanca 通り）にあった大きなボードビル劇場である[19]。経営者はジョーンズ&レヴィ（Jones&Levy）、レヴィはルイ・M・レヴィ（Louis M. Levy）である[20]。

図105　パロマー・パークの広告
（出典：*Manila Times*, November 23, 1909.）

ボードビル時代のオルフェウムが興行の主な対象としたのは成人男性である。そのことは、オルフェウムが当時マニラで喫煙を全面許可された二つの劇場のひとつであったことからも推測可能である（もう一つは前述したパズ劇場[21]）。主にバレエやオペレッタ、喜劇、女性四重唱などボードビル芸を見せていた。

興味深いのは、オルフェウムでの映画興行が、ボクシングの記録映画から始まる点である。オーストラリアのシドニーで開催されたトミー・バーンズとジャック・ジョンソンの王座決定戦の試合を撮影し

図106　1908年12月26日、シドニーで開催されたバーンズ―ジョンソンの試合。後方の観客にはボクサーの姿ははっきり見えなかっただろう
（出典：*Charles Kerry National Library of Australia.*）

た映画が一九〇九年二月二十日から上映された。当時、ボクシングは中流階級や労働者階級の男性に大変な人気があり、広告では、試合を実寸大で見ることができるというのが売りになっていた。映画は、歴史的な試合を現地で見られなかった人々に見る機会を与えただけでなく、その試合をスクリーン上に拡大して映し出すことによって、迫真の戦いがあたかも観客の目の前でおこなわれているかのように見せることができた点で画期的だったといえるだろう。このボクシング映画はオルフェウムのあと、後述するグランド・オペラ・ハウスでも上映され、映画の人気をあおることになる。

ところが一九〇九年四月三日、オルフェウム劇場は突然、家族向けの興行場として改装し、再開場する。興行は刷新され、ボードビルに加えて映画が重要な役割を果たすようになる。再開場を告げる広告には「家族連れでどうぞ」と記され、「アルコール販売を廃止」し、「女性と子ども向け」に新たに生まれ変わることが強調されている。席料も、これまでは記載なしか、記載があっても一ペソから二ペソと高額だったのが、一律漸増型の五十―四十―三十―二十―十センタボと明記される。家族が安心して楽しめるよう配慮されているといえるだろう。つまり、オルフェウムは女性や子どもを含む家族をターゲットとする健全な娯楽場に転じるために、興行の内容を変えたのである。そしてその転向で重要な鍵を握っていたのが映画だった。

オルフェウムは、上映する映画を自分たちで輸入していた。当時、映画を興行する者の多くは、欧米の映画製作者やフィルムレンタル業者（アメリカExchange、イギリスHire）が提供するカタログから映画を選んで取り寄せていたが、オルフェウムも例外ではなかった。この方法はいまでいう通信販売、通信賃貸である。問題は、それをどこから入手していたかである。

最も有力な候補地は上海だと考えられる。というのも、同劇場の支配人ルイ・M・レヴィは上海のボードヴィル劇場にも芸人や映画などの手配をしていた人物だからである。[22]また、上海租界のアスター・ハウス・ホテルで支配人をしていた「A・レヴィ」と関係する可能性もある。アスター・ハウス・ホテルは、後述するように上海租界の高級ホテルであり、在留外国人と裕福な中国人を対象に、上海初の映画興行がおこなわれた場所のひとつである。あるいはシンガポールの貿易商レヴィ兄弟が関係するのかもしれない。レヴィ兄弟はマニラの繁華街エスコルタ通りに店を開いていた。いずれにせよ、このレヴィ支配人のほかにも、マニラと上海、シンガポールの交渉を示す事例は複数あることから、映画草創期のマニラ映画供給と上海、そしてシンガポールの関係は深いと考えられる。

このようにオルフェウムは、パテ社がマニラに上陸する直前に映画興行に転向しているのである。このとき上映していたのはパテ社の映画だった。そしてこのオルフェウムこそ、シンガポールからマニラに上陸したパテ社が真っ先に契約を結んだ大劇場だったのである。[23]こうしてマニラの映画市場はシンガポール経由で地球規模の映画配給網に接続され、大きく変容することになる。

一九〇九年六月以降のマニラ映画興行

パテ社がマニラに上陸した後、マニラの映画興行はどのように変わったのだろうか。映画は前述したシネマ・パズやパロマー・パーク、オルフェウムのほかに、オペラや演劇、プロレスなどのさまざまな劇場で定期上映されるようになる。以下に、その代表的な例として三つの劇場を紹介する。

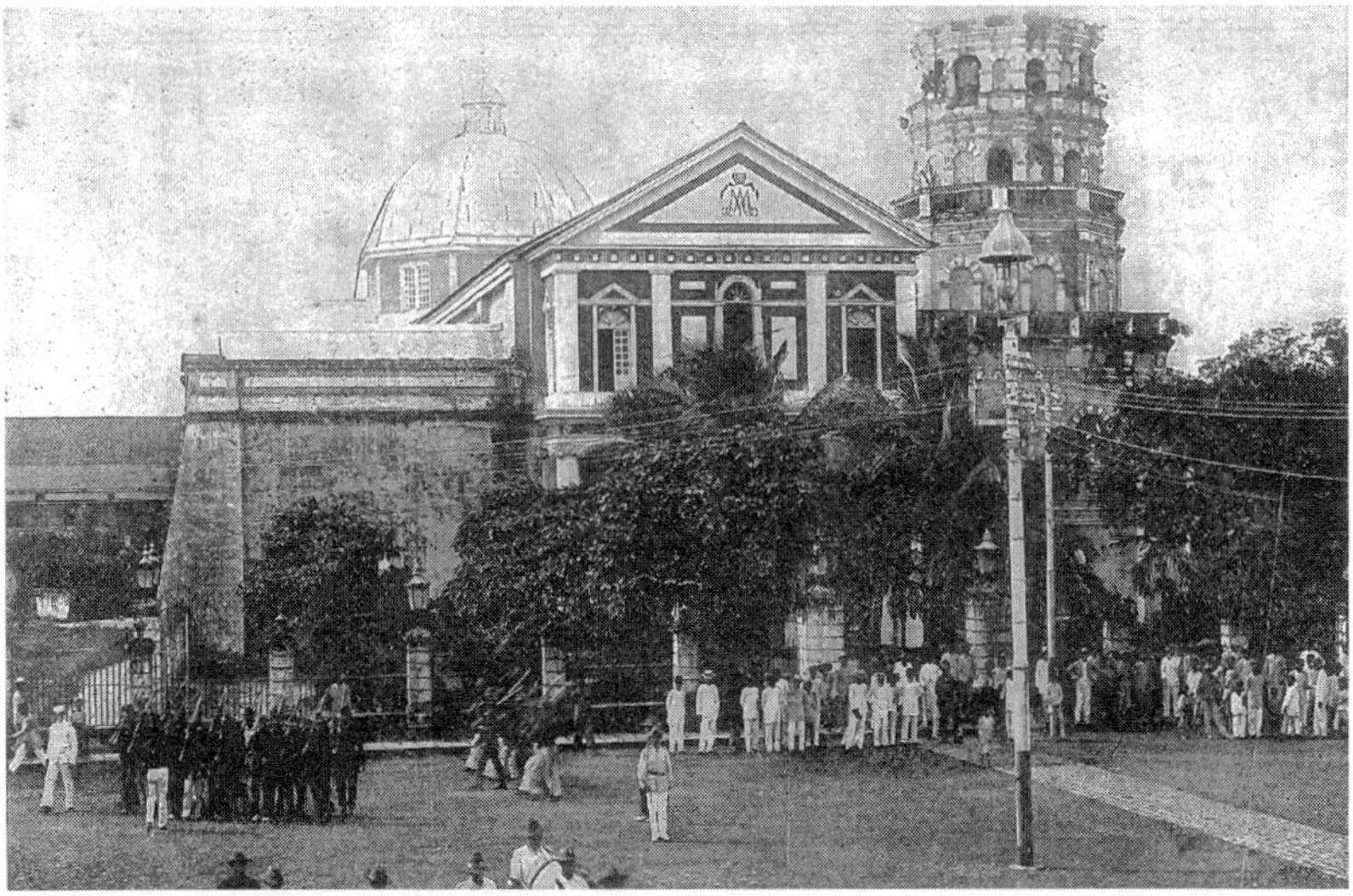

図107　サンタ・クルーズ・プラザ
（出　典：George W. Browne, *The New America and the Far East : A Picturesque and Historic Description of These Lands and People*, Marshall Jones, 1907, p.225.）

エアドーム（Airdome）

一九〇九年十一月六日、カーニバル・グラウンド（Carnival Grounds）のヒッポドローム（Hippodrome）に開場したレスリングの興行場である。[24] レスリングは当時、中流階級や労働者階級の男性に、ボクシングと並んで大人気の娯楽のひとつだった。映画は、そのレスリング試合の余興として上映された。開演は夜七時、終演は十一時、ある興行の席料は四十―二十―十センタボであった。エアドームの経営者は、後述するエンパイアと同じA・W・バート・イエースレイである。

コメディア劇場（Comedia Theater）

コメディア劇場（Teatro de la Comedia）はもともとスペイン語の喜劇やサルスエラを主に上演していた劇場である。[25] サルスエラとは、スペインからフィリピンに入ってきた田舎風のオペラで、スペイン語で演じられていた。一九〇〇年頃から土着化し始めたといわれる。

この劇場はサンタ・クルーズのアランケ

(Arranque) 市場から、あるいは当時のサンタ・クルーズ消防署から徒歩すぐのところにあった。貸ホールとしても使われていた。

マニラに映画館の開場ラッシュが起こる一九〇九年頃は、この劇場も映画を興行していた。例えば十一月十三日付「マニラ・タイムズ」には、『サイコロ魔術 *Les dés magiques*』(一九〇八年) や『悪夢と甘夢 *Cauchemar et doux rêves*』(一九〇九年) などのパテ映画を含む八本の映画を上映するとある。席料は四十―二十―十センタボ、開演は夜七時十五分であった。

マニラ・グランド・オペラ・ハウス (Manila Grand Opera House)

マニラにやってきたイタリア人興行師のバルゾフィオレ (Balzofiore) が、N・V・ハシム (N. V. Hashim) が所有するナショナル劇場 (Teatro Nacional) を改築・改装して、一九〇二年に再開場した劇場である。[26] 場所はセルバンテス (Cervantes) 通り (現在のリザル Rizal 通り) の三百十三番地にあった。

この劇場も、パテ社がマニラに上陸する前は、オルフェウム同様、バーンズ―ジョンソンの王座決定戦などボクシングの実写映画を上映する程度だったが、パテ社の上陸後、一九〇九年九月頃から映画を定期的に興行し始める。[27] ただし、映画はオペラなど舞台がない日に限定されていて、映画専門の興行に転じたわけではない。映画の取り替えは毎週水曜日と土曜日、席料はボックス席が二ペソ (六席)、四十センタボ (一席)、一階席が二十センタボ、二階席が十センタボであった。


以上、パテ社が上陸する前後の劇場での映画興行の動向をたどってきた。結果、興行者は、その上陸前からすでに客層に合わせて映画を自ら輸入し興行していたことがわかった。しかしパテ社が上陸したあと、より安定的に、かつ状態がいいフィルムの供給が受けられるようになると、オルフェウムのような劇場が定期的な映画興行に乗り出す。ただし、パテ社などのグローバル企業から映画を確保できたのは、規模が大きな劇場だけであり、それ以外は従来のルートで映画を輸入していたと考えられる。

4　パテ社のマニラ進出と映画館の開場ラッシュ

パテ社のマニラ進出は、マニラの映画市場にどのような影響を与えたのだろうか。その最も顕著な変化は、エンパイアという新しいタイプの劇場――映画専門劇場（映画館）――の開場だろう。一九〇九年八月、オルフェウム劇場がエンパイア劇場と名を改めて開場し、一〇年二月には、より高級なソリーリャが映画専門劇場として再開場する。この豪華な二つの映画館を筆頭として、マニラには、スタアやカビルド、マドリッドなど小さな映画館から、アポロやマジェスティック、ロイヤル、ラックス、マガリャネス、アイディアル、メトロポリタン、リベルタッド、リザル、ゲイエティなど大・中規模の映画館まで、さまざまな映画館がわずか一、二年のあいだに次々と開場する。要するに、パテ社のマニラ進出がエンパイアを生み、それが映画館の開場ラッシュを引き起こしたのである。以下に、パテ社上陸の〇九年五月からソリーリャが再開場する一〇年二月までに開場したマニラの劇場について、調査した結果を開場順に列記する（一九一〇年二月以降については次章で述べる）。

アンダ・シネマトグラフ（Anda Cinematograph）

アンダは、スペイン人が作った城塞都市イントラムロス内に開場した小さな映画館である。アンダ通りとソラーノ（Solano）通りの交差点にあった。元マニラ警察のフランク・H・グレット（Frank H. Goulette）とエディ・ティーグ（Eddie Teague）が映画事業に新規参入し、一九〇九年八月に開場した。グレットは、マニラ興行エクスチェンジ社（The Exhibitors' Exchange of Manila）の経営者でもあった。同社は、パリやロンドン、ニューヨーク、シカゴなどから映画を入手していた。ジョン・メイナード（John Maynard）が支配人および総務会計、買い付けはＥ・Ｅ・テイト（E. E. Tait）らが担当していた[28]。

この時期、マニラには、アンダ・シネマトグラフのように、「シネマトグラフ」と名のつく劇場がいくつか開場している。例えば前述したパズや、後述するカビルドやスタアがそうである。パズは一時、ボードビルから映画の興行に転じ、パズ・シネマトグラフと名乗る。カビルドはアンダよりも小さな映画館で、スタアは野外劇場である。つまり、この時代に「シネマトグラフ」と名がつく劇場は、映画館になりきれない劇場、あるいは後述するエンパイアやソリーリャとは次元が異なる小さな劇場なのである。それはむしろ、先に述べた「シネマトグラフォ」の延長線上にあった興行場と考えられる。

「マニラ・タイムズ」にアンダの広告が初めて掲載されるのは、エンパイアの開場日と同じ、一九〇九年八月九日である。それによれば、開場（上映開始）時間はエンパイアよりも三十分早い夜七時であり、席料はエンパイアよりも安い価格帯を充実させた四十―二十―十センタボであった。アンダがエンパイアを意識して、エンパイアよりも席料を低く抑え、かつ上映時間を早めることで興行を優位に展開しようとしていたと推察される。

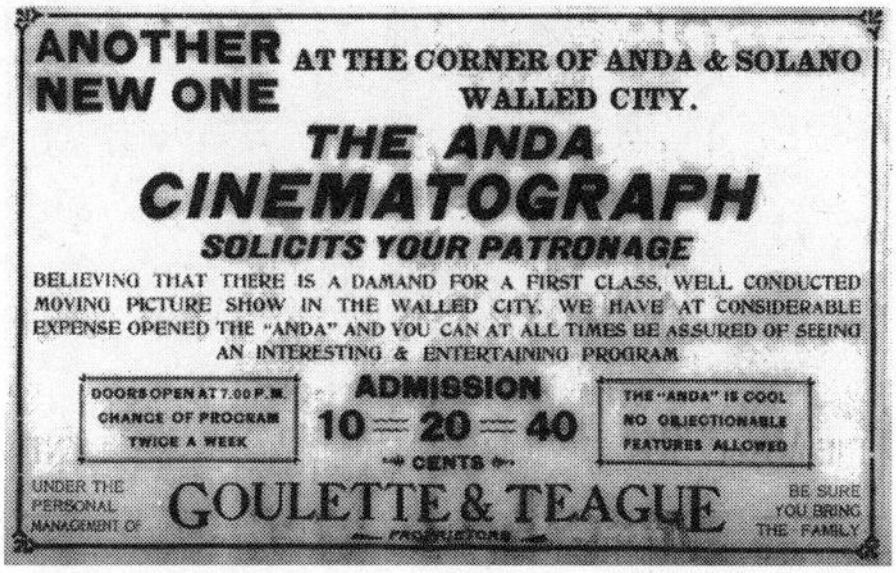

図108　アンダの初出広告
（出典：*Manila Times*, August 9, 1909.）

しかし、アンダの広告は「マニラ・タイムズ」からすぐに消えてしまう。おそらく、エンパイアやソリーリャといった豪華な劇場が定期的に新しい映画を興行するようになると、アンダのような小さな映画館ではもはや太刀打ちできなくなり、ボードビルに転じたか、新聞に広告を出すほどの興行が打てなくなったと考えられる。アンダの広告が消えてしばらくした一九一〇年の十一月二十一日、グレットとティーグは、マガリャネス（Magallanes）通り百三十九番地に七百席のマガリャネス劇場を開場する。

エンパイア劇場（Empire Theater）

エンパイア劇場は、アメリカ人のA・W・バート・イエースレイ（A. W. Bert Yearsley. 一八七七—一九二八）が、前述したオルフェウム劇場を買収し、映画館に改装して、一九〇九年八月九日に再開場した劇場である。開場した頃の席料は五十—四十—二十センタボである。上映時間は、オルフェウム時代と同じ、夜七時三十分から十一時三十分であった。

所有者のイエースレイは、フィリピン映画産業草創期の重要人物のひとりである。ニューヨークのブルックリンからマニラに移り住み、マニラの娯楽産業に二十七年間従事した[29]。マニラ初の映画会社といわれるオリエンタル映画社（Oriental Moving Picture Corporation）も彼の経営による。同社は、エンパイアのほかに、エアドーム、リベルタッド（Livertad）、マドリッド（Madrid）、マジェスティック、リザル（Rizal）、ロイヤル（Royal）、スタアなど多数の劇場を所有・経営していた。一九一二年四月二十七日号の「フォトプレイ *Photoplay*」によれば、オリエンタル映画社は当時、香港と上海に支店の開設を計画中であり、中国や日本の大都市にも映画を配給する予定だという[30]。ただし、実際に予告どおり開設されたかは不明である。

エンパイアは、開場当時マニラで最も高級な映画館であった。オペラなどを上演する劇場を映画館に変えたのだから、小さな劇場や野外劇場で映画を上映するのとはまったく違っていたのである。とりわけこの劇場は、オーケストラ伴奏に定評があった。一九一二年四月二十七日号の「フォトプレイ」には、イエースレイと劇場スタッフの記念写真が掲載されている（図109）。前列中央がイエースレイである。その左右に白い制服の男性が九人いる。太鼓やバイオリン、バス、フルートなどの楽器を持っていることから、彼らは劇場の楽団員であることがわかる。楽器を持たない人は、おそらく指揮者かピアノ奏者だろう。楽団員は全員、最前列に並んでいる。このことから、彼らが劇場スタッフのなかでもとくに大切に扱われていたことがわかる。この写真の劇場がどこかは不明である。だが、オリエンタル映画社が所有する高級劇場のひとつであることは確かである。したがって、エ

図109　前列中央がイエースレイ
（出典：*Photoplay*, April 27, 1912, p.34.）

ンパイアにも同程度の楽団が配置されていたことは十分に考えられる。

　注目したいのは、エンパイアが、オルフェウムに引き続き、パテ社のマニラ代理店から映画の供給を受けていた点である。開場当時の上映映画はほとんどがパテ映画であった。とはいえ、しだいに他社の映画も増えていった。フランスのフィルム・ダールやエクレール、ゴーモン、ライオン、ステラ、またイギリスのアーバンやクレアドン、イタリアのアクア、イタラなど、欧州映画が主である。エジソンなどアメリカ映画は、ときどき上映される程度であった。

　ところが、一九一〇年夏からアメリカ映画が増え始め、その年末にはアメリカ映画が興行の主力となる。上映されていたのはバイオグラフやカレム、セリグ、エジソン、エッサネイ、ルービン、ヴァイタグラフの映画である。つまり〇八年に成立したアメリカのモーション・ピクチャー・パテンツ・カンパニー（ＭＰＰＣ）に属する会社が製作した、いわゆるライセンス映画だった。

　さらに一九一三年、エンパイアは、ＭＰＰＣ映画に代わり、そのライバルだったユニバーサル系の映画ばかりを上映するようになる。そして一四年一月までにユニバーサル社と独占契約を結び、ユニバーサル映画の専門館となる。このことからエンパイアでは、一〇年代初頭にはすでに、アメリカ映画へのシフトが始まっていたことがわかる。これはアジアのほかの国や地域と比べて、非常に早い。

ソリーリャ劇場（Zorrilla Theater）

スペインの国民的詩人であり、劇作家であるホセ・ソリーリャ（Jose Zorrilla）の名前を冠した劇場である。[31] 一八九三年八月十七日にオペラやスペインの大衆オペレッタであるサルスエラ（Zarzuela）を上演するために開場した。四人掛けの貴賓席、ボックス席四十八席、一階席四百席、二階席九百席、収容人数千三百五十二の豪華劇場である。政府の役人や裕福なエリートが数多く来場したという。

劇場はサンタ・クルーズのアズカルガ通りに近い、サン・ペドロ（San Pedro）通り（現在のエヴァンヘリスタEvangelista通り）とビリビッド（Bilibid）通りの交差するあたりにあった。劇場の所有者はラモン&ヴァレリアーノ・サントス（Ramon & Valeriano Santos）とフェデリコ・オルティス（Federico Ortiz）、アンドレス・フロイス（Andres Frois）である。

開場当時は主にスペイン語の舞台を上演し、英語での上演はほとんどなかった。こけら落とし興行は、エミリオ&ラファエル・デル・ヴァル（Emilio&Rafael del Val）によるサルスエラ『悪魔の世界 *El Diablo Mundo*』であった。音楽はホセ・エステーリャ（Jose Estella）が担当した。[32]

しかし、一九〇〇年代末にはアメリカの舞台も上演されるようになる。例えば〇八年一月六日には、ミンストレル・ショーが上演されている。[33] ミンストレル・ショーは十八世紀中頃から十九世紀にアメリカで人気を博した、顔を黒塗りした白人が黒人として踊り演じるアメリカ発祥の舞台芸である。

ソリーリャが映画を上映するのは、こうした興行のアメリカ化の流れにおいてである。ソリーリャの映画興行は一九〇九年六月二十四日の夜七時三十分から十二時まで、アメリカン・シネマトグラフ社（American Cinematograph Co.）が劇場を賃借して興行したのが最初である。[34] 席料は四十―三十―二十センタボであった。

同年八月七日（エンパイア開場の二日前）には、エンパイアに刺激されたのだろう、「すべてパリ直送の新フィルム」と宣伝し、「家族」向けの映画興行を開始する。[35] 上映時間は夜七時三十分から十一時三十分、上映するのはパテ映画が多い。このときソリーリャに映画を供給していたのは、パテ社ではなく、アメリカン・シネマトグラフ社である。名前はアメリカンだが、アメリカ映画だけでなく、欧州映画も供給していた。一九〇八年頃、上海でボードビル劇場を経営していた会社である。アメリカン・シネマトグラフ社がソリーリャと初めて交渉をもったのは、前述した〇九年六月二十四日の映画興行時だろう。おそらくそれが縁で供給契約を結んだと考えられる。

図110　舞台を上演していた頃のソリーリャ
（出典：Manila Nostalgia から）

　ただし勘違いしてはならないのは、ソリーリャが契約後すぐに映画専門館に転向したのではないことである。このときは、あくまで月水金の週三日だけ映画を興行していたにすぎない。一九〇九年十一月十九日付「マニラ・タイムズ」の広告に、「オペラのシーズン中だからといって何もしていないわけではない。週三回月水金は映画を上映」とある。席料も、演劇興行の場合はプログラムによって変わり、また階級差を考慮した料金体系が採用されたが、映画興行の場合は四十―三十―二十―十センタボと均一に漸増する料金体系だった。均一漸増型は、当時マニラで映画興行者が演劇の劇場を借りて興行をおこなう際に採用した料金体系である。このことからも当時ソリーリャでおこなわれていた映画興行は、定期興行とはいえ、本興行である演劇の穴埋めにすぎなかったことがわかる。

ソリーリャが映画専門に転身するのは、再開場する一九一〇年二月二十二日である。席料は、均一漸増型ではなく、階級差を含む四十―二十―十センタボに変わる。再開場の予告広告には同劇場の興行が家族向けであることが強調されている。支配人はE・M・グロス（E. M. Gross）[36]。上映開始は、それまでの夜七時三十分を改め、エンパイアよりも十五分早い、七時十五分に変更される。つまり、ソリーリャは、エンパイアを模倣しながら、それより料金を安く、興行時間を早く設定することでエンパイアに対峙しようとしていたのである。

これ以降、上映映画は基本的にアメリカ映画になる。エジソン社の『シャーロック・ホームズ嬢 *Miss Sherlock Holmes*』（一九〇八年）やヴァイタグラフ社の『西洋式求婚 *Western Courtship*』（一九〇八年）など、主にMPPCのライセンス映画である。ただし、それ以外にも例外的にニューヨーク・モーション・ピクチャー社の西部劇映画であるバイソン映画は上映されていた。映画は、東洋汽船の豪華客船である地洋丸がマニラに運んでいたことから[37]、サンフランシスコ、もしくは横浜や香港などで入手された中古映画であったと考えられる。

ソリーリャの新聞広告からは、当劇場が富裕層の女性客に期待を寄せていたことが見て取れる（図111）。広告にはボックス席と一階席正面が描かれていて、二階席は描かれていない。客は若干男性が多いものの、女性も男性と同じくらい描かれている。スペイン風の装いをした女性、男性にエスコートされて来場したとおぼしき女性、友達同士で楽しむ女性などである。広告のイラストは、あくまで劇場が望む観客像を描いているにすぎないが、それが劇場の興行方針と無関係であるはずはない。したがってソリーリャは、演劇から映画に転身する際に、ターゲットとする客層を、中流階級上層部以上の成人男性から、女性や家族に移していたのである。そうした移行は、興味深いことに、ソリーリャだけでなく、エンパイア、そしてその前身であるオルフェウムにも共通する。

図111　ソリーリャの豪華なイラスト入り広告
（出典：*Manila Times*, February 13, 1911.）

このことから二十世紀初頭のマニラでの映画興行は、興行の対象を男性から女性、子ども、家族にシフトする役割を担っていたことがわかる。

ソリーリャの映画興行はまた、エンパイアと同様、マニラでの映画の社会的ステータス向上に大きく貢献した。プロセニアム・アーチやオーケストラボックスなど、豪華な劇場空間での映画上映は、それまでの「シネマトグラフォ」や「シネマトグラフ」とは一線を画する映画体験であった。また、そうした場で興行されることで、映画は中流階級以上の人々の生活に浸透し、彼らが購読する雑誌や新聞などのメディアも映画を取り上げるようになり、それが巡回興行の延長線上にあった映画興行の概念を変えていったといえるだろう。一九一〇年代初頭、マニラに豪華な映画館が次々に開場するのは、エンパイアとソリーリャが映画のイメージを変え、新しい観客層を増やし、その観客層がさらに上質な映画体験を望んだことと無関係ではないだろう。

カビルド・シネマトグラフ（Cabildo Cinematograph）

城塞都市イントラムロス内のカビルド通り二百四十八番地に開場した(38)。はっきりした開場日は不明だが、一九一〇年一月二十七日から広告を掲載していることから、そのときにはすでに映画を興行していたことがわかる。席料は十センタボもしくは二十センタボと低料金である。

フランスのパテ社『嫉妬から狂気へ *Jalousie et Folie*』（一九〇七年）やイギリスのクラレドン社『脱走馬車 *The Runaway Van*』（一九〇六年）、アメリカのエジソン社『ポール・リビアの真夜中の騎行 *Midnight Ride of Paul*

Revere』（一九〇七年）など、最初は欧米映画を交ぜて興行していた。だが、一九一〇年四月からは、セリグ社の『聖なる都 *The Holy City*』（一九〇八年）やヴァイタグラフ社の『スペインの恋 *A Spanish Romance*』（一九〇八年）などアメリカ映画が中心となる。どの映画も二年から四年ほど前の中古映画である。

一九一〇年四月八日付「マニラ・タイムズ」の広告によれば、「S・S・モンゴリア号が運んだアメリカ製新作映画のみ」上映とある。この船は、パシフィック・メール汽船会社（Pacific Mail Steamship Co.）のサンフランシスコ―アジア航路の船である。このことからカビルドの映画は、サンフランシスコ、もしくはその途中で寄港する香港などの中古市場で入手していたと考えられる。J・J・ロビンソンによれば、当時アメリカからマニラに到着する映画の多くはフィルムの状態が相当悪く、映画の途中が抜けていたり、傷だらけで画面が見づらかったりしたという。[39] 上映映画と席料から推察するに、カビルドはかなり状態が悪いフィルムを見せる小さな映画館だったようだ。こうしたことからマニラの映画興行は、高級化と同時に、大衆化も進んでいたことがわかる。

スタア・シネマトグラフ（Star Cinematograph）

パズ通りとセルバンテス通りが交差するあたりのパズ通り五百二十一番地に、一九一〇年一月八日に開場した野外劇場である。[40] 経営者は、エンパイアやエアドームと同じくA・W・バート・イエースレイ、上映時間は七時三十分から十一時三十分であった。

上映映画はヘップワース社の『御者の善い妖精 *The Cabman's Good Fairy*』（一九〇九年）やウィリアムソン・キネマトグラフ社の『自然王国覗見 *Peeps into Nature's Realm*』（一九〇八―〇九年）など、イギリス映画が目立つ。

広告の掲載回数が少ないことから、さほど大きな映画館ではなかったと考えられる。アンダといいカビルドといい、名前にシネマトグラフを冠した映画館は規模が小さく、上映映画が古い。ときには芸人の舞台と一緒に映画を上映することもあった。このことからシネマトグラフとは、二十世紀初頭にマニラで隆盛したシネマトグラフォ——舞台芸と映画を一緒に見せる演芸場——の延長線上にある興行場を意味し、エンパイアやソリーリャとは規模も客層も違っていたと考えられる。

おわりに

以上、パテ社上陸前後のマニラ映画文化の変容を明らかにした。当然、新聞に広告を掲載しなくても映画を上映していた劇場や、別の新聞や雑誌に広告を掲載していた劇場もあったはずである。しかし、「マニラ・タイムズ」をたどっただけでも、パテ社のマニラ上陸が地元の映画産業を大きく変えたことは明らかである。

パテ社シンガポール総代理店は一九〇九年五月、マニラ随一の繁華街エスコルタ通りに代理店を開業する。その後すぐにパテ社は、以前から映画を上映していたボードビル劇場のオルフェウムと供給契約を結び、オルフェウムはその契約を機に、映画と演芸を組み合わせた家族向けの興行を開始する。やがてオルフェウムが、マニラ初の高級映画館エンパイアに転じ、富裕層やエリート層を映画ファンに取り込み、映画興行は演劇から独立してひとつの興行ジャンルとして確立する。そして、このエンパイアに刺激されて高級劇場のソリーリャが映画館に転向、その後わずか一年ほどで大小さまざまな映画館がマニラ市内に開場するのである。こうしてマニラの映画事業規模は拡大・多様化し、映画と人々の関係も変わっていく。

しかし、注意深く検証すればわかるように、パテ社のマニラ進出は、すぐにパテ社の市場支配を可能にしたわけでも、パテ映画によるスクリーン独占を生じさせたわけでもない。当時の興行者の多くは、パテ社に頼らず、従来どおり自前でアメリカやイギリス、アジアの中古市場から映画を入手していたのである。

にもかかわらず、パテ社の上陸がマニラ映画市場を一変させたといえるのは、その上陸がエンパイアという映画専門劇場を誕生させ、マニラの映画興行市場を新たな段階に引き上げたからである。同時にマニラの人々の映画に対する認識を変え、新たな映画興行の慣例を生み出していったからである。グローバル企業のマニラ到来は、ローカルな場での娯楽のありようをダイナミックに変容させ、マニラ映画産業は新たな時代を迎えることになる。

注

（1）本書ではパテ社を、世界各地に支店や代理店を開業し、それらと連携して世界同時的にビジネスを展開することで世界市場の支配を目指した、映画史上初のグローバル企業と見なす。

（2）Arsenio “Boots” Bautista, “History of Philippine Cinema,” *The National Commission for Culture and the Arts, Philippines* (NCCA) (http://ncca.gov.ph/)［二〇一六年九月二十六日アクセス］

（3）Bryan L. Yeatter, *Cinema of the Philippines : A History and Filmography, 1897-2005*, McFarland & Co., 2007, pp.5-7.

（4）H. Kemlein, *Kemlein & Johnson's Guide and Map of Manila and Vicinity : A Hand Book Devoted to the Interests of the Traveling Public*, Kemlein & Johnson, 1908, p.34.

（5）Nick Deocampo, *Film : American Influences on Philippine Cinema*, Anvil Publishing, 2011, p.169.

（6）ibid., pp.174, 234-235.

（7）ibid., pp.175, 233-234.

（8）Kristin Thompson, *Exporting Entertainment : America in the World Film Market 1907-1934*, British Film Institute, 1985, p.201.

（9）Deocampo, op.cit., pp.234-235.

（10）Thompson, op.cit., p.206.

（11）Deocampo, op.cit., p.172.

（12）シンガポールのパテ社については第3部第1章を参照。

（13）“Early History of the Escolta,” *Manila American*, May 13, 1906, pp.17-18.

(14) *Souvenir Program*, Firemen's Relief Association, January 22, 1909, p.87.
(15) 例えば「マニラ・タイムズ」の一九〇九年十一月二十七日付や十二月四日付などに派手な広告が掲載されている。
(16) George F. Nellist, ed., "Cortes, Hernan Donoso," *Men of the Philippines : A Biographical Record of Men of Substantial Achievement in the Philippine Islands*, 1, The Sugar News Co., 1931, p.69.
(17) "Report of Fire Department," *Sixth Annual Report of the Philippine Commission 1905, Part I*, Bureau of Insular Affairs, War Department, 1906, p.587.
(18) *Manila Times*, March 30, 1909, p.2.
(19) "Report of Fire Department," p.587.　番地に揺れがある。資料によって十五番地と五十一番地の記述があり、どちらが正しいかは不明。
(20) A. V. H. Hartendorp, "Philippine Cross-Section, 1904," *Philippine Magazine*, 35:1, January, 1938, p.15.
(21) "Report of Fire Department," p.587.
(22) *North China Herald*, May 1, 1909, p.289.
(23) *Manila Times*, June 2, 1909, p.3.
(24) *Manila Times*, November 6, 1909, p.13.
(25) Cristina L. Buenaventura, *The Theater in Manila : 1846-1946*, 2nd ed., C & E Publishing, 2010, pp.18, 83-84.
(26) Cristina L. Buenaventura, *The Theater in Manila*, p.72.
(27) *Manila Times*, March 16, 1909, p.5. *Manila Times*, September 9, 1909, p.3.
(28) James S. McQuade, "Chicago Letter," *Film Index*, Films Publishing, December 31, 1910, p.8.
(29) "Yearsley Goes West," *The American Chamber of Commerce Journal*, 8:2, February, 1928, p.23.
(30) "Picture Theatres in Philippines and Orient," *Photoplay*, April 27, 1912, p.34.
(31) Cristina L. Buenaventura, *The Theater in Manila*, pp.18, 60, 64-65.
(32) Cristina L. Buenaventura, *The Theater in Manila*, p.18.
(33) *Manila Times*, January 6, 1908, p.3.

(34) *Manila Times,* June 23, 1909, p.3.

(35) *Manila Times,* August 7, 1909, p.1.

(36) Vicente Salumbides, *Motion Pictures in the Philippines,* 1952, p.6.

(37) *Manila Times,* January 19, 1911, p.9.

(38) *Manila Times,* January 27, 1910, p.8.

(39) J. J. Robinson, "From the Other Side of the World," *Moving Picture World,* February 4, 1911, p.236.

(40) *Manila Times,* January 6, 1910, p.5.

第3章　マニラ映画市場での欧米の葛藤——アメリカ映画の台頭

はじめに

アジアでのアメリカ映画の台頭は、これまで第一次世界大戦末期もしくは大戦後とされてきた。[1] しかし実は、そのずっと前からすでにアメリカ映画のアジア進出は始まっていたのである。

一九〇九年初頭、フランスのパテ社はシンガポールからマニラに進出する。世界初のグローバル企業のマニラ進出は、シンガポールなどほかのアジアの都市と同様に、マニラの映画市場を大きく変える。だが、マニラがほかと異なるのは、パテ社の代理店が開業したあとすぐにアメリカ映画専門の高級映画館が誕生し、マニラ映画興行界を牽引する点である。このとき重要な役割を果たすのが在マニラのアメリカ人であり、アメリカ製品を扱う貿易商であり、アメリカの軍人たちである。とりわけ、マニラで上映されるアメリカ映画の主流が、モーション・ピクチャー・パテンツ・カンパニー（MPPC）のライセンス映画から、ユニバーサル社に代表される非MPPC非ライセンス映画へ移行すると、その市場勢力は動かしがたいものとなる。[2]

本章の目的は、二十世紀初頭のマニラを例にあげて、欧米を起源とするグローバルな映画配給網がアジアに浸透していく複雑な過程の一端を、ローカルな文化とグローバルな文化の相互交渉による変容の重層的ダイナミズムとして捉えることにある。具体的には、前章で述べたパテ社のマニラ進出から第一次世界大戦勃発の一四年まで、マニラ映画市場の変容を配給と興行の側面から跡づける。それによってマニラでの映画文化の形成では、映画産業が興行を中心に急速に発展する時期と、フィリピンの統治がスペインからアメリカに変わる時期が重なるがゆえに、ほかのアジアの都市とは異なり、アメリカ映画が定説より早い時期に市場展開していたことを明らかにする。

1　マニラの映画館開場ラッシュとすみ分け

一九〇九年五月、パテ社がマニラに代理店を開業する。これによって、マニラはグローバルな映画配給の網目に編み込まれる。パテ社が配給する映画はマニラ市場に安定的に流れ込み、それが市場を変容させ、映画館の開場ラッシュを引き起こす。

そのとき大きな役割を果たすのが、エンパイアとソリーリャの二つの高級映画館である。エンパイアは、中流階級以上の家族向けにボードビルと映画の両方を興行していた高級劇場オルフェウムが、映画専門に転向し、劇場名を改称して一九〇九年八月九日に再開場した映画館である。映画はパテ社が供給した。劇場の経営者であるイエースレイは、このエンパイアのあと、マジェスティックやロイヤル、リベルタッド、マドリッド、リザル、スタアなど多数の映画館を経営することになる。一方、ソリーリャは、オペラやサルスエラを興行していた演劇の劇場が、エンパイアに刺激されて、アメリカ映画専門に転じた映画館である。

興味深いのは、この二つの高級映画館の誕生後、わずか二年のあいだに「マニラ・タイムズ」に広告を掲載する劇場が十館以上増えることである。しかもそのうち七館は、一九一〇年五月から十二月までに開場している。

マニラのこの変容に、パテ社の進出が深く関わっていることは間違いない。そこで以下では、マニラ映画市場の変容を捉えるべく、一〇年から一二年までに開場した映画館を早い順にたどっていく。

アポロ劇場（Apolo Theater）

一九一〇年五月十四日、エスコルタ通り五十八—六十番地に新たに開場した、席数四百七十席の中規模映画館である。[3] フランス映画を上映するのを売りにしていた。支配人はH・フランケル（H. Frankel）だった。一一年四月頃には、ボードビルと映画の両方を興行するようになり、一一年末には新聞広告が消える。

フランケルがアメリカの映画業界誌「ムービング・ピクチャー・ワールド」の一九一〇年十二月三日号に寄稿した記事によれば、アポロは「パテ映画」しか上映しなかったという。しかし、勘違いしてはならないのは、フランケルがいう「パテ映画」とは、パテ社が製作した映画ではない。それはパテ社によって配給された映画と解釈すべきである。なぜなら「マニラ・タイムズ」の上映広告を見れば、アポロが、エクレールなどのパテ社以外のフランス映画やノルディスクなどのデンマーク映画、あるいはエジソンやバイオグラフ、ルービンなどMPPCのアメリカ映画や、インディペンデント映画社（IMP）などMPPC以外のアメリカ映画も上映していたことがわかるからである。アポロ劇場がフランケルがいうようにパテ社の供給する映画だけを上映していたのであれば、この事実は、パテ社が自社の製作した映画だけでなく、必要とあらば他社の映画も供給していたことを示す。

アポロ劇場の席料は五十—三十—二十センタボと、当時の平均よりも少し高めである。上映時間は開場当初、夜七時三十分から十一時三十分だったが、すぐに夕方四時三十分から十一時に変更される。上映時間を早め、かつ長くしているのである。これはエンパイアやソリーリャといった大きな高級劇場と興行の時間帯をずらすことで、それらの劇場と同ランクの客層を狙ったか、あるいはまた、上映映画が主にフランス映画であることから、マニラ在住のフランス人もしくは欧州人の要望に応じて、マチネー（matinée、昼間の興行を指す）をおこなっていたとも考えられる。宗主国が入れ替わり、多様な文化が混在するマニラの映画興行は、同時代の日本とは明らかに異なる。

マジェスティック劇場（Majestic Theater）

アメリカ人興行師バート・イエースレイが経営するオリエンタル映画社が経営していた劇場のひとつである。アズカラガ通り（Azcarraga. 現在のレクト通りの一部）のビリビッド（Bilibid）近くにあった。上映時間は夜七時三十分から十一時三十分である。

マジェスティックがいつ映画興行を始めたかは不明だが、「マニラ・タイムズ」に映画上映の広告が掲載され始めるのは一九一〇年八月頃である。姉妹劇場であるエンパイアと同じ枠内だった。おそらく、ボードビルか演劇の劇場からの転身だろう。

上映映画は最初、欧州とアメリカの混成プログラムだったが、しだいにアメリカ映画が多くなる。アメリカ映画はすべて、ヴァイタグラフやルービン、カレム、バイオグラフ、セリグ、エジソン、エッサネイなどＭＰＰＣのライセンス映画である。

マジェスティックの劇場は見事なコロニアル建築だった。「マニラ・タイムズ」の広告には、その外観と入場を待つ観客のイラストが掲載されている。描かれた観客の身なりを見ると、中流階級以上の白人らしき姿が多い。前章のソリーリャの場合と同じく、このイラストもまたマジェスティック劇場が理想とする観客のイメージにすぎない。だが、成人の男性と女性が描かれているソリーリャのイラストと比べて、マジェスティックのイラストは、子どもの姿が目立つ。このことからマジェスティックは、子ども連れの家族を主なターゲットにしていたことが見て取れる。

マジェスティックは、エンパイアと経営者が同じである。だが、二つの劇場の興行内容を比べると、マジェスティックはエンパイアよりも上位に位置づけられていたことがわかる。例えば、図112の広告にあるように、パテ社のジャーナル映画『パテ・ジャーナル *Pathe Journal*』は、マジェスティックで上映したあと、エンパイアで上映された。また、劇映画のなかにも、数はわずかだが、ヴァイタグラフ社の『モーゼ一代記 *The Life of Moses*』（一九〇九年）や、パテ社の『アルプスの乳産業 *Préparation et exportation du lait par la Société Laitière des Alpes Bernoises*』（一九〇九年）などの映画がマジェスティックのあとにエンパイアで上映されていた。エンパイアがマジェスティックの上映映画を再上映することはあっても、その逆はない。再上映映画の数から判断して、エンパイアは決してマジェスティックの二番館ではないが、マジェスティックよりも下位に位置づけられた劇場であったことは確かである。

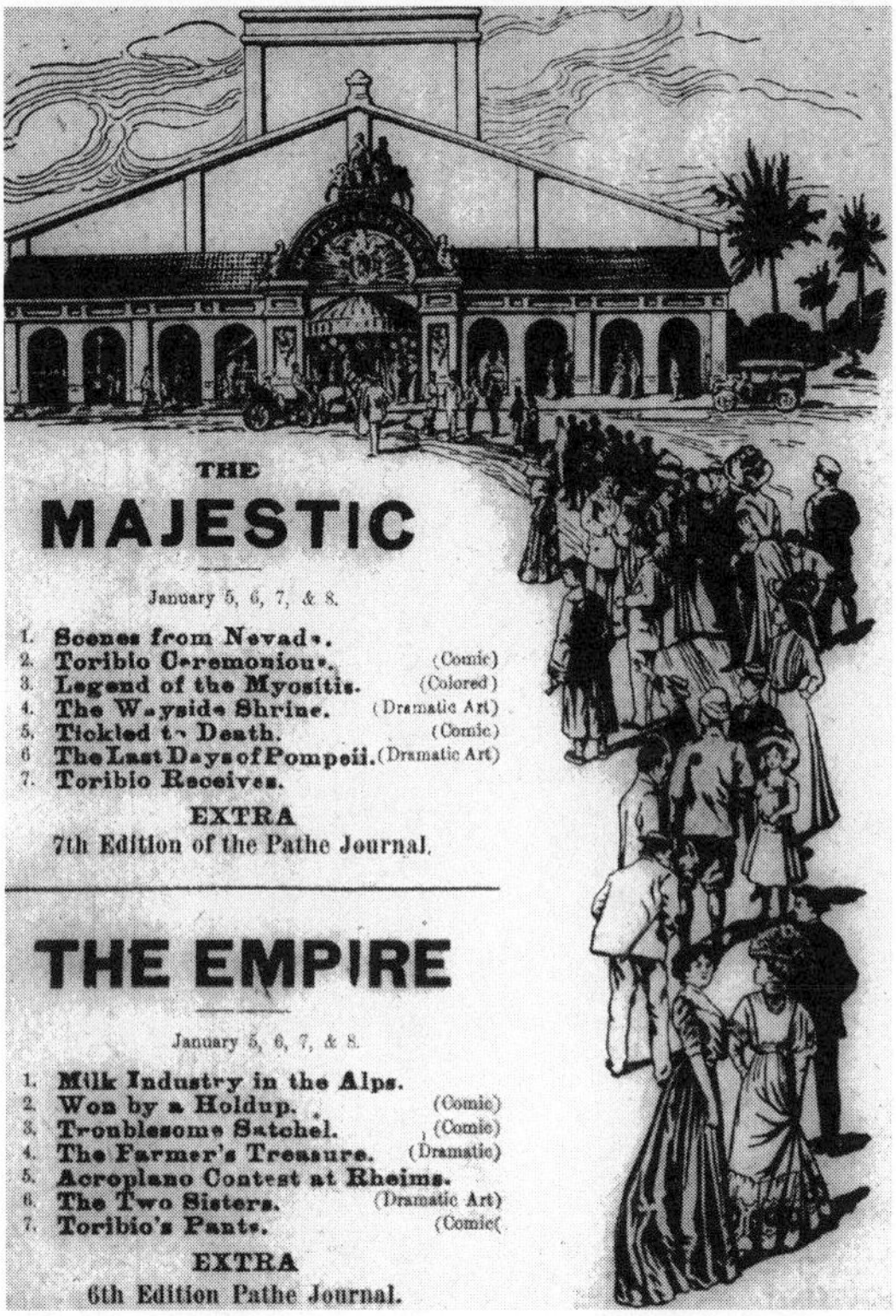

図112　マジェスティック劇場とエンパイア劇場の広告
（出典：*Manila Times*, January 5, 1911.）

マニラ随一の高級劇場だったマジェスティックは、一九一三年一月五日を最後に映画興行をやめ、ボードビルに転向する。アメリカから招いた芸人ハワード姉妹が一三年一月九日から十七日まで公演したあと、「マニラ・タイムズ」の映画欄からマジェスティックの広告は消える。その後もマジェスティックは、映画欄とは別の欄に広告をときどき掲載するが、その興行内容は映画ではなくボードビルだった。例えば一四年新春興行の広告は「〝ラグタイム・パルマ〟の女王 アメリカの最新ヒットすべて」とある。ほかに、ソリーリャやパズといった〇九年にボードビルから映画に転じた先駆的な興行場が、一二年から一三年にかけてボードビルに戻る。〇九年のパテ社マニラ上陸から約三年を経て、マニラの映画市場は再び新たな段階を迎えていたといえるだろう。

ロイヤル劇場（Royal Theater）

一九一〇年十月十三日、スペイン統治時代の城塞都市イントラムロス内に新築された映画館である。サンタ・ポテンシィアナ（Santa Potenciana）の百十九番地にあった。「マニラ・タイムズ」の初出広告には百十二番地と記されているが、翌日からはずっと百十九番地とあり、電話帳も百十九番地であることから、百十九が正しい番地だろう。経営者はエンパイアやマジェスティックと同じイエースレイ、支配人はB・J・バーグ（B. J. Berg）だった。料金は五十―四十―二十―十センタボである。

この劇場の近くにはアメリカ陸・海軍のクラブがあった。おそらくアメリカ軍人の客が多かったと考えられる。フィリピンを舞台にアメリカの軍人とフィリピン娘の恋を描いたＩＭＰ映画『フィリピンの薔薇 *A Rose of the Philippines*』（一九一〇年）がマニラで公開されたのも、この劇場である。公開日はアメリカ公開から約一年遅れの一九一一年一月十九日であった。

開場時の上映プログラムは、アメリカ映画と欧州映画の混成だが、とくにＭＰＰＣ映画を多く上映していた。例えば、ヴァイタグラフ社の『召使娘の問題 *The Servant Girl Problem*』（一九〇五年）や、セリグ社の『法の影 *The Shadow of the Law*』（一九〇八年）などである。また、数はわずかだが、エジソン社の『枯葉の語る物語

Tale the Autumn Leaves Told』（一九〇八年）など、同じ経営者のエンパイア劇場が上映した映画をここで再上映することもあった。

特筆すべきは、ロイヤル劇場がIMPやパワーズ、タンハウザー、ニューヨーク・モーション・ピクチャー（バイソン）など、MPPCに属さない映画会社が製作した非ライセンス映画を先駆的に上映していた点である。IMPの第一回作である記念碑的な長篇映画『ハイアワサ』（一九〇九年）も、アメリカ公開から約一年後の一九一〇年十一月二十八日にこの劇場が鳴り物入りで興行した。このIMPという会社は、シカゴでフィルムレンタル会社を経営していたカール・レムリが映画製作に乗り出すため、〇九年にニューヨークに設立した会社である。一二年には、IMPやパワーズなどMPPCに属さない映画会社が集まってユニバーサル社を設立する。ユニバーサル社は、MPPCのアメリカ市場支配を崩壊させた新勢力のひとつである。したがってロイヤル劇場は、アメリカ映画といえばMPPCのライセンス映画が主流だったマニラ市場で、アメリカ本土で台頭しつつあった非ライセンス映画——アメリカ初のインディペンデント映画——を他館に先駆けて積極的に上映し、アメリカ映画優勢の機運を生む、前衛的な役割を果たした劇場だったといえる。

ラックス劇場（Lux Theater）

エスコルタ通りから一ブロック離れた繁華街プラザ・サンタ・クルーズ（Plaza Santa Cruz）にあった劇場である。こけら落とし興行は一九一〇年十一月四日だった。経営者のビセンテ・G・アルベルト（Vicente G. Alberto）は、フィリピン商工会議所の議員を務め、のちにパレス劇場（Palace Theater、一九二四年開場）やリッツ劇場（Ritz Theater、一九三一年開場）を開場し、パレス映画エクスチェンジ社（Palace Film Exchange）を経営する人物である。[4] 席料は五十—二十—十センタボ、上映開始時間は夕方五時台が多く、終演十一時、毎週月曜日と木曜日に映画を取り替えていた。

上映する映画はパテ社の映画が圧倒的に多い。例えば四つのエピソードを四回に分けて上映したパテ社の

図113　ラックス劇場
(出典：*Manila Times,* November 27, 1912.)

『レ・ミゼラブル *Les misérables*』(一九一二年)などがある。数は少ないが、パテ社以外の映画も上映している。フランスのラックス社、ゴーモン社、イタリアのイタラ社やフィルム・ダール・イタリアーナ社、イギリスのキネトグラフ社など、欧州映画がほとんどだった。アメリカ映画はバイオグラフ社、パワーズ社などの映画がまれに上映されたにすぎない。ラックスの上映時間は、アポロ同様、ほかの館よりも早いのが特徴である。同館が主に欧州映画を上映していることからも、その客筋は在マニラの欧州人だったと考えられる。

マガリャネス劇場（Magallanes Theater）

一九一〇年十一月二十一日に開場した七百席の中規模劇場である。[5] 場所は城塞都市イントラムロス内のマガリャネス通り百三十九番地にあり、同じ通りには合衆国倶楽部（The United States Club）があった。席料は四十―二十―十センタボと、当時の平均的料金である。経営者は、アメリカ人で元マニラ警察のフランク・H・グレット（Frank H. Goulette）とエディ・ティーグ（Eddie Teague）。二人は、同じくイントラムロス内に〇九年八月に開場したアンダという小さな映画館を経営していたことがある。

開場当初は、パテ社の『アメリカ風結婚 *Un mariage à l'américaine*』（一九〇九年）や『貧しい老夫婦 *Pauvres vieux*』（一九〇七年）、フランスのエクレール社やスター・フィルム社、デンマークのノルディスク社、イタリアのアンブロジオ社やフィルム・ダール・イタリアーナ社、さらにアメリカMPPCのバイオグラフ社や非MPPCのタンハウザー社、ネスター社などの映画を上映していた。

エンパイアなどマニラの主要な映画館は、欧米封切り公開から一年前後遅れた映画を上映していたが、この劇場では、二、三年遅れることもままあった。このことから、ほかよりも古い中古映画を安く仕入れて上映していたと考えられる。映画のラインナップがバラバラなのもそのせいだろう。マニラのなかでは、ランクが低い映画館だったといえる。

図114　アイディアル劇場の開場広告
（出典：*Manila Times*, December 13, 1910.）

アイディアル劇場（Ideal Theater）

プラザ・ゴイティ（Plaza Goiti）の二十九―三十一番地に一九一〇年十二月十三日に開場した。席数九百席の大きな劇場である。席料は五十―四十―二十センタボ、当時のマニラでは高いほうである。一〇年十二月十五日の広告に「欧米の最新映画」を上映とある。主にゴーモン、ノルディスク、イタラ、アンブロジオ、エクレールなどの映画を上映していた。バイソンなど欧州で人気が高かったアメリカ映画もときどき上映している。上映時間は夕方四時三十分から十一時までだった。アポロと同じく、マチネー興行をおこなっていることからも、主な客筋は在マニラの欧州人が多かったと考えられる。

アイディアル劇場は、R・F・ロセス（R.F.Roces）の経営によるアイディアル映画社（Ideal Moving Picture Company、一九一〇年十二月設立）が所有する劇場である。[6] アイディアル映画社はほかに、メトロポリタンやマガリャネス、パトリャ（Patria）なども所有し、それらの劇場に自社で輸入した映画を供給していた。映画は主にロンドンやパリ、バルセロナなどで入手していた。字幕は英語に直し、年配者向けにスペイン語も用意された。一九一四年以降はニューヨークからも入手するようになる。

メトロポリタン劇場（Metropolitan Theater）

キアポ教会広場（Quiapo Church Sq.）にあった収容人数千人の大劇場である。[7] 正確な開場日は不明だが、一九一〇年十二月二十二日付の「マニラ・タイムズ」に「新開場」と記した広告が初めて掲載されることから、そのあたりで開館したと考えられる。したがって、この劇場は、三一年にエルミタ（Ermita）に新設された豪華で近代的なメトロポリタン大劇場とは別物である。

上映映画は最初、フランスのパテ社やイタリアのロッシ社、デンマークのノルディスク社など欧州映画が多かった。一九一一年初頭からヴァイタグラフ社やパワーズ社など、MPPCであるなしにかかわらずアメリカ映画も交ぜて上映し始める。例えば一一年三月一日には、アメリカのタンハウザー社『アンクルトムの小屋 *Uncle Tom's Cabin*』（一九一〇年）を鳴り物入りで興行している。同時上映はフランスのパテ社やアメリカのヴァイタグラフ社の映画などであった。

リベルタッド劇場（Libertad Theater）

オリエンタル映画社が経営していた劇場のひとつ。エルミタのペドロ・ジル（Pedro Gil）通りのハラン（Harran）近くにあった。遅くとも一九一一年九月までには開場している。席料は四十―二十―十センタボ。主にルービンやヴァイタグラフ、エジソンなどMPPCのアメリカ映画を上映していた。おそらく開場時からアメリカ映画中心のプログラムだったと考えられる。

マドリッド劇場（Madrid Theater）

オリエンタル映画社が経営していた劇場のひとつ。マニラの繁華街から少し離れたサン・ニコラス（San Nicolas）のマドリッド通りにあった。遅くとも一九一一年九月までには開場している。席料は二十もしくは十センタボと格安だった。主にエジソンやルービン、ヴァイタグラフなどMPPCのアメリカ映画を上映していた。おそらく開場時からアメリカ映画中心のプログラムだったと考えられる。

リザル劇場（Rizal Theater）

オリエンタル映画社が経営していた劇場のひとつ。アンロアケ（Anloaque、現在のホワン・ルナJuan Luna）通りにあった。遅くとも一九一一年九月までには開場している。席料は四十—三十—二十—十センタボ。主にエジソンやヴァイタグラフなどMPPCと、IMPなどインディペンデントのアメリカ映画を上映していた。おそらく開場時からアメリカ映画中心のプログラムだったと考えられる。

ゲイエティ劇場（Gaiety Theater）

エルミタのリアル（Real）通り六百三十番地、ハランに近いソルダド（Soldado）通り周辺にあった劇場である。一九一二年一月十七日まではボードビルと映画を一緒に興行していたが、十八日以降は映画専門となる。席料は五十—四十—二十センタボだった。

この劇場は、最初の映画館開場ラッシュがいったん落ち着いてから開場している。開場時間は、マチネー興行をする欧州系のアポロやアイディアルとも、演劇時代の慣例から七時台に設定するアメリカ系のエンパイアやソリーリャ、マジェスティックとも異なり、その間をとった六時台であった。上映時間の提示方法も従来とは異なり、各回の上映開始時間と所要時間を分刻みで提示している。例えば「六時四十二分、八時四十二分、十時三十二分、各四十分」[8]といった具合である。おそらく、会社や工場など、時間労働者に配慮した興行だったと考えられる。

上映映画は、アメリカ映画と欧州映画の混成である。欧州映画は、デンマークのノルディスクやイギリスのヘップワース、フランスのパテなどが多い。他方アメリカ映画は、ヴァイタグラフやバイオグラフ、エッサネイ、セリグなどMPPCのライセンス映画がほとんどであった。しかし、しだいにアメリカ映画がスクリーンを占有するようになる。その頃上映されていたのは、タンハウザーやIMP、キーストンなど非ライセンス映画である。ゲイエティのほかにリベルタッド、マドリッド、リザルなど、遅れて新開場する劇場が積極的にアメリカ映画を上映したのは、マニラ映画市場でのアメリカ映画の人気が高まっていたことの証左だろう。

このように一九一〇年から一二年に開場した映画館の上映映画をたどるとわかるのは、その多くは経営者が欧州人であろうとアメリカ人であろうと、基本的に欧州映画とアメリカ映画の混成興行であったこと、最初は欧州映画が優勢であったものの、しだいにアメリカ映画の人気が高まっていたことである。エンパイア劇場が開場したのち、マジェスティックのような豪華な映画館や、ロイヤルのような客筋に軍人の多い映画館、リベルタッド、マドリッド、リザル、スタアのような低料金の大衆的な映画館などさまざまなランクの映画館がアメリカ人興行師によって開場するが、それはアメリカ映画を見たいと思う観客——在マニラのアメリカ人とその家族、英語教育を受けたフィリピン人ら——がそれだけ増えていたことを物語る。

2　欧州中心の世界映画配給網とマニラ

フィリピン映画研究者のデオカンポは、マニラではアメリカによる統治が始まっても数十年間は、アポロ劇場のようにパテ社など欧州映画がスクリーンを独占し続け、アメリカ映画が欧州映画に代わってマニラ市場を支配するのは一九二〇年代であると述べる。[9] そしてアメリカ統治下での欧州映画優勢の原因として次の二つを指摘する。一つは、ケリー・セグレイヴに依拠しながら、アメリカ企業はアメリカ国内の爆発的需要を満たすのに精いっぱいで海外市場を開拓する余力がなかったから。もう一つは、アメリカはスペインに代わってフィリピンを植民地支配するものの、アメリカ文化はすぐには浸透せず、マニラ社会はその後数十年にわたってスペインなど欧州文化の影響下にあったからだと述べる。

しかし、このデオカンポの主張には疑問の余地がある。前述したようにアメリカ映画は最初期から上映されていた。そのアメリカ映画がアメリカの植民地であるフィリピンで本当に一九二〇年代までくすぶっていたのだろうか。また、パテ社など欧州映画がマニラ市場を支配できたのは、アメリカ企業に海外市場開拓の余裕がなく、そのうえアメリカ統治下のマニラ社会に前統治者であるスペインおよび欧州の文化——デオカンポがいうヒスパニック文化——が浸透していたからだというが、シンガポールの事例で明らかにしたようにパテ社の市場支配はマニラに限ったことではない。その地域の文化的背景がヒスパニックであろうとなかろうと、二十世紀初頭のアジアのあちらこちらで起こっていたのである。したがって欧州映画がマニラ市場を支配していたのには、むしろ別の要因があったと考えたほうがいいだろう。それは配給の仕組みである。

二十世紀初頭、いまからは想像しがたいことだが、世界の映画取り引きの中心はイギリスのロンドンだった。その理由は、当時のイギリスが世界の物流の要である海運を支配していたからである。島国であるイギリスには昔から船がたくさんあり、欧州との貿易も盛んで、海運業が早くから発達した。一九一三年のイギリス船の積載量は、世界の海上運送のおよそ半分を占め、とりわけアジアやオーストラリアなど、遠隔地ほどイギリス海運業のシェアは高かった。[10] 海上交通を支配していたイギリスが、世界の物流、そして金融の中心として機能していたのである。

このような世界の物流システムゆえに、アジアで上映される映画の多くは、ロンドン市場で取り引きされ、アジア欧州航路の船でスエズ運河を経由してアジアに運ばれていた。アメリカ映画もその例外ではなかった。現在の私たちから見れば大変な遠回りだが、二十世紀初頭のアメリカ映画は、アメリカ西海岸から太平洋を渡ってアジアに運ばれたのではなく、アメリカ東海岸から大西洋を横断してイギリスに渡り、イギリスからアジアに運ばれていたのである。アメリカ商務省の報告「デイリー・コンシュラー・アンド・トレード・レポート」の一九〇七年四月十七日号に掲載されたシンガポール総領事デヴィッド・F・ウィバーの巻頭記事「東洋におけるアメリカ貿易」の一節「アメリカ直行便が必要」からは、二十世紀初頭のマニラとアメリカを結ぶ流通状況をうかがい知ることができる。以下にその抄訳を記す。

アメリカの対アジア貿易を強化するには、ニューヨークからマニラへ、いまより早く到着する定期便が必要である。現在、ニューヨークを出発したアメリカ製品は、マニラに向かう途中、インドやペナン、シンガポールに寄港し、そこからシャム、ジャワ、スマトラ、ボルネオ、オランダ領の島々および南フィリピンへと運ばれる。

「外国の資本」がアメリカのために定期便を提供するはずはなく、アメリカは現行のサービスを利用するしかない。しかし現行のサービスではアメリカは、対アジア貿易の現状を維持することはできても、それ以上の発展は望めない。むしろ現行のサービスは「世界のその部分」でのアメリカ製品のシェア拡大の妨げになっている。アメリカはいま、ものすごい勢いで製品を大量生産している。したがって、いずれ、その製品のはけ口として、アジア市場が必要になるだろう。そのときアメリカが他国に打ち勝つには、インフラを整えておく必要がある。輸送手段の改善は、その最も重要なインフラのひとつだ。また、現地にアメリカの代理店も必要である。ただ、現在のアメリカ—アジア間の輸送手段が改善されないかぎり、アメリカの企業が現地に代理店を置く気にはなれないだろう。(11)

「外国の資本」とは主にイギリスを、「世界のその部分」はフィリピンにいたるまでのアジアの国や地域を指す。

要するにウィバーは、アメリカがアジア市場を開拓するには、アメリカからイギリス、そしてスエズ運河を経由してシンガポール、さらにその先のマニラに向かう定期運航便が必要だと主張しているのである。同ルートの不定期便で映画が運ばれているかぎり、アメリカ映画のアジア市場開拓はなかなか進まなかったのである。

このイギリス中心の海運ネットワークを利用して、アジアを世界初のグローバル映画配給網に接続するのがフランスのパテ社である。パテ社は一九〇二年にロンドンに販売拠点を設け、欧米各地に支店や代理店を開業し、〇七年には欧米企業としてアジア初の代理店をシンガポールに開く。そしてシンガポールからマニラや香港、東京などアジアの主要都市に配給の網を広げる。こうしてアジアは、欧州を起源とするグローバルな映画配給の網目にからめとられるのである。その結果、アジア市場は最初、パテ社など欧州企業によって支配されることになる。

アジアのアメリカ映画は最初、アメリカ企業ではなく、パテ社のような欧州企業によって主に供給された。そのため、アジアではアメリカ映画とさえ認識されていなかった可能性もある。そのうえ、アメリカから欧州経由の不定期便でアジアに運ばれるアメリカ映画は、欧州映画よりも割高とならざるをえず、資金力が乏しいアジア市場では、古くて安いアメリカ映画が出回ることになる。マニラで公開されたアメリカ映画が当初、欧州映画に比べて、封切り公開から一、二年、ときには三年以上も前の、より使い古された、より状態が悪い中古映画であったのは、そうした配給ルートの問題と無関係ではない。

こうして見ると、マニラ市場をパテ社が独占していたのは、マニラ社会がスペインなど欧州文化の影響下にあったからというよりもむしろ、映画配給の問題であったことがわかる。しかし、ここでもまだ疑問が残るのは、マニラ市場でのアメリカ映画の台頭は、はたして本当にデオカンポがいう一九二〇年代だったのかどうかである。

3　マニラでのアメリカ映画の台頭

一九一一年六月十日号の「ムービング・ピクチャー・ワールド」に掲載されたJ・J・ロビンソンの記事によれば（四月二十八日投稿）、当時マニラには計十社の映画供給会社があったという。その十社を以下に記す。

①パテ社マニラ代理店
②バルセロナに本社がある会社のマニラ代理店
③ゴーモン映画を仕入れる代理業者
④香港の代理業者
⑤ヴァンクーバーの代理業者
⑥欧州とアメリカから映画を仕入れる業者と取り引きする会社
⑦四社のアメリカから映画をレンタルする会社(12)

ほかと比べてアメリカ映画を扱う会社の情報が大雑把なのは、それだけマニラでのアメリカ映画の存在感が薄かったか、それとも急増したために情報を把握しきれていなかったかのどちらかではないだろうか。

マニラに映画を配給する会社はパテ社だけだと述べたアポロ劇場支配人フランケルの記事(13)とこのロビンソンの記事を比較すると、いかに映画配給会社が増えていたかがわかる。注目したいのは、もしフランケルの発言が正しければ、その発言からわずか半年後にロビンソンのリストにある九社（パテ社は除く）がマニラに開業したことになる。はたして本当に、そんなに急に配給会社が増えたのだろうか。

フランケルは、一九一〇年十二月の時点でマニラに映画を供給する会社はパテ社だけだと述べたが、実はそうではない。例えばアメリカン・シネマトグラフ社は、遅くとも〇九年十一月までには高級劇場ソリーリャにアメリカ映画の定期供給を開始する（上海から配給した）。また、イエースレイのオリエンタル映画社や、ロセスのアイディアル映画社は、一〇年末までに設立されている。さらに同じ頃、エジソン製の装置およびエジソンやルービン、ヴァイタグラフの映画を扱うフィリピン映画社（Philippine Motion Picture Company）がプラザ・サンタ・クルーズ八十三―八十七番地に設立される(14)。つまり、一〇年末までには複数の映画供給者がマニラに開業し、うち何社かはアメリカ映画を供給していたのである。

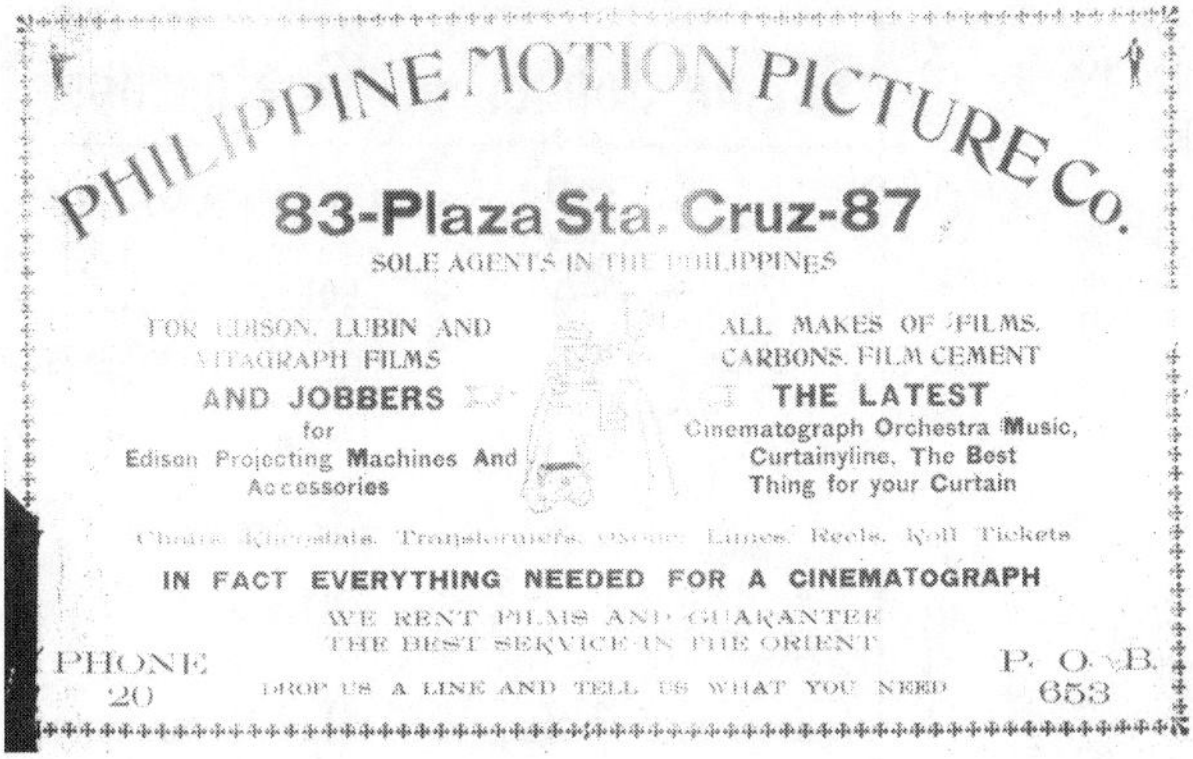

図115　フィリピン映画社の広告
（出典：*Manila Times,* December 15, 1910.）

このように一九一〇年末までにアメリカ映画を供給する会社がマニラに複数存在したのであれば、アメリカ映画が勢いを増して欧州映画よりも優勢になるのはいつ頃からなのだろうか。

先行研究によれば、アメリカ映画のマニラ市場開拓については二つの重要な説がある。一つは、一九一一年のルービン社マニラ代理店開業説である。もう一つは、アメリカ映画の台頭は第一次世界大戦末期もしくは大戦後であるという説である。順番に検証していこう。

まず、一九一一年のルービン社マニラ上陸説である。アメリカの大会社であるルービン社がマニラに代理店を開業したとすれば、それはパテ社のマニラ進出に匹敵する大きな変化を引き起こしたにちがいない。だが、「マニラ・タイムズ」などを調査しても、そのような痕跡は見いだせなかった。また前述したように、デオカンポやトンプソンは一一年にルービン社がマニラに代理店を開いたと主張するが、その

図116　フィリピン映画社の広告
（出典：*Philippines Monthly*, February, 1911, p.64.）

根拠となる史料は明示していない[15]。今回の調査でもその存在を示す史料は見つからなかった。強いていえば、「フィリピン・マンスリー *Philippines Monthly*」の一一年二月号にルービン社の映画を扱う代理店であるフィリピン映画社の広告が見つかったにすぎない[16]。

しかし、これがもしデオカンポが主張するところの根拠であるならば、ルービンだけでなく、エジソンとヴァイタグラフにも言及してしかるべきだから、デオカンポが参照した史料はこれではないのだろう。典拠が正しく示されないかぎり、この説は見直す必要がある。

次に、後者の説を検証しよう。冒頭で述べたように、トンプソンらアメリカの研究者は、アジア市場にアメリカ映画が台頭するのは第一次世界大戦末期もしくは大戦後であると見なす。そしてトンプソンらの研究成果を引用しながらデオカンポは、アメリカ映画がマニラ市場を支配するのは一九二〇年代に入ってからだという[17]。ただし、彼らは具体的に、いつ、どのようにアメリカ映画がマニラでそのシェアを伸ばしていったのかについては明らかにしていない。

今回「マニラ・タイムズ」などを調査したところ、それとは違う結果が得られた。アメリカ映画は、アメリカ人興行師イエースレイが開場したエンパイア劇場と、そのエンパイアに対抗して再開場したソリーリャ劇場で、一九一〇年には定期的に上映されている。その後、この二つの映画館を契機として、マニラには堰を切ったように映画館が次々に開場するが、そうした流れのなかで豪華なマジェスティックに加え、ロイヤルやリベルタッド、マドリッド、リザル、ゲイエティといった新たな劇場がアメリカ映画を積極的に上映する。他方、アポロやアイディアルなど欧州映画を主に上映していた映画館も、しだいにエッサネイやヴァイタグラフなどのアメリカ映画を頻繁に交ぜて興行するようになる。そして一九一三年七月一日に『大決戦 *The Battle of Gettysburg*』（一九一三年）がエンパイアで上映され、これをきっかけにマニラの興行界は一変する。映画はニューヨーク・モーション・ピクチャー社の長篇処女作であり、同社はIMPなどMPPCに反旗を翻したインディペンデント系の中核となる映画製作会社のひとつである。映画公開後、マニラにはインディペンデント系の映画が急増し、MPPC映画と競い合うようになるのである。

このエンパイア劇場の興行は、さまざまな面で画期的だった。南北戦争を描いた五巻物の大作映画は、「マニラ・タイムズ」紙の一面すべてを使った派手な広告で宣伝された最初の映画である。アメリカでは一九一三年六月一日に公開されたが、マニラ公開はわずか一カ月後であった。その時間差から、この映画が従来のマニラ映画市場に出回っていた中古映画ではなく、アメリカから直送された映画であったことがわかる。つまり、それは擦り切れた傷だらけのフィルムではなく、美しいイメージをスクリーンに映し出すことができるフィルムだったのである。

エンパイアは、『大決戦』の興行を機に興行スタイルも一新する。まず席料を五十―四十―二十センタボの三段階から、五十―二十センタボ、あるいは五十―十センタボの二段階に変える。また上映時間も、これまでのように七時三十分から十一時までという曖昧な表示をやめ、三時と七時と九時というように上映回ごとに開始時間を明記する。つまり、ボードビル劇場の時代から続いていた映画興行の慣例を改め、より効率よく、より気軽に楽しめるようにしたのである。

こうして生まれたアメリカ映画優勢の流れは、エンパイアがユニバーサル社と独占契約を結ぶことによって決定的となる。第一次世界大戦勃発の約半年前である一九一四年一月十二日、「マニラ・タイムズ」にエンパイアの上映映画はすべてアメリカ直送と謳われた広告が初めて掲載される。予定された上映映画は「ユニバーサル・プログラム」などユニバーサル社ブランドの映画だけである。ユニバーサル社が誇る人気の連続映画はすべてエンパイアで上映された。『国賓 *Lucille Love : The Girl of Mystery*』（一九一四年）は本国から約四カ月遅れ、『マスター・キー』（一九一四年）は約六カ月遅れ、『名金』（一九一五年）は約四カ月遅れだった。これはシンガポールなどほかのアジアの主要都市と比べても、数週間から数カ月は早い[18]。

さらに一九一四年末までには、エンパイアのほかに、ゲイエティはもちろん、パテ映画専門だったラックスさえもが、キーストンやヴァイタグラフ、セリグなどアメリカ映画を目玉に興行し始める。こうしてマニラを代表する映画館で、アメリカ映画が存在感を増すのである。

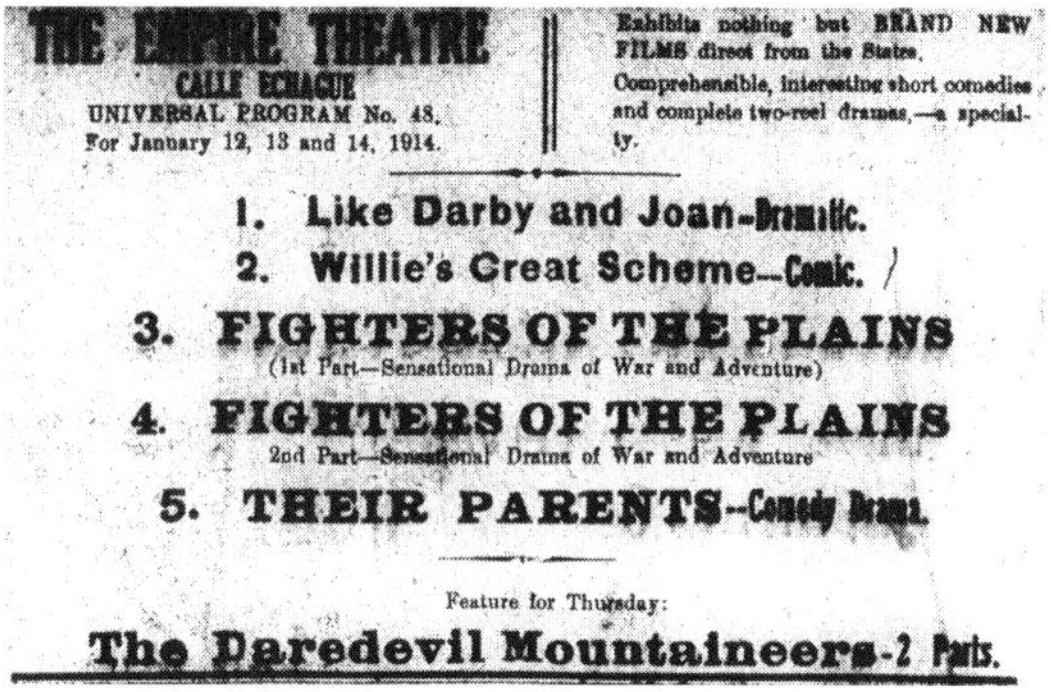
THE EMPIRE THEATRE
CALLE ECHAGUE
UNIVERSAL PROGRAM No. 48.
For January 12, 13 and 14, 1914.

Exhibits nothing but BRAND NEW FILMS direct from the States.
Comprehensible, interesting short comedies and complete two-reel dramas,—a specialty.

1. Like Darby and Joan—Dramatic.
2. Willie's Great Scheme—Comic.
3. FIGHTERS OF THE PLAINS
(1st Part—Sensational Drama of War and Adventure)
4. FIGHTERS OF THE PLAINS
2nd Part—Sensational Drama of War and Adventure
5. THEIR PARENTS—Comedy Drama.

Feature for Thursday:
The Daredevil Mountaineers—2 Parts.

図117　エンパイア劇場の上映映画は1914年1月以降すべてユニバーサル社が配給
（出典：*Manila Times*, January 14, 1914.）

以上が「マニラ・タイムズ」の広告をたどった結果である。誤解がないように断っておくが、当然、新聞に広告を出すような比較的大きな映画館以外にも、演劇やスポーツなどの劇場、あるいは場末の小さな映画館でも映画が上映されていたことは間違いない。だが、そうした劇場の調査は非常に困難であり、新たな史料が発見されないかぎり、ほぼ不可能に近い。そのため、今回は継続発行されている新聞を用いて市場の変容を読み取ろうとした。その結果、草創期のマニラ映画産業についてさまざまなことが明らかになった。とくに興味深いのは、欧州起源のグローバル企業がマニラに進出して欧州主導の映画市場を形成するものの、すぐにアメリカ映画を中心に上映する映画館が次々と開場し、アメリカ起源のグローバル企業もマニラに進出し、大戦前にはアメリカ映画の優勢が決定的になっていたことである。

こうした欧州映画からアメリカ映画へのシフトは、マニラに限ったことではなく、ほかのアジアの地域にも見られる現象である。だが、マニラが特別なのは、その移行が一九一〇年代初頭、遅くとも第一次世界大戦直前には起こっていたという事実である。それはちょうどアメリカ映画製作の中心が、東海岸から西海岸に移り、新しい映画の都ハリウッドが形成される時代と重なっているのである。

おわりに

マニラ映画市場の変容を、パテ社のマニラ代理店が開業する一九〇九年から、ユニバーサル社がエンパイアと独占的興行契約を結んでマニラに本格上陸する一四年までたどってきた。地球全体を俯瞰してみると、マニラ映画市場の経験は、シンガポールなどアジアの多くの大都市とほぼ重なる。パテ社やユニバーサル社といった世界規模の映画会社が進出し、ローカルな市場がグローバルな映画配給網に接続されることで、大きな変容を経験していたのである。しかし同時に、マニラがその様相を異にしているのは、アメリカ映画の台頭が早かった点である。アメリカ映画専門の映画館の誕生は一〇年であり、アメリカ企業のアジア市場開拓を先導したユニバーサル社の進出も一三年夏、もしくは一三年末である（シンガポールは一九一五年十月、東京は一六年七月）。また、マニラは、その地理的・歴史的条件、および定期航路など経済的な条件によって、シンガポールや上海、香港、横浜と結び付いていた。そのため映画だけでなく、映画の供給者や劇場の経営者、楽隊や撮影技師など、スタッフもそれらの都市とマニラを往来し、映画交渉を重ねていたのである。

デオカンポは、マニラはアメリカ統治下とはいえ欧州文化の影響が強く、欧州映画が市場を独占していたため、アメリカ映画の台頭は第一次世界大戦後の一九二〇年代であったとする。しかし、すでに述べたようにアメリカ映画は第一次世界大戦前には大きな勢力に成長していたのである。それはもはや、対抗でも拮抗でもなく、凌駕である。そして、その凌駕に重要な役割を果たすのがエンパイアやマジェスティック、ロイヤルといったアメリカ人経営者による劇場であり、劇場に通っていた富裕層やエリート層、在マニラのアメリカ人、軍人、そしてその家族たちだった。

マニラの映画文化の形成期は、フィリピンの統治がスペインからアメリカの手に渡り、旧文化と新文化が交ざりながら、比重が徐々にアメリカ寄りにシフトしていく時期と重なる。マニラでの映画の興行形態が映画館によって一様でなかった理由は、欧州の文化とアメリカの文化、そして土着の文化が複雑に折り重なるマニラの歴史を抜きにして考えることはできない。一方、一九一〇年初頭に早くもアメリカ映画の上映が盛んになるのも、アメリカ軍人とフィリピン娘の恋を描いたアメリカ映画『フィリピンの薔薇』がマニラでいち早く上映されるのも、アメリカ統治下のマニラに移住するアメリカ人が増加し、英語教育の浸透によって英語を理解できる現地人が増えていたことと無関係ではない。

こうした二十世紀初頭のマニラでの映画文化の歴史を踏まえるならば、アジア映画市場でのアメリカ映画の台頭は、従来述べられてきたような画一的な語りでは叙述不可能であることがわかる。マニラの映画興行史はまさに、そうしたアジア映画市場の多様性・多層性を示す証左といえるだろう。

注

(1) 前掲『日本映画発達史』第一巻、Thompson, op.cit., Kerry Segrave, *American Films Abroad : Hollywood's Domination of the World's Movie Screens from the 1890s to the Present*, McFarland & Co., 1997.

(2) MPPC(一九〇八—一八年)はエジソン社やバイオグラフ社など映画関連の特許をもつ映画会社がアメリカ市場の映画の製作や配給、興行を独占すべく組織したトラストである。メンバーは、アメリカのエジソン社、バイオグラフ社、エッサネイ社、カレム社、ルービン社、セリグ社、ヴァイタグラフ社の七社と、フランスのパテ社とスター・フィルム社のアメリカ法人、そして外国映画輸入業のジョージ・クライン社の計十社だった。MPPC設立後、IMPなどの新設会社がMPPCと争うようになる。当時、アメリカではMPPC製作映画をライセンス映画、それ以外を非ライセンス映画と呼んでいた。MPPC以外の映画会社は、MPPCの全国配給組織 General Film Company に対抗してユニバーサル社やミューチュアル社といった全国配給組織を作り、MPPCの市場独占を阻止し、解散に追い込む。

（3）H. Frankel, "The Apolo Theater, Manila," *Moving Picture World*, December 3, 1910, p.1304.
（4）George F. Nellist, ed., "Alberto y Araullo, Vicente G.," *Men of the Philippines : A Biographical Record of Men of Substantial Achievement in the Philippine Islands*, 1, The Sugar News, 1931, p.9.
（5）"Philippine Film Man Here," *Moving Picture World*, October 24, 1914, p.468.
（6）Ibid., p.468.
（7）Ibid., p.468.
（8）*Manila Times*, May 2, 1913, p.14.
（9）Deocampo, op.cit., pp.170-174.
（10）Crammond, op.cit., pp.26-27.
（11）David F. Wiber, "American Trade in the Orient," *Daily Consular and Trade Reports*, Bureau of Manufactures, Department of Commerce and Labor, April 17, 1907, p.3.
（12）J. J. Robinson, "A Reply from Manila," *Moving Picture World*, June 10, 1911, p.1305.
（13）Frankel, op.cit., p.1304.
（14）*Manila Times*, December 15, 1910, n. pag.
（15）Deocampo, op.cit., pp.175, 234. Thompson, op.cit., p.201.
（16）"Philippine Motion Picture Company," *Philippines Monthly*, 11:4, February, 1911, p.64.
（17）Deocampo, op.cit., p.174.

(18) 例えば『マスター・キー』第一話公開はアメリカが一九一四年十一月十六日、マニラが一五年五月二十八日、東京が一五年九月三十日である。ただし『名金』は、ユニバーサル社東洋総支配人のコクレンがアジアを歴訪しながら配給したため、例外的にマニラよりも東京が約二週間早い。

第4章　アメリカ／上海から見る中国映画市場

はじめに

二十世紀初頭、アメリカ商務省（アメリカ商務労働省）がアジアのなかで最も注目した映画市場は中国である。商務省の報告「デイリー・コンシュラー・アンド・トレード・レポート」一九一一年八月二十二日号の記事「映画の海外貿易」には、マルタ島、トルコ、オーストラリア、ガテマラ、カナダと並んで中国に関する報告が掲載されている。中国は、多様なアジアの国や地域を「アジア」という集合的なイメージでしか捉えてこなかったアメリカ商務省が、初めて固有名詞をあげて調査した国だった。

しかし、なぜアメリカの関心は真っ先に中国に向かったのだろうか。なぜ当時アジア最大の映画輸入国だった日本でもなければ、欧米映画のアジア配給拠点として機能していたシンガポールでも、また米西戦争後にアメリカが植民地支配していたフィリピンでもなく、中国だったのか。アジア、とくに中国とはアメリカにとってどのような存在だったのか。アメリカの関心が中国に向かうことで、中国の映画市場はどう変容したのだろうか。

本章の目的は、アメリカの対中国意識を通じて、二十世紀初頭の中国映画市場を世界に位置づけるとともに、中国映画市場がグローバル化しローカル化する複雑な過程のダイナミズムを捉えることにある。そのためにまずは二十世紀初頭のアジアに映画がどのように伝播し、市場がどう形成されたのかを明らかにする。そしてその新たに形成されたアジア映画市場にアメリカ映画を位置づける。次に、アメリカがアジアと中国の映画市場を、いつ、どのように意識するのかをアメリカ商務省の史料を用いて分析する。最後は、上海の事例を通じて、グローバル化とローカル化の相互作用によって変容する中国映画市場を浮かび上がらせ、アメリカにとって中国市場とはどのような市場だったのかを考察する。

本章では、アメリカと中国の双方向から二十世紀初頭の中国映画市場を包括的に調査・分析する。アメリカに関する主な史料は、「デイリー・コンシュラー・アンド・トレード・レポート」などアメリカ合衆国商務労働省（一九〇三―一三年）とアメリカ合衆国商務省（一九一三年―）の報告である。中国に関しては、上海でとくに大きな影響力があったとされる英字新聞「ノース・チャイナ・ヘラルド・アンド・シュプリーム・コート&コンシュラー・ガゼット *North China Herald and Supreme Court & Consular Gazette*」（一八七〇―一九四一年、中国名「北華捷報」。以下、「ノース・チャイナ・ヘラルド」と略記）と中国語新聞「申報」（一八七二―一九四九年）を用いる。

1　二十世紀初頭のアジア映画市場とパテ社

映画装置は、十九世紀末、科学技術が発達した欧米の国々で開発され、遅くとも一八九六年にはアジアに伝播する。映画は最初、アメリカ、フランス、イギリスなど経済力や技術力がある国で産業として発展した。それらの国で製作された映画は、国内で興行され消費されるだけでなく、国境を越えて貿易相手国にも広まっていった。アジア各地で公開される映画のほとんどは当時、欧州から運ばれてきた。運搬には主にロンドンやマルセイユなどの港から地中海を通って、スエズ運河、インド洋、南シナ海、東シナ海へと航海するアジア欧州航路の船が使われた。アジアでの映画の伝播には、その地で植民地ビジネスを積極的に展開していたイギリスやフランスが大きな役割を果たしていた。

世界の映画流通網は最初、世界最強の海運力を誇っていたイギリスを中心に形成される。イギリス経済学者エドガー・クラモンドの『英国海運業 *The British Shipping Industry*』（一九一七年）によれば、一九一三年のイギリス船の積載量は、アメリカで四二・一%、アジアで四三・五%、アフリカで四〇・六%、オーストラリアで六八・三%を占め、世界の海上運送のおよそ半分をイギリスが占めていたという。とりわけ遠隔地ほどイギリス海運業のシェアは高く、一三年にスエズ運河を通過した船の六〇・二%はイギリス船であった（一八九四年は七四・六%）。イギリスのアジア貿易の要はインドにあり、イギリス製品のアジア最大の取引先は日本だった。映画は、このイギリス中心の流通システムを介して、アメリカやフランス、イタリア、デンマークなど欧米各地からロンドンに集められ、そこで取り引きされて、インドやシンガポール、ハノイ、香港、上海、マニラなど欧米の植民地や半植民地、また横浜などアジアの大きな開港都市に運ばれた。

この流通システムに依拠して、グローバルな映画配給を世界に先駆けて実現するのがフランスのパテ・フレール社である。パテ社はもともとフォノグラフを主力商品とし、映画はキネトスコープやマルチクロス式映写機などを少々扱っていたにすぎない。だが、一九〇〇年にマルチクロス式映写機の製造工場と提携。ピエール＝ヴィクトール・コンタンスーザやアンリ＝ルネ・ブンズリら技術者、フェルディナン・ゼッカら製作スタッフの協力のもと、映画装置と映画の量産体制を整える。そして〇二年に世界映画取り引きの中心地だったロンドンに進出し、そこから世界各地に映画を供給し始める。さらに〇六年末から〇七年にかけて思い切った増資をおこない、ニューヨークやベルリン、ミラノ、モスクワなど欧米の大都市はもちろん、オセアニア、アフリカ、アジアなどの遠隔地にも、パテ社の支店や代理店を開き、地球全体に映画供給網を拡大していったのである。

この国境を越えた巨大なネットワークによってパテ社の企業基盤は増強され、市場競争力はさらに高まる。演劇とは異なり、映画は複製が可能である。需要に応じて複製すればするほど利益は増える。パテ社のように映画を国内だけでなく海外にも配給することができれば、いっそう利益は増え、製作費は潤沢となる。ひいては、よりいいものをより安く提供することが可能になる。実際、一九〇五年に百七十九本だったパテ社の映画製作本数は、〇六年は二百三十八本、〇七年は三百四十八本、〇八年は五百八十三本というように、〇六年以降に急増する。[1] しかも、〇七年のパテ社総収入の五九・六%は海外収入であった。また、〇五年から〇六年の収入の内訳は、映画が四千九百三十四・九フラン、蓄音機が五千七百二十九・五フランであったのに対し、〇六年から〇七年は、映画が一万二千百六十二・一フラン、蓄音機が五千八百十五・一フランと、映画での収入が著しく伸びている。パテ社が映画の販売価格を当時標準の一フィートあたり六ペンスから四ペンスに値下げしたのもこの頃である。パテ社が、映画を大量に生産し、安く早く世界に配給する体制を整えることで市場を独占していったことがわかる。

アジアに初めて進出した欧米の映画会社は、このパテ社である。最初の代理店は、東西貿易の中継拠点であり、イギリス植民地ビジネスの重要な港シンガポールに置かれた。一九〇六年七月、パテ社はまず代理人のフェレメレンをシンガポールに派遣し、ラッフルズ・ホテルを拠点にパテ社の装置と映画を販売させる。[2] 翌〇七年八月には、フェルナン・ドレフュスにパテ社極東代理人を委任し、シンガポール総代理店をスタンフォード・ロード十九番地に開業する。ドレフュスは、シンガポール随一の豪華劇場アルハンブラを買収し、ロンドン直送の最新映画を次々と上映。こうしてシンガポールにはアジア各地から映画のバイヤーが集まるようになる。

シンガポール総代理店を拠点としてパテ社は、ペナンやマラッカ、ベトナム、インドネシア、タイ、フィリピンなどにネットワークを広げていく。例えばフィリピンの場合、一九〇九年五月にシンガポール総代理店のドレフュスが現地の代理人探しを始め、同月中にエスコルタ通り百番地の輸入貿易商アルカンに委任する。[3] 代理人となったアルカンはまず、アメリカ人が経営するオルフェウム劇場など、中流階級以上の在留外国人とフィリピン人富裕層が通う高級ボードビル劇場と映画の供給契約を結ぶ。そしてそのオルフェウム劇場をアメリカ人興行師イエースレイが買収し、〇九年八月に改称して再開場したエンパイア劇場(マニラ初の映画専門館)にも映画を供給する。その後マニラには、わずか二年ほどで十館を超える映画館が乱立する。パテ社のマニラ進出が、より安定的で、より豊富な映画配給を可能にし、それが市場を刺激して映画館の開場ラッシュにつながったと考えられる。このようにしてパテ社は、まだ隙間だらけとはいえ、アジアの主要都市、とりわけ植民地ビジネスが盛んな開港都市に映画配給のネットワークを張り巡らせていったのである。

ところで、パテ社のアジア進出は、アジアの映画産業をどのように変えたのだろうか。アジアではパテ社の進出以前から映画はさまざまな方法で興行されていた。例えば、「イギリス・シネマトグラフ」や「パリ・シネマトグラフ」「エジソン・シネマトグラフ」など欧米人による巡回興行がある一方、吉沢商店巡業隊や渡辺治水、大島猪市といったアジア人による巡回興行もあった。また、稲畑勝太郎や梅屋庄吉、河浦謙一のように地元事業家が自主あるいは代理人経由で輸入し興行することもあった。さらに、長崎から香港経由でシンガポールに移住した播磨勝太郎や、アメリカからマニラに移住したイエースレイ、スペインからマニラ経由で上海に移住したアントニオ・ラモスといった移民たちが、自前の映画館あるいは興行場を借りて、独自に入手した映画を興行していたのである。

パテ社は、こうしたアジアのローカルな市場を次々とグローバルな映画配給網に接続する。パテ・カラーと呼ばれたカラー映画など目新しい映画を製作し、市場平均価格よりも安く装置や映画を販売および賃貸し、現地の豪華劇場を直営するなど、その画期的な戦略によって世界映画市場で最初の覇者となる。パテ社はまた、自社ブランドの豊富な映画在庫に加えて、フランスのラックス社やデンマークのノルディスク社、イギリスのヘップワース社、アメリカのエジソン社など劇場の求めに応じて他社の映画も供給する。主要な映画生産国の映画を一手に扱う世界規模の配給会社としても機能していたのである。広範なパテ社のネットワークが欧州からアジアに及び、それがアジア映画産業の拡大発展に寄与したことは明らかである。一九〇七年から一一年にかけて、アジア各地で映画館の開場ラッシュが起こるが、それはパテ社が提供する、より豊富で、より迅速で、より安い映画の配給システムにアジアが接続されたことと無関係ではないのである。

では、こうした欧州グローバル企業との交渉が始まった二十世紀初頭のアジアで、アメリカ映画とはどのような存在だったのだろうか。アジアでアメリカ映画は、地域差があるとはいえ、映画史の草創期からすでに上映されていた。最初は、エジソン社などモーション・ピクチャー・パテンツ・カンパニー（ＭＰＰＣ）の映画が頻繁に上映されている。しかし、アメリカ映画を欧州映画と比べると、その上映率は低い。例えば、日本映画史家の田中純一郎は、一八九六年から一九一四年頃までの日本で興行された映画の「七〇パーセント以上」は、フランスのパテ社やフィルム・ダール社、イタリアのアンブロジオ社やイタラ社、ドイツのビオスコープ社、デンマークのノルディスク社など欧州の文芸映画や史劇映画であり、アメリカ映画は「わずかに一、二巻物の舞台喜劇か、自動車活劇のようなものが時々輸入されるに過ぎなかった[4]」と述べている。

加えて、アジアで上映されるアメリカ映画の多くは、一、二年もしくは三年以上古い、つまり安い中古映画がほとんどであった。しかも、アメリカ企業ではなく、パテ社など欧州企業が供給していた。そのためアメリカ映画がアメリカ映画として認識されていなかった可能性も高い。古い中古フィルムは表面が擦り切れ、それが映し出す映像は傷だらけで不鮮明だが、アジアで上映されるアメリカ映画のほとんどが、そうした映画であった。それが欧州映画との比較において魅力に欠けていただろうことは想像に難くない。

このような欧高米低の市場状況――欧州映画の優勢とアメリカ映画の劣勢――は、程度の差こそあれ、アジア全体に共通する現象である。そこには装置の利便性や作品の魅力などさまざまな要因が重なっていたと考えられるが、とくに重要なのは、当時の映画流通システム、すなわち映画が世界をどう流れていたかである。

一九一〇年代初頭まで、アメリカの映画産業はニューヨークなど東海岸に集中していた。エジソン社を中心とするＭＰＰＣが設立されたのもニューヨークである。そのためアメリカ映画の海外市場開拓はまず、地理的・経済的・文化的にリスクが少ない欧州へ向かう。そこからオセアニアやアジア、アフリカへと配給網を広げていった。したがってアジアに到達するアメリカ映画の多くは、アメリカ東海岸から大西洋を渡り、欧州を経由してアジアに船で運ばれてきた。結果として運送費が余計にかかるアメリカ映画は、欧州映画よりも割高とならざるをえず、内容に比べて値が張るアメリカ映画は、資本が乏しいアジアの興行者にとって魅力に欠ける商品だったと考えられる。より安い中古の、より状態が悪い短篇のアメリカ映画ばかりがアジア市場で出回っていたのは、こうした流通事情が背後にあったのである。

一方、世界に先駆けてシンガポールなどアジア各地に代理店を開業したパテ社は、アジアにいながらロンドンにいるかのように映画を入手する術をアジアの興行者に提供する。パテ社によってアジアの興行者は、これまでより早く、安く、魅力的な映画を安定的に確保できるようになり、それが映画常設館の開場ラッシュにつながったと考えられる。つまり、パテ社がアジア市場を独占的に支配できたのは、大量生産体制と安価なレンタルシステム、およびグローバルな配給網によるところが大きかったといえるだろう。

したがってアメリカ映画がアジア市場でシェアを獲得するには、パテ社のようにアメリカの映画会社もアジアに代理店を開くか、大西洋ではなく太平洋経由で映画をアジアに運ぶか、あるいはその両方が必要だったのである。だが、このときアメリカの政府も企業も、アジア市場にはまだまだ無頓着だった。

2　アメリカ商務省の報告に見る中国映画市場の様相

アメリカの関心が中国映画市場に向かうのはいつか

二十世紀初頭のアジアでのアメリカ映画の存在感のなさは、流通システムの問題だけでなく、アメリカ側のアジア市場に対する関心の低さも関係する。アメリカ商務省の「デイリー・コンシュラー・アンド・トレード・レポート」に掲載された映画関連記事を一九〇三年からたどっていくと、一〇年頃までアメリカ政府は、アジアの多様な国や地域を「アジア」という集合名詞でしか認識していないことがわかる。例えば、一〇年九月十五日号に掲載された短い報告「映画と自動車」には次のようにある。

「小アジア」のアメリカ領事館によれば、地元のある会社がアメリカの映画と自動車を扱いたいと望んでいるという。映画と自動車の市場は現在さほど大きくないが、あと一、二年もすれば重要な市場に成長するだろう。(5)

この報告は「小アジア」という曖昧な言葉を使うだけで、どこの国かは明記していない。一九一〇年の時点でアメリカ政府は、小アジアまでがせいぜいで、それより先にあるアジアの市場は意識さえしていない。当時のアメリカにとって、映画は自動車などと並ぶ最先端テクノロジーであり、最大の輸出品になりつつあったが、アジア市場は未開拓であった。アジアの映画市場に対するアメリカ商務省の関心の低さは、それだけその市場が小さかったことを示すともいえるだろう。

アメリカの関心がアジア映画市場に向かうのは一九一一年夏である。関心の矛先はまず「中国」に向けられた。「デイリー・コンシュラー・アンド・トレード・レポート」一九一一年八月二十二日号に、マルタ島やトルコなどと並んで、香港総領事ジョージ・E・アンダーソンの映画市場報告が掲載されている。それによれば、香港に映画館は複数あるが、アメリカ企業は進出しておらず、アメリカ映画もわずかしか上映されていないという。この報告に具体性はない。だが、それまでアジアを集合体でしか捉えてこなかったアメリカが初めて国名をあげた報告であるために重要である。

このタイミングでアメリカの関心が中国の映画市場に向かうのは、一九一一年の辛亥革命につながる数々の武装起義が関係すると考えられる。アメリカは、政治的に清国と中国革命軍の対立に中立的な立場をとるものの、経済的には革命による中国市場の開放に大きな期待を寄せ、中国への輸出が増えることを望んでいたのである。

中国市場に関する商務省の報告はその後たびたび繰り返され、内容もしだいに詳細になっていく。「デイリー・コンシュラー・アンド・トレード・レポート」一九一一年十月十四日号に掲載された汕頭《スワトウ》領事C・L・L・

表4 「フランス企業」による月決めの映画賃貸料金　　単位：メキシコ・ドル

	週2回交換			週1回交換		
尺数	A	B	C	A	B	C
500メートル	500	400	300	300	200	150
1,000メートル	800	650	500	500	400	300
1,500メートル	1,200	950	750	700	550	400
2,000メートル	1,500	1,100	900	800	650	500

ウィリアムズの報告「中国における映画」によれば、中国南部の市場は「有名なフランス企業」――これはパテ社を指している――の香港代理店が独占しているという。表4は、そのウィリアムズが報告した「フランス企業」による月決めの映画賃貸料金である。

Aは管轄内で初めて上映する封切り映画、Bは管轄内で一回上映した映画、Cは二回以上上映した映画を指す。賃貸料金はメキシコ・ドル[6]で記載されていて、それぞれフィルムの尺数と使用回数、映画の交換頻度によって料金が異なる。フィルムを借りる人は保証金を払い、借りたフィルムをすべて返却すると保証金が払い戻される。賃貸ではなく販売の場合も、フィルム一メートルあたりの値段が決められていた。ウィリアムズによれば、ある業者いわく、状態がいい中古のイギリス映画がロンドンで〇・〇〇五ドル／フィート、汕頭で〇・〇〇六ドル／フィートで取り引きされていたという。領事館が、中古フィルムの販売価格しか報告していないのは、欧米と経済格差があった汕頭で新品（これもやはり尺売り）を購入するほど資本力がある興行者がほとんどいなかったことを示すといえるだろう。

一九一二年から第一次世界大戦が勃発する一四年前半までの約二年半に、アメリカ商務省がアジアの映画市場について報告した国別回数は、中国が五回、マレーシアが一回、インドが一回、フィリピンが一回、シンガポールが一回である。日本は一回もない。このことからも、アメリカ政府の中国映画市場に対する関心が、辛亥革命の頃から急速に高まっていたことがわかる。

アメリカから見た二十世紀初頭の中国映画市場

中国に対するアメリカの関心が高まっていくなか、アメリカは中国の映画市場をどのように捉えていたのだろうか。二十世紀初頭、中国映画市場に関するアメリカ商務省の報告は主に香港や上海、天津、広州、哈爾濱《ハルビン》など在留外国人が多い都市に集中している。なかでも報告回数がとくに多いのは、パテ社の代理店があった香港、上海、天津である。例えば天津の総領事サミュエル・S・クナーベンシューは「デイリー・コンシュラー・アンド・トレード・レポート」一九一二年六月十七日号の巻頭記事「海外における映画」で次のように報告している。

中国では、北よりむしろ、上海より南の開港都市で映画事業が発達している。天津で映画はフランス租界のアーケードと呼ばれる場所で上映される。一晩で八本ほどの映画を上映し、あいだに雑技が一、二回入る。映画装置と映画の市場は、パリに本社を置くパテ・フォノ－シネマ・チネ（*Pathé Phono-Cinema Chine*）が独占している。同社はカルカッタ、ボンベイ、香港、天津、上海に支店があり、中国沿海部および東アジア全般の映画市場を独占する。アメリカ映画もときどき上映されるが、たいていは、そのフランスの会社が供給する中古映画である。中国の南部では映画が大変な人気だが、北部はまだそうでもない。だが、中国の劇場を巡回興行すれば北部でも、きっと人気が出るはずである。(7)

また、クナーベンシューは同レポートの一九一二年十月十四日号にも以下のように報告する。

この辺で映画を供給する会社は、天津のフランス路十六号にあるパテ・フォノ－シネマ・チネしかない。中国、少なくとも中国北部では、映画産業はまだ揺籃期である。天津に映画の興行場は一カ所だけである（アーケードという）。客のほとんどはさまざまな国の駐屯部隊の軍人を含む白人である。中国人向け映画館の開場は何度も試みられたが、ほどほどにしか成功せず、常設館の設立にはいたっていない。中国南沿岸部と同じように、中国北部でも中国人のあいだで映画の人気は高まっているが、現時点ではまだ映画よりも演劇を晩の楽しみにしている人のほうが多い。天津には中国人のための演劇の劇場がいくつもあり、どこも客の入りがいい(8)。

この二つの報告で興味深いのは、中国では「上海より南の開港都市」で映画興行が発達し、中国北部ではまだ映画が娯楽として浸透していないと述べている点である。このことからパテ社は、二十世紀初頭の中国市場を独占的に支配してはいたものの、中国全域に均等に映画を供給したのではなく、南沿海部を中心に供給していたことがわかる。

クナーベンシューの報告にあるように、中国映画市場が最初、南沿海部で発展したのであれば、具体的にどこで、どのように発展したのだろうか。そこで以下では、アメリカ商務省の報告回数が多い広州、香港、上海の報告を分析し、それによって中国南沿海部の映画市場の諸相を捉える。まずは「デイリー・コンシュラー・アンド・トレード・レポート」一九一三年二月十三日号に掲載された広州総領事F・D・チェシャーの報告である。

広州には映画館が三つある。中国人の好みに合う映画が上映されている。アメリカやイギリスの映画も少しはあるが、スクリーンを独占しているのはフランスとドイツの映画である。

欧州から映画を直接輸入する会社があり、その会社が三つの映画館に映画を貸し出している。外国人居留地ではたいてい週一回、外国人向けの小さな上映会が開催される。今後、この市場に参入したいアメリカ企業は、在留外国人の数に限りがあるため、中国人の観客を開拓する必要があることを心得なければならない。

広州の三つの映画館は、たいてい午後六時から真夜中まで営業する。三つのうち二つの映画館は一日二回興行である。一方の映画館の席料は、ボックス席三十セント、一等席二十セント、二等席十セント、三等席五セントである。もう一方はボックス席二十五セント、それ以外は前者と同じである。残りの館は、六人掛けのボックス席一ドル五十セント、ボックス席二十五セント、一等席二十セント、二等席十セント、三等席

五セントである。すべて広東ドル。一広東ドルはアメリカ・ドルの五十セントに相当する。(9)

ここでいう「欧州から映画を直接輸入する会社」とはパテ社を指すと考えていい。この報告からは、広州の映画館がすべてパテ社と契約していること、広州の映画館に集まる主な客は在留外国人であり、中国人はわずかであること、そして在留外国人の数には限りがあるため、アメリカ映画を上映する映画館を開場するなら、中国人の客を新たに開拓しないかぎり、ビジネスは成立しないと考えられていたことがわかる。広州の最低席料は広東ドルで五セントである。当時の換算レートで広東ドル五セントはアメリカ・ドル二・五セントに相当する。広州在住の欧米人には、ごくわずかな金額だろう。だが、その席料は中国人大衆が「晩の楽しみ」として消費するには、まだまだ高額であったと推察される。

中国人大衆市場の開拓がアメリカ映画の中国進出に重要であったことは、広州だけでなく、香港からの報告にも指摘されている。例えば香港総領事ジョージ・E・アンダーソンは、映画は香港や上海など中国の大きな開港都市はもちろん、いくつかの小さな開港都市でも、かなり浸透してきた。だが、アメリカ映画がその市場を開拓するには、言葉や輸送方法、劇場運営、資本など解決すべきさまざまな問題がある、と報告する。(10)とくに重要なのは言葉の問題だろう。なぜなら当時、中国で上映される映画は外国映画であり、字幕が外国語であるため、映画の観客は字幕が読める人、すなわち在留外国人と上流階級や富裕層、知識階級のわずかな中国人に限られていたからである。しかも、その市場はすでにパテ社が独占していた。したがってアメリカ映画が中国市場に新規参入するには、新たな観客つまり西洋の言葉を知らない、裕福でない中国人大衆の開拓が必要不可欠だったと考えられるのである。

アメリカでは一九一〇年代初頭、言葉によらず体の動きで笑わせるスラプスティック・コメディー映画が発展する。従来の映画史で、その現象は映画の視覚的話法の発達、作り手の才能、映画の大衆化プロセス、あるいは多民族多言語国家アメリカの国内事情として理解されてきた。だが、このようにアメリカ映画を世界市場開拓の視点で見直すと、当時の世界でアメリカ映画が置かれていた状況、つまり欧州映画の後追いで、アジアなど異なる言語圏の市場を開拓しなければならなかった事情も大いに関係していたと考えられる。[11]

この香港と並んでアメリカ商務省が最重要視していたのが上海である。一八四二年の南京条約締結後、上海には中国最初の租界が置かれた。六五年の人口調査によれば、外国人居住者の半数近くをイギリス人が占め、次いでアメリカ、ドイツ、ポルトガル、スペイン、フランスなどの順で多かったという。[12] 租界には中国人も多く、六五年には十四万六千五百十二人、外国人居住者の約五十倍の中国人が住んでいた。その上海の映画興行について、上海副総領事ネルソン・T・ジョンソンは次のように報告している。

現在、上海には映画常設館が三つある。アポロ劇場、ビクトリア・ミュージック・ホール、シネマ・パリである。夏のあいだ、天気がいい夜は公園など野外の仮設舞台でも上映され、大勢の人が集まる。

映画はすべてパテ社が供給している。パテ社はフランスの会社であり、上海に代理店がある。映画は高すぎて買えないので、パテ社から借りる。Aクラスは上海封切り映画、五百メートル（千六百四十フィート）、週二回替わりで$百二十五メキシコ・ドル（$六十二・五〇USドル）／週である。Bクラスは上海の映画館で一回上映された映画、週二回替わりで$〇・〇二メキシコ・ドル（$〇・〇一USドル）／メートル（三・二八フィート／メートル）である。Cクラスはすでに三、四回上映された映画、週二回替わりで$〇・〇一メキシコ・ドル（$〇・〇〇五USドル）／メートルである。

パテ社は、パテ社の映画とアメリカン・キネマ社の映画を供給する。上海の映画ビジネスは実質的にパテ社が独占している。アメリカ映画は大いに人気があるはずだから、パテ社に対抗して支店を出しても損はしないだろう。上海に代理店を探したいアメリカの映画製作会社は、ワシントンD.C.のアメリカ商務省内外商務局（BFDC）に上海企業の一覧を問い合わせられたし。[13]

この報告と汕頭領事の報告から、パテ社が同じシステムで映画をレンタルしていたことがわかる。ただし、運送費や市場差、税金などを反映してか、汕頭の賃貸料金は上海よりも高い。

注目すべきは、アメリカ商務省が積極的に自国の企業を支援する姿勢を示している点である。こうした文言がアメリカ商務省の映画関連の報告に追記されるようになるのは辛亥革命の頃である。[14]こうした点からも、アメリカ政府の対中国意識の高まりがうかがわれる。

しかし同時に、その文言の背後にあっただろうアメリカの国内事情も忘れてはならない。アメリカ映画産業は当時、製作、配給、興行のすべてにおいて急発展し、大きな転換期を迎えていた。劇場の大規模化やチェーン化、系列化、ブロックブッキング化などが進み、映画産業の規模は飛躍的に拡大する。同じ頃、フォード社に代表される大量生産システムが映画製作にも導入されて、映画の大量生産が始まる。製作の中心地も東海岸から西海岸のハリウッドに移り、その量産された映画のはけ口として新たな市場――南米やオセアニア、アジア、アフリカ――が必要とされるのである。したがってアメリカ政府が一九一一年から中国などアジアの市場開拓を積極的に支援し始めるのも、一二年にブロツキーがアメリカから香港に渡って映画を興行するのも、ユニバーサル社が製作拠点をニューヨークからハリウッドに移してアジア太平洋地域の市場開拓に乗り出すのも、こうした文脈で理解する必要がある。[15]

南カリフォルニア大学中国映画コレクションの責任者である葉坦《イエタン》は、二十世紀初頭、中国市場はフランスから輸入された外国映画が独占し、アメリカ映画は人気がなかったと述べる。[16]しかし、だからといってアメリカが何もしなかったわけではない。アメリカ商務省の報告から見えてくるのは、大戦前、しかもウッドロウ・ウィルソン大統領（任期：一九一三―二一年）が「ハリウッド映画はアメリカ製品の有能なセールスマン」と唱えるよりも前から、すでにアメリカ政府は組織的に企業を支援し、中国市場開拓に挑んでいた事実である。そしてその欧州企業が独占する市場に遅れて参入するアメリカ映画にとって重要なファクターとなるのが、新たな観客層――映画を見ない中国人大衆――の開拓だったのである。言葉でなく動きで笑わせるキーストン社のスラプスティック・コメディー映画が中国で人気を博すのは、この約一年後である。

3　グローバル化しローカル化する中国市場——上海を事例として

二十世紀初頭、アメリカの関心が中国に向かうことで、中国の映画市場はどのようなプロセスを経て変容していったのだろうか。そこで以下では、中国最大の開港都市であり映画消費都市だった上海を事例として、中国の映画市場がグローバルとローカルの複雑な文化交渉の網目のなかでどう変容したのか、その一端を浮かび上がらせたい。

上海映画興行とその混交性

上海は、中国で映画産業が最初に発展した都市のひとつである。上海の新聞に映画上映に関する記事が現れるのは一八九六年である。[17]しかし最初は、イギリスやフランス、ドイツなど外国での映画興行の様子が報告されたにすぎない。映画という概念はまだなく、「シネマトグラフ」や「アニマトスコープ」など、それぞれの装置名で呼ばれていた。やがて新聞や雑誌などでは、映画という概念を示す言葉として「シネマトグラフ」が使われるようになり、一九一四年頃には「シネマ」が台頭し、併用される。当時の上海ではリュミエール社のものではない他社の装置もシネマトグラフと呼ばれ、「ムービング・ピクチャー」という言葉はほとんど使われていない。こうした言葉の使い方からも、上海映画市場でのアメリカ映画の存在感の薄さが見て取れる。

上海の映画史は、アジアのほかの地域と同様に、渡来した映画装置の興行から始まる。上海で初めて映画が興行された日に関しては諸説ある。最も長いあいだ広く流布しているのは、一八九六年八月十一日の徐園（Xu yuan）での映画上映を最初とする説である。[18]例えば北京の映画史家・程季華は、九六年八月十一日、上海の徐園内にある又一村で手品や花火の合間に興行された「西洋影戯」が中国初の映画興行だと述べる。[19]いまでもこの歴

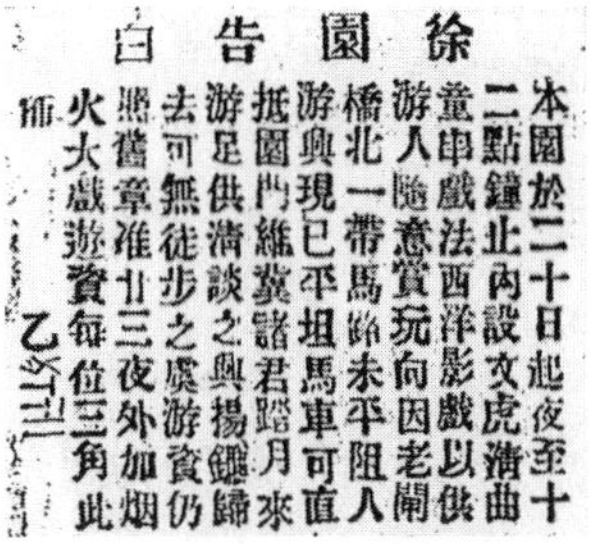
徐園告白
本園於二十日起夜至十二點鐘止內設文虎灘曲童串戲法西洋影戲以供游人隨意賞玩向因老閘橋北一帶馬路未平阻人游興現已平坦馬車可直抵園門繼冀諸君踏月來游足供清談之與揚鑣歸去可無徒步之虞游資仍照舊章准廿三夜外加烟火大戲遊資每位三角此佈

図118 「徐園告白」興行当日の広告
(出典:「申報」1896年6月30日付)

史認識を共有する映画史家は多い。

しかし近年、この認識は揺らいでいる。例えば映画史家の黄徳泉は論文「電影初到上海考」で、一八九六年八月十一日の徐園の興行は同年六月三十日にすでに始まっていて、しかも、その興行は映画ではなく幻灯である、したがって、上海初の映画興行は九七年五月のアスター・ハウス・ホテル(Astor House Hotel/礼査飯店)であると主張する。[20] また、香港の映画史家羅卡《ロー・カー》とフランク・ブレンも、上海初の映画興行は九六年八月十一日ではなく、九七年五月二十二日、興行師ハリー・W・クックがアスター・ハウス・ホテルのアスター・ホールで上映したエジソン社のアニマトスコープの可能性があると述べる。[21] その後、劉小磊のように、徐園の興行を中国初の映画上映とする説を支持し続ける研究者がいる[22]一方、唐宏峰のように、黄徳泉の説を支持する研究者もいる。劉は、徐棣山の子孫の回想を主な根拠として、浙江省の豪商・徐棣山が「怡和洋行」から映画装置と映画(十巻ほど)を購入し、九六年六月三十日に徐園で興行したとする。他方、唐は、その同じ回想を分析し、徐園の興行は映画ではなく幻灯であったと見なす。[23] こうして〝中国初の映画興行〟という中国映画史の重要な指標は曖昧にされたのである。

初期の映画興行については資料が十分に残っていないため、すべてを明らかにすることは難しい。そもそも映画興行のすべてが活字化されたとはかぎらない。また、活字化された情報が正確ともかぎらない。したがって、よほどの確証がないかぎり、新聞の記事だけを頼りに「上海初の〇〇」あるいは「中国初の〇〇」を決めるのは無理がある。一方、オーラル・ヒストリーも、その重要性は無視できないものの、記憶の曖昧さは常に考慮すべきである。そのため記録や書簡など書かれたものでの間接的な検証は必要だろう。結局、手堅い証拠資料が新たに発見されないかぎり、この論争に決着はつかない。とはいえ新聞は、公共の情報を継続して提供するがゆえに、上海で映画がどのように広まったのか、どんな場所で、何が、どう上映され、誰がそれを見て、どう変化していったのかを考える重要な手がかりを現代の私たちに示す、貴重な情報源であることにかわりはない。

「ノース・チャイナ・ヘラルド」や「申報」を調べると、上海では遅くとも一八九七年にはすでに映画がたびたび上映されていたことがわかる。例えば九七年五月七日付「ノース・チャイナ・ヘラルド」にはモーリス・シャルベがシネマトグラフの試写を終えて、五月七日の午後に上海のシティ・ホールで一般公開する予定、とある。[24]この頃の映画は、手品や歌、踊り、雑技などと一緒に、視覚的好奇心を刺激する見せ物として上映されていた。香港の手品師カール・ヘルツがライシャム劇場でマジック・ショーの一部として映画『女王即位六十周年祝賀パレード *Queen's Diamond Jubilee Procession*』（一八九七年）を上映したとき、場内の観客はほほ笑みながら動く女王のあまりのリアルさに騒然としたという。[25]当時の観客は、映画装置の動きやフリッカー、フィルム交換の不手際などのハプニングさえも、映画というイベントの一部として楽しんだ。それは映画の制度的な表象モードが生み出す虚構の物語世界に、浸って楽しむ古典映画的な鑑賞とはかなり違う楽しみ方であった。

図119　1907年から18年頃の上海、アスター・ハウス・ホテル
（出典：ニューヨーク公共図書館デジタルコレクションから）

この時期の上海での映画の上映場所は大きく二つに分けられる。一つは中国人が主に出入りする茶園や菜館（料理店）、庭園などで、もう一つは外国人が主に出入りする市民ホールやホテル、西洋式劇場などである。

茶園とは「茶を飲みながら演芸を楽しむ伝統的娯楽場[26]」である。映画はそこで、手品や寸劇、歌や踊り、雑技など短い見せ物と並んで上映されていた。人々は飲食や会話を楽しみながら、それらを見ていたのである。茶園のランクは「ピンからキリまで」あったが、[27]「申報」に上映広告を出す茶園は上海でも著名な場所だった。例えば一八九七年に四馬路の天華茶園（Tianhua chayuan）や広東路の同慶茶園（Tongqing chayuan）などが映画を上映している。茶園以外には、金穀香番菜館などの料理店、虹口スケート場など遊楽場といった大勢の人が集まる場所でも上映されていた。(28) アメリカの中国映画研究者・張真《チァンチェン》によれば、こうした茶園のバルコニー席には中国の「貴族や役人、裕福な商人」らが座り、バルコニー席やサイド席は席料が高く、フロアにはその高い席料を払えない人々がひしめいていたという。(29) とはいえ、前述した天華茶園の席料が五角から一角、同慶茶園が四角または二角だったことから、見物に一角あるいは二角のお金を払える人は、ある程度生活に

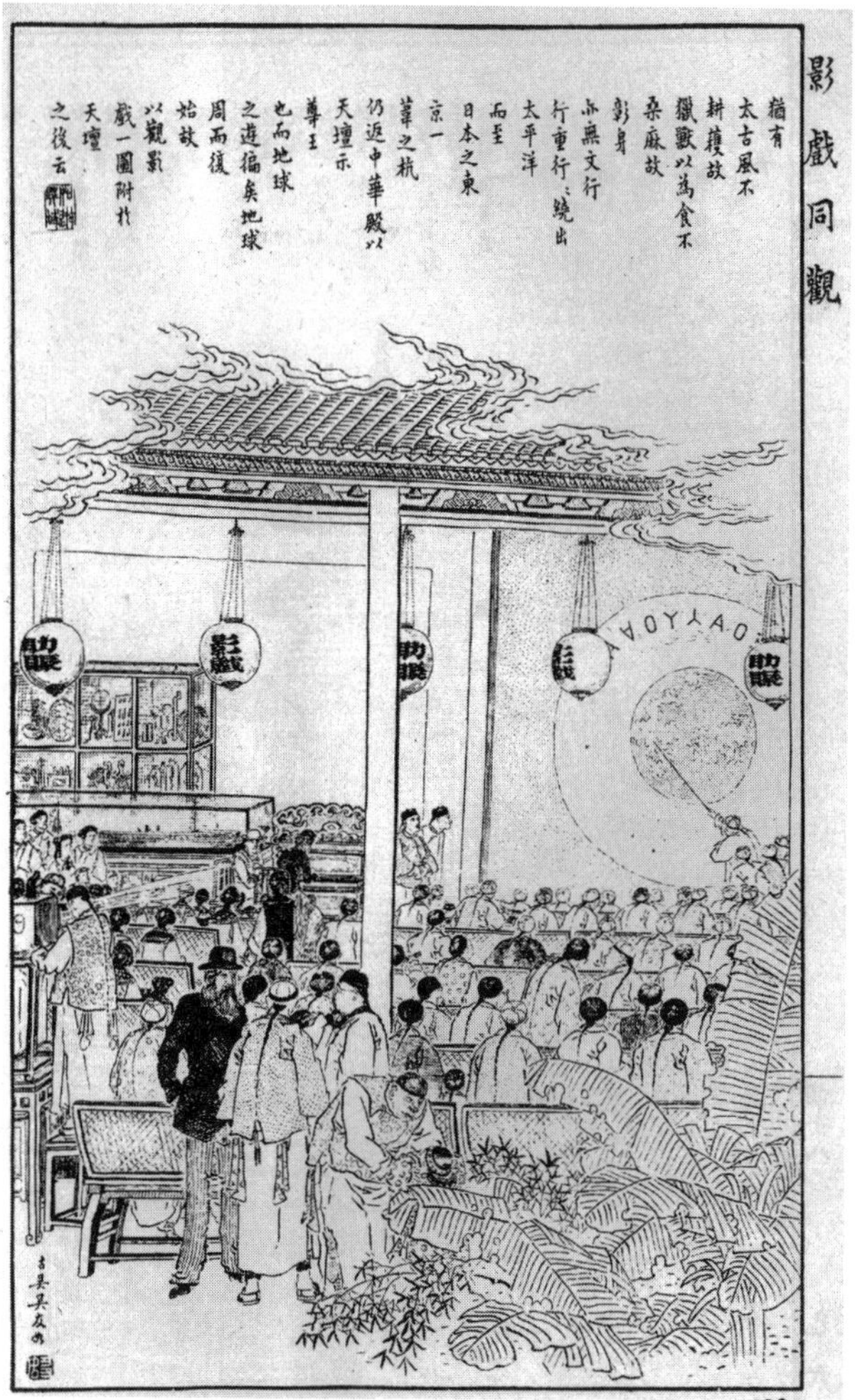

図120　申報館の絵入り新聞「点石斎画報」。茶園での幻灯の上映を紹介している
（出典：『点石斎画報』広東人民出版社、1983年、巳7―49右ページ）

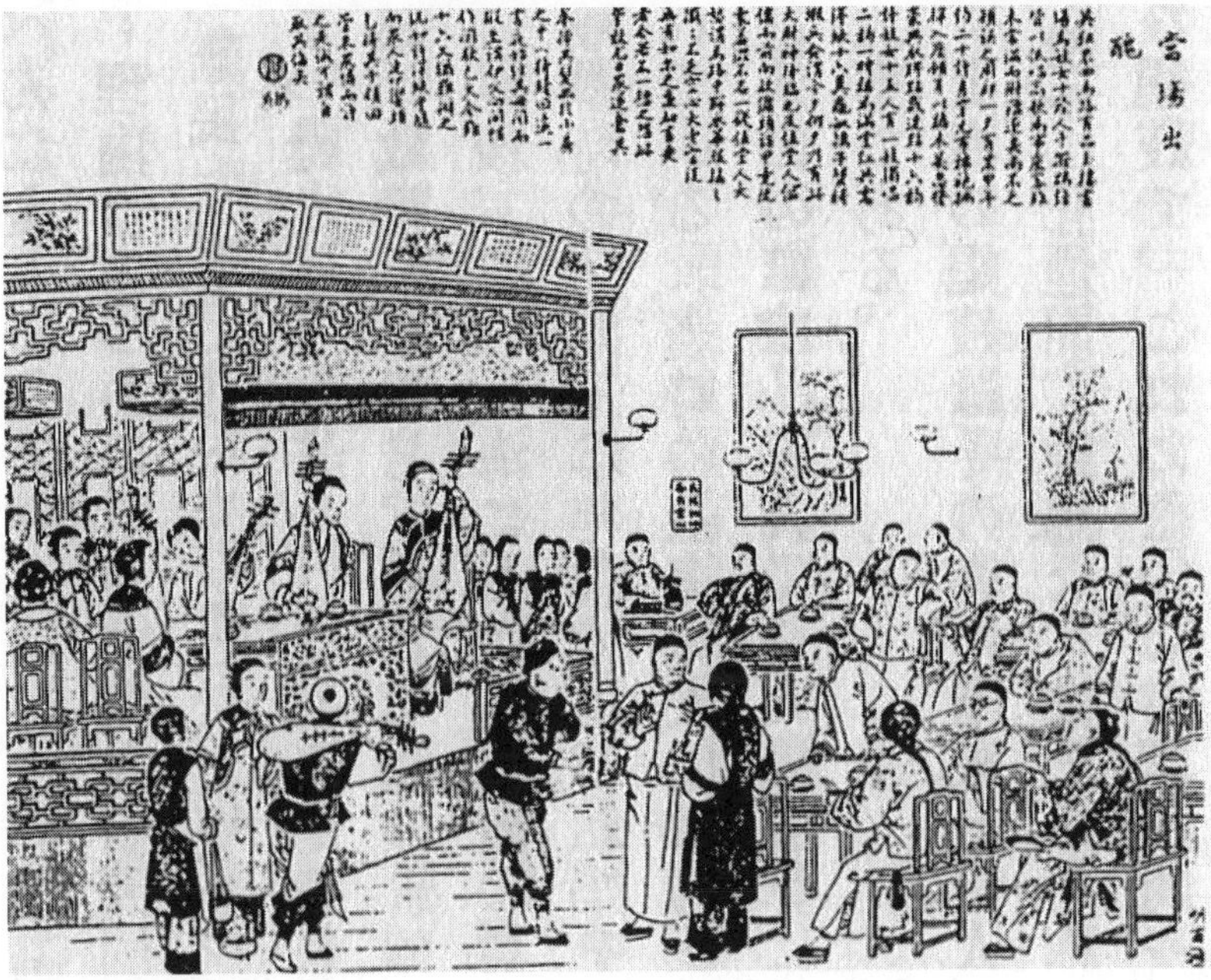

図121　茶園の舞台
（出典：劉建輝『増補 魔都上海――日本知識人の「近代」体験』〔ちくま学芸文庫〕、筑摩書房、2010年、169ページ）

余裕がある人だったといえるだろう（当時、大工の日当が五―八角。十角＝一元）。ちなみに多くの場合、当時の差別的なジェンダー観から女性の席や出入り口は男性と区別されていた。

茶園にはまた、上海在住の外国人や欧米の旅行者が訪れることもあった。イギリスの旅行探検家イザベラ・バードは『中国奥地紀行 *The Yangtze Valley and beyond*』（一九〇〇年〔一八九九年〕）で豫園（Yu yuan）の九曲橋と湖心亭を紹介している[30]。豫園は租界の外にある上海県城に造営された庭園である。当時の上海に住むイギリス人たちは、租界の外の世界をタブー視していたが、彼女や彼女を案内した領事館のイギリス人のように、中国人の生活を見物する目的で訪ねる人もいたのである。同じことがアメリカ人やフランス人、ロシア人など租界のほかの住人たちにもいえる。

しかし、上海に住む外国人にとってより日常的な娯楽場は、そうした茶園よりもむ

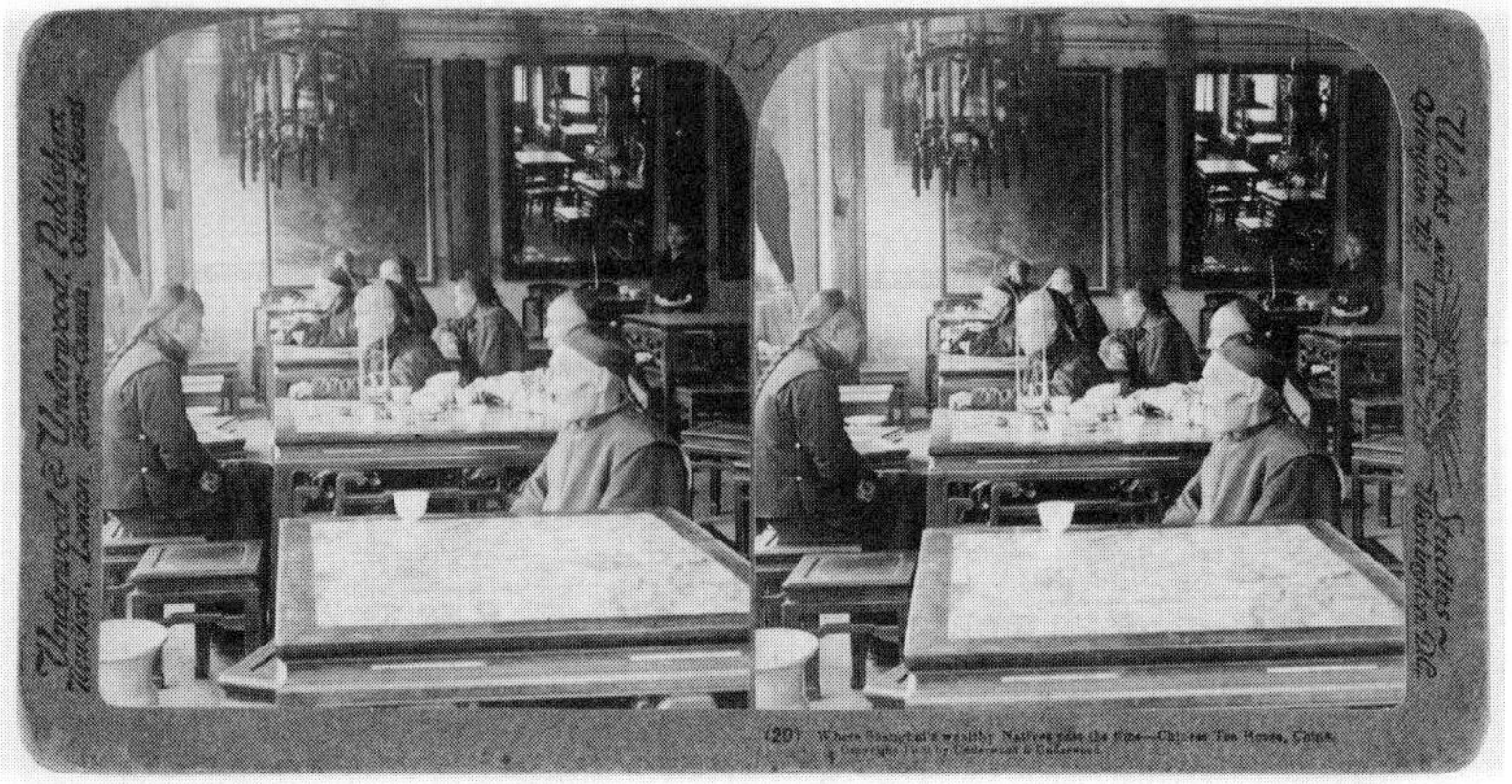

図122　1900年に撮影された外国人観光客向けポストカード。茶園は「上海の裕福な中国人が暇をつぶす場所」と紹介している
（出典：ニュージーランド美術館コレクションから）

しろ、租界内の外国人向け劇場であった。アルカディア・ホール（Arcadia Hall／安塏地大洋房）やライシャム劇場（Lyceum Theatre／蘭心戯院）などである。アルカディア・ホールは静安寺路（Jingansi lu）の張園（Zhang yuan）に一八九三年に完成した収容人数千人の二階建て西洋式ホールである。[31] 張園は富豪商人の張叔和が外国貿易会社の和記洋行から買い取り、味蒓園（Weichun yuan）と名付けた庭園である。[32] 一八八五年には一般開放された。九七年六月四日の、クックによるアニマトスコープの興行はこのホールでおこなわれた。[33] 席料は一元と高めである。一方、ライシャム劇場は六七年、円明園路（Yuanmingyuan lu）に開場した七百人収容の外国人専用西洋式劇場である。[34] 九七年九月八日のシャルベらによるシネマトグラフの興行はここでおこなわれた。[35] ライシャム劇場を含む上海の多くの劇場は、九〇年代に中国人の入場を許可している。そのため、こうした西洋式劇場では経済的に余裕がある中国人が西洋人と一緒に映画を見ていたのである。

　西洋式劇場に出入りする中国人が増えると、外国人観客のなかには、それを不満に思う人も現れる。一八九八年六月二十日付「ノース・チャイナ・ヘラルド」には、手品師カール・ヘルツの興行をライシャム劇場で見た外国人の苦情が掲載されている。「大衆的料金」になったせいだろう、劇場に「落ち着きのない、だらしない中国人大衆」が出入りするようになった。彼らは外国人が予約した席に勝手に座ったり、舞台を見ながら歌ったりするので実に「不快」だと述べている。[36] 予約席の問題は、ライシャム劇場の予約システムが混乱していた可能性もあるのだが、この投稿者はすべて中国人のマナーのせいにしている。西洋式鑑賞態度を正

図123　張園のアルカディア・ホール
（出典：ヴァーチャル上海コレクションから）

しいと思う外国人と、茶園など中国式の鑑賞態度を当たり前と思う中国人との衝突である。この衝突は、互いを理解できていない段階での文化接触が摩擦や亀裂を生んでいたことを示す。同時にそれは、帝国の移民を介した文化接触や文化交渉が、完全な西洋式ではない、とはいえ西洋の階層制度が染み込んだハイブリッドな映画文化を上海に生み出していたことを示す。劇場とはまさに、そうした複雑なプロセスを表象する場でもあったのである。

上海での慈善上映会も、そのような外国人主導による文化交渉の一例である。聖約翰大学（現在の華東政法大学）の三代目学長ホークス・ポットは、「イギリス人の行くところ到るところ教会と競馬場あり」[37]と述べたが、慈善活動もそのひとつである。「ノース・チャイナ・ヘラルド」を見ると、慈善を目的とした映画上映のお知らせがひときわ目を引く。ユニオン教会での岡山孤児院のための慈善上映会[38]、中国基督教青年会（ＹＭＣＡ）の映画上映会、中国赤十字協会による義援金募集のための映画上映会など多数ある。[39]上海に到着したパテ社もこうした慈善活動を積極的におこなっていた。また、慈善上映会の広告は、英語だけでなく中国語の新聞にもたびたび掲載されている。例えば、江西省と安徽省で起こった船舶災害のため、華洋義振会が静安寺路の張家花園で開催した映画上映などの募金活動がそれである。[40]これは慈善事業という西洋キリスト教的な理念や制度が、上海の中国人社会にも浸透していたことの証左といえるだろう。

一九〇〇年の上海という都市について、イザベラ・バードは次のように述べている。

〔上海は：引用者注〕実に国際色豊か《コスモポリタン》である。すべての文明国と一部は非文明国の身なりのいい男女が、歩道や公園を楽しそうに散歩している。（略）この外国人居留地において、中国的要素がこれほど〈目立つ〉とは思いもしなかった。（略）高価な絹の服を着た事務員や買弁［清末以降、外国の商館や領事館が中国商人との取り引きのために雇った中国人］が、バンドに多数いただけではない。また、あらゆる肉体労働者が、予想に違わず、みな中国人だっただけではない。（略）この上なく立派な自家用四輪馬車の一部が中国人のものであり、中国人であふれているからである。また、金持らしい装いをした中国人女性や子供も、同じように馬車に乗っている（略）租界には推定二〇万人の中国人を擁する一大商都が発達してきている。ここは、外国の都市行政法と衛生条例に従ってはいるものの、その実、全く中国的である。(41)

バードのこの観察を、支配者側の繊細さを欠く視線にすぎないと批判することも可能だろう。だが、ここで注目したいのは、彼女が上海の文化は、支配／被支配の構造があるとはいえ、完全な西洋文化の引き写しでも、中国的なものの消滅でもなく、混交するハイブリッドな文化であると指摘する点である。

上海の映画興行にも同じことがいえる。映画は、西洋劇場やホール、茶園、庭園、廟などいろいろな場所で上映され、さまざまな人種や階級の人々がそれぞれに楽しんでいた。上海のその雑多な混交性は、多種多様な映画を満遍なく上映する北京の混交性とは明らかに異なる。(42)さまざまな国や階級、人種からなる客の要求に応えながら、雑技から映画までいろいろなジャンルを交ぜ合わせる、その無秩序な、とはいえ階層秩序を含んだ異種混交性は、狭い地域に文化の異なる外国人や中国人がともに暮らす、上海特有の地理的・歴史的な条件によって生み出された映画文化なのである。

パテ社の上海上陸と映画興行の大衆化

この開放的な上海の映画市場にパテ社はどのように進出するのだろうか。パテ社が上海に代理人のポール・ルブリを派遣するのは一九〇七年である。(43)ルブリは〇七年十月二十四日、イギリス領事館の隣のユニオン教会で上海写真協会の会員を対象に、シネマトグラフの撮影と現像の実演をおこなっている。(44)ルブリが非商業的活動を通じた租界コミュニティーとの関係構築を重視していたことは、パテ社が意欲的に教会のバザーで上映会を開いたり寄付したりしていたことからも明らかである。こうした活動が認められてか、ルブリはのちにフランス租界の行政にも携わることになる。

パテ社の代理人派遣が一九〇七年というのは、アジアのなかでは早いほうである。すでに述べたようにパテ社のアジア進出はシンガポールから始まるが、代理人の到着は〇六年七月であり、パテ社にとってアジア初となるシンガポール総代理店の開業は〇七年八月である。上海に派遣されたルブリもシンガポール総代理店に滞在していた形跡がある。他方、パテ社がマニラに代理人を派遣するのは〇九年五月であることから、上海よりも約二年遅い。したがってパテ社の上海進出は、シンガポール進出のあと、マニラよりも先だったことがわかる。

その上海でパテ社は、遅くとも一九〇八年七月までには柏徳洋行と代理店契約を結ぶ。柏徳洋行は、四川路九十九号に本店を新築開業し、一〇年までに四馬路老巡捕房西首中と里口に支店を、南京下関潤昌公司と江西洗馬池李怡昌号に営業所を設置、百代公司と改称する。(45) それぞれ主に蓄音機やレコードの販売、および賃貸をおこなうが、映画装置や映画も一緒に扱っていた。

こうしたパテ社の上陸は、上海市場をどのように変えたのだろうか。パテ社が上陸する前、上海で映画は茶園やホール、劇場などさまざまな場所で上映されていた。その興行で重要な役割を果たしていたのは前述したモーリス・シャルベやカール・ヘルツのような巡回興行者である。主にイギリスやアメリカ、スペイン、ポルトガル、イタリア、フランスなどから来た欧米人が、シンガポールやペナン、ジャワ、香港、上海、天津、マニラなどアジア各地を渡り歩き、それぞれの土地で場所を一、二日ほど借りて映画を興行していた。アジア欧州航路の主要港のひとつであり、アジア最大の租界があった上海は、そうした国境を越えて移動する巡回興行者にとって重要な基点になっていた。例えば、舞台と一緒にエジソン社のバイタスコープを上映していたアメリカのボードビル芸人エルシー・アデア嬢は、一八九八年、上海から漢口に出向き、再び上海に戻ってサヨナラ公演をしたあと、アメリカに帰国している。(46)

ところが一九〇八年頃、上海の映画市場に変化が現れる。シャルベらのように場所を転々としながら同じ映画を繰り返し上映する興行者のほかに、同じ場所で映画を取り替えながら上映し続ける新しい興行が登場するのである。アメリカン・シネマトグラフ社の興行はその一例である。同社は〇八年、北四川路（Beisichuan lu）五十一号にあったボードビル劇場パレス・オブ・バラエティズを手に入れ、そこで歌や踊りなどと一緒に映画を興行し始める。(47)席料は九角から十元と差があった。このホールはのちにアメリカン・シネマトグラフ・ホールと改称され、一一年におそらくパテ社に売り渡され解体されたあと、パテ社専門のアポロ劇場（Apollo Theatre／愛普盧影戯園）に建て替わる。(48)同社はまた、マニラの高級劇場ソリーリャに映画を供給するなど国境を越えた配給もおこなっていた（上海とマニラの交流はアジアの映画配給網を考えるうえで重要である）。つまり、アメリカン・シネマトグラフ社は、単なる興行者ではなく、劇場の経営者であり、国際的な配給者でもあったのである。その点で同社は、巡回興行者とは明らかに異なり、特筆に値する。

もう一つの例としてラモス・エンターテインメント社がある。ラモス社は、シャルべやヘルツはもちろん、アメリカン・シネマトグラフ社と比べても、より幅広い観客層を対象に、より組織的に映画を配給し、興行している。経営者のアントニオ・ラモスは兵隊としてスペインからフィリピンに渡り、米西戦争のあとマニラの映画興行に関わり、一八九九年に上海に移住する。(49)上海では升平茶摟や金穀香番菜館などで巡回興行をしていた人物から映画装置一式を買い取り、青蓮閣などの茶園を借りて映画を興行した。そして一九〇八年に劇場経営に乗り出し、その先駆者となる。彼はまず、共同租界の乍浦路（Zhapu lu）と海寧路（Haining lu）の交差点、中西書院北首百十二号に二百五十人収容のホンコウ劇場（Hongkou Theatre／虹口活動影戯園）を開場する。ホンコウ劇場は上海「第一座影院」、すなわち中国初の映画館といわれている。(50)ラモスは、ホンコウ劇場開場のすぐあと、海寧路二十四号に七百五十人収容の外国人専用ビクトリア劇場（Victoria Theatre／維多利亜影戯園）を開場し、さらに一三年には静安寺路に千人収容の豪華なオリンピック劇場（Olympic Theatre／夏令配克影戯園）を開場する。(51)これらの劇場は映画だけでなく、芸人の舞台やコンサートなども上演していた。ほかにも、フランス租界の霞飛路（Xiafei lu）にあったエンパイア劇場（Empire Theatre／恩派亜影戯園）、共同租界の卡徳路（Kade lu）にあったカーター・ロード劇場（Carter Road Theatre／卡徳路影戯園）、チャイナ劇場（China Theatre）なども経営していた。カーター・ロード劇場以外はすべて外国人向けの西洋式劇場である。(52)

図124　青蓮閣
（出典：山中札記「中国最早出現電影的時間和地点」から）

こうして一九〇八年、映画といえば巡回興行だった上海に、劇場経営者による常設興行が現れ、やがてそれが興行の主流になる。つまり、上海に映画の常設館が出現する時期と、パテ社が上海に進出する時期はほぼ重なっているのである。こうした現象は上海だけではなく、すでに見てきたようにマニラなどほかのアジアの都市でも起こっていた。ローカルな市場がグローバルな映画配給網に接続されることで、これまで地理的に不利とされてきた地域でも映画の安定供給が可能になり、同じ場所で映画を交換しながら興行し続ける新たな興行形態の誕生につながったと考えられるのである。

パテ社の上海上陸が映画の大衆化に貢献したことは明らかである。パテ社が供給する映画は、外国人を主な対象とする高級劇場だけでなく、教会やＹＭＣＡなど非営利団体はもちろんのこと、中国人大衆を主な対象とする安い興行場でも上映されていた。例えば、乍浦路中西書院北首の東京活動影戯園は、時事映画「パテ・ニュース」をときどき上映していることから、パテ社が供給していた可能性が高い。席料は一角、二角、三角の三段階に分かれ、礼拝日はさらに割引があるという大衆的劇場である。[53]また、武昌路四号の東洋廟の隣にあった東和活動影戯園は、広告に「百代公司之新到大部好片上海帰本園一家先演」とあることから、パテ社と供給契約を結んでいたと考えられる（ただし、宣伝と違って封切り映画ではないはずである）。[54]ほかにも、四馬路の青蓮閣の東側、および上海県城内西斜対門の共和春で新開幻影電光影戯園などがパテ社の映画を上映していた。[55]これらの劇場の席料は一角均一と、さらに安い。映画を安価で貸し出すパテ社のレンタルシステムや安い中古映画が、上海の地元興行者に重宝されていたことが見て取れる。

一九一四年、「シャンハイ・タイムズ」の記者は、上海の映画常連客はほとんどが在留外国人とわずかな中国人上流階級であると述べた。[56]アメリカ商務省の報告も同様であった。だからこそアメリカは、中国人大衆市場の開拓に活路を見いだそうとしていたのである。しかし、すでに見てきたように上海では、外国人向け劇場だけでなく、中国人が主に出入りする茶園や廟などでも映画は上映されていた。とくに〇七年のパテ社上陸以降、映画の上映場所は多方向に広がり、高級な劇場から安い興行場までさまざまな場所で定期上映されるようになる。つまり、「シャンハイ・タイムズ」の記者がいう一〇年代中頃までには、外国人と一部の中国人上流階級が出入りする興行場だけでなく、中国人大衆が出入りする興行場さえもがすでにパテ社など欧州映画に支配されていたのである。

上海でのアメリカ映画――レンタルシステムと独占的映画興行権

このように上海では、欧州を起源とするグローバル化が浸透することで土着の映画文化が変容し、新たな土着の映画文化が形成されていたことがわかる。そのような市場でアメリカ映画は、いったいどのような存在だったのだろうか。そしてそれはアメリカ商務省の関心が中国に向かう一九一一年以降、どう変わったのだろうか。

上海で、アメリカ映画は映画史の草創期からすでに上映されていた。とくにエジソン社の短篇映画はよく欧州映画と一緒に上映された。ところが一九一四年頃になると、〝ファッティ〟・アーバックルやチャップリンなど、キーストン社の喜劇映画が人気を博すようになる。これはアメリカ政府の関心が中国に向かったことと何か関係があるのだろうか。

中国電影博物館の劉思羽は、一九一五年から二四年まで中国市場はアメリカ映画に支配されていたと述べる[57]。だが、少なくとも上海の劇場で、そのようなことは起こっていない。上海でのアメリカ映画の受容は、アジアのほかの大都市とは明らかに異なっている。例えば、マニラの場合、一〇年初頭までにはエンパイア劇場などアメリカ映画を中心に上映する劇場が現れるが、上海にはなかなか現れない。アジアにアメリカ企業として初めて進出するグローバル企業ユニバーサル社でさえ、上海では影が薄い。シンガポールやマニラのようにユニバーサル社とすぐに独占契約を結ぶ映画館はなく、日本のようにいち早く支社が設立されることもない。ユニバーサル社の連続活劇『国賓』や『名金』は、上海のビクトリア劇場やオリンピック劇場で上映されるが[58]、その上映を契機に、それらの劇場がユニバーサル映画の専門館になることはない。上海のユニバーサル映画は、アメリカでライバル関係にあるミューチュアル社やエジソン社、あるいはゴーモン社などの欧州映画と併映したり、ボードビル舞台と一緒に興行したりと、雑多な興行の一要素でしかない[59]。実際、ユニバーサル社の上海支店は、一九二二年十一月三十日にようやく四川路百二十二号に開業されるにすぎない[60]。これはシンガポールや日本、インドと比べて六、七年は遅い。こうした事実はいったい何を意味するのだろうか。

上海にアメリカ映画の専門館がいっこうにできなかったことは、上海映画市場の遅れを意味するものでは決してない。上海はアジア有数の映画都市である。アメリカ商務省は、辛亥革命後、アジア最大の映画市場に発展する可能性がある中国市場に期待を寄せた。なかでも上海は最も注目される市場のひとつだった。しかし、その期待はすぐには満たされなかったのである。主な要因は三つある。まず、商務省が指摘するように、アメリカ映画の輸送や資本提携、劇場運営などの問題の改善が遅れ、大衆市場開拓に必要な安価な映画を供給する仕組みを構築できなかったことがある。次に、上海ではパテ社が慈善活動などを通じて租界コミュニティーと強い絆を築くとともに、安価なレンタルシステムや中古販売によって映画興行の大衆化（中国人観客の増大）をも実現していたため、アメリカ映画は簡単にその市場に入り込めなかったからである。さらに、必要に応じてさまざまな会社の映画を低料金で確保できる欧州の旧式システムと比べて、映画会社と映画館が一対一で独占的配給契約を結ぶアメリカの新式システムは、上海のハイブリッドな興行形態に合わなかったと考えられる。つまり、イギリス人を中心とする少数の外国人が支配し、多数の中国人が共存する上海では、欧州の映画配給システムが都合よく溶け込み、ローカルな映画文化を変容させ、新たな上海特有の文化や制度を形成していたために、アメリカ映画はその市場に入り込むのがなかなか難しかったと考えられるのである。

おわりに

二十世紀初頭の上海を事例として、映画配給のグローバル化とローカル化に光を当て、検証してきた。その結果、以下のことが明らかになった。世界の映画流通網は最初、イギリスを中心に発展し、アジアの映画市場はアジア欧州航路の船が寄港する開港都市、とりわけ欧米の植民地や半植民地を中心に発展した。アジア市場に最初に進出したのはフランスのパテ社であり、以後、アジアの映画配給はパテ社など欧州企業が独占支配する。一方、イギリス中心の映画配給網において地政学的に不利なアメリカ映画は、アジア市場での存在感を示せずにいた。またアメリカ政府も、当初はアジア市場にはさほど興味をもっていなかった。

ところが、アメリカの映画産業が急成長し、中国に革命が起こると、アメリカはアジアとくに中国市場に関心を寄せ始める。しかし、上海の事例で明らかにしたように、アメリカのその期待はなかなか満たされなかった。上海では早くから欧州起源のグローバル化が進み、ローカルな文化と交じり合って、新しいローカルな文化が形成されていて、それがアメリカを起源とするグローバル化の浸透を制限していたと考えられるのである。

中国の市場は広く多様であり、文化差も大きい。二十世紀初頭の上海は、アジア最大の近代都市のひとつであり、中国市場と世界を結ぶハブとして機能していた特殊な都市である。上海から照射する中国映画市場とグローバル化の関係は限定的なものでしかなく、上海の事例に中国全土を代表させることはできない。上海に加えて、少なくとも香港や広州、天津、北京、哈爾濱などの映画市場も検証する必要がある。

だが、草創期の中国映画市場は南沿海部の開港都市を中心に発展し、その代表が上海であることにかわりはない。また、上海のハイブリッド性は、香港や広州、天津といったほかの都市とも、様相は異なるとはいえ、通底している。そのため、むしろ上海だからこそ、二十世紀初頭の中国と欧州、そしてアメリカとの関係性をより鮮明にあぶり出すことができたと考えられる。上海は、アメリカにとって中国がどのような市場だったのかを考察する重要な指針となりうる。上海の事例から見えてくるもの、それは中国という市場で展開された、映画配給のグローバル化とローカル化の縮図なのである。

注

(1) パテ社の財務データについては Jean-Jacques Meusy, "How Cinema Became a Cultural Industry : The Big Boom in France between 1905 and 1908" (*Film History*, 14:3/4, 2002, pp.418-429) を参照。
(2) パテ社のシンガポール進出については第3部第1章を参照。
(3) パテ社のフィリピン進出については第3部第2章と第3章を参照。
(4) 前掲『日本映画発達史』第一巻、二四七―二四八ページ
(5) "Moving-picture Films and Automobiles," *Daily Consular and Trade Reports*, Bureau of Manufactures, Department of Commerce and Labor, September 15, 1910, p.816.
(6) 十八世紀以降、中国南沿海部ではスペインおよびその植民地のメキシコとの貿易が盛んになり、メキシコ・ドル(銀貨)が広く流通していた。

(7) Samuel S. Knabenshue, "China," *Daily Consular and Trade Reports*, Bureau of Manufactures, Department of Commerce and Labor, June 17, 1912, p.1156.

(8) Samuel S. Knabenshue, "North China Notes," *Daily Consular and Trade Reports*, Bureau of Foreign and Domestic Commerce, Department of Commerce and Labor, October 14, 1912, p.248.

(9) F. D. Cheshire, "China," *Daily Consular and Trade Reports*, Bureau of Foreign and Domestic Commerce, Department of Commerce and Labor, February 13, 1913, p.788.

(10) George E. Anderson, "Cinematograph for the Chinese," *Daily Consular and Trade Reports*, Bureau of Foreign and Domestic Commerce, Department of Commerce, November 29, 1913, p.1101.

(11) 中国とアメリカの映画交渉史において香港は重要である。香港には一九一三年頃すでに九龍の油麻地に中国語字幕付きも含むアメリカ映画を定期上映する劇場が存在していた。興行者はおそらくサンフランシスコから香港に移り、九龍のネイザン・ロード三十四番地に中国製造影片有限公司（China Cinema Co. Ltd. 一九一四―一八年）を設立するブロツキーだったと考えられる。

(12) 榎本泰子『上海――多国籍都市の百年』（中公新書）、中央公論新社、二〇〇九年、一〇ページ

(13) Johnson, op.cit., p.728. ただし、ジョンソンは上海の茶園や遊楽場などでの映画興行は考慮していない。

(14) 例えば "The Cinematograph in China" (*Daily Consular and Trade Reports*, Bureau of Manufactures, Department of Commerce and Labor, October 14, 1911), p.244.

(15) ユニバーサル社のアジア進出については序章を参照。

(16) Ye Tan, Zhu Yun, *Historical Dictionary of Chinese Cinema*, Scarecrow Press, 2012, p.3.

(17) 例えば *North China Herald*, August 28, 1896, p.349.

(18) 程季華主編『中国電影発展史』第一巻、中国電影出版社、一九八〇年、七ページ（程季華／李少白／邢祖文編著『中国電影発展史』第一巻〔中国電影出版社、一九六三年〕を改訂）、中国電影年鑑編輯部編纂『中国電影年鑑 中国電影百年特刊』中国電影年鑑社、二〇〇五年、一四七、二二六ページ、前掲『上海』九二ページ。そのほか多くの中国映画史に同じ叙述がある。

（19）程季華主編『中国映画史』森川和代編訳、平凡社、一九八七年、三ページ（前掲『中国電影発展史』日本語版）
（20）黄徳泉「電影初到上海考」、中国電影年鑑社編輯『中国電影年鑑』所収、中国電影年鑑社、二〇〇八年、三四五―三五三ページ（「電影芸術」第三期、中国電影家協会、二〇〇七年、一〇二―一〇九ページ初出）
（21）Law Kar, Frank Bren, *Hong Kong Cinema : A Cross-cultural View*, Scarecrow Press, 2004, pp.8-12.
（22）劉小磊「〝影〟的界定 与電影在中国伝入伊始的再考弁」「電影芸術」第五期、中国電影家協会、二〇一一年、一一九―一二五ページ。ほかに侯凱「電影伝入中国的問題再考」（「電影芸術」第五期、中国電影家協会、二〇一一年、一二六―一二九ページ）、程季華らが編集した『中国電影図史（1905-2005）』（中国伝媒大学出版社、二〇〇七年）などがある。
（23）唐宏峰「従幻燈到電影――視覚現代性的脈絡」「伝播与社会学刊」第三十五期、中文大学出版社、二〇一六年、一八五―二一三ページ
（24）上海の前は一八九七年四月二十八日に香港のセント・アンドリュース・ホール（シティ・ホール併設の劇場）で興行していた（*China Mail*, April 28, 1897, p.2.)。
（25）*North China Herald*, September 10, 1897, p.498, *North China Herald*, June 13, 1898, p.1028.
（26）前掲『上海』九三ページ。「申報」には「茶館」ではなく「茶園」とあるため、本章は「茶園」で統一した。
（27）イザベラ・バード『中国奥地紀行』第一巻、金坂清則訳（東洋文庫）、平凡社、二〇〇二年、六三ページ
（28）Xu Meimei, *Knowledge Development : Cinema in China prior to WWI*, Dissertation : Rheinische Friedrich-Wilhelms-Universität Bonn, 2016, p.172.
（29）Zhang Zhen, *An Amorous History of the Silver Screen : Shanghai Cinema, 1896-1937*, University of Chicago Press, 2005, pp.95-96.
（30）前掲『中国奥地紀行』第一巻、六四ページ
（31）Xuelei, Zhiwei, op.cit., pp.50-52.
（32）Xu Meimei, op cit., p.93.
（33）「活小照」「新聞報」一八九七年五月三十日付（前掲「電影初到上海考」三四九ページ所収）

(34) Xu Meimei, op cit., pp.91-92.

(35) *North China Herald*, September 10, 1897, p.498.

(36) *North China Herald*, June 20, 1898, p.1083.

(37) ホークス・ポット『ポット上海史』土方定一／橋本八男訳、生活社、一九四〇年、一一四ページ

(38) ユニオン教会は一八八六年に租界イギリス領事館の隣に建設されたイギリス非国教徒の教会。一九〇一年には中国名を協和礼拝堂から新天安堂に改称した。岡山孤児院は孤児救済に生涯をささげた石井十次が岡山に開設した施設。当時は、上海やハワイなどの教会で岡山の孤児のために慈善活動がよくおこなわれていた。

(39) 例えば *North China Herald*, May 4, 1906, p.247.

(40) 「申報」一九一一年八月十四日付、七面。華洋義振会は一九〇六年十二月に李徳立が設立した慈善事業団体。

(41) 前掲『中国奥地紀行』第一巻、四九―五〇ページ

(42) *Peking Daily News* の一九一四年二月二十日から一七年七月二十八日まで調査。

(43) *North China Herald*, August 14, 1920, p.439.

(44) *North China Herald*, October 25, 1907, p.248.

(45) 「申報」一九〇八年七月二十八日付、七面、「申報」一九一〇年四月十九日付、八面、「申報」一九一〇年四月二十七日付、十六面

(46) *North China Herald*, January 14, 1898, p.40.

(47) *North China Herald*, October 10, 1908, p.102.

(48) *North China Herald*, February 20, 1909, p.476, *North China Herald*, December 23, 1911, p.819.「申報」では一九一〇年代中頃に劇場を示す漢字が「戯園」から「戯院」に代わるが、本章は「戯園」で統一した。

(49) Xu Meimei, op cit., pp.170-174. 劉思羽『中国影院簡史』（中国電影史工程）、中国電影出版社、二〇一五年、一八―一九ページ

(50) 甬力「我国第一座影院今何在?」（「上海電影史料」第五輯、上海市電影局史志弁公室、一九九四年）九九ページ、前掲『中国電影年鑑　中国電影百年特刊』一四七ページほか多数。ただし、この頃の劇場は舞台と映画の両方を興行

していた。

(51)「申報」一九一六年十二月十三日付、十五面。*China Press*, March 14, 1926, p.10.

(52)アメリカ商務省の報告によれば、パテ社は一九一三年に「ビクトリア・ミュージック・ホール」(ビクトリア劇場の別称)に映画を供給していたとある。これが正しければ、ラモス社が当時パテ社と契約していた可能性は高い。

(53)「申報」一九一三年五月二十日付、九面、「申報」一九一四年四月二十一日付、九面

(54)「申報」一九一四年十一月十三日付、九面、「申報」一九一七年四月三十日付、十五面

(55)「申報」一九一五年二月十九日付、九面、「申報」一九一五年三月二十日付、九面

(56)*Shanghai Times*, April 27, 1914, p.2.

(57)前掲『中国影院簡史』三六ページ

(58)*North China Herald*, May 7, 1915, p.6, *North China Herald*, July 5, 1916, p.4.

(59)例えば *North China Herald*, May 20, 1915, p.6.

(60)「申報」一九二二年十一月三十日付、一面。*Moving Picture Weekly*, April 29, 1922, p.6.

第5章　アジア映画市場と日本映画——大東亜共栄圏での日本映画輸出

はじめに

本章の目的は、アジアに映画装置が渡来し、様々な相互交渉を経て欧米起源のグローバルな流通の網目に織り込まれたあと、日本映画が軍事力と政治力に頼ってアジア市場でのシェア拡大を目指す過程を明らかにすることにある。具体的には東京で発行された資料を用いて、日中戦争から大東亜戦争にいたる過程で、日本映画が、どのような政治的・経済的・文化的イデオロギーとの関わりのなかで変化し、日本占領下のアジアに輸出されるようになったのかをたどっていく。戦争の深化とともに、日本とアメリカ、そしてアジアとの関係性は変化する。日本の映画は、対アメリカ／排アメリカ主義的なナショナリズムが高まるなか、国策と市場原理の狭間で揺れながら、南方工作の目玉として製作される。アジア市場から欧米の映画を駆逐し、西洋諸国に代わって日本がその市場を支配することを期待され、シンガポール総支社を拠点にフランス領インドシナ、タイ、フィリピン、ジャワ、北ボルネオ、ビルマ、香港、セレベスへと輸出されたのである。輸出された日本映画は『ハワイ・マレー沖海戦』（監督：山本嘉次郎、一九四二年）や『あの旗を撃て』（監督：阿部豊、一九四四年）といった戦争映画、『愛の一家』（監督：春原政久、一九四一年）や『新雪』（監督：五所平之助、一九四二年）といった家庭劇映画、『支那の夜』（監督：伏水修、一九四〇年）といった音楽映画などである。本章では音楽映画を例に取り上げ、日本映画のアジア市場進出を対アメリカ意識との関係において考察する。

1　音楽映画というジャンル

本題に入る前に、音楽映画というジャンルについて簡単に述べておく必要がある。音楽映画（ミュージカル映画）が西部劇などと並ぶ国民的ジャンルとなるアメリカと違って日本の場合、音楽映画はジャンルとしてさほど発展しなかったと考えられてきた。例えば、飯島正は『日本映画史』で「日本では、ミュジカルはトオキイ初期に、早くも流産をしてしまった」と述べ、四方田犬彦は『日本映画史100年』で「ミュージカル映画だけは、PCLの一連の歌謡映画やマキノ雅弘の『鴛鴦《おしどり》歌合戦』（一九三九年）のような佳品を例外とすれば」「大きく発展はしなかった」[1]と述べる。一方、「和製ミュージカル映画の誕生」を論じた岩本憲児もまた、「日本におけるミュージカル映画の創造と展開」は「その足取りを遅々としていた」[2]と述べている。

しかし、過去の映画雑誌を読めば、日本でも音楽映画が数多く製作され、ジャンルとして認識されていたことは明らかである。ただ、その呼称はオペレッタ、音楽喜劇、ミュージカル・コメディー、ミュージカル映画など、多様かつ非常に曖昧に表現されていた。やがて、日中戦争の頃から、それらすべてを含む上位概念として「音楽映画」という言葉が現れ、統一されていたのである。にもかかわらず、日本では音楽映画が欧米のように育たなかったと認識されてきたのはなぜなのか。

さまざまな要因が考えられるが、一つは一九二九年、アメリカからサウンド技術を駆使したミュージカル映画が大量に流入し、日本映画界に脅威を抱かせたことが関係する。[3]アメリカのミュージカル映画が業界人のナショナルな感情を高め、それに対抗するものとして、あとから入ってきた『巴里の屋根の下 *Sous les toits de Paris*』（監督：ルネ・クレール、一九三〇年）など、欧州の音楽映画を正典化し規範化したため、それに準じていないアメリカ風だったり、欧州風ともアメリカ風ともつかない日本の音楽映画は批判され否認される傾向にあったといえるだろう[4]。さらに戦後、続々と公開されたアメリカ黄金期のミュージカル映画が、敗戦で疲弊した日本人の心を捉えると、今度はアメリカのミュージカル映画を基準に日本の音楽映画探しが始まり、それに見合わない作品が批判され否認されてしまう。こうした積み重ねで、日本の音楽映画はなかなか「発展しなかった」と認識されるにいたったと考えられる。

図125　『藤原義江のふるさと』のポスター。中段右、「監督 溝口健二」の文字に続く惹句に「断然外国トーキーに優越」とある（早稲田大学演劇博物館提供）

本章では、こうした価値観からいったん離れ、日本の音楽映画を新たな視点から捉える。すなわち日本の音楽映画には、新旧二つの系譜があったと考える。一つは、アメリカのトーキー上映後、欧米の音楽映画を積極的に摂取することで発展した音楽映画の系譜。もう一つは、サイレント映画の出語り興行（上映中スクリーンの脇で浪花節や小唄を実演する）に端を発する形式で、浪花節や小唄といった日本の音曲をもとに映画化された音楽映画の系譜である[5]。前者は日活のパートトーキー『藤原義江のふるさと』（監督：溝口健二、一九三〇年）やピー・シー・エル映画製作所のオールトーキー『音楽喜劇 ほろよひ人生』（監督：木村荘十二、一九三三年）のように「西洋＝近代」への同化を強く志向したもので、後者は日本の「固有性」に重きを置き、そこに「西洋」を取り込もうとする点で異なる。日本映画史言説が日本の「ミュージカル映画」として否定的に語ってきたのは、前者の系譜に属する映画たちである。

したがって本章で問題にしたいのは、この二つの潮流を視野に入れながら、日中戦争の勃発から大東亜戦争へと戦局が深化する過程で、対アメリカ意識が音楽映画にどのような変容を迫り、そしてそれがどう変わっていったのかを、国家統制や映画受容、映画テクストの面から多面的に問い直すことである。それによって、従来の見方とは異なる音楽映画の変遷過程が明らかになるだろう。また、あくまでジャンルにこだわり、それを社会的・文化的な傾向を示すモデルのひとつとして捉えることで、指導階級、知識階級、下層階級のナショナリズムが、このジャンルの映画とどう関わったかが見えてくるだろう。

2　日中戦争と音楽映画――大切なのは対国外よりも対国内

西欧文明を輸入し続けることで近代化＝文明化を進め、日清・日露戦争の勝利によって脱亜入欧を果たした日本は、欧米列強と競って大陸への侵略を開始する。しかし、これが国連に承認されず、国連を脱退。やがて一九三七年六月に誕生した近衛文麿内閣は、イギリス・アメリカの平和主義を「もてる国」の独善と批判、さらなる大陸侵略――日中全面戦争へ突入する。[6]この戦争によって経済的な損失を被ったアメリカは反日感情を強め、日米通商条約の破棄を通告。日本もアメリカへの対抗意識を募らせ、対アメリカ戦に向けて準備を始める。この流れで三八年十一月、日・満・支の「東亜新秩序」声明が発表され、やがて日本映画市場からはアメリカのミュージカル映画が姿を消す。他方、日本の音楽映画は主要なジャンルとして成長していくことになる。

映画輸出と音楽映画への期待

一九三七年七月、日中戦争が勃発すると、映画業界では映画を「国内消費」だけに使っては「国家に対し申し訳のない話」[7]と考える向きが増える。このとき映画は、外貨獲得の手段として期待された。実際、「輸出先国名別日本映画輸出統計年鑑」を見ると、三七年度に比べて三八年度の映画輸出は急増している。日活の対中国輸出はゼロから六千十四メートルに、対フィリピン輸出は二百四十メートルから三万七千三百八十九メートルに増加し、東宝の対アメリカ輸出も四万九千五百四十四メートルから八万五千八十一メートルと約二倍に増えているのである。

同じ頃、映画雑誌でも国際映画祭への出品を含む日本映画の輸出が盛んに議論されている。しかし、その意図は日本映画の輸出による外貨獲得というよりもむしろ、映画を通じて欧米やアジアの国々に日本の国威を示すことにあったといえる。とりわけ対立を深めていたアメリカが意識されていたことは確かである。そのことは、飯島正や岩崎昶、津村秀夫ら当時の著名な批評家が参加した座談会「輸出映画一般を語る（完）」での筈見恒夫の発言「アメリカは何とかして出したいですね。何とかして無料でもいい見せる方法はないもんですかね」[8]に端的に現れている。

しかし、日本映画によるアメリカへの示威活動が注目され、その輸出も伸びたとはいえ、実際にはアメリカ人に対する日本映画の上映はほとんどおこなわれなかった。なぜなら、当時のアメリカ人は、現在よりずっと日本の習慣や文化に対する理解が乏しく、また当時の日本映画は、内容的にも形式的にも、アメリカ映画とあまりに違っていたため、アメリカ人にとって日本映画の興行価値はないと判断されていたからだ。結局、アメリカに輸出された日本映画の大部分は在米日本人が見ていたにすぎない。

輸出映画として音楽映画が注目された理由はここにある。[9]つまり音楽映画の歌や踊りが、民族や言語、文化を超える「普遍性」をもつと考えられたからだ。そもそも音楽映画がトーキーの普及とともに世界各地で大流行したのも、これと同じ理由だろう。例えば、アメリカでは、欧州やアジアなどから集まった多様な言語や文化をもつ移民を対象に、視覚的に理解可能な映画の形式が発展していたので、トーキー化はその「普遍的」話法から特定言語（英語）への移行を意味していたといえる。逆に、日本のトーキー化は、弁士がいたため多様に分割されていた地方の言葉から、特定の言葉（標準語）への一元化を強要するものだったといえるだろう。前者は国際から国家へ、後者は地方から国家へ国民化されたわけだが、両者とも、ある状態から別の状態へ移行する際の摩擦を減らす緩和剤として、歌や踊りというアトラクションを必要としていた点で共通する。したがって日中戦争下の日本で、日本が日本映画を、日本人だけでなく外国人にも見せたいと望んだとき、音楽映画がその議論の俎上に載せられたのも当然の成り行きだった。

音楽映画の規範としての『オーケストラの少女』

国力示威の道具として音楽映画の力が期待されるなか、どのような音楽映画が求められていたのか。結論を先にいえば、アメリカへの対抗的なイデオロギーが模範として選んだのは、皮肉なことに、アメリカのミュージカル映画『オーケストラの少女 *One Hundred Men and a Girl*』（監督：ヘンリー・コスター、一九三七年）であった。一九三八年六月掲載の記事「輸出映画への意見」のなかで、文学者の林房雄は次のように述べる。

先づ、日本国内に於て、日本映画が外国映画に負けているこの現状を打破することを考へなければなりません。「オーケストラの少女」と「エノケンの浮浪者」を同じ館で見たときには全く冷汗が出ました。(10)

このとき林は、『オーケストラの少女』を規範に日本映画の改善を要求する。また、音楽家の山根銀二も「日本音楽映画の発展性」と題した記事で、日本の音楽映画はレコード会社とタイアップした「主題歌映画」から早く脱皮して、『オーケストラの少女』のような立派な「音楽映画」を作るべきだと主張している。(11)つまり、この映画は、日本が目指すべき音楽映画として新たに正典化されたのである。しかし、なぜ『オーケストラの少女』なのか。詳しく見ていこう。

よくいわれるように、批評家と大衆の好みは一致しないことが多い。とくに戦前の代表的な批評家は高学歴のエリートが多く、その傾向が強かったといえるだろう。しかし、『オーケストラの少女』は例外である。批評家に絶賛されたこの映画は、大衆をも魅了した。一九三八年一月に日比谷映画劇場で封切られると、興行記録を塗り替える大ヒットとなる。[12] さらに三九年には全国公開され、センセーションを巻き起こす。とくに主演の子役スター、ディアナ・ダービンの人気はすさまじく、東宝が「和製ダービン」探しを企画するほどだった。[13]

この映画が多くの日本国民の心を捉えることができたのは、おそらく孝子伝的な物語と、努力すれば幸福になれるといったアメリカ的なハッピーエンドの筋の両方をもっていたからだと考えられる。物語は清らかな心をもつ幼い少女が、失業した父親のため、世界的権威の指揮者に掛け合い、父とその友人のオーケストラを楽壇に認めさせるというもの。ハリウッドのミュージカル映画が得意とする恋愛関係ではなく、親子関係を中心に物語が展開し、みんなが一致協力して努力すれば必ず幸福になれるというユートピア的メッセージが内包されている。「挙国一致、尽忠報国、堅忍持久」をスローガンに中国への帝国主義的な戦争を展開していた時代、尊敬する父とその仲間たちを世界の楽壇に認めさせようと努力する貧しい少女のけなげな行為は、天皇を頂点とする家族制的国家イデオロギーのもと、西洋の列強諸国と対抗するために努力を強いられていた人々の心をつかんだとしても不思議ではない。

一方、批評家がこの映画を高く評価した理由はほかにもある。それは彼らが、日本映画に期待する国際性と近代性をそこに見いだすことができたからだと考えられる。『オーケストラの少女』は、アメリカでミュージカル映画の音楽は「ジャズでなければ売れない」と信じられていた時代に、あえてリヒャルト・ワーグナーなどクラシック音楽を用いた画期的なミュージカル映画だった。[14] とはいえ、純粋無垢な少女が愛と努力を武器に、階級差を乗り越えてみんなを幸せにする物語は、ニューディール時代から続くアメリカのミュージカル映画の王道を行くパターンである。したがって『オーケストラの少女』とは、世界に流通するハリウッド・ミュージカルの形式を採用しながら、アメリカを象徴するジャズ音楽の代わりに、欧州を起源とするクラシック音楽を用いた欧州風味のアメリカ映画だったといえる。日本の批評家がこの映画を絶賛した理由はここにある。明治開国以来、極端な欧化主義によって文明化を果たしたことを考えれば、批評家が観念としての「欧州」を、「アメリカ」よりも優位に位置づけたことは想像に難くない(15)。つまり、この欧州風味のアメリカ映画は、アメリカ映画の国際性を備えながら、その優位に欧州の伝統を据えるがゆえに、日本の音楽映画が同化すべき正典として対象化されたと考えられる。

ハリウッド・ミュージカルの消失とアメリカ型音楽映画の台頭

このように輸出を意識した音楽映画への期待が高まるなか、その製作本数は著しく増加する。日中戦争中は年間四百五十本から五百本ほど製作されていた日本映画のうち音楽映画は毎年四十本ほど製作され、日中戦争直前の十五、六本を大きく上回る(16)。しかも流行唄を映画化した小唄映画や浪曲映画、レコード会社とタイアップした主題歌映画などに代わって、明朗なハリウッド・ミュージカルに範をとった音楽映画が台頭するのである。例えば、時代劇映画の新境地を開いたと絶賛されたマキノ正博監督の『弥次喜多道中記』(一九三八年)や『鴛鴦歌合戦』、エノケン(榎本健一)の対抗馬として人気が高かった古川緑波《ロッパ》が主演し、小国英雄が初監督した『ロッパ歌の都へ行く』(一九三九年)などがそうだ。時代劇であれ現代劇であれ、主人公を中心に出来事が原因―結果の連鎖につながれ、随所に陽気な歌が盛り込まれて、最後に何らかの達成が用意されるというハッピーエンド型の音楽映画である(17)。

こうしたハリウッド・ミュージカルの代補ともいえる日本の音楽映画の量的・質的変化は、日本の映画会社がエリート批評家の呼びかけに応じた結果とも考えられるが、それだけではない。注目すべきはほかにある。この問題には、アメリカ映画の輸入制限による日本の映画市場の変容が関係する。ハリウッドの主力商品であるミュージカル映画は、一九三六年に四十三本、三七年に三十一本が日本に輸入されていた。ところが、三八年には十六本に減少、その後四一年四月の輸入禁止までわずか四本しか輸入されていない。だとすると、日中戦争下にアメリカ型の音楽映画が増産されるのは、日本の映画市場から消えたハリウッド・ミュージカルを好む観客の求めに応じたとも考えられる。つまり、外貨獲得や国力示威といった対外目的ではなく、国内市場の需要を満たすためだったと考えられるのである。

ハリウッド・ミュージカルに代わる映画——大陸音楽映画

アメリカ型音楽映画として最も人気が高かったのは大陸音楽映画である。ハリウッド・ミュージカルの型を流用しながら、東亜新秩序の理念を視覚的・聴覚的に混成した音楽映画であった[18]。なかでも、とくにアメリカ的だったのは東宝の三部作、『白蘭の歌』（監督：渡辺邦男、一九三九年）、『支那の夜』（監督：伏水修、一九四〇年）、『熱砂の誓ひ』（監督：渡辺邦男、一九四〇年）である。大衆的な流行歌を随所にちりばめながら、異国を舞台に、麗しい日本男児（長谷川一夫）と美貌の中国人女性（李香蘭＝山口淑子）の露骨に甘い恋愛劇と、東亜建設を匂わせる仕事の成功を活劇風に描き、興行的に大成功する。とくに『支那の夜』は、無駄のない音楽構成が高く評価された。この映画はキング・ヴィダー監督の『薔薇はなぜ紅い *So Red the Rose*』（一九三五年）などアメリカ映画から場面を借用しながら、中国より日本を優位に位置づける自国イメージを投影した典型的な混成型音楽映画であった。ほかにも、日活多摩川が、アジアでの日本民族の発展を描く帝国主義的なイデオロギーのレビュー映画である田口哲監督の『大陸行進曲』[19]（一九三八年）と『日の丸音頭』（一九三九年）を公開。また新興も、東亜のユートピア・イメージを宣伝する大作『国姓爺合戦《こくせんやがっせん》』（原作：近松門左衛門、企画：内田岐三雄、監督：木村恵吾、一九四〇年）を製作する。日本人と中国人の親をもつ和藤内《わとうない》が中国の危機を日本の兵法で救い、忠孝両道をまっとうする物語に、ロシア・バレエなど欧州の歌や踊りを交えた大スペクタクル映画は大ヒットとなる。この時期、大陸を主題とした音楽映画が人気を博すのは、それが時流に則した主題的魅力をもっていたからである。だが、単にキワモノというだけでなく、スクリーンに映し出された「大陸」——日本ではない、どこか遠くにある、ユートピア空間——が、スクリーンから消えた「アメリカ」に代わる非日常的な空間として観客の前に立ち現れたからだとも考えられる。それならば、大陸音楽映画は、アメリカのミュージカル映画を好む観客層に向けて生産され、人気を博していたといえるだろう。

とはいえ、日中戦争下の音楽映画は、失われたハリウッド・ミュージカルの代用品としてだけ増産されたわけではない。その頃の日本で最も支配的な音楽映画は、大陸音楽映画よりもむしろ、エノケン映画と浪曲映画である。

最近の映画の傾向に一つの極度に憂慮すべき事態を感じつゝある。（略）東宝が「エノケン・プロダクション」と呼ばれたり、常設館のチラシに「広沢虎造口演」が主演俳優の三倍もの活字で特筆大書されたりしている事実だ。（略）もつともこの種の映画が異常な好成績を上げているのが事実である以上は、常設館がさながら浪曲大会や寄席の出店みたいな観を呈してきたとしても、これまた「当然の成り行き」で一概に否定し去ることはできないだろう。(20)

ほかにも同様の指摘は多い。こうした音楽映画の隆盛は、後述するように、トーキー映画の収益確保を目的とした市場争いの中心が都市から地方へ移るとともに、未曾有の軍需景気によって、工場で働く労働者やその家族が映画の新しい観客として台頭したことが深く関係する。つまり音楽映画は、地方の観客や都市の労働者階級、すなわち国内のモダンではない「大衆」の趣向に合わせて次々と製作されていたと考えられるのである。

したがって日中戦争下の映画会社が量産したのは、指導者階級や知識階級が求めた『オーケストラの少女』を模範とした国際性を備えた音楽映画ではなく、地方や都市の労働者階級が喜ぶエノケン映画と浪曲映画だったのである。つまり、国外ではなく国内市場を意識して製作された音楽映画である。それでは、それらは具体的にどのような映画だったのか。順に見ていこう。

新しい観客に向けて――エノケン映画の方向転換

そもそもエノケン映画は、アメリカ文化に憧れる都市のモダンな「大衆」を対象に企画された榎本健一（通称エノケン）が主演する映画である。榎本はナンセンスなギャグにスピード感がある動きや表情、ジャズの替え歌を織り込んだモダンなレビュー劇で名を馳せた浅草の芸人である。榎本がピー・シー・エル（のちに東宝と合併）と契約して撮影を開始するのは、小林一三率いる東京宝塚劇場（のちの東宝）が日比谷映画劇場を設立した翌月の一九三四年三月であった。日比谷映画劇場は、中産階級に向けた健全な娯楽を提供することを目指した千五百人収容の大劇場である。アメリカ映画を中心に公開し、明朗なハリウッド・ミュージカルを月一本から五本の割合で上映していた。初のエノケン映画もこの劇場で封切られた。このことから、エノケン映画はアメリカ文化が浸潤したモダンな観客に向けて、しかもハリウッド・ミュージカルを意識しながら企画・制作された映画であったことがわかる。事実、東宝入社第一作『エノケンの青春酔虎伝』（監督：山本嘉次郎、一九三四年）は、エノケンがアメリカの寄席芸人エディ・カンターとの比較で宣伝され、第二作『エノケンの魔術師』（監督：木村荘十二、一九三四年）は批評家に「アメリカのトーキー・ミュウジカルを模した」音楽映画と評された[21]。つまりエノケン映画は非常にアメリカ的な音楽映画、まさに「和製ミュージカル映画」だったのである[22]。

ところが日中戦争下、このモダンな映画が変化する。単純なエピソードを繰り返す「わかりやすい」構造の映画に変わっていくのである。その変化は、一九三五年の『エノケンの近藤勇』（監督：山本嘉次郎）と、四〇年の『エノケンのざんぎり金太』や『エノケンの誉れの土俵入』（いずれも監督：氷室徹平）を比較すればよくわかる。同じ時代劇でも、前者は筋よりもエノケンのギャグや見せ場といったアトラクションを重視し、「もっともらしさ」を犠牲にして実験的な表現を多用する。これに対し、後者はエピソードの単純な繰り返しによる、封建的な人情話である。しかも筋は、飯を食いすぎて厄介払いされる愚直なほど素朴な主人公が、恩ある人のために心ならずも事件を起こして試練を経験するが、一芸（大食漢）のおかげで最後すべてが宿命的、あるいは偶然に解決する。

こうした語りの変化は、東宝がトーキー映画の収益性を上げるために市場戦略を都市から地方に方向転換し、その主力戦略商品としてエノケン映画を製作するようになったからだと考えられる。実際、東宝の直営館数は一九三七年以降、都市よりも地方で急増し、[23]東宝が地方の映画館を新たに開場するときは必ずエノケン映画を上映していた。[24]そしてそのエノケン映画は、地方出身者が多い都市の労働者階級にも受け入れられたのだろう。このように日中戦争下のエノケン映画は、経済的な要請によって、都市のモダンな大衆からモダンではない大衆を狙ってわかりやすく改変され、それが新しい映画観客に受け入れられ、量産されたと考えられる。

図126　『召集令』のポスター。「日露三十周年記念」とある（早稲田大学演劇博物館提供）

日本型音楽映画の大ブーム――浪曲映画

日中戦争下に方向を転じたエノケン映画とは異なり、浪曲映画[25]は、始まりからすでにモダンではない大衆、すなわち下層階級を対象に発展したサブジャンルである。知識階級は「下層階級の趣味」と見下したが、その下層階級には絶大な人気を誇っていた。[26]地方でも浪曲映画の興行価値は「絶対」だった。[27]浪曲映画を最もたくさん作ったのは日活である。[28]一九三四年、人気浪曲師・寿々木米若《すずきよねわか》の代表作を映画化した世話物『佐渡情話』（監督：池田富保）の興行的成功をきっかけに、広沢虎造の任侠物『追分三五郎』（監督：辻吉朗、一九三五年）や東家楽燕《あずまやらくえん》の軍談物『召集令』（監督：渡辺邦男、一九三五年）など、知識階級の冷たい視線を尻目に公開されていく。

この浪曲映画が日中戦争下の復古的風潮と相まって、未曾有の大ブームとなる。戦争による好況で下層階級の生活に余裕が生まれ、浪曲映画の観客が増えたこともブームの誘因となった。[29]日活は『軍神乃木さん』（監督：千葉泰樹、一九三七年）、『敵前渡河　噫！友田伍長』（監督：伊賀山正徳、一九三八年）、『祖国の花嫁』（監督：伊賀山正徳、一九三八年）など軍国主義的なナショナリズムの映画を次々と公開。一九三八年には新興も参入して、押本七之輔監督を中心に、次郎長外伝三部曲『金毘羅代参 森の石松』（一九三八年）、『富士川の血煙』（一九三九年）、『吉良の仁吉』（一九三九年）などを製作、義侠心を日本精神の美徳として称賛する。(30)驚くことに東宝までが女性の「滅私奉公」を唱える浪曲映画を立て続けに公開、「金儲けの為めとはいひながら東宝程浪曲物をつくるところも珍しい」(31)と皮肉られる始末である。

注目すべきは、浪曲が日清・日露戦争の勝利にわいた一九〇〇年代初頭、武士道鼓吹の波に乗って人気を博した芸能であり、「忠君愛国」や「仁義忠孝」といった封建主義的なイデオロギーに貫かれている点である。つまりそれは、戦争の勝利と愛国的な不満（日比谷焼き討ち事件）の記憶が、満洲事変へと向かう時代の記憶と結び付いた芸能なのである。したがって、この浪曲を使った浪曲映画が日中戦争勃発後に大ブームとなったのは、強力な外敵の脅威に集団的な防衛意識が高まるなか、挙国一致の報国へと向かうイデオロギーが強く浪曲を求めたからだと考えられる。例えば『雲月《うんげつ》の九段の母』（監督：渡辺邦男、一九四〇年）は、靖国神社の日章旗のもと、息子の命を国家に捧げた母が誇りに満ちた姿で佇み、そこに二代目天中軒雲月が画面外から、「〽上野駅から二重橋、大君さまの在します、宮居を遙かに伏し拝み、漸やう出て来た九段坂、空を衝くよう大鳥居、こんな立派なお社に神と祀られ勿体なさよ。母は泣けます、嬉しさに……」と唸る。まさに忠誠心や犠牲心の塊である。こうしたイデオロギーの浪曲映画を下層階級が熱狂的に求めたということは、それだけ愛国的・封建的なナショナリズムが下層階級の人々のあいだで盛り上がっていたことを示すといえるだろう。

そしてこの浪曲と浪曲映画は、アメリカとの戦争が決定的となる一九四一年、アメリカに対抗する日本の固有性、すなわち西洋に対する東洋の「伝統」として再発見され、批評家によって正当化されていく。例えば、情報局の不破祐俊や音楽家の堀内敬三、作家の長田秀雄ら指導階級や知識階級は浪曲を、話術と朗誦と音楽が一つになった「日本的な総合性」と見なし、「西洋音楽といふ概念には入り切らない」「日本の芸術」の特殊性であると主張し始める。(32)また、四一年三月には情報局の指導のもと、浪曲向上会が『愛国浪曲原作集』（経国文芸の会編、大和書店）を出版するなど、積極的な浪曲の国策利用も開始される。[33]つまり、浪曲や浪曲映画は指導階級と知識階級によって、素朴な愛国的ナショナリズムから国粋主義的なナショナリズムの表象へと組み替えられていったのである。

しかし、こうした盛り上がりを見せた国内市場向け音楽映画も、大東亜戦争勃発後、国家と映画会社との連携が強まるなか、大きな変容を迫られることになる。

3　大東亜戦争と音楽映画――内地から南方へ、そして内地へ

一九三九年、ついに第二次世界大戦が勃発する。アメリカがイギリス・フランスに代わって東南アジアに進出する事態を予測した日本は、戦争継続のための資源確保とアメリカ戦に備えた軍事基地の設立を目的に南方進出の態勢を強化する。やがて日本とアメリカとの対立は決定的なものとなり、四一年十二月八日のハワイ、マニラを手始めに、日本軍は次々と南方諸地域の奇襲攻撃を開始。わずか五カ月で大東亜共栄圏構想を地図上に具現化する。[34]しかし、アジアの広大な領域が突然日本の統治下とされた結果、日本は多種多様な民族を急いで新しい国民として教化する必要に迫られる。その文脈で注目されるのが音楽映画であった。そしてそれが、日本の音楽映画の行方を大きく変えてしまう。

帝国主義的ナショナリズムの高揚と音楽映画

日本軍の南進が快調に進むにつれて、南方の諸民族に対し、日本は大東亜共栄圏の盟主として、自国の優秀さを示すことが急務となる。このとき再び音楽映画が注目された。例えば、映画批評家の岡俊雄は次のように述べる。

日本人の文化的な高さを宣揚して日本があらゆる意味に於て東亜の盟主であることを彼等に悟らしめなければならない。そのために、映画に於てもこれらの米英映画を駆逐し、それにとつて代るだけの満足を彼等に与へ得る映画を送らなければならない。日本の劇映画が風俗習慣などの外的条件からなかなか理解に困難であるとしたならば、さういふハンディキャップの比較的すくない音楽映画などを送ることが差し当つて最も有利ではないかと考へられる。(35)

日中戦争下、音楽映画は対アメリカでの国威宣揚を意識して議論される傾向にあったが、今度は南方でのアメリカの支配を駆除し浄化する、帝国主義的な文化侵略の道具として期待されることになる。

ここで音楽映画が嘱望された理由は、トーキー移行期に音楽映画が大量生産され、日中戦争下の輸出映画として音楽映画が注目されたのと同じである。すなわち、国や地域に限定される言語に対し、歌や踊りは普遍性があると考えられたからだ（もちろん歌や踊りもナショナルな表象であることにかわりはないのだが）。明治以来、日本の外交が欧米中心だったことを考えれば、多種多様な民族が異なる言語や文化をもつ南方への輸出は、組織の乏しさも重なって、かなりの困難が予想された。だからこそ、言語の壁を緩和できる音楽映画が脚光を浴びたのである。

しかし、政府や知識人の意識が変化したからといって、すぐにそうした映画が製作されたわけではなかった。たび重なる統制によって、映画会社が音楽映画の製作を控えていたからだ。一九四〇年七月の七・七禁令(36)（奢侈品等製造販売制限規則）が発令されて以降、エノケン映画と浪曲映画は「不良映画」の代表と批判された。そして四一年一月、映画新体制が施行され、大手各社（松竹、東宝、日活、新興、大都）の長篇映画製作本数が月四本に制限されると、音楽映画の製作本数は激減する。さらに九月十八日に政府が映画臨戦体制の最終案を提示し、劇映画の会社が松竹と東宝、大映の三社に統合されて統制がいっそう厳しくなったあとは、ほとんど作られなくなっていたのである。映画会社としては、わずか月四本の製作本数では内地の需要を満たすのに手いっぱいで、儲からない外地向け映画など作る気にならなかったといえるだろう。結局、南方向け映画が製作されることはなく、内地向け映画が流用されることになる。そのことは、四二年九月末までに南洋映画協会がアジアに輸出した日本映画を見れば明白である。[37]輸出されたのは、『支那の夜』や『暖流』（監督：新井康之、一九三九年）など、日中戦争期に内地で人気を博した映画ばかりである。南方の「原住民」向けに新たに企画された映画はひとつもなかった。

南方映画工作の見直し

「原住民」向け音楽映画の製作が積極的に議論されるようになるのは、軍官民の協議によって「南方映画工作要綱」が決定する一九四二年九月以降である。この要綱に基づき、南洋映画協会は社団法人日本映画配給社（映配）に接収され、十月以降は映配本社に新設された南方局とシンガポールの南方総支社を拠点として、シンガポールやフランス領インドシナ、タイ、フィリピン、ジャワ、北ボルネオ、ビルマ、香港、セレベスに支社を設立し、対南方映画工作を開始する。[38]南方局長は金指栄一、総務部長は中谷義一郎である。両者とも東洋汽船から東洋フィルム、そして大正活映に携わり、日本の外国映画配給システムの形成に重要な役割を果たした人物である（第2部を参照）。

映配による南方映画工作の大きな課題のひとつは、民族、言語、習慣など多様に異なる南方諸地域にどういった劇映画を配給すべきかを考えることにあったといえるだろう。この点に関して意見は大きく二つに分かれた。一つはアメリカ映画的な要素を排除し、日本の「特殊性」を南方諸地域の「普遍性」にすべきだという国粋主義的な意見。もう一つは、日本の「特殊性」を理解させるのは無理なのでアメリカ映画の話法を利用しながら、そこに日本精神を盛り込み、日本の「独自性」を強調すべきだというナショナルな心性をもつ国際主義的な主張である。[39]映配の選択は後者であり、とりわけ音楽映画に期待が集まった。映配業務部長・田村幸彦（元南洋映画協会総務部長）の発言にはその映配の方針がよく表れている。

私は南方の全地方を見て来たわけではありませんが、仏印、昭南、ジャワ等にだけ限つて申上げますと、あちらでは現在のところ、音楽と映画とが、一番大きな娯楽の、対象となつていると思います。（略）映画は今まで欧米のものを輸入して鑑賞していたわけですが、これからはそれに代わつて日本映画も、大に進出しなければならないでせう。（略）昭南島、バタビアの方へ行きますと、まだ〳〵アメリカ映画の、言葉は分らないが、何となく分りやすい点が喜ばれているのでないかと思ひます。我々もこの点をよく検討して、日本映画をマレーの人々や、インドネシヤの人々に見せる場合、いかに言葉が分らなくてもこれを愉しく味はゝせるか、その点を、よほど技術的に考慮しなければならないでせう。(40)

映配のこうした選択は、ユニバーサル社のアジア進出以降、南方映画市場がアメリカ映画にほぼ独占され(41)、映画工作の主な対象とされていた現地の指導階級や知識階級がアメリカ映画を見慣れていたからだ。しかも南洋映画協会を引き継いだ映配は、音楽映画が南方諸地域で好評なのを知っていた。だからこそアメリカ的な音楽映画が求められたといえるだろう。

政府の方針を受けて、ついに映画会社も南方向け音楽映画の製作に取り組み始める。いち早く反応したのは機を見るに敏な大映で、一九四二年十月には『歌ふ狸御殿』を南方向け大レビュー映画として宣伝している(42)。また、音楽映画の製作を一時控えていた東宝も、四二年十一月号の機関誌に「大東亜共栄圏の為に音楽映画を振興せよ」と題した記事を掲載し、大レビュー映画の製作を高らかに宣言する。

南方民族に示すべき日本芸術は、断じて歌舞伎でもない。浮世絵でもない。家庭争議映画でもない。狸映画でもない。吾人の現代日本生活から高らかに挙ぐべき大音楽、大舞踊、大行進である。若さと力に溢れ、美しく、楽しく、南方民族を圧倒する旋律と舞踊による大レヴユウこそ、之を示して最も理解せられ感嘆せられる。之を利用する映画こそ、最も歓迎せられ観賞せられる。レヴユウ製作者、奮起せよ。ここに一大活路がある。[43]

つまり、大東亜戦争勃発から十カ月後、ようやく軍官民が協力して南方向け音楽映画の製作に乗り出したのである。[44]

悲運の大作映画――『音楽大進軍』

こうして情報局と軍部の指導のもと、対南方映画工作の第一号として企画されたのが東宝の大レビュー映画『音楽大進軍』（監督：渡辺邦男、一九四三年）である。[45] この映画は一九四二年十一月十六日、内務省の斡旋によって大日本映画協会と日本音楽文化協会が提携し組織した音楽映画改善協議会が最初に指導した映画のひとつである。[46] 音楽映画に対する期待の大きさがうかがわれる。[47]

物語は、西洋楽器店に勤める栗川（古川緑波）が、南方の日本軍慰問団を企画する。しかし企画の鍵を握る一流指揮者の岡倉（岡譲二）となかなか交渉できず、そのうえ栗川はケガをして病院に運ばれる。栗川の窮地を救おうと幼い少女が指揮者に掛け合い、少女の涙にほだされた指揮者がついに慰問団の壮行会に出演、大成功をおさめるというもの。この簡単な筋の合間に、オペラ歌手の藤原義江や瀧田菊江、高田せい子舞踊団、コロムビア軽音楽団などによる歌と踊りの場面が組み込まれ、最後にみんなで「愛国行進曲」を合唱して幕を閉じる。[48]

この映画がアメリカのミュージカル映画を意識して企画されたのは明らかだ。幼い少女のエピソードは『オーケストラの少女』からの借用である。また、軍人慰問のために音楽会を開催するという筋と音楽場面の構成は、アメリカで製作された軍人慰問レビュー映画（例えば『スター・スパングルド・リズム *Star Spangled Rhythm*』〔監督：ジョージ・マーシャル、一九四二年〕）とよく似ている。

興味深いのは、常に西洋型と日本型の二つの潮流を維持しながら発展してきた日本の音楽映画が、大東亜戦争の勃発によって急に自国の音楽映画を南方へ提示し国威を宣揚する必要に迫られたとき、その形式として一九三〇年代を象徴するレビュー形式を選んだことである。レビュー形式は、ほかの音楽映画形式よりもアトラクションの要素を重視するため、南方の民族にも理解が容易だと考えられたのかもしれない。しかし、それだけではない。アメリカニズムの大量流入とともに誕生した日本のモダニズムを象徴するレビュー形式だからこそ、日本にはアメリカと対等の能力があることを端的に示し、それによって新たに日本が支配することの正当性を主張できると考えたのではないだろうか。飛行機や自動車、機関車、近代建築のショットが要所で挿入されるのも、日本の西洋音楽界を象徴する藤原義江が世界的な巨匠として登場するのも、近代国家日本のイメージを提示しようとする狙いだろう。しかし、西洋への憧れを表象する三〇年代のおおらかなレビュー映画とは異なり、大東亜戦争下の大レビュー映画は、アジアの一員でありながらアジアのなかの「西洋」であろうとし、アメリカの駆除を目的に、しかしアメリカ映画の形式を用いて日本の近代性を主張するという屈折したイデオロギーを担う、まさに屈折した映画であった。そして、その屈折ぶりがこの映画に思いがけない災難をもたらすのである。

図127　『音楽大進軍』のポスター。「三月十八日封切」「本格的な南方進出を企図して製作」とある（早稲田大学演劇博物館提供）

南方向け音楽映画の災難――検閲の「その場」主義と自主規制

驚くことに、『音楽大進軍』は検閲で差し止められ、一九四三年三月十八日にようやく国内で公開されるものの、本来の目的であった南方には輸出されずに終わる。軍官民の協力で企画されたにもかかわらず、なぜ検閲で差し止められたのか。四三年三月といえば、南方への日本映画輸出がピークを迎えていた。『音楽大進軍』も南方輸出映画のひとつになるはずだった。しかし、そうはならなかった。いったいなぜなのだろうか。

原因は、『音楽大進軍』の企画から製作終了までのわずか数カ月のあいだに戦況が悪化したことにある。日本軍はガダルカナル島から撤退、戦局の悪化から排アメリカニズムの気運が高まっていく。一九四二年十二月三十日、情報局は米英音楽の追放方針を発表し、四三年一月にはジャズを敵性音楽として追放する。四三年一月封切りの『阿片戦争』(監督:マキノ正博)や『青空交響楽』(監督:千葉泰樹)が批評家に「ヤンキー臭すぎる」と批判され、二月公開の『ハナ子さん』(監督:星野武雄)が検閲で十七カ所もカットされたのも同じ理由だろう。アメリカ形式を用いた音楽映画である『音楽大進軍』が差し止められたのも、致し方ない状況であった。

こうした検閲の災難から、映画会社は保身のための自主規制を強め、その結果、音楽映画の製作そのものを差し控えるようになる。結局、日本の検閲による曖昧かつ不明瞭な基準は、戦況の変化に臨機応変に対処し、都合がいい規制を押し付け、理不尽な強制力を行使するのに便利な基準だったといえるだろう。そのせいで映画会社は、日和見的な試行錯誤を強要され、ひいては日本の音楽映画が致命的な痛手を負うことになる。

再び国内へ――歌わないエノケン映画と唯一の浪曲映画

日本の音楽映画からアメリカ的なるものを排除する試みは、国内向けの歌わないエノケン映画と一本の浪曲映画の製作に帰結する。両者とも抑圧的な物語空間が設定され、前者は耐える国民、後者は忠義に散る国民と、まさに決戦下に求められた国民像の表象である。

「和製ミュージカル映画」として誕生したエノケン映画からアメリカニズムの表象を排除することは、すなわち音楽映画からの離脱を意味していた。日中戦争下と異なり、この頃のエノケン映画は、エノケンがほとんど歌わない。それだけでなく、どの作品も、抑圧的な環境で過度に滅私奉公する主人公の物語に代わっている。家臣に中傷されながら殿様のために身を挺して尽くす男（『三尺左吾平』監督：石田民三、一九四四年）、わけのわからない化け物を退治してみんなを幸福にする男（『兵六夢物語』監督：青柳信雄、一九四三年、『天晴れ一心太助』監督：佐伯清、一九四五年）というように、純粋無垢な真心だけを取り柄とする主人公が、人のために尽くす姿を描く。ただし、困難に善意で対処する点はアメリカ映画と同じだが、エノケンが演じる主人公には、何かを求めて意識的に努力し、積極的に問題を解決しようとする姿勢が希薄である。むしろ知らないあいだに困難に巻き込まれ、それでも不満はもたず、すべてを純真な心で受け入れ、その場その場を一生懸命にやり過ごすうち、いつのまにか困難が通り過ぎていくという設定が多い。つまり決戦下の日本国民の自己像を表象するかのような、誠意あふれる犠牲者であり、清く正しい被害者なのである。

他方、日本の「伝統」として再発見された「仁義礼譲恩愛」の浪曲映画は、エノケン映画と違って排アメリカニズムに合致した、時流に合う音楽映画のはずだった。しかし、意外にも浪曲映画は、寿々木米若や梅中軒鶯童《おうどう》、広沢虎造を起用した東宝の『元禄あばれ笠　浪曲忠臣蔵』（監督：石田民三、一九四三年）しか製作されていない。その大きな原因のひとつは、浪曲映画の三大製作会社だった日活、新興、大都が一九四二年一月に大映に統合され、統合後は、南方向けと宣伝された大レビュー映画『歌ふ狸御殿』（監督：木村恵吾）など日和見な音楽映画を製作し始めるからである。つまり、内地の国民の欲求を満たすより、南方映画工作が優先されたのである。結果、動きの面白さで南方でも人気があったエノケン映画は製作されるものの、南方にとって特殊すぎる浪曲映画はぱったりと姿を見せなくなったと考えられる。やがてその南方向け音楽映画も作られなくなるが、かといって浪曲映画がかつてのように復活することもなかった。

結局、『音楽大進軍』の検閲難以降、対南方輸出は細々と継続されるも、音楽映画らしい音楽映画の製作は、政府の方針変更によって国内向けの『野戦軍楽隊』（監督：マキノ正博、一九四四年）や『紅顔鼓笛隊』（監督：木村恵吾、一九四五年）など国民や軍の士気を鼓舞する報国音楽映画が製作される一九四四年末まで、鳴りを潜めることになる。一方、臨戦体制下の内地で、歌わないエノケン映画と唯一の浪曲映画が、大金をつぎ込んだ何本もの南方向け音楽映画よりも興行的に成功した事実は、南方映画工作がいかに国民の娯楽を犠牲にしておこなわれたかを物語る。(49) まさに国家総動員体制で戦争がおこなわれていたのである。

うつろな大東亜共栄圏向け音楽映画

ところで、国民の娯楽を犠牲にして製作された南方向け音楽映画は、その本来の目的であった南方諸地域の「原住民」にどのくらい見せることができたのだろうか。大東亜戦争中に輸出された音楽映画は百十六本である。そのうち五十三本、約五割の作品は日本軍慰問のために新京特別市とシンガポールを中心に輸出され、日本語で公開された。(50) 次いで、一般興行用は全体の約四割を占める四十四本で、主に新京特別市と上海特別市に輸出され、日本語で公開された。そして残りの十九本、約一割が「原住民」を対象とする翻訳された工作映画であり、その多くが南方に輸出された。

南方向け工作映画の選出は一九四二年十二月二十二日、「南方映画文化工作の一元的選定機関」として設置された南方向映画選定委員会がおこなった。(51) この組織がアメリカを強く意識していたことは、旧アメリカ領のフィリピンに対する輸出本数が十九本中八本と、断然多いことからも察せられる。

南方向け映画の翻訳作業が本格的に進められるのは、一九四二年十一月中旬以降である。翻訳ができるまでは、『支那の夜』や『孫悟空』（監督：山本嘉次郎、一九四〇年）、『純情二重奏』（監督：佐々木康、一九三九年）など南洋映画協会から引き継いだ映画を日本語で上映していた。翻訳版の輸出が本格化するのは四三年二月末からで、三月に急増しピークを迎える。『水滸伝』（監督：岡田敬、一九四二年）、『阿片戦争』『青空交響楽』などが英語、フランス語、タイ語などに翻訳され、マニラやシンガポール、香港、バンコク、ジャカルタ、ビルマ、サイゴンなどに送られた。とくに「原住民」に人気があったのは、アメリカのミュージカル映画の型をうまく摂取した混成型の大陸音楽映画だった。濃密で甘い恋愛に、活劇や流行歌を盛り込んだ伏水修監督の『支那の夜』やスペクタクル性が高い『孫悟空』が人気を博した。ここにいたって日本は、日中戦争下に果たせなかった対アメリカを意識した国威宣揚を、大東亜共栄圏からアメリカを駆逐し、アメリカ型の日本映画を輸出することで、屈折したやり方とはいえ実現することになる。

しかし皮肉にも、対南方音楽映画の輸出が本格的に始動するのとほぼ同時に、日本の「南方」は消失していく。一九四三年二月にはガダルカナル島から撤退、南方海域での制空権・制海権を失い、さらに四月にはハワイ奇襲作戦を成功させた海軍大将・山本五十六が戦死、戦争は悲壮な守勢段階に突入する。これに応じて対南方工作映画の輸出も四月以降に激減。これから本格化するというときに、市場を失ったのだった。結局、日本映画は、旧「日本」の国境を越えて大東亜共栄圏で一時的に流通するものの、アメリカ映画のように民族を超えて広く受容されることなく、期待されたほどの機能を果たさずに終わったといえる。

おわりに

日中戦争から大東亜戦争にかけて、音楽映画のジャンルが、対アメリカ意識と密接に連関しながら国家、企業、国民のさまざまなイデオロギーと結び付き、変容する過程を見てきた。その結果、音楽映画は、「アメリカ」への対抗から排除へと向かうイデオロギーの流れのなか、国内市場から南方諸地域へ、そして再び国内へと対象市場を移しながら、大きく変わっていったことが明らかになった。

このように音楽映画の歴史をたどれば、娯楽映画が常に同じイデオロギーのもとで生産され受容されていたわけではないことがわかる。映画はさまざまなイデオロギーとの関わりで常に変化する。歴史学者・古川隆久は戦争中、「観客の獲得にしのぎを削」った映画会社が「他愛のない」エノケン映画や「義理と人情と自己犠牲」の浪曲映画などを作り続け、国民は「おもしろみに欠けていた」国策映画よりもそうした「娯楽映画」を見続けたとして、「映画興行の主導権は政府でも業界でもなく（略）観客が握っていた」と主張する。[52]しかし、それは日中戦争までの話であって、大東亜戦争下では国家の対外政策と企業の経営方針によって、国民が求める映画は影をひそめてしまう。映画統制が強化され、軍官民の結び付きが強まるなか、製作されたのが結果として歌わないエノケン映画と一本の浪曲映画になってしまったことはその証左といえるだろう。確かに古川が指摘するように、国民は国家が望んだようには国策映画を見なかっただろうし、その点で映画興行の主導権は国民が握っていたという一面もあっただろう。しかし、エノケン映画は歌わなくなり、浪曲映画は一本しか作られなかったことに、はたして国民の意向が反映されていたといえるのだろうか。戦時下の国民は、本当に「思いどおり」「したたかに」映画を見ていたといえるのか。音楽映画の変遷を歴史的に検証すればわかるように、対外工作が優先され、それによって国民が望む映画が制限されていたのもまた事実なのである。

それにしても、国民が求める娯楽を犠牲にして製作された対南方音楽映画の歴史的意義とは何だったのか。少なくとも内地では、近代日本を象徴する大作のレビュー映画が、アメリカ映画に代わって大東亜の聖域で上映されるというイメージを作り出すことはできただろう。現在の私たちに、南方向け音楽映画がとてもうつろに映るのは、これらの映画が公開されている時点ですでに、南方そのものが大勢の人の命を犠牲に消えかかっていたことを知っているからである。しかしながら当然、情報を操作されていた当時の人々は、南方の消失を知らなかった。だからこそ、「南方輸出用映画」という宣伝で公開されたこれらの音楽映画は、大東亜共栄圏という想像上の「領土」にまことしやかな現実性を与え、送り出す先である南方があたかも平和に存在するかのような幻想を与えることができたと考えられる。そこには「あくまでも息抜き」とは言い切れない、「映画の社会的機能」の大きさがはっきりと浮かび上がってくるのである。

注

(1)飯島正『日本映画史』上、白水社、一九五五年、一五七ページ、四方田犬彦『日本映画史100年』(集英社新書)、集英社、二〇〇〇年、八二ページ

(2)岩本憲児編著『日本映画とモダニズム1920—1930』リブロポート、一九九一年、二三四—二四七ページ

(3)一九二九年にアメリカのトーキー映画が日本で初めて公開されたあと、歌入りメロドラマや歌入りコメディーなど音楽を多用するサウンド映画が次々と公開される。それがサウンド化の遅れた日本映画界を焦らせたであろうことは、帰山教正「発声映画開発時代」(「映画往来」一九二九年四月号、キネマ旬報社)や、袋一平「小唄映画流行る」(「映画時代」一九二九年四月号、文藝春秋社)などの記事から察せられる。

(4)例えば『ふるさと』の演出台本を作成した畑本秋一と小林正は、「自分たちは例へ器械組織や訓練や資本力が及ばなくとも、アメリカあたりの映画製作者がトオキイを盲目的にスポイルし過ぎた結果、却つて本来のトオキイの使命をあやまつている轍を踏みたくはなかつた」と述べる(畑本秋一/小林正「『ふるさと』の演出台本」「映画往来」一九三〇年四月号、キネマ旬報社)。

(5)音曲系の音楽映画については笹川慶子「小唄映画に関する基礎調査——明治末期から昭和初期を中心に」(『演劇研究センター紀要』第一巻、早稲田大学演劇博物館、二〇〇三年、一七五—一九六ページ)を参照。

(6)由井正臣『大日本帝国の時代』(岩波ジュニア新書、日本の歴史)、岩波書店、二〇〇〇年

(7)「輸出先国名別日本映画輸出統計年鑑」『日本映画年鑑 昭和十六年度版』大同社、一九四一年、五九ページ、「輸出劇映画目録」「日本映画」一九三八年六月号、大日本映画協会、二三ページ

(8)飯島正/岩崎昶/津村秀夫ほか「輸出映画一般を語る(完)」「スタア」一九三九年八月下旬号、スタア社、七ページ

(9)例えば前掲の座談会「輸出映画一般を語る(完)」で真っ先に取り上げられたのは音楽映画だった。

(10)林房雄「輸出映画への意見——諸家短文寄稿」、前掲「日本映画」一九三八年六月号、一八ページ

(11)山根銀二「日本音楽映画の発展性」「映画朝日」一九三九年七月号、朝日新聞社、九五ページ

（12）東宝三十年史編纂委員会編『東宝三十年史』東宝、一九六三年、三〇四ページ
（13）前掲「日本音楽映画の発展性」九五ページ
（14）Helmut G. Asper, Jan-Christopher Horak, "Three Smart Guys : How a Few Penniless German Émigrés Saved Universal Studios," *Film History*, 11 : 2, 1999, pp.134-153. 監督はドイツからアメリカに亡命したヘンリー・コスター。
（15）飯島正ら日本の批評家の多くが絶賛したのは、欧州の音楽映画、とくに『巴里の屋根の下』や『会議は踊る』（監督：エリック・シャレル、一九三一年）であった。また、アメリカ映画でも『ラヴ・パレイド』（監督：エルンスト・ルビッチ、一九二九年）や『今晩は愛して頂戴ナ』（監督：ルーベン・マムーリアン、一九三二年）など欧州移民監督による音楽映画は評価された。彼らは、日本の音楽映画が「非芸術的」なアメリカ映画ではなく「芸術的」な欧州映画に同化すべきと主張した。
（16）日本で製作された音楽映画の本数は「キネマ旬報」など当時の雑誌をもとに集計した。
（17）東宝はエノケン・ロッパ映画、日活は浪曲映画、松竹は小唄映画の系譜に属す主題歌映画が多い。戦時中の松竹は爆弾小僧主演の『父よあなたは強かった』（監督：原研吉、一九三九年）、高峰三枝子主演の女性映画『純情二重奏』（監督：佐々木康、一九三九年）、高田浩吉主演の『唄祭浩吉節』（監督：犬塚稔、一九四〇年）などを製作したが、本数は多くない。
（18）大陸映画のイデオロギー分析の例として四方田犬彦「占領地の女——李香蘭論」（『回避と拘泥』立風書房、一九九四年）があげられる。なお本章では、満映や中華電影との合作による大陸映画は割愛した。
（19）情報局が一般に募集した懸賞募集歌「三大愛国歌」のうちのひとつ。ほかの二つは「日の丸行進曲」と「愛国行進曲」。後者は東宝が一九三八年に『世紀の合唱 愛国行進曲』（監督：伏水修）、新興が『愛国行進曲』（監督：曾根千晴）、日活が三七年に『愛国行進曲』（短篇、監督：清瀬英次郎）と題して映画化した。
（20）鴉生「企画月評」「日本映画」一九四〇年一月号、大日本映画協会、一四八ページ
（21）「レヴュー王 エノケン最初のトーキー『青春酔虎伝』完成近し」「キネマ旬報」一九三四年四月一日号、キネマ旬報社、一七七—一七八ページ、「エノケンの魔術師」「キネマ旬報」一九三四年十二月十一日号、キネマ旬報社、八八ページ

(22) 前掲『日本映画とモダニズム1920―1930』二三四ページ

(23) 直営館数の変移は東宝の市場戦略の変化を端的に示す。一九三七年度から三九年度にかけて東宝の全国直営館数は十七から五十九館に急増するが、地方都市の新潟、愛知、福島、広島、愛媛、宮崎は〇から二館、福岡は〇から四館に増えるのに対し、東京はわずか一館増である（「全国に於ける東宝契約館数統計年鑑」、前掲『日本映画年鑑 昭和十六年度版』三二―三三ページ）。

(24) 今村太平／筈見恒夫／双葉十三郎／清水千代太「敢て言ふ赤信号」「映画朝日」一九四〇年四月号、朝日新聞社、一五一ページ

(25) 人口に膾炙した浪曲から映画の物語を作り、浪曲師が映画の物語世界外から世界内の人物の心境や状況を節つきで説明する形式の映画。「浪花節」という言葉は桃中軒雲右衛門の『義士伝』が全国を席巻する一九〇〇年代初頭から定着、「浪曲」は二〇年代後半に使われだす。本章ではサイレント映画期を浪花節映画、サウンド映画期を浪曲映画と呼ぶ。浪花節映画と浪曲映画については笹川慶子「忘却された音――浪曲映画の歴史とその意義」（神山彰／児玉竜一編『映画のなかの古典芸能』〔日本映画史叢書〕所収、森話社、二〇一〇年）、笹川慶子「継承された音――日本映画のサウンド化と浪曲トーキーの構造」（山田幸平編著『現代映画思想論の行方――ベンヤミン、ジョイスから黒澤明、宮崎駿まで』所収、晃洋書房、二〇一〇年）を参照。

(26) 飯塚友一郎「浪花節」「東宝」一九三九年一月号、東宝株式会社事業部、一一ページ

(27) 桑原勇吾「地方通信 浪曲映画なら絶対」「映画朝日」一九四〇年七月号、朝日新聞社、一八九ページ

(28) 日活が浪曲映画を量産するのは、トーキー化に伴う膨大な設備投資、経営陣の抗争、二百余人の人員整理、永田雅一や溝口健二ら主要スタッフの脱退などで日活が弱体化したため、競争が激しい都市中産階級ではなく都市の労働者階級や地方の市場を狙ったからと考えられる。松竹や東宝より先に創業した日活は、新興の会社と比べて都市周辺部や地方に強力な配給網をもち、そうした場所では浪曲の人気が高かった。

(29) 鴉生「企画月評」「日本映画」一九四〇年八月号、大日本映画協会、六一―六二ページ

(30) 伊藤武「大谷日出夫と浪曲巡礼物語」「新興映画」一九三九年十二月号、豊国社、五六ページ

(31) 「試写室雑語」「映画朝日」一九四〇年三月号、朝日新聞社、一四四ページ

(32)不破祐俊／堀内敬三／長田秀雄ほか「現下の娯楽問題について語る」「東宝」一九四一年五月号、東宝株式会社事業部、九九ページ。飯塚友一郎「浪花節」も同じ主張である。

(33)長谷川伸、子母沢寛、三上於菟吉、吉川英治、土師清二、長田幹彦、菊池寛、久米正雄などの文壇人が原作を執筆。広沢虎造や寿々木米若、東家楽燕ら人気浪曲師が脚色し節をつけたが、大衆にはあまり受けなかった（安斎竹夫「昭和と浪曲の精神史──愛国浪曲の周辺」、南博／永井啓夫／小沢昭一編『うなる──浪花節の世界』〔「芸双書」第七巻〕所収、白水社、一九八一年）。

(34)「大東亜共栄圏」は日本、中国、朝鮮などを含む「東亜」に、東南アジアを加えた概念。とくに東南アジアを指す場合は南方共栄圏ともいうが、本章では大東亜共栄圏で統一した。

(35)岡俊雄「音楽映画に就いて──白井鉄造氏は語る」「新映画」一九四二年三月号、映画出版社、七〇ページ

(36)七・七禁令の表向きの目的は、日本映画の粗製乱造をやめさせ「優秀映画」の製作を目指すことだった。だが、それだけでなく、①月四本／社の製作本数制限と生フィルム配給割り当て、NG率上限の設定、電力使用量の制限、セット資材の再利用など物質的な欠乏による資材制限、②アトラクション、興行時間、ポスター宣伝の制限など自粛を意図した制限、③外国映画の輸入制限、脚本の事前検閲、一般／非一般公開制度の導入など思想統制を目的としていた。

(37)「南方映画工作」『映画年鑑 昭和十八年』日本映画雑誌協会、一九四三年、七〇七─七二一ページ。南洋映画協会は参謀本部、陸・海軍、内閣情報部の斡旋下に東宝、松竹、東和、中華電影の四社が出資し、一九四〇年十二月に設立した合資会社である。フランス領インドシナのハノイを拠点にニュース映画や文化映画、劇映画の配給をおこなう。四二年二月、日本軍の南進が順調に進み、対南方工作の重要度が増すと、その一翼を担う組織として拡充される。ハノイのほかにサイゴン、バンコク、マニラに支社が追加され、田村幸彦や山根正吉、狩谷太郎らスタッフも補強されて、配給映画の選定や編輯、各国語版の製作、配給、皇軍慰問などをおこなった。

(38)前掲「南方映画工作」七〇八─七一〇ページ

(39)戦時下の日本映画輸出に関する議論は戦後に引き継がれ、『羅生門』（監督：黒澤明、一九五〇年）や『雨月物語』（監督：溝口健二、一九五三年）が国際映画祭に出品された。

(40) 田村幸彦ほか「大東亜共栄圏の娯楽を如何にすべきか」「東宝」一九四二年十一月号、東宝株式会社事業部、四二―四三ページ

(41) 佐藤弘編『南方共栄圏の全貌』旺文社、一九四二年、八三九ページ。南洋映画協会調査部の一九四二年の資料によれば、アメリカ映画上映比率はフィリピン九五％、フランス領インドシナ三五％、タイ九五％、マレー六五―七〇％だった。

(42) カチカチ山泥右衛門「我輩は狸である」「映画」一九四二年十月号、大日本映画事業連合会、七九ページ、藤井朝太「『歌ふ狸御殿』を中心に」「映画」一九四二年十一月号、映画宣伝連合会、五〇―五一ページ

(43)「大東亜共栄圏の為に音楽映画を振興せよ」、前掲「東宝」一九四二年十一月号、四一ページ

(44) 加藤厚子は南方での映画工作について「国内観客向け作品の転用か、国内市場と共用可能な作品で対応した」と述べる（加藤厚子『総動員体制と映画』新曜社、二〇〇三年、二〇四―二三九ページ）。しかし一九四二年秋からいっときとはいえ、国民が求める映画を犠牲に外地向け映画を優先してアメリカ型の音楽映画を「大東亜共栄圏全ての民族が楽しめる映画」として戦略的に製作していた事実を見逃してはならない。

(45) 前掲「南方映画工作」七一三ページ

(46) 日本音楽文化協会は一九四一年十一月二十九日、社団法人として設立された組織。辻荘一、山根銀二、園部三郎、中山晋平、山田耕筰などが参加した。厚生音楽の普及活動、傷病兵慰問音楽会の開催、研究誌「音楽研究」の発行など音楽による報国活動をおこなっていた（秋山邦晴、林淑姫編『昭和の作曲家たち――太平洋戦争と音楽』みすず書房、二〇〇三年、三五三―三五五ページ）。

(47)「映画時報」「映画旬報」一九四二年十二月十一日号、映画出版社、五ページ

(48) 服部良一「映画『音楽大進軍』の音楽に就いて！」「映画」一九四三年三月号、大日本映画事業連合会、四七ページ

(49) 一九四三年に公開された映画の封切り館入場者数ランキングは南方向けに製作された『音楽大進軍』が六位、『阿片戦争』は三十七位、『青空交響楽』は四十一位、国内向けの『兵六夢物語』が十七位だった（「昭和十八年度封切映画・封切館入場者数一覧」「日本映画」一九四四年五月一日号、大日本映画協会、二六―二七ページ）。また、四三年

十二月二十九日に公開された『元禄あばれ笠　浪曲忠臣蔵』は四四年上半期の封切り興行成績ランキング九位である（「昭和十九年上半期〔自一月至六月〕封切長篇映画作品別封切興行成績」「日本映画」一九四四年十一月十五日号、大日本映画協会、二六―二七ページ）。

(50) 内務省警保局編『映画検閲時報』第四十巻（不二出版、一九八六年）のデータをもとに集計した。

(51) 「映画旬報」「映画旬報」一九四三年一月二十一日号、映画出版社、三ページ。第一回委員会の参加者は情報局、陸軍、海軍、内務、大東亜各省関係官、日映、映配南方局、国際文化振興会各関係者だった。

(52) 古川隆久『戦時下の日本映画――人々は国策映画を観たか』吉川弘文館、二〇〇三年、二三〇ページ

第6章　フィリピンでの日米映画競争——日比合作映画『あの旗を撃て』の幻影

はじめに

一九四四年二月十日、日本とフィリピンの合作映画『あの旗を撃て——コレヒドールの最後』（監督：阿部豊）が日本で公開された。これは四二年の夏、東宝が『ハワイ・マレー沖海戦』（監督：山本嘉次郎）とともに「二大戦争映画」として製作発表した映画である。南方からアメリカ映画を駆逐し、大東亜の理念を広めるべく陸軍報道部が企画した、いわゆる「大東亜映画」のひとつだ。英語、日本語、タガログ語を使う『あの旗を撃て』は、四四年三月からはフィリピンでも *Liwayway ng Kalayaan* (*Dawn of Freedom*) という題名で封切られ、現地公開の日本映画としては歴代最高の記録を打ち立てた。この映画は、いったいどのような状況下で製作・興行され、どのような社会的機能を果たしたのか。

一九四一年十二月八日、日本軍によるフィリピン襲撃は真珠湾攻撃と同時に開始された。日本軍は、アメリカ軍が東洋一と誇るクラークとイバの二つの飛行場を爆撃し、十日に北部ルソンのアパリとビガン、十二日に南部のレガスピー、二十二日にリンガエン湾、二十四日にはラモン湾に上陸してマニラを目指す。大東亜戦争勃発と

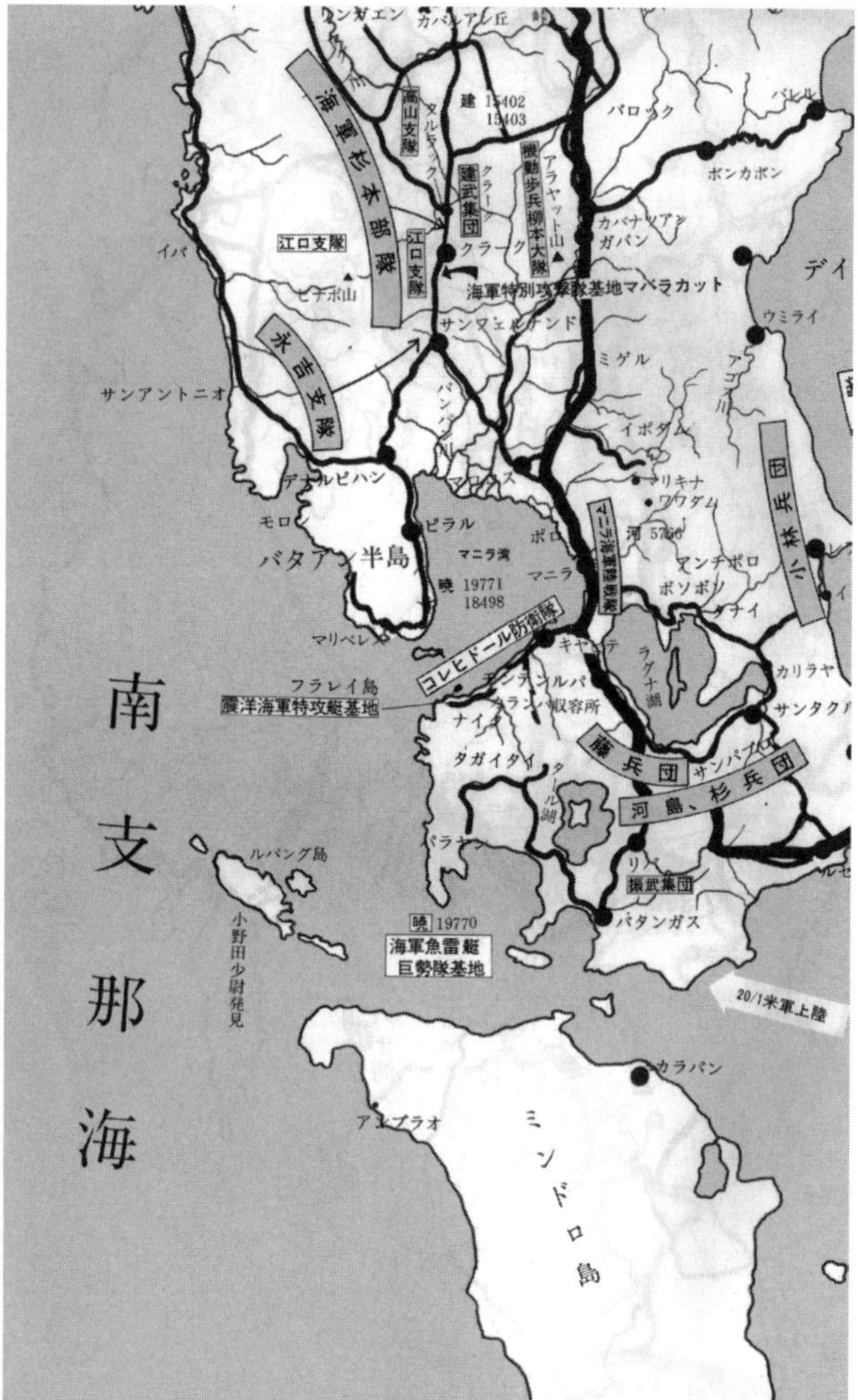

図128　1942年1月2日、日本軍はマニラを占領。逃げた米比軍を追ってバターン半島へ進軍。4月、バターン半島占領。5月6日、コレヒドール島の米比軍降伏

（出典：フィリピン戦友会編纂『フィリピンあゝ慟哭の山河――遺骨収集40周年記念写真』フィリピン戦友会、1985年、付録地図「フィリピンにおける陸海軍の戦闘と戦没地点見取図」）

いえば真珠湾攻撃への言及が多いが、しかし実際に大東亜戦争の開戦から終戦まで日本とアメリカが戦い続けてきた場所は、ハワイではなくフィリピンである。そしてそのフィリピンをめぐる日米戦は、銃弾が飛び交う戦場だけでなく、銀幕の世界でも繰り広げられていた。

戦時下に製作された両国の映画のなかで、フィリピン、とりわけバターンとコレヒドールが登場するものは、それぞれ異なる戦争の記憶を象徴する。例えば『東洋の凱歌――バターン・コレヒドール攻略作戦』（監修：陸

軍省、製作：比島派遣軍報道部、一九四二年）や『あの旗を撃て』などのように、日本映画でのフィリピンは、マニラ占領からバターン占領、コレヒドールのアメリカ軍降伏、そして一九四三年十月十四日のフィリピン独立と、大東亜戦争の最も華々しい戦果のひとつとして記憶されている。一方アメリカでは、アメリカ軍とフィリピン人が協力して日本軍からフィリピンを奪回する『バターンを奪回せよ *Back to Bataan*』（監督：エドワード・ドミトリク、一九四五年）や、アメリカ軍苦戦のなかでの隊員同士の絆を描いた『コレヒドール戦記 *They Were Expendable*』（監督：ジョン・フォード、一九四五年）などがそうであるように、フィリピンはアジアの小国日本に自国の植民地を奪われた屈辱の地として描かれた。つまりフィリピンは、栄光か屈辱か、その方向は異なるとはいえ、日本映画とアメリカ映画の両方でプロパガンダに利用されていたのである。

そしてこのフィリピンをめぐる日米映画戦はまた、映画のなかだけでなく映画産業全体にも及んでいた。つまりフィリピンの映画製作、配給、興行のすべてが、日本とアメリカの戦いの場になっていたのである。本章の目的は、その熾烈な日米映画戦がおこなわれたフィリピン映画産業を舞台に日本映画は何を目指したのか、それはいったいどんな結果を生み出したと考えられるのかを検証することである。そのためにはまず、日本の大東亜映画と南方映画工作、そしてフィリピン映画産業とアメリカ、日本の関係、さらには『あの旗を撃て』の製作と興行の実態を見据える必要がある。

1　大東亜映画と南方映画工作——日米映画戦でのフィリピンの重要性

大東亜映画とは戦争中、映画雑誌などで盛んに議論された概念である。それは「数世紀の長きに渡つて東亜諸民族に強制せられて来た欧米文化を駆逐して更に独自の東亜文化を打ち樹てる《（ママ）》(1)」ことを目的に製作された映画であり、国民を戦争に追い立てる道具として利用された映画である。

この大東亜映画が手本としていたのはドイツ映画である。ドイツではウーファ社など大手映画会社四社を政府が統制し、レニ・リーフェンシュタール監督の『民族の祭典 *Fest der Volker-Olympia Teil 1*』(一九三八年)のような「自国民のみならず広く他民族をも熱狂させ得る映画」を次々と生み出していた。日本もこれにならい、政府主導で映画を製作し、共栄圏の隅々に一元的に配給しようとしていたのである。

ただし、この大東亜映画の構想は、一国で作った映画をほかの複数の国々に一方的に配給するのではない点で、『民族の祭典』とは違っていたといえるだろう。ここで目指されているのは、例えば『あの旗を撃て』がまさにそうであるように、日本軍が指導し企画した映画を共栄圏内の複数の国が共同で作り、それを日本も含む共栄圏全域に配給することである。つまり大東亜映画とは、フィリピンや日本、満洲など製作地によって微妙に異なる風味を保ちながらも、思想と形式のうえでは共通の型をもった映画なのである。この構想の裏には、日本映画をいきなり共栄圏に流通させようとしても所詮無理だから、アメリカ映画のように全世界とまではいかなくとも、せめてアジアの人々に受け入れられる型の映画を作り、その映画を通じて日本優位の思想を共栄圏に向けて発信しようとする思惑があった。

そして大東亜映画圏構想を実現するために急いで進められた国策のひとつが、南方映画工作である。そもそも南方に対する映画工作は一九四〇年十二月、南洋映画協会の設立に端を発している。南洋映画協会は参謀本部陸・海軍と内閣情報局の斡旋のもとに松竹、東宝、東和商事、中華電影の四社が出資した組織である。協会の目的は「映画の南進政策」、すなわち香港より南の地域からアメリカ映画を駆逐し、映画を使って南方の人々を啓蒙することにあった。南洋映画協会は四一年にハノイ、四二年三月にサイゴン(西貢)、六月にバンコク(盤谷)、七月にはマニラに支社を設置し、各支社は『田園交響楽』(監督:山本薩夫、一九三八年)、『支那の夜』(監督:伏水修、一九四〇年)、『西住戦車長伝』(監督:吉村公三郎、一九四〇年)、『桜の国』(監督:渋谷実、一九四一年)、『希望の青空』(監督:山本嘉次郎、一九四二年)などの劇映画や、『日本の庭園』『日本の華僑生活の現状』などの文化映画を南方諸地域に配給していた。四二年五月の配給プリント数を地域別に見ると、フランス領インドシナ

（佛印）二本、タイ（泰）二本、フィリピン（比律賓）四本、ジャワとシンガポール（昭南）で四本、ビルマ一本となっている。(2) ほかの地域と比べてフィリピンのプリント数が多いのは、それだけ映画市場が大きかったからだが、同時にフィリピンが大東亜映画圏の達成に重要な地であったことを示す。

この南洋映画協会の組織が軍部主導で強化されたのは、大東亜戦争勃発から約九カ月後、南方での映画政策がさらに重要になってからである。一九四二年九月十日、定例次官会議で陸軍省木村次官は「南方映画工作」の内容を説明し、情報局奥村次長、陸・海内務および外務、情報局文化関係官、映画配給社（映配）、日本映画社（日映）の首脳がその内容に関して協議を重ね、大綱を決定する。以下に要約を記述する。

一、南方諸地域（香港も含む）の映画に関する配給、宣伝、報道、工作、映画館経営、輸出入、移出入、資材配給等は社団法人映画配給社（以下、映配）が行う。
二、映配社に一、を運営する部局を設置する。
三、時事映画および文化映画の現地製作は社団法人日本映画社（以下、日映）が行う。
四、映配と日映は指定地にそれぞれ支社を設置し、互いに独立を保ちながら、相互に連携する。
五、各支社は巡回および慰問映写を行う。
六、各支社は現地の軍政部または海軍民政府の管轄下とする。ただしフランス領インドシナとタイは出先大使館の管轄下とする。
七、南方諸地域に於ける現地映画の製作は当面、現地陸海軍の指揮監督下で一時的に内地映画製作業者に行わせる。
八、南洋映画協会は解散し、その事業機構は映配に引き継ぐ。(3)

この基本方針に基づき、一九四二年九月三十日には職制改革決定案が情報局から発表され、映配本社には南方

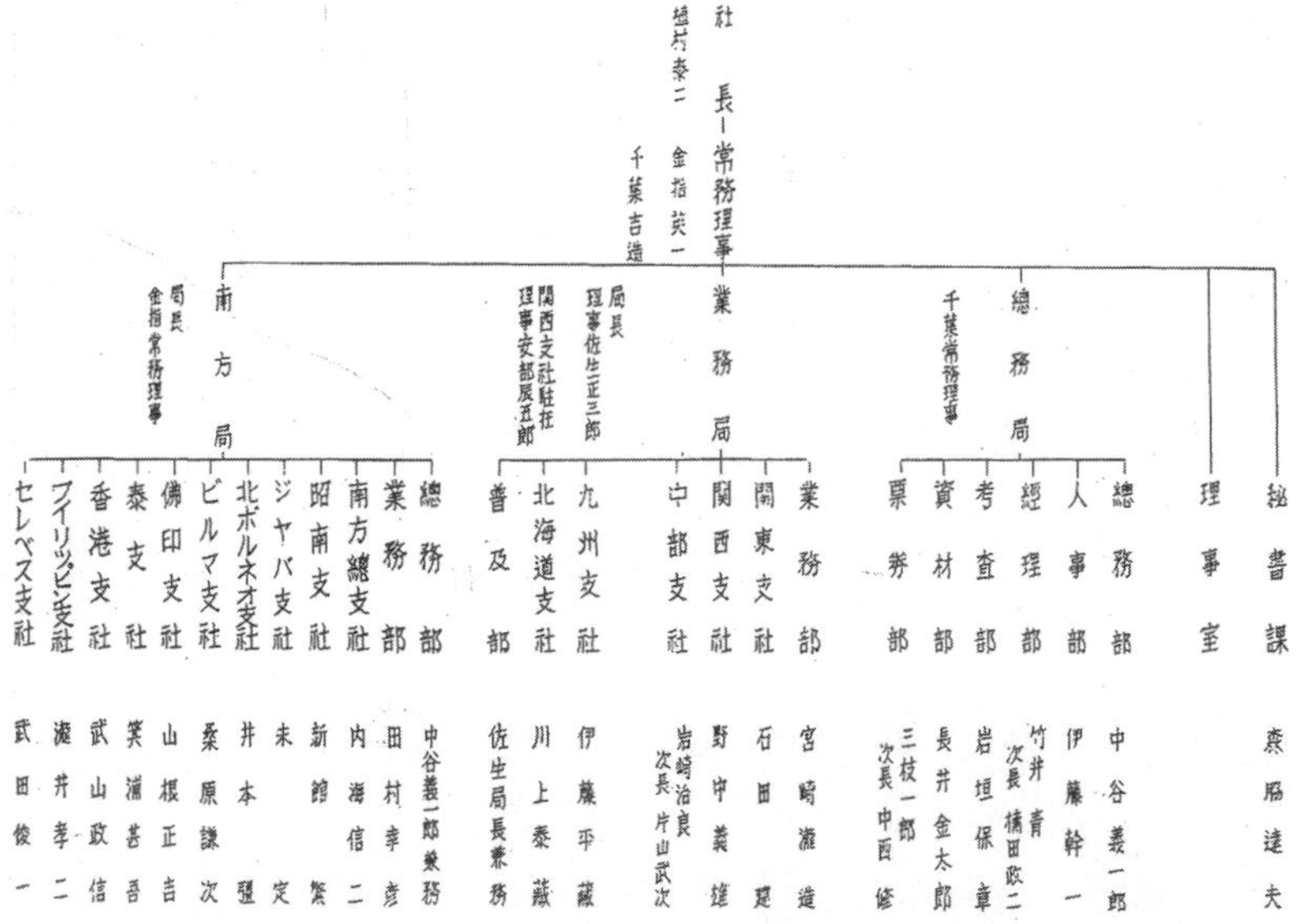

図129　映画配給社組織図（1942年10月現在）
（出典：「映画旬報」1942年10月21日号、映画出版社、6ページ）

局、日映本社には海外局が置かれた。そして映配南方局長は金指英一（元東洋汽船）、総務部は中谷義一郎（同）、日映海外局長は文化映画局長の星野辰男が兼任し、南洋映画協会の企画部長だった狩谷太郎は映配の嘱託となる。こうして南洋映画協会の仕事は映配と日映に引き継がれ、映配の機構はシンガポールに総支社を、その下にシンガポール、ジャワ、北ボルネオ、ビルマ、フランス領インドシナ、タイ、香港、フィリピン、セレベスの支社を配置するよう改組される[4]。したがって、先述した東宝の二大軍事映画『ハワイ・マレー沖海戦』と『あの旗を撃て』の製作発表は、南方の映画工作がこれからてこ入れされようとする、まさにそうした時勢でなされていたことがわかる。

この映配南方支社のなかでも、マニラのフィリピン支社は特別な存在だったといえる。その主な理由は、軍部指導による現地製作が南方ではジャカルタとマニラだけでおこなわれていたからだが、それだけではない。一九四二年十月十五日から五カ月にわたって台北やマニラ、ジャカルタ、シンガポール、サイゴンなどを視察した日映の星野辰男は、帰国報告のなかでマニラの特殊性について次のように述べている。

> フィリッピンの映画工作は他の南方諸地域と其の性格を異にしている関係上種々な意味で相当むづかしい事を予想される。フィリッピン自体がアメリカナイズされているので、比島人にも相当アメリカ思想が浸潤している。これをひつくり返して大東亜の理念を浸透させる事は可なり至難の業と覚悟すべきである（略）アメリカの謀略宣伝が盛んに呼びかけて来る。嘗てのアメリカの拠点であっただけに、その呼びかけも強烈であり必死である（略）マックアーサー《（ママ）》などもラジオを通じてアメリカ再来を叫びつゞけている如き、敵の宣伝主力をこゝに集中しているといつても過言ではない[5]。

つまり、アメリカの植民地だったフィリピンにはアメリカ文化が深く浸透していて、しかもアメリカは映画やラジオなどメディアを通じてアメリカの優位性をしきりに宣伝している。だから、このフィリピンの地で日本が理想とする大東亜共栄圏の理念を浸透させるのは、ほかの南方諸地域に比べてかなり難しい。そのため、日本も謀略宣伝の主力をフィリピンに集中させなければならない、ということである。まさにフィリピンは日米映画戦の激戦地だったのである。

では実際に、フィリピンでの日米映画戦はどのようにおこなわれたのだろうか。日本が侵略する以前のフィリピンの映画文化は、どのくらいアメリカナイズされていたのか。そして日本はそれをどう変えようとしたのか。これらの問いに答えるべく、以下では大東亜戦争が始まる前のフィリピン映画産業の状況を把握することにしよう。

2　フィリピン映画産業と日本が目指したもの

第二次世界大戦前のフィリピンは、世界映画市場の新たな覇者であるアメリカの植民地だっただけに、ほかの南方諸地域と比べても映画産業が発達していた。一九三九年から四〇年にかけて、マニラには十三社ほどの映画撮影所があったが、とくに大きかったのはかつてアメリカ人が経営していたフィリピン映画社と、のちの軍政下でL.V.N.映画社と統合されタガログ映画社になるサンパギタ映画社である。[6] ほかにもエキソティック映画社やパーラトン・イスパノ・フィリピノ社、比律賓ナショナル映画社、エキセルシオール映画社、リワイワイ映画社などがあったが、そのほとんどは資本規模が小さく、映画の製作本数も限られていた（章末の参考資料を参照）。

フィリピンではかなり早い時期からハリウッドとの交流がおこなわれている。例えば、日本がまだ在米日本人相手にしか映画を輸出できなかった時代に、すでにフィリピン映画社の創立者ジョージ・ハリスは、ハリウッドから『或る夜の出来事 *It Happened One Night*』（一九三四年）を監督したフランク・キャプラを招聘し、『サンボアンガ *Zamboanga*』（一九三七年）の編集を依頼している。フィリピンの人気俳優ローサ・デル・ロサリオとフェルナンド・ポウがダブル主演するこの映画は、アメリカやカナダ、フィンランドなどに輸出され、アメリカではアカデミー賞も受賞した。

戦前のフィリピン映画はハリウッド映画を模倣した勧善懲悪のハッピーエンド物が多く、とくに音楽映画の人気が高かった。ただし使用されている音楽はアメリカ風ジャズよりもむしろタンゴやクンデマンを用いたものが多かった。クンデマンはもともとタガログ語を使用する地方で歌われていたスペイン調の歌だが、その甘い哀調が人々の心をつかみ、フィリピン全土に広がった。作曲家としてはフランシスコ・サンチヤゴやファン・ヘルナンデスなどが活躍していた。

フィリピンの映画製作システムはハリウッドのスター・システムの影響を強く受けている。一九三〇年代のハリウッドでは男性スターと女性スターを組み合わせ、そのペアで数本の映画を作るのが盛んだったが、フィリピンでも、フィリピン映画社のレオポルド・サルセドとローサ・デル・ロサリオや、サンパギタ社のロヘリオ・デ・ラ・ローサとコラソン・ノブレなどのように男女ペアのスターを売りにした映画がたくさん作られた。

当時マニラで製作された映画のほとんどはタガログ語を使用している。しかしフィリピン全体のタガログ語使用率はわずか二五％程度であり、マニラの撮影所では、映画をほかの地域で公開するためにタガログ語版のほかにピサヤ語版、スペイン語版、英語版も作っていた。このようにセリフの吹き替えで外国語版を作るやり方は、翻訳字幕を採用したフランス領インドシナ[7]や、弁士の説明や字幕によって異国の言語を理解しようとした日本とは異なるが、初期のハリウッド映画とは同じ発想である。

興行システムもまたアメリカの強い影響下にあったといえるだろう。フィリピンの映画館がほかの南方諸地域と違って、入れ替え制ではなく連続興行制を採用していたのはその一例である。また映画館が座席数や席料、設備などで一番館、二番館、三番館とランク分けされ、ランクによって映画上映の順番が決まるのもアメリカとそっくりである。

戦前、ルソン島のマニラ市には多くの映画館が集中し、フィリピン全土の七分の一にあたる数の映画館があった。マニラ市の一番館はアメリカのそれを模して作られていて、座席数からもその豪華さがうかがわれる。例えばマニラ市のアベニュー劇場は千八百人、メトロポリタン劇場千八百人、アイディアル劇場千六百人、リリック劇場千六百人、ステート劇場千四百人、キャピトル劇場千人、タリサイ劇場千人などである。これに対し、例えばパギオ市の一番館は、最も大きいパギオで六百人、アルハマール五百人、キャピトル五百人、パインス四百人など、だいたいオロやラジオ、サヴォイ、パレス、スター、ティボリといったマニラ市にある二番館と同程度か、あるいはそれ以下である。いかにマニラに大きな映画館が集中していたかがわかるだろう。しかも、マニラにある一番館のうち、タリサイを除くすべてがアメリカ映画を上映していたのである（章末の参考資料を参照）。

図130　マニラ市にあるキャピトル劇場のエントランス。大理石の床、中央の切符売り場、ポスターの飾り方など日本の映画館とは異なるアメリカ様式
（出典：「映画旬報」1942年4月1日号、映画出版社、広告）

そして、これらの映画館にアメリカ映画を配給していたのが現地の配給会社である。マニラには二十一社の配給会社が集中していたが、そのうち八社はアメリカの映画会社（メジャー五社、マイナー三社）の支社だった。その八社とは、パラマウント映画フィリピン会社、二十世紀フォックス輸入会社、MGMマニラ社、RKOラジオ映画フィリピン社、ワーナー・ブラザーズ・ファースト・ナショナル映画会社、極東ユニバーサル映画会社、コロンビア映画フィリピン会社、ユナイテッド・アーティスツである。それ以外にも、フォー・スター映画社、ルソン劇場株式会社、メトロポリタン劇場会社、汎東洋映画社、パーラトン・イスパノ・フィリピノ株式会社、比律賓芸術家組合、サルヴァシオン映画配給株式会社、スペラ&ホンス社、シアター・サプライ社、アクメ映画株式会社、デル・モンテ映画株式会社などフィリピンや欧州の会社もあったが、どれも資本規模や配給本数でアメリカの配給会社の敵ではなかった。

　アメリカの次に多く輸入されていたのは中国映画である。フィリピンの華僑は福建や広東から来た人が多く、映画は香港経由で輸入されていた。マニラ市には中国映画の封切り館としてキャセイ（国泰）、スター（洪星）、レックス（大光明）の三館があり、その他セブ市、ホロ市、ブツアン市、マスバテ市、イロシン市、スリガオ市などにもあった。日本映画も少数ながら輸入され、『東京祭』（監督：牛原虚彦、一九三三年）、『さくら音頭』（監督：渡辺邦男／マキノ正博、一九三四年）、『丹下左膳』（監督：伊藤大輔、一九三四年）、『大菩薩峠』（監督：稲垣浩、一九三五年）などが日本人居住者が多いダバオ市やマニラ市、パギオ市などで上映されている。ほかにソビエトやイタリア、ドイツ、メキシコなどからも映画が輸入されていたが、量的にはなんといってもアメリカ映画が群を抜いていた。

当時の統計データがどれだけ信頼できるかは疑問だが、複数の資料がアメリカ映画のフィリピンでの市場占有率は九〇％を超えていたと記している。例えば上野一郎は、フィリピンで上映される映画のうち九三％はアメリカ映画で、次に多いフィリピン映画の二％を大きく引き離していたと述べている。また映配の狩谷太郎も、第一位がアメリカ映画の九〇％、第二位は中国映画の三％、第三位はフィリピン映画の二％だったと報告している。(8)こうしたフィリピン映画市場でのアメリカ映画の氾濫には、前述したアメリカの配給会社の強さに加えて、アメリカ優遇の税制度も関係する。フィリピンでは外国映画の輸入に三五％の従価税を課していたが、アメリカ映画だけは非課税であり、(9)それがアメリカ映画を輸入しやすくしていたと考えられる。

このように、フィリピン映画産業はその製作、配給、興行のすべての面でアメリカに支配されていた。一九四三年十一月十五日、南方映画工作の強化のためマニラに支社長として就任した瀧井孝二は当時のフィリピンについて次のように述べている。

従来アメリカ文明の浸潤が最も甚だしく、東洋民族としての誇《（ママ）》を自ら放棄して混血を誇つた等と云ふ点に至つては南方諸地域中でも最も甚だしいアメリカ文明崇拝に堕していたものでアメリカ映画に依る影響はその風俗習慣のみならず精神生活にも深く及ぼしていて、大東亜戦争に依る覚醒がなかつたら彼等は未だに映画とアイスクリームとダンスのみの生活を続けていたであろうと思はれる。(10)

したがって日本がその使命、すなわちフィリピンから敵性文化を駆逐し、新しい東亜の文化を建設するという目的を達成するには、まずフィリピンの映画館からアメリカ映画を排除し、フィリピン人に日本映画を見せることが急務となる。そのため映配は、軍部指導のもとで日本映画のフィリピン進出を支援する。つまり日本映画は、戦争を契機として、その前にも後にもないほど多大な援助を国から得ることができたのである。国という強力な後ろ盾を得たことで、日本映画は史上初めてとなる大量輸出を実現し、その市場はフィリピンを含む南方諸地域へと広がっていった。一九四三年末までにフィリピンで封切られた日本映画は次のとおりである（観客動員数が多い順）。

『ハワイ・マレー沖海戦』、『阿片戦争』、『支那の夜』、『シンガポール総攻撃』、『戦ひの街』、『熱砂の誓ひ』、『マレー戦記』、『愛機南へ飛ぶ』、『若き日の歓び』、『将軍と参謀と兵』、『陸軍航空戦記』、『男』、『西住戦車長伝』、『我が家の風』、『孫悟空』、『五人の斥候兵』（同時上映『空の神兵』）、『華やかなる幻想』、『海軍戦記』、『東洋の凱歌』、『翼の凱歌』、『希望の青空』、『南海の花束』、『田園交響楽』、『新妻問答』、『新雪』、『愛の一家』、『清水港』、『純情二重奏』(11)

そのほかランキングには入っていないが、『北極光』（監督：田中重雄、一九四一年）、『戸田家の兄妹』（監督：小津安二郎、一九四一年）、『ビルマ戦記』（撮影：陸軍報道班員／日本映画社特派員、一九四二年）、『海の母』（監督：伊賀山正徳、一九四二年）、日本ニュース、大東亜ニュース、文化映画なども公開された。戦後のアジア市場での日本映画の受容は、こうした戦時下の国策によって培われた土壌のうえに成り立っていたともいえるだろう。

しかし、アメリカ映画に代わって日本映画がフィリピンを支配するという理想の実現はそう簡単なことではなく、到底短期間で成し遂げられるものではなかった。確かにフィリピンでの日本映画の公開本数は急増したが、フィリピンの映画館からアメリカ映画が消えることはなかった。この状況について情報局の不破祐俊は「南方向映画について」の記事のなかで次のように述べている。

南方諸地域には、現在なほ米英文化にわざはひされた部分が残つている。これに取つて代るものは日本の近代生活の建設面である。ことに現地住民の慰安娯楽として映画のもつ役割がいまほど重要性をもつている時はない。それにも拘はらず、実際は適当な映画がないため、止むなくアメリカ映画の中から選んで再上映しているような状態にある。[12]

つまりアメリカ映画は、「止むなく」とはいえ、上映され続けていたのである。問題は大きく四つあったと考えられる。一つ目は日本映画会社の問題である。日本映画会社はそれまで海外市場向けに映画を作ってこなかったので、急に作れといわれてもなかなかできなかった。二つ目は言語や習慣の問題である。映画観客の中心の層をなす四十歳以下のフィリピン人は、アメリカ植民地下で英語教育を受けてきたため、英語は理解できても日本語は理解できない。また、たとえ言葉が理解できたとしても、キリスト教文化のフィリピン人に日本文化を理解させるのは容易ではなかった。三つ目は翻訳の問題である。日本映画の上映には最初、日本語を英語に訳して聞かせる弁士や翻訳字幕が採用されたが、それまでのフィリピンでは吹き替え映画が中心だったので、弁士による興行形態や字幕を読む習慣に慣れていなかった。四つ目は映画の語り方の問題である。フィリピン観客のなかには、アメリカ映画に比べて日本映画は単調な語りが多く、女性の描き方が消極的で、恋愛などの感情や葛藤、動作の起伏が少なく、視覚的に退屈な映画が多いと指摘する人もいた。[13]

このように日本映画の興行にはさまざまな問題が残されていたために、映画館の経営を維持するためにはアメリカ映画を上映せざるをえなかった、というわけである。しかも、日本映画がかつてないほどフィリピンに輸入されたとはいえ、フィリピン全土に配給するにはまだ十分ではなく、他方フィリピン人が見慣れていたアメリカ映画のストックは一九四三年の時点で約二千五百本もあった。この状況に対して不破は続けて次の見解を述べている。

わが国と国情、国民性等を異にする国々に於て、日本の映画が内地同様にうけいれられるといふのは、理想としては立派であつても、容易ならぬことである。そこでまづ、南方の人々にもうけ入れられる映画であつて而も盟主日本の指導精神を訴えかける力をもつた映画、そういふ方向に南方向映画の製作を行つてゆくべきである。(14)

つまり不破は、文化があまりにも異なる地域で、いきなり日本映画を現地人に見せても理解されるはずはない。だから理想はひとまずおいて、まずは南方向けの映画――大東亜映画――を作らなければならないと主張している。

フィリピンでの日米映画戦とは、武力ではなく文化による支配を目指す戦いである。日本軍がアジア諸国を欧米列強の植民地支配から解放するのを建前にしたのと同じように、映画もまたアメリカ映画の支配からアジアを解放し、アメリカに代わってアジア市場を支配することを目指した。そのためアメリカの植民地だったフィリピンで、日本映画がアメリカ映画に勝利することは象徴的な意味をもっていたといえるだろう。そしてその目標に向かって、国と映画会社が一緒に突き進んだ結果が『あの旗を撃て』だったのである。

3 『あの旗を撃て』の製作と興行

『あの旗を撃て』は、陸軍指導のもと東宝がフィリピンで製作した大東亜映画のひとつである。この映画の監督は当時、陸軍航空本部監修の『燃ゆる大空』（一九四〇年）や航空映画『南海の花束』（一九四二年）など軍事映画を撮っていた阿部豊が務め、阿部監督の補助としてサンパギタ映画社のジェラルド・デ・レオン監督が協力している。すなわちこの映画は、占領者と被占領者によるコラボレーション映画なのである。

その製作には、当時としては異例に長い約一年半が費やされた。一九四二年八月、製作担当の滝村和男と監督の阿部豊、脚本家の八木隆一郎と小国英雄がフィリピンへ渡り、現地での取材を重ね、約一年かけて脚本を練り上げた。脚本を最終的に仕上げたのは小国で、彼はのちに黒澤明監督の『悪い奴ほどよく眠る』（一九六〇年）、『椿三十郎』（一九六二年）、『天国と地獄』（一九六三年）などを手掛け、戦後を代表する脚本家のひとりとなる。

撮影監督は「東宝の天皇」と呼ばれた宮島義勇で、撮影は一九四三年八月から始まっている。ほとんどのシーンはフィリピン最大手の映画会社であるフィリピン映画社とサンパギタ映画社のスタジオで撮影され、日本で撮影したのはセットを使ったシーン二つだけである。撮影には『ハワイ・マレー沖海戦』で真珠湾攻撃の模型を特撮した東宝の特殊技術課長・円谷英二も参加した。

俳優陣は日本の大スター大河内伝次郎や河津清三郎、月田一郎、真木順、田中春男、大川平八郎などに加えて、フィリピンの人気俳優フェルナンド・ポウやレオポルド・サレセド、アンヘル・エスメラルダなどが出演している。ほかにも日本陸軍やアメリカ軍捕虜、マニラ市民も参加した。日本の俳優陣は『ハワイ・マレー沖海戦』以来、南方で何本も公開されていた東宝軍事映画の常連たちである。同じ俳優を繰り返し起用することによって、現地人の親近感を高めようとしたのだろう。

物語は一九四一年十二月八日から始まるフィリピンの戦い（日本の作戦名「M作戦」）を背景に、日本兵とフィリピン人の交流を描いたものである。大東亜映画として製作された

図131　「映画旬報」に『あの旗を撃て』の多種多数の広告が掲載されている
（出典：「映画旬報」1943年11月11日号、映画出版社、広告）

だけあって、その物語には内地と外地の両方を視野に入れたテーマが二つ仕込まれている。一つはフィリピン人に対するもので「米国の如何に憎むべきかを知らしめ、比島人を迷夢から醒まし、彼等のなかに眠る東洋人の血を喚起する」ことである。もう一つは、内地の国民も視野に入れたもので「星条旗を東亜の天地から撃ち落した皇軍不屈の精神を描き、一億国民の決意を更に高揚させる」ことである。つまりフィリピンでの日本の戦果を強調するとともに、アメリカに対する日本の優位性をフィリピン人に吹き込む目的で作られていたのである。

それでは、そうしたテーマは具体的に映画のなかでどう描かれているのか。人種に注目して分析してみよう。

まず、この映画のアメリカ軍は卑劣な人種差別者として登場する。例えばバターン半島でダグラス・マッカーサー率いるアメリカ兵が、猛攻撃する日本兵に恐れをなして待避壕に逃げ込む場面がある。待避壕はアメリカ兵でいっぱいになり、そこにフィリピン兵も逃げ込もうとする。そこでアメリカ兵は「イエロー・モンキーめ！」とののしりながら、待避壕のなかから外にいるフィリピン兵を機銃で殺しまくる。アメリカ兵が自分たちだけ生き延びようとして、アメリカのために戦うフィリピン兵を殺害するこのエピソードは、実際のアメリカ軍がどうだったかとは関係なく、「アメリカ兵は卑劣非道である」というイメージをフィリピン人に植え付けたいという日本側の意図をあからさまに示している。

これに対し日本人は、フィリピン人をアメリカの迷妄から救う人物として描かれている。例えば大河内伝次郎演じる速水部隊長がフィリピン人のゴメス大尉に、日本はアジアの同胞としてフィリピンをアメリカから独立させるために戦っていると諭すと、改心したゴメス大尉が戦地のフィリピン兵に日本と戦うのをやめるよう戦線放送で呼びかけるエピソードがある。また日本兵の池島が、日本の敵はアメリカであってフィリピンではないと言うだけで、ゴメス大尉の母がアメリカにだまされていたことを悟り、すぐさま日本軍の協力者となり日本軍の正しさを戦線放送でプロパガンダするエピソードからも同じ意図を看取できる。タガログ語も積極的に使用され、フィリピン文化を尊重する日本人の姿勢が強調されている。

加えて、この映画での日本兵のエピソードは常に高貴な優しさに満ちている。とりわけフィリピン人の少年トニーと日本兵・池島との友情の描き方はおとぎ話のように美しい。トニーは日本軍の上陸に恐れをなしてマニラからあわてて逃げるアメリカ兵の車にひかれ、歩けなくなる。そこで池島は、日本の優れた医術と自らの血を無償で提供することによって、少年の足を治療する。そしてトニーは、バターンへ出陣する池島の姿を見送るなか、ついに車椅子から立ち上がり、ひとりでヨチヨチと歩き始めるのである。トニーがフィリピンという国を象徴するとすれば、このエピソードはアメリカの植民地だったフィリピンが、日本という技術が進んだ強くて立派な国の手助けによって独立を果たすといわんばかりの寓意的な演出といえるだろう。

図132　速水部隊長（大河内伝次郎、左）が捕虜となったゴメス大尉（フェルナンド・ポウ、右）を上から見下ろす。ゴメスが捕らわれの身であることは彼を囲む日本兵の視線によって示されている
（出典：「映画旬報」1943年11月11日号、映画出版社、広告）

同じような寓意は、池島がフィリピンの子どもたちに「一寸法師の鬼退治」の紙芝居を見せるエピソードにも見いだすことができる。日本でおなじみのこの物語も、一寸法師を日本、鬼をアメリカ、お姫様をフィリピンに置き換えて考えれば、小さいけれども強くて勇気がある日本が、フィリピンという美しい国を、アメリカという鬼畜から救い出す物語として読める。フィリピンの子どもたちに流暢な英語で語りかける池島の声は、英語という敵性語を使いこなす日本兵の能力の高さを印象づける（池島役の大川平八郎は東宝演技部から南方映画局マニラ支店に転じた人物である）。

さらに映画のクライマックスでは、日本陸軍の勇姿が「海ゆかば」の楽曲とともに映し出され、日本の軍事力と精神力の見せ場となる。コレヒドールへの五千発の砲弾撃ち込みから、敵前上陸の一大死闘、そしてアメリカ兵が白旗を振って降参するまでがたっぷり描かれる。このように『あの旗を撃て』とは、人気のフィリピン俳優を日本の俳優より下に配役して物語上指導される立場に置くことで、日本こそフィリピンをアメリカの隷属的な地位から救い出し、独り立ちできるよう引き上げる真の指導者であると示すと同時に、アメリカに対する日本の優位性をプロパガンダすることを期待された映画だったのである。[15]

映配の南方映画局調査課によれば、『あの旗を撃て』は「一日平均観覧者数」が過去最高の大ヒットとなり、「マニラ市推定人口の一割はこの映画を見た」[16]といわれている。一九四四年三月八日、マニラのアイディアル劇場とリリック劇場で封切られ二週間続映し、フィリピンの封切り館での観客動員数は十三万七千七百七十人を記録した。これは歴代一位だった『ハワイ・マレー沖海戦』（総観覧者数五万百六十五人）の約二・七倍である。また日本での興行も一館あたりの平均興行収入が約一万三千六百二十四円四十三銭と、その年第一位の『おばあさん』（監督：原研吉、一九四四年）約一万四千五百二十五円三十七銭に次ぐ成績を上げている。[17] つまり、『あの旗を撃て』は日本とフィリピンの両方で大ヒットし、大勢の人々が見たことになる。

ならば『あの旗を撃て』は、大東亜映画の理想を達成したといえるのか。敵性文化を駆逐し、新しい東亜文化を建設することに成功したといえるのだろうか。答えは否である。たくさんの観客が『あの旗を撃て』を見たからといって、それが大東亜映画の理想を実現したことにはならない。確かにこの映画は日本人がフィリピンのために戦うこと、そしてフィリピン人が自国のために戦うことの意義をプロパガンダしていた。しかし、映配南方局調査課はフィリピンの知識人（メディア関係者）がこの映画に厳しい評価を下したことを報告している。

たとへば、米兵が比島兵の待避壕に入るのを拒んで機銃掃射した部分などは、彼等がもつとも論議の対象としたところであつて、「米兵は絶対にかやうな残虐な行為をしない。これはアメリカよりフイリツピンを引き離すための宣伝謀略にすぎぬ」とする如き、全く敵性的な批評もきかれるのである。かつまた、大川平八郎扮するところの日本兵が、現住民の負傷した子どもを介抱する場面は、この映画の最も感動的な場面をなし、多くの観衆もまたこゝで感動せずにはいなかつた（ママ）のであるが、これがこの映画封切前に上映されて最高のヒットをとつた米映画『わが谷は緑なり』の最上の場面の悪模倣であるとして、価値損傷のための批評さへ一般的に流布されている。(18)

図133　フィリピン俳優陣を演出する阿部豊（中央）と撮影開始を待つ宮島義勇（左）
（出典：「映画旬報」1943年11月11日号、映画出版社、広告）

要するに、敵国憎悪をあからさまに呼びかける『あの旗を撃て』の政治性はすっかり見抜かれていたのである（『わが谷は緑なり *How Green was My Valley*』〔一九四一年〕は、『コレヒドール戦記』と同じアメリカのタカ派監督ジョン・フォードの作品）。

それではなぜ『あの旗を撃て』は、それほどまでにフィリピンの観客を集めることができたのか。南方映画工作の開始直後に公開された『ハワイ・マレー沖海戦』は日本映画の物珍しさから観客の関心を引きやすかったとも考えられるが、すでに開戦から二年以上の月日がたち、日本映画は退屈という評判がたったあとで、『あの旗を撃て』がフィリピン人を引き付けるのは容易なことではなかっただろう。事実、当時のフィリピンのメディアはアメリカ映画との比較において、日本映画を「退屈」「意図するところが摑みにくい」「楽しさがない」「内容が余りにも複雑にすぎる」「宣

図134　日本軍の勝利
（出典：前掲『フィリピンあゝ慟哭の山河』ページ表記なし）

伝性が目立ちすぎる[19]」と批判していた。にもかかわらず、この映画がフィリピンで大ヒットしたのには、監督である阿部豊が深く関係すると考えられる。

当時、阿部は日本人としては珍しく、ハリウッド的な映画を作る監督として高く評価されていた。彼は若くしてロサンゼルスの演劇学校に学び、ハリウッドでトーマス・H・インス監督などの作品に出演した経験をもつ。インスはハリウッドの分業制映画量産システムの構築に大きく貢献し、初期アメリカ映画の編集の規範形成にも寄与した重要人物である。阿部の作風がこうした創成期のハリウッド映画製作を代表する人物の影響をより強く受けていたことは確かだろう。事実、日活大将軍撮影所で監督デビューした当初から阿部は「ハリウッド仕込み」と評され、『足にさはつた女』（一九二六年）や『陸の人魚』（一九二六年）などコンティニュイティを重視した編集の作品を作っていく。『あの旗を撃て』も、当時の日本映画に多い象徴的で間接的な表現を使いながら、人物の葛藤を中心にエピソードを単純なほどわかりやすくつなぎ合わせ、派手な戦闘アクションをクライマックスに据える点で、ハリウッド映画に近づいているといえなくもない。また、この映画にはアメリカ兵捕虜のなかにいたハリウッドの映画人たちも撮影スタッフとして参加していて、それが皮肉にも日本映画をかつてないほどハリウッド映画に近づけていたとも考えられる。アメリカに代わってアジア市場を支配することをもくろんだこの映画は、アジアで最も親しまれていたハリウッド映画の話法を内部に色濃く取り込んでいたのである。

つまり『あの旗を撃て』は、ハリウッド映画の話法を借用し、愛と正義で弱者を導くというハリウッド映画が得意とするテーマを語り、さらには語りの主体をアメリカから日本にすげ替えることで、日本こそフィリピンの正統な指導者であると宣伝しようとする映画だったといえる。しかし、その姑息なもくろみは、プロパガンダの幼稚さのせいでフィリピンの人々にすっかり見破られてしまっていたのである。したがって、この映画がフィリピンで大ヒットしたのは、日本映画にしては珍しくハリウッド的な映画だったからにすぎず、フィリピン人を啓蒙するという政治的な意図のほうは、期待されたほどの効果を上げられなかったと考えられる。

おわりに——『あの旗を撃て』の幻影

『あの旗を撃て』が大東亜映画として最も効果を発揮できたのはむしろ、フィリピン以外の地域、とりわけ日本だったと考えられる。この映画の日本封切り予定日は一九四三年十二月八日、すなわち大東亜戦争開始の二周年記念日であった（一周年記念に公開されたのは『ハワイ・マレー沖海戦』）。そしてその封切り日の発表は、フィリピンがアメリカからの独立を宣言した四三年十月におこなわれている。すなわちこの映画は、大東亜戦争の輝かしい戦果と結び付いた記念日に公開を予告し、国民が戦う気持ちを新たにすることを期待された祝いの日に公開を予定していたのである。

日本でこの映画が特別熱心に宣伝されていたことは、例えば「読売新聞」の広告からもうかがい知ることができる。一九四三年の十月末から十二月にかけてほぼ毎日広告が掲載され、必ず「最前線の比島人を背後から虐殺したのは誰だ！」「比島映画人も戦ふ」「俺たちも撃たねばならぬあの星条旗を」「徹底的な米軍の虐殺振り」などといった扇情的なスローガンが挿入されている。[20] だが結局、『あの旗を撃て』は十二月八日の封切り予定日に製作が間に合わず、翌年二月十日の紀元節奉祝会直前に公開されることになるが、そのあいだも熱い宣伝はずっと続けられた。

戦時中、この映画がもつ政治性にどれだけの日本人が気づいていたかははなはだ疑問である。そもそも日本人にはプロパガンダを見抜く力が不足していると指摘する人もいた。「比島の映画事情を聴く」で、日映フィリピン支社の澤村勉らと対談した映画批評家の筈見恒夫は次のように述べている。

謀略宣伝といふものは、他の民族は馴れて居ります。日本人だけですよさ《（ママ）》ういふことに馴れないのは、圧迫されて居る民族は、さういふ事に馴れて、我々が考へたやうなことだけでは駄目です。(21)

つまり日本人はアジアのほかの国のように他民族に支配されたことがないから、プロパガンダの経験に乏しく、それに気づく能力が鍛えられていない、というのである。もちろん、これは一概にいえるものではない。それは日本人の経験値が低いからというだけでなく、情報の問題も加味して考えなければならない。アメリカと日本の両方の情報が流れていたフィリピンに比べ、日本では長期にわたり極端に情報が制限されていたことを考えれば、フィリピンを舞台に大東亜共栄圏の理想世界を宣伝するこの映画が日本の観客に与えた影響は、計り知れないものになるはずだからである。

問題は、この映画がいつ日本で上映されていたかである。日本軍の軍政時代は一九四四年十月二十日、アメリカ軍のレイテ島再上陸によって終わりを遂げる。その後、コレヒドール玉砕、マニラ玉砕、パギオのラウレル政権の東京亡命と続き、南方総軍の停戦命令が下る四五年八月十九日まで日本軍は死闘を強いられる。にもかかわらず、この映画は四四年三月にフィリピンで封切られたあと、サイゴンやタイなど南方諸地域で巡回上映される。日本では少なくとも同年十一月下旬まで上映が確認されている。つまり軍部が夢想する大東亜共栄圏を視覚化したこの映画は、フィリピンでの軍政支配が消えてもなお、過去の栄光がまだ続いているかのようなイリュージョンを日本の観客の頭のなかに作り上げていたことになる。そしてこの映画の呼びかけ――日本こそ大東亜の盟主として鬼畜米英から同胞フィリピンを救い出し、正しく導く使命があり、そのためアメリカと戦わなければならないという思念――が、他人のために命を落とすことを美徳とする当時の日本人の胸に熱い思いを抱かせたことは想像に難くない（忠臣蔵や股旅の物語が好まれたのもその美徳ゆえだろう）。依然としてこの映画は、忠義愛国・義理人情を慈しむ日本人のそうした美徳に寄りかかりながら、国民に戦争をプロパガンダしていたのである。

南方映画工作については、日本の映画会社が国内の利益を優先させ、南方向け映画の製作に積極的にならず、現地に合わせた作品づくりをしようとしなかったがゆえに、効果を上げられなかったといわれてきた。しかし、すでに見てきたように、日本映画のなかにも大東亜映画圏の実現を目指し、現地に合わせて、現地とのコラボレーションで製作された映画は存在したのである。爆弾と同じ材料を必要とするがゆえに極端に制限され、国内需要を満たすことさえおぼつかなかった生フィルムをせっせと使って、南方向けの映画を作っていた会社もあったのだ。確かに、これまでいわれてきたように、フィリピンでは期待した効果は出せなかったのかもしれない。だがそれは、「現地に合わせた映画づくりをしようとしなかった」からではなく、そうしたけれども政治的な意図を見抜かれ、単に功を奏さなかったにすぎない。戦わずして負けたのではなく、戦って負けたのである。しかもアメリカ映画の型を借りた「借り物映画」で戦ったのだから、玉砕されるしかなかったともいえるだろう。

結局この「借り物映画」の真価は、南方よりもむしろ内地で発揮された。悲しいほど情報を制限されていた国民に、この映画は消えてしまった南方のユートピアを夢想する術を与えたからだ。南方諸地域をアメリカに代わって日本が支配するという、いびつで、うつろな大東亜共栄圏の夢想は約七十五年前、フィリピンの地で『あの旗を撃て』のフィルムに焼き付けられた。かつて暗がりのなかで憧れをもって眺められていたであろう夢想のきらめきは、長い時間を経たいま、再びスクリーンに放たれ、その異臭を漂わす。

本表は、「映画旬報」1942年7月1日号（映画出版社）に掲載された南洋映画協会企画部調査課の調査資料から作成した。

マニラ市の映画会社一覧

1. Filippine Films, Inc.（フィリピン映画株式会社）
179 Inververs, Santa Ana, Manila
2. Sampaguita Pictures, Inc.（サンパギタ映画株式会社）
140 Solano, Intramuros, Manila
3. X'otic Films（エキソティック映画社）
2219 Azcarraga, Manila
4. Parlatone Hispano-Filipino, Inc.（パーラトン・イスパノ・フィリピノ株式会社）
2219 Azcarraga, Sampaloc, Manila
5. Philippine National Pictures, Inc.（比律賓ナシヨナル映画株式会社）
159 J. Barlin, Sampaloc, Manila
6. Excelsior Pictures, Inc.（エキセルシオール映画株式会社）
Calvo Bldg, 60 Escolta, Binondo, Manila
7. Liwayway Pictures（リワイワイ映画社）
418 Misericordia, Manila
8. L. V. N. Pictures（L. V. N. 映画社）
Broadway, San Juan, Rizal, Manila
9. Mabuhay Movietone（マブハイ発声映画社）
530 Hexcok Bldg, Escolta, Binondo, Manila
10. Sinukuan Pictures Corporation（シヌクワン映画株式会社）
904 O'Donnell, Sta. Cruz, Manila
11. Cerventine-Filippine, Inc.（セルヴアンタイン・フイリピン株式会社）
Fernandez Bldg, 51 Escolta, Binondo, Manila
12. Salumbides Films Co., Ltd.（サルンビデス映画株式会社）
San Francisco del Monte, Rizal, Manila
13. Balindawak Pictures, Inc.（バリンダワク映画株式会社）
65 San Vicente, Sta. Cruz, Manila
14. Sangfumay Pictures（サンフマイ映画社）
1053 Dart, Paco, Manila
15. Sese Bros.（セセ兄弟社）
101 S Guzman, San Juan, Rizal, Manila
16. Oriental Films Corporation, Inc.（東洋映画株式会社）
Padilla Bldg., 428 Rizal Avenue, Sta. Cruz, Manila
17. Silangan Movietone, Inc.（シランガン発声映画株式会社）
Plaza Sta. Cruz, Sta. Cruz, Manila

マニラ市の映画館一覧

所在地	館名	経営者
1. Manila-Rizal Ave.	Avenue	Luzon Theatres. Inc.
2. 〃	Grand	〃
3. 〃	State	〃
4. 〃	Talisay	Parlatone
5. 〃	Ideal	Ideal Theatre Corp.
6. Quezon Ave.	Times	
7. Escolta	Lyric	Nero Also Luzon
8. 〃	Capitol	〃
9. Mehan Garden	Metropolitan	Metropolitan Theatre Co.
10. Plaza Sta. Cruz.	Tivoli	William Brown
11. 〃	Oro	Mauricio Guidote
12. Ronguillo	Palace	Acme Filmes Inc.
13. Echague	Savoy	Lazarus Joseph
14. 〃	Radio	Eleuterio Santos
15. Azcarraga	Star	Felix Paterno
16. Gandara	Cathay	Chinese Film Exchange
17. Ongpin	Asia	Vicente Gotamco Hnos
18. Rizal Ave.	Apolo	Suburban Theatres Inc.
19. 〃	Alegria	〃
20. 〃	Latus	Eduque Theatrical Circuit
21. 〃	Noli	Suburban Theatres, Inc.
22. Tondo	Venus	Eugenio Sevilla
23. 〃	Acme	〃
24. 〃	Katubusan	Modesto Santos
25. 〃	Rizal	Suburban Theatres, Inc.
26. 〃	Gloria	〃
27. 〃	Esa	Eugenio Sevilla
28. 〃	Roxy	Rufino Reyes
29. 〃	Reno	Eugenio Sevilla
30. 〃	Madrid	Ismael Zapatta
31. Sampaloc	Odeon	Mauricio Guidote
32. 〃	Moderno	〃
33. 〃	Alhambra	Eduque Theatrical Circuit
34. 〃	Prince	〃
35. Sta. Mesa	Sta. Mesa	Emilio Estrebel
36. Quiapo	Metro	Angel de Garchitorena
37. 〃	Elite	Eduque Theatrical Circuit
38. Paco	Paco	Francisco Santamaria
39. 〃	Paz	〃
40. 〃	Dart	Eugenio Sevilla
41. 〃	Eden	Jose del Rosario
42. 〃	Bellevue	Eduque Theatrical Circuit
43. Intramuros	Hollywood	Eugenio Sevilla
44. 〃	Magallanes	〃
45. Ermita	Gaiety	George Joseph
46. Ongpin, Binondo	Rex	Rex Theatre Co.
47. Cuartel de Espana	Post of Manila	Theatres Supply Corp.

所在地	館名	経営者
48. Calle Azcarraga, Sta. Cruz	Ritz	
49. Pasay, Rizal	Idilio	
50. 〃	Kalayaan	
51. 〃	Pasay	F. B. Harrison

所在地	館名	経営者
52. San Juan, Rizal	San Juan	
53. 〃	Liberty	
54. 〃	Rio	
55. 〃	Luzon	Eugenio Sevilla
56. 〃	Estrella	Santiago Gochangeo

注

(1) 山根正吉「大東亜映画圏確立の急務」「映画旬報」一九四二年二月二十一日号、映画出版社、四—五ページ
(2)「南進政策の現状と南協の改組」「映画旬報」一九四二年五月二十一日号、映画出版社、六—七ページ
(3)「映画時報」「映画旬報」一九四二年十月一日号、映画出版社、四ページ
(4)「映画時報」「映画旬報」一九四二年十月二十一日号、映画出版社、四ページ
(5) 星野辰男「南方映画工作より還りて」「映画旬報」一九四三年五月十一日号、映画出版社、一五—二〇ページ
(6) 南洋映画協会企画部調査課「比律賓の映画事情」「映画旬報」一九四二年七月一日号、映画出版社、一六—二四ページ、今日出海「比島に於ける映画工作」「映画旬報」一九四三年二月一日号、映画出版社、一八—一九ページ
(7) 土屋齊「南方映画事情」「映画旬報」一九四二年四月一日号、映画出版社、二二ページ
(8) 上野一郎「大東亜共栄圏と映画」「映画旬報」一九四二年三月二十一日号、映画出版社、一七ページ、狩谷太郎「比律賓映画界見聞」、前掲「映画旬報」一九四二年四月一日号、一九ページ
(9) 南洋映画協会企画部調査課「比律賓の映画事情」、前掲「映画旬報」一九四二年七月一日号、一九ページ
(10) 瀧井孝二「比島映画界の近況」「映画旬報」一九四三年五月一日号、映画出版社、二二—二三ページ
(11) 映配南方局調査課「比律賓映画界」「日本映画」一九四四年八月一日号、大日本映画協会、二七ページ
(12) 不破祐俊「南方向映画について」、前掲「映画旬報」一九四二年十月一日号、七ページ

(13) アントニオ・B・L・ロザレス「比島人の日本映画感」「映画旬報」一九四三年十月二十一日号、映画出版社、二〇―二一ページ

(14) 前掲「南方向映画について」七ページ

(15)『あの旗を撃て』の次に現地で製作され、最後の日比合作映画となる『三人のマリア』も同じである。原作は「リワイワイ」誌編集長で大衆作家のホセ・エスペランサ・クルスの長篇小説『三人姉妹』。澤村勉が脚色し『あの旗を撃て』の共同監督ジェラルド・デ・レオンが演出した。恩愛をテーマの中心に据えて、フィリピンがアメリカの植民地支配から抜け出し、独立国として自立するには農業国にならなければならないと主張することでフィリピン人の心をつかもうとした。一九四四年十月十二日から現地公開された。

(16) 前掲「比律賓映画界」二七―二八ページ

(17)「昭和十九年上半期（自一月至六月）封切長篇映画作品別封切興行成績」、前掲「日本映画」一九四四年十一月十五日号、二六―二七ページ

(18) 前掲「比律賓映画界」二九ページ

(19)「比島に於ける日本映画の反響とスマトラの移動写真展」「日本映画」一九四四年五月一日号、大日本映画協会、二三―二五ページ

(20)「読売新聞」一九四三年十一月三日付、三面、「読売新聞」一九四三年十一月六日付、三面、「読売新聞」一九四三年十二月十四日付、四面、「読売新聞」一九四四年二月七日付、二面

(21) 澤村勉／田村潔「外地映画協議会記録――比島の映画事情を聴く」「日本映画」一九四五年二月十五日号、大日本映画協会、四ページ

主要参照文献

《日・朝・台・中の新聞：一八九五―一九四五年》

「大阪朝日新聞」
「大阪時事新報」
「大阪毎日新聞」
「京城日報」
「申報」
「台湾日日新報」
「東京朝日新聞」
「南洋新報」
「南洋日日新聞」
「横浜貿易新報」
「読売新聞」

《日・朝・台の雑誌：一九〇九―四五年》

「芦屋 帝キネ公認後援誌」芦屋雑誌社
「映画朝日」朝日新聞社
「映画往来」キネマ旬報社
「映画教育」大阪毎日新聞社
「映画時代」文藝春秋社
「映画旬報」映画出版社
「映画と演芸」朝日新聞東京本社
「映画評論」映画評論社

「演芸画報」演芸画報社
「演芸と映画」歴史写真会
「大阪経済雑誌」大阪経済社
「大阪春秋」大阪春秋社
「大阪人」大阪都市協会
「大阪の歴史」大阪市史料調査会
「大阪「NOREN」百年会かわら版」大阪「NOREN」百年会
「活動画報」飛行社
「活動倶楽部」活動評論社／活動倶楽部社
「活動雑誌」活動雑誌社
「活動写真界」日本活動社
「活動写真雑誌」活動写真雑誌社
「活動之世界」活動之世界社
「活動評論」活動評論社
「蒲田」松竹蒲田作品後援会／蒲田雑誌社
「蒲田画報」蒲田雑誌社
「蒲田週報」松竹キネマ蒲田撮影所
「上方」上方郷土研究会
「加茂」加茂雑誌社
「キネマ」キネマ雑誌社
「キネマ」豊国社
「キネマ週報」キネマ週報社
「キネマ旬報」キネマ旬報社
「キネマ・レコード」フィルム・レコード社／キネマ・レコード社
「藝能懇話」大阪芸能懇話会
「劇と映画」劇と映画社／国際情報社

「建築と社会」日本建築協会
「国際映画新聞」国際映画新聞社
「芝居とキネマ」大阪毎日新聞社出版部
「松竹」松竹雑誌社
「松竹映画」松竹映画社
「松竹画報」松竹画報社
「松竹キネマ」松竹キネマ雑誌社
「新興映画」新興映画社
「新興キネマ」新興キネマ社／映光社
「新興帝キネ」三正堂出版部
「新帝キネ」新帝キネ雑誌社
「大大阪」大阪都市協会
「大松竹」映光社
「大帝キネ」大帝キネ社／映画世界社
「大東亜」活動新聞社
「大日活」大日活雑誌社
「大日本ユニヴァーサル」大日本ユニヴァーサル雑誌社／映画世界社
「朝鮮及満洲」朝鮮及満洲社
「朝鮮公論」朝鮮公論社
「帝キネ」帝キネ雑誌社
「帝キネながせ」シネマランド社
「東亜」東亜雑誌社
「東亜映画」東亜映画社
「東亜画報」東亜画報社
「東亜キネマ」活動新聞社
「東宝」東宝株式会社事業部

「東宝映画」東宝映画社
「難波津」「難波津」社
「日活」活動新聞社
「日活映画」映画世界社
「日活画報」日活画報社
「日活多摩川」日活多摩川撮影所宣伝部
「日活花形」花形社
「日本映画」キネマ旬報社
「日本映画」大日本映画協会
「満洲映画」満洲映画発行所

《アメリカ政府刊行物：一九〇三―二九年》
Advance Sheets of Consular Reports（後継誌 *Daily Consular Reports*）
Commerce Reports
Daily Consular and Trade Reports（後継誌 *Commerce Reports*）
Daily Consular Reports（後継誌 *Daily Consular and Trade Reports*）
Monthly Consular and Trade Reports
Weekly Consular and Trade Reports

《英字新聞・雑誌：一八九五―一九二九年》
Billboard
China Press
Eastern Daily Mail and Straits Morning Advertiser
Film Daily
Japan Advertiser
Los Angeles Herald Sunday Magazine

Los Angeles Times
Manila American
Manila Times
Motion Picture Daily
Motion Picture Herald
Motion Picture News
Motography
Moving Picture Weekly
Moving Picture World
New York Clipper
New York Times
New York Tribune
Nickelodeon
North China Herald
Paramount Sales News
Peking Daily News
Philippine Free Press
Philippines Monthly
Photoplay
San Francisco Call
Shanghai Times
Singapore Free Press and Mercantile Advertiser
Singapore Monitor
Straits Times
Universal Weekly
Variety

《書籍・雑誌記事：日本語》

「愛の扉」「芦邊劇場」一九二三年二月八日号、実文社

青山雪雄「米国スクリーン月報 サンライズ映画会社の事務所ブロヅキ及栗原紐育行」「活動写真雑誌」一九一九年六月号、活動写真雑誌社、六七―六八ページ

秋篠健太郎『阪東妻三郎』毎日新聞社、一九七七年

秋山邦晴、林淑姫編『昭和の作曲家たち――太平洋戦争と音楽』みすず書房、二〇〇三年

新井堯爾『観光の日本と将来』観光事業研究会、一九三一年

新井精司「映画の製造と配給とを独立せしめよ」「活動倶楽部」一九二二年十一月号、活動倶楽部社、三四―三五ページ

「アロー社映画連発の大活皐月興行」「活動画報」一九二二年四月号、飛行社、五ページ

アントニオ・B・L・ロザレス「比島人の日本映画感」「映画旬報」一九四三年十月二十一日号、映画出版社、二〇―二一ページ

飯島正『日本映画史』上、白水社、一九五五年

飯島正／岩崎昶／津村秀夫ほか「輸出映画一般を語る（完）」「スタア」一九三九年八月下旬号、スタア社、六―九ページ

飯島正／内田岐三雄／岸松雄／筈見恒夫『映画年鑑 一九三六年版』第一書房、一九三六年

石井文作編『日本映画事業総覧 大正十五年版』国際映画通信社、一九二五年

石巻良夫『活動写真経済論』（近世商業経済叢書）、文雅堂、一九二三年

石巻良夫「本邦映画興行概観」、石井文作編『日本映画事業総覧 大正十五年版』所収、国際映画通信社、一九二五年、三三―五五ページ

飯塚友一郎「浪花節」「東宝」一九三九年一月号、東宝株式会社事業部、一一―一二ページ

イザベラ・バード『中国奥地紀行』第一巻、金坂清則訳（東洋文庫）、平凡社、二〇〇二年

石井迷花「日本に於ける映画興行権問題」「活動画報」一九二二年七月号、飛行社、二八―三一ページ

市川彩『アジア映画の創造及建設』国際映画通信社、一九四一年

市川彩／石巻良夫／下石五郎編『国際映画年鑑 昭和九年版』国際映画通信社、一九三四年

一記者「椰子の葉蔭から――大正活動写真会社提供 有楽座封切映画を見て」「活動倶楽部」一九二〇年七月号、活動倶楽部社、二四―二五ページ

伊藤武「大谷日出夫と浪曲巡礼物語」「新興映画」一九三九年十二月号、豊国社、五六―五七ページ

今村太平／筈見恒夫／双葉十三郎／清水千代太「敢て言ふ赤信号」「映画朝日」一九四〇年四月号、朝日新聞社、一四九―一五七ページ
李英一／佐藤忠男『韓国映画入門』凱風社編集部訳、凱風社、一九九〇年
岩崎昶『日本現代史大系 映画史』東洋経済新報社、一九六一年
岩本憲児編著『日本映画とモダニズム 1920-1930』リブロポート、一九九一年
上田学『日本映画草創期の興行と観客――東京と京都を中心に』早稲田大学出版部、二〇一二年
上野一郎「大東亜共栄圏と映画」「映画旬報」一九四二年三月二十一日号、映画出版社、一七ページ
植野淺一編『大阪大観』大阪大観社、一九一四年
宇田正『昭和初期の帝国キネマ――帝国キネマの興亡3・完』(「東大阪市史紀要」第十四号)、東大阪市役所、一九九八年
梅川生「道頓堀と千日前とさうして京極」「演芸画報」一九一二年三月号、演芸倶楽部、五八―六七ページ
梅村紫声編『映画史料』第一―十七集、凡々社、一九六一―六九年
「映画版権侵害の訴」「活動新聞」一九二一年十月号、一ページ
「映画複製で訴へらる 版権侵害として活動界の大問題」「東京朝日新聞」一九二一年七月二十九日付、二面
A・W・生「朝鮮人側の映画に就て」「朝鮮及満洲」一九二八年十一月号、朝鮮及満洲社、六四―六八ページ
映配南方局調査課「比律賓映画界」「日本映画」一九四四年八月一日号、大日本映画協会、二七―二九ページ
英文大阪毎日学習号編輯局特輯『大大阪』大阪出版社、一九二五年
江戸ッ子「京城活動写真界の内幕」「朝鮮及満洲」一九一六年二月号、朝鮮及満洲社、一二三―一二四ページ
榎本泰子『上海――多国籍都市の百年』(中公新書)、中央公論新社、二〇〇九年
大久保透『最近の大阪市』大久保透、一九一一年
大隈重信「外国会社と握手せよ」「活動之世界」一九一六年九月号、活動之世界社、二―四ページ
大隈重信「清国事情研究の急務」「早稲田講演」一九一一年十二月十日号、早稲田大学出版部、一―一六ページ
大隈重信『世界大戦以来――大隈侯論文集』大観社、一九一九年
大隈重信編『開国五十年史』上・下、開国五十年史発行所、一九〇八年
大阪絵葉書業組合『名所絵葉書 大阪みやげ』大阪絵葉書業組合、出版年不明
大阪市北区役所編輯『北区誌』大阪市北区役所、一九五五年
大阪市教育部共同研究会編『大正大阪風土記』大正大阪風土記刊行会、一九二六年

大阪市此花区役所編『此花区史』大阪市此花区役所、一九五五年
『大阪市産業大観』出版者不明、一九二九年
大阪市史編纂所編『大阪市の歴史』創元社、一九九九年
大阪市社会部調査課編『余暇・娯楽研究基礎文献集』第四巻、弘文堂書房、一九二三年
『大阪市大観』出版者不明、一九二五年
大阪市西区史刊行委員会編『西区史』清文堂出版、一九七九年
大阪市西淀川区役所編『西淀川区勢要覧――市域編入二十五周年記念』大阪市西淀川区役所、一九五一年
『大阪市の100年』刊行会編『目で見る大阪市の100年』上・下、郷土出版社、一九九八年
大阪市役所編『大阪案内記』大阪市役所産業部、一九二八年
大阪市役所編『明治大正 大阪市史』第一巻、日本評論社、一九三四年
大阪市東区史刊行委員会編『東区史』第三巻、大阪市東区史刊行委員会、一九八一年
大阪市港区役所編『港区誌』大阪市港区創設三十周年記念事業委員会、一九五六年
大阪新報社編『阪神ダイレクトリー 大正八年版』大阪新報社、一九一九年
大阪都市協会編『北区史』北区制一〇〇周年記念事業実行委員会、一九八〇年
大阪都市協会編『近代大阪の五十年』大阪都市協会、一九七六年
大阪都市協会編『写真で見る福島の今昔』福島区制施行50周年記念事業実行委員会、一九九三年
大阪都市協会編『続南区史』南区制一〇〇周年記念事業実行委員会、一九八二年
大阪都市協会編『大大阪年鑑』大阪都市協会、一九三六年
大阪都市協会編『福島区史』福島区制施行五十周年記念事業実行委員会、一九九三年
『おおさか100年』サンケイ新聞社、一九八七年
大阪府建築士会編『近代大阪の建築――明治・大正・昭和初期』ぎょうせい、一九八四年
大阪府写真師協会『大阪写真百年史――大阪府写真師協会創立七十年誌』大阪府写真師協会、一九七二年
大阪府知事官房編『大阪府労働統計実地調査ノ概要』大阪府、一九二五年
大阪府編『大阪百年史』大阪府、一九六八年
大阪府編『大阪府名所旧跡案内』大阪府、一九一四年
大阪府立市岡高等女学校校友会編『大阪市内見学記念写真帖 大正11年其2』大阪府立市岡高等女学校校友会、一九二二年

『大阪絵葉書帖［1］』出版者・出版年不明、大阪府立中之島図書館所蔵
『大阪絵葉書帖［2］』出版者・出版年不明、大阪府立中之島図書館所蔵
大阪府編『大阪府写真帖』大阪府、一九一四年、大阪府立中之島図書館所蔵
『大阪名勝』大村書店、一九一二年、大阪府立中之島図書館所蔵
『大阪名所絵葉書［1］』出版者・出版年不明、大阪府立中之島図書館所蔵
大阪府立中之島図書館編『大阪今昔写真1　上町台地』大阪府立中之島図書館、一九八二年
大阪府立中之島図書館編『大阪今昔写真2　繁華街』大阪府立中之島図書館、一九八二年
大阪府立中之島図書館編『大阪今昔写真3　中之島付近』大阪府立中之島図書館、一九八二年
大阪毎日新聞社編『大大阪現代風景』大阪毎日新聞社、一九三三年
太田黄鳥「問題になつた映画」「活動画報」一九二二年七月号、飛行社、四七—四九ページ
太田米男「映画の復元——『何が彼女をそうさせたか』（1929）に関して（Ⅰ）」「大阪芸術大学紀要」第二十三号、大阪芸術大学、二〇〇〇年、一四四—一五六ページ
大林花蝶「京城だより」「活動之世界」一九一六年十二月号、活動之世界社、一七三ページ
大林宗嗣『民衆娯楽の実際研究——大阪市の民衆娯楽調査』大原社会問題研究所、一九二二年
岡田晋『日本映画の歴史——その企業・技術・芸術』ダヴィッド社、一九六七年
岡田正子「Beautiful JAPAN」東京シネマ新社（http://tokyocinema.net/）［二〇一五年六月三日アクセス］
岡俊雄「音楽映画に就いて——白井鉄造氏は語る」「新映画」一九四二年三月号、映画出版社、七〇—七二ページ
岡部龍編『資料　帰山教正とトーマス栗原の業跡——天活（国活）と大活の動向』（「日本映画史素稿」第八集）、フィルム・ライブラリー協議会、一九七三年
岡本良一編『写真集明治大正昭和　大阪』上（ふるさとの想い出）、国書刊行会、一九八五年
岡本良一／守屋毅編『明治大正図誌11　大阪』筑摩書房、一九七八年
岡良助『京城繁昌記』博文社、一九一五年
海事彙報社『大阪独案内』海事彙報社、一九二四年
会心居主人「千日前俄漫談」「上方」一九三一年十月号、上方郷土研究会、五二—五七ページ
帰山教正「大正活動写真株式会社の設立——誌上の一隅を借りて」「活動倶楽部」一九二〇年六月号、活動倶楽部社、二四—二五ページ

帰山教正「発声映画開発時代」「映画往来」一九二九年四月号、キネマ旬報社、八五—八六ページ

「拡大されたる盗難・複写・興行権問題——盗難輸出防止会の設立も絶対困難な問題か」「活動雑誌」一九二一年十一月号、活動雑誌社、九八—九九ページ

片倉佳史『古写真が語る 台湾日本統治時代の50年——1895-1945』祥伝社、二〇一五年

片野暁詩「映画の興行権と不正映画に就て」「活動画報」一九二二年七月号、飛行社、三九—四一ページ

カチカチ山泥右衛門「我輩は狸である」「映画」一九四二年十月号、大日本映画事業連合会、七八—八一ページ

加藤厚子『総動員体制と映画』新曜社、二〇〇三年

加藤政洋『大阪のスラムと盛り場——近代都市と場所の系譜学』創元社、二〇〇二年

「上方 千日前今昔号」一九三一年十月号、上方郷土研究会

狩谷太郎「比律賓映画界見聞」「映画旬報」一九四二年四月一日号、映画出版社、一九ページ

川瀬健一編『植民地台湾で上映された映画——1899(明治32年)~1934(昭和9年)』東洋思想研究所、二〇一〇年

河瀬正次郎『港区現勢誌——大阪赤字新聞附録』大阪赤字新聞社、一九二七年

川田友之編『大阪大観』大阪大観編纂所、一九一四年

川田友之編『近畿大観』大観社、一九一五年

川端直正/大阪市西成区編『西成区史』西成区市域編入四〇周年記念事業委員会、一九六八年

川端直正編『天王寺区史』天王寺区創立三十周年記念事業委員会、一九五五年

川端直正編『浪速区史』浪速区創設三十周年記念事業委員会、一九五七年

川端直正編『東住吉区史』東住吉区創設一五周年四カ村編入三周年記念事業委員会、一九六一年

川端直正編『東成区史』東成区創設三十周年記念事業実行委員会、一九五七年

川端直正編『東淀川区史』東淀川区創設三十周年記念事業委員会、一九五六年

掬水庵渓楓「あのな」一九二六年五月号、楓文庫、五—八ページ

北崎豊二『大正末期の帝国キネマ——帝国キネマの興亡2』(「東大阪市史紀要」第十三号)、東大阪市役所、一九九三年

金廷珉「1920年代前半における『京城日報』製作映画に関する研究——『愛の極み』を中心に」「マス・コミュニケーション研究」第八十号、日本マス・コミュニケーション学会、二〇一二年、一七一—一八九ページ

キム・ドンフン「分離されたシネマ、絡み合う歴史——日本植民地支配下の一九二〇年代朝鮮映画文化」山崎順子訳、藤木秀朗編『観客へのアプローチ』(日本映画史叢書)所収、森話社、二〇一一年、一三九—一七〇ページ

キム・ミヒョン責任編集『韓国映画史——開化期から開花期まで』根本理恵訳、キネマ旬報社、二〇一〇年
教育学術研究会編『支那研究』同文館雑誌部、一九一六年
近現代資料刊行会編『大阪市・府社会調査報告書』第十二巻、近現代資料刊行会、二〇〇六年
近代建築画譜刊行会編、橋爪紳也監修『近代建築画譜——近畿篇』復刻版、不二出版、二〇〇七年
栗原喜三郎「映画劇と感想断片録」「活動雑誌」一九二一年十月号、活動雑誌社、六六—六九ページ
栗原喜三郎「映画製作者を独立せしめよ」「活動雑誌」一九二二年六月号、活動雑誌社、一三三ページ
栗原トーマス「活動写真と僕」「活動倶楽部」一九二〇年六月号、活動倶楽部社、二二—二三ページ
車田譲治『国父孫文と梅屋庄吉——中国に捧げたある日本人の生涯』六興出版、一九七五年
黒顔子「松竹大活合併より千代田館問題に至る真相」「活動倶楽部」一九二二年十一月号、活動倶楽部社、二八—三一ページ
桑原勇吾「地方通信 浪曲映画なら絶対」「映画朝日」一九四〇年七月号、朝日新聞社、一八九ページ
京城商業会議所編『統計年報 昭和4年』京城商業会議所、一九三〇年
「京城通信」「活動之世界」一九一八年一月号、活動之世界社、二三三—二三四ページ
「京城通信」「キネマ旬報」一九二八年十一月十一日号、キネマ旬報社、九九ページ
国際映画通信社編『日本映画事業総覧 昭和二年版』国際映画通信社、一九二六年
国際映画通信社編『日本映画事業総覧 昭和三—四年版』国際映画通信社、一九二八年
国際映画通信社編『日本映画事業総覧 昭和五年版』国際映画通信社、一九三〇年
国立劇場近代歌舞伎年表編纂室編『近代歌舞伎年表 大阪篇』第四—七巻、八木書店、一九八九—九二年
此花区郷土史研究会『此花区郷土史研究会活動記録 平成八年度』此花区郷土史研究会、一九九六年
此花区郷土史研究会『此花区内風景 九条昔ばなし』此花区郷土史研究会、二〇〇二年
小松弘「天然色から純映画劇へ——日本映画史における天活の意義」「芸術学研究」一九九五年三月号、明治学院大学芸術学会、二五—三七ページ
小松弘「ヒストリオグラフィーと概念の複数性——大活を歴史化するために」「映画学」第十三号、早稲田大学映画学研究会、一九九九年、二—一一ページ
近藤経一編『映画スター全集』第三巻、平凡社、一九二九年
今日出海「比島に於ける映画工作」「映画旬報」一九四三年二月一日号、映画出版社、一八—一九ページ
酒居正雄「京城の活動写真界」「朝鮮及満洲」一九二二年一月号、朝鮮及満洲社、一一九—一二〇ページ

笹川慶子「アメリカ映画のアジア市場展開と日本の地政学的位置――海外映画市場に関するアメリカ政府報告（1903-1919）の歴史的分析」『関西大学文学論集』第六十六巻第一号、関西大学文学会、二〇一六年、六三―九一ページ
笹川慶子「痛みなき動員へのいざない――戦争とミュージカル映画」、青弓社編集部編『従軍のポリティクス』（青弓社ライブラリー）所収、青弓社、二〇〇四年、一二一―一四六ページ
笹川慶子「海を渡った興行師・播磨勝太郎――20世紀初頭のアジア映画市場におけるシンガポールと日本」『関西大学文学論集』第六十四巻第四号、関西大学文学会、二〇一五年、一二三―一四七ページ
笹川慶子「映画配給のグローバル化とアジア――マニラ映画館史1909-1914」『関西大学文学論集』第六十六巻第三号、関西大学文学会、二〇一六年、一―二三ページ
笹川慶子「大阪映画産業論序説――阪妻と京都、そして大阪」『大阪都市遺産研究』第一号、関西大学大阪都市遺産研究センター、二〇一一年、一九―三七ページ
笹川慶子「大阪映画文化の誕生」、関西大学大阪都市遺産研究センター編『大阪時事新報記事目録 文芸と映画編 昭和Ⅰ』（大阪都市遺産研究叢書）所収、関西大学出版部、二〇一一年、一九―四〇ページ
笹川慶子「『折鶴お千』と道頓堀興行」、前掲『観客へのアプローチ』所収、三五七―三八四ページ
笹川慶子「音楽映画の行方――日中戦争から大東亜戦争へ」、岩本憲児編『日本映画とナショナリズム 1931-1945』所収、森話社、二〇〇四年、三一九―三五四ページ
笹川慶子「グローバル映画配給と中国 1896-1914――上海を事例として」『関西大学文学論集』第六十七巻第二号、関西大学文学会、二〇一七年、一―三二ページ
笹川慶子「継承された音――日本映画のサウンド化と浪曲トーキーの構造」、山田幸平編著『現代映画思想論の行方――ベンヤミン、ジョイスから黒澤明、宮崎駿まで』所収、晃洋書房、二〇一〇年、三二一―三四六ページ
笹川慶子「京城における帝国キネマ演芸の興亡――朝鮮映画産業と帝国日本の映画興行」『大阪都市遺産研究』第三号、関西大学大阪都市遺産研究センター、二〇一三年、一九―三二ページ
笹川慶子編著『公益財団法人三菱財団助成研究 日本映画雑誌所在調査報告書――日本映画資料の所在調査及びデータベースの構築』上・下、笹川慶子、二〇一五年
笹川慶子「小唄映画に関する基礎調査――明治末期から昭和初期を中心に」、演劇研究センター編『演劇研究センター紀要』第一巻所収、早稲田大学演劇博物館、二〇〇三年、一七五―一九六ページ
笹川慶子「第二次世界大戦とハリウッド・ミュージカル映画――現実逃避かプロパガンダか」『映像学』第六十三号、日本映像学会、

一九九九年、三八―五四ページ
笹川慶子「帝国日本の映画配給――台北の帝国キネマ演芸と西日本」『近代大阪文化の多角的研究――文学・言語・映画・国際事情』なにわ大阪研究センター、二〇一七年、一―一六ページ
笹川慶子「東洋汽船の映画事業と近代日本」『東アジア文化交渉学会第八回国際シンポジウム』東アジア文化交渉学会、二〇一六年、六九一―六九八ページ
笹川慶子「トム・D・コクレンとアジア――ユニバーサル映画のアジア展開」「関西大学文学論集」第六十五巻第一号、関西大学文学会、二〇一五年、一三一―一五七ページ
笹川慶子「20世紀初頭の環太平洋映画交渉――アメリカから見た中国と日本」、『近代中国と東アジア――新史料と新視点』所収、浙江工商大学東方語言文化学院、二〇一六年、二一〇―二二六ページ
笹川慶子「日比合作映画『あの旗を撃て』の幻影――占領下フィリピンにおける日米映画戦はいかにして戦われたか」「関西大学文学論集」第六十巻第一号、関西大学文学会、二〇一〇年、五七―八五ページ
笹川慶子「日本の映画王になれなかった男――山川吉太郎のサクセスと没落」、大阪府立大学観光産業戦略研究所/関西大学大阪都市遺産研究センター/大阪府/新なにわ塾叢書企画委員会編著『大阪に東洋1の撮影所があった頃――大正・昭和初期の映画文化を考える』(新なにわ塾叢書)、ブレーンセンター、二〇一三年、一〇七―一五二ページ
笹川慶子「パテ社のマニラ進出と映画館――マニラ映画興行史1909-1910」「演劇研究」第四十号、早稲田大学坪内博士記念演劇博物館、二〇一七年、一―二二ページ
笹川慶子「花開く大阪キネマ文化」、前掲『大阪に東洋1の撮影所があった頃』所収、一五三―二一五ページ
笹川慶子「忘却された音――浪曲映画の歴史とその意義」、神山彰/児玉竜一編『映画のなかの古典芸能』(日本映画史叢書)所収、森話社、二〇一〇年、一五九―一九〇ページ
笹川慶子「ミュージカル映画とその黒人表象――第二次世界大戦中の人種問題との関係において」「早稲田大学大学院文学研究科紀要」第四十六輯第三分冊、早稲田大学大学院文学研究科、二〇〇一年、二五―三五ページ
笹川慶子『明治・大正 大阪映画文化の誕生――「ローカル」な映画史の地平にむけて』(大阪都市遺産研究叢書)、関西大学大阪都市遺産研究センター、二〇一二年
佐々木勘一郎『帝キネ伝――実録日本映画史』近代文芸社、一九九六年
「撮影の内幕種あかし」「活動倶楽部」一九二〇年十二月号、活動倶楽部社、写真ページ
佐藤重臣『阪妻の世界』池田書店、一九七六年

佐藤忠男『日本映画史』第一巻、岩波書店、一九九五年
佐藤弘編『南方共栄圏の全貌』旺文社、一九四二年
澤村勉／田村潔「外地映画協議会記録――比島の映画事情を聴く」「日本映画」一九四五年二月十五日号、大日本映画協会、四―六ページ
『産業と風光の大阪』産業組合中央会大阪支会、一九三二年
市制100周年記念事業此花区実行委員会／此花区コミュニティ協会編『写真で見る此花区――大阪市制100周年記念』此花区コミュニティ協会、一九九〇年
篠崎昌美編『浪華夜ばなし――大阪文化の足あと』朝日新聞社、一九五五年
柴田勝『映画常設館の記録――大阪、道頓堀・千日前：神戸、新開地・三宮周辺』柴田勝、一九七五年
柴田勝『帝キネ映画の記録――大阪の映画会社 自大正9年5月至昭和6年9月』柴田勝、一九七六年
渋沢栄一「海の博覧会と沙翁祭の活動写真」「活動之世界」一九一六年六月号、活動之世界社、一二―一四ページ
渋沢栄一「驚くべき米国の活動写真界」「活動之世界」一九一六年二月号、活動之世界社、六二―六五ページ
渋沢栄一記念財団「渋沢栄一ゆかりの地」(http://www.shibusawa.or.jp/)［二〇一六年三月三十一日アクセス］
渋沢栄一「米国では今何をして居るか」「活動之世界」一九一六年二月号、活動之世界社、四―五ページ
清水吉康『大大阪市名勝パノラマ地図』金尾文淵堂、一九二五年
志茂成保「大活は理想を捨てず」「活動画報」一九二二年二月号、飛行社、三〇―三一ページ
志茂成保「太平洋会議と活動写真の事業」「活動雑誌」一九二二年三月号、活動雑誌社、一二九ページ
ジャパン・ツーリスト・ビューロー編『回顧録』ジャパン・ツーリスト・ビューロー、一九三七年
週刊朝日編『値段史年表――明治・大正・昭和』朝日新聞社、一九八八年
「商業登記公告」「横浜貿易新報」一九二〇年五月四日付
松竹株式会社『松竹七十年史』松竹、一九六四年
松竹株式会社『松竹百年史――映像資料・各種資料・年表』松竹、一九九六年
「昭和元年全国映画興行場入場人員調査表」「国際映画新聞」一九二七年九月五日号、国際映画新聞社、表紙ページ
「昭和十九年上半期(自一月至六月)封切長篇映画作品別封切興行成績」「日本映画」一九四四年十一月十五日号、大日本映画協会、二六―二七ページ
「昭和十八年度封切映画・封切館入場者数一覧」「日本映画」一九四四年五月一日号、大日本映画協会、二六―二七ページ

白銀幕夫「映画街漫歩」「朝鮮公論」一九二八年四月号、朝鮮公論社、三の七―一〇ページ
シンガポール日本人会・史蹟史料部『戦前シンガポールの日本人社会――写真と記録』改訂版、シンガポール日本人会、二〇〇四年
新川碧流「最近の映画争議」「活動画報」一九二三年七月号、飛行社、三六―三八ページ
新修大阪市史編纂委員会編『新修大阪市史』第七巻、大阪市、一九九四年
杉山平一「大阪の映画人」「大阪春秋」第百七号、大阪春秋社、二〇〇二年、二四―二七ページ
「スタヂオ巡礼記」「活動雑誌」一九二一年十月号、活動雑誌社、一一〇―一一一ページ
砂本文彦『図説 ソウルの歴史――漢城・京城・ソウル 都市と建築の六〇〇年』(ふくろうの本)、河出書房新社、二〇〇九年
住吉区役所編『住吉区誌――分区十周年記念』住吉区分区十周年記念事業委員会、一九五三年
「全国映画常設館名簿」『日本映画事業総覧 昭和二年版』国際映画通信社、一九二六年、六四六―六九七ページ
大大阪画報社編『大大阪画報』大大阪画報社、一九二八年
「大活の部 国活大活合同の其後」「活動倶楽部」一九二三年四月号、活動倶楽部社、一三三ページ
「大活の部 スタジオの舞台実演」「活動雑誌」一九二三年五月号、活動雑誌社、一二六ページ
「大活の部 大活帝キネマの合同」「活動倶楽部」一九二三年四月号、活動倶楽部社、一三三ページ
「大活の部 大連続ターザン大好評」「活動倶楽部」一九二三年五月号、活動倶楽部社、一二六ページ
「大活の娘道成寺」「キネマ旬報」一九二二年五月一日号、キネマ旬報社、七ページ
「大活の横浜撮影所で無名映画協会の撮影 近藤伊代吉若手連の暗中飛躍」「活動雑誌」一九二二年五月号、活動雑誌社、九四―九五ページ
「大正活映株式会社撮影所――横浜市山手町77番地」「活動倶楽部」一九二一年六月号、活動倶楽部社、二六―二七ページ
大正活映株式会社『『散り行く花』と背徳漢藤浪無鳴」「活動雑誌」一九二三年七月号、活動雑誌社、一三六―一三七ページ
「大正活映株式会社」『日本映画事業総覧 大正十五年版』国際映画通信社、一九二五年、二六二―二六三ページ
「大正活映株式会社発展史」「活動倶楽部」一九二〇年十月号、活動倶楽部社、七七ページ
大正活映株式会社「本社の理想と事業一般」「映画倶楽部」一九二一年二月号、映画倶楽部社、三八―三九ページ
「大正活映増資」「活動雑誌」一九二一年十一月号、活動雑誌社、一七〇―一七一ページ
「大正活映の純新派悲劇製作――理想主義の新趣向」「映画新聞」一九二二年一月号、二ページ
「大正活動写真製作所創立」「キネマ旬報」一九二一年十月二十一日号、キネマ旬報社、一一ページ
「大正活動と帝国キネマ」「活動倶楽部」一九二〇年八月号、活動倶楽部社、一二七ページ

「大正七年活動界回顧録」「活動之世界」一九一九年一月号、活動之世界社、一六―二一ページ
「大正六年回顧録 活動界の来朝者 ビー、ブロドスキー及エファーソン両氏」「活動之世界」一九一八年一月号、活動之世界社、二八ページ
「大東亜共栄圏の為に音楽映画を振興せよ」「東宝」一九四二年十一月号、東宝株式会社事業部、四一ページ
大同社編『日本映画年鑑 昭和十六年度版』大同社、一九四一年
「大日本ユ社の輸出映画は年十本の計画」「読売新聞」一九二六年十月十一日付、九面
「太平洋の星条旗 パ社支店売却確定 米船愈姿を消す」「東京朝日新聞」一九一五年九月八日付、四面
台湾経世新報社編『台湾大年表』台湾経世新報社、一九二五年
高崎宗司『植民地朝鮮の日本人』（岩波新書）、岩波書店、二〇〇二年
瀧井孝二「比島映画界の近況」「映画旬報」一九四三年五月一日号、映画出版社、二二―二三ページ
竹本國夫「京城 映画界の今昔」「朝鮮公論」一九二五年二月号、朝鮮公論社、八四―八五ページ
田代慶一郎「大正ロマン」、嶋田厚／野田茂徳／田代慶一郎／飯沢耕太郎／宮田昇『大正感情史』所収、日本書籍、一九七九年、一〇九―一五三ページ
橘弘一郎『谷崎潤一郎先生著書総目録 別巻 演劇 映画篇』ギャラリー吾八、一九六六年
立花白蝶「大活と営業成績如何」「活動倶楽部」一九二二年五月号、活動倶楽部社、一二六ページ
龍池滴霧「数字上から見た活動写真」「活動之世界」一九一六年五月号、活動之世界社、一三二―一三四ページ
田中純一郎「日本映画事業発達史」、前掲『日本映画事業総覧 昭和二年版』一七七―二三三ページ
田中純一郎『日本映画史発掘』冬樹社、一九八〇年
田中純一郎『日本映画発達史』第一巻（中公文庫）、中央公論社、一九七五年
田中純一郎「秘稿日本映画」「キネマ旬報」一九六六年九月上旬号、キネマ旬報社、四八―五〇ページ
田中直次／足立精宏編『大阪便覧』大阪民彝社、一九二六年
田中幹人「京都者の不平」「キネマ旬報」一九二一年四月十一日号、黒甕社、一〇ページ
谷崎潤一郎「映画雑感」「新小説」一九二一年三月号、春陽堂、二八―三一ページ
谷崎潤一郎「映画のことなど」「新潮」一九五五年四月号、新潮社、三四五―三四八ページ
「谷崎潤一郎氏が映画製作に係る」「都新聞」一九二〇年五月四日付、七面
谷崎潤一郎「其の歓びを感謝せざるを得ない」「活動倶楽部」一九二〇年十二月号、活動倶楽部社、一八―一九ページ

田村幸彦ほか「大東亜共栄圏の娯楽を如何にすべきか」「東宝」一九四二年十一月号、東宝株式会社事業部、四二—四七ページ
千葉伸夫『映画と谷崎』青蛙房、一九八九年
程季華主編『中国映画史』森川和代編訳、平凡社、一九八七年（『中国電影発展史』日本語版）
朝鮮総督府編纂『朝鮮総督府統計要覧 大正二年』朝鮮総督官房総務局、一九一四年
『朝鮮年鑑 1926年度』高麗書林、一九八六年
通天閣観光株式会社『通天閣——50年の歩み』通天閣観光、二〇〇七年
塚田嘉信『日本映画史の研究——活動写真渡来前後の事情』現代書館、一九八〇年
塚田嘉信ほか『映画史料発掘』塚田嘉信、一九七一年
土屋齊「南方映画事情」「映画旬報」一九四二年四月一日号、映画出版社、二二ページ
「妻三郎が帝キネ退社か」「大阪時事新報」一九二四年十一月八日付、五面
帝国キネマ演芸株式会社『大正九年上半季 第壹期営業報告書』帝国キネマ演芸株式会社、一九二〇年
桃人「當業者訪問記——刮目す可き新事項」「キネマ・レコード」一九一六年九月十日号、キネマ・レコード社、三八七ページ
東宝三十年史編纂委員会『東宝三十年史』東宝株式会社、一九六三年
東洋汽船株式会社『東洋汽船 六十四年の歩み』東洋汽船、一九六四年
徳尾野有成『新世界興隆史』新世界興隆史刊行会、一九三四年
内務省警保局「感謝状交付ノ件伺」内務大臣決裁書類・昭和十三年（上）、一三二—一九八ページ
内務省警保局編『映画検閲時報』第四十巻、不二出版、一九八六年
中尾年秀『玉造・今昔物語——小さな歴史』改訂版、中尾年秀、二〇一一年
長崎新聞社／えぬ編集室編集・制作『孫文・梅屋庄吉と長崎——受け継がれる交流の架け橋』長崎県文化観光物産局文化振興課、二〇一一年
中西一矢「映画断片(2)」「キネマ旬報」一九二一年四月十一日号、黒甕社、一〇ページ
中村浩『十方化おおさか史——懐しき大正・昭和一けた』現代創造社、一九八一年
永山武臣監修、大阪松竹座開場記念誌編集委員会編『大阪松竹座——新築開場記念誌』松竹、一九九七年
『なにわ今昔』毎日新聞社、一九八三年
鍋井克之『大阪繁盛記』布井書房、一九六〇年
「南進政策の現状と南協の改組」「映画旬報」一九四二年五月二十一日号、映画出版社、六—八ページ

南部爾太郎「大活回顧録 其三」「活動画報」一九二二年十二月号、飛行社、一一六―一一七ページ
「南方映画工作」『日本映画年鑑 昭和十八年』日本映画雑誌協会、一九四三年、七〇七―七一四ページ
南洋映画協会企画部調査課「比律賓の映画事情」「映画旬報」一九四二年七月一日号、映画出版社、一六―二五ページ
日本映画雑誌協会編『映画年鑑 昭和十七年』日本映画雑誌協会、一九四二年
日本映画雑誌協会編『映画年鑑 昭和十八年』日本映画雑誌協会、一九四三年
日本図書出版社編輯部編『今と昔 大大阪名勝大写真帖』日本図書出版社、一九三二年
「配給の途が開けて蘇生の独立プロダクション」「国際映画新聞」一九二八年七月十日号、国際映画新聞社、二七ページ
橋爪紳也『絵はがきで読む大大阪』創元社、二〇一〇年
「パ社東洋廃航事情 本邦海運の影響」「東京朝日新聞」一九一五年八月十八日付、四面
筈見恒夫『映画五十年史』創元社、一九五一年
長谷川幸延『随筆 大阪今昔』青朗社、一九四六年
畑本秋一／小林正「『ふるさと』の演出台本」「映画往来」一九三〇年四月号、キネマ旬報社、二九―三一ページ
服部良一「映画『音楽大進軍』の音楽に就いて！」「映画」一九四三年三月号、大日本映画事業連合会、四七ページ
原房助『台湾大年表』第三版、台湾経世新報社、一九三二年
「播磨商会新たに米国ユニヴァーサル社と契約なる」「キネマ・レコード」一九一六年八月十日号、キネマ・レコード社、三三九ページ
東尾真三郎ほか『大大阪物語』東洋図書、一九三五年
肥田晧三『上方学芸史叢攷』（日本書誌学大系）、青裳堂書店、一九八八年
「比島に於ける日本映画の反響とスマトラの移動写真展」「日本映画」一九四四年五月一日号、大日本映画協会、二三―二五ページ
日比繁治郎『道頓堀通』（「通叢書」第三十九巻）、四六書院、一九三〇年
日比繁治郎編『松竹関西演劇誌――附 明治時代興行記録』松竹編纂部、一九四一年
平野正裕「大正期横浜における映画製作と「純映画劇運動」――大正活映とトーマス栗原、あるいは日本における映画監督の誕生」「横浜開港資料館紀要」第二十五号、横浜開港資料館、二〇〇七年、五―五八ページ
「ヒルムファンの呟き」「朝鮮公論」一九二三年五月号、朝鮮公論社、一一三―一一四ページ
「ヒルムフワンの呟き」「朝鮮公論」一九二三年八月号、朝鮮公論社、一一七―一一八ページ
フィリピン戦友会編纂『フィリピンあゝ慟哭の山河――遺骨収集40周年記念写真』フィリピン戦友会、一九八五年

福田天心『南洋画報』第一巻、南洋新報社、一九一一年
袋一平「小唄映画流行る」「映画時代」一九二九年四月号、文藝春秋社、一八―二〇ページ
藤井朝太「『歌ふ狸御殿』を中心に」「映画」一九四二年十一月号、映画宣伝連合会、五〇―五一ページ
藤井康生『東西チャンバラ盛衰記』(平凡社選書)、平凡社、一九九九年
藤木秀朗『増殖するペルソナ――映画スターダムの成立と日本近代』名古屋大学出版会、二〇〇七年
藤田拓之「上海の外国人社会とライシャム劇場」、大橋毅彦／関根真保／藤田拓之編『上海租界の劇場文化――混淆・雑居する多言語空間』(アジア遊学)所収、勉誠出版、二〇一五年、七―二三ページ
藤田富美恵『玉造日の出通り三光館』玉造稲荷神社、一九九五年
藤田実「絵葉書でみる明治末～大正初年の千日前――「映画の街」の黎明期」、大阪市史編纂所編「大阪の歴史」第七十四号、大阪市史料調査会、二〇一〇年、五―二九ページ
船本茂兵衛「二十年前の千日前活動写真」「上方」一九三一年十月号、上方郷土研究会、四二―四八ページ
冬樹薫「小林喜三郎と山川吉太郎(2)小林喜三郎と天活全盛時代」「映画論叢」第三号、樹花舎、二〇〇二年
古川隆久『戦時下の日本映画――人々は国策映画を観たか』吉川弘文館、二〇〇三年
不破祐俊「南方向映画について」「映画旬報」一九四二年十月一日号、映画出版社、七ページ
不破祐俊／堀内敬三／長田秀雄ほか「現下の娯楽問題について語る」「東宝」一九四一年五月号、東宝株式会社事業部、九四―一〇三ページ
「米船と太平洋 邦船の受くる影響」「東京朝日新聞」一九一六年五月二日付、四面
編輯小僧「米国通信」「活動之世界」一九一六年七月号、映画出版社、四〇ページ
傍士定治編『大阪新名所新世界写真帖』大阪土地建物、一九一三年
星野辰男「南方映画工作より還りて」「映画旬報」一九四三年五月十一日号、映画出版社、一五―二〇ページ
ホークス・ポット『ポット上海史』土方定一／橋本八男訳、生活社、一九四〇年
ホーレス・テー・クラーク「大正活動との契約に就て」「活動倶楽部」一九二〇年八月号、活動倶楽部社、六二―六三ページ
「本邦七大撮影所実力調査」「国際映画新聞」一九二七年九月二十日号、国際映画新聞社、表紙ページ
松浦章／笹川慶子『東洋汽船と映画』関西大学出版部、二〇一六年
松浦章編著『北太平洋航路案内のアーカイヴズ――船舶データベースの一端』関西大学アジア文化研究センター、二〇一五年
松田集編『帝都封切館――戦前映画プログラム・コレクション』フィルムアート社、一九九四年

松本輝華「キネマ界通信」「朝鮮公論」一九二一年十二月号、朝鮮公論社、一一七ページ
松本輝華「京城キネマ界」「朝鮮公論」一九二一年九月号、朝鮮公論社、一三五—一三六ページ
三木生「大正活動写真株式会社を訪ねて」「活動倶楽部」一九二〇年六月号、活動倶楽部社、二二—二三ページ
三澤真美恵『「帝国」と「祖国」のはざま——植民地期台湾映画人の交渉と越境』岩波書店、二〇一〇年
水野新幸『映画大観』春草堂、一九二四年
御園京平編著『写真阪妻映画』活動資料研究会、一九七九年
光村写真部『旅の家土産 浪華の巻』、出版社不明、一八九九年
南博／永井啓夫／小沢昭一編『うなる——浪花節の世界』(「芸双書」第七巻)、白水社、一九八一年
宮本又次『大阪繁昌記』新和出版、一九七三年
宮本又次『船場』(「風土記大阪」第一集)、ミネルヴァ書房、一九六〇年
宮本又次『てんま——界隈』(「風土記大阪」第三集)、大阪天満宮、一九七七年
宮本又次／野村広太郎『明治・大正大阪百景』保育社、一九七八年
宮本又次編『大阪歴史散歩』(河出新書)、河出書房新社、一九五九年
「ムーヴィー THE MOVIE」一九二一年二月号、大正映画研究会
森杉夫、東大阪市史編纂委員会編『帝国キネマの興亡1』(「東大阪市史紀要」第十二号)、東大阪市役所、一九八八年
山根銀二「日本音楽映画の発展性」「映画朝日」一九三九年七月号、朝日新聞社、九五ページ
山根正吉「大東亜映画圏確立の急務」「映画旬報」一九四二年二月二十一日号、映画出版社、四—五ページ
山本喜久男『日本映画における外国映画の影響——比較映画史研究』早稲田大学出版部、一九八三年
由井正臣『大日本帝国の時代』(岩波ジュニア新書、日本の歴史)、岩波書店、二〇〇〇年
夕刊大阪新聞社編『大阪商工大観』夕刊大阪新聞社、一九二九年
「有楽座の「撮影実演」を見る」「読売新聞」一九二二年四月七日付、七面
「輸出映画への意見——諸家短文寄稿」「日本映画」一九三八年六月号、大日本映画協会、一八—二二ページ
「輸出劇映画目録」「日本映画」、同誌二三ページ
「輸出先国名別日本映画輸出統計年鑑」、大同社編『日本映画年鑑 昭和十六年度版』大同社、一九四一年、五八—五九ページ
吉江集画堂地籍地図編輯部編『大阪地籍地図3 土地台帖之部』吉江集画堂、一九一一年
吉田智恵男『もう一つの映画史——活弁の時代』時事通信社、一九七八年

吉本興業株式会社編『吉本八十年の歩み』吉本興業、一九九二年
吉本興業合名会社編『ヨシモト』吉本興業、一九九六年
吉山旭光「各社スタヂオ巡礼記」「活動倶楽部」一九二二年四月号、活動倶楽部社、一三八―一三九ページ
吉山旭光『日本映画史年表――映画渡来四十年記念』映画報国社、一九四〇年
吉山旭光、武田允孝編『日本映画界事物起源』シネマと演芸社、一九三三年
読売新聞大阪本社社会部編『実記・百年の大阪』朋興社、一九八七年
四方田犬彦『回避と拘泥』立風書房、一九九四年
四方田犬彦『日本映画史100年』（集英社新書）、集英社、二〇〇〇年
四元弥寿編『船場復元地図 昭和十年頃』船場小学校同窓会、一九八五年
李道明「台湾における映画の始まり――台湾映画史第一章1900~1915」稲葉京子訳、Cinema101編集部編「Cinema101」創刊準備号、映像文化研究連絡協議会、一九九五年、一二―三七ページ（「電影欣賞」第七十三号、国家電影資料館、二〇〇六年、二八―四四ページ）
劉建輝『魔都上海――日本知識人の「近代」体験』（ちくま学芸文庫）、筑摩書房、二〇一〇年

《書籍・雑誌記事：中国語・韓国語》
「活小照」「新聞報」一八九七年五月三十日付（黄徳泉「電影初到上海考」、『中国電影年鑑』中国電影年鑑社、二〇〇八年、三四九ページ所収）
「徐園告白」「申報」一八九六年六月三十日付
石婉舜「高松豊次郎与台湾現代劇場的揭幕」「戲劇研究」二〇一二年七月号、国立台湾大学戲劇系、三五―六八ページ
廖金鳳『布洛斯基与夥伴們――中国早期電影的跨国歴史』城邦文化出版、二〇一五年
呂訴上『台湾電影戲劇史』銀華出版部、一九六一年
三澤真美恵『殖民地下的「銀幕」――台湾総督府電影政策之研究（1895~1942）』（台湾文史叢書）、前衛出版社、二〇〇二年
葉龍彦『台湾的老戲院』遠足文化、二〇〇六年
張靚蓓「俄羅斯撮影機裏的亜細亜―俄国影人賓杰門布拉斯基和中国淵源甚深」「中国時報」一九九五年六月四日付
程季華主編『中国電影発展史』第一巻、中国電影出版社、一九八〇年（程季華／李少白／邢祖文編著『中国電影発展史』第一巻、中国電影出版社、一九六三年）

中国電影年鑑編輯部編纂『中国電影年鑑 中国電影百年特刊』中国電影年鑑社、二〇〇五年
黄徳泉『中国早期電影考証』中国電影出版社、二〇一二年
黄徳泉「電影初到上海考」、『中国電影年鑑』所収、中国電影年鑑社、二〇〇八年、三四五—三五三ページ（「電影芸術」第三期、中国電影家協会、二〇〇七年、一〇二—一〇九ページ初出）
劉小磊「〝影〟的界定 与電影在中国伝入伊始的再考弁」「電影芸術」第五期、中国電影家協会、二〇一一年、一一九—一二五ページ
侯凱「電影伝入中国的問題再考」「電影芸術」第五期、中国電影家協会、二〇一一年、一二六—一二九ページ
中国電影図史編輯委員会編『中国電影図史（1905-2005）』中国伝媒大学出版社、二〇〇七年
唐宏峰「従幻燈到電影——視覚現代性的脈絡」『伝播与社会学刊』第三十五期、中文大学出版社、二〇一六年、一八五—二一三ページ
劉思羽『中国影院簡史』（中国電影史工程）、中国電影出版社、二〇一五年
甬力「我国第一座影院今何在？」「上海電影史料」第五輯、上海市電影局史志弁公室、一九九四年、九九—一〇二ページ
韓相言「一九一〇年代京城の劇場と劇場文化に関する研究」「映画研究」第五十三号、韓国映画学会、二〇一二年、四〇三—四二九ページ
韓相言「活動写真時期朝鮮映画産業研究」漢陽大学校博士学位論文、二〇一〇年
余慕雲『香港電影史話——黙片時代』第一巻、次文化堂、一九九六年
『点石斎画報 1896年～1929年』広東人民出版社、一九八三年

《書籍・雑誌記事：英語》

"Another Independent Manufacturer," *Moving Picture World*, September 30, 1911, p.6.
"Ben Brodsky Visits New York," *Moving Picture World*, March 8, 1919, p.1366.
"Brings Oriental Films," *Variety*, 1919 March 28, p.73.
Building Control Authority Collection, Microfilm No. CBS1125 234/1911, August 14, National Archives of Singapore.
"Celestial "Movies" Now Stir the Chinese," *Evening Ledger Philadelphia*, April 10, 1915, p.7.
"China," *Daily Consular and Trade Reports*, Bureau of Manufactures, Department of Commerce and Labor, February 13, 1913, p.788.
"Cinema Has Colourful History in Singapore," *Singapore Free Press and Mercantile Advertiser*, July 27, 1938, p.4.
"Cinematographs and Supplies," *Daily Consular and Trade Reports*, Bureau of Manufactures, Department of Commerce and Labor,

March 30, 1911, p.1232.
"Classified Advertising," *Nickelodeon*, 5:1, 1911, p.12.
"Dante's Inferno Stereopticon Lecture," *Moving Picture World*, October 7, 1911, p.138.
"Early History of the Escolta," *The Manila American*, May 13, 1906, pp.17-18.
"Evelyn Nesbit Charms in "Redemption" : China Seen in Films," *New York Tribune*, May 22, 1917, p.9.
"Exports of Domestic Merchandise Year Ending June 30, 1913-1917," *Foreign Commerce and Navigation of the United States*, Department of Commerce, 1918, p.684.
"Film Starts Riot," *Los Angeles Times*, November 12, 1916, p.III22.
"Foreign Trade of Japan," *Daily Consular Reports*, Department of Commerce and Labor, September 17, 1904, pp.2-3.
"From Hawaii," *Moving Picture World*, May 31, 1913, p.918.
"Gould Ousts Lovett Line to Orient Won," *San Francisco Call*, July 21, 1910, p.1.
"Independent Film Exchange has Novel Plans," *San Francisco Chronicle*, January 6, 1914, p.27.
"Japanese Commerce," *Daily Consular Reports*, Department of Commerce and Labor, September 17, 1904, p.4.
"Japanese Films to Be Released Soon," *Moving Picture World*, March 29, 1919, p.1820.
"Local and General," *Shanghai Times*, November 30, 1916, p.7.
"Marriage Licenses," *San Francisco Call*, March 14, 1906, p.14.
"Motion Picture Notes," *Daily Consular and Trade Reports*, Bureau of Foreign and Domestic Commerce, Department of Commerce, June 3, 1914, p.1263.
"Moving-picture Films and Automobiles," *Daily Consular and Trade Reports*, Bureau of Manufactures, Department of Commerce and Labor, September 15, 1910, p.816.
"Moving Pictures Abroad," *Daily Consular and Trade Reports*, Bureau of Manufactures, Department of Commerce and Labor, January 13, 1912, pp.209-226.
"Moving Pictures Abroad," *Daily Consular and Trade Reports*, Bureau of Manufactures, Department of Commerce and Labor, June 17, 1912, pp.1153-1160.
"North China Notes," *Daily Consular and Trade Reports*, Bureau of Foreign and Domestic Commerce, Department of Commerce and Labor, October 14, 1912, p.248.

"Owen Moore and Little Mary with Majestic," *Moving Picture World*, October 21, 1911, p.217.
"Pathé Frères," *Eastern Daily Mail and Straits Morning Advertiser*, September 30, 1907, p.2.
"Philippine Film Man Here," *Moving Picture World*, October 24, 1914, p.468.
"Philippine Motion Picture Company," *Philippines Monthly*, 11:4, February, 1911, p.64.
"Picture Theatres in Philippines and Orient," *Photoplay*, April 27, 1912, p.34.
"Real Estate Transactions," *San Francisco Call*, October 18, 1906, p.13.
"Report of the Fire Department," *Sixth Annual Report of the Philippine Commission 1905, Part I*, Bureau of Insular Affairs, War Department, 1906.
"San Francisco Facts," *Billboard*, February 1, 1919, p.37.
"Sunrise Film Company Ready Soon," *Moving Picture World*, January 18, 1919, p.378.
"The Fire Records," *San Francisco Chronicle*, March 8, 1911, p.18.
"The Harima Hall," *Singapore Free Press and Mercantile Advertiser*, December 11, 1911, p.5.
"The Sales Company Announces : The Grandest Program of Moving Picture Releases in All the World," *Moving Picture World*, July 9, 1910, p.91.
"The Wayang Kassim Returns," *Eastern Daily Mail and Straits Morning Advertiser*, March 1, 1906, p.4.
"T. K. K. Announces Business Returns Dividends of 30 per cent," *Shanghai Times*, April 1, 1919, p.3.
"Today, Talking Parrot," *Honolulu Star-Bulletin*, October 11, 1913, p.1.
"Toyo Kisen Makes New Alliance," *San Francisco Call*, July 21, 1910, p.1.
""Trip Through China" at Eltinge," *Moving Picture World*, May 26, 1917, p.1302.
"Triumph of the Age," *Los Angeles Herald Sunday Magazine*, April 17, 1910, p.3.
"World Markets for Motion-Picture Films," *Commerce Reports*, Bureau of Foreign and Domestic Commerce, Department of Commerce, July 9, 1917, p.86.
"Yearsley Goes West," *American Chamber of Commerce of the Philippines*, 8:2, February, 1928, p.23.

Anderson, George E., "China," *Daily Consular and Trade Reports*, Bureau of Manifactures, Department of Commerce and Labor, Augast 22, 1911, p.820.

Anderson, George E., "Cinematograph for the Chinese," *Daily Consular and Trade Reports*, Bureau of Foreign and Domestic Commerce, Department of Commerce, November 29, 1913, p.1101.

Asper, Helmut G., Horak Jan-Christopher, "Three Smart Guys : How a Few Penniless German Émigrés Saved Universal Studios," *Film History*, 11 : 2, 1999, pp.134-153.

Bautista, Arsenio "Boots," "History of Philippine Cinema," *The National Commission for Culture and the Arts, Philippines* (NCCA) (http://ncca.gov.ph/subcommissions/.)〔二〇一六年九月二十六日アクセス〕

Buenaventura, Cristina Lacónico, *The Theater in Manila : 1846-1946*, 2nd edition, C & E Publishing, 2010.

Caldwell, John K.,"Japanese Trade and Economic Notes," *Commerce Reports*, Bureau of Foreign and Domestic Commerce, Department of Commerce, November 2, 1920, p.527.

Carleton, A. E., "The Camera in the Far East," *Daily Consular and Trade Reports*, Bureau of Foreign and Domestic Commerce, Department of Commerce, April 16, 1913, p.304.

Cheshire, F. D., "China," *Daily Consular and Trade Reports*, Bureau of Foreign and Domestic Commerce, Department of Commerce and Labor, February 13, 1913, p.788.

Crammond, Edgar, *The British Shipping Industry*, Constable and Company Limited, 1917.

Curry, Ramona, "Benjamin Brodsky (1877-1960) : The Trans-Pacific American Film Entrepreneur - Part One, Making *A Trip Thru China*," *Journal of American-East Asian Relations*, 18:1, 2011, pp.58-94.

Curry, Ramona, "Benjamin Brodsky (1877-1960) : The Trans-Pacific American Film Entrepreneur - Part Two, Taking *A Trip Thru China* to America," *Journal of American-East Asian Relations*, 18:2, 2011, pp.142-180.

Deocampo, Nick, *Film : American Influences on Philippine Cinema*, Anvil Publishing, 2011.

Dick, Bernard F., *City of Dreams : the Making and Remaking of Universal Pictures*, The University Press of Kentucky, 1997.

Dickover, E. R., "Foreign Films in Japanese Theaters," *Commerce Reports*, Bureau of Foreign and Domestic Commerce, Department of Commerce, November 2, 1916, pp.441-442.

Film Daily : Carl Laemmle Tribute 20th Anniversary Number, 35:48, February 28, 1926.

"Film Starts Riot," *Los Angeles Times*, November 12, 1916, p.III22.

Frankel, H., "The Apolo Theater, Manila," *Moving Picture World*, December 3, 1910, p.1304.

Gerow, Aaron, *Visions of Japanese Modernity : Articulations of Cinema, Nation and Spectatorship, 1895-1925*, University of California

Press, 2010.

Gunsaulus, Edwin N.,"Shipping Competition in the Far East," *Commerce Reports,* Bureau of Foreign and Domestic Commerce, Department of Commerce, July 11, 1919, p.211.

Hartendorp, A. V. H., "Philippine Cross-Section, 1904," *Philippine Magazine,* 35:1, January, 1938, pp.14-16.

Hoffman, Hugh, "A Visitor from the Orient," *Moving Picture World,* May 18, 1912, pp.620-621.

Hoffman, Hugh, "Film Conditions in China," *Moving Picture World,* July 25, 1914, p.577.

Hoffman, Hugh, "The Photoplay in China," *Moving Picture World,* April 10, 1915, p.224.

Huang, Xuelei, and Xiao, Zhiwei, "Shadow Magic and the Early History of Film Exhibition in China," *The Chinese Cinema Book,* British Film Institute, 2011, pp.47-55.

Johnson, Nelson T., "China," *Daily Consular and Trade Reports,* Bureau of Foreign and Domestic Commerce, Department of Commerce, May 10, 1913, p.728.

Kaufman, George S., "Bret Harte Said it : the Heathen Chinee is Peculiar," *New York Tribune,* August 27, 1916, p.D3.

Kemlein, H., *Kemlein & Johnson's Guide and Map of Manila and Vicinity : A Hand Book Devoted to the Interests of the Traveling Public,* Kemlein & Johnson, 1908.

Kim, Dong Hoon, *Eclipsed Cinema: the Film Culture of Colonial Korea,* Edinburgh University Press, 2017.

Kingsley, Grace, "Stage and Studio: Film Impresario of Orient Here to Show Picture," *Los Angeles Times,* November 10, 1916, p.III22.

Kingsley, Grace, "Studio: Ripples from Reeldom : Orient Takes Queer View of Some of Our Films," *Los Angeles Times,* June 17, 1917, p.III1.

Kitamura, Hiroshi, and Sasagawa, Keiko, "The Reception of American Cinema in Japan," *Oxford Research Encyclopedia of Literature,* (literature.oxfordre.com), ed. Paula Rabinowitz, Oxford University Press, 2017.

Knabenshue, Samuel S., "China," *Daily Consular and Trade Reports,* Bureau of Manufactures, Department of Commerce and Labor, June 17, 1912, p.1156.

Knabenshue, Samuel S., "North China Notes," *Daily Consular and Trade Reports,* Bureau of Foreign and Domestic Commerce, Department of Commerce and Labor, October 14, 1912, p.248.

Langdon, William R., "Japan," *Commerce Reports,* Bureau of Foreign and Domestic Commerce, Department of Commerce, December 12, 1916, pp.971-972.

Law, Kar, and Bren, Frank, and Ho, Sam, *Hong Kong Cinema : A Cross-cultural View*, Scarecrow Press, 2004.
Lee, Daw-Ming, *Historical Dictionary of Taiwan Cinema*, Scarecrow Press, 2013.
MacDonald, Margaret I., ""*A Trip Through China*" China Film Company Presents Ten Reels of Remarkable Travel Pictures Covering Historic China, Her People and Customs," *Moving Picture World*, March 17, 1917, p.1761.
McQuade, James S., "Chicago Letter," *Film Index*, Films Publishing, December 31, 1910, p.8.
Meusy, Jean-Jacques, "How Cinema Became a Cultural Industry : The Big Boom in France between 1905 and 1908," *Film History*, 14:3/4, 2002, pp.418-429.
Millet, Raphaël, *Singapore Cinema*, Editions Didier Millet, 2006.
Nellist, George F., ed., *Men of the Philippines : A Biographical Record of Men of Substantial Achievement in the Philippine Islands*, 1, The Sugar News, 1931.
Pathé Frères, *Moving Pictures : Catalogue*, Pathé Frères, 1909.
Robinson, J. J., "A Reply from Manila," *Moving Picture World*, June 10, 1911, p.1305.
Robinson, J. J., "From the Other Side of the World," *Moving Picture World*, February 4, 1911, pp.236-237.
Salumbides, Vicente, *Motion Pictures in the Philippines*, 1952.
Sasagawa, Keiko, "Teikoku Kinema Engei and Taiwan : Movie Screening at Yoshino-tei (Yoshino-kan) in Taipei under Japanese Rule," *The 4th East Asian Island and Ocean Forum*, October, 2016, pp.116-121.
Seabury, William M., *The Public and the Motion Picture Industry*, Macmillan Company, 1926.
Segrave, Kerry, *American Films Abroad : Hollywood's Domination of the World's Movie Screens from the 1890s to the Present*, McFarland & Co., 1997.
Souvenir Program, Firemen's Relief Association, January 22, 1909, p.87.
Spehr, Paul C., *The Movies Begin : Making Movies in New Jersey 1887-1920*, Newark Museum, 1977.
Spencer, P. G., "A Trip Through China," *Moving Picture World*, March 17, 1917, p.1719.
Stokes, Melvyn, and Maltby, Richard, *Hollywood Abroad : Audiences and Cultural Exchange*, British Film Institute, 2004.
Thompson, Kristin, *Exporting Entertainment : America in the World Film Market 1907-1934*, British Film Institute, 1985.
Uhde, Jan, and Uhde, Yvonne Ng, *Latent Images : Film in Singapore*, Ridge Books (National University of Singapore Press), 2010.
Wiber, David F., "American Trade in the Orient," *Daily Consular and Trade Reports*, Bureau of Manufactures, Department of

Commerce and Labor, April 17, 1907, pp.1-3.

Williams, C. L. L., "The Cinematograph in China," *Daily Consular and Trade Reports,* Bureau of Manufactures, Department of Commerce and Labor, October 14, 1911, p.244.

Xu, Meimei, *Knowledge Development : Cinema in China prior to WWI,* Dissertation : Rheinische Friedrich-Wilhelms-Universität Bonn, 2016.

Yeatter, Bryan L., *Cinema of the Philippines : A History and Filmography,* 1897-2005, McFarland & Co., 2007.

Yecies, Brian, and Shim, Ae-Gyung, *Korea's Occupied Cinemas, 1893-1948,* Routledge, 2011.

Ye, Tan, and Zhu, Yun, *Historical Dictionary of Chinese Cinema,* Scarecrow Press, 2012.

Zhang, Zhen, *An Amorous History of the Silver Screen : Shanghai Cinema, 1896-1937,* University of Chicago Press, 2005.

おわりに

本書の目的は、アジアでの近代性の経験の一例として、欧州とアメリカの映画が、アジアの国や地域で、どのように広まり、相互に関係し合って、土着の文化をどう変容させたのかを、十九世紀末から二十世紀初頭にしぼって、さまざまな方向から調査・分析することにあった。それによって、先行研究を検証するとともに、近代化がアジア映画市場を一方的に、かつ同時に変えたというのではない、多種多様なアジア市場の変容を複層的かつ俯瞰的に読み直そうとした。

具体的には、第1部で大阪、ソウル、台北、第2部で横浜、香港、アメリカ、第3部でシンガポール、マニラ、上海、日本などアジア環太平洋地域の都市を例にあげながら、アジア映画市場の複雑な変容のダイナミズムを捉えようとした。また、マクロな視点から、ロンドンやニューヨーク、サンフランシスコといった地球規模の映画流通の網目において、アジアと欧州、アジアとアメリカ、そしてアジア内部の関係を重層的に捉え直した。

アジアでの映画市場の成立過程は国や地域によって多種多様であった。イギリス植民地のシンガポールでは、欧米やアジアからやってきた巡回興行者が映画を上映すると同時に、移民した人々が仮設テントや旅館などで常設興行を始め、早くから映画興行街が形成される。そしてその形成には日本人移民が重要な役割を果たした。また、グローバル映画配給の先駆者であるパテ社が一九〇七年にアジア初となる流通拠点を設けたのもシンガポールだった。その結果、シンガポールは中国やフィリピン、日本などアジアの都市を結ぶ映画配給興行のハブとして機能する。

フィリピンでは、宗主国がスペインからアメリカに変わり、旧文化と新文化が共存しながら、比重がしだいにアメリカ寄りにシフトする時期と重なる。そのため映画興行も、スペインなど欧州の慣例とアメリカの慣例が折り重なって発展する。一九〇九年にパテ社のグローバルな映画配給網に接続されるが、同じ年には早くも、軍人とその家族など在留アメリカ人向けにアメリカ映画専門館が開場する。その後も、英語教育などアメリカ文化の浸透によって、アメリカ映画を好む現地人は増え続け、アメリカ映画の需要は急速に伸びていった。アメリカ映画はマニラを足掛かりにその網目をシンガポールなど東南アジア、日本や中国など東アジアに広げていく。

中国では上海や香港など南沿海部の開港都市を中心に映画市場が形成される。とくにパテ社は、慈善事業などを通じて租界のコミュニティーと密接な関係を築き上げるとともに、土着のハイブリッドな興行形態に適した供給システムを提供することで、高級な西洋劇場から茶園や廟などの大衆的な娯楽場までさまざまな興行場のスクリーンを独占する。

日本の植民地だった台湾と朝鮮も、それぞれ違っていた。大阪を中心とする西日本に強力な映画配給網を築いた帝キネを事例としてソウル（京城）と台北の市場を検証した結果、台湾と朝鮮では国の歴史も、日本との関係の歴史も異なるため、その様相は、同じ日本の植民地とはいえ異なっていたのである。ソウルでは日韓併合後、日本企業が進出して地元事業家と市場を奪い合うが、法的にも資本的にも弱い地元事業家や力の弱い日本企業は淘汰されていった。これに対し、映画の歴史と日本統治の歴史の始まりがほぼ同じだった台北は、最初から日本最南端の市場として位置づけられ、日本人の地元事業家が互いにすみ分けながら市場を支配し続け、映画館と映画会社の関係は常に安定していた。両方とも、アジアの外部ではなく内部からの政治的・軍事的・経済的な圧力を受けて映画文化の変容を経験した点は同じだが、その内容はかなり違っていたのである。このようにアジアの国や地域は、さまざまなレベルで近代化を経験し、異なる相手と、異なるタイミングで、異なる交渉を重ね、それぞれの映画文化を生み出していたことがわかる。

日本もまた、そうした多様なアジア市場のひとつにすぎない。植民地化を逃れた日本は、シンガポールやフィリピンなどとは違う経験をしていた。日本では自国の事業家が合併したり分裂したりを繰り返しながら、市場を独占的に支配し続けた。一九〇〇年代から日本はアジア最大の映画輸入国となるが、ほかのアジアの国や地域とは異なり、国内市場における外国映画の配給は日本企業が独占する。一六年まで欧米グローバル企業の代理店が設立されることはなく、映画館で上映される外国映画はほぼすべて日本の企業が輸入し、供給した。外国企業が入り込めない閉鎖的市場だったのである。

日本は、世界映画市場の覇権交代が起こり、アメリカ映画が新たなグローバル基準になろうとする時代に、その新しい風をいち早く察知し、そこに照準を合わせる。アメリカに寄り添いながら、日本の映画産業を国家の一大事業に育て上げ、世界に打って出ようとするのである。そしてその達成されなかった高い志は、およそ二十年の時を経て、ゆがんだかたちでよみがえる。

第一次世界大戦下に日本が抱いた大望は、大東亜共栄圏構想のもとで半分だけかなえられる。日本映画をアメリカ人に向けて輸出する夢は果たされなかったが、アメリカの植民地であるフィリピンをはじめ、アジアの主要な国や地域に日本映画を配給する夢はかなえられるのである。日本軍の南進とともに、アジア市場からアメリカ映画を駆逐し、それに取って代わることを期待された日本映画は、国民が求める娯楽映画を犠牲にすることと引き換えに大規模な予算を絞り出して、アメリカ映画を模範とする対南方工作映画を製作する。それらの映画は、日本映画配給社のシンガポール総支社からフィリピン、香港、インドシナ、タイ、ビルマの支社に送られ、現地で公開された。とりわけ、アメリカの植民地だったフィリピンには集中的にそうした工作映画が送り込まれる。こうして日本は軍や政治の力を借りて、積年の夢だった日本映画の海外進出を達成するのである。しかし、アメリカの形式を借りながらアメリカに対する日本の優位性を主張し、アメリカからアジア市場を奪おうとする屈折した日本映画は、アジアで、アメリカ映画のようには民族を超えて広く受容されずに終わってしまう。

こうして見るとアジアの近代化とは、東西双方からグローバルな力が押し寄せ、アジア固有の文化を奪っていった過程というよりもむしろ、アジアの一つひとつの国や地域での地理的・歴史的な条件に裏づけられたさまざまな交渉を通じて、多種多様に変容する複雑さをもっていたことがわかる。しかし同時に、アジアの近代化とは、欧州やアメリカを起源とするグローバル文化とローカル文化の相互交渉だけでなく、日本のように欧米を自発的に内在化した、あるいはシンガポールや上海のように強制的に内在化させられたアジアの文化との交渉によっても引き起こされていたのである。

本書を書き進める過程で再確認したのは、まったく基本的なことだが、次の二つだった。一つは、欧米の研究者が欧米の資料を使って明らかにした歴史や構造を、アジアの国や地域に図式的に当てはめて考えることの不毛さである。アジアの歴史や構造を語るといいながら、欧米の事例から引き出した思考パターンをアジアの事例に当てはめるのでは、アジアを見ているようで実は見ていない。研究者の貴重な時間は、欧米の研究成果をアジアに当てはめるよりもむしろ、歴史の闇に埋もれた事実を掘り起こす作業に費やすほうが有益だろう。もちろん、敷き写しでない歴史や構造の発見は、このかぎりではない。

もう一つは、アジア全体を一枚岩で捉えるのではなく、アジアの事例を一つひとつ重ねることによって、アジアでの映画市場が近代的な変容を遂げていくさまを明らかにすることの重要性である。本書はシンガポールやマニラ、上海、ソウル、台北、横浜、大阪、東京などを例に論じたが、香港、ムンバイ、ジャカルタなどアジアの交易や植民地ビジネスの拠点となったほかの都市も重要である。それぞれ地理、交通、政治、経済、民族、文化など、さまざまな条件によって違いが生まれる。今後はこうした都市も加えて、再びアジア全体を捉え直す必要がある。

十九世紀末から二十世紀初頭、急速に近代化されていくアジアで、映画は伝播された。したがって、そのプロセスをたどることは、近代アジアの諸相を明らかにすることにもつながる。だがそれは、砂浜から一つひとつ砂粒を拾って砂絵を作るような作業であり、気が遠くなるほど膨大な時間と労力を要する大プロジェクトである。拾った砂をアジアの地図の上に置いている最中は、アジア全体の絵柄がどうなっているかは、ぼんやりとしかわからないが、一歩下がって見つめ直すことで、全体像が浮かび上がってくる。本書はまだ、その大プロジェクトの第一歩にすぎない。とはいえ、その第一歩は歩み出す価値があると信じている。

＊

現代の研究者は、かつての研究者と比べ、アーカイブやインターネットなどの恩恵を受けて、一次史料をより容易に調査でき、より広い視野からの歴史研究が可能である。私たち研究者は、その恩恵を真摯に受け止め、先行研究に敬意を表しながら、成果を検証し、先行研究とは異なる地平を切り開くことに挑戦する必要がある。そのためには単なる穴埋めや応用に終始せず、常に歴史を別の角度から見直す努力を重ねることが重要である。もちろん、膨大な時間をかけた先行研究の検証や問い直しは、簡単なことではない。しかし、歴史は叙述であるかぎり、永遠に変わらない歴史はありえない。既存の視点にこだわりすぎて、新たな視点を提示することを恐れてはならない。常に、さまざまな可能性を模索し続けること。それこそ歴史研究を志す者の目指すべき態度だろう。そしてそこにこそ、歴史研究に挑む喜びはある。

[著者略歴]
笹川慶子（ささがわ けいこ）
早稲田大学文学部助手を経て2006年に関西大学赴任。17年に関西大学で博士号取得。関西大学大阪都市遺産研究センター研究員（2010—15年）、早稲田大学演劇博物館招聘研究員（2012年—）、ハーバード大学ライシャワー日本研究所客員研究員（2013—14年）
専攻は映画史、とくに日本映画産業史、アジア映画交渉史、映画流通史
著書に『明治・大正 大阪映画文化の誕生——「ローカル」な映画史の地平にむけて』（関西大学大阪都市遺産研究センター）、編著に『公益財団法人三菱財団助成研究 日本映画雑誌所在調査報告書』上・下、共著に『東洋汽船と映画』（関西大学出版部）、“The Reception of American Cinema in Japan,” *Oxford Research Encyclopedia of Literature*（Oxford University Press）、『観客へのアプローチ』（森話社）、共訳にデイヴィッド・ボードウェル／クリスティン・トンプソン『フィルム・アート——映画芸術入門』（名古屋大学出版会）ほか

近代《きんだい》アジアの映画産業《えいがさんぎょう》

発行————2018年7月27日　第1刷
定価————8000円＋税
著者————笹川慶子
発行者———矢野恵二
発行所———株式会社青弓社
〒101-0061 東京都千代田区神田三崎町3-3-4
電話 03-3265-8548（代）
http://www.seikyusha.co.jp
印刷所———三松堂
製本所———三松堂

ISBN978-4-7872-7413-7 C0074

安鍾和　長沢雅春訳

韓国映画を作った男たち

一九〇五―四五年

植民地下の韓国映画界は、日本と朝鮮総督府の厳しい検閲をかわしながら芸術や娯楽の話題作を次々に公開した。検閲との熾烈な闘い、美男美女スターの登場と恋愛など、映画の制作者たちをビビッドに描く裏面史。　定価3000円＋税

萩原由加里

政岡憲三とその時代

「日本アニメーションの父」の戦前と戦後

戦前に本格的なトーキー漫画映画を手がけてセル画手法を導入し、戦時下で『くもとちゅうりっぷ』を作り上げた政岡の歩みと、「手塚治虫以前／以後」の枠組みには収まらない日本アニメーション史を照らし出す。　定価3000円＋税

長谷正人

映画というテクノロジー経験

映画はスペクタクルな娯楽としてだらしなく消費されて閉塞状況にある。現状を打破するために、リュミエールや小津安二郎などの映画に身体感覚や時間的想像力を見いだし、映画がもつ革命的な可能性を解放する。　定価3600円＋税

ミツヨ・ワダ・マルシアーノ／中村秀之／藤木秀朗 ほか

「戦後」日本映画論

一九五〇年代を読む

社会状況が激変した敗戦・占領期から高度成長期に至る直前の1950年代――当時の日本映画に潜在する政治性を、映画作品、それを支えた技術、産業、観客を読み解くことで明らかにして、戦後イメージを問い直す。　定価4600円＋税

長谷正人／中村秀之／斉藤綾子／藤井仁子 ほか

映画の政治学

私的趣味の問題として消費され、政治的な磁場を失ってしまった映画的言説。その空虚さにあらがって、映像をめぐる思考をふたたび公共世界へと救い出そうとする、来るべき言葉のための映画批評集。　定価3000円＋税